사례중심의
# 경제범죄수사 실무매뉴얼

김성택 편저

박영사

# 머리말

 2020년 초 경찰의 수사주체성을 명확히 인정한 개정 형사소송법의 통과로, 경찰수사역량에 대한 기대와 우려가 큰 때입니다. 특히 일선 경찰서의 경제범죄수사팀은 우리 국민이 금전적인 사기, 횡령 등 피해를 당하였을 때 가장 먼저 찾아오는 곳이라 민생치안과 밀접하게 관련되어 있고 전문화된 수사능력이 필요한 곳입니다. 필자는 첫 수사부서를 경제팀 실무자로 시작하여 경제범죄수사팀장, 수사과장, 형사과장 등을 역임한 실전경험을 바탕으로, 올뉴 경제팀매뉴얼, 수사민원상담매뉴얼, 지역경찰 초동수사매뉴얼 등을 활용할 매뉴얼을 제작한 바가 있습니다. 그 당시에는 형사소송법에 검사의 지배구조가 공고히 자리잡고 있었으나, 2020년 초 개정 형사소송법이 통과되어 경찰에게 수사개시권부터 일부 수사종결권까지 인정되고, 경찰과 검찰의 대등 협력관계가 규정되면서 새로운 매뉴얼이 필요한 때가 되었다고 생각하여 이 책을 펴내게 되었습니다. 이 책은 이론편(수사절차), 수사민원상담편, 실전편(고소장 분석), 민사지식편(수사와 민사)으로 구성하였습니다. 이론편에서는 새 형사소송법 개정안을 반영하여 사건의 접수부터 종결까지 기본적인 절차를 숙달할 수 있게 하였고, 수사민원상담편에서는 사건의 첫 단추를 꿰는 상담단계에서 진술을 잘 듣고 증거를 모으는 방법을 설명하였고, 실전편에서는 수사관이 처음 접하는 고소장으로부터 구성요건을 찾아내어 어떻게 신문하고 결론을 도출하는지 등의 과정을 생생하게 보여주어 다른 사건에서도 쉽게 응용할 수 있게 하였습니다. 민사지식편에서는 경제범죄수사와 떼려야 뗄 수 없는 민사지식을 풍성하게 담아 사건의 정확한 분석은 물론 실질적으로 도움되는 민원상담이 가능하도록 구성하였습니다. 마지막 부분에는 그간 필자가 수사관들에게 질문받은 중요 내용을 정리하여 Q&A 형식으로 담았습니다. 이론은 반드시 실무에 기여하여야 한다는 생각에, 단순한 범죄사실 작성례의 나열을 지양하고 철저히 실무중심적인 책으로 구성하였습니다. 현재 경찰은 내부 통제장치 마련, 팀장과 과장에 대한 교육과 관리 강화 등 수사품질의 균질화 · 상향 평준화 정책을 추진함으로써, 국민이 어느 경찰서, 어느 수사관을 찾아가든지 관계없이 수준 높은 형사사법 서비스를 받을 수 있도록 노력하고 있습니다. 이러한 경찰의 노력이 국민을 감동케 하여, 영장청구권 등 경찰에 더 많은 신뢰를 부여하는 세상이 오기를 꿈꿔봅니다. 이 책이 전국의 수많은 경제팀 수사관들에게 꽤 쓸 만한 도구로 사용되기를 바라며, 끝으로 이 책을 선뜻 출간해주신 박영사 관계자분들과, 실무에 투입될 수 있게끔 자료를 보태주고 응원해주신 경찰 동료들과 가족에게 깊은 감사를 드립니다.

2021년 1월
성남수정경찰서
형사과장 경정
김 성 택

# 차례

## 제1장   경제팀 사건 수사절차(이론편)

## 제2장    수사민원상담

## 제3장  실전편(고소장 분석부터조사 후 수사결과보고 작성까지)

# 제4장　민사지식편(수사와 민사)

# 경제팀 사건 수사절차(이론편)

제
1
장

# I 일반적인 고소사건의 흐름

## 1. 사건 흐름 개요

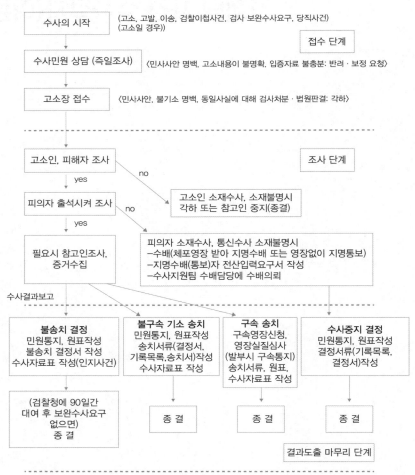

※진정사건 접수 후 입건 전 단계에서 내사하다가 (1) 범죄가 성립된다고 판단하면 범죄인지서 작성 후 고소사건과 동일한 절차를 거쳐 기소할 사건에 한하여 '송치'하게 되고, 나머지 사건은 불송치결정을 하며, (2) 범죄가 성립되지 않는다면 인지 전 단계에서 '내사종결'하게 된다.

## 2. 공소시효 [공소시효의 계산법]

| 구분 | 2007. 12. 20.까지 | 2007. 12. 21.부터 |
|---|---|---|
| 사형 | 15년 | 25년 |
| 무기 | 10 | 15 |
| 장기 10년 이상의 징역, 금고 | 7 | 10 |
| 장기 10년 미만의 징역, 금고 | 5 | 7 |
| 장기 5년 미만의 징역, 금고, 장기 10년 이상의 자격정지 1만원 이상 벌금 | 3 | |
| 장기 5년 미만의 징역, 금고, 장기 10년 이상의 자격정지, 벌금 | | 5 |
| 장기 5년 이상의 자격정지 | 2 | 3 |
| 장기 5년 미만의 자격정지, 구류, 과료, 몰수, 1만원 미만의 벌금 | 1 | |
| 장기 5년 미만의 자격정지, 구류, 과료, 몰수 | | 1 |

◆ 개정법(2007. 12. 21.)시행 전에 범한 죄에 대하여는 종전의 규정을 적용한다.
  사건접수일자를 기준으로 하는 것이 아니고 범죄발생일시를 기준으로 한다.

◆ 시효는 범죄행위가 종료한 때로부터 진행하므로 가장 마지막 범죄일자를 공소시효 기산일로 잡고, 2007. 12. 21. 이후로는
  범인이 형사처분을 면할 목적으로 국외에 있는 경우 그 기간동안 공소시효는 정지됨을 유의


## 3. 사건관리 요령

경제팀 수사관은 호수 위에 떠 있는 백조에 비유될 수 있다. 겉에서 보기에 평온해보이더라도 평균건수를 유지하고 장기사건을 처리하기 위해 물밑에서 부지런히 발을 움직이고 있는 셈이다.

사건 보관하는 캐비넷이 차고 넘치지 않기 위해서는 어떻게 해야 하는가.

## ● 가. 내가 취급하는 죄명의 구성요건을 암기하여야 한다.

신호진의 형법요론이 구성요건을 세분해서 잘 설명하고 있고 구성요건별 판례가 잘 정리되어 있는 필독서라고 본다. 일독을 권한다.

사건을 해결하지 못하고 헤매면서 결론을 못 내리는 이유는 다음과 같다. ① 사건 파악 자체가 미흡하거나, ② 쟁점이 되는 구성요건(기망행위, 재물의 타인성, 주거침입의 경우 주거의 범위) 등에 대한 개념정립이 미흡하거나, ③ 증거 찾는 방법을 모르는 경우(예: 부동산 소유권 이전 관련, 매매계약서나 확인서면이 위조되었다고 다투는 경우, 압수영장을 발부받거나 협조공문을 보내어 등기소로부터 첨부서면을 제공받아 확보하는 방법이 있음)이거나, ④ 사람 부르기를 어려워하는 경우 등이 있으므로 이 점을 극복하여야 한다.

## ● 나. 매일 사건 캐비닛을 열어봐야 한다.

한번 쌓아놓고 1주일 이상 꺼내보지 않는다면 바로 장기사건으로 직행한다. 밀린 사건 읽어보는 것이 점점 더 귀찮아지기 때문이다.

## ● 다. 적극적인 법집행, 특히 강제수사 절차 숙지가 필요하다.

체포영장은 꼭 수사중지결정 전에만 필요한 것이 아니라, 사건 진행 중이라도 피의자가 출석불응할 때에는 체포영장을 받아서 조사하고, 구속할 필요없으면 석방하는 방법도 있다. 체포 이후의 절차를 두려워할 필요는 없다.

## ● 라. 캐비닛 속의 기록 관리에도 요령이 필요하다.

단순히 접수 순서대로 사건을 캐비닛에 쌓아두는 방법도 있지만, 필자는 사건 받으면 바로 파악하여 사건관계자 불러놓고, 불러놓은 사건은 맨 왼쪽, 사건관계자가 와서 조서를 작성한 사건은 가운데에 놓고 차분히 읽어본 다음에 다시 불러야 하면 출석요구서를 보내고 다시 왼쪽에 넣었다. 즉 진행 단계의 사건은 가운데에 넣었다. 그리고 사건의 결론이 다 나서 날 잡아 수사결과보고만 치면 빠지는 사건은 맨 오른쪽에 넣었다. 계란이 익어가는 과정에 비유할 수 있다. 그럼 곧 사건이 빠진다.

이런 과정이 계속되어야 사람이 계속 오고, 조서는 쌓이고, 결론 낼 사건이 쌓여서 아주 조금의 노력이 더해지면 사건이 빠지는 것이다.

## 마. 사람 상대하는 것을 두려워하지 마라.

상대방의 인권을 존중하고 말을 충분히 들어주되, 조사관이 하는 일의 본질은 사람의 유·무죄를 밝히는 것임을 알아야 한다. 사전에 충분히 준비하여 조사를 한다면 사람 상대하는 것을 어려워할 필요는 없다. 일단 들어주겠다는 자세로 얘기하다보면 상대방도 나를 이해하게 된다 (특히 피신 초반에 정상관계, 즉 가족관계나 재산관계 등 사적인 부분을 물어보는 시간을 잘 활용하라). 그러면서 대화가 통하는 것이다. 사람 부르기를 두려워하거나 망설이면 사건이 쌓일 수밖에 없다.

## 바. 고참들의 사건 서류를 열심히 공부하라

경제팀에 발령을 받으면 처음에 무엇부터 해야 할 지 막막할 것이다. 오후에 수사지원팀 송치담당 자리에 가면 송치서류나 불송치 결정사건이 쌓여있고, 사건의 편철 순서, 흐름, 필요한 서류 들이 송치서류 등에 다 들어 있다. 허락 맡고 보안 유지하면서 송치서류 등을 공부하는 것도 좋은 방법이다.

고참들의 송치서류 등을 많이 봐야 한다. 킥스가 없던 시절에는 고참들의 피의자 신문조서, 결과보고서 파일을 귀한 재산으로 여기던 때가 있었다. 지금은 킥스를 통해서만 사건이 진행되다 보니 다른 수사관의 피신이나, 결과보고를 보기가 어렵다

고참들이 작성한 피신의 문답, 결과보고서에 신임 수사관들이 원하는 사건의 답이 들어 있다.

## 사. 휴대폰이나 달력 등을 활용하여 정기적으로 할 일을 관리하라.

경제팀 수사관은 매번 놓치지 않고 해야 할 일들이 많다. 중간통지, 분기별로 하는 참고인 중지사건 소재수사, 몰아치기식 수사보고를 쓰면 안되는 내사, 진정사건 등이 그것이다. 예컨대 탁상달력에 매월 2주차 목요일에는 '내사, 진정사건 손보기', 매주 금요일에는 장기 방치사건 소재수사 또는 출석요구, 매 분기 가운데에는 '참고인중지사건 소재수사'등을 기입해놓으면 깜빡하고 방치되는 업무가 없을 것이다. 참고로 요즘은 휴대폰 어플로 주기적으로 알림이 오게 만들 수 있으니 이를 활용하면 좋을 것이다.

## 아. 조사하다보면 별의별 사람을 만나게 된다.

출입국관리소에서는 불법체류 외국인 피의자를 인수할 때 몸에 상처가 있는 경우 '입원대상 인지 아니면 자연치유가 가능한지'가 기재된 소견서가 필요하다고 한다(수원출입국관리소의 경우). 따라서 불법체류자 인수 전에 경찰서에서 병원진료를 받은 사실이 있으면서 피의자 몸에

상처가 남아있는 경우 미리 의사에게 자연치유 대상인지 또는 입원이 필요한 대상인지 소견서를 받아두어야 한다. 그렇지 않으면 인수하기를 거부하는 일이 생긴다. 참고로 병원진료 당시 즉시 소견서발급이 곤란하다면 차후에라도 소견서 발급이 가능하다는 표시를 차트에 남겨달라고 요청할 수 있다.

또 불법체류 외국인 중에 목걸이 등 소지품이 없어졌으니 찾아달라고 하는 황당한 경우도 생기는데, 체포 당시 피의자의 태도를 보아 소지품 상태를 기재하거나 사진촬영하여 대비하는 방안도 있다.

## ● 자. 장기간 부재 후 복귀하였을 때

경제팀 근무는 매일 꾸준히 출석요구, 조사, 서류작성 등을 끊김없이 해야 사건이 쌓이지 않고 유지되는 구조인데, 교육이나 병가 등 장기간 부재 후 복귀하였을 때 진척 없이 쌓인 수많은 사건기록 때문에 막막해하기 마련이다.

이때에는 (1) 사람을 부르지 않은 사건을 죄다 캐비넷에서 꺼내어 신속하고도 간략히 내용을 파악하고 (2) 사람을 불러야 할 사건은 1주일 후부터 계속 출석하도록 조사일정을 빡빡하게 잡고(예컨대 일반적인 사건은 10시, 14시, 16시 간격으로 부르고 단순 사건은 1시간 간격으로 부른다) (3) 시간을 번 1주일 동안 '사람을 부르지 않고도 끝낼 수 있는 사건'을 처리하면서, (4) 한편으로 출석요구한 사건을 상세히 파악해두는 것이다. 이렇게 하면 다음주부터는 사람이 계속 오기 때문에 처리 가능한 사건이 쌓이게 되고, 저녁에 시간을 내어 수사결과보고나 수사보고를 작성하면 막막함에서 벗어나 사건이 차츰 빠지고 정상궤도에 올라설 것이다. 요약하자면, 1주 후부터 평소보다 좀더 빡빡하게 조사일정을 많이 잡고 그 사이 사건을 꼼꼼이 파악해두면 1~2주는 조금 고생스럽더라도 빠질 수 있는 사건이 쌓인다는 것이다.

물론 조사관 개인의 체력, 즉일조사 일정이나 갑작스러운 수배자 검거를 고려하여 약간의 여유는 두어야 할 것이다.

# Ⅱ 고소사건 수사 전 형식적 요건 판단

## 1. 의의

불송치결정을 할 때 공소권없음이나 각하사유에 해당하면 혐의없음 사유가 있더라도 공소권없음이나 각하 결정을 하여야 한다. 즉 형식적 요건 판단 후 각하사유가 없을 때 실체판단에 들어가는 것이다. 민사소송에서도 형식적 요건이 불충분하면 소장 심사단계에서 실체판단 없이 각하한다.

형식적 요건으로는 경찰수사규칙 제111조 제1항 제3호에 열거된 고소의 유효(친고죄)여부, 공소시효 도과여부, 친족상도례 해당여부 등이 있다. 예컨대 동거하지 않은 형이 범인을 알게 된 날로부터 6월이 지나 동생을 고소하였을 경우 불송치(공소권없음) 사유가 인정된다. 고소장 내용만으로도 혐의없음, 공소권없음, 죄안됨 사유가 명백하거나, 고소권자가 아닌 자가 고소했다거나, 고소인이 고소장만 제출하고 합의 등을 이유로 고소보충조서를 받지 않으면 서면으로 출석요구서를 몇 번 보낸 다음에 각하 의견으로 불송치결정할 수 있다.

각하사유가 없다면 실체판단으로 들어가, 고소인 주장대로라면 범죄가 성립되는지, 이를 입증할 객관적인 증거가 있는지, 피의자의 행위가 범죄의 구성요건을 충족하는지 등을 조사한다.

## 2. 근거조문

검사와 사법경찰관의 상호협력과 일반적 수사준칙에 관한 규정(대통령령)

**제4장 사건송치와 수사종결**

　　**제1절 통칙**

**제51조(사법경찰관의 결정)** ① 사법경찰관은 사건을 수사한 경우에는 다음 각 호의 구분에 따라 결정해야 한다.

1. 법원송치

2. 검찰송치

3. 불송치

　　가. 혐의없음

　　　1) 범죄인정안됨

　　　2) 증거불충분

　　나. 죄가 안됨

　　다. 공소권없음

　　라. 각하

4. 수사중지

　　가. 피의자중지

　　나. 참고인중지

5. 이송

경찰수사규칙(행정안전부령)

**제4장 사건 불송치와 재수사**

**제111조(불송치 결정)** ① 불송치 결정의 주문은 다음과 같이 한다.

1. 혐의없음

　　가. 혐의없음(범죄인정안됨): 피의사실이 범죄를 구성하지 아니하거나 인정되지 아니하는 경우

　　나. 혐의없음(증거불충분): 피의사실을 인정할 만한 충분한 증거가 없는 경우

2. 죄가안됨: 피의사실이 범죄구성요건에 해당하나 법률상 범죄의 성립을 조각하는 사유가 있어 범죄를 구성하지 아니하는 경우(수사준칙 제51조 제3항 제1호를 제외한다)

3. 공소권없음

　　가. 형을 면제한다고 법률에서 규정한 경우

　　나. 판결이나 이에 준하는 법원의 재판 · 명령이 확정된 경우

　　다. 통고처분이 이행된 경우

　　라. 사면이 있는 경우

　　마. 공소시효가 완성된 경우

　　바. 범죄 후 법령의 개폐로 형이 폐지된 경우

　　사. 「소년법」, 「가정폭력범죄의 처벌 등에 관한 특례법」, 「성매매알선 등 행위의 처벌에 관한 법률」 또는 「아동학대 범죄의 처벌 등에 관한 특례법」에 의한 보호처분이 확정된 경우(보호처분이 취소되어 검찰에 송치된 경우를 제외한다.)

　　아. 동일사건에 대하여 재판이 진행 중인 경우(수사준칙 제51조 제3항 제2호를 제외한다)

　　자. 피의자에 대하여 재판권이 없는 경우

　　차. 친고죄에서 고소가 없거나 고소가 무효 또는 취소된 경우

카. 공무원의 고발이 있어야 공소를 제기할 수 있는 죄에서 고발이 없거나 고발이 무효 또는 취소된 경우

타. 반의사불벌죄에서 처벌을 희망하지 아니하는 의사표시가 있거나 처벌을 희망하는 의사표시가 철회된 경우, 「부정수표단속법」의 수표회수, 「교통사고처리특례법」의 보험가입 등 법률에서 정한 처벌을 희망하지 아니하는 의사표시에 준하는 사실이 있는 경우

파. 동일사건에 대하여 공소가 취소되고 다른 중요한 증거가 발견되지 않은 경우

하. 피의자가 사망하거나 피의자인 법인이 존속하지 아니하게 된 경우

4. 각하: 고소·고발로 수리한 사건에서 다음 각 호의 사유가 있는 경우

가. 고소인 또는 고발인의 진술이나 고소장 또는 고발장에 의하여 제1호부터 제3호까지의 사유에 해당함이 명백하여 더 이상 수사를 진행할 필요가 없다고 판단되는 경우

나. 동일사건에 대하여 사법경찰관의 불송치 결정 또는 검사의 불기소처분이 있었던 사실을 발견한 경우에 새로운 증거 등이 없어 다시 수사하여도 동일한 결정 또는 처분될 것이 명백하다고 판단되는 경우

다. 고소·고발인이 출석요구에 불응하거나 소재불명이 되어 고소·고발인에 대한 진술을 청취할 수 없고, 제출된 증거 및 관련자 등의 진술에 의해서도 수사를 진행할 필요성이 없다고 판단되는 경우

라. 고발이 진위 여부가 불분명한 언론 보도나 인터넷 등 정보통신망의 게시물, 익명의 제보, 고발 내용과 직접적인 관련이 없는 제3자로부터의 전문이나 풍문 또는 고발인의 추측만을 근거로 한 경우 등으로서 수사를 개시할만한 구체적인 사유나 정황이 결여되어 있는 경우

# Ⅲ 고소사건 수사

## 1. 고소사건 수사의 기초 잡기(고소장 분석)

먼저 다음의 구성요건을 숙지하고 다음 그림(고소장 분석순서)을 이해한다.[1]

| 죄명 | 구성요건 |
|---|---|
| 절도 | ① 타인이 점유하는 ② 타인의 재물을 ③ 절취할 것 |
| 사기 | ① 기망행위 ② 착오 야기 ③ 타인 점유 타인의 재물 또는 재산상 이익의 처분행위 ④ 인과관계 |
| 횡령 | ① 타인의 재물을 ② 위탁관계에 의하여 보관하는 자 ③ 횡령 또는 반환거부 |
| 배임 | ① 타인의 사무처리 자 ② 배임행위 ③ 재산상 이익의 취득 ④ 재산상 손해의 발생 |
| 손괴 | ① 타인의 재물 · 문서 또는 특수매체기록을 ② 손괴 은닉 기타 그 효용을 해할 것 |
| 권리행사방해 | ① 타인의 점유 또는 권리의 목적인 ② 자기의 물건 또는 특수매체기록을 ③ 취거 · 은닉 · 손괴할 것 |
| 강제집행면탈 | ① 객관적으로 강제집행을 당할 급박한 상태에서 ② 강제집행을 면탈할 목적으로 ③ 재산을 ④ 은닉, 손괴, 허위양도하거나 허위의 채무를 부담하여 ⑤ 채권자를 해할 것 |

---

1 '민사법에 기반한 경제범죄수사(경찰대학출판부, 2017, 경찰수사연수원 교수 강동필)' 참조.

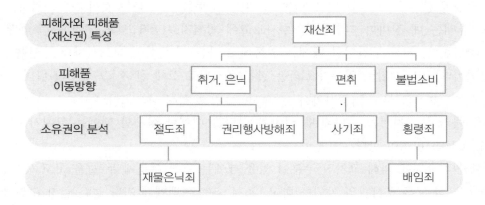

즉 고소장을 읽어가며 ① 피해품이 무엇인지(재물인지, 재산상 이익인지) 특정 후, ② 피해품이 어느 방향으로 이동했는지(피해자에서 피의자로 이동했다면 사기, 절도 또는 강도일 수 있고, 피의자가 가지고 있는 피해자의 물건이 사라졌다면 횡령이 될 수 있다.), ③ 어떤 방법으로 피해가 발생했는지(속였다면 사기, 강제로 빼앗았다면 공갈 또는 강도, 몰래 가져갔다면 절도, 피의자가 가지고 있던 고소인의 물건을 빼돌렸다면 횡령 등)를 파악했다면 죄명은 거의 특정되는 것이고, 그에 맞는 구성요건이 충족되는지 수사하면 된다.

그리고 ① 사람 부르기 전 어떤 것을 물어볼 지 준비하고, ② 고소인이 주장하는 사실관계가 범죄가 맞는지, 아니면 아예 범죄가 아닌지(과태료 사안, 민사사안, 또는 아무것도 아닌 사안) 그리고 이를 입증할 수 있는지 묻고, ③ 피의자 조사시 고소인 주장이 사실인지 조사하되 고소요지를 한꺼번에 묻지 말고 나누어서 묻는 것이 자연스럽다. 피의자가 조사관의 질문에 항변하는 부분이 있다면 고소인 주장 중 어느 부분에 대한 것인지 특정하여 향후 대질조사에 대비한다.


## 2. 수사서류 작성


### ● 가. 수사서류 일반

– 각종 조서 작성법(ex : 간인찍는 위치, 자필기재가 필요한 부분)
진술은 처음과 끝이 모순없이 임의성이 있도록 자연스럽게 기재해야 한다. 가급적 조사관이 보고 들은 내용을 그대로 담아야 한다. 질문은 짧게, 대답은 길게 기재하는 것이 좋다. 피조사자가 사용하는 특이한 말이나 전문용어는 그대로 기재하되, 용어에 의문이 있을 경우 장차 검찰청과 법원에 갈 서류이니 쉽게 기재해야 한다며 그 뜻을 다시 묻는 것이 자연스럽다.

　수사서류에는 매 장마다 간인한다. 수사보고에 별첨자료(범죄일람표, 사진 등)를 첨부하였을 때에도 간인한다. 서류에 간인할 때에는 왼쪽에 조사관, 오른쪽에 피조사자의 간인을 찍는 것이 일반적이다. '더 할 말이 있는가요'라는 질문에 자필로 쓰게 한 후 그 옆부터 나머지 여백에 ＼＼＼＼＼✕ 표시를 하고 피조사자와 조사관의 도장을 찍어 마무리한다.

　임의로 문자를 고쳐서는 아니되며, 글자를 삽입할 때에나 삭제할 때에는 고치기 전의 내용을 알 수 있도록 하여야 한다.

　피조사자의 요청에 의해 고쳐진 부분이 있을 때에는 고칠 부분에 두 줄을 긋고 윗부분에 추가된 내용을 적은 후 조사관의 날인을 하고, 조서 좌측 여백에 줄거나 늘은 글자 수만큼 '삭 ○자', '가 ○자'를 적고 피조사자의 도장을 찍게 한다.

---

**범죄수사규칙-경찰청 훈령 제954호(2019. 11. 14.)**

**제23조(기명날인 또는 서명 등)** ① 수사서류에는 작성연월일, 소속관서와 계급을 기재하고 기명날인 또는 서명하여야 한다.

② 날인은 문자 등 형태를 알아볼 수 있도록 하여야 한다.

③ 수사서류에는 매 장마다 간인한다.

④ 수사서류의 여백이나 공백에는 사선을 긋고 날인한다.

⑤ 피의자 신문조서(별지 서식 제26호부터 제32호)와 진술조서(별지 서식 제33호부터 제39호)는 진술자로 하여금 간인한 후 기명날인 또는 서명하게 한다. 다만, 진술자가 기명날인 또는 서명을 할 수 없거나 이를 거부할 경우, 그 사유를 조서말미에 기재하여야 한다.

⑥ 인장이 없으면 날인 대신 무인하게 할 수 있다.

**제26조(문자의 삽입·삭제)** ① 경찰관은 수사서류를 작성할 때에는 임의로 문자를 고쳐서는 아니되며, 다음 각호와 같이 고친 내용을 알 수 있도록 하여야 한다.

1. 문자를 삭제할 때에는 삭제할 문자에 두줄의 선을 긋고 날인하며 그 왼쪽 여백에 "몇자 삭제"라고 기재하되 삭제한 부분을 해독할 수 있도록 자체를 존치하여야 함.

2. 문자를 삽입할 때에는 그 개소를 명시하여 행의 상부에 삽입할 문자를 기입하고 그 부분에 날인하여야 하며 그 왼쪽 여백에 "몇자 추가"라고 기재

3. 1행중에 2개소 이상 문자를 삭제 또는 삽입하였을 때에는 각 자수를 합하여 "몇자 삭제" 또는 "몇자 추가"라고 기재

4. 여백에 기재할 때에는 기재한 곳에 날인하고 그 난외에 "몇자 추가"라고 기재

② 피의자 신문조서(별지 서식 제26호부터 제32호)나 진술조서(별지 서식 제33호부터 제39호)인 경우 문자를 삽입 또는 삭제하였을 때에는 난외에 "몇자 추가" 또는 "몇자 삭제"라고 기재하고 그 곳에 진술자로 하여금

## ● 나. 고소장 접수부터 송치서류/불송치결정서류 작성까지

### 1) 고소 보충조서

#### ◆ 가) 의의

고소를 구술로 하였을 때에는 진술조서를 작성하여야 하며, 고소장을 제출하였을 때에도 그 내용만으로 피의자를 조사하기에 부족한 경우 진술조서를 작성하는데 이를 고소보충조서라고 한다. 즉 고소보충조서는 어디까지나 고소장에 대한 보충조서이므로 받지 않아도 괜찮지만 고소장에 모든 내용이 있을 경우 고소장 자체에 범죄일시, 장소나 범죄사실이 특정되어 있지 않으면 특정시켜 주어야 한다. 고소인에게 수사에 필요한 사항을 많이 들어볼 기회이기도 하다.

빨리 불러서 조사를 할수록 고소인에게 신뢰감을 준다. 고소인이 여러 명인 경우는 동일한 피해라면 위임장을 작성하게 하여 대표로 한 명이 조사받을 수도 있고, 각기 피해 사실이 다르다면 각기 고소보충을 받아야 한다.

고발사건의 경우 대부분 고발장에 첨부된 고발 공무원의 진술서로 대체하고 보충조서를 작성하지 않으나 내용이 부족하거나 사건의 내용이 잘 파악되지 않을 경우에는 고발한 공무원에게 출석을 요구하여 고발보충 진술조서를 작성한다.

기업이나 특정 법무법인 등에서 스스로 진술서나 진술조서를 만들어서 고소장과 함께 제출하는 경우도 있는데, 이것은 작성주체가 사인이니 진술서로 이해하고 고소보충조서를 갈음하되, 수사하기에 불충분한 사안이 있을 때 진술조서를 작성해도 충분하다고 본다. 가령 캐피탈 회사에서 자동차를 담보로 돈을 빌려줬는데 돈을 갚지 않는다며 권리행사방해죄로 고소하였을 경우 저당권자의 권리가 방해되었다는 자료가 나와야 하는데 단순히 돈을 갚고 있지 않다는 내용일 경우, 고소인을 불러 "채무불이행의 기간이나 횟수, 자동차등록원부상 소유권이전이 되었는지, 고소인이 저당권 실행에 착수하였는지(자동차 임의경매 신청 여부), 자동차의 소재불명으로 자동차 임의경매가 중단된 사정이 있는지, 피의자 주소지나 등록원부상 사용근거지에 가서 차를 찾아본 적이 있는지" 등을 조사하여야 한다(참조 조문: 민사집행규칙 제116조[자동차인도집행 불능시의 집행절차취소]−강제경매개시 결정이 있은 날부터 2월이 지나기까지 집행관이 자동차를 인도받지 못한 때에는 법원은 집행절차를 취소하여야 한다).

고소보충 조서를 받은 후에는 누구를 참고인으로 조사할 지 수사대상자를 선정하는 계획을 수립하고, 피의자신문조서를 받은 후에는 피의자의 거짓말을 대질조사로 깰 것인지, 수사대상자를 조사하여 깰 것인지, 물증을 확보하여 깰 것인지 등을 계획하여야 한다.

◈ **나) 작성요령**

A) "진술조서" 제목 뒤에 괄호를 하고 "고소인"이라고 적어준다. 고소인의 연락처를 잘 적어두고, 휴대폰 등의 연락처도 적어둔다.

B) 1.이라고 표시한 후 고소인의 주거지와 직업관계를 간략히 적어준다.

C) 1.이라고 표시한 후 고소인이 고소하게 된 경위를 간략히 적어 준다.

D) "이때 위의 진술의 취지를 더욱 명백히 하기 위하여 다음과 같이 임의로 문답하다" 라고 적은 후 문답을 실시한다.

E) 문 : 진술인이 ○○○인가요?

F) 답 : 예. (만약 고소대리인이라면 위임장을 첨부하여야 한다.)

G) 문 : 이것이 진술인이 제출한 고소장인가요?

H) "이때 당서 제○○○호로 접수된 고소장을 보여주다." 또는 "○월 ○일 서울지방검찰청 경유 당서 제○○○호로 접수된 고소장을 보여주다." 라고 기재한다.

I) 답 : 예. 제가 제출한 고소장이 맞습니다.

J) 문 : 이와 같은 내용으로 다른 수사기관에 고소나 진정 등을 하였나요?

K) 답 : 없습니다.

– 동일 관서 내 여러 부서, 팀에 고소를 접수한 경우 동일 내용이라면 병합을 하고, 타서 접수사건이라도 필요시 이송요청을 보내어 집중수사하는 것이 바람직하다. 병합은 수사보고로 가능하다. 이미 기소가 되어 공소제기 중이라면 공소권이 없으므로 불송치결정하면 된다. 민사소송 계류 중이라면 이러한 사안도 적어주어야 한다.

L) 문 : 누구를 고소하나요?

–피고소인을 정확히 특정시켜 주어야 한다. 이름이나 주민등록번호를 모를 경우는 인상착의라도 특정하여야 한다. 그리고 이때 친인척여부를 반드시 기재하여야 한다. 특히 친족상도례의 규정이 적용되는 죄명의 경우는 매우 중요하다.

M) 답 : ○○○를 고소합니다. 거래관계로 알게 되었고, 친인척관계는 아닙니다.

N) 문 : 고소요지를 진술하시오?

O) 답 : 범죄일시, 장소, 방법을 기재한다.

P) 문 : 피해액수는 얼마인가요?

Q) 답 : ○○○○원입니다

R) 문 : 위 사실을 입증할 증거나 증인이 있나요?

–피의자의 범죄혐의를 입증할 만한 증거나 진술, 참고인 등을 적어주고, 참고인의 연락처를

잘 받아두어야 한다.

　그리고 증거서류를 받을 때는, "이때 피의자가 계약서 1부 5매 등을 임의로 제출하므로 이를 검토한 후 사본하여 조서말미에 첨부하다"라고 기재하여야 하고, 조서에 이런 문구가 없다면 서류를 제출받게 된 경위를 수사보고서를 작성한 후 받아야 한다. 영수증이라든지 계약서 등은 원본은 고소인의 소유이므로 반드시 사본하여 제출받아야 하고, 원본과 대조한 후 "원본대조필"을 적고 원본과 대조한 사람(관계 공무원 또는 사건담당자)의 도장을 찍어야 한다.

　U) 답 : 친구인 ○○○이 계약당시에 참관하였습니다.

　V) 문 : 조사하여 피의자의 죄가 입증되면 처벌을 원하는가요?

　W) 답 : 예, 처벌을 원합니다.

　V) 문 : 이상 진술은 사실인가요(자필로 적으세요)?

　W) 답 : 예, 사실입니다(진술인이 자필로 적게 한다).

　X) 문 : 더 할말 있나요(자필로 적으세요)?

　Y) 답 : 없습니다(진술인이 자필로 적게 한다.).

　Z) 말미조서를 보여주고 서명날인을 받아야 한다. 열람하지 못한다면 읽어주어야 하며, 도장을 가지고 오지 않았다면 무인을 받아야 한다. 고소인의 주민등록증 사본이나 운전면허증 사본 등을 첨부한다.

◈ 다) 법적 근거

범죄수사규칙–경찰청 훈령 제954호(2019. 11. 14.)

**제29조(피해신고의 접수 및 처리)**
① 경찰관은 범죄로 인한 피해신고가 있는 경우에는 관할구역여부를 불문하고 이를 접수하여야 한다.
③ 경찰관은 제1항의 신고가 구술에 의한 것일 때에는 신고자에게 별지 제8호 서식의 피해신고서 또는 진술서를 작성하게 하여야 한다. 이 경우 신고자가 피해신고서 또는 진술서에 그 내용을 충분히 기재하지 않았거나 기재할 수 없을 때에는 별지 제33호 서식에서 제39호 서식까지의 진술조서를 작성하여야 한다.
**제43조(고소·고발인 진술조서)** ① 경찰관은 구술에 의한 고소·고발을 받았을 때에는 진술조서를 작성하여야 한다.
② 경찰관은 서면에 의한 고소·고발을 받았을 때에는 그 취지가 불분명할 경우 고소·고발인에게 보충서면을 제출하게 하거나 진술조서를 작성하여야 한다.

## ◈ 라) 진술조서 서식

**별지 제33호 서식**

### 진 술 조 서

성      명 :

주민등록번호 :

직      업 :                (전화 :            )

주      거 :                (전화 :            )

등록기준지 :

직 장 주 소 :

연  락  처 : (자택전화)              (휴대전화)

　　　　　(직장전화)              (전자우편)

위의 사람은 피의자 ㅇㅇㅇ에 대한    피의사건에 관하여      년    월    일

경찰서    에 임의 출석하여 다음과 같이 진술하다.

**1. 피의자와의 관계**

저는 피의자 ㅇ ㅇ ㅇ과(와) ㅇ ㅇ(친인척, 지인, 직장동료)인 관계에 있습니다(저는 피의자      과(와) 아무런 관계가 없습니다.).

**1. 피의사실과의 관계**

저는 피의사실과 관련하여 (피해자, 목격자, 참고인)의 자격으로서 출석하였습니다.

이 때 사법경찰관(리)은 진술인    를(을) 상대로 다음과 같이 문답을 하다.

문 :

답 :

## 별지 제33호의 서식(가명조서 – 범죄수사규칙 제206조의2)

| 진 술 조 서 |
| --- |

성 명 :

주민등록번호 :

직 업 : (전화 : )

주 거 : (전화 : )

등록기준지 :

직 장 주 소 :

연 락 처 : (자택전화) (휴대전화)

(직장전화) (전자우편)

위의 사람은 피의자 ○ ○ ○ 에 대한 피의사건에 관하여 년 월 일

경찰서 에 임의 출석하여 다음과 같이 진술하다.

### 1. 피의자와의 관계

저는 피의자 과(와) 인 관계에 있습니다(저는 피의자 과(와) 아무런 관계가 없습니다.).

※ 가명조서 작성의 취지상 밝히지 않아도 무방하다고 본다(사견).

### 1. 인적사항의 생략

위 사람은 (OO법 제OO조의 규정에 따라 / 범죄신고 등과 관련하여 보복의 우려가 있어) 인적사항의 전부 또는 일부를 기재하지 아니한다.

### 1. 피의사실과의 관계

저는 피의사실과 관련하여 (피해자, 목격자, 참고인)의 자격으로서 출석하였습니다.

이 때 사법경찰관(리)은 진술인 OOO를(을) 상대로 다음과 같이 문답을 하다.

문 :

답 :

별지 제34호 서식

<table>
<tr><td colspan="2">진 술 조 서(제○회)</td></tr>
</table>

성      명 :

주민등록번호 :

위의 사람은 피의자      에 대한      피의사건에 관하여    년 월 일

경찰서      에 임의 출석하였는 바, 사법경찰관은 진술인    를(을) 상대로 다음과 같이 전회에 이어 계속 문답을

하다.

문 :

답 :

문 :

답 :

(수회 조서를 작성하는 경우 종전 조서가 진술한 대로 기재되었으며 사실대로 진술한 것인지, 그리고 수회

진술을 하는 취지를 먼저 묻고 시작하는 것이 자연스럽다.)

## 2) 범죄사실 작성

### ◈ 가) 개념 잡기

흔히 하는 말로 "죄 지으면 벌 받아야지, 사람을 때리면 벌 받아야지, 돈 빌리고 떼어먹으면 벌받아야지"라고 한다. 대부분의 법률, 특히 경찰이 다루는 형법은 '요건 또는 범죄(죄 지으면, 사람을 때리면, 사람을 속여 재물을 교부받으면......)'와 '효과 또는 형벌(벌 받아야지, 징역 10년 이하 또는 2천만원 이하의 벌금에 처해야지)'의 구조이다.

어떤 것이 죄인지(요건)와 얼마만큼 처벌받는지(효과)는 형법이나 형사특별법에 규정되어 있고 처벌받는 절차(법원의 구성, 수사, 기소, 재판, 집행 등)는 형사소송법에 규정되어 있다.

대체로 모든 범죄사실은 일시, 장소부터 시작하고(특별법의 경우에는 "피의자는 노래방을 운영하는 자이다" 등으로 특별법상의 의무에 따르는 자임을 설명하거나 "누구든지 운행정지명령이 부과된 자동차를 운행하면 안된다" 등으로 누구든지 특별법상의 의무를 따라야 한다고 도입부를 쓰기도 한다), 다음에 개별적

으로 형사법에 규정된 각 구성요건에 맞추어 실제 벌어진 일을 서술한다.

일시는 죄명(예: '야간'주거침입절도인지 일반 절도인지)과 공소시효를 특정할 수 있을 정도, 장소는 토지관할을 특정할 수 있을 정도면 충분하니 어렵지 않다.

예컨대 사람을 속여 재물을 받거나 재산상 이득을 취하면 사기죄가 성립한다고 할 때 "언제, 어디서, 피의자가 어떤 방법으로 피해자를 속여 이에 속은 피해자로부터 재물이나 재산상 이득을 얻어내었다. 이로써 피의자는 얼마 상당의 재산상 이득을 취득하였다"라고 쓰고, 절도죄가 성립한다고 할 때 "언제, 어디서 어떤 방법으로 어떤 재물을(재산상의 이득 X) 영득하였다. 이로써 피의자는 무엇을 절취하였다"라는 구조이다. 즉 현장에서 벌어진 일이 범죄가 되려면 대개 "어떤 피해가 발생하였는가, 어떤 방법으로 발생하였는가?"를 알게 되면 대개 적용할 조문을 선택할 수 있다.

그리고 다수인이 관련된 복잡한 범죄가 있을 수 있다. 예컨대 A, B, C는 다 같이 절도죄를 범했는데 A는 피해자의 집 주변에서 망을 보고 B는 방범창을 자르고 근처에서 망을 보고 C가 집 안에 들어가서 100만원 어치의 보석을 들고 나왔다고 치자. 이때는 형법상 합동절도라는 하나의 범죄가 성립되니까 하나의 범죄사실 아래 각각의 구체적인 행위를 쓰면 된다. 즉 "피의자 A, B, C는 공모하여 타인의 재물을 절취하기로 마음먹었다. 언제 어디서 A는 피해자의 집 주변에서 망을 보고 B는 방범창을 자르고 근처에서 망을 보고 C가 집 안에 들어가서 100만원 어치의 보석을 들고 나왔다. 이로써 피의자들은 합동하여 타인의 재물을 절취하였다(결구)"로 마무리한다.

그런데 여기서 D가 등장하여 장물취득죄를 범하였다면, 여러 명이 공범인 죄를 먼저 쓰고, 단독범 또는 소수가 범한 죄를 나중에 쓴다고 생각하면 된다. 즉 "가. 합동절도 - A, B, C는 합동절도하였다. 나. 장물취득 - D는 위 '가'항과 같이 A, B, C가 절취한 보석을 장물인 정을 알고도 취득하였다"라는 구조이다. 일단 시간상 순서대로 쓰는 것이 자연스럽다.

1인이 여러 개의 죄를 저질렀다면 "가. 점유이탈물횡령, 나. 사기, 다. 여신전문금융업법위반" 식으로 시간의 흐름에 따라 차근차근 써 가면 된다. 여기서 실체적 경합이라면 "가, 나, 다..."로 구분하고 상상적 경합이라면 "A죄를 저지름과 동시에 B죄를 저질렀다"는 식으로 한 문장으로 결구를 맺는다.

또 특별법은 형법과 달리 "어떤 행위를 하라, 하지 말라."라는 조문과 "이에 위반하면 처벌하겠다"라는 조문이 별도로 규정된 것이 대부분이다. 그래서 운행정지명령을 위반한 차량을 발견했을 때에는 자동차관리법에서 운행정지명령이 있는 차를 타면 안 된다는 조문과, 소유자로부터 운행에 관한 위탁을 받지 않고 차를 타면 안 된다는 조문을 찾고, 이에 위반하면 형벌인지 과태료인지를 규정한 조문을 찾아서 "누구든지 어떠한 행위를 하면 안 된다. 그럼에도 불구하고 피의자는 언제 어디서 위 규정에 위반된 행위를 하였다", "피의자는 차량의 소유자가 아니고 차량의 소유자 A로부터 운행에 관한 정당한 위탁을 받은 사실이 없다. 그럼에도 불구하고 피의자는 언제 어디서 어떤 차량을 운행하였다"라고 범죄사실을 쓴다. 과태료 사안이라면 경찰이 신경쓸 여지는 많이 줄어든다.

그리고 마지막으로 기수인지, 미수인지와 고의범인지 과실범인지도 신경써야 한다.

### ◈ 나) 사기(무전취식, 네다바이, 차용사기)

**사전지식**

사기죄는 일시, 장소, 기망행위, 지불의사 부재, 재물(재산상 이익) 취득행위, 마무리 순으로 쓴다. 기망이란 '실제 사실'과 '피의자가 표현하거나 피해자가 인식한 것'이 다른 것을 말하고, 기망방법은 적극적 기망(돈 빌려줘), 소극적 기망, 묵시적 기망(마치 대가를 지불할 것처럼 술이나 음식을 주문하는 행위) 등이 있다. 즉, 사실은 음식값을 지불할 능력이나 생각이 없었는데 마치 정상적으로 지불할 것처럼 음식을 주문했다면 그것이 기망행위가 되는 것이다. 그리고 기망행위로 인해 피해자가 속은 것이고, 이에 속은 피해자가 속았기 때문에 (기망과 처분행위 사이의 인과관계) 무언가를(재물 또는 재산상 이익) 제공하게 되는 구조로 범죄사실을 쓴다. 즉 실제 사건에서 벌어진 일을 일시, 장소, 사기죄의 구성요소(타인, 피해품인 재물 또는 재산상 이익, 기망, 인과관계, 피의자의 재물 취득 또는 재산상 이득 취득 등), 마무리 순으로 기재한다.

만일 피의자가 타인의 분실카드를 주워서 사용했다면 점유이탈물횡령죄, 사기죄, 여신전문금융업법위반죄가 각각 실체적 경합관계로서 성립한다(여신전문금융업법은 미수범을 처벌하지 않으므로, 단 1회의 카드사용이 미수에 그쳤다면 점유이탈물횡령과 사기미수만 의율한다). 타인이 분실신고한 신용카드라는 점을 알았더라면 가맹점주는 물건을 내어주지 않았을 것임이 명백하기 때문에 기망행위가 인정되어 사기죄가 성립하는 것이다. 사기죄의 객체는 재물 또는 재산상 이익이기 때문에 피의자가 받은 것이 음식 등 형체가 있는 재물(재화)이라면 '재물을 교부받았다'라고 쓰고, 택시 이용, 채무면제 등 형체가 없는 경우(용역으로 이해해도 좋다) '재산상 이익을 취득하였다'라고 기재한다.

### (1) 무전취식

### (가) 피해자의 진술

피의자는 오늘 ○○시에 피의자가 혼자 제가 운영하는 노래방에 손님으로 왔습니다. 피의자가 양주 ○병 등 ○○○원어치를 시키고 노래방 2시간을 이용해서 도합 ○○○,○○○원의 대금이 나왔습니다. 그래서 계산을 요구했더니 "나는 돈도 없으니까 니네가 알아서 해라"고 하여 112 신고를 하게 된 것입니다.

피의자가 지갑을 보여줬는데 돈은 한푼도 없었고, 낼 생각도 없다고 했고요, 알지도 못하는 사이라 외상으로 제공한 것도 아닙니다. 음식값을 내지 못한다면 피의자의 처벌을 원합니다.

### (나) 조문과 구성요소

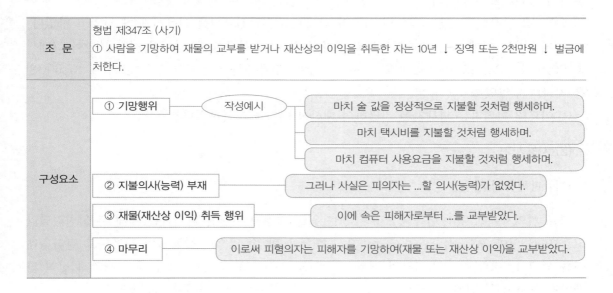

| 조 문 | 형법 제347조 (사기)<br>① 사람을 기망하여 재물의 교부를 받거나 재산상의 이익을 취득한 자는 10년 ↓ 징역 또는 2천만원 ↓ 벌금에 처한다. |
|---|---|
| 구성요소 | ① 기망행위 ─ 작성예시 ─ 마치 술 값을 정상적으로 지불할 것처럼 행세하며.<br>마치 택시비를 지불할 것처럼 행세하며.<br>마치 컴퓨터 사용요금을 지불할 것처럼 행세하며.<br>② 지불의사(능력) 부재 ─ 그러나 사실은 피의자는 ...할 의사(능력)가 없었다.<br>③ 재물(재산상 이익) 취득 행위 ─ 이에 속은 피해자로부터 ...를 교부받았다.<br>④ 마무리 ─ 이로써 피혐의자는 피해자를 기망하여(재물 또는 재산상 이익)을 교부받았다. |

### (다) 범죄사실 작성례

#### ① 무전취식

피의자는 2014. 4. 7. 03:20경 ○○시 ○○길 13에 있는 피해자 a가 운영하는 ○○ 노래방 1호실에서 ① 마치 술값을 정상적으로 지급할 것 같은 태도를 보이면서 피해자에게 술과 안주 등을 주문하였다. ② 그러나 사실은 피의자는 술값을 지불할 의사나 능력이 없었다.

③ 그럼에도 피의자는 위와 같이 피해자를 기망하여 이에 속은 피해자로부터 양주 4병과 안주 등을 제공받고 시가 합계 765,000원 상당의 대금을 지불하지 않았다.

④ 이로써 피의자는 피해자를 기망하여 765,000원 상당의 재물을 교부받았다.

#### ② 무임승차

피의자는 2013. 8. 19. 06:25경 울산 ○○구 ○○동에서 ① 마치 택시비를 지불할 것처럼 행세하면서 피해자 a이 운행하는 울산 XX-XXXX호 택시에 승차하여 같은 날 07:00경 울산 ○○구 ○○동 일대 까지 위 택시를 이용하였다.

② 그러나 사실 피의자는 소지한 돈이 전혀 없어 처음부터 택시비를 지불할 의사나 능력이 없었다.

③, ④ 그럼에도 위와 같이 피해자를 기망하여 이에 속은 피해자로부터 택시 이용료 13,000원 상당의 재산상 이익을 취득하였다.

### ③ 무전 PC방이용

피의자는 2014. 11. 26. 22:28경 ○○시 ○동에 있는 ○○○ PC방에서, ② 사실은 그곳에 설치된 컴퓨터를 사용하더라도 그 사용요금을 지급할 의사나 능력이 없음에도, ① 마치 컴퓨터 사용요금을 납부할 수 있는 것처럼 업주인 피해자 a에게 컴퓨터를 이용하게 해 달라고 하였다.

③ 피의자는 이에 속은 피해자로부터 컴퓨터 한 대를 사용할 수 있도록 허락을 받아 그때부터 2014. 11. 28. 12:30경까지 총 37시간 31분간 컴퓨터를 사용하고 그 요금 합계 37,600원을 지급하지 않았다.

④ 이로써 피의자는 피해자를 기망하여 재산상 이익을 취득하였다.

## (2) 차용사기

### (가) 피해자의 진술

저는 피의자에게 2018년 1월 2일 1,000만원을 빌려줬습니다. 피의자는 제게 돈을 빌려달라고 하면서 얼마 후에 적금만기가 돌아오고 곗돈을 탈 수 있으니 틀림없이 갚겠다고 말하길래 이를 믿고 1,000만원을 피의자의 계좌 OO OOO - OOO로 송금해주었는데 현재까지 전혀 변제받지 못하고 있습니다. 들리는 말로는 적금이건 곗돈이건 다 거짓말이고 빚만 많아서 도망갔다고 합니다. 피의자가 저를 속여 1,000만원을 빌려간 것이 분명하니 처벌하여 주시기 바랍니다.

### (나) 조문과 구성요소

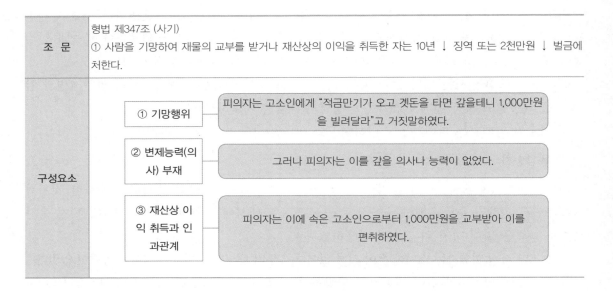

| 조 문 | 형법 제347조 (사기)<br>① 사람을 기망하여 재물의 교부를 받거나 재산상의 이익을 취득한 자는 10년 ↓ 징역 또는 2천만원 ↓ 벌금에 처한다. | |
|---|---|---|
| 구성요소 | ① 기망행위 | 피의자는 고소인에게 "적금만기가 오고 곗돈을 타면 갚을테니 1,000만원을 빌려달라"고 거짓말하였다. |
| | ② 변제능력(의사) 부재 | 그러나 피의자는 이를 갚을 의사나 능력이 없었다. |
| | ③ 재산상 이익 취득과 인과관계 | 피의자는 이에 속은 고소인으로부터 1,000만원을 교부받아 이를 편취하였다. |

**(다) 범죄사실 작성례**

피의자는 2018. 6. 3. 12:00경 평택시 ○○동 ○○에 있는 고소인 S가 운영하는 미용실점에서 고소인에게 "얼마 후에 적금만기가 돌아오고 곗돈을 탈 수 있으니 틀림없이 갚겠다. 1,000만원만 빌려달라"고 거짓말하였다. 그러나 피의자는 이를 갚을 의사나 능력이 없었다. 피의자는 이에 속은 고소인으로부터 피의자의 계좌 ○○ ○○○ - ○○○ 로 1,000만원을 송금받아 이를 편취하였다.

## (3) 네다바이

**(가) 피해자의 진술**

피의자는 오늘 제가 운영하는 등산복 매장에 찾아와서 "다운점퍼 25벌(시가 1,495만원 상당)을 구입할 예정인데 다음에 아버지를 모시고 다시 오겠다"라고 말하더니, 그날 14:17경 제게 전화하여 "2,000만원짜리 수표를 가지고 있는데 거스름돈과 영수증을 가지고 아버지가 운영하는 ○○동 소재 '모 노래방' 앞으로 와라"고 하였습니다.

그래서 제가 그 노래방 앞으로 찾아가니 1,000만원 수표 2장을 건네주고 거스름돈 505만원을 받아갔습니다. 그런데 제가 가게에 돌아와서 수표를 조회해보니 전부 위조수표였고 다시 그 노래방에 찾아가니 그런 사람은 없다는 것입니다. 피의자를 처벌해주세요.

**(나) 조문과 구성요소**

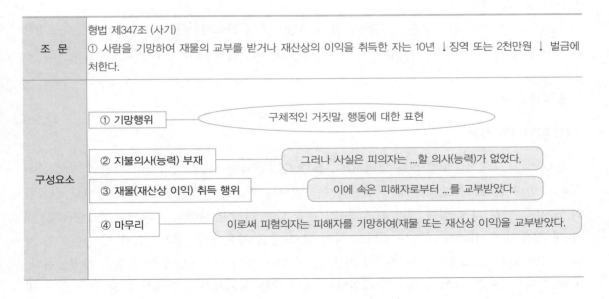

| 조 문 | 형법 제347조 (사기)<br>① 사람을 기망하여 재물의 교부를 받거나 재산상의 이익을 취득한 자는 10년 ↓ 징역 또는 2천만원 ↓ 벌금에 처한다. |
|---|---|
| 구성요소 | ① 기망행위 ── 구체적인 거짓말, 행동에 대한 표현<br>② 지불의사(능력) 부재 ── 그러나 사실은 피의자는 …할 의사(능력)가 없었다.<br>③ 재물(재산상 이익) 취득 행위 ── 이에 속은 피해자로부터 …를 교부받았다.<br>④ 마무리 ── 이로써 피혐의자는 피해자를 기망하여(재물 또는 재산상 이익)을 교부받았다. |

## (다) 범죄사실 작성례

### ① 사례 1

피의자는 2015. 6. 3. 12:10경 부산 ○○구 ○○동 ○○에 있는 피해자 a가 운영하는 편의점에서 500원 상당의 껌 1통을 구입하면서 피해자에게 10,000원을 지급한 후, 피해자로부터 5,000원 권이 포함된 잔돈 9,500원을 교부받았다.

①, ③ 이후 피의자는 위 거스름돈 중 5,000원권 1매를 바지 주머니에 숨긴 뒤, 피해자에게 거스름돈 5,000원을 덜 받았으니, 5,000원을 더 달라고 거짓말을 하여 이에 속은 피해자로부터 즉석에서 5,000원을 교부받았다.

④ 피의자는 상습으로, 위 일시경 부터 같은 날 12:55경까지 사이에 같은 방법으로 아래 범죄일람표(생략) 기재와 같이 총 6회에 걸쳐 합계 30,000원을 교부받았다.

### ② 사례 2

피의자는 2012. 12. 10. 12:00경 청주시 ○○동에 있는 ○○등산복 매장에서, 피해자인 업주 a에게 ① "다운점퍼 25벌(시가 1,495만원 상당)을 구입할 예정인데 다음에 아버지를 모시고 다시 오겠다"며 환심을 산 후, 같은 날 14:17경 피해자에게 전화를 걸어 "2,000만원짜리 수표를 가지고 있는데 거스름돈과 영수증을 가지고 아버지가 운영하는 ○○동 소재 '모 노래방'으로 와라"고 거짓말 하였다.

② 그러나 사실 피의자는 다운점퍼 25벌을 살 의사나 능력이 없었고, 2,000만원 수표를 소지하고 있지도 않았다.

③, ④ 그럼에도 이에 속은 피해자가 위 노래방으로 찾아오자, 위조된 1,000만원 수표 2장을 건네주고 피해자로부터 거스름돈으로 505만 원을 교부받아 이를 편취하였다.

## ◆ 다) 모욕

### (1) 피해자의 진술

제가 2012. 08. 19. 04:05경 평택시 ○○동 XXXX번지에 "모르는 사람이 자신의 집에 들어오려고 한다"는 112신고를 받고 현장에 출동하였더니 피고소인이 술에 만취한 상태로 신고자의 집 문을 발로 차고 있어 제가 왜 남의 집 문을 발로 차냐고 하였더니 피고소인이 저에게 내가 내 집을 발로 차는데 너희는 뭐냐고 하여 발로 문을 차는 것을 제지하면서 집에 들어가 자라고 하였더니 피고소인이 저에게 "야 이 XX끼야 너는 뭐냐 이 XX놈아 등 욕설을 하였습니다.

당시 피고소인은 술에 만취된 상태입니다. 현장에는 신고자가 집안에서 문만 조금 열고 밖을 쳐다보고 있었습니다. 제 나이가 50대인데 그런 저에게 입에 담지 못할 욕설을 하여 심한 모욕감을 받았습니다. 당시 함께 출동하였던 장OO 경O과 피고소인의 사회 후배라는 성OO과 신고자가 들었습니다. 또 주변에 동네 주민들 20여 명도 이를 들었습니다.

## (2) 조문과 구성요소

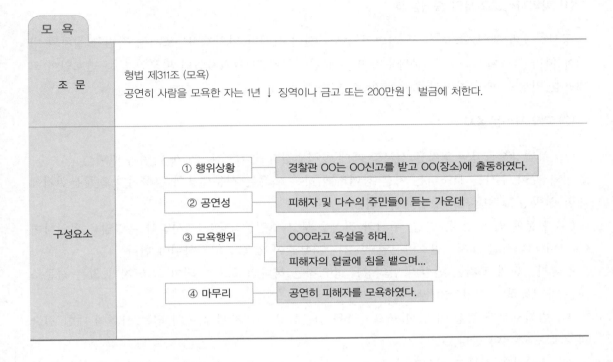

| 모 욕 | |
|---|---|
| 조 문 | 형법 제311조 (모욕)<br>공연히 사람을 모욕한 자는 1년 ↓ 징역이나 금고 또는 200만원↓ 벌금에 처한다. |
| 구성요소 | ① 행위상황 → 경찰관 OO는 OO신고를 받고 OO(장소)에 출동하였다.<br>② 공연성 → 피해자 및 다수의 주민들이 듣는 가운데<br>③ 모욕행위 → OOO라고 욕설을 하며…<br> 피해자의 얼굴에 침을 뱉으며…<br>④ 마무리 → 공연히 피해자를 모욕하였다. |

## (3) 범죄사실 작성례

① 2018. 08. XX. XX:XX경 평택시 XX동 1XXX번지에서 모르는 사람이 현관문을 두들기며 집에 들어오려고 한다는 112신고를 받고 OO파출소 경찰관인 경O 김OO(당OO세, 남), 경O 박OO이 현장에 출동하였다.

현장에서 피해자인 경O 김OO이 피의자 최OO에게 여기는 남의 집이니 본인 집으로 가시라고 하자 피의자가 피해자에게 ③ "너희들이 뭐야! XX, 너 이XX 죽여버려, 이 짭새 새끼 너 목을 잘라 죽여버린다" 라고 큰소리 고함을 치는 등 ② 이웃주민 및 참고인 곽OO 등이 듣는 가운데 ④ 공연히 피해자를 모욕하였다.

## 3) 피의자신문조서

### ◈ 가) 피의자신문조서 일반론

#### (1) 피의자신문조서의 증거능력

형사소송법 제312조 ③ 검사 이외의 수사기관이 작성한 피의자신문조서는 적법한 절차와 방식에 따라 작성된 것으로서 공판준비 또는 공판기일에 그 피의자였던 피고인 또는 변호인이 그 내용을 인정할 때에 한하여 증거로 할 수 있다.

#### (2) 피의자신문절차

(가) 사법경찰관이 피의자를 신문할 때에는 사법경찰관리를 참여하게 하여야 한다.

이와 같이 수사를 보조하는 자를 참여하게 하는 이유는 신문내용의 정확성과 신문분위기에 대한 신빙성을 뒷받침하기 위해서이다.

(나) 신문에 앞서 성명, 연령, 주거와 직업을 묻고 주민등록증을 제시받아 본인임을 확인하여야 하며 피의사실 요지 · 변호인선임권 · 진술거부권이 있음을 고지하여야 한다.

진술거부권의 고지는 진술의 임의성을 증명하는 하나의 요소가 되며 그 고지가 없는 신문조서는 증거능력이 인정되지 않는다.

(다) 범죄사실과 정상[2]에 관한 필요사항을 신문하고 피의자에게 이익 되는 사실에 대한 진술의 기회도 주어야 한다.

(라) 조사자의 질문과 피의자의 진술을 조서에 기재한 후 피의자에게 열람하게 하거나 그 내용을 읽어 주어 잘못 기재하였다거나 어떤 부분을 더 기재하여 달라고 할 때에는 그와 같은 요청의 취지를 조서에 기재하여야 한다.

(마) 피의자가 잘못 기재된 것이 없다고 할 때에는 간인한 후 서명 또는 기명 날인하게 한다.

피의자가 서명할 수 없을 때에는 그 취지를 기재한 후 대리하여 서명하고, 서명날인을 거부할 때에는 서명, 날인을 거부하기 때문에 서명날인이 없다는 취지를 기재한다.

(바) 신문도중 필요할 때에는 다른 피의자 또는 참고인과 대질하게 할 수 있다.

○ 범죄의 동기와 원인, 성질, 일시, 장소, 방법, 결과를 기재하고, 양형에 참작이 될 만한 사안도 상세히 기재한다.

○ 각호의 사항을 구체적으로 증명할 만한 인증, 물증 등의 자료를 첨부한다.

---

2  정상이란 범죄수사규칙 제68조에 '피의자에 대한 조사사항'으로 규정된 가족관계, 병역관계, 학력, 건강, 종교 등을 말한다. 이를 물어봄으로써 피의자의 범행과 관련된 단서를 포착하거나 피의자 개인에 대한 풍부한 정보를 얻을 수 있고, 재산관계나 주거관계, 가족관계를 물어보아 경제범죄 수사에 참고할 사항 또는 구속사유를 알 수도 있다. 따라서 정확하게 작성해야 한다(경찰청 발간, '피의자신문조서 작성기법' pp.43~54 인용).

○ 마지막에

문  기타 피의자에게 유리한 증거나 진술이 있는가요?

답  없습니다.

문  이상 진술이 사실인가요?

답  예, 사실입니다.

문  더 할 말이 있나요?

답  없습니다. ( ⟍⟍ 표시하고 날인하여 더 이상 쓰지 못하게 하고 마무리)

(3) 신문시 질문은 짧게 대답을 길게 하도록 하여야 하나(진술의 임의성과 관련), 피의자가 부인하거나 묵비권을 행사할 때에는 질문을 길게 하고 대답을 짧게 적어준다.

## ◈ 나) 신문조서 작성상의 유의사항

(1) 조사자가 묻고 피의자가 대답한 내용을 모두 그대로 옮겨 기재하는 것이 아니고 그 취지를 기재하는 것이다. 불필요한 부분은 생략하고 복잡한 진술은 알기 쉽게 항목을 나누어 요약, 정리하여 기재한다.

(2) 조서는 다른 수사서류와 마찬가지로 결국 재판관에게 보이기 위한 것이므로 조서내용을 쉽게 알아볼 수 있도록 평이한 문장으로 자연스럽고 간명하게 기재하고 글씨도 또박또박 알아보기 쉽게 써야 한다.

(3) 진술취지대로 기재하고 피의자에게 유리한 내용도 기재하여 조서에 대한 공정성을 보여야 한다.

(4) 반드시 읽어보도록 한 뒤 스스로 서명 날인하게 하여야 하고, 글을 읽지 못하는 피조사자의 경우 조사관이 읽어주고 고칠 부분이 있는지 물어본 후 서명날인하게 하여야 한다.

(5) 피신작성에 관한 적법한 절차와 방식에 대해서는 형사소송법 제241조부터 제244조의4까지의 규정에 자세히 나와있다.

## ◈ 다) 신문조서 작성방법

일단 전부에 걸쳐 신문을 하면서 요점을 메모하였다가 메모를 토대로 다시 진술자에게 확인하면서 기재하는 방법이 바람직하다.

### (1) 신문조서의 일반적 작성요령

(가) 일상생활에 사용하는 쉬운 문구를 사용한다.

(나) 호칭은 피의자로 하고 경어체로 작성한다.

(다) 8하원칙에 의거, 항목을 나누어 기재하는 것이 바람직하며 한꺼번에 한 항목에 기재하

는 것은 바림직하지 못하다.

(라) 질문의 방법

① 공개적 질문 : 거짓말이라도 탓하지 않고 액면 그대로 받는 것

(단문장답, 1회신문조서만 해당)

② 폐쇄적 질문 : 장문단답, 2회 · 자백을 받는 수사

(마) 조서는 전후 모순 없이 임의성이 있도록 자연스럽게 작성해야 한다.

진술내용에 변화가 있을 때는 왜 그와 같은 변화가 있게 되었는가를 묻고 그에 대한 납득할 수 있는 대답이 조서에 기재되어야 한다.

(바) 피조사자가 사용하는 특이한 말은 그대로 조서에 기재하는 것이 좋으며 다시 그 뜻을 물어 그 대답을 조서에 기재한다.

(사) 불분명한 대답을 하였을 때는 다시 물어 재차 정확한 답변을 받아야 범죄사실을 확정할 수 있다.

(아) 고소나 피해신고로 수사관이 알고 있는 사실 이외의 사실이 답변으로 진술되어야 임의성과 진실성이 인정된다.

## (2) 구체적 작성요령

### (가) 인적사항

① 성명 외에 이명, 별명이 있는 경우에는 성명 다음에 괄호를 하고 이명, 별명을 적어 넣는다.

예) 성명 오화섭(이명 오화식, 별명 개똥이)

② 피의자가 법인인 경우에는 등기부상 명칭을 적고, 괄호하고 대표이사 이름을 적는다.

예) 성명 : 주식회사 천일(대표이사 엄복동)

### (나) 전과관계

① 형벌일 경우에는 최종심 선고시기, 선고법원, 죄명, 형기(또는 벌금액),

석방일 및 석방된 교도소, 석방원인(만기, 형집행정지, 가석방, 특사 등) 벌금의 납입여부 등을 자세히 적는다.

② 보호처분일 경우에는 '처분법원, 처분시기, 죄명, 처분명'을 기재한다.

③ 기소유예일 경우에는 처분일시, 처분청, 죄명 등을 기재한다.

④ 기소된 상태일 경우에는 기소일, 법원명, 죄명을 기재한다.

**(다) 구성요건 사실에 관한 사항**

① 주 체

반드시 공범관계를 확인한다.

② 일시, 장소

− 일시, 장소에 따라서 죄명과 적용법조가 달라지는 경우가 있고

(야간주거침입절도와 절도),

− 일시는 공소시효의 기산·누범기간의 계산을 위하여 특정시켜야 하며,

− 장소는 법원·수사기관의 관할과도 관계가 있다.

− 예컨대 "2012.1. 중순경 저녁에 동대문상가에서 훔쳤습니다."라고 기재하면 일몰 전인지, 어느 점포에서인지, 점포 안인지, 밖인지 알 수 없다.

③ 객 체

재산과 관련된 것일 때는 종류, 수량, 가격을 물어 구체화하여야 한다.

④ 수단, 방법

범행을 준비한 과정으로부터 범행에 사용한 물건, 범행대상에의 접근 또는 침해한 방법, 실행방법에 이르기까지 상세하게 신문하여야 한다.

⑤ 결 과

피해상황, 위험정도, 기타 범행으로 인하여 파급된 효과 등을 명확히 하여야 한다.

⑥ 원인, 동기

이는 정상참작에 필요할 뿐만 아니라 피의자의 진술에 대한 신빙성을 판단할 수 있는 자료가 된다.

⑦ 범행 후의 동태

범행으로 얻은 물건의 소비여부 또는 처분방법 등을 반드시 물어야 한다.

이는 그 진술에 따라 객관적인 보강증거를 수집함으로써 범행에 대한 확증을 얻어내기 위함이다.

**(라) 범죄 후의 정황**

피해변상 등을 조사하여야 한다.

**(마) 소추요건 등에 관한 사항**

친족상도례(재산범), 소추요건 소멸여부(친고죄, 반의사불벌죄) 등도 조사하여야 한다.

**(바) 유리한 증거나 진술**

피의자에게 유리한 내용도 충분히 조사하여 피의자가 수사기관에 의하여 불리한 처분을 받

았다는 불만이 없도록 하여야 한다.

(사) 조서의 작성이 끝난 후 진술자가 서명을 할 수 없거나 서명날인을 거부하는 경우에는 그 취지를 기재한다.

(아) 진술거부권 등 고지를 피신 2면에서 확인(형사소송법 제244조의3 관련)

### 진술거부권 및 변호인 조력권 고지 등 확인

1. 귀하는 일체의 진술을 하지 아니하거나 개개의 질문에 대하여 진술을 하지 아니할 수 있습니다.
1. 귀하가 진술을 하지 아니하더라도 불이익을 받지 아니합니다.
1. 귀하가 진술을 거부할 권리를 포기하고 행한 진술은 법정에서 유죄의 증거로 사용될 수 있습니다.
1. 귀하가 신문을 받을 때에는 변호인을 참여하게 하는 등 변호인의 조력을 받을 수 있습니다.

문 : 피의자는 위와 같은 권리들이 있음을 고지받았는가요?
답 : (① 자필기재, ② 피의자의 답변을 타이핑 후 피의자의 기명날인 또는 서명)
문 : 피의자는 진술거부권을 행사할 것인가요?
답 : (① 자필기재, ② 피의자의 답변을 타이핑 후 피의자의 기명날인 또는 서명)
문 : 피의자는 변호인의 조력을 받을 권리를 행사할 것인가요?
답 : (① 자필기재, ② 피의자의 답변을 타이핑 후 피의자의 기명날인 또는 서명)
이에 사법경찰관은 피의사실에 관하여 다음과 같이 피의자를 신문하다.
문 : ................

### ◆ 라) 필요적 신문사항

### (1) 인정신문 (피의자를 특정할 수 있는 사항)

(가) 이 부분에 대하여는 피의자의 진술거부권도 없는 것이므로 진술을 요구할 수 있다는 학설이 있다. 그러나 끝내 침묵하여 이를 알 수 없을 때에는 성별, 추정연령, 인상착의, 체격, 특징, 기타 그 피의자를 특정할 수 있는 사항을 기재한다.

**(나) 성 명**

피의자의 성명을 기재한다. 옆의 괄호에는 한자명을 기재하며 구명, 이명, 별명 등은 성명 옆에 괄호하고 기입한다. 피의자가 법인인 경우에는 등기부상의 이름을 적고 괄호안에 대표이사 이름을 적는다.

**(다) 연 령**

생년월일과 함께 연령은 만으로 기재한다(킥스에서 자동으로 계산된다).

**(라) 주민등록번호**

주민등록증을 제시받아 확인한다.
피의자 본인 여부를 확인하기 위하여 신분증을 제출받아 사본하여 첨부한다.
신분증이 없다면, 십지지문을 채취하여 본인 여부에 대한 문제가 발생할 때를 대비한다.

**(마) 등록기준지**

**(바) 주 소**

현재의 주소, 거주지를 기재한다.
(주민등록상의 주소가 아닌 현재 숙식 장소, 15일 이상 숙식하며 지내는 장소) 주거와 직장란은 상세히 기재하고, 휴대폰 번호를 기재하면 좋다. 피의자가 외국인인 경우 국적, 주거지, 출생지, 입국 내지 출국 예정 연월일, 입국목적을 기재한다.

**(사) 직 업**

조사 당시의 직업을 구체적으로 기재한다.

**(아) 법인인 경우**

법인의 명칭, 주사무소 소재지 및 대표자의 직위, 성명, 연락처

**(자) 법인이 아닌 단체의 경우**

명칭, 주된 사무소의 소재지 및 대표자, 관리자, 주관자의 성명과 주거

**(차) 외국인의 경우**

국적, 주거, 출생지, 입국연월일, 입국목적, 적법한 입국자인지 여부, 체류지, 외교특권이

있는 자인가 여부, 한미행정협정 대상자인지 여부, 중국 또는 러시아 국적자인지 여부(본인의사 불문하고 영사관 통보의무 있음.)

## (2) 전과관계, 학력, 경력, 병역, 가족상황, 재산정도, 종교관계

### (가) 전과 및 검찰처분관계 : (그 사람이 이야기한 대로)

전과 및 검찰처분관계는 피의자가 이야기하는 대로 적는다. 전과 확인하여 전과가 많은 피의자가 거짓말한다고 하여도 그대로 적는다.

전과란 과거의 범죄행위에 의하여 징역, 금고, 자격상실, 자격정지, 벌금 등의 형벌을 받은 것을 말한다. 기타의 범행경력이란 이 전과 이외의 범죄경력을 총칭하는 것이다.

이 전과의 유무는 본인의 범정을 아는데 참고가 되고 정상참작 자료가 되는 동시에 누범 가중여하를 결정하는데 기준이 되는 것이므로 전과 기타 범죄경력을 물어 기재한다.

### (나) 상훈연금관계

훈장, 기장, 포상 등을 받은 자인 때에는 그 종류 및 등급 등을 기재하고 연금을 받고 있는 경우에는 이를 받게 된 경위와 종류, 금액 등을 기재한다.

상훈과 연금관계는 대통령이나 장관훈격 이상을 기재한다.

### (다) 병 역

피의자의 군별, 입대연월일, 제대연월일, 제대당시의 계급 등을 표시하고 군에 입대하지 않은 경우에는 그 사유와 역종을 기재한다.

병역관계는 병역의무자 여부, 제대일자와 계급을 적는다. 방위소집 관계를 군형법과 관련해 명확히 밝힌다.

### (라) 교 육

학력은 보통 최종의 것만 기재하면 되지만 전학한 경우 중도 퇴학한 경우 또는 사건의 내용 등으로 보아서 재학한 모든 학교를 알아 둘 필요가 있는 경우에는 그 모든 학교명과 전, 퇴학의 경위 등을 기재해 두어야 한다.

### (마) 가 족

동거가족을 중심으로 하여 양친, 배우자, 자녀 등을 피의자와의 관계, 성명, 연령, 직업 순으로 기재한다.

( …저를 포함해서 0인 가족이 주거지에서 함께 거주하고 있습니다.)

( …는 고향에 계시고 저는 혼자 자취하고 있습니다.)

가족관계는 결혼여부와 부모여부를 조사하고, 가족과 같이 사는지, 떨어져 산다면 가족들의 주거지를 잘 알아두도록 한다.

### (바) 재산 및 월수입

부동산, 동산, 저축 등의 개요와 부채 등의 채무관계를 명백히 하는 동시에 수입, 지출의 상황을 파악하여 그 생활상태의 개황을 기재하되, 특히 범죄의 원인이 그 생활상태 등과 밀접한 관계가 있는 경우에는 가능한 구체적으로 기재한다(자기재산 : 처분, 관리권한내에 있는 재산, 월수입, 생활정도).

재산관계는 벌금 산정에 있어서 형의 참작사유가 되기도 하고, 사기 사건에 있어서 편취고의를 추정하는 중요한 단서가 된다. 동산·부동산을 합쳐서 계산하여야 하고, 월수입은 평균 월수입을 기재한다.

### (사) 종 교

2019년에 지침이 하달되어 해당사건 수사를 위해 필요한 경우 외에는 질문이 불필요하다고 하였다(경찰청-수사기획과-19857, 2019.8.29. 피의자 등 조사시 유의사항 재강조 지시[통보])

### (아) 정 당

2017년에 지침이 하달되어 특정범죄(집회 및 시위에 관한 법률 등) 외에는 질문이 불필요하다고 하였다(경기남부청 수사과-6692, 2017. 5. 23. 피의자 신문시 유의사항 강조 지시[통보]).

### (자) 관련 근거

**범죄수사규칙**

**제68조(피의자에 대한 조사사항)** 경찰관은 피의자를 신문하는 경우에는 다음 각 호의 사항에 유의하여 별지 제26호 서식에서 제32호 서식까지의 피의자신문조서를 작성하여야 한다.

1. 성명, 연령, 생년월일, 주민등록번호, 등록기준지, 주거, 직업, 출생지, 피의자가 법인 또는 단체인 경우에는 명칭, 상호, 소재지, 대표자의 성명 및 주거, 설립목적, 기구
2. 구(舊)성명, 개명, 이명, 위명, 통칭 또는 별명
3. 전과의 유무(만약 있다면 그 죄명, 형명, 형기, 벌금 또는 과료의 금액, 형의 집행유예 선고의 유무, 범죄사실의 개요, 재판한 법원의 명칭과 연월일, 출소한 연월일 및 교도소명)
4. 형의 집행정지, 가석방, 사면에 의한 형의 감면이나 형의 소멸의 유무
5. 기소유예 또는 선고유예 등 처분을 받은 사실의 유무(만약 있다면 범죄사실의 개요, 처분한 검찰청 또는 법원의 명칭과 처분연월일)

6. 소년보호 처분을 받은 사실의 유무(만약 있다면 그 처분의 내용, 처분을 한 법원명과 처분연월일)

7. 현재 다른 경찰관서 그 밖의 수사기관에서 수사 중인 사건의 유무(만약 있다면 그 죄명, 범죄사실의 개요와 당해 수사기관의 명칭)

8. 현재 재판 진행 중인 사건의 유무(만약 있다면 그 죄명, 범죄사실의 개요, 기소 연월일과 당해 법원의 명칭)

9. 병역관계

10. 훈장, 기장, 포장, 연금의 유무

11. 자수 또는 자복하였을 때에는 그 동기와 경위

12. 피의자의 환경, 교육, 경력, 가족상황, 재산과 생활정도, 종교관계

13. 범죄의 동기와 원인, 목적, 성질, 일시장소, 방법, 범인의 상황, 결과, 범행 후의 행동

14. 피해자를 범죄대상으로 선정하게 된 동기

15. 피의자와 피해자의 친족관계 등으로 인한 죄의 성부, 형의 경중이 있는 사건에 대하여는 그 사항

16. 범인은닉죄, 증거인멸죄와 장물에 관한 죄의 피의자에 대하여는 본범과 친족 또는 동거 가족관계의 유무

17. 미성년자나 피성년후견인 또는 피한정후견인인 때에는 그 친권자 또는 후견인의 유무(만약 있다면 그 성명과 주거)

18. 피의자의 처벌로 인하여 그 가정에 미치는 영향

19. 피의자의 이익이 될만한 사항

20. 전 각호의 사항을 증명할만한 자료

21. 피의자가 외국인인 경우에는 제243조 각 호의 사항

◈ **마) 구성요건 해당 신문**

**(1) 주체**

반드시 공범관계를 확인한다. 특히 공범자의 유무, 공모관계, 공범자와의 관계 및 공동정범인 경우 주모자가 누구이며 어떠한 모의를 하였는가, 교사 및 방조범이 있다면 그 구체적 사실은 무엇인가 등도 조사하여야 한다. 일정한 신분이 구성요건으로 되어 있는 경우 그에 대한 조사가 필요하다(피의자와 피해자의 신분관계 등).

> ◆ **기재례**
> 문 : 피의자는 남의 물건을 훔친 사실이 있는가요?
> 답 : 예, 그런 사실이 있습니다.
> 문 : 혼자서 훔쳤는가요?
> 답 : 친구 김ㅇㅇ과 이름을 잘 모르는 김ㅇㅇ의 친구 2명 등 모두 4명이 훔쳤습니다.

## (2) 일시, 장소

일시 · 장소에 따라 적용법조 자체가 달라지게 되는 경우가 있으므로 특정하여야 하고, 일시
는 공소시효의 기산, 누범, 집행유예선고 금지기간 등과 관계되고 장소는 법원, 수사기관의 관
할과 관계되며, 또 범행일시 및 장소는 후일 피의자가 현장부재를 주장할 수도 있으므로 유의
하여야 한다.

---

◆ 기재례

문 : 언제 어디서 훔쳤는가요?

답 : 2010. ○. ○. 오후 2시경(14:00보다는)에 김○○씨 가게에서 훔쳤습니다.

---

## (3) 객체

구성요건과 관련하여 객체를 명확히 하여야 하고, 재산과 관련된 것인 때에는 그 종류 · 수
량 · 가격 등을 물어야 하며, 가격은 필요한 경우 구입가격 · 감정가격 등으로 피의자가 납득할
수 있는 정확한 가액산출이 필요하다.

---

◆ 기재례

문 : 누구의 물건을 얼마나 훔쳤는가요?

답 : 김○○ 소유의 NB 운동화 40켤레를 훔쳤으며 잡히고 나서 알았는데 한 켤레에 5,000원씩 모두 200,000
원어치가 된다고 합니다.

---

## (4) 수단, 방법

범행을 준비한 과정으로부터 범행에 사용한 물건, 범행대상에의 접근 또는 침해한 방법, 실
행방법 등에 이르기까지 가급적 상세히 신문하여야 한다. 범행용구의 압수경위는 어떠한가,
범행당시 및 그 이전의 행동사항은 어떤가 등을 파악하는 것도 중요하다.

---

◆ 기재례

문 : 어떤 방법으로 훔쳤는가요?

답 : 그 전날 밤에 제 집에 친구 3명이 놀러 와 술을 먹고 이야기하던 중, 김○○ 이 먼저 동대문상가의 신발
가게에 들어가서 운동화를 훔쳐 팔자고 제안을 꺼내어 전부 찬성을 하였습니다. 그 신발가게에 모두 같이
가서 김○○과 그의 친구 2명이 가게 앞을 왔다 갔다 하면서 망을 보고 저는 준비해 간 드라이버로 잠긴
자물쇠를 비틀고 열고 점포 내 창고에 들어갔습니다.

그 안에서 운동화 박스 1개를 들고 나와 밖에 기다리던 3명과 같이 김○○의 집까지 제가 들고 운반하였
습니다.

---

## (5) 결 과

피해상황, 위험정도, 기타 범행으로 인하여 파급된 효과 등을 명확히 하여야 한다. 이는 양형자료가 될 뿐만 아니라 소송촉진등에관한특례법에 배상명령의 근거가 되기도 하기 때문이다.

> ◆ 기재례
> 문 : 박ㅇㅇ에게 어느 정도 상처를 입혔는가요?
> 답 : 때리고 나서 코피를 흘리는 것을 보았는데, 나중에 들어보니 병원에서 3주짜리 진단서를 끊었다고 하였습니다.

## (6) 원인, 동기

이는 정상에 관련된 문제일 뿐만 아니라 근본적으로 범죄를 예방하는데 필요한 기초자료가 되기도 하며, 나아가서는 피의자의 진술에 대한 신빙성을 부여할 수 있는 중요한 자료가 되므로 반드시 그 원인과 동기에 대하여 명확히 신문해 두어야 한다.

> ◆ 기재례
> 문 : 피의자는 왜 남의 물건을 훔쳤는가요?
> 답 : 저의 처가 위궤양으로 석달째 입원을 하고 있는데 치료비가 없어 고민하다가 이런 짓을 하게 되었습니다.

## (7) 범행 후의 동태

범행으로 인하여 얻은 물건의 소비여부, 또는 처분 등 증거인멸방법 등을 반드시 물어야 한다. 이는 그 진술에 따라 객관적인 보강증거를 수집함으로써 범행에 대한 부동의 확증을 얻어내기 위함이다(형사소송법 제310조 자백의 보강법칙 참조). 따라서 범행 후의 행동, 유류품의 유무와 그 특징, 유기장소, 범행용구 또는 장물의 처분상황을 상세히 파악하여야 한다.

> ◆ 기재례
> 문 : 피의자가 훔친 신발 40켤레는 어떻게 하였는가요?
> 답 : 훔친 다음날 10시쯤 집 근처에 있는 신발가게에 10만원을 받고 팔았습니다.

## (8) 범죄 후의 정황

피해변상 등을 조사하여야 한다.

> ◆ 기재례
> 문 : 피해변상은 하였는가요?
> 답 : 저의 어머니가 치료비로 5,000,000원을 주고 합의하였습니다.

## (9) 기타 필요한 상황

◆ 기재례

문 : 피해자와 친족관계가 있는가요?

답 : 피해자는 저의 외삼촌입니다. 제 어머니의 큰오빠입니다.

범죄의 위법성이나 책임성을 조각하는 사유, 또는 소송조건의 결여를 주장하는 진술이 있거나 그러한 의심이 있는 경우에는 그 점에 관하여 철저한 조사가 필요하다

(친족상도례, 친고죄, 반의사불벌죄).

## (10) 증거물, 현장도면을 제시할 경우

◆ 기재례

문 : 피의자는 이 물건을 알겠는가요?

　이때 압수된 증 제2호 파란색 비닐백에 들어 있는 필로폰 1킬로그램을 피의자에게 제시한 바,

답 : 제가 살 사람을 물색하기 위하여 가지고 다니다가 마약감시반원에게 적발되어 압수된 히로뽕이 틀림없습니다.

## (11) 부인하는 경우

부인할 경우에는 부인하는 내용의 진술을 조서에 그대로 기재한 다음 모순점을 추궁하거나 증거를 제시하여야 피의자가 굴복하여 자백하거나 횡설수설하는 내용을 생생하게 기재한다.

◆ 기재례

문 : 피의자는 택시사업면허를 내주겠다는 명목으로 김ㅇㅇ로부터 돈을 받은 사실이 있는가요?

답 : 평소에 잘 아는 김ㅇㅇ로부터 그런 부탁을 받은 사실은 있으나 돈을 받은 사실은 없습니다.

　이때 압수된 증 제ㅇㅇ호 제일은행 서대문지점발행 자기앞수표 300만원 권을 피의자에게 제시하고,

문 : 이 수표를 알겠는가요?

답 : 전혀 처음 보는 것입니다.

문 : 이 수표는 국민은행 충무로지점에서 피의자의 구좌에 입금한 사실이 있는가요?

답 : 저는 그런 사실이 없습니다. 아마도 저와 동업관계에 있는 정ㅇㅇ이 사업상 판매대금을 입금시킨 것으로 봅니다.

문 : 이 수표의 뒷면에는 피의자의 이름과 주민등록번호가 적혀 있는데도 부인하는가요?

답 : ..........

　이때 피의자는 수표뒷면을 보고 고개를 떨구면서 말이 없다.

문 : 이 수표 뒷면에 적힌 피의자의 이름과 주민등록번호는 피의자의 필적이 맞지요?

답 : 제 필적이 맞습니다. 죄송하게 되었습니다. 사실은 제가 김ㅇㅇ로부터 이 수표를 받아 국민은행 충무로지점에 가서 뒷면에 이름과 주민등록번호를 적고 제 구좌에 입금하였습니다

문 : 그렇다면 피의자는 택시사업면허를 내주겠다는 명목으로 김갑돌로부터 돈을 받은 것이 사실인가요?

답 : 예. 사실입니다.

문 : 왜 지금까지 부인하였나요?

답 : 김ㅇㅇ이 저에게 돈을 준 것을 본 사람이 없어 본의 아니게 거짓말을 하게 되었습니다.

문 : 그러면 왜 이제 와서 사실대로 말하겠다고 하는가요?

답 : 제가 이서한 수표까지 제시하니 더 이상 양심의 가책을 이기지 못 하겠기 때문입니다.

문 : 피의자는 사실대로 대답하겠는가요?

## (12) 피해자 또는 참고인과 대질하는 경우

◆ 기재례

문 : 피의자는 그날 밤 김ㅇㅇ을 칼로 찌른 사실이 있는가요?

답 : 저는 김ㅇㅇ을 칼로 찌르기는커녕 그날 밤에 그를 본 일조차 없습니다.

문 : 김ㅇㅇ을 불러서 물어 보아도 좋은가요?

답 : 오히려 제가 만나고 싶습니다.

이때 대기실에서 대기 중이던 김ㅇㅇ을 입실케 하고,

문 : 피의자는 정말 이 김ㅇㅇ을 본 일이 없는가요?

답 : 기억이 없습니다.

이때 김ㅇㅇ에게

문 : 이름이 무엇인가요?

답 : 김ㅇㅇ입니다.

문 : 여기 있는 이 피의자를 알겠는가요?

답 : 네, 12월 24일 밤에 과도로 저를 찌른 사람이 분명합니다.

문 : 피의자 말에 의하면 진술인을 찌르기는커녕 그날 밤에 본 일도 없다고 하는데 그런가요?

답 : 그날 밤 이 사람이 제 옆자리에서 술을 먹다가 이유없이 저에게 시비를 걸며 과도로 옆구리를 찔렀는데 그 당시 제 친구들도 목격하였습니다.

이때 다시 피의자에게

문 : 이 사람은 피의자로부터 상해를 입은 것이 분명하다고 하는데 어떤가요?

답 : 제가 그날 밤 옆 사람과 시비를 하고 싸웠는데 이 사람인 줄 미처 몰랐습니다. 이 사람 말을 듣고 보니 제가 이 사람과 싸운 것은 기억납니다만 칼로 찌른 적은 없습니다.

## (13) 피의자가 유리한 변소자료를 제출하는 경우

◆ 기재례

문 : 피의자에게 유리한 증거나 진술이 있는가요?

답 : 제가 고소인에게 돈을 받을 것이 있다는 것을 증명하기 위하여 공정증서사본을 제출하겠으니 참고해 주시기 바랍니다.

이때 조사관은 피의자가 임의제출하는 공정증서사본 1장을 교부 받아 그 내용을 살펴본 다음 조서말미에 첨부하다.

## (14) 수법이 같은 다수 범행에 대하여 신문할 경우

모든 범행에 대하여 일일이 신문하고 답변을 기재하는 것은 번거롭고 알아 보기에도 힘들므로 한두 가지의 대표적 사실에 대하여만 기재하고 나머지 사실은 범죄일람표를 작성케 하거나, 미리 만들어 놓은 범죄일람표를 제시하며 건건이 부인하는지, 인정하는지 확인하는 것이 좋다. 만일 일부만 부인할 경우 그 근거제시를 요구하며 차후 대질조사 등에 대비한다.

◆ 기재례

문 : 피의자는 그 외에 또 남의 물건을 훔친 사실이 있는가요?

답 : 네, 지금까지 말한 것과 같은 방법으로 6번을 더 훔쳤습니다.

문 : 그렇다면 그 내용을 일시, 장소, 훔친 물건별로 일람표를 작성할 수 있나요?

답 : 네, 지금 그것을 작성하여 제출하겠습니다.

이때 피의자 자신이 자필로 작성하여 제출하는 범죄일람표 1장을 교부받아 이를 조서 뒤에 첨부하다.
(또는 조사관이 미리 작성해 둔 범죄일람표를 제시해가며 건건이 부인하거나 인정하는 진술을 기재한다.)

## (15) 피의자의 진술을 기재한 뒤 반드시 피의자에게 읽어보게 하거나 들려준 뒤 피의자가 틀린 부분이 있다고 주장하는 것은 그대로 고쳐 주어야 한다(형소법 제244조 제2항, 제3항).

◆ 기재례

문 : 더이상 할 말이 있나요?

답 : 여기 조서 셋째 페이지에 제가 먼저 영수증을 조작하자고 한 것으로 기재되어 있는데 지금 생각해 보니 정ㅇㅇ이 그 말을 먼저 꺼내었던 것이 분명합니다.

답 : 제가 먼저 영수증을 조작한 것처럼 기재가 되어 있는데 이것은 사실과 다릅니다. 분명히 정ㅇㅇ이 그 말을 꺼낸 것으로 진술하였으니 그렇게 고쳐주십시오.

## (16) 끝부분에 빠지지 않아야 하는 것

### (가) 유리한 증거나 진술

피의자에게 이익된 사실을 진술할 기회를 주어야 하며 피의자에게 유리한 내용도 충분히 조사함으로써 수사기관에 의하여 불리한 처분을 받았다는 불만이 없도록 하여야 한다. 특히 피의자에게 유리한 진술을 받아둔 경우에는 조서의 신빙성이 더욱 높아짐은 앞에서도 지적한 바와 같다(형소법 제242조).

### (나) 지금까지 진술한 것이 사실인지 여부(자필로 답변)

### (다) 더 할 말이 있는지 여부(자필로 답변)

'더 할 말이 있는가요'라는 질문에 자필로 쓰게 한 후 그 옆부터 나머지 여백에 ✗ 표시를 하고 피의자와 조사관의 도장을 찍어 마무리한다.

서류에 간인할 때에는 오른쪽에 피의자의 간인, 왼쪽에 조사관의 간인을 찍는 것이 일반적이다.

---

◆ **기재례**

문 : 피의자에게 유리한 진술이나 증거가 있는가요?
답 : 없습니다.

문 : 지금까지 진술한 내용은 사실인가요?
답 : 모두 사실대로 진술하였습니다(자필기재).

문 : 더 할말이 있는가요?
답 : 없습니다(자필기재).　(　✗　　표시 후 날인).

---

(17) 피조사자의 요청에 의해 고쳐진 부분이 있을 때에는 고칠 부분에 두 줄을 긋고 윗부분에 추가된 내용을 적은 후 조사관의 날인을 하고, 조서 좌측 여백에 줄어들거나 늘어난 글자 수만큼 '삭 O자', '가 O자'를 적고 피조사자의 도장을 찍게 한다.

### ◈ 바) 피의자신문조서 2회

#### (1) 모두질문

##### (가) 피의사건의 요지설명

##### (나) 진술거부권 및 변호인 조력권 고지 등 확인을 재차 한다.

> **◆ 기재례**
>
> 문 : 피의자의 성명은 무엇입니까?
> 답 : 저는 김○○이고 만 23세입니다.
> 문 : 피의자가 전회 진술한 내용은 사실과 틀림없습니까?
>
> 이때 피의자에 대한 제1회 신문조서를 제시, 열람하게 한 바,
>
> 답 : 이 내용을 다시 읽어보니 제가 처음 조사 받을 때 말한 대로 기재되어 있고(기재내용의 정확성) 그 내용
>      도 사실과 틀림없습니다(진술내용의 진실성 확인).
> 문 : 피의자는 그 때 고소인에게 받은 돈을 어디에 사용하였습니까?

### ◈ 사) 대질신문

#### (1) 관련근거

– 형사소송법 제245조(참고인과의 대질)

검사 또는 사법경찰관이 사실을 발견함에 필요한 때에는 피의자와 다른 피의자 또는 피의자 아닌 자와 대질하게 할 수 있다.

– 범죄수사규칙 제63조의2(공범자의 조사)

① 경찰관은 공범자에 대한 조사를 할 때에는 분리조사를 원칙으로 하여 범행은폐 등 통모를 방지하여야 하며, 필요시에는 대질신문 등을 할 수 있다.

② 경찰관은 대질신문을 하는 경우에는 그 시기와 방법에 주의하여 한쪽이 다른 한쪽의 위압을 받는 등의 일이 없도록 하여야 한다.

#### (2) 대질신문 방법[3]

(가) 대질신문은 다투는 쌍방 등을 동시에 신문하는 것이다. 다투는 쌍방이 조사자 앞에서 동

---

3  송기섭 교관님의 조언.

시에 진술하는 신문이므로, 대부분 신문 도중 여러 번 언쟁을 하면서 욕설을 하는 등 흥분된 상태에서 진술을 한다. 그러므로 조사자가 어느 한 쪽을 두둔하는 것처럼 비칠 수 있는 말을 하면, 편파 수사한다고 주장하면서 조사에 응하지 않거나, 나중에 진정할 가능성이 있다. 그러므로 대질신문은 매우 조심스럽게 진행시켜가야 할 신문이다.

그런데 수사관도 수양과 경험이 부족한 인간이고, 또한 어느 한쪽이 거짓말하고 있다고 의심을 하면서 신문하게 되며, 의심을 하는 쪽에 상대적으로 많은 질문을 하게 되어, 어느 한 쪽을 의심하고 있음을 표정이나 언행에서 나타내지 않는다는 것은 매우 어렵다. 그리하여 신문에 응하는 사람이 조사자의 마음을 어느 정도는 알 수 있게 된다. 그러나 수사관의 신문에 진술에 대한 평가적인 말이 없고, 상대방의 진술에 대한 반박 기회를 빠짐없이 주면, 신문은 원활히 진행된다.

(나) 대질신문이 위와 같은 위험이 있으나, 그 반면에 서로의 주장을 직접 논박할 수 있고, 핵심적으로 부인하는 사실이 아닌 것에 대하여는 사실을 알고 있는 사람 면전에서는 거짓말하지 않는 경향이 있어 비교적 거짓말이 적은 진술을 들을 수 있으며, 대질신문 하는 과정에서 감정이 격화되어 언쟁하는 중 자연스럽게 새로운 중요한 사실을 말하는 경우가 있고, 어느 한 쪽의 주장을 상대방이 어떻게 생각하느냐를 방금 알 수 있게 되어, 진실을 신속히 규명할 수 있는 등 많은 장점을 가지고 있어, 고소사건의 수사에서는 많이 활용되고 있다.

(다) 대질신문을 하는 경우 참여한 사람들에게 볼펜과 메모지를 주면서 "지금부터 대질 신문을 하겠습니다. 상대방이 대답하는 동안에는 반박하고 싶어도 참으면서 메모를 하세요. 상대방의 진술을 반박할 기회를 반드시 그때마다 줍니다. 메모를 하지 않으면 기회를 줄 때에 빠뜨리고 하지 못하는 수가 있습니다. 말로만 싸우고 조서에 담기지 못한 것은 별 소용이 없습니다. 각자의 입장이 모두 조서에 반영되게 진행할테니 잘 협조하여 주시기 바랍니다."라고, 부탁하는 말을 하면 좋다. 그리고 신문 도중 당사자끼리 언쟁하는 경우 잠깐 동안 언쟁을 들어보다 제지하면서, 위와 같은 말을 다시 하면 효과가 있었다.

(라) 피의자가 주장한 사실에 대하여 고소인이 반박하면서 새로운 사실을 말하면, 피의자에게 고소인이 진술한 새로운 진술에 대하여 어떻게 생각하는가를 물어 이를 조서에 기재하여야 하는데, 진술하는 새로운 사실이 수사에 도움될 말이 아니라고 판단되면, 조서에 기재하지 않아도 된다. 그러나 기재하지 않는 것이 많아지면, 자신의 진술을 무시한다는 항의를 받을 수도 있다.

(마) 고소인에게 피고소인의 진술에 대한 의견을 물을 때에는 "문 : 피의자의 진술이 어떤가요."라고 간략하게 조서에 적을 뿐, 피의자의 진술 내용을 다시 조서에 기재하지 않는다. 그리고 가급적 하나의 사실에 대한 진술이 있으면, 바로 상대방에게 그 진술에 대한 의견을 묻고,

그 의견에 새로운 사실이 있으면, 그 의견에 대한 상대방을 의견을 묻는 식으로 대질 신문하고, 그 다음에 다른 사실에 대하여 또 위와 같이 문답을 하는 대질 신문을 하여야 한다. 그러므로 한 사람은 진술하고, 상대방은 진술을 하지 않는 대질 신문을 하여서는 안된다.

(바) 고소인의 진술이 경험칙에 부합되어 진술에 신빙성이 있고, 범죄혐의가 인정될 수 있는 사건인 경우에는, 고소 보충 조사를 할 때에 고소인으로부터 피의자의 주장이 무엇인가를 물어, 피의자가 어떤 점에 대하여 어떤 진술을 할 가능성이 많다는 것을 예상하여, 그에 대한 고소인의 진술을 상세하게 받거나, 고소인이 피의자의 주장을 모르는 경우에는, 사건 발생 경위를 상세히 조사하고 입증 자료를 충분히 갖춘 후, 피의자에 대한 1회 신문부터 고소인과 대질신문 하는 것이 바람직하다.

그 이유는, 피의자에 대한 1회 조사가 마쳐진 후에 다시 불러 조사를 하면, 범죄 혐의가 인정되는 사건인 경우에는, 피의자가 2회부터는 출석을 기피하는 경향이 매우 많기 때문에, 쌍방이 동시에 출석하는 비율이 매우 낮고, 또한 피의자가 1회 신문을 통하여 고소인의 주장과 사안의 핵심을 거의 다 알게 되어, 어떻게 1회 신문 때에 말한 것이 사실이라고 꾸며 댈 것인가를 세심하게 생각하여, 자기의 변명대로 거짓말해 줄 참고인을 조사해 달라고 요청하는 등, 증거인멸의 우려가 많기 때문이다.

그러나 반대로 1회 피의자 신문부터 대질 조사하면, 수사가 신속히 진행되고, 피의자의 거짓 진술이 비교적 적어, 진실 규명이 쉬워진다는 크나큰 장점이 있다.

그런데 피의자 1회 신문부터 대질신문을 하려면, 고소인의 진술을 듣고 피의자의 변소를 예상할 수 있어야 하고, 또한 피의자의 변소를 듣고 즉시 신문할 수 있는 수사능력을 가져야 실효를 거둘 수 있으므로, 수사 경험을 상당히 쌓은 후에 시행함이 좋을 것이다.

### ◈ 아) 피의자가 묵비권을 행사하거나 부인하는 진술일 때

(1) 묵비권을 행사할 때에는 수사관은 그 범죄에 관한 신문사항전체를 문으로 묻고 답란에 ....을 찍어서 표시하든가 묵묵부답으로 쓰고 ( )내에 그의 행동사항을 명기한다.
(2) 범죄사실을 부인하는 경우는 대질, 증거제시, 참고인조사, 현장조사 등의 방법도 있지만 2차 신문시에는 피의자가 답변도중 수사관 앞에서 한 행동사항을 괄호안에 상세히 기록하여야 한다.

---

◆ 기재례
문 : 피의자는 고소인에게 돈을 빌린 적이 있나요?
답 : 아닙니다.
이때 피의자는 주위를 두리번거리며 누군가 찾는 행동을 취하다.
답 : ....
이때 피의자는 "형사님 물 좀 주십시오"라며 입술이 마르고 초조한 빛을 하다.
이때 피의자는 고소인을 향하여 삿대질과 고함으로 언제 내가 ....하고 하다.

---

## ◈ 자) 증거물제시방법

---

**◆ 기재례**

이때 증거물로 압수한 증 제1호 식도를 보이고.

문 : 이 식도가 피의자가 김ㅇㅇ의 복부를 찌르는데 사용한 것인가요?

답 : (피의자는 식도를 한참 살펴본 후)맞습니다. 제가 앞집 부엌에서 들고 나와 일을 저지른 식칼입니다.

이때 증거물로 압수한 증 제4호 약속어음을 보이고.

문 : 이 약속어음은 피의자가 위조하여 행사하였던 어음인가요?

답 : (살펴본 후) 아닙니다.

이때 증 제4호의 약속어음 필적을 감정하여 회보 받은 국립과학수사연구소의 필적감정서를 보이고.

문 : 감정결과에 의하면 피의자의 필적과 이 약속어음 발행인 김ㅇㅇ이라고 쓴 필적과 동일하다고 하는데 어떤가요?

답 : (한참 고개를 숙이고 있다가 담배 한 대 주십시오 하며 담배를 한 대 붙여준 바, 다 피운 후) 죄송합니다. 사실은 제가 위조하여 사용하였습니다.

---

## ◈ 차) 조서말미

### (1) 일반적인 경우

(가) 진술조서 등의 기재를 마쳤을 때에는 이 건을 진술자에게 열람 또는 읽어주어서 오기나 증감, 변경할 것이 없는가를 확인한 뒤에 진술자의 서명, 날(무)인을 받은 다음 작성연월일, 작성자의 소속관서와 계급을 기재하고 서명, 날인, 간인해서 완성하는 것이 원칙이다.

---

**◆ 기재례**

위의 조서를 진술자에게 열람하게 하였던 바(읽어 준 바) 진술한 대로 오기나 증감, 변경할 것이 전혀 없다고 말하므로 간인한 후 서명 날(무)인하게 하다.

---

### (2) 진술자가 서명불능한 경우

### (가) 진술자가 글을 모르는 경우

위의 조서를 진술자에게 읽어 준 바, 진술한 대로 오기나 증감변경할 것이 전혀 없다고 말하였으나 글을 몰라 서명불능하므로 본직이 대서기명하고 간인한 후 날(무)인하게 하다.

진술자 홍○○ ㉑

대서 경위 김○○ ㉑

## (나) 진술자가 질병, 중상 등의 경우

위의 조서를 진술자에게 읽어준 바, 진술한 대로 오기나 증감, 변경할 것이 전혀 없다고 말하였으나, 중상(질병)으로 서명불가하므로 본인의 의뢰에 따라 본직이 대서기명하고 간인한 후, 날(무)인하게 하다.

진술자 홍○○ ㉑

대서 경위 김○○ ㉑

## (다) 진술자가 서명날인을 거절한 경우

① 작성한 조서에 진술자가 서명날인을 거절하는 경우에도 조서말미에 그 사유를 기재하여 그 조서를 종결하여야 한다. 이것이 공판에서 증거로서 가치가 없더라도, 조사한 사실과 그 결과를 명확하게 해둘 필요가 있으며 때로는 공판과정에서 조사관이 증인으로서 조사 상황을 설명할 경우에, 이 조서가 필요한 경우가 있다.

② 기재례

위의 조서를 진술자에게 열람하게 하였으나 묵비하면서 서명날인을 거부하다.

진술자 서명 및 날인거부

## (라) 대질한 경우

위의 조서를 각 진술자에게 열람하게 하였던 바 (읽어준 바) 진술한 대로 오기나 증감, 변경할 것이 전혀 없다고 말하므로 간인한 후 각 서명 날(무)인하게 하다.

진술자 이○○㉑

진술자 사○○㉑

## (마) 참여인(통역인)을 둔 경우

① 소년이나 질병, 중상자 등을 조사할 때에는 대개 참여인을 두는데 이 경우에는 진술조서의 전문에 ....를 참여하게 하고 라고 기재하여 그 뜻을 명확히 하는 외에 조서말미에도 그 사유를 기재하여야 하며 통역인을 두었을 때도 마찬가지이다.

② 참여인을 둔 경우 기재례

위의 조서를 親父 강○○를 참여하게 하고 진술자에게 읽어준 바 진술한 대로 오기나 증감, 변경할 것이 전혀 없다고 말하므로 간인한 후 서명 날(무)인하게 하다.

진술자 강○○㉑

③ 통역인을 둔 경우

위의 조서를 통역인을 통하여 진술자에게 읽어준 바 진술한 대로 오기나 증감, 변경할 것이

전혀 없다고 말하므로 통역인과 같이 간인한 후 서명 날(무)인하게 하다.

통역인㊞
진술자㊞

### ◈ 카) 참고사항

(1) 조서작성 후 조서의 작성자는 진술하는 진술자의 서명, 날인 다음에 조서의 작성년월일과 자기의 소속, 계급을 기재하고 서명, 날인하는 동시에 매 장에 간인하여야 한다.

(2) 증거물의 수리 또는 제시의 경우

－ 증거물을 반드시 피의자, 참고인에게 제시하고 설명시켜서 조서상에 이것을 명확하게 기재해 두지 않으면 안된다.

－ 일반적으로 증거물을 제시하는 시기는 피의자가 자백한 뒤에, 피의자로부터 그 모양, 특징, 수량 등을 상세히 청취하여 그 증거물과 일치한가를 확인한 뒤에 제시하는 것이 원칙이다.

(3) 진단서를 수리 또는 제시한 경우

상해사건에서는 피해자가 제출한 진단서를 수리하여 이것을 진술조서에 나타내는 경우와 그 진단서를 피의자에게 제시하는 경우가 있다. 진단서는 주로 피해자(참고인)로부터 제출되는 것이므로 단지 조서의 끝부분에 첨부하는 것만으로써 충분하며 물론 조서나 진단서 사이에 간인을 해서는 안된다. 그리고 진단서를 첨부하는 경우, 상해의 부위, 정도 등이 진단서의 범인의 진술과 부합되지 않으면 안된다. 상해진단서는 일반적으로 범죄를 증명하는 유력한 증거이나 특별한 사정이 있다면 증명력이 의심되는 경우도 있다.[4]

(4) 도면의 첨부

도면을 작성한 경우에는 그 뜻을 조서에 기재하고 조서 끝에 첨부하여 조서와 함께 간인해야 한다.

또한 도면자체에도 작성자로 하여금 작성년월일을 기재하고, 서명 날(무)인하게 하는 것을 잊어서는 안된다.

---

**4** 형사사건에서 상해진단서는 피해자의 진술과 함께 피고인의 범죄사실을 증명하는 유력한 증거가 될 수 있다. 그러나 상해 사실의 존재 및 인과관계 역시 합리적인 의심이 없는 정도의 증명에 이르러야 인정할 수 있으므로, 상해진단서의 객관성과 신빙성을 의심할 만한 사정이 있는 때에는 증명력을 판단하는 데 매우 신중하여야 한다(대

◈ 타) 경찰조서의 증거능력

## (1) 의 의

형사소송법 제310조의2에서는 '전문증거는 증거능력이 없다'는 것을 원칙적으로 규정하나, 신체적 진실발견과 소송경제를 위해 여러 가지 전문법칙의 예외를 두고 있고, 그 중 하나가 2007년 개정된 형사소송법 제316조의 조사자 증언제도이다. 이 규정은 수사권독립에 앞서 경찰조서에 증거능력을 부여할 수 있도록 신설된 규정이므로 적극 활용할 필요가 있다.

## (2) 관련조문

형사소송법 제316조 (전문의 진술)

① 피고인이 아닌 자(공소제기 전에 피고인을 피의자로 조사하였거나 그 조사에 참여하였던 자를 포함한다. 이하 이 조에서 같다)의 공판준비 또는 공판기일에서의 진술이 피고인의 진술을 그 내용으로 하는 것인 때에는 그 진술이 특히 신빙할 수 있는 상태하에서 행하여졌음이 증명된 때에 한하여 이를 증거로 할 수 있다.

## (3) 관련판례

전문진술이나 전문진술을 기재한 조서는 형사소송법 제310조의2의 규정에 따라 원칙적으로 증거능력이 없고, 다만 전문진술은 형사소송법 제316조 제2항의 규정에 따라 원진술자가 사망, 질병, 외국거주 기타 사유로 인하여 진술할 수 없고 그 진술이 특히 신빙할 수 있는 상태하에서 행하여진 때에 한하여 예외적으로 증거능력이 있으며, 전문진술이 기재된 조서는 형사소송법 제312조 또는 제314조의 규정에 따라 증거능력이 인정될 수 있는 경우에 해당하여야 함은 물론 형사소송법 제316조 제2항의 규정에 따른 요건을 갖추어야 예외적으로 증거능력이 있다(대판 2001. 9. 4, 2001도3081).

## (4) 특히 신빙할 수 있는 상태의 의미

특신상태란 신용성의 정황적 보장으로 조서 작성 당시 그 진술내용이나 조서 또는 서류의 작성에 허위개입의 여지가 거의 없고, 그 진술 내용의 신빙성이나 임의성을 담보할 구체적이고 외부적인 정황이 있는 경우를 말한다(대판 2000. 3. 10, 2000도159). 이러한 특신 상태 소명의 2개의 축은 소위 ① 외부적 부수사정과 ② 진술조서의 신빙성이다. 즉 진술 당시 진술자의 입장과 가해자와의 관계, 가해자 측과의 접촉 여부, 주변 인물로부터의 압력이 있는지 여부 등 외부적 부수사정에 대해 판단한 다음 조서 작성 당시 진술자가 처한 상황 등을 고려하게 된다. 외부적 부

법원 2016. 11. 25. 선고 2016도15018 판결).

수사정의 경우에는 주로 공판단계에서 다루게 되므로 경찰 조사 단계에서 주의하여야 할 것은 진술 내용과 관련된 여러 정황이 될 것이다. 따라서 진술조서를 받을 때 진술자의 배경에 비추어 보았을 때 자연스러운 용어나 답변이 있거나, 보호자 등으로부터의 유도, 암시 질문, 부당한 간섭을 차단하는 등 조서 작성에 허위가 개입되었다는 의혹이 없도록 임의성이 드러나야 한다.

또한 피해조서를 못 받은 경우 성폭력피해자에 대한 상담원이나 조사관의 증언이 필요한 경우가 있고, 피의자신문조서 작성시 참여한 경찰관이 증인으로 나서서 증거능력을 인정받을 수 있으니 처음부터 참여경찰관을 형식적으로 기재하지 말고 실질적인 참여 경찰관을 기재하는 것이 원칙이다. 특히 구치소에 출장을 갈 때 과거에는 교도관이 참여경찰관란에 서명을 해주었으나 법정에 증인으로 자주 불려간다는 이유로 현재는 자체 지침으로 참여란에 서명하지 않고 있다. 더욱이 형소법 제243조는 피의자 조사시 사법경찰관리를 참여시키도록 규정하고 있는데 교도관은 교도관 내의 범죄에 대하여만 사법경찰관리의 직무를 수행하는 것이니 이 경우 참여할 권한이 없다. 따라서 번거롭더라도 구치소에서 피신 작성시 2명의 경찰관이 가는 것이 원칙이라고 하겠다.

### ◈ 파) 출석 여부에 따른 피의자 조사의 흐름

고소인에 대한 보충조사를 마치면 피의자에 대한 조사를 시작하는데, 이때 출석요구서를 받은 피의자가 출석하는 경우와 출석하지 않는 경우를 나누어 볼 수 있다.

### (1) 피의자가 출석하는 경우

### (가) 피의자신문조서 작성

고소사건의 경우 피고소인, 고발의 경우 피고발인이 출석하면 피의자신문조서를 작성하며 사안의 진상을 조사한다.
- 경우에 따라
① 1차 조사로 조사가 부족할 경우에는 2차 신문조서를 작성하며
② 고소인과 진술내용이 다를 때는 고소인과 대질신문을 할 수도 있으며
③ 고소인이나 피고소인(피고발인)이 주장하는 참고인을 출석하게 하여 참고인 진술조서를 작성할 수도 있다.

### (나) 피의자에 대한 조사 후 처리

조사 결과 피의자의 행위에 대하여 송치, 불송치 여부가 밝혀지게 된다.
① 송치의 경우
피의자에 대한 조사결과 범죄혐의가 인정될 때는 그 죄질에 따라 구속·불구속 여부를 고려하여 피의자의 신병처리에 대해 결정을 한다.

㉮ 구속의 경우

– 구속영장 신청, 영장실질심사, 유치장에 입감, 영장발부되면 집행, 기각되면 석방, 기소사안에 대해 검찰송치

㉯ 불구속의 경우

– 불구속할 경우에는 피의자를 귀가시킨다.

– 인지사건인 경우 무조건, 고소나 고발사건인 경우 기소사안으로 송치가 예상되거나 가능성이 있으면 일지지문을 채취하는 전자수사자료표를 작성한다. 단, 피의자가 주민등록증을 지니고 있지 않거나, 주민조회결과 지문번호가 없을 때는 십지지문을 받는다.

## (2) 피의자가 출석하지 않는 경우

### (가) 출석요구서 재발부

출석요구서를 발부했으나 피의자가 출석요구서에 기재된 기한까지 출석하지 않을 경우에는, 재차 출석요구서를 발부하며 역시 이를 수사에 대한 기록으로서 출석요구서 발부상황표를 기록해 둔다(필자의 경우 출석요구서를 잘 활용하였는데, 고소장 전체에 페이지 수를 기록하고 고소장 다음에 출석요구서 발부상황표에 고소장 다음 페이지를 찍어 기록 맨 위에 올려놓고, 그 다음(고소보충조서 등) 첨부되는 서류는 출석요구서 발부상황표의 다음 페이지부터 찍어서 기록에 추가되는 즉시 페이지를 기록해두었다. 그러면 나중에 체포영장을 발부받기도 용이할 뿐더러, 기록 전체에 페이지가 찍혀있으니 피조사자에게 '이때 기록 몇 쪽에 있는 OOO를 보여주며 묻다'라고 활용하기도 하였다).

### (나) 소재수사

2차 내지 4차에 걸친 출석요구에도 불구하고 출석을 하지 않거나 출석요구서가 반송되어 오는 경우에는 실제로 피의자의 주거지에 가서 소재여부를 파악하게 된다. 이때 실제 피의자 주거지를 찾아가 수사하고 수사 결과 피의자가 가출하여 소재불명이라든가 위 주거지에 거주하지 않고 다른 곳으로 이사를 갔다든가 등의 내용을 수사보고(소재수사)에 기재한다.

피의자의 주소지가 타 경찰서 관내일 경우 소재수사촉탁을 한다.

① 소재불명시

㉮ 수사보고 작성

피의자가 어떤 사유로 소재불명이라는 내용의 수사보고(소재수사)를 작성한다. 수배한다고 영원히 끝이 아니므로 단순히 주민등록상 주소지에 살지 않는다고 수배할 것이 아니라 피의자가 보유한 휴대전화나 집전화 확인, 가족 상대로 소재확인, 구치소나 유치장 수감여부 확인, 해외출국여부 확인, 건강보험공단이나 근로복지공단에 대한 4대보험 가입여부 등 최선을 다해 소재수사하고, 도저히 파악이 안 될 때에 수배를 하는 것이 바람직하다.

④ 지명수배 통보자 전산입력요구서 작성

피의자가 소재불명일 경우에는 피의자의 소재가 발견될 때까지 수사중지를 하여야 하며 피의자에 대하여는 수배를 하여야 하는데 피의자에 대해 전산입력을 통해 수배를 요구하는 것이 지명수배·통보자 전산입력요구서이다. 또한 추후에 수사중지자가 검거되어 오는 경우 활용해야 하므로 원기록에 있는 중요자료는 복사하여 따로 두는 것이 좋다.

**(다) 체포영장 발부받아 지명수배하는 경우**

**① 체포의 의의**

체포영장에 의한 체포라 함은 죄를 범하였다고 의심할 만한 상당한 이유가 있는 피의자를 체포영장에 의하여 단시간 동안 수사관서 등 일정한 장소에 인치하는 제도이다. 체포영장을 발부받아 지명수배하는 경우 검거시로부터 48시간 내에 구속할지 석방할지를 결정하여야 한다. 지명수배와 지명통보 사이의 금액에 따라 획일적으로 구분하는 지침은 없으나 피해자 다수, 피해금액 다액, 동종사건 수사여부, 처벌회피 목적으로 도주할 우려가 있는지 등을 종합하여 결정한다.

**② 체포의 요건**

㉮ 범죄혐의의 상당성

수사기관의 주관적 혐의로는 부족하고 객관적 혐의가 있어야 한다.

㉯ 출석불응 또는 불응우려

피의자를 체포하기 위해서는 피의자가 정당한 이유없이 수사기관의 출석요구에 불응하거나, 불응할 우려가 있어야 한다. 필자는 향토예비군설치법위반 등 경미한 사건으로도 수회 출석요구에 불응하여 체포영장을 발부받아 집행한 사례가 있다.

㉰ 체포의 필요성

체포영장의 청구를 받은 판사는 체포사유가 있다고 인정되는 경우에도 피의자의 연령과 경력, 가족관계나 교우관계, 범죄의 경중 및 태영 기타 제반사정에 비추어 피의자가 도망할 염려가 없고 증거를 인멸할 염려가 없는 등 명백히 체포의 필요가 없다고 인정되는 때에는 체포영장의 청구를 기각하여야 한다.

**③ 체포영장 기재사항**

㉮ 피의자의 특정
– 피의자의 성명, 주민등록번호, 직업, 주거를 기재
– 성명이 명백하지 않는 경우: 인상, 체격 등 피의자를 특정할 수 있는 사항을 기재
㉯ 변호인의 성명
변호인선임계를 제출한 변호인의 성명을 기재하고 변호인이 없는 경우는 공란으로 둔다.

㉰ 범죄사실 및 체포를 필요로 하는 사유

– 피의자는 출석에 응하지 아니하는 자로서 도망 또는 증거인멸의 우려가 있으므로

– 피의자는 그 연령, 전과, 가정상황 등에 비추어 출석에 응하지 아니할 우려가 있는 자로서 도망 또는 증거인멸의 우려가 있으므로

– 피의자에게 정해진 주거가 없고 도망의 염려가 있으므로

– 사건의 중대성에 비추어 체포할 필요성이 있으므로

– 다수 수배가 발견되는 것으로 보아 도망 중에 있어 체포할 필요가 있으므로

㉺ 체포영장의 유효기간

영장의 유효기간은 원칙적으로 7일로 한다. 다만 지명수배를 하는 경우에는 공소시효 만료일까지도 하고, 해당란에 '수사중지 대상자'라고 기재한다.

㉻ 둘 이상의 체포영장 청구시 그 취지 및 사유 기재

중요검거 피의자로 그 소재가 불명확하여 여러 명의 경찰관이 이를 검거하기 위해 둘 이상의 체포영장이 필요한 경우 그 사유를 기재한다.

㉼ 인치 · 구금할 장소

인치할 장소는 인치할 경찰서 등 수사관서를, 구금할 장소는 일시적으로 유치 또는 구금할 구치소나 유치장 등을 각 기재한다. 예컨대 '평택경찰서 또는 체포지에 가까운 경찰서' 등 택일적으로 기재할 수도 있다.

㉽ 재신청의 취지 및 이유

체포영장 또는 구속영장의 유효기간이 경과된 경우, 영장을 신청하였으나 그 발부를 받지 못한 경우 또는 체포 구속되었다가 석방된 경우에 동일한 범죄사실로 다시 체포영장 또는 구속영장의 발부를 신청할 때 그 취지 및 이유를 기재한다.

(예: 피의자의 소재불명으로 영장 유효기간 만료시까지 검거치 못하였으므로)

㉾ 현재 수사중인 다른 범죄사실에 관하여 발부된 유효한 체포영장 존재시 그 취지 및 범죄사실

경찰 지명수배 전산조회 결과 현재 수사중인 다른 범죄사실에 관하여 그 피의자에 대하여 발부된 유효한 체포영장이 있는 경우에는 이를 기재하여야 한다(예: 피의자는 20XX. X. X. XX에서 발생한 강도사건 용의자로 OO경찰서에서 20.XX. X. X.까지 유효한 체포영장 발부).

◆ 지명수배 후 피의자를 검거한 경우의 사건처리절차는 189쪽 "3. 수배자가 검거되었을 때 처리절차– 가. 일반적인 처리절차(국내 거주)– 3) 내 지명수배자를 타서에서 검거한 경우"를 참조할 것.

## (라) 주거지 이동시

과거에는(대략 2005년경 이전) 피의자가 주소지를 이전하였으면 이송이 가능하였으나 현재는 애초에 주소지 등 관할이 있었다면 나중에 관할권이 없어지더라도 함부로 타서로 이송할 수 없게 되고 이송지침위반이 될 수 있으므로, 촉탁수사를 활용하여야 하는 것이 원칙이다. 처음부

터 관할권이 없었던 경우 외에는 이송이 극히 제한된다.

### ◈ 하) '미필적 고의'를 활용한 신문기법[5]

#### (1) 사건개요

피의자 甲은 A건설회사의 대표이사로서, 무자본으로 위 건설회사를 설립한 후 투자자들로 부터 돈을 빌려서 대지를 매입하고 그 대지에 건물을 건축 후 분양하여 생긴 대금으로 위 차용 금을 변제키로 마음먹고 투자자들로부터 돈을 빌린 자이다.

피의자는 고소인에게 1개월 내에 대금을 변제하겠다며 사무실에 사용할 650여만 원 상당의 사무기기를 외상으로 구입하였다.

그러나 피의자는 그 후 일이 제대로 진척되질 않고 있던 상황이었으므로 사무용 가구점을 운영하던 고소인 乙로부터 가구를 외상으로 구입하더라도 이를 변제키 어려울 수도 있다는 사 실을 알면서도, 하고 있던 건축사업이 잘 풀려서 위 가구대금을 변제하게 되면 다행이되 그렇 지 아니할 경우에는 할 수 없다는 것을 알고 있었다.

그럼에도 불구하고 피의자는 고소인에게 1개월 내에 대금을 변제하겠다며 사무실에 사용할 650여만 원 상당의 사무기기를 외상으로 구입한 후 그 대금을 미변제하였다.

#### (2) 사례해결(사기죄의 미필적 고의를 인정할 수 있는지)

위 사례의 경우 피의자 甲에 대한 사기죄의 미필적 고의를 인정할 수 있다.

즉, 앞에서도 살펴보았듯이 판례에 의하면 '미필적 고의가 성립하기 위해서는 결과발생의 가 능성에 대한 인식이 있음은 물론 나아가 결과발생을 용인하는 내심의 의사가 있음을 요한다.' 라고 하여 지적 요소로서 결과발생의 가능성에 대한 인식을, 의지적 요소로서 결과발생을 용 인하는 내심의 의사를 요구하고 있는데 위 사례에서 피의자 甲은 가구대금을 변제할 수 없다는 가능성을 인식하면서도 변제가 안되더라도 어쩔 수 없다는 용인의 의사를 가졌으므로 미필적 고의를 인정할 수 있는 것이다.

#### (3) 미필적 고의를 활용한 신문

#### (가) 미필적 고의의 지적 요소와 의지적 요소에 대한 신문

미필적 고의를 확정짓기 위한 신문은 앞에서도 살펴보았듯이 고의의 지적 요소에 대한 신문 과 의지적 요소에 대한 신문으로 나누어진다.

---

5  현 경찰청 외사국 경정 김병주님 자료(교육원 수사학과 재직시 작성).

① 지적 요소

결과발생의 가능성을 인식하였는지에 대한 신문으로 "범행당시에 ――― 할 수도 있다는 생각을 하지 않았나요?" 라거나 "범행당시에 ――― 할 수도 있을 것이라는 것을 알고 있지 않았나요?" 또는 "범행당시에 ――― 할 수도 있을 것이라는 것을 생각해본 적이 없나요?" 라는 식으로 신문하면 된다.

② 의지적 요소

결과발생을 용인(인용) 또는 감수하였는지에 대한 신문으로 "결과가 발생하면 어떻게 하려고 했나요?" 라거나 "결과가 발생하더라도 어쩔 수 없다는 생각을 한 것은 아닌가요?" 또는 "결과가 발생하더라도 할 수 없다는 생각을 하면서 그런 일을 한 것은 아닌가요?"라는 식으로 신문하면 된다.

(나) 주의사항

① 확정적 고의에 의한 신문을 한 후 미필적 고의에 의한 신문을 하여야 한다.

고소(신고)사실만으로는 피의자의 고의가 확정적 고의인지 미필적 고의인지 아니면 고의가 있기는 있었는지 확정할 수가 없다.

따라서 신문은 항상 확정적 고의에 의한 신문을 한 후 확정적 고의가 아님이 명백하거나 심증이 가는 경우에 뒤이어서 미필적 고의에 의한 신문을 하여야지 곧바로 미필적 고의에 의한 신문을 하여서는 안된다.

이런 순서를 지키게 되면 다음과 같은 두 가지의 이득이 있다.

첫 번째, 피의자는 확정적 고의에 의한 신문시 혐의를 벗기 위해서 이래저래 변명을 하는데 그 변명 중에는 미필적 고의에 의한 신문을 할 때 유용하게 추궁할 수 있는 변명들도 있기 때문에 이런 자료를 취득하기 위해서라도 확정적 고의에 의한 신문 후 미필적 고의에 의한 신문을 하여야 한다.

두 번째, 위 순서대로 신문을 하면 인권침해의 오해 등으로부터 자유로워질 수 있다는 것이다.

즉, 확정적 고의만 고의범이 된다고 알고 있는 경찰은 확정적 고의에 의한 신문을 할 때 자백을 받아 낼려고 언성을 높이고 고압적인 자세를 유지하여 피의자로부터 강압수사라며 진정을 맞기도 하지만, 미필적 고의도 고의범이 된다고 알고 있는 경찰은 확정적 고의에 의한 신문을 할 때에는 언성을 높일 필요 없이 피의자의 변명을 모두 받아준다. 하지만 이 단계에서 마음속으로는 미필적 고의에 의한 신문을 위한 유익한 자료를 축적하게 되고 그 후 미필적 고의에 의한 신문을 할 때 앞서 피의자가 했던 변명을 자료로 하여 되물으면 피의자 스스로 자인할 수밖에 없게 되어 신문과정에 언성을 높일 이유가 없게 되므로 강압수사라는 오해를 받을 여지가 사라진다.

특히, 사기죄에 대해 전과가 많거나 사기죄로 수사기관에서 조사를 많이 받아 본 피의자를 상대로 조사할 경우에는 더욱 더 이 원칙을 지켜야 한다.

왜냐하면 그처럼 피조사 경험이 많은 피의자의 경우에는 조사관의 신문내용을 미리 예측하고서 그 신문에 걸맞는 변명을 준비하고 오기 때문에 조사관에게 준비한 답변을 모두 진술하였고 조사관이 그 답변을 받아 준다는 인상을 받는 순간 피의자는 혐의를 벗어나고 있다는 안도감에 젖어 들게 된다.

이처럼 안도감에 빠져 있을 때 피의자에게 확정적 고의보다는 강도가 낮은 미필적 고의에 의한 신문을 하면 확정적 고의에 의한 신문을 할 때 이미 조사관에게 적극적으로 항변하였기에 미필적 고의에 의한 신문에는 대체로 긍정적인 답변을 하기 마련이다.

② 미필적 고의에 의한 신문은 피조사 경험이 많은 지능범, 악질범 등에게만 한정해서 활용하여야 한다.

실무적인 입장에서 본다면 미필적 고의와 인식있는 과실은 그야말로 종이 한 장 차이라고 해도 과언이 아니다.

예를 들어, 1천만 원을 차용 후 미변제한 사건을 신문시 피의자가 돈을 빌릴 당시 그 돈을 못 갚을 가능성은 인정하면서도 그래도 설마 그런 일이 생기리라고 생각치 않았다고 답변하면 인식있는 과실이 되어 버리는 반면, 못 갚을 가능성을 인정하면서 돈을 못 갚는 일이 생기더라도 어쩔 수 없지 않느냐라고 답변하면 미필적 고의가 되어 버린다.

즉, 피의자의 말 한마디에 사기죄로 처벌받을 수도 있고 무혐의가 될 수도 있는 것이다.

그런데 피조사 경험이 없는 피의자들을 상대로 조사관이 조금만 정성을 들여서 신문을 하면 거의 대부분이 못 갚을 가능성을 인정하면서 돈을 못 갚는 일이 생기더라도 어쩔 수 없지 않느냐라는 답변을 얻어낼 수 있다.

다시 말해 피의자가 처음에는 "그래도 설마 그런 일이 생기리라고 생각지 않았다"라고 답변을 해도 조사관이 "그럼 절대로 그런 일이 생길 수 없다고 생각했다는 말인가요?"라고 되물으면 대부분 피의자는 "절대로는 아니죠"라고 한 발 물러서고 이에 다시 조사관이 "그러니까 그런 일이 생길 수도 있다고 생각했다는 거 아닌가요?"라고 물으면 피의자는 "예"라고 수긍할 것이고 이에 조사관이 "그래서 그런 일이 생기면 어떻게 할 생각이었나요?"라고 물으면 피의자는 "뭐, 그런 일이 생기면 어쩔 수 없죠"라는 답변이 나오기 마련이다.

결국, 조사관이 조금만 신경을 써서 신문을 하면 왠만한 피의자는 미필적 고의를 인정하게 되어버린다.

따라서 피조사 경험이 없는 초범이나 조사관을 진실로 두려워하는 선량한 피의자들에게는 이런 신문이 오히려 독이 될 수 있다.

그러므로 미필적 고의에 의한 신문은 반드시 피조사 경험이 많은 지능범, 악질범 등에게만 한정해서 활용하여야 한다.

## (다) 사례에의 적용

위 신문방법과 주의사항을 토대로 본 사례를 신문해 보면 아래와 같다.

---

문 : 고소인으로부터 가구를 외상으로 구입한 사실이 있나요?

답 : 예. 650만원 상당의 가구를 1개월 후 갚기로 하고 외상으로 구입하였습니다.

문 : 그 외상 대금을 갚았나요?

답 : 아니오, 갚지 못하였습니다.

문 : 왜 갚지 못했나요?

답 : 그 당시 제가 추진하려던 사업계획이 제대로 진행되지 않아서 여유자금이 생기지 않아 갚지 못했습니다.

문 : 가구를 구입할 당시 피의자는 무엇을 하고 있었나요?

답 : 건설회사를 운영하고 있었습니다.

문 : 그 당시 피의자의 채권채무관계 및 재산상태는 어떠하였나요?

답 : 이미 고소된 다른 사건에서 알 수 있듯이 제가 추진하려던 사업에 사용키 위해 다른 고소인들로부터 빌 렸던 5억원의 채무가 있었고 제가 받을 수 있는 채권은 없었으며 그 외 별다른 재산은 없었습니다.

문 : 피의자의 재정상태가 위와 같다면 피의자는 가구를 외상으로 구입하더라도 그 대금을 고소인에게 줄 능 력이 없었던 것이 아닌가요?

답 : 아니오, 제가 하려던 일이 계획대로 성사되면 650만원 정도는 갚을 수 있었습니다.

문 : 피의자는 사실은 처음부터 위 가구대금을 갚지 않을 생각으로 가구를 외상으로 구입한 후 그 대금을 갚 지 않은 것은 아닌가요?

답 : 아닙니다. 당시 사정이 조금 어렵기는 하였지만 처음부터 가구대금을 갚지 않을 마음으로 고소인으로부 터 가구를 외상으로 구입한 것은 아닙니다.

문 : 피의자는 고소인으로부터 가구를 구입하기 전부터 사업진행이 순조롭지 않았다고 했는데 가구를 구입할 당시에도 그러했나요?

답 : 예. 가구를 구입하기 5개월 전부터 사업진행이 제대로 되지 않고 있는 상태였는데 가구를 구입할 당시에 도 별다른 호전이 되지 않고 있었습니다.

문 : 가구를 구입한 후에는 어떠하였나요?

답 : 사업이 고착상태에 빠진 이후 계속 원활히 일이 진행될 수 있도록 노력했지만 그 노력은 수포로 돌아가 결과적으로는 지금처럼 회사가 도산되는 상태가 되어버렸습니다.

문 : 왜 사업이 순조롭게 진행되지 못하고 그처럼 도산되었나요?

답 : 동업하기로 했던 사람이 동업을 회피하고 종적을 감춰버렸을 뿐만 아니라 인허가 관련문제가 잘 해결되 지 않아서 그렇게 된 것입니다.

문 : 가구를 구입할 당시에 이미 위 같은 상태였나요?

답 : 예. 가구를 구입하기 5개월 전에 동업하려던 자가 종적을 감추었고 3개월 전부터 인허가문제가 해결되지 않고 있었습니다.

문 : 그럼 가구를 구입할 당시에 사업이 예상대로 잘 진행되지 않을 가능성이 많았다는 말인가요?

답 : 예. 제 개인적인 희망은 잘 되길 바랬지만 객관적인 사업전망은 어두웠습니다.

문 : 만약 사업진행이 잘 되지 않으면 가구대금을 변제 못 할 수도 있었겠네요?

답 : 사업이 순조롭게 진행되어 생긴 이익금으로 가구대금을 갚으려고 하였기 때문에 사업이 제대로 진행 안 되면 가구대금을 변제할 수 없었던 상황은 맞습니다.

문 : 그처럼 가구대금을 변제 못 할 수도 있는 상황에서 가구를 구입한 후 실제로 가구대금을 변제 못하면 어떻게 할 생각이었나요?

답 : 그런 일이 생긴다면 저로서도 어쩔 수 없는 일이죠.

문 : 피의자는 처음부터 외상대금을 갚지 않을 생각으로 가구를 외상으로 구입한 것은 아니지만 그 당시 사업진행이 순조롭지 않아서 가구대금을 제대로 변제 못할 수도 있다는 생각을 하였고 그래도 사무실에 필요하니까 그런 일이 생겨도 어쩔 수 없다는 생각으로 가구를 구입한 사실은 인정하나요?

답 : 예. 그 사실은 인정합니다. 제가 처음부터 외상대금을 갚지 않을 생각으로 가구를 외상으로 구입한 것은 아니고 당시 사업상태가 별로 좋지 않아 외상대금을 못 갚을 수도 있었지만 당장 사무실에 사무가구가 필요하여 가구를 구입한 후 그 대금을 갚지 못한 것은 인정합니다.


### (4) 맺음말

이상에서 고의가 무엇이며 그 구성요소는 어떠한지, 고의 중 미필적 고의는 어떠한 것이며 인식있는 과실과의 차이는 어떠한지, 미필적 고의에 대한 판례의 태도는 어떠하며 판례의 입장에 따른 미필적 고의를 활용한 신문기법은 어떻게 이루어져야 하는지를 사례 해결식으로 함께 살펴보았다.

위에서 제시한 사건은 본인이 직접 취급하였던 사건으로서 당시 피의자는 화려한 전과를 자랑(?)하고 있었을 뿐만 아니라(사기죄로 유죄처벌 받은 전과는 단 1회 뿐이고 나머지 10여 건은 모두 무혐의처분) 총 13건의 지명수배(그 중 8건이 사기죄)가 있었던 수배자로서 수배된 사건 모두에 대해 대처를 잘 하여 수배사건 모두가 무혐의로 가닥이 잡혀가고 있던 중 마지막으로 본인이 조사할 사건만 남겨둔 상태였다.

이처럼 혐의가 짙고 민원이 많은 피의자가 결국 무혐의로 석방된다면 고소인들이 경찰을 불신할 것이라는 예상과 피의자 또한 경찰수사를 무사히 빠져나왔다는 생각으로 더욱 의기양양하여 범행을 추가로 저지를 것으로 판단되어 '미필적 고의를 활용한 신문'을 활용하여 피의자로부터 미필적 고의를 시인받아 구속시켰고 유죄판결을 받았던 사건이다.

현재의 수사체계에 대해서 많은 논란이 있다.

개정 형소법이 경찰에게 부여한 수사 종결권은 불완전하고, 수사 중이나 송치 후에도 일일이 검사로부터 보완수사요구를 받는 등 여러 가지 제약으로 인해 수사경찰의 사기가 저하되고 있는 것도 사실이다.

이런 체계적인 문제는 제도적으로 접근하여 법을 개정하는 등 제도를 고쳐야 하기 때문에 일선에 있는 우리가 그 일을 감당해내기에는 버거운 것도 사실이다.

그렇다고 일선에 있는 우리가 무기력하게 수사의욕을 상실하고 수사기법 개발에 소홀히 한다면 우리가 꿈꾸고 있는 바람직한 수사체계의 정비는 더욱 요원해질 수 있다.

우리 수사경찰은 일선에서 직접 활용할 수 있는 수사기법 개발에 더욱 매진하고 그 기법을 활용한 성과가 긍정적일 때 시민들은 자연스레 경찰을 신뢰할 것이고 이런 노력의 결실을 맺을 때 언젠가 우리의 꿈은 이루어질 것이라고 믿는다.

부족한 내용이지만 일선의 수사기법이 더욱 향상되는데 일조가 되었으면 하는 소박하지만 뜨거운 바램으로 본 연구자료를 우리 동료 모두와 함께 공유하고자 한다.

## 4) 참고인 진술조서

### ◈ 가) 의의

고소인이나 피의자 이외에 범죄사실의 증거가 될 사실을 알고 있는 제3자를 참고인이라고 한다. 참고인 조사의 경우 강제력이 없으므로 정중히 조사협조를 요청하는 것이 바람직하다. 고소인이나 피의자와 밀접한 관계가 있는 참고인인 경우에는 객관성이 확보될 수 있도록 출석 전 어느 상대방으로부터 진술을 잘 해 달라는 요구를 받았는지 묻는 것도 필요하다.

참고인을 피의자와 대질시키는 경우 조서 작성 중이나 조서작성 시작시 "이때 대질조사하고자 참고인 OOO을 입실시키고 묻다."라고 기재 후 "진술인이 OOO인가요", "진술인은 오늘 무슨 일로 출석했는지 알고 있나요?" 등의 질문을 하고, 누구에게 하는 질문인지 구분해가며 조사한다(예: "이때 피의자에게 묻다", "이때 참고인 김OO에게 묻다" 등). 조사가 끝난 후 간인을 할 때에는 왼쪽에 조사자, 오른쪽에 피조사자들의 간인을 하는 것이 일반적이다.

실무상 참고인으로 조사했더니 범죄혐의가 인정되는 경우는 범죄인지서를 작성하고 피의자 단계로 전환하고 피의자신문조서를 작성한다.

◆관련근거

**범죄수사규칙**

**제66조(직접진술의 확보)** ① 경찰관은 사실을 명백히 하기 위하여 피의자 이외의 관계자를 조사할 필요가 있

을 때에는 되도록 그 사실을 직접 경험한 자의 진술을 들어야 한다.

② 경찰관은 사건 수사에 있어 중요한 사항에 속한 것으로서 타인의 진술을 내용으로 하는 진술을 들었을 때에는 그 사실을 직접 경험한 자의 진술을 듣도록 노력하여야 한다.

**제69조(피의자 아닌 자에 대한 조사사항)** 경찰관은 피의자 아닌 자를 조사하는 경우에는 특별히 필요 없다고 인정되는 경우가 아니면 다음 각 호의 사항에 유의하여 별지 제33호 서식에서 제39호 서식까지의 진술조서를 작성하여야 한다.

1. 피해자의 피해상황
2. 범죄로 인하여 피해자 및 사회에 미치는 영향
3. 피해회복의 여부
4. 처벌희망의 여부
5. 피의자와의 관계
6. 그 밖의 수사상 필요한 사항

**제70조(피의자신문조서 등 작성시 주의사항)** ① 경찰관은 피의자신문조서와 진술조서를 작성할 때에는 다음 각 호의 사항에 주의하여야 한다.

1. 형식에 흐르지 말고 추측이나 과장을 배제하며 범의 착수의 방법, 실행행위의 태양, 미수 · 기수의 구별, 공모사실 등 범죄 구성요건에 관한 사항에 대하여는 특히 명확히 기재
2. 필요할 때에는 진술자의 진술 태도 등을 기입하여 진술의 내용뿐 아니라 진술 당시의 상황을 명백히 알 수 있도록 함.

② 경찰관은 진술을 기재하였을 때에는 이를 진술자에게 열람하게 하거나 읽어 들려주어야 하며, 진술한 대로 기재되지 않았거나 사실과 다른 부분의 유무를 물어 진술자가 증감 변경의 청구 등 이의를 제기하거나 의견을 진술한 때에는 이를 조서에 추가로 기재하여야 한다. 이 경우 피의자가 이의를 제기하였던 부분은 읽을 수 있도록 남겨두어야 한다.

③ 경찰관은 제2항의 경우에 진술자가 조서에 대하여 이의나 이견이 없음을 진술한 때에는 진술자로 하여금 그 취지를 자필로 기재하게 하고 조서에 간인한 후 기명날인 또는 서명하게 하여야 한다.

**제71조(진술서 등 접수)** ① 경찰관은 피의자와 그 밖의 관계자로부터 수기, 자술서, 경위서 등의 서류를 제출받는 경우에도 필요한 때에는 피의자신문조서 또는 진술조서를 작성하여야 한다.

② 경찰관은 진술인의 진술내용이 복잡하거나 진술인이 원하는 경우에는 진술서로 작성하여 제출하게 할 수 있다. 이 경우에는 될 수 있는 대로 진술인이 자필로 작성하도록 하고 경찰관이 대신 쓰지 않도록 하여야 한다.

**제72조(수사과정의 기록)** ① 경찰관은 피의자신문조서를 작성하거나, 피의자가 아닌 자에 대한 진술조서를 작성할 때에는 별지 제44호 서식의 수사과정확인서를 작성하여 이를 조서의 끝부분에 편철하여 조서와 함께 간인함으로써 조서의 일부로 하거나 기록에 편철하여야 한다.

② 제1항의 수사과정확인서에는 조사장소 도착시각, 조사시작 및 종료시각 등을 기재하고, 만약 조사장소 도

착시각과 조사시작 시각에 상당한 시간적 차이가 있는 때에는 구체적인 이유 등을 기재하며, 조사가 중단되었다가 재개된 경우 그 이유와 중단 및 재개시각 등을 구체적으로 기재하는 등 조사과정의 진행경과를 확인하기 위해 필요한 사항을 기재하여야 한다.

③ 제1항 및 제2항은 수사과정에서 진술서를 작성하는 경우에도 준용한다.

◆ **나) 참고인 진술조서 일반론**

⑴ 고소인과 피의자가 아닌 경우는 참고인에 해당한다. 피의자로 의심이 가는 경우라도 정식으로 입건하기 전에는 참고인으로 조사를 하여야 한다.

⑵ 참고인 진술조서는 자필 진술서로 대신하여도 된다.

⑶ 양벌규정의 경우

"법인체"를 입건할 때는 법인대표이사의 진술서와 법인등기부등본으로 피의자 신문조서를 대신한다.

⑷ 복사문서의 기록편철

−원본대조필이라 적고 조사관이 날인 : 주민등록증, 운전면허증 등

−"이 서류는 고소인·피고소인·참고인·작성명의인 ○○○이 제출하는 것으로 원본과 틀림없음을 확인함" 이라 적고 조사관이 날인(합의서, 고소취소장, 영수증, 차용증, 계약서 등)한다.

⑸ 참고인 비용 지급

−참고인의 경우 다음의 "참고인 비용 청구서"를 작성하여 수사지원팀에서 여비를 받아 지급하여야 한다(계좌이체 가능). 미지급시 감사 적발 대상이니 피의자로 입건할 참고인을 제외하고는 가급적 지급하여야 한다.

−기본은 일비 20,000원, 교통비 6,000원을 합하여 26,000원이다[6]. 거리가 먼 지역은 대중교통(기차, 버스 등) 비용을 기준으로 왕복 금액을 줄 수 있다.

---

비용청구서 및 영수서

감정인 :

참고인 :                계좌번호 :

        금액                    원정

---

6  2020.11. 성남수정경찰서 기준.

내 역

| 구 분 | 종 별 | 구간 및 일시 | 금 액 | 비 고 |
|---|---|---|---|---|
| 여 비 | | | | 담당자 :<br>건 명 :<br>접수번호 : |
| 교 통 비 | | | | |
| 숙 박 비 | | | | |
| 일 당 | | | | |
| 감정·검안비 | | | | |
| 계 | | | | |

위와 같이 청구 및 영수함.

청 구                     년      월      일

주 소

성 명

 

영 수                     년      월      일

주 소

성 명

OO경 찰 서 장 귀하

위의 사실을 확인함.

사법경찰관        경        (인)

◈ **다) 참고인 진술조서 작성요령**

(1) 참고인의 권익을 존중하여야 한다.

(2) 참고인에게는 진술거부권을 알릴 필요가 없으나 피의자가 될 참고인에게는 알려주고 조서에도 기재한다.

(3) 기재사항은 그 사건의 범죄사실과의 관계에 있어서 증거로 될 만한 사항을 중점적으로 기재하여야 하며 상벌, 경력, 재산관계 등은 그 사건의 입증상 필요없으면 기재할 필요가 없다.

(4) 입증상의 요점에 대하여는 중요한 것을 짚어서 정확하게 기재하여야 한다.

(5) 미성년자 또는 고용인의 범죄사건에 대해서는 친권자 또는 고용주에 대해서 장래의 감독

또는 계속 고용에 대한 의견을 기재하는 것을 잊어서는 아니된다.

(6) 피해자의 진술조서에는 반드시 피해회복 여부와 처벌희망 여부를 물어 두어야 한다.

(7) 상해를 입은 피해자에 대해서는 진술당시의 치료정도를 물어 치료 기간을 확인하여야 하며, 상해발생 당시 작성된 진단서의 소견에만 의존하지 말아야 한다.[7]

(8) 증인격인 참고인에 대해서는 피의자 또는 피해자와의 관계, 기타 그 사건과의 이해관계를 명백히 한 후 진술을 들어야 한다.

(9) 참고인을 신문할 때는 먼저 그 사건과의 관계를 확인하여 진술을 청취할 가치가 없거나 오히려 수사기밀만 누설시키는 결과가 될 경우에는 신문을 하여서는 아니되고, 부득이 조사하는 경우라면 그 점을 충분히 고려하여야 한다. 그러나 참고인이 될 자가 어린이라는 이유만으로 그의 진술을 경시하여서는 아니된다.

(10) 참고인이 출석 또는 진술을 거부하는 경우에는 검사로 하여금 증인신문을 청구하도록 신청할 수 있다.

(11) 출석요구방식은 출석요구서의 발송, 전화, 구두에 의한 통지 등 여러 방법이 있다. 또 참고인에게는 우편으로 간단한 사항을 물어 그 회답을 받아 사건처리에 참고토록 하는 우편진술제도가 시행되고 있다.

(12) 복잡한 사항은 항목을 나눠서 정리한다.

통상 참고인 진술조서는

1. 1....식으로 기재하여 개괄적인 사항을 조사하고 나서 문답식으로 전환하는 것이나 참고인이 항목별로 또는 순서대로 명쾌하게 진술을 할 경우에는 문답식보다는 1. 1....식으로 작성하여도 무방하다. 그러나 이 경우에는 의도적으로 참고인이 어떤 사항에 대하여 누락시키는 경우가 있으므로 그에 이어서 문답식으로 보충질문을 행함이 타당하다.

(13) 참고인의 진술은 중요한 증거들이 되는 경우가 많으므로 이점을 고려하여 생생하게 실감이 나도록 조서를 작성하여야 한다.

(14) 참고인 진술조서 작성중이더라도 조서의 앞부분과 뒷부분이 상반되거나, 변경이 될 때에는 반드시 그 사실을 조서에 표시하고, 합리적인 이유와 변명을 기재하고, 누구든지 납득이 가도록 하여야 한다.

(15) 참고인에 대한 위해우려나 회유시도 우려가 있으면 가명조서를 적극 활용한다.

---

7  형사사건에서 상해진단서는 피해자의 진술과 함께 피고인의 범죄사실을 증명하는 유력한 증거가 될 수 있다. 그러나 상해 사실의 존재 및 인과관계 역시 합리적인 의심이 없는 정도의 증명에 이르러야 인정할 수 있으므로, 상해진단서의 객관성과 신빙성을 의심할 만한 사정이 있는 때에는 증명력을 판단하는 데 매우 신중하여야 한다(대법원 2016. 11. 25. 선고 2016도15018 판결).

◈ 라) 참고인 진술조서 작성례

◆ 시작부분 기재례

예시 1)

－저는 김○○씨가 정○○씨를 상대로 고소한 사실에 대하여 경찰서에서 출석요구를 하였기에 나왔습니다. 물으신다면 아는 대로 진술하고자 합니다.

－이번 저희 회사에서 ○○을 수입하는 과정에서 문제점이 생겨 분쟁이 일어난 사실을 알고 있고, 특히 그 물품의 수입절차를 직접 취급한 일이 있으므로 그 점에 대하여 제가 알고 있는 대로 진술하고자 합니다.

예시 2)

1. 저는 위 주소지에서 가족 공히 살고 있으며 건물임대업을 하고 있습니다.

1. 저는 본인 소유의 평택시 ○○동 111소재 건물을 장○○에게 임대하였던 사실이 있는데, 이 건물 임대차 계약서 문제로 문의할 일이 있다는 경찰서의 참고인 출석요구를 받고 나왔습니다. 물으신다면 아는 대로 대답하겠습니다.

예시 3)

1. 저는 국민은행 ○○지점의 대부계 대리로 근무하고 있습니다.

1. 저는 저희 지점에서 ○○제지회사에 자금을 대출하면서 담보관계로 분쟁이 일어난 사실을 알고 있고, 특히 근저당권 설정 서류를 직접 취급한 일이 있어 그 점에 대하여 알고 있는 대로 진술하고자 합니다.

이때…

예시 4)

1. 저는 200 . . .부터 지금까지 서울 ….에 있는 ○○주점에서 웨이터로 일하고 있습니다.

1. 저는 김○○이 201 … 23:00경 ○○주점 안에서 정○○를 영업용택시에 태우는 것을 본 사실이 있습니다.

위 진술의 취지를 더욱 명료하기 위하여 아래와 같이 임의로 문답을 하다.

㉮ 동일인 여부 확인

문 : 진술인이 이○○인가요?

답 : 네 그렇습니다.

㉯ 피의자 및 고소인과의 관계

문 : 진술인은 김○○이나 장○○을 아시는가요?

답 : 네, 김○○은 제 건물에 세를 들어 스포츠센타를 하고 있는 사람이며 장○○은 그 옆 건물에서 분식집을 한다고 해서 세를 주었던 사람입니다.

㉮ 그 사건과의 관련성 및 진술하고자 하는 취지

문 : 장○○의 임대차 계약에 대해서 말해 보시오?

1. 저는 주거지에서 구멍가게를 경영하고 있습니다.

1. 200○. ○. ○. 12:00경부터 저녁 6시까지 홍○○씨와 강○○씨가 다른 손님 3명과 저의 가게 옥상에서 술을 마시며 화투를 치다가 싸움이 벌어져 홍○○씨가 강○○씨를 발로 차서 강○○씨가 옥상에서 떨어지는 것을 본 일이 있습니다.

1. 그 날 싸운 경위 등에 대하여 묻는 대로 대답하겠습니다.

이 때 그 진술의 취지를 더욱 명료히 하기 위하여 다음과 같이 임의로 문답하다.

문 : 진술인이 김○○ 인가요?

답 : 그렇습니다.

문 : 진술인은 홍 ○○이나 강○○을 아는가요?

답 : 두 사람 다 저의 가게에 가끔 놀러 오는 사람들이라 알고 있습니다.

문 : 진술인은 두 사람이 싸우는 것을 본 일이 있는가요.

◆ **참고사항**

○ 참고인이 다른 사람으로부터 전해들은 사실이나 추측한 사실을 진술할 때에는 직접 경험한 사항이 아님을 분명히 알 수 있게 조서에 나타내어야 한다(재전문진술).

문 : 진술인은 그 말을 피의자로부터 직접 들었나요?

답 : 직접 들은 것은 아니고 그 다음날인 ....경 위 주점에서 피의자의 친구인 정○○으로부터 전해 들었습니다.

◆ 진술조서를 작성하는 중에 참고인의 진술이 앞부분과 모순되거나 변경이 있을 때에는 반드시 그 사실을 조서에 표시하고 합리적인 이유를 기재하여야 한다.

문 : 진술인은 지난번에 말할 때에는 돈을 빌려준 날이 201○. 10. 10.인 것으로 기억된다고 하였다가 지금은 9. 10.이라고 말하였는데 어느 것이 맞는가요?

답 : 지난번에는 오래되어 착각을 일으킨 것입니다. 경찰서에서 진술을 하고 집에 가서 그 당시 제가 돈을 빌려주고 그 내용을 기입한 계장부를 찾아보니 9. 10.자로 적혀 있었습니다. 그 장부를 사본하여 제출하겠습니다.


## 5) 범죄인지서 작성

### ◈ 가) 의 의

인지는 고소, 고발, 자수와 함께 수사단서의 하나이다.

경제팀에서는 통상 고소되지 않은 사건, 즉 진정사건, 당직사건(현행범체포나 임의동행으로 피의자를 데려오는 경우), 즉심청구되었다가 청구기각되어 생활안전과에서 오는 서류 등에 대해서 범죄인지서를 작성하고, 송치서 셋트나 불송치결정서 셋트 뒤의 2페이지(즉, 송치서류 등 다음에 처음 오는 서류)에 위치시킨다.

### ◈ 나) 관련지침

○ 신고 · 진정 · 탄원 접수시 제반사항 조사 후 범죄혐의 판단

– 범죄피해 신고사건 (발생사건) 및 진정 · 탄원사건 접수시 관련자 진술 및 제반사정을 확인한 이후에 범죄혐의가 있다고 판단하는 경우 '범죄인지서'를 작성하고 인지서 결재 이후 사건번호 부여

◆ 〈판례〉 "수사의 개시에 앞서 이루어지는 조사활동과 이에 기초한 범죄의 혐의가 있는가 여부에 관한 판단 즉, 수사를 개시할 것인가 또는 조사활동을 종결할 것인가의 판단은 수사기관이 제반사정에 대응하여 자신에게 부여된 권한을 적절하게 행사할 수 있도록 합리적인 재량에 위임되어 있는 행위"

(大判 2006. 12. 7. 2004다14932)

– 허위 · 오인신고가 빈발하였던 유형의 범죄피해 신고에 대해서는 범죄관련성을 보다 엄격히 심사하여 입건 여부 결정

◆ 〈예〉 보험금 수령 목적의 차량손괴 신고(자손 의심 많음) 및 휴대폰 등 전자기기 도난 신고(분실 가능성), 차량회수 목적의 차량절도 피해 신고(민사분쟁)

◆ 위 사례의 경우 내사형태의 조사활동으로 진행하더라도 신고자가 당장 요청하는 "사건사고 사실 확인원"의 발급이 가능

○ 범죄인지서 결재선은 지방청 및 경찰서 위임전결 규정에 따라 시행

◆ 전결권자 : 지방청 ⇒ 수사(형사)과장, 경찰서 ⇒ 수사(형사)과장

○ 사건접수 7일 이내 1차로 입건 또는 내사진행 여부 결정

– 접수 이후 7일 이내 관련사실 조사 등을 통해 수사개시(입건) 판단시 '범죄인지서' 결재 상신하고, 내사로 계속 진행하고자 하는 경우는 내사보고서(서식 신설) 작성하여 결재 상신

○ 범죄인지 이후 피의자 불특정된 경우, 범인검거시 신속한 여죄수사 등을 위해 미제편철 처리 원칙

◆ 개정 형소법에서 경찰에 수사개시 · 진행권이 인정됨에 따라, 미검사건에 대해서는 경찰이 끝까지 수사하여 범인을 검거하는 절차 확립

– 보이스 피싱, 대출사기, 뺑소니 사건 등 피의자가 특정되지 않더라도 피해자 진술 및 관련자료를 통해 범죄로 인한 피해가 명백한 경우는 입건 수사

– 이 경우 피의자를 특정하지 못하면, 향후 범인검거시 여죄수사의 효율성 등을 위해 원칙적으로 미제편철

○ 미제편철 결정시점은 구체적 수사활동 여부를 기준으로 판단

– 범인검거 · 증거수집을 위하여 필요한 수사활동이 일단락된 시점에서 장기수사 사건으로의 분류를 위한 미제편철 여부 결정

◈ **다) 범죄인지서 작성연습**

## 경기평택경찰서

제 2018-0000 호 　　　　　　　　　　　　　　　　　　2018. 6. 4.

　　수 신 : 경찰서장

　　참 조 : 수사과장 　　　　　　　　　　　　　접수번호 : 2018-00888

　　제 목 : 범죄인지 　　　　　　　　　　　　　사건번호 :

다음 사람에 대한 범죄사실을 인지합니다.

**1. 피의자 인적사항**

　　황OO　　　　　(직업)
　　주민등록번호　　:　　　　　　880000-10000　　　　　　　　　　(나이)
　　주 　 거　　　　:
　　등록기준지　　　:

**2. 범죄경력자료**

조회중

**3. 범죄사실의 요지**

피의자는 2013. 2. 13. 21:37경 평택시 OO동 OOO번지에 있는 'OOOO' PC방에 손님으로 입장하여 피해자 정 OO(남, 25세)에게 마치 이용요금을 지불할 것처럼 행세하며 21번 좌석에 앉아 익일 08:31까지 PC를 이용하여 게임을 하였다.

그러나 피의자는 PC를 이용하더라도 이용요금을 지불할 의사나 능력이 없었다.

피의자는 이와 같이 피해자를 기망하여 11시간 동안 PC를 이용한 후 이용요금 8,800원을 지불치 않는 방법으로 동액 상당의 재산상 이익을 취하였다.

**4. 죄명 및 적용법조**

사기, 형법 제347조 제1항

**5. 수사단서 및 범죄 인지경위**

임의동행보고서 등으로 보아 피의자에게 변제의사나 변제능력이 없는 등 편취혐의가 인정되어 인지한 것임.

| 경 로 | 지휘 및 의견 | 구분 | 결 재 | 일시 |
|---|---|---|---|---|
| | | 기안 | | |
| | | 검토 | | |
| | | 결재 | | |

## 6) 수사결과보고 작성(범죄사실 작성, 의견 기재 방법을 중심으로)

### ◈ 가) 의 의

수사가 종결되면 그 때까지 수사한 것을 기초로 판단하여 수사결과보고를 작성하여야 한다.

수사결과보고는 수사관의 작문실력이 발휘되는 순간인데, 특히 불송치 결정을 할 때나, 피의자가 혐의 부인하는 사건에서 기소사안으로 송치결정할 때 타당한 논리적 과정을 적어주어야 한다.

수사결과보고는 최종 수사결과를 요약, 보고하는 역할을 한다. 경찰의 모든 수사는 발생된 범죄의 구성요건해당성, 위법성조각사유, 책임조각사유를 규명하는 것이 핵심이다. 구성요건해당성은 어느 하나라도 부족하면 범죄가 성립하지 않으므로, 이것이 모두 인정되는지 또는 어느 일부가 부족한지를 확인하여야 한다.

그래서 구성요건 중 하나, 예컨대 사기죄에서 기망행위가 있냐, 없냐를 다툴 때 "고소인 주장, 피의자 주장, 대질조사 결과, 어느 쪽에 부합하는 증거 등 모든 증거들을 종합해 보니까, 이건 기망행위가 있는 것 같다, 또는 없는 것 같다"는 판단을 해 주어야 한다. 그리고 "누가 어떻게 진술했다"라는 부분은 되도록 요약하는 것을 원칙으로 하되 중요한 부분은 따옴표를 활용하여 인용하여야 수사결과보고가 간단명료해진다.

그래서 최근 작성하는 수사결과보고는 상호간에 다툼이 없어서 인정되는 부분을 먼저 적시하고, 그 다음 각 구성요건별로 다툼이 있는 부분을 규명한다. 그 이유가 구성요건이 하나라도 부정되면 무죄이기 때문에 구성요건해당성을 일일이 따지기 위해서이다. 예컨대 마트 재산에 가압류를 한 가압류채권자가 상대방 말에 속아 가압류해제를 해줬는데 약속한 판매대금을 지급해주지 않아 사기죄로 고소하는 경우, 처분행위나 재산상 이익 등의 구성요건에 대해 다툼이 없다면, '기망행위'라는 구성요건의 규명이 중점이 될 것이고, 조사해 보니 피의자는 처음부터 마트를 잘 운영하려 노력하였고 마트가 잘 운영되지 않는 것은 사후적 사정에 불과하여 결국 가압류해제요청 당시에 편취의사가 없었다고 밝혀지면 사기죄의 구성요건인 기망행위가 없었다는 소결론이 나올 것이다. 이런 식으로 쟁점마다 소결론을 도출하여 결국 유죄냐, 무죄냐라는 최종 결론을 만들어내는 과정이 수사결과보고 작성인 것이다.

◆ 서식 입력을 위해서 피의자를 대상자로 선택 후 서식 메뉴 들어가서 수사결과보고를 클릭하면 전자문서 작성창이 뜬다. 보통 화면 하단 우측의 '전체서식'에 들어가서 필요한 서식을 찾아 쓴다. 그런데 자주 쓰는 서식을 아래와 같이 '개인서식'으로 관리하면 편하다. 서식작성 화면에서 우측 하단 '개인서식'을 보면 필자가 모아둔 개인서식을 볼 수 있다. 새로 만들거나 편집할 때에는 '개인서식' 탭을 누르고 '개인서식 관리' 버튼을 눌러 새 그룹을 만들고 그룹명을 변경 후(고소사건, 일반사건, 내사사건 등) 필요한 서식을 찾아 화면 중앙 삼각형 버튼(보내기)을 눌러 원하는 그룹 안에 모아둔 후 '저장'을 누르면 된다.

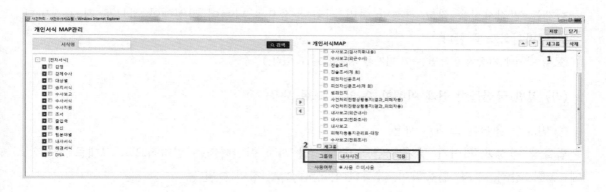

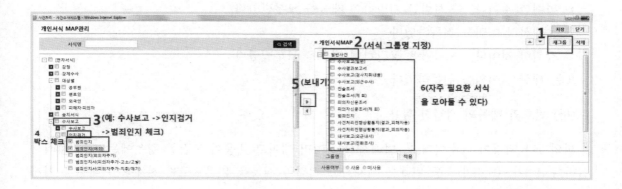

◈ 나) 범죄사실 작성요령

## (1) 총 설

### (가) 짧고 간결한 문장으로 작성

– 주어가 바뀌거나 새로운 서술어가 나와 행위상황이 바뀌는 경우
– 일시와 장소가 바뀌어 한 문장으로 작성하는 것이 부자연스럽거나 장황하게 되는 경우
– 긴 수식어구가 있는 등 하나의 문장으로 작성하면 지나치게 길거나 복잡하게 되는 경우,
문장구분을 하는 것이 자연스럽다.

### (나) '피의자는 ~ 하였다'의 형식으로 작성

### (다) 현대 국어 어법에 맞는 문장 작성

현재는 범죄사실을 짧고 간결한 여러 개의 문장으로 나누어 작성해야 하므로 각 문장마다
주어를 명기하도록 한다.
(문맥 이해에 지장이 없으면 주어 기재를 생략할 수도 있다.)

### (라) 일반 국민들이 쉽게 이해할 수 있는 표현 사용

① 법률상 용어는 그대로 사용
법률상 일정한 의미가 부여된 용어이므로 법 개정 이전까지는 원칙적으로 그대로 사용함.
예) 절취, 강취, 횡령, 합동하여, 공동하여, 상습으로, 징역 ○월 등
② 관용어의 개선
○ 편취한 것이다. → 사람을 기망하여 재물을 교부받았다.
또는 재산상 이익을 취득하였다.
○ 갈취한 것이다. → 사람을 공갈하여 재물을 교부받았다.
또는 재산상 이익을 취득하였다.

### (마) 번호와 제목의 적절한 활용

피의자나 죄명이 다수이거나, 범죄사실이 여러 개이고 내용이 복잡한 경우에는 개별 범죄사
실마다 '1. 가. ⑴. ⑺.' 등 번호를 기재하고 적절한 제목을 붙임으로써 전체적인 내용을 쉽게
파악할 수 있도록 한다.
범죄사실이 하나이더라도 복잡한 경우에는 번호와 제목을 활용하면 범죄사실을 보다 쉽고
일목요연하게 파악할 수 있을 것이다.

## (2) 구체적인 범죄사실 작성례

### (가) 사 기

① 피해자의 진술

오늘 몇시에 피의자가 혼자 제가 운영하는 업소에 손님으로 왔습니다.

피의자가 맥주 O병 등 OOO원어치를 시키고 노래방 2시간을 이용해서 도합 OOO,OOO원의 대금이 나왔습니다. 그래서 계산을 요구했더니 "나는 돈도 없으니까 니네 알아서 하라"고 하여 112신고를 하게 된 것입니다.

피의자가 지갑을 보여줬는데 돈은 한푼도 없었고, 낼 생각도 없다고 했고요, 알지도 못하는 사이라 외상으로 제공한 것은 아닙니다. 피의자의 처벌을 원합니다.

② 처벌조문

형법 제347조 제1항(사기) 타인을 기망하여 재물의 교부를 받거나 재산상의 이익을 취득한 자는 10년 이하의 징역 또는 2천만원 이하의 벌금에 처한다(미수범, 상습범 처벌).

③ 구성요건

    ㉮ 객관적 구성요건은

        ㉠ 객체(재물, 재산상의 이익),

        ㉡ 기망행위(허위의 의사표시에 의해 타인을 착오에 빠뜨리는 행위, 또는 이미 착오에 빠져있는 상태를 이용하는 행위)

        ㉢ 상대방(사실상의 재산적 처분능력이 있는 타인)

        ㉣ 착오의 야기(기망과 착오의 인과관계가 있어야 함)

        ㉤ 처분행위(직접 재산상의 손해를 초래하는 작위 또는 부작위)

        ㉥ 재산상의 손해

        ㉦ 재물 또는 재산상 이득의 취득

    ㉯ 주관적 구성요건−고의(손해를 가하려는 목적 X, 타인의 재물 또는 이익을 침해한다는 의사와 피기망자로 하여금 어떠한 처분을 하게 한다는 의사 O)와 불법영득의사, 불법이득의사가 있어야 한다.

④ 완성된 범죄사실

피의자는, 2012. 12. XX.경 평택시 OO동 XXX번지 OOOO노래방 내에서(일시, 장소는 기본!) 업주인 피해자 김OO(여, 52세)㉢에게 술과 안주㉠를 주문하였다.

그러나 피의자는 그 대금을 지불할 의사나 능력이 없었다.㉡

피의자는 이와 같이 대금의 지급을 받을 수 있는 것처럼 믿게 하여㉣ 피해자로부터 160,000원 상당의 술과 안주㉠를 교부받았다㉤(교부받은 것은 재물이지 재산상 이익이 아니므로 이와 같이 기재한다).

## (나) 모 욕

### ① 피해자의 진술

제가 2012. 08. 19. 04:05경 평택시 ○○동 XXXX번지에 "모르는 사람이 자신의 집에 들어오려고 한다"는 112신고를 받고 현장에 출동하였더니 피고소인이 술에 만취한 상태로 신고자의 집 문을 발로 차고 있어 제가 왜 남의 집 문을 발로 차냐고 하였더니 피고소인이 저에게 내가 내 집을 발로 차는데 너희는 뭐냐고 하여 발로 문을 차는 것을 제지하면서 집에 들어가 자라고 하였더니 피고소인이 저에게 "야 이 XX끼야 너는 뭐냐 이 XX놈아 등 욕설을 하였습니다.

당시 피고소인은 술에 만취된 상태입니다. 현장에는 신고자가 집안에서 문만 조금 열고 밖을 쳐다보고 있었습니다. 제 나이가 50대인데 그런 저에게 입에 담지 못할 욕설을 하여 심한 모욕감을 받았습니다. 당시 함께 출동하였던 장○○ 경○과 피고소인의 사회 후배라는 성○○과 신고자가 들었습니다.

### ② 처벌조문

형법 제311조 : 공연히 사람을 모욕한 자는 1년 이하의 징역이나 금고 또는 200만원 이하의 벌금에 처한다.

### ③ 구성요건

⑦ 객관적 구성요건

　㉠ 객체 : 사람(자연인 이외에 법인, 법인격 없는 단체, 유아, 정신병자도 포함. 사자(死者)는 제외)

　㉡ 행위 : 모욕하는 것이다. 구체적 사실적시 없는 경멸적 의사표시를 말한다.

　㉢ 공연성 : '공연히'란 불특정 또는 다수인이 인식할 수 있는 상태를 말한다.

㉯ 주관적 구성요건 : 공연히 모욕한다는 사실에 대한 인식과 의사를 내용으로 하는 고의가 있어야 한다.

### ④ 완성된 범죄사실

2012. 08. XX. XX:XX경 평택시 XX동 1XXX번지에서(일시, 장소는 기본!) 모르는 사람이 현관문을 두들기며 집에 들어오려고 한다는 112신고를 받고 ○○파출소 경찰관인 경○ 신○○(당○○세, 남), 경○ 장○○이 현장에 출동하였다.

현장에서 피해자인 경○ 신○○이 피의자 최○○에게 여기는 남의 집이니 본인 집으로 가시라고 하자 피의자가 <u>피해자에게㉠</u> "너희들이 뭐야! XX, 너 이XX 죽여버려, 이 짭새 새끼 너 목을 잘라 <u>죽여버린다</u>" 라고 큰소리 고함을 치는 등<u>㉡</u> 이웃주민 및 참고인 곽○○ 등이 듣는 가운데(공연성) 공연히<u>㉢</u> 피해자를 모욕하였다.

## (3) 양벌규정 작성방법

### (가) 총설

양벌규정은 일반적으로 특정한 법률을 위반한 자가 개인이나 법인의 대표자나 사용인(종업원 등) 등일 때, 그 개인이나 법인에 대하여 감독책임을 물어 함께 처벌함으로써 범죄를 예방하자는 취지로 이해된다.

예컨대, 편의점 사장의 종업원이 청소년에게 부주의로 술을 팔아 청소년보호법을 위반했을 때 그 편의점 사장의 감독책임을 물어 "자동으로" 함께 처벌하는 것이다.

그런데 몇 년 전 개인이나 법인이 평소 충분히 감독하였음에도 불구하고 면책하지 않고 무조건 처벌하는 것은 헌법에 맞지 않는다는 이유로 양벌규정이 위헌판결을 받은 이후로(헌법재판소 2009. 7. 30. 선고 2008헌가18), 대부분의 특별법에서 평소 법인·개인의 충분한 감독이 있었다면 면책하는 방향으로 양벌규정이 개정되었다.

따라서 개정된 내용을 범죄사실에 어떻게 반영할 지가 문제되는 바, 먼저 '가'항에 자연인이자 실행위자인 대표자 또는 사용인의 범죄행위를 기재하고, '나'항에 법인이나 개인에 대하여 "법인이나 개인이 위반행위를 방지하기 위하여 주의하여야 함에도 이를 게을리하여 피의자의 업무에 관하여 그 사용인이나 대표자가 위와 같은 위반행위를 하였다"라는 식으로 기재하는 것이 바람직할 것이다.

### (나) 범죄사실 작성례

피의자 1) 하OO는 OO마트 직원이다.

피의자 2)는 OO마트를 운영하는 주식회사 ◇◇이다.

**가. 피의자 1) 하OO는,**

누구든지 청소년을 대상으로 청소년 유해약물 등을 판매·대여·배포하거나 무상으로 제공하여서는 아니 됨에도 불구하고,

2018. 5. 13. 11:11경 평택시 OO읍 OOOO OO마트 1번 계산대에서 주류를 가지고 계산하러 온 청소년 강OO의 연령을 확인하지 않고, 소주 등 주류 13병을 28,800원에 판매하였다.

**나. 피의자 2) 주식회사 ◇◇은,**

피의자 사용인의 위반행위를 방지하기 위하여 해당업무에 관하여 상당한 주의와 감독을 기울여야 함에도 이를 게을리함으로써(주의를 게을리한 것은 법인이고), 피의자의 사용인인 피의자 1) 하OO가 위 '가'항과 같은 일시, 장소에서 피의자의 업무에 관하여 위 '가'항과 같은 위반행위를 하였다(위반행위를 한 것은 법인의 대표자나 종업원 등 자연인이다).

### ◆ 다) 결정 기재방법[8]

#### (1) '검찰송치' 결정의 기재례

-피의자 김○○에 대한 사기혐의에 대해

-피의자 김○○, 같은 이○○의 폭처법위반에 대해

-피의자 김○○의 가항의 1), 2)혐의에 대해

피의자 범죄사실 시인하고 피해자의 진술, 참고인 이○○의 진술 및 압수한 증거품(기록 ○○쪽 녹취록, 흉기) 등이 피의자의 자백과 부합하므로, 피의자의 범죄혐의 인정되어 송치결정합니다.

◆ 형사소송법상 자백의 보강법칙[9]을 고려할 때, 피의자가 자백하더라도 이를 보강할 증거 (자백 외의 증거)를 적시하여야 하는 것이다.

#### (2) '불송치' 결정의 기재(2020년 개정 형사소송법 시행 이후부터 불기소 사안으로 판단될 때에는 검찰에 종국적으로 사건을 보내지 않고 다만 90일간 대여하여 특별한 보완수사요구가 없으면 종결을 하는, 불송치결정을 하게 된다.)

(가) 불기소처분은 기판력이 발생하지 않으며 공소권이 소멸하는 것도 아니다.

(나) 불송치결정 이유를 기재함에 있어서 특히 주의하여야 할 점은 통상의 법률가라면 알고 있는 법률상 또는 법리상의 설명문구는 필요하지 않다는 것이다.

-예컨대 "사문서위조에 있어서의 문서라 함은 실재인 명의의 문서임을 요한다 할 것인 바," 라든가, "친고죄에 있어서는 범인을 알게 된 날로부터 6개월 이내에 고소하였을 때만 유효한 고소라고 할 것인 바" 등 설명적인 문구는 쓸 필요가 없고, 바로 본건 문서가 허무인 명의로 작성되었다든지, 고소할 수 없는 불가항력의 사유없이 6개월이 경과된 뒤에 고소제기되었다는 사실만을 적시함으로써 족한 것이다.

(다) 형식적인 이유로 불송치결정하면서 서두에 "피의사실은 인정되나"와 같은 실체적인 판단을 기재한다거나, 수사중지와 같이 중간처분을 하면서 "피의사실은 인정되나"와 같은 종국적 판단을 기재하는 것은 그러한 처분의 성질에 어긋난다.

---

8  사법경찰관의 결정종류와 사유는 '검사와 사법경찰관의 상호협력과 일반적 수사준칙에 관한 규정(이하 '수사준칙' 이라 한다) 제51조 제1항 및 경찰수사규칙 제111조 제1항에 규정되어 있다.
9  제310조 (불이익한 자백의 증거능력) 피고인의 자백이 그 피고인에게 불이익한 유일의 증거인 때에는 이를 유죄 의 증거로 하지 못한다.

(라) '혐의없음'에 비하면 '죄가 안됨'이나 '공소권 없음' 또는 '수사중지'의 이유는 간단한 것이 상례이며 각 이유의 요지만을 적시함으로써 충분하다.

## (3) 「혐의없음」 결정

### (가) 『혐의없음』의 사유

① 피의사실이 인정되지 아니하는 경우(범죄인정안됨)
   ㉠ 피의사실이 피의자의 행위가 아닌 것이 명백한 경우(진범이 따로 나타났거나, 피의자의 알리바이가 성립되는 경우 등)
   ㉡ 피의자의 범행임을 인정할 증거가 없음이 명백한 경우(피의자가 범인이라고 지목한 목격자의 진술 또는 유일한 물증이 허위로 판명된 경우 등)
② 피의사실이 범죄의 구성요건에 해당하지 아니한 경우(범죄인정안됨)
   ㉠ 피의사실 자체는 진실이라고 하더라도 그 사실이 법률상 범죄의 구성요건을 충족하지 못하는 경우
   ㉡ 고의가 없는 행위
   ㉢ 과실범에 있어서 과실이 인정되지 아니한 경우
   ㉣ 행위와 결과 간에 인과관계가 없는 경우(예컨대, 겁을 주고 돈을 뺏으려고 칼을 들이밀었으나 피해자는 겁을 먹지 않고 불쌍해서 또는 반항이 완전히 억압되지 않은 상태에서 돈을 준 경우 강도기수가 아닌 강도미수가 성립한다거나, 폭행이나 협박의 정도가 사람의 반항을 억압하기 부족한 경우 강도죄가 아닌 공갈죄의 성립을 인정하는 것처럼[대판 95도91, 76도1932판결], 사건유형에 따라 반드시 혐의없음 의견을 내는 것은 아니라는 점을 유의한다.)
   ㉤ 불가벌적 사후행위
   ㉥ 과태료처분사항
   ㉦ 지급제시기간 도과 후의 수표 지급제시
   ㉧ 횡령죄의 보관자의 지위 부정
   ㉨ 배임죄에 있어서 타인의 사무를 처리하는 자의 지위 부정
   ㉩ 사용절도
③ 피의자의 행위임을 인정할 증거가 없거나 그 증거가 불충분한 경우(증거불충분)
   ㉠ 자백 외에 보강증거 없는 경우
   ㉡ 고소·고발사건에서 고소인 등의 주장만으로는 피의자의 변명을 뒤집기 어려운 경우
④ 유의사항
   ㉠ 혐의없음 결정을 하기에 앞서 기록을 철저히 검토하고 수사에 미진한 점이 없는지 한 번 더 생각해 보아야 한다.

ⓒ 혐의없음으로 결정함에 있어서 불송치결정 죄명에 한정하여 사건을 판단하여서는 안되며 불송치죄명 외 다른 범죄의 성립여부도 검토하여야 한다(예컨대, 동업재산을 횡령하였다는 고소사건에 있어 동업체가 익명조합으로 판명되어 불송치결정을 할 때 처음부터 수익금을 나누어 줄 생각 없이 동업자금을 투자받아 편취한 것은 아닌지, 즉 사기혐의가 있는지 등도 검토하여야 한다).

ⓒ 최근의 수사결과보고 작성트렌드는 '다툼없는 사실'부터 기재하고 '다툼있는 사실'은 쟁점별로 나누어 각각의 주장과 근거를 검토하여 소결론을 내는 식이다. 왜냐하면 어떤 범죄의 구성요건이 여러 개라면(예-사기죄의 객관적 구성요건 : 객체, 기망행위, 착오의 야기, 처분행위, 재산상 이익의 취득 등) 이것이 전부 인정되어야 기소로 가는 것이고 구성요건 중 하나라도 탈락되면 불송치(혐의없음)로 가기 때문에, 다툼없이 쉽게 인정되는 구성요건부터 시작하는 것이 타당하기 때문이다. 논리적으로 즉 '쟁점 하나하나'='구성요건'이며, 수사결과보고는 구성요건들이 각자의 주장과 증거에 의해서 인정되는지를 검토하는 과정이라고 보면 된다.

⑤ 기재요령

ⓐ 증거가 없거나 불충분한 경우(다음 순서대로 기재하는 것이 원칙임.)

▷ 다툼없이 인정되는 사실

(피의자가 고소인의 주장을 전면부인하여 다툼없이 인정되는 사실이 없을 경우 곧바로 피의자의 변명내용 기재)

▷ 고소인의 주장과 이에 부합되는 증거

▷ 피의자의 변명내용과 이에 부합되는 증거 및 그 내용

▷ 고소인의 주장 배척이유

▷ 맺음말

- 증거 불충분하여 혐의 없다.

**(나) 법률적 견해 기재 방법**

① 인정되는 사실-

피의자가 위조발령장을 ○○○에게 교부 행사한 사실은 인정된다.

② 이론전개-

위조공문서행사죄는 위조공문서를 그 정을 모르는 자에게 마치 진정하게 성립된 문서인양 가장하여 제시하여야 성립한다.

③ 본건사실-

이 건에 있어서는 피의자가 ○○○의 부탁에 의하여 위조한 후 그 정을 잘 알고 있는 ○○○에게 제시한 것이다.

④ 반증없음-

달리 그 정을 모르는 자에게 제시하였다고 인정할 만한 아무런 증거가 없다.

⑤ 결 론-

증거 불충분하여 혐의 없다.

(기재예시)=가+나+다+라+마

## (다) 유형별 의견판단 과정 및 작성례

① 범죄 인정되지 아니하는 경우 혐의없음(범죄인정 안됨) 결정을 한다.

　　㉠ 구성요건해당성이 없는 경우

　　　　ⓐ 피의사실 자체로 구성요건에 해당하지 않는 경우

**예시 1)** • 피의자가 피해자의 컴퓨터에 접속하여 저장장치에 저장되어 있는 이 사건 문서 파일을 피의자의 이메일 주소로 전송한 사실은 인정된다.

• 컴퓨터에 저장된 정보는 절도죄의 대상이 되는 재물이라고 할 수 없다.

• 범죄 인정되지 아니하여 혐의 없다.

**예시 2)** • 피의자가 위 일시, 장소에서 고소인에게 "이 사기꾼 같은 놈아"라고 말한 사실은 인정된다.

• 위 일시, 장소에는 피의자와 고소인 이외에는 다른 사람이 없었고, 문도 닫혀져 있어서 다른 사람이 피의자의 말을 들을 수 있는 상태가 아니었으므로(피의자와 고소인의 각 진술), '공연성'을 인정할 수 없다.

• 범죄가 인정되지 아니하여 혐의 없다.

　　　　ⓑ 피의사실이 구성요건에 해당하는 외관을 갖추고 있으나 법리상 범죄를 구성하지 아니하는 경우

**예시 1)** • 피의자가 피해자를 상대로 사문서위조죄로 고소한 사실은 인정된다.

• 피의자가 고소한 사실이 허위라고 하더라도 그 사실에 대한 공소시효는 2006. 9. 18. 이미 완성되어 공소권 없으므로 수사기관의 직무를 그르치게 할 위험이 없다.

• 범죄 인정되지 아니하여 혐의 없다.

**예시 2)** • 피의자가 피해자에게 아무런 청구권원이 없음에도 허위의 사실을 주장하여 법원으로부터 피해자의 부동산에 대하여 가압류 결정을 받아 가압류등기를 마친 사실은 인정된다.

• 가압류는 강제집행의 보전방법에 불과한 것이어서 허위의 채권에 기하여 가압류를 하였다고 하더라도 현실적으로 청구의 의사표시를 한 것이라고 볼 수 없어 사기죄의 실행에 착수하였다고 할 수 없다.

• 범죄 인정되지 아니하여 혐의 없다.

예시 3) • 피의자가 사망한 아버지인 김OO 명의로 등기되어 있던 위 부동산을 고소인 김O영 등과 공동으로 상속받아 점유 관리하고, 피의자가 위 부동산을 신P선에게 매도하는 계약을 체결한 사실은 인정된다.

• 위 김OO의 명의로 등기되어 있는 부동산을 피의자가 점유 관리하고 있다는 사실만으로는 피의자가 위 부동산을 처분할 수 있는 보관자의 지위에 있다고 볼 수 없다.

• 범죄 인정되지 아니하여 혐의 없다.

예시 4) • 피의자가 ○○○로부터 그가 회사 대표이사로서의 임무에 위배하여 본건 골프장회원권을 처분한다는 정을 알면서 이를 매수한 사실은 인정된다.

• 피의자가 취득한 골프장회원권은 ○○○의 배임행위에 제공된 재산상의 이익으로 재물이 아니어서 장물에 해당하지 아니한다.

• 범죄가 인정되지 아니하여 혐의 없다.

예시 5) • 이 사건 수표는 발행일인 2016. 12. 14.부터 10일간의 지급제시 기간이 지난 2016. 12. 27. 지급제시된 것으로(제12쪽 고발장), 지급제시가 부적법하다.

• 범죄가 인정되지 아니하여 혐의 없다.

예시 6) • 이 사건 수표는 발행일자가 기재되지 아니한 채로 지급제시된 것으로 (제12쪽 고발장) 지급제시가 부적법하다.

• 범죄가 인정되지 아니하여 혐의 없다.

ⓒ 피의사실이 구성요건에 해당하는 외관을 갖추고 있으나 범의·과실·인과관계 등이 명백히 인정되지 아니하는 경우

예시) • 피의자가 2006. 5. 25. 경 한 동네 거주하며 알고 지내던 피해자를 강간하여 피해자가 그로 인한 수치심과 장래에 대한 절망감 등으로 그 해 6. 30. 음독자살한 사실은 인정된다.

• 피해자의 자살행위가 강간으로 인하여 생긴 당연한 결과라고 할 수 없어 강간행위와 피해자의 사망사이에 인과관계를 인정할 수 없다.

• 범죄가 인정되지 아니하여 혐의 없다.

ⓛ 피의사실이 인정되지 아니하는 경우

예시) • 피의자는 피해자에게 상처를 가한 사실이 없음은 물론 범행일시 경에 피해자를 만난 사실조차 없다고 주장한다.

• 피해자는 경찰에서는 피의자로부터 구타당하여 상해를 입었다고 주장하다가 검찰에서 번복하여 사실은 등산 중 넘어져 다쳤으나 피의자의 동생이 피해자의 돈을 빌린 후 이를 갚지 않고 잠적하고 피의자가 동생의 소재를 알려주지도 않아 억울한 나머지 피의자로부터 구타당하였다고 허위로 고소하였다고 진술하고, 박O정도 피해자의 부탁에 따라 허위의 목격진술을 한 것이라고 진술한다.

• 피해자의 상처가 피의자의 행위에 의한 것임을 인정할 증거가 없음이 명백하므로 범죄가 인정되지 아니하여 혐의 없다.

② 증거가 불충분한 경우 혐의없음(증거불충분) 결정을 한다.

**예시 1)** • 피의자는 카메라 1대를 절취하였다고 자백한다.

• 피의자의 자백이 피의자에게 불리한 유일한 증거이다.

• 피의자의 자백 외에 이를 보강할 증거가 불충분하여 혐의 없다.

**예시 2)** • 피의자가 계원들로부터 계 불입금을 수령하고도 계금지급기일에 고소인에게 계금을 지급하지 아니한 사실은 인정된다.

• 피의자가 운영하는 계는 규약상 계금을 수령하는 계원이 앞으로의 계 불입금에 대한 담보를 제공하도록 되어 있고(제20쪽 계규약), 고소인은 위 담보를 제공하지 않은 채 계금의 지급을 요구하고 있어(계원인 정○○, 김○○의 각 진술), 피의자가 이를 지급하지 않고 그 계금을 은행에 예치한 사실이 인정되므로(제57쪽 예금통장), 피의자가 계주로서의 임무에 위배하여 고소인에게 계금을 지급하지 아니한 것이라고 할 수 없다.

• 증거 불충분하여 혐의 없다.

**예시 3)** • 고소인 송○○은 피의자가 최○○과 공모하여 박○○ 법무사에게 이 사건 위임장과 매도증서의 작성을 요청하여 이를 위조한 것이 틀림없다고 주장한다.

• 이에 대하여 피의자는 최○○이 고소인 송○○의 승낙을 받아 위 문서들을 작성하는 것이라고 하여 이를 믿었을 뿐 최○○과 공모하여 위 문서들을 위조한 사실은 없다고 주장한다.

• 정○○의 진술도 피의자의 주장과 일치하고, 고소인의 주장만으로는 피의자의 주장을 배척하고 피의사실을 인정하기에 부족하다.

• 증거 불충분하여 혐의 없다.

**예시 4)** • 고소인은 피의자가 처음부터 1,000만원을 편취할 것을 마음먹고 고소인을 속이기 위하여 2016. 12.까지의 이자만 지급하였다고 주장한다.

• 이에 대하여 피의자는 고소인으로부터 월 3푼으로 이자를 정하고 1,000만원을 빌려 2016. 12.까지 이자를 지급하여 오다가 2017. 1.경부터 피의자가 경영하던 건축자재 판매 사업이 부진하게 되어 자금회전이 여의치 않아 빌린 돈에 대한 이자와 원금을 변제하지 못하고 있을 뿐 변제할 의사나 능력 없이 돈을 빌리는 방법으로 편취한 것은 아니라고 주장한다.

• 박○○, 김○○의 진술도 피의자의 주장과 일치하고, 피의자가 원금과 이자를 지급하지 않았다는 사실만으로는 피의자에게 편취의 범의가 있었다고 인정하기에 부족하다.

• 증거 불충분하여 혐의 없다.

## (라) 구체적인 사안에 따른 기재례

### ① 다방선금사기

- 피의자가 고소인 김○○ 경영의 ○○다방에서 2011. 8. 1.경부터 10. 31.경까지 3개월간 종업원으로 일하기로 하고 고소인으로부터 선금 명목으로 금 3,000,000원을 받은 후 그 약정대로 일을 하지 아니한 사실은 인정된다.

- 피의자는 편취범의를 부인하면서 평소 알고 지내던 사건외 정○○이 피의자에게 청혼을 하면서 위 선금을 자신이 해결하겠으니 위 다방에 가지 말라고 강권하는 바람에 위 약속을 지키지 못하였을 뿐 처음부터 위 선금을 편취하려고 한 것은 아니라고 변명한다.

- 위 정○○도 피의자에게 "선금을 책임질 테니 결혼하자고 제의하여 현재 피의자와 동거하고 있으며 위 선금 중 1,000,000원은 이미 해결하였고 나머지도 모두 해결하기 위하여 노력 중이다"라고 진술하고 있어 피의자의 변명에 부합한다.

- 고소인은 위 정○○으로부터 뒤늦게 금 1,000,000원을 교부받은 것은 사실이지만 피의자가 선금을 받고 종업원으로 전혀 일을 해주지 않아 선금 전액을 되돌려 받기 위하여 고소한 것이라고 진술하고 있어 이것만으로는 피의자의 편취범의를 인정하기엔 부족하다.

- 증거 불충분하여 혐의 없다.

### ② 현금 차용사기

- 피의자는 편취범의를 부인하면서 2011. ○. ○경 고소인으로부터 금 15,000,000원을 차용한 후인 같은 해 ○. ○.경 피의자 소유의 어선 제35 ○○호에서 화재가 발생하여 이를 수습하는데 돈이 들어가 약정기일에 차용금을 변제하지 못하였지만 같은 해 ○. ○. 금 1,000,000원을 변제한 것을 비롯하여 7회에 걸쳐 금 6,200,000원을 변제하였으며 결코 차용금 명목으로 이를 편취한 것은 아니라고 변명한다.

- 기록 ○○쪽 이하에 편철된 화재발생신고서 사본, 소훼된 선박사진도 피의자의 변명에 부합하고, 고소인도 위 금액 15,000,000원중 피의자가 변제 주장하는 금 6,200,000원은 아니지만 금 4,600,000원을 변제 받은 사실을 인정하고 있으며 또한 본건 금전 거래 이전에도 여러 차례 피의자에게 돈을 빌려주었다가 약속대로 변제 받은 적이 있다고 진술하고 있어 피의자의 변명과 상당부분 부합한다.

- 이에 반하는 고소인의 일부 진술만으로는 민사책임은 별도로 하고 피의자에게 편취범의가 있었다고 인정하기에 부족하다.

- 달리 이를 인정할 만한 뚜렷한 증거가 없으므로 혐의 없다.

### ③ 신용카드 사용대금 미정산

- 피의자가 ○○신용카드 사용대금중 일부인 금 826,000원을 결제일까지 결제하지 못한

사실은 인정된다.

 - 피의자는 편취범의를 부인하면서 2001. 9.경 삼성신용카드를 발급받아 계속 사용하다가 같은 해 12.경 피의자의 사업이 어려워지는 바람에 결제대금중 금 2,510,000원을 결제하였지만 나머지 금 826,000원을 결제기일에 결제하지 못하다가 최근에 이를 모두 결제한 것이지 처음부터 대금을 지불할 의사나 능력이 없이 신용카드를 사용한 것은 아니라고 변명한다.

 - 기록 ○○쪽에 편철된 피의자에 대한 신용카드거래내역서 사본의 기재내용도 피의자가 대금 2,510,000원을 계속 결제하여 오다가 같은 해 12.경 이후 결제하지 못한 것으로 되어 있어 피의자의 변명에 부합한다.

 - 고발인의 진술만으로 피의자가 위와 같이 결제대금 일부를 연체하였다는 사실 이외에 편취범의가 있었다고 인정하기에 부족하다.

 - 달리 이를 인정할 만한 증거가 없으므로 혐의 없다.

### ④ 술값 등 외상대금 미정산

 - 피의자가 피해자 경영의 주점에서 술을 마신 후 대금 250,000원을 지불하지 아니한 사실은 인정된다.

 - 그러나 피의자는 편취범의를 부인하면서 당시 수중에 돈이 없어 이틀 후 월급을 받아 위 술값을 지불하기 위하여 회사출입증 등을 맡기고 외상을 하려고 하였는데 종업원이 외상은 안된다고 하여 그와 다투다가 신고되었을 뿐 처음부터 술값을 지급할 의사나 능력이 없이 술을 마신 것은 아니라고 변명한다.

 - 위 종업원인 참고인 김○○도 피의자가 회사출입증을 맡기면서 외상을 하려고 하여 이를 거절하였다라고 진술하고 있어 피의자의 변명에 일부 부합한다.

 - 피해자의 주장은 피의자의 직업 및 이건 술값액수 등에 비추어 피의자가 술값을 지불하지 아니하였다는 사실 이외에 편취범의까지 인정하기에는 부족하다.

 - 달리 이를 인정할 만한 증거가 없으므로 혐의 없다.

### ⑤ 할부판매대금 미정산

 - 피의자는 범행을 부인하면서 고소인으로부터 본건 기계를 금 1,280,000원에 24개월 할부로 구입한 사실이 전혀 없으며 계약서 상에 기재된 피의자 이름도 피의자의 필체가 아니라고 변명한다.

 - 기록 ○○쪽에 편철된 국립과학수사연구소의 문서감정결과회보서 사본의 기재내용에 의하면 계약서상의 '김○○'이라는 글자의 필체와 피의자가 직접 기재한 '김○○'이라는 글자의 필체가 다르다는 사실을 인정할 수 있어 결국 본건 할부계약은 불상의 제3자가 피의자의 명의를 도용하여 체결한 것으로 보인다.

 - 고소인은 위 기계 구입자가 피의자 본인인지 여부에 대하여 2년전 일이라 그 얼굴을 정확

히 기억할 수 없다고 진술하고 있어 그 진술만으로는 본건 피의사실을 인정하기에 부족하다.

- 달리 이를 인정할 만한 뚜렷한 증거가 없으므로 혐의 없다.

#### ⑥ 공사대금 미정산

- 피의자가 고소인에게 본건 건축공사중 전기공사를 대금 20,000,000원에 하도급을 준 후 공사가 완료되었음에도 대금중 일부인 금 5,000,000원을 지급하지 아니한 사실은 인정된다.

- 피의자는 편취범의를 부인하면서 자신도 원 도급인인 사건외 이○○로부터 공사대금중 50,000,000원을 아직 받지 못하여 고소인에게 위 금 5,000,000원을 지급하지 못한 것이지 처음부터 대금을 지급할 의사나 능력이 없음에도 고소인에게 하도급을 주어 공사를 하게 한 것은 아니라고 변명한다.

- 참고인 이○○도 피의자에게 공사대금 일부를 아직 지급하지 못하고 있다고 진술하고 있어 피의자의 변명에 부합한다.

- 고소인도 20,000,000원 중 15,000,000원을 받은 사실을 인정하고 있어 그 주장만으로는 피의자가 공사대금 중 일부를 지급하지 못하고 있다는 사실 이외에 편취범의까지 인정하기는 어렵다.

-달리 인정할 만한 증거가 없으므로 혐의 없다.

#### ⑦ 상거래관계대금 미정산

- 피의자가 고소인으로부터 목재 금 5,000,000원 상당을 납품 받은 후 현재까지 그 대금을 지급하지 아니한 사실은 인정된다.

- 피의자는 편취범의를 부인하면서 약 3년전인 2017. 1.경부터 고소인과 계속 거래를 하여 오는 동안 일부 기간을 지연하여 결제한 이외에 대금을 지급하지 아니한 적은 없었는데 이번에 납품을 받은 후 이를 가공하여 제품을 제작, 판매하려 하였으나 경기부진으로 판매가 부진하여 대금을 회수하지 못하게 되었으며 이에 따라 고소인에게 목재대금도 지불하지 못하게 된 것이지 처음부터 대금을 지급할 의사나 능력이 없음에도 목재를 납품받아 이를 편취한 것은 아니라고 변명한다.

- 기록 ○○쪽 이하에 편철된 거래장부 사본의 기재내용에 의하면 피의자가 고소인과 약 3년간에 걸쳐 1억원 상당의 거래가 있어 왔고 그중 미수금은 본건 5,000,000원에 불과한 사실을 알 수 있어 피의자의 위 변명이 설득력이 있다.

- 고소인의 주장만으로는 피의자에게 민사책임이 있는 것은 별론으로 하고 편취범의가 있었다고 인정하기는 어렵다 할 것이다.

- 달리 인정할 만한 증거가 없으므로 혐의 없다.

⑧ 계금 편취

– 피의자는 편취범의를 부인하면서 고소인이 계주인 계금 12,000,000원짜리 계에 가입하여 같은 해 2.경 두 번째로 낙찰을 받아 계금 12,000,000원을 지급받은 후 같은 해 5.경까지 계불입금으로 5회에 걸쳐 도합 금 5,760,000원을 불입하였으나 같은 해 5. 23.경 피의자의 남편인 김ㅇㅇ의 사업이 부도나는 바람에 그 후 6회분의 계불입금 합계 6,500,000원의 불입을 지연하다가 본건 고소 후인 2001. 2. 3.경 이를 일괄하여 불입한 것이지 결코 처음부터 계금을 편취하려 한 것은 아니라고 변명한다.

– 참고인 김ㅇㅇ도 같은 해 5. 23.경 자신이 부도를 내는 바람에 가계 사정이 어려워졌다라고 진술하고 있어 피의자의 변명에 부합하고, 고소인도 피의자가 계금 중 일부를 불입하지 아니하여 고소를 하였으나 피의자가 계금을 불입하지 못한 것은 남편이 부도를 내는 바람에 그런 것으로 알고 있고 본건 고소 후 위 미불입된 계불입금 6,500,000원을 모두 지급 받았다고 진술하고 있어 피의자의 변명에 대체로 부합한다.

– 달리 피의자의 편취범의를 인정할 만한 증거가 없으므로 혐의 없다.

⑨ 어음·수표 할인대금 편취

– 피의자가 고소인으로부터 사건외 김ㅇㅇ발행의 10,000,000원권 약속어음 1장을 9,000,000원에 할인한 후 동 어음이 같은 해 10. 21.경 부도처리된 사실은 인정된다.

– 그러나 피의자는 편취범의를 부인하면서 동 어음은 같은 해 8. 15.경 위 김ㅇㅇ으로부터 목재대금으로 교부받은 것으로 아무런 이상이 없는 어음으로 알고 고소인에게 이를 할인한 것인데 그 후 위 김ㅇㅇ의 거래선인 사건외 전ㅇㅇ이 부도나는 바람에 김ㅇㅇ도 연쇄 부도가 나게 된 것이지 처음부터 동 어음이 부도처리될 것이라는 점을 알면서 이를 할인하여 편취한 것은 아니라고 변명한다.

– 참고인 김ㅇㅇ도 본건 어음을 피의자에게 목재대금으로 건네주었으며 건네줄 당시에는 자신의 사업에 아무런 문제가 없었다라고 진술하고 있어 피의자의 변명에 부합한다.

–고소인의 진술만으로는 피의자에게 배서인의 책임이 있다는 사실 이외에 편취범의를 인정하기에는 부족하다.

– 달리 피의자의 편취범의를 인정할 만한 증거가 없으므로 혐의 없다.

**(4) 「공소권없음」결정**

**(가) 「공소권없음」이란**

소송조건을 구비하지 못한 것을 이유로 하는 불송치결정을 말한다.

(나) 「공소권없음」의 사유

① 확정판결이 있을 때

실체적 확정력이 있는 유죄, 무죄, 면소의 판결이 있는 경우를 말하며 관할위반, 공소기각의 판결(결정)등은 이에 해당하지 아니한다.

② 약식명령의 확정

▷ 즉결심판의 확정(즉결심판에관한절차법 제15조 제2항)

▷ 소년법에 의한 보호처분의 확정(소년법 제47조)

▷ 통고처분의 이행(조세법처벌절차법 제11조, 관세법 제233조) 등은 확정판결과 동일한 효력이 있으므로 공소권없음의 사유가 된다.

* 영업범과 상습범 등에 있어서는 동종의 전과가 있는지 여부,

최종 확정판결 선고일자가 언제인지를 명백히 밝혀서, 최종확정판결의 1심 판결 선고일 이전의 행위에 대해서는 공소권이 없음을 명심하여야 한다.

③ 사면이 있을 때

④ 공소시효가 완성되었을 때

* 오래된 사건이나 재기 수사사건을 담당할 때에는 공소시효 완성여부를 면밀히 따져서 수사 중에 공소시효가 완성되는 일이 없도록 하여야 한다.

* 공소시효의 계산은 각 죄마다 상이하므로, 법정형을 따져서 시효의 계산에 착오가 없도록 유의하여야 하며, 또 공소시효는 공범자 중 1인이 재판이나 재정신청으로 정지하는 경우가 있음에 유의하여야 한다. 또한 형사소송법 253조의2(공소시효의 적용 배제)나 성폭력범죄의 처벌 등에 관한 특례법에 의한 특례도 있다.

* 형법은 가중, 감경시 가중, 감경되지 않은 형, 특별법은 가중, 감경시 가중 감경된 형을 기준으로 하며, "법인" 처벌은 벌금형 규정밖에 없으므로 최대 5년이다.

⑤ 범죄 후 법령개폐로 형이 폐지되었을 때

⑥ 외교관과 같이 피의자에 대한 재판권이 없는 때(치외법권)

* 피의자가 군인 또는 군속일 경우에는 군 헌병대로 이송

⑦ 동일사실에 대하여 이미 공소제기가 있을 때(이중기소)

* 동일사실에 대하여 확정판결이 있거나 이미 기소되었음을 이유로 '공소권없음'으로 불송치결정할 때에는 동 판결문등본과 재판확정증명서, 또는 공소장등본을 기록에 첨부하여야 한다.

* 기히 송치한 사건과 동일한 사람을 수사할 때에는 이미 송치한 사건의 처분결과를 반드시

확인하여 동 사건이 검찰에서 수사후 기소되었거나 판결이 확정된 경우가 아니면 수사결과에 따라 결정을 하여야 한다.

### ⑧ 소추조건을 결한 때

* 친고죄에 있어서 고소가 없거나 고소가 취소되었거나 고소인의 고소권이 소멸되었을 때
* 반의사불벌죄에 있어서 피해자가 처벌을 원치 않거나, 처벌의사를 철회하였을 때
* 고발을 요하는 사건에 있어서 고발이 없거나 고발이 취소되었을 때
◆ 간혹 고소취소나 처벌불원의 의사를 표시했는데 피의자의 행동이 맘에 들지 않거나 변제약속을 이행하지 않는다며 이를 철회할 수 없냐고 물어보는 민원인이 있는데, 형사소송법 제232조 제2항(고소를 취소한 자는 다시 고소하지 못한다), 제3항(반의사불벌죄에서 이를 준용)에 따라 고소취소를 취소해도 효력이 없다고 안내한다(친고죄에 한함).

### ⑨ 피의자가 사망하거나 피의자인 법인이 존속하지 아니하게 되었을 때

* 이때에는 이를 입증할 수 있는 사망진단서, 사체검안서, 기본증명서, 법인등기부등본을 첨부하여야 한다. 법인의 경우 법인등기부등본을 살펴보아 해산 및 청산종결의 등기까지 되어야 존속하지 않게 되는 것으로 보되, 아직 종결되지 않은 사무가 있다면 여전히 법인격이 남아있는 경우도 있다.

### ⑩ 법률에 의하여 형을 면제한 때

"그 형을 면제한다"라고 규정되어 있는 필요적 면제인 경우만 공소권이 없다.
"형을 감경 또는 면제한다", "형을 감경 또는 면제할 수 있다"라고 규정된 임의적 면제의 경우는 공소권이 없는 경우가 아니며 기소될 수 있으므로 송치결정하되, 검사가 기소유예처분할 수 있는 사유가 될 뿐이다.

### ⑪ 국회의원이 국회에서 직무상의 발언에 관하여 책임을 지지 아니하는 것과 같은 인적처벌조각사유에 해당하는 때

### ⑫ 친족상도례(친고죄)

### (다) 수사사항 및 결정기재요령

### ① 공소시효의 완성

• 이 사건은 2017. 4. 5.에 5년의 공소시효가 지났다.
• 공소권 없다.

### ② 피의자의 사망

- 피의자는 2017. 7. 4. 사망하였다(제54쪽 기본증명서).
- 공소권 없다.

### ③ 공소제기된 사건과 동일사건

– 본건은 2011. 3. 2. 서울지방검찰청 남부지청 2011형 제xxxx호로 공소제기된 사건과 동일하므로 공소권 없다.

### ④ 판결이 확정된 사건과 동일사건 혹은 포괄적일죄

- 피의자는 이 사건과 같은 사건에 대하여 이미 2016. 8. 3. 서울중앙지방법원에서 상해죄로 벌금 200만원을 선고받아 같은 달 10. 확정되었다(제36쪽 판결).
- 공소권 없다.

### ⑤ 친족상도례

- 피의자는 피해자 김OO의 아들로서 피해자와 직계혈족의 친족관계에 있으므로 그 형이 면제된다(제27쪽 가족관계증명서).
- ◆가족관계증명서, 기본증명서 등의 기재사항에 대하여는 '가족관계의 등록 등에 관한 법률' 제15조를 참조한다.
- 공소권 없다.

### ⑥ 친고죄

  ㉮ 절대적 친고죄의 경우
- 이 사건은 피해자의 고소가 있어야 처벌할 수 있는 죄인데, 피해자의 고소가 없다.
- 공소권 없다.
  ㉯ 상대적 친고죄의 경우
- 피의자는 피해자와 고종사촌 사이로서 서로 동거하지 아니하는 친족관계에 있다(제48쪽 가족관계등록부 등).
- 이 사건은 피해자의 고소가 있어야 처벌할 수 있는 죄이나, 피해자의 고소가 없다 (또는 피해자가 고소를 취소하였다, 또는 범인을 알게 된 날로부터 6개월이 지나 고소하였다).
- 공소권 없다.

### ⑦ 반의사불벌죄

- 이 사건은 피해자의 명시한 의사에 반하여 피의자를 처벌할 수 없는 범죄이다.
- 2016. 11. 3. 피해자로부터 피의자의 처벌을 원하지 아니하는 의사표시가 있었다(또는 2016. 11. 3. 피해자가 피의자의 처벌을 원하지 아니하는 의사를 명시하였다–제55쪽 피해자 진술조서).

- 공소권 없다.

**⑧ 법인의 해산**

– 등기사항증명서에 의하면 피의자인 법인이 2010. 12. 20. 해산되었으므로 공소권 없다.

**⑨ 처벌규정의 폐지**

- 0000법이 2016. 12. 29. 법률 제0000호로 개정되면서 이 사건에 대한 처벌 규정이 폐지되어 처벌할 수 없다.
- 공소권 없다.

**⑩ 사 면**

- 이 사건은 2015. 8. 15. 시행된 대통령령 제1XXXX호 일반사면령에 의하여 사면되어 처벌할 수 없다.
- 공소권 없다.

**(5) 「죄가 안됨」 결정**

**(가) 「죄가 안됨」 결정이란**

피의사실이 범죄구성요건에 해당되나 위법성 또는 책임이 조각되는 사유가 있어 법률상 범죄를 구성하지 않는 것을 이유로 하는 불송치 결정이다. 형법 조문에 주로 '벌하지 아니한다'라고 표현되어 있다.

**(나) 「죄가 안됨」 결정의 경우**

**① 위법성조각사유가 있는 경우**

    ㉮ 정당행위(형법 제20조)

    ㉯ 정당방위(형법 제21조 제1항)

    ㉰ 긴급피난(형법 제22조 제1항)

    ㉱ 자구행위 (형법 제23조 제1항)

    ㉲ 피해자의 승낙에 의한 행위 (형법 제25조)

**② 책임조각사유가 있는 경우**

    ㉮ 형사미성년자의 행위 (형법 제9조)

* 이 경우 피의자가 형사미성년자임을 입증할 수 있는 기본증명서, 주민등록 등·초본 등을 제출받아 기록에 편철하여야 한다. 그것이 불가능할 때에는 의사의 연령감정서를 첨부하여야 한다.
* 형사미성년자인가 여부는 종국결정시가 아닌 범죄행위시를 기준으로 판단한다.

⊕ 심신상실자의 행위 (형법 제10조 제1항)[10]

\* 이 경우 정신과의사 등 전문가의 의견을 들은 후에 신중히 판단하여야 하며 전문의사의 감정서를 받아 기록에 첨부하는 것이 타당하다. 다만 이 경우에 보다 정확한 감정을 위하여 감정유치청구를 하여 유치처분을 받아 집행하는 것도 바람직하다.

\* 심신미약자의 행위나 과잉방위행위·과잉피난행위 등은 모두 죄가 안 되는 사유가 되지 아니하고, 다만 기소유예 사안이 될 수 있을 뿐이다.

③ 형법 각 본조에 "처벌하지 아니한다."라고 규정된 경우

　　㉠ 친족, 호주 또는 동거가족의 범인은닉(형법 제151조 제2항)
　　㉡ 친족, 호주 또는 가족의 증거인멸행위(형법 제155조 제4항) 등

**(다) 수사사항 및 의견 기재요령**

**① 형사미성년자**

• 피의자는 범행 당시 13세의 형사미성년자이다(제20쪽 기본증명서).

• 죄가 되지 아니한다.

**② 책임능력결여**

〈기재방법〉
　　㉠ 인정되는 사실
　　㉡ 피의자 변소내용
　　㉢ 증거, 사실인정
　　㉣ 판 단

㉠ 피의자가 위와 같이 피해자 김○○을 식칼로 찔러 사망하게 한 사실은 인정된다(인정되는 사실).

㉡ 피의자는 그 때 자신이 무슨 짓을 했는지 전혀 기억할 수 없다고 변명하고 있다(피의자변소내용).

㉢ 5년간 피의자의 정신적질환을 치료한 의사 이○○ 작성의 진단서내용과 그의 진술 및 피의자의 처 박○○, 같은 마을에 사는 참고인 정○○, 이건 범행을 본 참고인 장○○의 진술 등을 종합하여 보면(증거, 사실인정)

㉣ 피의자는 당시 범행당시 심한 정신착란증에 빠져 있어 사물을 변별할 만한 의사능력이 전혀 없는 상태였음을 충분히 인정할 수 있으므로(판단)/ 죄가 되지 아니한다.

---

10　수사준칙 제51조 제3항 제1호에 따라 불송치 결정 후 검사에게 이송한다.

### ③ 정당방위

• 술에 취한 피해자와 그의 일행인 성명불상자가 이유 없이 피의자에게 시비를 걸고 피의자를 앞뒤에서 붙잡아 주먹으로 피의자의 얼굴을 수회 때리므로 이를 피하기 위하여 피의자가 팔꿈치로 뒤에서 붙잡은 피해자의 얼굴을 때려 상해를 가한 사실이 인정된다(목격자 홍길동의 진술).

• 피의자의 행위는 피해자의 부당한 폭력행사에서 벗어나거나 이를 방위하기 위한 행위로서 정당방위에 해당한다.

• 죄가 되지 아니한다.

### ④ 피해자의 승낙에 의한 행위의 경우

• 피의자가 고소인 김○○에 대한 제왕절개수술을 함에 있어 고소인의 자궁을 제거한 사실은 인정된다.

• 고소인은 피의자가 임의로 자궁을 제거하였다고 주장하나, 피의자가 수술 하기 전에 고소인에게 자궁에 이상이 있으니 위 수술을 시행하는 기회에 자궁을 제거하여 생명에 지장이 없도록 하는 것이 좋겠다고 권유하였고, 고소인의 승낙을 받은 다음 자궁제거 수술을 한 사실이 인정된다(간호사 김AA, 참고인 정BB의 각 진술).

• 피의자가 고소인의 자궁을 제거한 행위는 피해자의 승낙에 의한 행위로 처벌할 수 없다.

• 죄가 되지 아니한다.

### ⑤ 친족 등의 범인은닉 · 증거인멸의 경우

• 피의자와 김CC은 부부간이다(제24쪽 가족관계증명서).

• 이 사건은 피의자가 남편 김CC을 위하여 범행한 것으로 처벌할 수 없다.

• 죄가 되지 아니한다.

## (6) 수사중지(피의자중지, 참고인중지)

### (가) 「수사중지」 결정의 경우

### ① 범인이 누구인지 불명확한 경우

\* 범인이 누구인지 확정되지 않은 상태를 말하며 통상 수사서류에 피의자를 "성명불상"으로 표시한다.

### ② 피의자나 중요 참고인의 소재가 불명하거나 심신상실, 질병, 해외 장기여행 등과 같은 사유로 수사를 더 계속할 수 없는 경우

\* 소재불명은, 피의자가 누구인지 확인은 되나, 도피 등의 사유로 행방을 알 수 없는 경우를 말하며, 일시 출타한 경우 등은 소재불명에 해당하지 아니한다.

\* 심신상실, 질병 등은 신문에 응할 수 없는 정도의 상태가 계속되어야 하며 단순히 병으로

입원하고 있는 상태는 수사중지 사유가 되지 아니한다.

* 수사중지결정은 종국결정이 아니고 중간결정이므로, 수사중지 사유가 해소되면 당연히 사건을 재기, 수사하여야 하므로 수사중지 결정을 한 때에는 후일 재기하였을 때에 대비하여 증거 등이 인멸되기 전에 철저한 수사를 해 두어야 한다(과거 필자의 어느 팀원은 기소중지 전에 피의자 계좌를 압수, 수색하여 거래내역과 사용처를 확인하고 거래상대방 등의 진술을 확보한 후에 송치하기도 하였다).

* 수사중지는 가급적 억제하여야 할 것이므로, 피의자 등이 소재불명인 경우라도 범죄 혐의 없음이 명백한 경우 등에는 "혐의없음"사안으로 불송치결정하여야 한다.

* 피의자 소재불명으로 수사중지할 때에는 반드시 지명통보 · 지명수배입력을 하여야 한다.

* 수사경찰은 수사중지 결정한 사건에 대하여는 범죄일람표를 작성하여 두고 수사중지사유의 해소여부에 유의하여 매분기 1회 이상 피의자의 소재를 확인하는 등 적극적 수사자세를 견지하여야 한다.[11]

### (나) 수사사항 및 의견 기재요령

#### ① 피의자 소재불명

– 피의자가 현재 소재불명이므로 그 소재 판명시까지 수사를 중지한다.

#### ② 피의자의 소재불명이외의 사유로 수사중지 결정

▷ 혐의없음 결정을 하는 경우와 같이 한다.

#### ③ 다툼이 없이 인정되는 사실

▷ 피의자의 변명 내용
▷ 피의자의 변명에 부합되는 증거 및 그 내용
▷ 피의자의 변명에 상치되는 증거 및 그 배척이유
▷ 수사중지하는 이유를 기재한다.

#### ④ 중요참고인 소재불명

– 피의자는 위 일시에 위 이○○의 집을 찾아간 사실은 있으나 뇌물을 준 사실은 없다고 변명한다./(피의자변소)

– 고발인 김○○은 피의자가 20만원을 가지고 위 이○○의 집으로 들어 갔으며 위 집에서 나온 후 돈으로 안되는 일이 없다고 말하는 등의 정황으로 보아 뇌물을 공여한 것이 틀림없다고 주장하고 있으나, 위 고발인의 진술은 추측에 의한 것으로서 뇌물을 공여하는 것을 직접 목

---

11  경찰수사규칙 제102조.

격한 것이 아니기 때문에 위 뇌물공여 사실을 인정하기에 부족하다./(고발인의 주장)

– 결국 본건은 위 이○○의 진술을 듣기 전에는 그 진상을 규명할 수 없는 바, 그가 현재 소재불명이므로 그의 소재판명시까지 수사중지(참고인중지) 한다./(중요 참고인의 존재)

⑤ 상피의자의 소재불명

– 피의자는, 위 일시경 피의자의 누나 집에 가기 위하여 위 시내버스를 타고 간 것은 사실이나 상피의자가 김○○과 피해자의 지갑에서 10만원을 소매치기 한 일이 없으며 위 김○○을 알지도 못한다고 변명한다.

– 피해자는, 상피의자 김○○이 피해자의 핸드백에서 돈을 훔칠 때 피의자도 피해자 앞에서 어른거리며 다음 정류장이 어디냐고 묻는 등 바람을 잡은 것이 틀림없다고 주장한다.

– 본건은 위 김○○의 진술을 들어야 그 진상을 파악할 수 있다 할 것이나 위 김○○이 현재 소재불명이므로 그 소재판명시까지 수사중지(참고인중지) 한다.

◈ 라) 종합수사결과보고

(1) 의 의

최초 수사결과보고를 작성하였다가 팀장, 과장의 수사지휘나 검사의 보완수사요구 등으로 인해 수사보고를 수회 작성하는 경우 최종 결론을 내릴 때에는 '종합수사결과보고'를 작성하는 것이 바람직하다. 또한 증거를 정확히 인용하기 위해서 기록에 페이지를 매기고 어떤 증거는 기록 몇 쪽에 있다는 식으로 근거를 명시해야 한다.

(2) 기재순서

결론에 배치되는 수사사항은 삭제하고, 일관된 논리흐름을 이어가야 한다. 피의자 진술–피해자 진술–여러 가지 증거(증거의 내용, 채택·탄핵 여부)–혐의유무에 대한 판단–기소 의견일 경우 불구속/구속에 대한 결정–결론 순으로 전개한다.

(3) 구속 사건에서의 유의점

구속할 사건에는 피의자 조사나 수사보고를 작성할 때부터 구속의 요건, 즉 도주우려, 증거인멸우려, 주거부정 등이 명확히 제시되어야 하고 객관적인 사실로써 뒷받침되어야 한다. 예컨대 피의자가 "어느 고시원에 살고 있습니다"라고 진술했다면 구속영장을 발부받기 위해서 해당 고시원 업주에 대해 소재수사를 했다는 수사보고서가 필요하다.

## (가) 피의자신문조서 예시

---

### 전화대출사기 통장모집책 구속사건

문 : 가족사항은 어떻게 되나요?

답 : 전처와는 이혼한지 3년 정도 되고, OO에서 동거하는 김OO(010-5XXX-0XXX, 전남 여수 XX동 XX-X 번지 X층)이 있고, 저는 안산 OOO역 모텔, 싸우나 등에서 잡니다.

문 : 피의자는 어디에 거주하나요?

답 : 자는 곳이 매일매일 바뀝니다.

문 : 피의자는 현재 연락처가 있나요?

답 : 없습니다.

문 : 고소인과 통화하면서 어떤 휴대폰을 사용했나요?

답 : 010-3XXXX-4XXX, 010-3XXX-0XXX인데 대포입니다.

문 : 본건과 관련하여 다른 사람이 있나요?

답 : 없어요.

문 : 부장이 누구인가요?

이때 피의자 고개를 숙이고 대답을 하지 않다.

문 : 피의자가 고소인과 통화하기 전 전화를 바꿔준 사람이 누구인가요?

이때 피의자 고개를 숙이고 대답을 하지 않다.

문 : 본건과 관련하여 피의자 혼자 한 것인가요. 다른 사람이 관련되어 있나요?

답 : 저 혼자예요. 제가 다른 사람 역할도 한 것입니다.

문 : 피의자는 어떻게 다른 사람의 목소리를 냈나요?


이때 피의자 대답하지 않다.

문 : 피의자 혼자서 모든 일을 행한 것인가요?

답 : 예.

문 : 피의자 휴대폰에 단축번호 1번에 저장되어 있는 번호를 기억하나요?

답 : 모릅니다.

이때, 피의자로부터 압수한 휴대폰에 저장된 전화번호 010-2XXX-7XXX를 보여주면서,

문 : 위 전화번호를 피의자가 직접 입력한 것이 맞나요?

답 : 아닙니다.

문 : 그럼 누가 입력하였나요?

답 : 모르겠습니다.

---

문 : 위 휴대전화는 어디서 났나요?

답 : 대포전화입니다.

문 : 언제 누구로부터 받은 것인가요?

답 : 저번주에 인터넷으로 받은 것입니다.

문 : 인터넷에서 받게 된 경위는 어떻게 되나요?

답 : 어디어디서 검색하다가 찾았는데 기억이 나지 않습니다.

문 : 위 휴대폰에 저장된 전화번호에서 피의자가 임의동행하던 중 차안에서 전화를 받은 통화상대방이 나
오는데, 누구인가요?

답 : 모릅니다.

문 : 본건과 관련하여 피의자 혼자 한 것인가요. 다른 사람이 관련되어 있나요?

답 : 저 혼자예요. 제가 다른 사람 역할도 한 것입니다.

문 : 피의자는 어떻게 다른 사람의 목소리를 냈나요?

## (나) 구속을 필요로 하는 사유 예시

### 전화대출사기 현금전달책 구속사건

○범 죄 사 실

◆ **피의자 정OO, 피의자 김XX 공동범행**

성명불상의 전화금융 사기범은 금융기관을 사칭하면서 국내 불특정 다수의 피해자들에게 전화를 하여 대출을 실행하여 줄 것처럼 속이고 저금리 대출을 위한 신용등급 상향 명목 등으로 대포통장으로 돈을 송금받거나 검찰청 수사기관을 사칭하면서 피해자 명의로 대포통장이 개설되어 범죄에 연루되었다고 하여 수중에 있는 돈이 범죄와 관련된 돈인지 확인이 필요하다고 하여 대포통장으로 돈을 송금하게 하는 역할, 피의자 김XX는 송금한 피해금을 계좌주로부터 현금으로 건네받는 역할, 피의자 정OO은 피의자 김XX 등으로부터 피해금을 회수 후 보관하다가 이를 불상의 조직원에게 송금 내지 전달하는 역할을 하기로 하는 등 속칭 보이스피싱을 하기로 공모하였다.

피의자들은 공모하여, 2016. 9. 1. 09:25경 장소를 알 수 없는 곳에서 피해자 최OO에게 전화하여 수사기관을 사칭하면서 "서울지방검찰청 검사인데, 사기 사건에 연루되어 26건의 고소가 들어온 상태이고, 당신의 계좌내역을 확인해야 되니 계좌에 있는 돈은 안전하게 금융감독원 직원인 박OO의 계좌로 송금해 두어라."라는 취지로 거짓말하였다. 그러나 사실 성명불상자들은 수사기관 직원도 아니었고, 피해자로부터 금원을 받더라도 이를 안전하게 보관하여 줄 의사나능력이 없었다. 성명불상자는 이에 속은 피해자로부터 2016. 9. 1.경 박OO 명의의 하나은행 계좌(000-00000-0000)로 2,700만 원을 송금 받고, 피의자 김XX는 같은 날 서울시 성수역 2번 출구와 4번 출구에서 위 박OO을 만나 위 계좌로 입금된 피해금 2,700만원을 현금으로

건네받은 후 건대입구역으로 가서 피의자 정OO에게 그 돈을 전달하는 방법으로 위 피해금을 취득하였다.

○구속을 필요로 하는 사유

◆ 피의자가 죄를 범하였다고 의심할 만한 상당한 이유가 있습니다.

• 피의자를 체포하여 혐의사실에 대해 조사한 바, 피의자는 알OO이라는 인터넷 구직 사이트를 통해 직장을 알아보던 중 사무직 직원 급구라는 광고를 보고사이트에 남겨진 연락처로 전화를 걸어 불상의 남자와 통화를 하게 되었고 그후 공범인 피의자 정OO을 만나 간단히 면접을 보고 일을 시작하게 되었으며, 자신이 하는 일은 자금회수팀 차OO 대리라고 하면서 '김부장'이 지시하는 곳(주로 지하철 역 주변)으로 가서 계좌주들이 건네주는 돈을 받아 다시 불상자가 지시하는 곳으로 가서 함께 검거된 상선 정OO에게 돈을 건네주고 피해금중 0.015%에 해당하는 돈을 급여로 받아간 것이라며 자신이 했던 일이 보이스피싱 범행과 관련이 있는지는 몰랐다며 범행을 부인하고 있습니다.

• 그러나 피의자의 범행 경위 및 전후 사정을 살펴보면, 피의자는 알OO이라는 구직사이트를 통해 본건 피해금을 수거하여 전달하는 일을 하게 되었는데 자신의 본명이 아닌 차OO 대리라는 가명을 사용하면서 돈을 수거하였던 점, 범행 과정에서 한번도 본적이 없는 '김부장'이라는 자로부터 W챗이라는 채팅어플로 지시를 받아 돈을 수거하였고, 또한 별도의 핸드폰을 한 대 더 준비해서 '김부장'과 실시간으로 영상통화를 진행하면서 주변 상황을 볼 수 있도록 영상을 제공하였던 점, W챗으로 대화한 내용을 삭제했었던 점, 위와 같이 일반인들이 하는 직업이라고는 생각하기 어려운 은밀한 방법으로 돈을 수거하여 상선인 정OO에게 전달하였던 점, 피의자는 피해금의 0.015% 정도를 수익금으로 가져갔는데 피해금액이 보통 1,000만원이 넘었던 점을 감안하고 하루에 많게는 4회에 걸쳐 범행을 했었던 것으로 보아 수익금으로 받아간 금액이 하루에 많게는 수십만원에 달하는 등 피의자가 하는 업무량에 비해 그 보수가 터무니 없이 높았던 점 등을 종합해보면 보이스피싱 범죄와 관련된 것을 몰랐다는 것은 피의자의 주장은 상식적으로 이해하기 어렵고, 설령 보이스피싱 범죄를 몰랐다고 하더라도 피의자 스스로도 최소 불법적인 자금이라는 사실은 어느정도 인식할 수 있습니다.

◆ 피의자는 증거를 인멸하거나 도망할 염려가 있습니다.

• 피의자는 본건 범행에 가담할 당시 W챗이라는 채팅 어플을 사용하였는데 해당 어플은 보이스피싱 조직들이 사용해오던 전형적인 어플이며 피의자는 불상자의 지시에 따라 이전에 행했던 범행과 관련, 상선과 대화한 내용을 모두 삭제한 것으로 확인되었고, 이는 결국 향후 수사기관에 검거될 경우를 대비하여 증거를 인멸하려고 했던 것으로 보입니다.

• 피의자는 현재 미혼으로 주민등록상 주소지는 서울시 강서구 OO동 OOO-O번지로 등재되어 있으나 실제 거주지는 이와 다른 서울시 강서구 OO동 OOO-1번지 204호로 확인되었고, 피의자가 현재 사용하는 핸드폰은 남자친구인 김ZZ 명의로 가입된 핸드폰을 사용하면서 피의자 명의로 가입된 핸드폰은 남자친구인 김ZZ가 사용하고 있는 등 피의자가 수사기관에 검거를 피해 혼선을 줄 의도를 위와 같은 행위를 하였을 가능성이 높아 보이고,

• 또한 본건과 유사한 사건으로 성남OO경찰서에서 체포영장이 발부되어 있는 것으로 확인되었으며, 최근 들어 보이스피싱 범죄의 선고형량이 갈수록 높아지고 있는 상황에서 불구속으로 수사를 진행할 경우 향후 높은 선고형을 예상한 피의자가 도주할 가능성이 있습니다.

◆ 본건은 재범의 우려가 있습니다.

• 피의자는 '김부장'과 W챗을 통해 대화를 주고받으면서 '김부장'의 지시에 따라 통장 명의자를 만나 돈을 받은 후 이를 다시 상선에게 넘기고 0.015%의 수익금을 가졌던 것으로 확인되었던 바, 합리적인 사고를 가진 성인이라면 위와 같은 일련의 과정에 대해 충분히 범죄와 관련된 자금일 수도 있을 것이라는 생각을 가졌을 것으로 보이나 단순한 심부름만 하며 하루에도 수십만 원의 일당을 벌 수도 있다는 것을 몸소 체험한 피의자는 향후에도 위와 같은 범죄의 유혹에 쉽게 빠질 수 있을 것이고 계속해서 재범할 우려가 매우 높습니다.

◆ 사안이 중대하고 그 죄질이 매우 불량합니다.

• 피의자는 큰 죄의식 없이 약 두 달 전부터 보이스피싱 피해자들이 송금한 돈을 건네받아 이를 상선인 정OO에게 전달하였고 피의자 진술에 의하더라도 범행횟수만 수십 회에 달하며 피해금액 또한 수억 원에 달할 것으로 추정됩니다.

• 본 건은 인출책들이 계좌에 입금된 돈을 인출하는 통상적인 범행수법에서 진화하여 통장 명의자를 매개 수단으로 이용하여 피해자가 불상자의 말에 속아 대포 통장으로 돈을 송금하면 통장 명의자는 그 돈이 범죄와는 관련없는 돈으로 인식하고 돈을 인출한 후 피의자처럼 금융회사 직원을 사칭하는 사람에게 전달하는 방식으로 범행이 이루어졌는데 결국 이는 금융기관에서 직접 돈을 인출하는 과정에서 인출책들이 검거되는 비율이 점점 높아지자 어떻게든 수사기관의 검거를 피하기 위해 통장 명의자와 중간 전달책을 이용하는 방식으로 범행이 진화하였고, 그 과정에서 영상통화를 이용하여 중국 콜센터에서 국내 범행 상황을 실시간으로 주시하는 등 그 범행수법이 교묘해지고 치밀해지는 등 피의자들의 검거는 갈수록 어려워지고 있는 실정입니다.

• 최근 보이스피싱 범죄를 예방하기 위해 각종 언론 및 공공기관에서 홍보를 하고 있으나 날이 갈수록 발전하는 범행수법으로 인해 피해예방에 한계가 있고, 잠시 줄어드는 듯 했던 보이스피싱 범죄가 최근 들어 급증세를 보이는 등 피의자들의 엄벌을 통해 경종을 울릴 필요가 있으며 보이스피싱 피해자들 대부분이 사회적 약자에게 집중되어 있는 등 그 죄질이 매우 불량합니다. 따라서 이러한 사정을 종합할 때 피의자를 구속하여 수사할 필요성이 있습니다.

◆ **마) 수사결과보고 예시[12]**

## 경 기 성 남 중 원 경 찰 서

제 2013-00XX 호                                                                           2013. 2. 14.

수 신 : 경찰서장

참 조 : 수사과장

제 목 : 수사결과보고

사기 피의사건에 관하여 다음과 같이 수사하였기에 결과보고합니다.

**1. 피의자 인적사항**

    황OO(한자이름)                                                            **(직업)**

    주민등록번호                      880000-1000000                      (나이)

    주     거

    등록기준지

2. 범죄경력자료 및 수사경력자료

    2012.XX.XX.OO                      수원안산지원                      벌금100만원 외 XX건

3. 범죄사실

    피의자는 2013. 2. 13. 21:37경 성남시 중원구 OO동 3000번지에 있는 'OOO' PC방에 손님으로 입장하여 피해자 정OO(남, 25세)에게 마치 이용요금을 지불할 것처럼 행세하며 21번 좌석에 앉아 익일 08:31까지 PC를 이용하여 인터넷게임을 하였다.

    그러나 피의자는 PC를 이용하더라도 이용요금을 지불할 의사나 능력이 없었다.

    피의자는 이와 같이 피해자를 기망하여 11시간 동안 PC를 이용한 후 이용요금 8,800원을 지불치 않는 방법으로 동액 상당의 재산상 이익을 취하였다.

4. 적용법조

    형법 제347조 제1항

5. 증거관계

    임의동행보고서 등 사건기록 일체

6. 수사결과 및 의견

    피해자 정OO은,

    피의자가 11시간 동안 PC를 이용한 후 요금도 지불치 아니할 뿐만 아니라, 돈도 없고 마땅히 지불해 줄 사람도 없다고 하여 신고하였다고 한다.

    피의자 황OO은,

---

12    자세한 공부를 위해서는 경찰청에서 2016년에 발간한 "수사결과보고서 작성기법"을 참고하기 바란다.

수중에 돈이 없다는 사실을 알고 있는 상태에서 처음부터 결제할 의사가 없이 PC방에 들어가 PC를 이용하였다며 범죄사실을 시인한다.

이를 종합해 볼 때,

피의자에 대한 사기 혐의가 인정되어 검찰송치로 결정한다.

7. 수사참여경찰관

OO OOO(피신상 참여경찰관 등)

| 경 로 | 지휘 및 의견 | 구분 | 결 재 | 일시 |
|-------|-------------|------|-------|------|
| | | 기안 | | |
| | | 검토 | | |
| | | 결재 | | |

## 7) 수사자료표

### ◈ 가) 의의

"수사자료표"란 「형의 실효 등에 관한 법률」 제2조 제4호에 따른 수사자료표로서 피의자의 인적사항(피의자의 성명, 주민등록번호, 여권번호, 외국인등록번호, 국적, 주소 등을 말한다.), 죄명 외에 입건관서, 입건일자, 처분·선고결과 등 수사경력 또는 범죄경력에 관한 사항을 기재한 것을 말한다.

"전자수사자료표시스템(Electronic Criminal Record Identification System, 이하 'E-CRIS'라 한다)"이라 함은 관련 DB 자료 및 라이브 스캐너(생체지문인식기)로 신원을 확인하고 필요사항을 전산입력하는 등 수사자료표를 전자문서로 작성, 실시간 경찰청에 전송·관리하는 시스템을 말한다.

### ◈ 나) 구체적인 작성방법

인지사건(기소, 불기소 등 결과 불문), 고소나 고발 중 기소사안으로 송치결정하는 사건의 피의자에 대해서 본인확인 및 수사경력 또는 범죄경력 추적 용도로 수사자료표를 작성한다. 특히 고소, 고발사건을 기소사안으로 송치결정할 때 반드시 수사자료표 작성번호가 필요하다. 본인확인용으로도 유용하며, 사건번호 생성 전 접수번호만 있거나 촉탁 받아 피신 작성할 때에도 수사자료표 작성이 가능하다. 단, 피의자가 주민등록증을 지니지 않고 있거나 외국인이거나 주민조회결과 지문번호가 없을 때는 십지지문을 채취한다.

구치소에 피의자를 조사하러 가는 경우 종이수사자료표와 지문잉크를 준비하여 채취 후 형사지원팀에 제출하면 수사자료표 번호를 생성해준다. 그 다음 세부적인 사항을 전자수사자료표 시스템에서 입력해주면 된다.

## ◆ 다) 작성방법

우선 내 컴퓨터에서 킥스 포탈-왼쪽 화면에 e-CRIS(전자수사자료표시스템)으로 들어가서 위쪽 메뉴-수사자료표-내국인(외국인) 수사자료표 작성으로 들어간다.

① 새로 입력할 때 주민등록번호를 입력하고 ② '신상검색'을 누르면, 팝업창이 뜨고 사건번호 또는 접수번호를 입력하면 인적사항이 자동으로 현출된다. ③ 죄명을 입력하고(형법 외에 특별법 사건은 지문스캐너를 필히 사용하는 사건은 아니나, 특히 야간 당직사건 때 들어오는 피의자는 인적사항 도용의 가능성이 있으므로 지문스캐너로 확인하는 것이 바람직함), ④ 범죄, 수사경력 건수를 입력하고 ⑤ 우측 상단의 '사진조회'를 눌러 본인확인 후 ⑥ 우측 하단의 '일지채취'를 눌러 스캐너를 작동시키고, 불이 들어오면 오른쪽 엄지손가락을 천천히 이동시키면서 스캔 후 본인대조하고 '일치'를 누르고 빠져나오면 된다. ⑦ 그리고 '저장'을 누르면 작성이 완료된다.

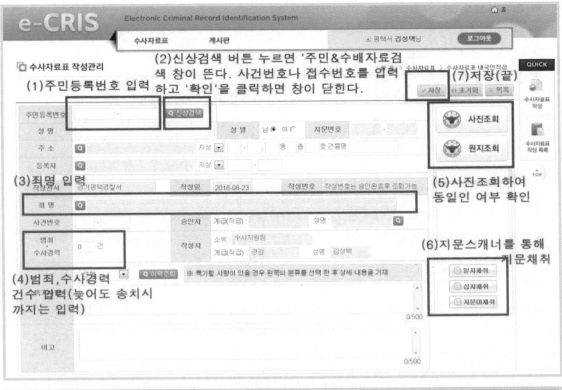

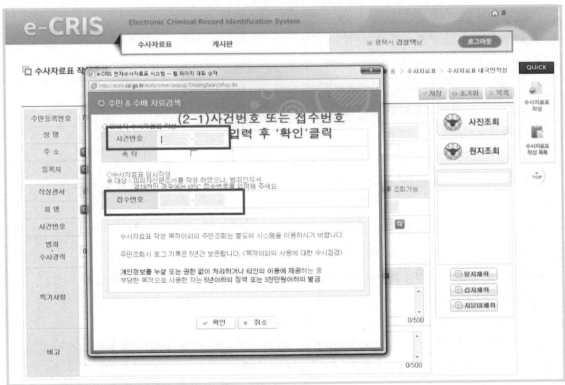

## ◈ 라) 법적 근거

○ 형의 실효 등에 관한 법률

**제5조 (수사자료표)**

① 사법경찰관은 피의자에 대한 수사자료표를 작성하여 경찰청에 송부하여야 한다. 다만, 다음 각 호의 자에 대하여는 그러하지 아니하다.

1. 즉결심판 대상자

2. 사법경찰관이 수리한 고소 또는 고발 사건 중 불기소처분 사유에 해당하는 사건의 피의자

② 수사자료표를 작성할 사법경찰관의 범위는 대통령령으로 정한다.

○ [(경찰청) 지문 및 수사자료표 등에 관한 규칙–경찰청 훈령 제878호(2018. 7. 27.)

**제5조(수사자료표의 작성방법)** ① 수사자료표는 전자수사자료표 시스템을 이용하여 전자문서로 작성한다. 다만, 입원, 교도소 수감 등 불가피한 사유로 피의자가 경찰관서에 출석하여 조사받을 수 없는 경우에는 종이 수사자료표를 작성하여 입력한다.

② 피의자의 신원이 확인된 경우에는 별지 제1호 서식의 수사자료표를 작성한다. 다만, 다음 각 호의 어느 하나에 해당하는 경우에는 별지 제2호 서식의 수사자료표를 작성한다.

1. 주민등록증 미발급자 등 지문자료가 없어 신원이 확인되지 않는 경우

2. 전자수사자료표 시스템으로 동일인 여부가 판명되지 않은 경우

3. 주민조회시 별표 1에 의한 지문분류번호가 없는 경우(00000–00000 포함)

4. 손가락의 손상·절단 등으로 지문분류번호를 정정할 필요가 있는 경우

③ 제1항 및 제2항의 규정에도 불구하고 다음 각 호의 피의자에 대해서는 지문을 채취하지 않고 제4조의 단서에 의한 신원확인 후 수사자료표를 작성할 수 있다.

1. 90일을 초과하여 외국에 체류하는 사람

2. 강제출국된 외국인

3. 기타 전염병 등의 사유로 인해 지문채취가 불가능하다고 인정되는 사람

④ 주민등록번호(외국인등록번호)가 확인되지 않는 피의자의 수사자료표 주민등록번호(외국인등록번호) 항목은 다음 각 호에 따라 입력한다.

1. 내국인 1900년대 출생자중 남자는 '생년월일–1000000', 여자는 '생년월일–2000000'

2. 내국인 2000년대 출생자중 남자는 '생년월일–3000000', 여자는 '생년월일–4000000'

3. 외국인 1900년대 출생자중 남자는 '생년월일–5000000', 여자는 '생년월일–6000000'

4. 외국인 2000년대 출생자중 남자는 '생년월일–7000000', 여자는 '생년월일–8000000'

⑤ 수사자료표 작성자는 작성 후 신속히 소속 팀(계)장의 승인을 받아야 한다.

**제14조(지문 채취방법)** ① 수사자료표, 별지 제9호 서식의 지문 신원확인조회서를 작성함에 있어 지문채취는 지문의 융선과 삼각도가 완전히 현출되도록 채취하여야 한다.

② 별지 제1호 서식의 수사자료표 지문란에는 오른손 첫째 손가락의 지문을 채취하되 손가락의 절단·손상 등의 사유로 지문을 채취할 수 없는 경우에는 다음 각호에 정한 순서에 의하여 지문을 채취한다.

1. 왼손 첫째 손가락

2. 오른손 둘째·셋째·넷째·다섯째 손가락

3. 왼손 둘째·셋째·넷째·다섯째 손가락

【별표 1】 지문의 분류

1. 지문의 종류

| 지문의 종류 | 설 명 | 형 태 |
|---|---|---|
| (1) 궁상문 (弓狀紋) | 가. 궁상문의 정의<br>활(弓)모양의 궁상선으로 형성된 지문을 말한다. | <br>궁 상 선 |
| | 나. 궁상문의 종류 | |
| | ① 보통궁상문<br>평탄하게 흐른 활모양의 궁상선으로 형성된 지문을 말한다. | <br>보통궁상문 |
| | ② 돌기궁상문<br>돌기한 활모양의 궁상선으로 형성된 지문을 말한다. | <br>돌기궁상문 |

| 지문의 종류 | 설 명 | 형 태 |
|---|---|---|
| (2) 제상문<br>(蹄狀紋) | 가. 제상문의 정의<br>말(馬) 발굽(蹄) 모양의 제상선으로 형성되고 융선이 흐르는 반대측에 삼각도가 1개 있는 지문을 말한다. | 제상문 |
| | 나. 제상문의 종류 | |
| | ① 갑종제상문<br>좌수의 지문을 찍었을 때 삼각도가 좌측에 형성되어 있거나 우수의 지문을 찍었을 때 삼각도가 우측에 형성되어 있는 지문을 말한다. | 갑종제상문<br>좌수   우수 |
| | ② 을종제상문<br>좌수의 지문을 찍었을 때 삼각도가 우측에 형성되어 있거나 우수의 지문을 찍었을 때 삼각도가 좌측에 형성되어 있는 지문을 말한다. | 을종제상문<br>좌수   우수 |
| (3) 와상문<br>(渦狀紋) | 가. 와상문의 정의<br>와상선, 환상선, 이중제상선, 제상선 기타 융선이 독립 또는 혼재되어 있는 2개 이상의 삼각도가 있는 지문을 말한다. 단, 유태제형(有胎蹄形) 와상문은 삼각도가 1개이다. | 와상선<br>환상선<br>이중<br>제상선<br>제상선 |
| | 나. 와상문의 종류 | |

| 지문의 종류 | 설 명 | 형 태 |
|---|---|---|
| (3) 와상문<br>(渦狀紋) | ① 순와상문<br>와상문의 중심부 융선이 와상선으로 형성된 지문을 말한다. | 순와상문<br> |
| | ② 환상문<br>와상문의 중심 부융선이 환상선으로 형성된 지문을 말한다. | 환상문<br> |
| | ③ 이중제형 와상문<br>와상문의 중심부를 형성한 1개 또는 2개의 융선이 이중으로<br>제상선을 형성한 지문을 말한다. | 이중제형와상문<br> |
| | ④ 유태제형(有胎蹄形) 와상문<br>　제상문 중심부에 거꾸로 형성된 제상선이 있거나 거꾸로<br>형성된 호상선이 2개 이상 있는 지문을 말한다. | 유태제형와상문<br> |
| | ⑤ 혼합문<br>2개 이상의 문형이 혼합하여 1개의 문형을 형성한 지문을<br>말한다. | 혼합문<br> |
| (4) 변태문<br>(變態紋) | 변태문이란 궁상문, 제상문, 와상문<br>에 속하지 않아 정상적으로 분류번호<br>를 부여할 수 없는 지문을 말한다. | 변태문<br> |

## 8) 출석요구

### ◈ 가) 의 의

피의자, 고소인, 참고인 등 수사관계자를 경찰관서로 불러 조사하기 위해서 전화, 우편, 이메일 등으로 출석요구를 한다. 킥스 시스템에서 피의자 또는 참고인 등에 대하여 출석요구서를 작성하고 모사전송(팩스서버연계), 우편(우정사업본부연계), SMS문자 등으로 발송을 할 수 있다. 고소장을 받으면 출석요구 통지부를 맨 앞에 붙여서 출석요구 상황을 꼼꼼이 적어두도록 한다. 나중에 체포영장 받을 때 유용한 자료가 된다.

### ◈ 나) 출석요구서 작성

**(1) 내사건리스트에서 출석요구할 대상사건을 위에 오른쪽 마우스 클릭하고 '출석요구 관리'를 누른다.**

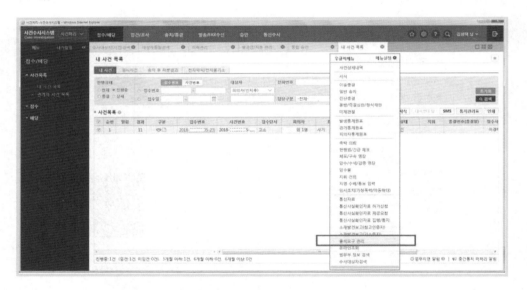

**(2) 출석요구할 대상자를 선택한 후 출석요구서를 작성하기 전 서식정보를 입력하고 저장한다.**

• 통지일자는 작성된 날짜를 기준으로 입력된다.
• 출석요구일시는 작성한 날부터 10일째 되는 날이 입력되고 있으나 오른쪽 달력 팝업창을 이용, 수정가능하다.
• 통지방법 : 전화, 우편, 팩스, 기타가 있으며 팩스와 우편(우정사업본부연계)은 시스템에서 발송된다.

• 수신처 주소는 사건접수시 주소를 불러와서 입력한다(수정가능).

(3) 기본서식정보를 입력하고 저장하면 '서식작성' 버튼이 활성화 되며 해당전자문서를 클릭하여 작성한다.

• 피의자인 경우 출석요구서가, 참고인은 참고인출석요구서가 활성화된다.
• 전자문서 결재완료시 출석요구번호가 자동으로 부여된다.

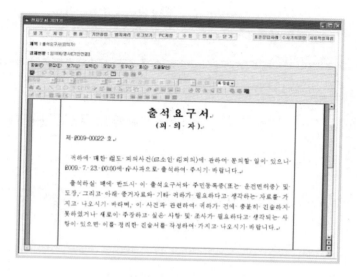

그림 2 전자문서 작성

(4) 전자문서 작성 후 통지방법이 팩스 또는 우편(우정사업본부)일 경우 작성문서목록에서 출석요구서를 선택한 다음 발송요청 버튼을 클릭한다.

- 일반 우편발송일 경우 작성된 출석요구서를 작성문서목록 화면에서 출력하여 발송한다.

(5) 출석요구 통지부를 선택하면 해당사건에 대한 출석요구내역들이 입력되어 있다.

◈ 다) 출석결과 등록

(1) 출석요구화면 하단에 출석결과를 입력하고 저장한다.

- 출석여부에 출석 또는 미출석 버튼을 클릭한다.
- 출석일시와 비고란에 사유 등을 입력한다.

## 9) 범죄경력조회

### ◈ 가) 의 의

일명 '전과조회'로, 피의자에 대한 범죄경력조회, 수사경력조회를 하여 기록에 편철하는 것
이다. 수사결과보고, 결정서 등에 필히 들어가는 내용으로서 피의자 출석 전에 해두도록 한다.

### ◈ 나) 컴퓨터조회의뢰서 작성 및 결재

• 시스템에서 조회의뢰서 작성 후 결재하고 조회 담당자가 접수 후 처리한다(종이서류 없이 시
스템에서 결과회신까지 가능).

(1) 내사건 리스트에 접수된 사건 중 조회를 하고자 하는 사건을 우클릭하여 온라인조회를 선
택한다.

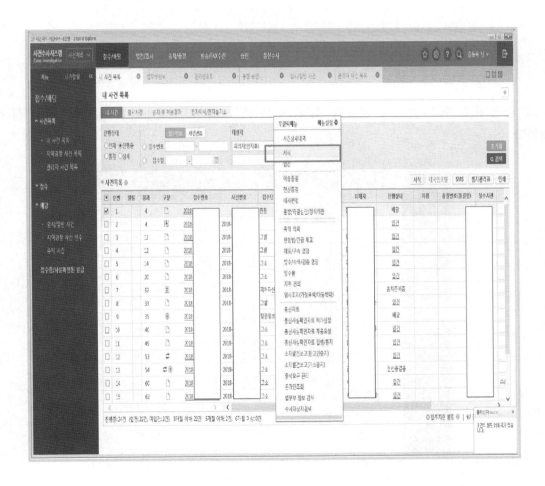

(2) 의뢰목적을 반드시 입력, 조회대상자와 종류를 선택한 후 승인요청 버튼을 클릭한다.

(3) 팀장 승인 후 입건/조사 항목의 '조회'→ '온라인 조회'를 선택하여 우측 회보서 버튼을 선택한다.

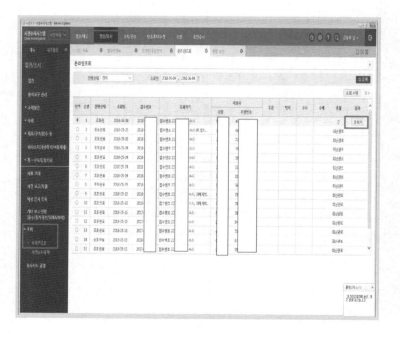

(4) 대상자임을 재차 확인하고 '선택' 버튼을 누른 다음 우측 회보서 버튼을 선택한다.

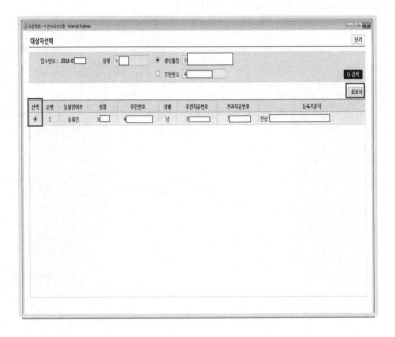

(5) 대상자에 대하여 주민정보, 범죄경력, 수사경력, 수배경력 별로 먼저 확인 가능하고, 우측의 '관련서식'을 선택하여 종합회보서를 클릭한다.

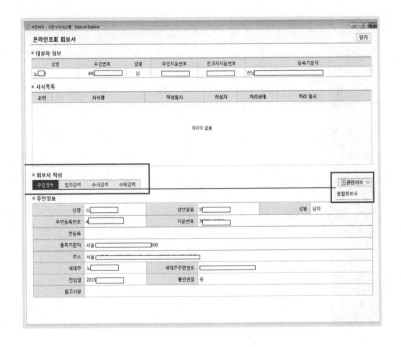

(6) 조회회보서가 화면으로 나타나고, 주민 정보, 범죄경력, 수사경력, 수배경력을 각각 확인 후 '기안전결' 버튼을 누르면 조회회보서가 작성된다.

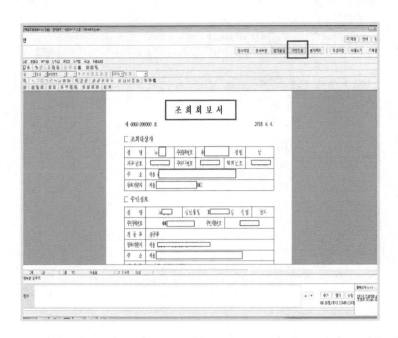

(7) 내사건 목록으로 돌아가 우측 '서식' 버튼을 선택한다.

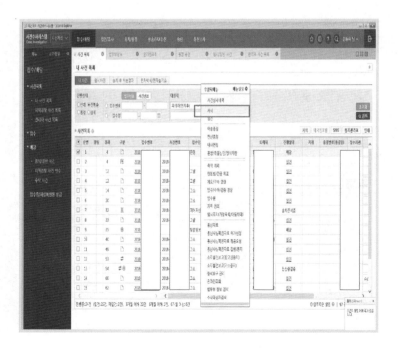

(8) 전자문서 정보에 범죄경력등조회회보서가 작성된 것을 확인할 수 있다.

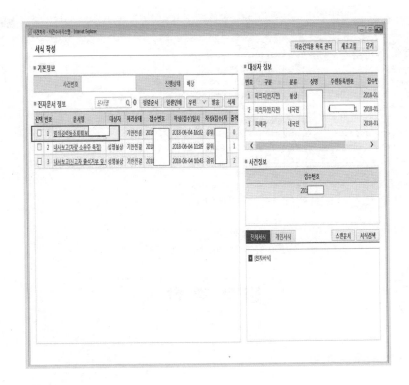

## 10) 수용자 조사

피의자 등 수사대상자가 구치소에 있는 경우 법무부정보 검색을 통해 수용여부를 확인하고 관할 구치소에 접견사유, 수사접견요청일시 및 대상자에게 접견예정임을 고지해달라는 내용이 명시된 '수사접견의뢰(김OO)' 온나라 공문을 작성하여 출장조사를 한다.

대질조사할 민원인을 대동하는 경우 공문에 이름과 주민등록번호까지 명시하고 그 자의 신분증도 준비하여야 한다.

공문발송 전 구치소에 전화하여 접견당일 법원 출정여부를 확인 후, 방문시 구치소 수용기록과(평택구치소의 경우)나 총무과에 접수하고 순서를 기다려 교정공무원과 함께 구치소 내로 들어간다. 휴대폰 등 전자기기 반입은 허용되지 않는다. 구치소 내에는 킥스와 전자수사자료표 시스템(e-CRIS)가 설치되어 있지 않으니 종이수사자료표와 잉크를 준비한다.

조사관 1인이 출장조사할 경우 참여자 문제가 발생하고 요즘은 교정공무원이 참여를 하지 않는 추세이므로 피의자신문의 경우 조사관 2인이 출장조사하는 것이 바람직하다.

국민과 함께하는 따뜻하고 믿음직한 경찰

# 평 택 경 찰 서

수신 서울동부구치소장(총무과장)

(경유)

제목 수용자 수사접견의뢰(박〇〇)

귀 기관의 무궁한 발전을 기원 합니다.

1. 관련근거

　　가. 형사소송법 제199조 제2항

　　나. 평택경찰서 사건번호 2018-000000호

2. 위와 관련, 우리서 사기 사건을 수사하기 위하여 아래 대상자를 수사 접견하고자 하니 협조하여 주시기 바랍니다.

　가. 대상자

　　　이 름 : 박 〇 〇

　　　주민번호 : 〇〇〇〇〇〇-〇〇〇〇〇〇〇

　나. 수사접견경찰관 : 평택경찰서 수사과 경제〇팀 〇〇 〇〇〇

　다. 수사접견요청일시 : 2018. 〇. 〇〇. 〇〇:〇〇

3. 참고사항 : 수사접견대상자인 박〇〇에게 위 사항을 고지하여 주시기 바랍니다. 끝.

## 11) 고소취소

### ◈ 가) 유의점

보통 사기사건에 있어 조사관은 별다른 민원제기 없이 사건을 편하게 마무리지을 수 있어 고소취소되면 좋아하기는 하나 그 부작용으로 수사기관이 사인의 채권추심기관이나 이해 조정기관화 되는 결과를 야기한다. 또한 합의나 고소취소는 지능적인 사기꾼들이 법망을 빠져나가는 수단이 되기도 한다(일부변제나 외상합의의 경우). 따라서 조사관은 고소, 고발 사건을 순수하게 형사사건으로 처리하여야 하며, 고소취소가 사건을 절대적으로 좌우하는 것은 아니라는 점을 알아야 한다. 친고죄나 반의사불벌죄가 아니라면 합의는 양형사유에 불과하므로, (1-1) 만약 범죄혐의가 인정된다면 합의 유무에 상관없이 검찰송치 결정을, (1-2) 범죄혐의가 없다면 합의 유무에 상관없이 불송치(혐의없음) 결정을 하는 것이 바람직하고, (2) 친고죄나 반의사불벌죄라면 고소취소 즉시 불송치(공소권없음) 결정을 한다.

헌법재판소 결정례 2020. 7. 16. 선고 2019헌마1120 기소유예처분취소 결정에서는 반의사불벌죄에 있어서 처벌을 희망하지 않는다는 피해자의 의사가 경찰조사 과정에서 나타나고 조서에까지 명시된 경우라면 이를 함부로 철회할 수 없다고 결정하였다.[13] 따라서 실무적으로 고

---

13 헌재 2020. 7. 16. 선고 2019헌마1120 : 피해자의 처벌불원의사가 명백하고 믿을 수 있는 방법으로 표현되었다고 평가되는 경우라면 반의사불벌죄에서 처벌을 희망하지 아니하는 의사를 명시적으로 표시한 이후에는 다시 처벌을 희망하는 의사를 표시할 수 없다. 이 사건 수사기록에 의하면, 피해자는 2019. 3. 20. 자신이 청구인에 대하여 상해를 가한 혐의로 경찰 조사를 받는 과정에서 청구인으로부터 폭행을 당한 부분에 대하여는 처벌을 원하지 않는다는 취지의 의사를 표시하였고, 그 의사가 피의자신문조서에 기재된 사실을 인정할 수 있다. 피해자가 이 사건 기소유예처분의 폭행 피해사실을 구체적으로 진술하고, 경찰 조사를 받는 과정에서 청구인에 대한 처벌불원 의사를 명시적으로 밝혀 그 내용이 조서에 기재된 이상 피해자가 수사기관에 대하여 한 위 의사표시는 명백하고 믿을 수 있는 방법으로 표현되었다고 평가할 수 있다. 피해자는 2019. 3. 27. 청구인에 대한 경찰 피의자신문 당시 '청구인이 피해자의 혐의와 관련하여 거짓말을 하여 용서할 수 없다'고 하면서 다시 처벌을 희망하는 의사를 표시하였다. 그런데 설령 피해자가 처벌불원 의사를 밝힐 당시 청구인이 향후 유리한 진술을 해줄 것을 기대하였다 하더라도 이는 처벌을 불원하게 된 동기에 불과하다고 봄이 타당하므로, 피해자가 다시 처벌을 희망하는 의사를 표시하였다고 하더라도, 이미 이루어진 처벌불원의 의사표시의 효력에는 아무런 영향이 없다.

소취소장이나 처벌불원서가 제출된 경우 뿐만 아니라 처벌불원의사가 명시적으로 구술로 표현되거나 조서에 기재된 경우라면 이를 철회해도 법적인 효력이 없음을 민원인에게 설명해야 할 것이다.

## ◈ 나) 기 재 례

1. 저는 2010. ○. ○. 강○○을 상대로 귀서에 고소장을 제출하고, 같은 해 8. 9. 고소보충진술을 한 바 있는 서○○입니다.

1. 저는 오늘 강○○을 상대로 한 저의 고소를 취소하기 위하여 임의로 출석하였습니다.

1. 이것이 제가 작성하여 온 고소취소장입니다.

-1. 저는 2010○. ○. ○. 거래처 김○○을 상대로 고소한 사실이 있습니다(고소내용).

1. 저는 피고소인들을 상대로 사기죄로 고소한 바 있으나 그 후 원만히 합의되어 고소를 취소하고자 합니다.

○ 고소전반

-이때 진술인은 진술인 명의의 고소취소장 1통을 임의제출하므로 이를 받아 본 조서 앞에 첨부한다(고소취소장이나 합의서의 경우).

-이때 위 진술의 취지를 더욱 명확히 하기 위하여 다음과 같이 임의로 문답을 행하다.

○ 동일인 여부

문 : 진술인이 서○○인가요?

답 : 네, 그렇습니다.

○ 처벌을 원하는지 여부(반의사불벌죄 처벌의사 철회시 → 취소조서에 준하여 조사)

문 : 피의자의 처벌을 원하나요?

답 : 원치 않습니다(선처하여 주십시오).

문 : 위 진술은 사실인가요?

답 : 예, 사실대로 진술하였습니다.

문 : 더 이상 할말이 있나요?

답 : 없습니다.

## ◈ 다) 취소시 반드시 들어가야 할 3가지

### (1) 취소사유 등

문 : 어떤 조건으로 피의자와 합의하였는가?

(문고소를 취소하였는데 어떻게 취소하게 되었는가요?) (취소내용)

답 : 저는 2010．○．○．오전에 ○○경찰서 유치장에 구속되어 있는 거래처 사장 김○○을 면회하여 합의하기로 하였습니다.

(일시, 장소, 상대방, 합의내용)

문 : 진술인은 김○○에 대한 사기 고소를 취소하는 것이 분명한가요?

답 : 그렇습니다.

문 : 고소를 취소하는 이유는 무엇인가요?

답 : 김○○으로부터 충분한 변상을 받고 합의하였기 때문에 고소를 취소하는 것입니다.

### (2) 자유의사여부

○ 사기나 강박에 의한 고소취소는 아닌가를 물어 고소인의 자유의사 여부 확인

문 : 누구의 압력이나 공갈, 협박에 의하여 취소하는 것이 아닌가요?

답 : 아닙니다. 위와 같이 원만히 해결하였기에 스스로 취소합니다.

### (3) 재고소 불가 인식여부

○ 한번 고소를 취소하면 같은 사건에 대하여 다시 고소를 제기할 수 없음을 알고 있다는 요지의 진술(친고죄나 반의사불벌죄의 경우에 해당-형사소송법 제232조)

문 : 한번 고소를 취소하면 동일 사건 내용으로 다시 고소하지 못한다는 것을 아는가요?

답 : 알고 있습니다. 다시 고소하지 않을 겁니다.

그러나 사기사건의 경우 외상합의 여부를 묻는다(경찰수사규칙 제111조 제1항 제4호 나목을 근거로, 사법경찰관의 불송치결정 또는 검사의 불기소 처분이 난다면 새로운 증거를 발견하지 않는 한 재고소하더라도 각하될 수 있음을 알려준다).

문 : 지금 진술인은 현금으로 받지 않고 약속어음으로 받았는데 채무를 이행하지 않아 다시 고소하더라도 수사가 진행되기 힘들 수도 있다는 것을 아는가요?

### 12) 간이결정서

간이 검찰송치 결정서에는 범죄사실, 전과, 의견(기소) 정도만 기재될 뿐 의견이 나오기까지의 수사과정과 법리가 기재되어 있지 않다.

범죄수사규칙에는 의견서와 간이의견서 서식이 있을 뿐 기준이 되는 규정이 없었다. 다만 검찰에서는 대검찰청 벌금사건 정식재판 확대방안에 따라 ① 부인사건 중 정식재판 청구가 예상되는 사건 ② 피해자가 공판절차 회부를 적극 원하는 사건 ③ 영업범 등 정식재판 청구의 남용이 우려되는 사건 ④ 기타 사안의 중대성에 비추어 공판절차에 의하는 것이 상당한 사건 등은 약식기소 대신 구공판(정식 공판절차에 회부) 원칙으로 하고 있다고 한다.

실무에서 관행화된 기준으로는, 정식 송치결정서는 구속사건, 법정형에 벌금형이 없는 사건, 범행을 부인하는 사건 또는 공범 중 1명이라도 범행을 일부자백하거나 일부 부인하는 사건, 불송치결정하는 사건(혐의없음, 죄안됨, 공소권없음, 기소중지 등) 및 공범 중 1명이라도 수사중지하는 사건, 피의자수가 5명 이상인 사건, 증거관계가 복잡하여 자세한 판단이 필요한 사건, 불구속사건 중 구속영장신청 후 판사기각 된 사건 등의 경우에 사용한다.

간이결정서는 불구속 기소사안으로 송치하는 사건 중 법정형에 벌금형이 있는 사건, 범행 자백하는 사건, 피의자 수가 5명 미만인 사건 등에 사용하는 것이 실무상 기준이다.

## 13) 통계원표 작성

### ◈ 가) 연혁과 활용

범죄통계는 매월 범죄추세를 분석 · 발표하기 위해 1963년 중앙정보부에서 시작되어 검찰로 업무이관된 것으로, 1967년 내무부훈령 202호로 경찰범죄통계규칙이 제정된 것에 유래하여 '202통계'라고도 한다. 2002.12월~2003.12월, 범죄정보관리시스템(CIMS) 구축으로 202범죄통계 자동출력 및 입력자료 대검찰청 자동 송부되도록 하였다. 2009년 기존 「경찰범죄통계규칙(경찰청훈령 제384호)」 폐지하고 「경찰 범죄통계 작성 및 관리에 관한 규칙(경찰청훈령 제554호)」 제정되었다.

범죄통계는 경찰에 접수된 모든 사건을 집계하지는 않고, 접수된 모든 사건은 형사사법정보시스템(KICS)의 접수통계로 집계되고 있으며, 범죄통계는 입건 후 발생 · 검거 · 피의자통계원표를 '입력→승인→배치작업'의 단계를 거쳐 범죄통계시스템(CSS)에 집계된다. 범죄통계시스템을 이용하려면 KICS 포털에 링크되어 있는 「CSS 범죄통계시스템」을 통해 별도 로그인 과정 없이 이용이 가능하고, 인터넷 주소창에 http://css.kics.go.kr/stat/index.jsp을 통해 로그인하여 이용할 수 도 있다. 통계 종류로는 202기본통계 기준으로 종합분석, 발생분석, 검거분석, 범죄자분석 등 크게 14개 유형으로 나뉘며 세부통계유형으로 181개의 통계 종류가 있다.

(경찰청) 경찰 범죄통계 작성 및 관리에 관한 규칙
[시행 2019. 9. 26] [경찰청훈령 제952호, 2019. 9. 26, 일부개정]

경찰청(수사기획과), 02-3150-2565

**제1조(목적)** 이 규칙은 범죄통계의 정확한 작성과 적정한 활용을 위하여 범죄통계 작성의 절차와 방법 등을 규정함을 목적으로 한다.

**제2조(범죄통계원표작성 및 입력)** ① 범죄 수사업무를 담당하는 경찰공무원은 고소·고발, 신고, 인지 등을 통해 범죄 발생을 알게 된 때에는 범죄발생통계원표를 작성하고, 사건을 처리하여 송치하는 때에는 검거통계원표 및 피의자통계원표를 작성하여야 한다.

② 각 원표는 경찰의 형사사법정보시스템에 정하여진 항목의 자료를 입력하는 방법으로 작성한다.

③ 경찰공무원이 원표를 작성한 때에는 해당 경찰관서의 수사과장은 작성된 원표의 정확성을 검토하여 원표를 승인하여야 한다. 다만 발생통계원표의 경우에는 범죄가 발생한 경찰관서의 수사과장이 승인하여야 한다.

**제3조(범죄통계원표의 관리 및 송부요령)** ① 경찰청 수사국장은 각 경찰관서에서 형사사법정보시스템에 입력한 각 원표의 자료를 집계하여 관리하고, 필요한 자료를 분석하여 범죄수사 등에 활용한다.

② 경찰청 수사국장은 범죄통계자료의 오류 확인을 위해 대검찰청에 연 1회 범죄통계자료를 CD 등 전자매체를 이용하여 송부할 수 있다.

**제4조(범죄원표의 누락 및 왜곡 금지)** 각 경찰관서의 장은 소속 경찰공무원이 관서별 범죄발생률과 검거율 등 치안지표를 의식하여 통계원표의 작성을 누락하거나 통계를 왜곡시키지 않도록 관리·감독하여야 한다.

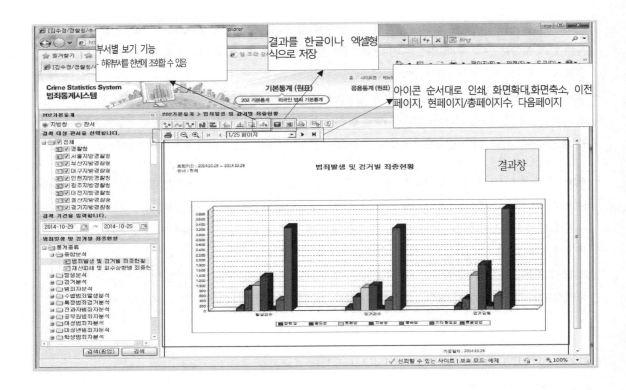

◈ 나) 범죄통계원표 작성기준

일반적으로 피의자가 검거되어 송치되는 사건은 발생, 검거, 피의자원표를 모두 작성하고, 수사중지로 결정할 때에는 검거원표를 작성하지 않다가 추후 검거되어 사건이 재기되면 발생원표를 새로 작성하지 않고 검거원표에서 이전 발생원표를 불러 연결시키고 검거원표, 피의자원표를 작성하면 된다. 또한 일단 피의자 조사 후 기소사안으로 검찰송치되었다가 검사의 보완수사 지휘가 있어 수사하다가 의견이 바뀌어 송치되는 사건에서는 발생, 검거원표를 새로 작성하지 않고 피의자원표에서 이전 발생원표를 불러 연결시키고 피의자원표를 새로 작성하면 된다. 발생 원표는 한 사건에 하나만 작성하는 것이 원칙이기 때문에 수사중지 재기사건, 검사 보완수사 요구사건은 사건번호가 별도로 부여되더라도 기존 사건번호에 대한 발생원표에 연결하면 된다.

각하의 경우는 원표를 일체 입력하지 않는다.

⑴ 범죄통계원표는 "발생통계원표(이하 "발생원표"라 약칭한다)", "검거통계원표(이하 "검거원표"라 약칭한다)" 및 "피의자통계원표(이하 "피의자원표"라 약칭한다)"의 3종으로 구분하며, 입건 후 검찰에 송치하는 사건에 대해서 입력한다.

⑵ 발생원표는 형사사건이 발생된 수사기관에서 입건 후 즉시 입력하고, 검거원표와 피의자원표는 최종송치관서에서 입력하되, 검거원표는 피의자를 1명이라도 검거했을 경우에만 입력하고 피의자원표는 수사중지를 포함한 모든 송치피의자에 대해서 입력한다.

(3) 피의자가 법인일 경우 발생 · 검거 · 피의자원표를 모두 입력하지만, 군사법원 관할의 범죄로 군 수사기관으로 이송하는 사건과 각하사건, 즉결심판사건(판사의 명령으로 검찰로 송치하는 사건 제외), 촉법소년으로 소년부송치하는 사건에 대해서는 입력하지 않는다.

(4) 발생원표와 검거원표는 범죄사건을, 피의자원표는 피의자를 각 대상으로 하는 것으로, 발생원표는 발생 1건에 1건을, 검거원표는 검거 1건에 1건을 입력하고, 피의자원표는 피의자 1명당 1건을 각 입력한다.

(5) 각 죄마다 수건 입력하고, 피의자 원표는 그 중 중한 죄 또는 주된 죄에 대한 1건을 입력한다.

> – 피의자가 상해죄와 공무집행방해죄로 입건된 경우 발생 · 검거원표는 상해죄 1건, 공무집행방해죄 1건을 입력하고, 피의자원표는 상해와 공무집행방해죄 중 중한 상해죄를 입력한다.

(6) 범죄건수는 피의자의 행위의 수에 의하여 정하여지기는 하지만, 다음과 같은 경우에는 1건으로 입력한다.

> – 동일 기회를 이용하여 동일한 장소(이에 준하는 장소 포함)에서 전후 수회에 걸쳐 행하여진 동일 죄종에 속하는 행위(지하철, 목욕탕 등 불특정다수인을 대상으로 한 범죄 또는 백화점 등에서의 한눈채기 등)

> – 범죄의 수단 또는 결과인 행위가 수개의 죄명에 해당하는 경우(주거침입하여 행한 절도 또는 강도)
> – 하나의 업으로서 또는 직업적으로 반복 행하여진 동일 죄종에 속하는 행위
> – 동일인에 대하여 또는 동일인 간에 반복하여 행하여진 동일 죄종에 속하는 행위(피고용자의 절도나 업무상횡령 등)
> – 동일한 취지, 명목하에 동일한 수단 방법으로 불특정 다수인을 대상으로 하여 행하여진 동일 죄종에 속하는 행위(통신매체 이용 음란, 광고 · 통신 등에 의한 사기 등)
> – 상습적 습벽에 의해 반복한 행위의 범죄로, '상습범'으로 죄명을 의율한 사건
> – 1개 행위가 수개의 죄에 해당하는 경우(상상적 경합범)

◈ 다) 발생원표

발생원표는 발생 및 인지당시의 사건정보와 피해상황 등을 입력하는 것으로, '수사단서, 발생일시, 범죄수법' 등은 접수당시 입력한 사건정보가 그대로 반영된다. 그 중 죄명과 수사단서는 발생원표에서 수정이 불가능하니, 접수할 때 입력하는 사건정보를 정확하게 입력하여야 한다. 사건의 발생시간과 장소, 피해자의 연령과 상태, 피해내역 등을 입력한다.

(1) 작성년월

실제 원표를 입력한 연월을 입력한다.

### (2) 발생지 수사기관

• 실제 사건이 발생한 발생지를 관할하는 수사기관을 말하며, 그 코드는 검찰사건 전산사무에 사용하는 일곱자리 숫자로 된 수사기관 코드번호를 입력한다.
• 검찰청 또는 지청으로부터 해당관서의 수사기관 코드를 통보받아 이를 입력한다.

### (3) 본표번호

매월별로 일련번호를 부여, 입력한다.

### (4) 수사사건부 번호

검찰은 사건의 형제번호를 입력하고 경찰은 범죄사건부의 사건번호를 입력하되, 사건을 병합하였을 경우에는 각 사건의 번호를 순서대로 모두 입력한다.

### (5) 관계 검거통계원표 번호

• 동 사건에 대한 검거원표 번호(본표번호)를 입력한다.
• 피의자 미검거 등의 사유로 검거원표를 입력하지 않는다.

### (6) 죄 명

• 죄명과 해당법조를 정확히 입력하여야 하며, 1개의 행위가 수개의 죄에 해당하는 경우(상상적 경합)에는 중한 죄에 의한다.
• 특정범죄가중처벌등에관한법률위반(특가법) 및 특정경제범죄가중처벌등에관한법률위반(특경법)의 죄는 괄호 안에 죄명을 구분, 입력한다.

---

**예 시**

특정범죄가중처벌등에관한법률위반(절도)

특정경제범죄가중처벌등에관한법률위반(사기)

---

• 죄명이 길고 또 자주 발생하는 것은 검찰사건 전산사무에서 사용하는 축약된 죄명간이코드(별표 죄명간이코드표 참조)로 입력하여도 된다.

### (7) 가정폭력 및 학교폭력

가정폭력, 학교폭력 유무를 선택하여 입력한다.

## (8) 외국인

• 외국인 피의자 관련 유무를 선택하여 입력한다.

• 피해자가 외국인인 경우 외국인코드란에 국적 및 신분코드번호(외국인 국적 및 신분코드번호표 참조)를 입력한다.

## (9) 발생 연월일, 요일

• 발생시간은 24시간제로 시간단위로 입력하며 자정(子正)은 0시로 입력한다.

• 포괄 일건인 경우는 최초의 발생일시를 입력한다. 발생일시 및 요일의 추정이 곤란한 때는 각 해당란에 "××"로 입력한다.

## (10) 발생부터 인지까지 기간

• 발생 연월일시로부터 인지 연월일시까지의 기간은 자동으로 계산된다.

• 시간 및 날짜 계산에는 그 첫시간 및 첫날을 각 산입하고, 1개월 이내, 3개월 이내, 3개월 초과 등은 역(曆)에 따라 계산한다.

---

**예 시**

• 2월 5일 13시에 발생한 사건을 동일 14시에 인지한 경우 : 2시간 이내

• 2월 5일 13시에 발생한 사건을 2월 6일 14시에 인지한 경우 : 2일 이내

• 2월 5일에 발생한 사건을 그해 3월 4일 이전에 인지한 경우 : 1개월 이내

• 2월 5일에 발생한 사건을 그해 3월 5일부터 4월 4일 사이에 인지한 경우 : 3개월 이내

• 2월 5일에 발생한 사건을 그해 5월 5일 이후에 인지한 경우 : 3개월 초과

---

## (11) 수 법

• 강도, 절도, 사기죄에 관하여 해당사건의 주된 수법 하나를 입력하며, 특정범죄가중처벌등에관한법률위반 또는 특정경제범죄가중처벌등에관한법률위반으로 가중처벌되는 경우도 당연히 포함된다.

• 침입강도, 절도의 경우는 검거통계원표의 침입구, 침입방법란과 관련시켜 입력한다.

• 침입절도중 "빈집(아파트 · 주택)"에는 사람이 잠시라도 비운 상태의 주거(아파트 · 연립 · 단독주택 등)를 포함한다.

• 컴퓨터 등 정보처리장치에 허위의 정보 또는 부정한 명령을 입력하거나 권한없이 정보를 입력 · 변경하여 정보처리를 하게 하는 방법의 사기의 경우에는 '컴퓨터 등 사용사기'란에 입력한다.

### (12) 발생일 특수사정

발생일 특수사정이 겹치는 경우에는 다음 우선순위로 하나만 입력한다.
① 재해시 ② 정전시 ③ 행사일 ④ 공휴일 ⑤ 토요일

### (13) 범행시 일기

일기가 경합될 경우 범행과 관련이 있거나 주된 것 하나만을 입력한다.

### (14) 수사단서

• 현행범, 신고, 미신고의 세 가지로 대분하여 해당란에 구분 입력한다.
• 신고와 미신고가 경합할 경우에는 신고로 입력한다.
• 미신고인 경우에는 다음의 미신고 이유란에 그 이유를 반드시 입력한다.

### (15) 미신고 이유

• 위의 미신고란과 관련시켜 주된 이유 하나를 입력한다.

### (16) 피해자 성별, 연령

• 피해자가 여럿인 경우에는 주된 피해자에 관하여만 입력한다.
• 연령은 만 나이를 입력한다.
• 피해자를 알 수 없거나, 자연인이 아닌 경우에는 입력하지 않는다.

### (17) 피해자 피해시 상황

피해 당시 피해자의 주된 상황 하나를 입력하며, 피해자가 여럿인 경우에는 주된 피해자에 관하여 입력한다.

### (18) 발생지

서울특별시 및 광역시 구(區)와 기타 도시(구 이외의 행정구역상 시(市)지역), 도시 이외의 해당란에 입력한다.

### (19) 발생 장소

주된 장소 하나를 입력하며 특히 강도, 절도, 사기의 죄는 수법란과 관련시켜 입력한다.

## (20) 재산 피해 상황

• 절도, 강도, 사기, 공갈, 횡령, 배임, 손괴 등의 재산관련범죄(특정범죄가중처벌등에관한법률 및 특정경제범죄가중처벌등에관한법률 등에 의하여 가중 처벌되는 경우 포함)에 대하여만 파악하여 입력한다.

• 각 피해품명과 금액을 모두 입력하고, 합계액을 산출하여 피해액 합계란에 입력하되, 금액은 반드시 아라비아 숫자로 입력한다.

• 피해품이 화폐 이외의 물건인 경우에는 시가로 환산한 금액을 입력하고, 외국 화폐인 경우에는 공정환율로 환산하여 입력한다.

## (21) 신체 피해 상황

• 피해구분란에는 피해자 전부에 대한 신체피해 상황을 파악하여 입력한다.
• 상해정도란에는 상해피해자 중 주된 피해자에 관하여 입력한다.
• 특히 강력사범의 경우에는 반드시 신체피해 유무를 파악하여 입력한다.

## (22) 주의사항

다음 표의 우측에 열거한 죄명에 대하여는 좌측의 통계원표 각 항목을 반드시 파악, 입력하여야 한다.

| 통계원표 항목 | 죄 명 |
|---|---|
| • 범죄발생요일<br>• 발생일 특수사정<br>• 피해자 피해시 상황<br>• 범죄발생 장소 | 절도, 장물, 손괴, 살인, 강도, 방화, 강간, 폭행, 상해, 협박, 공갈, 약취·유인, 체포·감금, 간통 도박·복표, 과실치사상, 업무상 과실치사상, 실화, 주거침입, 유기, 교통사고처리특례법위반, 도로교통법위반, 폭력행위등처벌에관한법률위반(특정범죄가중처벌등에관한법률 또는 특정경제범죄가중처벌등에관한법률로가중처벌되는 경우 포함). |
| • 범행시 일기 | 절도, 살인, 강도, 강간, 폭행, 상해, 공갈, 약취·유인, 체포·감금, 도박·복표, 과실치사상, 업무상 과실치사상, 교통사고처리특례법위반, 도로교통법위반, 폭력행위등처벌에관한법률위반(특정범죄가중처벌등에관한법률 또는 특정경제범죄가중처벌등에관한법률로 가중처벌되는 경우 포함). |
| • 재산피해 상황<br>(피해정도, 피해액) | 절도, 강도, 사기, 공갈, 횡령, 배임, 장물, 손괴(특정범죄가중처벌등에관한법률 또는 특정경제범죄가중처벌등에관한법률로 가중처벌되는 경우 포함). |
| • 신체피해 상황<br>(피해구분, 상해정도) | 살인, 강도, 방화, 강간, 폭행, 상해, 협박, 공갈, 약취·유인, 체포·감금, 과실치사상, 업무상 과실치사상, 실화, 유기, 낙태, 교통사고처리특례법위반, 폭력행위등처벌에관한법률위반(특정범죄가중처벌등에관한법률 또는 특정경제범죄가중처벌등에관한법률로 가중처벌되는 경우 포함). |

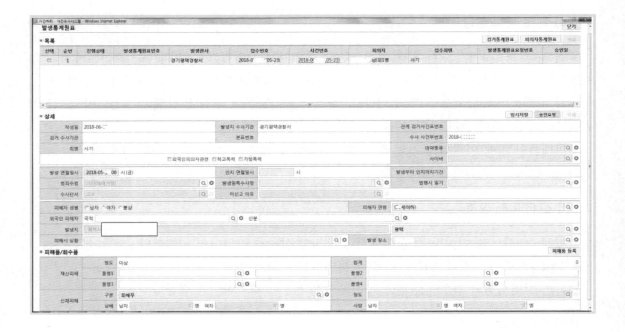

### ◈ 라) 검거원표

검거통계원표(이하 검거원표)는 검거 또는 이송을 받아 맨 나중에 수사종결한 수사기관에서
입력한다. 피의자조사 후 발생당시의 죄명과 다를 경우 반드시 검거원표의 죄명을 수정 후 다
른 항목들도 입력한다. 공범사건에 대한 검거통계원표는 공범 중 일부라도 먼저 검거하면 입력
하고, 미 체포자를 후일 검거하더라도 검거원표는 입력하지 않고, 검거일자도 수정하지 않는
다. 검거연월일, 공범, 검거인원, 검거단서, 회수물 등을 입력한다. 기소중지 등 피의자를 검거
하지 않은 경우에는 입력하지 않는다.

**(1) 입력년월, 본표번호, 수사사건부 번호, 관계 발생통계원표 번호, 죄명, 발생연월일, 수법 등
은 발생통계원표 입력요령을 참작하여 입력한다.**

**(2) 검거 수사기관**

검거한 수사기관명과 그 코드번호를 입력한다.

**(3) 가정폭력 · 학교폭력**

가정폭력과 학교폭력의 유무를 선택하여 입력한다.

## (4) 검거 연월일

실제 검거한 연월일을 입력한다.

## (5) 발생부터 검거까지의 기간

- 발생 연월일부터 검거 연월일까지의 기간은 자동으로 계산된다.
- 발생일과 검거일은 시간을 계산하지 않고 각 1일로 산정하여 입력한다.

---

**예 시**

- 2월 5일에 발생한 사건을 2월 6일에 검거한 경우 : 2일 이내

---

## (6) 침입강도, 절도의 침입구 및 침입방법, 컴퓨터 등 사용사기

- 수법란에 침입강도, 침입절도인 경우에는 반드시 입력하고 발생원표의 발생장소란과 상호 관련시켜 모순이 없도록 한다(예컨대 수법이 침입절도인데 발생장소가 노상이면 안된다).
- 컴퓨터 등 정보처리장치에 허위의 정보 또는 부정한 명령을 입력하거나 권한없이 정보를 입력 · 변경하여 정보처리를 하게 하는 방법의 사기의 경우에는 '컴퓨터 등 사용사기'란에 입력한다.

## (7) 검거인원

한국인, 외국인을 구분하여 입력하되 실제 검거된 인원을 남녀별로 입력한다.
◆ 법인일 경우 법인에 표시한다.

## (8) 기수 미수별

범죄행위의 기수, 미수, 예비음모를 구분하여 입력한다.

## (9) 공범수

검거여부에 관계없이 실제 공범의 숫자를 입력한다.

## (10) 범행도구의 종류, 조치

- 범행도구가 여럿일 때에는 그 범죄행위의 주된 것 하나만 입력한다.
- 범행도구가 있을 때에는 반드시 그 조치와 입수방법을 각 해당란에 입력하여야 한다.

### (11) 검거단서

• 현행범은 준현행범을 포함하며 2항 내지 8항은 신고에 의한 검거단서, 9항 내지 22항은 신고와 관계없는(미신고) 검거단서이다.

• 신고와 미신고가 경합할 경우에는 신고로 입력한다.

### (12) 장물 처분방법 및 금전소비용도

• 재산범죄 즉 절도, 강도, 사기, 공갈, 횡령, 배임 등 죄(특정범죄가중처벌등에관한법률 및 특정경제범죄가중처벌등에관한법률로 가중처벌되는 경우 포함)에 대하여는 반드시 장물이 있는지 여부를 파악하여 그 처분방법을 입력한다.

• 장물이 수종으로 처분방법이 서로 다른 경우에는 주된 장물의 처분방법을 입력한다.

• 금전소비용도는 장물이 현금인 경우뿐만 아니라 장물을 처분하여 얻은 금전에 관하여도 그 용도를 입력하고, 여러 용도로 사용하였을 경우에는 주된 용도 하나만 입력한다.

### (13) 회수상황

• 피해품이 회수된 경우에 각 회수품명과 금액을 모두 입력하고, 그 합계액을 회수액 합계란에 입력하되, 금액은 반드시 아라비아 숫자로 입력한다.

• 회수정도는 재산피해액 합계(발생원표상 항목)에 대한 회수액 합계가 어느 정도인지 파악하여 입력한다.

### (14) 주의사항

다음 표의 우측에 열거한 죄명에 대하여는 좌측의 통계원표 각 항목을 반드시 파악, 입력하여야 한다.

| 통계원표 항목 | 죄　　　　　명 |
|---|---|
| • 범행도구(종류, 입수방법, 조치) | 절도, 살인, 강도, 방화, 강간, 폭행, 상해, 협박, 공갈, 약취 · 유인, 체포 · 감금, 폭력행위등처벌에관한법률위반(특정범죄가중처벌등에관한법률 또는 특정경제범죄가중처벌등에관한법률로 가중처벌되는 경우 포함). |
| • 장물(처분방법, 금전소비용도) | 절도, 강도, 사기, 공갈, 횡령, 배임(특정범죄가중처벌등에관한법률 및 특정경제범죄가중처벌등에관한법률로 가중처벌되는 경우 포함). |
| • 회수상황(회수액, 회수정도) | 절도, 강도, 사기, 공갈, 횡령, 배임, 장물, 손괴(특정범죄가중처벌등에관한법률 또는 특정경제범죄가중처벌등에관한법률로 가중처벌되는 경우 포함). |

◈ **마) 피의자원표**

피의자통계원표(이하 피의자원표)는 맨 나중에 수사종결하여 송치하는 수사기관에서 입력한다. 피의자원표는 송치죄명 중 가장 중한 죄 또는 주된 죄로 입력한다. 송치의견과 조치, 전과내역, 피의자의 신상에 관한 자료(피의자신문조서에 있는 사항) 등을 입력한다.

**(1) 입력년월, 검거수사기관, 본표번호, 수사사건부번호, 관계발생통계원표번호, 관계검거통계원표번호, 죄명은 발생원표 및 검거원표의 입력요령을 참작하여 입력한다.**

**(2) 성명**

한글로 입력하며, 법인일 경우에도 사건기록에 입력하는 명칭 그대로 입력하고, 외국인일 경우는 여권에 기재된 성명 및 여권번호를 입력한다.

**(3) 가정폭력 및 학교폭력**

가정폭력, 학교폭력 유무를 선택하여 입력한다.

**(4) 외국인**

- 외국인 피의자 관련 유무를 선택하여 입력한다.
- 피의자가 외국인인 경우 외국인코드란에 국적 및 신분코드번호(외국인 국적 및 신분코드번호표 참조)를 입력한다.

## (5) 직업

- 범행시의 직업을 입력한다.
- 전문직이 자영자 또는 피고용자와 겹치는 경우에는 전문직으로, 공무원과 겹치는 경우에는 공무원으로 각 분류 입력한다.
- 국·공립학교 교원은 교육부 소속 공무원으로 입력한다.
- 공무원에 대하여는 소속코드(공무원 소속기관 코드번호표 참조)와 계급코드(공무원 계급 코드번호표 참조)를 각 확인하여 입력한다.

## (6) 전과

여기서 전과라 함은 형사사건으로 법원에서 벌금 이상의 유죄의 재판을 받아 확정된 경우를 말한다. 따라서 수사 또는 재판계속 중이거나 구류형, 과료형, 보호처분, 기소유예(선도조건부 기소유예 포함), 공소보류, 기소중지 처분 등을 전과로 입력하는 일이 없도록 한다.

## (7) 전회처분 내용

- 직전의 처분내용 또는 그 집행상황을 입력한다.
- 선고유예는 유예기간중(형의 선고유예를 받은 날로부터 2년)에 있는 경우만 입력하고 유예기간을 경과한 경우는 기타란에 입력한다.
- 집행유예기간을 경과한 경우는 기타란에 입력하고 형집행종료란에 입력하지 않도록 한다.
- 가석방은 잔여형기를 경과(무기형에 있어서는 10년)하지 아니하여 가석방 기간 중에 있는 경우만 입력하고 그 기간을 경과한 경우는 형집행종료란에 입력한다.

## (8) 보호처분

소년법에 의한 보호처분의 결정을 받은 횟수를 입력한다.

## (9) 재범기간

전회처분 내용과 관련시켜 기입하되, 직전의 범죄행위 종료시부터 재범행위시까지의 기간을 입력한다.

## (10) 재범종류

동종이라 함은 전후의 범죄관계에 있어서 다음 각호의 경우를 말한다.

## (가) 죄명이 같은 경우

## (나) 형법 각칙의 같은 장에 규정된 죄의 경우

> **예시 :** 절도와 강도, 상해와 폭행

## (다) 형법 각칙에 규정된 죄와 그 가중처벌에 관한 죄의 경우

> **예시 :** 절도와 특정범죄가중처벌등에관한법률위반(절도)
>
> 강도와 특정범죄가중처벌등에관한법률위반(강도)

## (라) 형법 이외의 같은 법률에 규정된 죄의 경우

> **예시 :** 관세법위반인 금지품 수출입죄와 관세포탈죄
>
> 산림법위반인 산림절도죄와 산림훼손죄

## (마) 형법 이외의 법률에 규정된 죄와 그 가중처벌에 관한 죄의 경우

> **예시 :** 관세법위반인 특정범죄가중처벌등에관한법률위반(관세)
>
> 산림법위반인 특정범죄가중처벌등에관한법률위반(산림)

## (바) 죄질, 범죄의 수단과 방법, 범죄의 경향, 범죄의 유형 등을 종합하여 동종 또는 유사한 죄에 속한다고 인정되는 경우

### (11) 공범관계

공동정범, 교사범, 종법관계를 전부 파악하여 범행가담자가 2인 이상일 경우는 공범란에 입력한다.

### (12) 피의자와의 관계

범죄행위로 인한 직접적이고 주된 피해자를 기입할 것이며 피해자가 없거나 특정할 수 없는 경우에는 입력하지 않는다.

### (13) 범행 후 은신처

피의자가 범행 후 여러 곳을 옮겨다니며 은신하였을 경우에는 가장 오랫동안 은신하였던 곳을 입력한다.

### (14) 마약류 등 상용여부

마약류 등은 다음 구분을 참조하여 입력한다.

(가) 마약 - 앵속, 아편, 코카잎, 아세트로핀, 코카인, 헤로인, 모르핀, 코데인, 메사돈 등(마약류 관리에 관한 법률 참조)

(나) 대마 - 대마초 및 그 제품(마약류 관리에 관한 법률 참조)

(다) 향정신성의약품 - 인간의 중추신경계에 작용하는 것으로 이를 오용 또는 남용할 경우 신체적 또는 정신적 의존성을 일으키는 약물이나 이를 함유하는 물질로서 엘에스디(LSD), 암페타민, 메스암페타민(속칭 히로뽕), 바르비탈 등(마약류 관리에 관한 법률 참조)

(라) 본드, 신나 등 환각물질 - 흥분, 환각 또는 마취의 작용을 일으키는 유독물을 함유하는 물질로서 톨루엔, 초산에칠, 메칠알콜, 신나, 접착제, 도료 등(유해화학물질관리법 참조)

## (15) 범행시 정신상태

정신장애인은 다음의 구분을 참조하여 입력한다.

(가) 정신이상 - 정신분열병자

(나) 정신박약 - 의사(意思)가 박약하거나 불안정한 백치, 저능자

(다) 기타 정신장애 - 조율병자, 성격이상자(난폭자, 변태성욕자 등)

## (16) 범행동기

• 피의자가 범죄행위를 하게 된 직접적이고 주된 원인을 입력한다.

• 치부(致富)는 재물을 축적할 목적에서 범행한 경우이고, 사행심(射倖心)은 요행수를 바라는 마음에서 유발되어 범행한 경우이다.

## (17) 학력

정규학제 이외의 학력을 가진 자에 대하여는 정규학제의 해당 학력에 맞추어 다음과 같이 입력한다.

(가) 공민학교 - 초등학교

(나) 방송통신중학교, 기술학교, 고등공민학교 - 중학교

(다) 방송통신고등학교, 기술고등학교 - 고등학교

(라) 방송통신대학, 개방대학 - 그 이수과정에 따라 전문대학 또는 일반대학

## (18) 생활정도

피의자의 재산상태, 가족관계, 신분 및 사회적 지위, 학력 및 경력 등을 파악하여 종합적, 객관적으로 판단하여 입력한다.

## (19) 혼인관계

다음 구분에 의하여 입력한다.

(가) 유배우자 - 혼인신고를 마친 법률상 배우자를 말한다.

(나) 동거인 - 결혼식을 하였는지 여부에 관계없이 사실상 부부관계에 있으나 혼인신고를 하지 않은 경우이다.

(다) 이혼 - 배우자와 이혼을 하고 이혼신고를 마친 후 독신으로 있는 경우이다.

(라) 사별 - 배우자가 사망하여 독신으로 있는 경우이다.

(마) 미혼 - 미혼자에 대하여는 반드시 부모관계란을 입력하여야 한다(단, 소재불명으로 부모관계가 분명치 않은 경우는 예외).

## (20) 부모관계

미혼자에 한하여 부모관계를 다음 구분에 의하여 입력한다.

(가) 실(양)부모 - 친부모 또는 양부모인 경우

(나) 계 부 모 - 아버지는 계부, 어머니는 계모인 경우

(다) 실부계모 - 친아버지에 계모(아버지의 후처)인 경우

(라) 실부무모 - 친아버지에 어머니가 없는 경우

(마) 실모계부 - 친어머니에 계부(어머니가 다시 얻은 남편)인 경우

(바) 실모무부 - 친어머니에 아버지가 없는 경우

(사) 계부무모 - 계부(어머니가 다시 얻은 남편)에 어머니가 없는 경우

(아) 계모무부 - 계모(아버지의 후처)에 아버지가 없는 경우

(자) 무 부 모 - 부모가 없는 경우

## (21) 검거자(경찰)

피의자를 검거한 부서 또는 사람을 입력하며, 검찰과 특별사법경찰은 본란을 입력하지 않는다.

## (22) 조치

검찰구속송치는 구속별란과 관련시켜 입력하고 검찰불구속송치는 불구속별란과 관련시켜 입력한다.

## (23) 자백 여부

피의자가 자기의 범죄사실을 인정(긍정)하는지의 여부 및 그 정도에 따라 다음과 같이 구분하여 입력한다.

(가) 자백 – 범죄사실의 전부를 인정한 경우

(나) 일부자백 – 범죄사실의 일부를 인정한 경우

(다) 부인 – 범죄사실의 전부를 인정하지 않는 경우

(라) 묵비 – 범죄사실에 대한 진술을 거부하거나 침묵한 경우

### (24) 구속, 불구속별

• 사건송치시의 신병상태를 기준으로 분류, 입력한다. 다만, 검찰 직수 또는 인지사건으로 검사가 직접 수사하는 사건은 검사의 처분결정일을 기준으로 한다.

• 현행범 체포에는 준현행범을 체포한 경우도 포함한다.

### (25) 사건 처리기간

경찰은 사건의 접수 또는 인지일부터 검찰송치일까지의 기간을, 검찰은 사건의 접수 또는 인지일부터 사건처분일까지의 기간을 각 입력한다. 다만, 검찰 직수 사건을 수사 지휘한 경우에는 경찰은 수사지휘 수리일부터 검찰 송치일까지의 기간을, 검찰은 사건 접수일부터 사건처분일까지의 기간에서 경찰처리기간을 공제한 기간을 각 입력한다.

### (26) 이상 작성자

특별사법경찰은 통계원표 작성자가 작성일, 계급, 성명을 기재한 후 날인한다.

### 바) 꼭 확인해야 할 원표 승인 전 체크리스트

| 구분 | 확인할 사항 |
|---|---|
| 발생원표 | 피해자 성별 확인 |
| | 죄명과 피해자 연령의 일치여부 확인 |
| | 범죄수법과 발생장소 일치여부 확인 |
| | 가정폭력, 학교폭력 체크여부 확인 |
| 발생원표 | 죄명이 대인범죄 (ex. 살인, 폭행치사, 상해치사)인 경우 사망인원 또는 상해인원 입력하였는지 확인 |
| | 죄명이 재산 범죄(ex. 절도, 강도, 사기, 공갈, 횡령, 배임, 장물, 손괴)인 경우 피해품 및 피해금액을 입력하였는지 확인 |
| 검거원표 | 실제 검거 죄명을 넣었는지 확인 |
| | 실제 검거 인원(미체포자제외) 정확히 입력했는지 확인 |
| | 가정폭력, 학교폭력 체크여부 확인 |
| | 범죄수법과 침입구의 일치여부 확인 |

| 피의자<br>원표 | 죄명에 송치죄명 입력했는지 확인 |
| --- | --- |
| | 피의자의 성별확인(송치의견중 기소중지를 제외한 성별 '불상' 입력 불가) |
| | 피의자의 연령확인(100세 이상 및 14세 미만 연령의 경우 재확인) |
| | 가정폭력, 학교폭력 체크여부 확인 |
| | 피의자의 혼인관계 및 학력 확인 |
| | 피의자가 자연인인지 법인체인지 확인(송치후 대상자분류 변경 불가) |

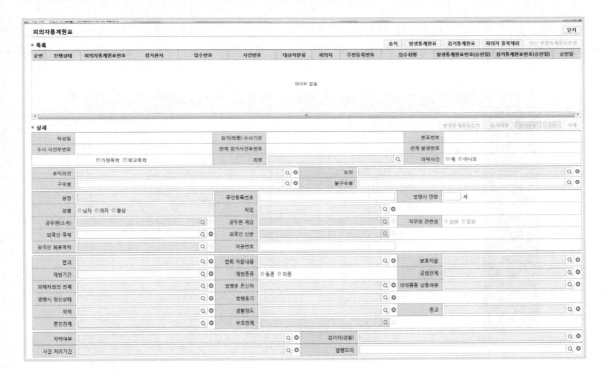

## 14) 송치서류 작성(불송치결정 포함)

### ◈ 가) 의의

과거 형사소송법은 경찰 수사가 마무리되면 전건 검찰에 송치하도록 했다. 그러나 2020년 개정 형사소송법은 경찰에서 불기소사안이라 송치하지 않기로 결정한(불송치결정이라고 한다) 사건서류를 검찰에 90일간 대여하고 특별한 문제가 없으면 그대로 돌려받는 방식으로 경찰에 수사종결권을 부여하였다.

우선 기소 사안으로 검찰송치하는 사건 또는 검사의 송부요구를 받은 사건의 종결요령에 대하여 설명하겠다.

◆ **나) 결정서 작성요령**

사전준비로서 사건상세내역에서 성명(한자), 연락처, 직업 등을 다시 한번 정확히 입력하였는지 확인한다(수사결과보고에서 피의자 정보에 직업이 '미상'이라고 되어 있다면 피의자의 상세정보를 제대로 입력하지 않았다는 뜻이다).

원표작성(기소중지 재기사건의 경우 이전원표연결), 지문원지 작성(고소, 고발사건은 검찰송치 결정시, 인지사건은 전부)을 먼저 한 후 기록에 면수를 전부 기재하고 민원인에게 결과통지를 발송한 다음 내 사건리스트에서 마우스 우클릭 → 사법경찰관 결정 → 검찰송치/불송치/수사중지 → 송치결정서 작성→ 기록목록 → 송치서 작성 → 발송요청(종결)한다(근거: 경찰수사규칙 제106조-개정사항이 킥스 반영 전이라 부득이 종전 킥스화면으로 설명).

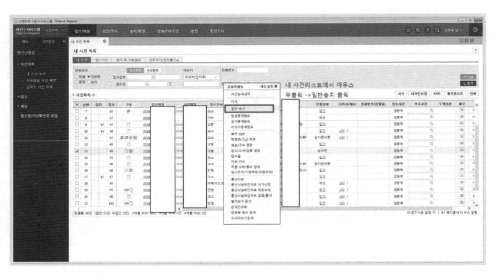

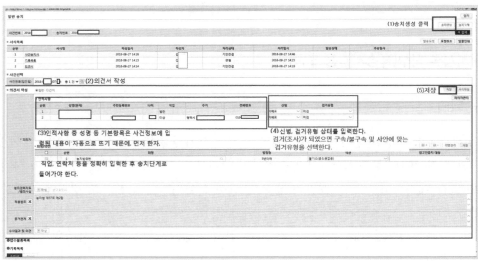

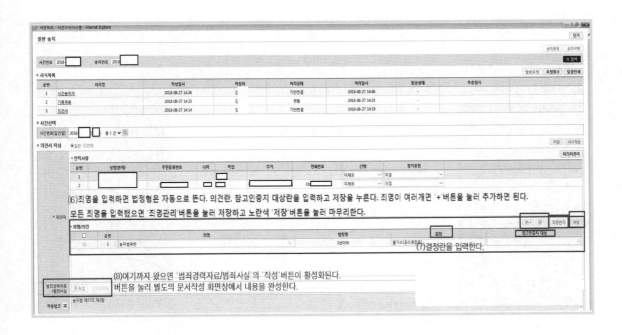

(6)죄명을 입력하면 법정형은 자동으로 뜬다. 의견란, 참고인증지 대상란을 입력하고 저장을 누른다. 죄명이 여러개면 '+'버튼을 눌러 추가하면 된다.

모든 죄명을 입력했으면 '죄명관리'버튼을 눌러 저장하고 노란색 '저장'버튼을 눌러 마무리한다.

(7)결정란을 입력한다.

(8)여기까지 왔으면 '범죄경력자료/범죄사실'의 '작성'버튼이 활성화된다.
버튼을 눌러 별도의 문서작성 화면창에서 내용을 완성한다.

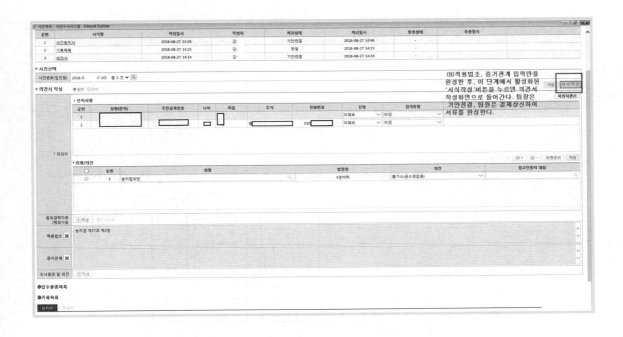

(8)적용법조, 증거관계 입력란을 완성한 후, 이 단계에서 활성화된 '서식작성'버튼을 누르면 의견서 작성화면으로 들어 간다. 팀장은 기안전결, 팀원은 결재상신하여 서류를 완성한다.

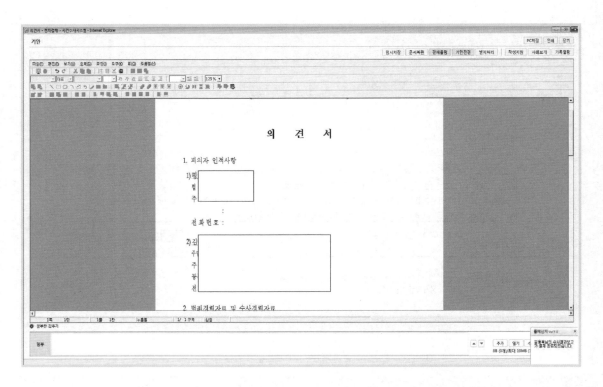

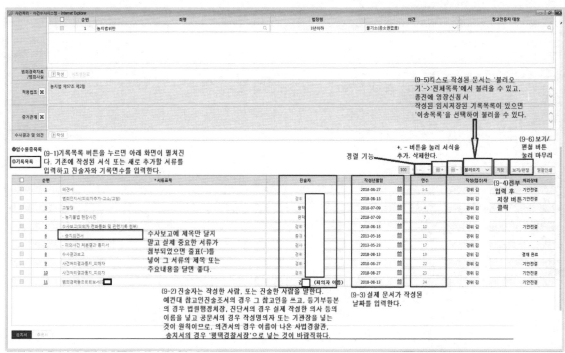

(9-1)기록목록 버튼을 누르면 아래 화면이 펼쳐진다. 기존에 작성된 서식 또는 새로 추가할 서류를 입력하고 진술자와 기록면수를 입력한다.

(9-5)킥스로 작성된 문서는 '불러오기'->'전체목록'에서 불러올 수 있고, 종전에 영장신청시 작성된 임시저장된 기록목록이 있으면 '이송목록'을 선택하여 불러올 수 있다.

정렬 기능

+, - 버튼을 눌러 서식을 추가, 삭제한다.

(9-6)보기/편집 버튼 눌러 마무리

수사보고에 제목만 달지 말고 실제 중요한 서류가 첨부되었으면 출표(-)를 넣어 그 서류의 제목 또는 주요내용을 달면 좋다.

(9-4)전부 처리상태 입력 후 저장 버튼 클릭

(9-2)진술자는 작성한 사람, 또는 진술한 사람을 말한다. 예컨대 참고인진술조서의 경우 그 참고인을 쓰고, 등기부등본의 경우 법원행정처장, 진단서의 경우 실제 작성한 의사 등의 이름을 넣고 공문서의 경우 작성명의자 또는 기관장을 넣는 것이 원칙이므로, 의견서의 경우 이름이 나온 사법경찰관, 송치서의 경우 '평택경찰서장'으로 넣는 것이 바람직하다.

(9-3)실제 문서가 작성된 날짜를 입력한다.

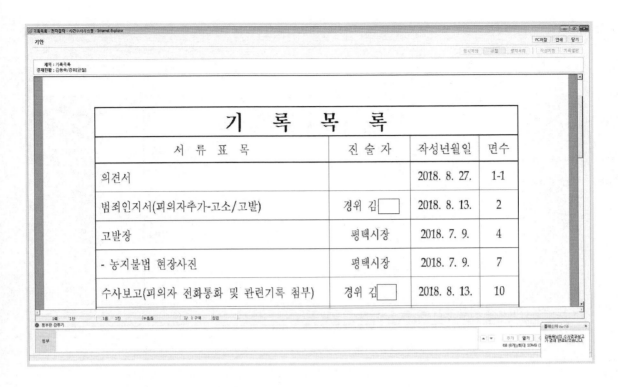

## 기 록 목 록

| 서 류 표 목 | 진 술 자 | 작성년월일 | 면수 |
|---|---|---|---|
| 의견서 | | 2018. 8. 27. | 1-1 |
| 범죄인지서(피의자추가-고소/고발) | 경위 김◻ | 2018. 8. 13. | 2 |
| 고발장 | 평택시장 | 2018. 7. 9. | 4 |
| - 농지불법 현장사진 | 평택시장 | 2018. 7. 9. | 7 |
| 수사보고(피의자 전화통화 및 관련기록 첨부) | 경위 김◻ | 2018. 8. 13. | 10 |

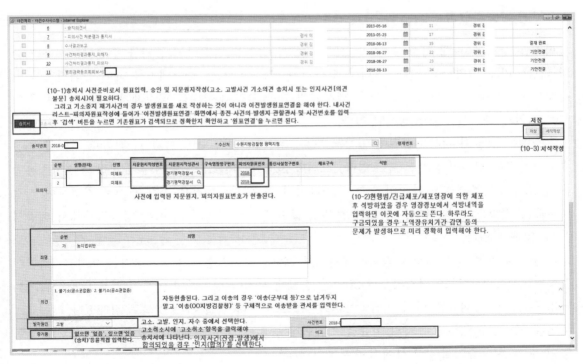

(10-1)송치시 사전준비로서 원표입력, 승인 및 지문원지작성(고소, 고발사건 기소의견 송치시 또는 인지사건 [의견 불문] 송치시)이 필요하다.
　그리고 기소중지 재기사건의 경우 발생원표를 새로 작성하는 것이 아니라 이전발생표연결을 해야 한다. 내사건 리스트-피의자원표작성에 들어가 '이전발생표연결' 화면에서 총전 사건의 발생지 관할관서 및 사건번호를 입력 후 '검색' 버튼을 누르면 기존원표가 검색되므로 정확한지 확인하고 '원표연결'을 누르면 된다.

(10-3) 서석작성

사전에 입력된 지문원지, 피의자원표번호가 현출된다.

(10-2)현행범/긴급체포/체포영장에 의한 체포 후 석방하였을 경우 영장정보에서 석방내역을 입력하면 이곳에 자동으로 뜬다. 하루라도 구금되었을 경우 노역장유치기간 감면 등의 문제가 발생하므로 미리 정확히 입력해야 한다.

자동현출된다. 그리고 이송의 경우 '이송(군부대 등)'으로 넘겨두지 말고 '이송(OO지방검찰청)' 등 구체적으로 이송받을 관서를 입력한다.

고소, 고발, 인지, 자수 중에서 선택한다.
고소취소시에 '고소취소'항목을 클릭해야
송치서에 나타난다. 인지사건(진정,발생)에서
합의되었을 경우 '인지(합의)'를 선택한다.

없으면 '없음', 있으면 '있음
(송치)'등을 직접 입력한다.

◈ **다) 불송치결정**

학계는 수사에 관해 기소(공소제기) 전 단계에서 범인을 발견하고 증거를 수집하는 수사기관의 활동이라고 설명하고 있다. 따라서 수사의 종결단계에서는 공소제기를 하여 유죄판결을 받아내어 피의자를 형사처벌하게 할지, 형사처벌을 할 사안이 아니라 공소제기가 필요 없어서 이대로 절차를 종결할지를 결정해야 한다.

이전에는 경찰에 수사종결권이 없어서 모든 수사사건을 검찰에 보냈고, 검찰로 하여금 최종 수사종결권을 행사하게 하는 구조였다. 그러나 2020년 1월 13일 국회에서 개정한 형사소송법은 경찰에 수사종결권을 부여하였고, 공소제기가 필요없는 사건은 경찰 스스로 결정하여 직접 수사를 종결함으로써, 사건을 검찰에 보내지 않고 무고한 국민을 신속히 형사절차에서 해방시킬 수 있게 되었다.

다만 정부의 수사권 개혁 논의과정에서 경찰 수사에 여러 통제가 필요하다는 이유로, 경찰이 불송치결정을 하더라도 원칙적으로 90일간 검찰에 사건을 대여하여 이상이 없으면(불송치결정이 위법 또는 부당하지 않다면) 다시 돌려받아 최종적으로 사건종결을 하는 것으로 정해졌다.

이때 사법경찰관은 불송치의 이유를 기재한 불송치 결정서와 함께 압수물 총목록, 기록목록 등 관계 서류와 증거물을 검사에게 송부해야 한다.

그리고 이중의 통제장치로서 불송치결정시 7일 이내에 서면으로 고소인, 피해자 등에게 불송치결정의 취지와 이유를 통지하며, 통지받은 사람은 해당 사법경찰관의 소속관서의 장에게 이의를 신청할 수 있는데, 이의신청을 받으면 지체없이 검사에게 사건을 송치하고 그 처리결과와 이유를 신청인에게 통지하여야 한다.

그리고 피의자나 참고인의 소재불명으로 검찰이 기소중지를 하던 절차가, 경찰의 수사중지(피의자중지, 참고인중지) 및 검찰의 기소중지로 분화되었다. 경찰이 수사중지를 결정하면 7일 이내에 사건을 검사에게 송부하여 30일간 대여하되, 사건이 검찰에 있는 기간 동안 피의자 등의 소재가 발견되면 신속히 검사에게 통보하여 사건기록을 돌려받아 수사하여야 한다. 또 경찰이 수사중지를 한 경우 고소인, 피해자 등에게 통지하며, 통지받은 자는 해당 사법경찰관의 소속 상급 경찰관서의 장에게 이의를 제기할 수 있다.

그리고 경찰은 피의자가 여러 명이거나 피의사실이 여러 개일 경우 분리 결정할 이유가 있으면 그렇게 할 수 있다. 즉 검찰에 기소 사안으로 송치결정하는 부분과 불송치결정(90일간 사건기록 대여)하는 부분으로 분리하여 결정할 수 있다는 의미이다. 따라서 2021년 1월 1일부터 새형사소송법이 시행되면 「불기소의견서」는 사라지고, 「불송치 결정서」를 작성해야 한다.[14]

◈ **라) 불송치 결정서**

| 서식 1 | 불송치 사건기록 등 송부 및 불송치 결정서 작성예시 |
|---|---|

○○○○경찰서

제 0000-000000 호                                             0000. 00. 00.

**수신 :** ○○○○○검찰청 검사장

**제목 :** 불송치 사건기록 등 송부

「사법경찰관과 검사의 협력 및 수사준칙에 관한 규정」 제62조 제1항에 따라 다음 불송치 사건기록 등을 송부합니다.

| 사건번호 | 0000-000000 |
|---|---|
| 피의자 | 홍길동 등 2명 |

---

**14** 불송치 결정서 작성방법은 경찰청에서 발간한 불송치 결정서 작성기법을 참고한다.

| 죄명 | | 사기 | |
|---|---|---|---|
| 결정주문 | | 혐의없음(증거불충분) | |
| 송부내역 | 서류 | 붙임 불송치 편철 사건기록 1부 | |
| | 증거품 | 품명 | 수량 |
| | | 품명 1 | 00 |
| | | 품명 2 | 00 |
| | | 품명 3 | 00 |
| | 반환기한 | 0000. 00. 00. | |

참 고 사 항

○○○○경찰서장

사법경찰관   경○     ○○○
〈작성 명의 : 팀장〉

---

○○○○경찰서

제 0000─000000 호                                    0000. 00. 00.
**제 목 :** 불송치 결정

다음 사건에 대하여 아래와 같이 불송치 결정합니다.


**[ 대상사건 ]**
사건번호 0000─000000
**[ 불송치 결정 내용 ]**
Ⅰ. 피의자
　1.　가.　　　　　　　　홍길동
　2.　가.　　　　　　　　양기순

Ⅱ. 죄명

　가. 사기

Ⅲ. 결정주문

　1. 피의자 홍길동은 증거 불충분하여 혐의 없다.

　2. 피의자 양기순은 증거 불충분하여 혐의 없다.

Ⅳ. 피의사실과 불송치 이유

| **0. 피의자가 다수** | ⇒ 피의자들 간의 관계 작성 |
|---|---|

피의자들은 부부로서 공모하여,

| **1. 피의사실 요지** | ⇒ 피의사실의 핵심요지만 간략하게 기재한 후 죄명 기재 |
|---|---|

2019. 2.경부터 7.말경까지 고소인 김한국에게 임대료 3,000,000원을 지급하지 아니하여 사기

| **2. 인정되는 사실** | ⇒ 다툼의 여지가 없는 사실 중 중요 부분만 간결하게 기재 |
|---|---|

○ 피의자들이 위 기간 동안 고소인의 점포에 대한 임대료를 지급하지 않은 사실은 인정된다.

| **3. 고소인의 주장** | ⇒ 피의사실 기재와 중복되지 않는 중요한 내용을 기재 |
|---|---|

○ 고소인은 피의자들이 서로 짜고 처음부터 점포임대료를 지급할 의사나 능력 없이 점포를 임차하였다고 주장한다.

| **4. 피의자의 주장** | ⇒ 고소인의 주장에 대한 피의자의 반박 내용을 기재 |
|---|---|

○ 이에 대하여 피의자들은 이 사건 점포를 임차한 후 처음 4개월간은 임대료를 충실히 지급하였으나 임차한 지 3개월쯤 지나서부터 피의자들이 경영하던 건축사업이 잘 되지 않아 자금사정이 어려워졌고, 피의자 홍길동마저 몸이 아파 병원에 입원하게 되어 그 이후의 임대료를 지급하지 못한 것일 뿐 고소인을 속인 사실이 없다고 주장한다.

| 5. 증거관계 | ⇒ 고소인 혹은 피의자의 주장과 부합하는 인적, 물적 증거 내용 기재 |

○ 피의자들과 건축자재를 거래하였던 박임대도 2019. 1.경부터 피의자들 점포의 건축자재 주문이 대폭 줄어들었다는 취지로 진술하고, AA병원장 김의사 명의로 된 치료비 독촉장(제52쪽)의 기재 내용도 피의자들의 주장과 일치한다.

| 6. 판단 내용 | ⇒ 참고인 진술, 증거 자료, 관련 판례 종합 검토 후 결론 기재 |

○ 고소인의 위 진술은 추측에 불과하여 피의자들의 주장을 배척하고 사기 범의를 인정하기에 부족하고, 달리 피의사실을 인정할 증거가 없다.

| 7. 결정 내용 | ⇒ 혐의없음(증거불충분)인 경우 '증거 불충분하여 혐의 없다.' |

○ 증거 불충분하여 혐의 없다.

○○○경찰서

사법경찰관   경○    ○○○

〈작성 명의 : 팀장〉

| 서식 2 | 불송치 결정 통지 작성예시 |

○○○○경찰서

제 0000-000000 호                                                     0000. 00. 00.

**수신:** ○○○ 귀하

**제목:** 불송치 결정 통지

귀하와 관련된 사건에 대하여 다음과 같이 결정하였음을 알려드립니다.

| 접 수 일 시 | . . . | 접 수 번 호 | 0000-000000 | 사 건 번 호 | 0000-000000 |
|---|---|---|---|---|---|
| 결 정 종 류 | 불송치 (혐의없음) | | | | |
| 이 유 | 별지와 같음 | | | | |
| 결 정 자 | ○○과장 경○ ○○○ | | | ☎ 02-0000-0000 | |
| 담 당 팀 장 | ○○과 ○○팀 경○ ○○○ | | | ☎ 02-0000-0000 | |

※ 범죄피해자 권리 및 지원제도, 피의자 권리구제 제도 등 기재 예정

○○○○경찰서장

## [별지 : 피의사실의 요지와 불송치 이유]

| 유의사항 | ⇒ 개인정보 보호를 위해 고소인 · 피의자 등의 인적사항(성명 등) 삭제 |
|---|---|

피의자들은 부부로서 공모하여, 2019. 2.경부터 7. 말경까지 고소인 김**에게 임대료 3,000,000원을 지급하지 아니하여 사기

○ 피의자들이 위 기간 동안 고소인의 점포에 대한 임대료를 지급하지 않은 사실은 인정된다.

○ 고소인은 피의자들이 서로 짜고 처음부터 점포임대료를 지급할 의사나 능력 없이 점포를 임차하였다고 주장한다.

○ 이에 대하여 피의자들은 이 사건 점포를 임차한 후 처음 4개월간은 임대료를 충실히 지급하였으나 임차한 지 3개월쯤 지나서부터 피의자들이 경영하던 건축사업이 잘 되지 않아 자금사정이 어려워졌고, 피의자 홍**마저 몸이 아파 병원에 입원하게 되어 그 이후의 임대료를 지급하지 못한 것일 뿐 고소인을 속인 사실이 없다고 주장한다.

○ 피의자들과 건축자재를 거래하였던 박**도 2019. 1.경부터 피의자들 점포로부터의 건축자재 주문이 대폭 줄어들었다는 취지로 진술하고, **병원장 김** 명의로 된 치료비 독촉장의 기재 내용도 피의자들의 주장과 일치한다.

○ 고소인의 위 진술은 추측에 불과하여 피의자들의 주장을 배척하고 사기 범의를 인정하기에 부족하고, 달리 피의사실을 인정할 증거가 없다.

○ 증거 불충분하여 혐의 없다.

## ※ 결정 종류에 대한 안내 및 이의신청 방법

- ○ 혐의없음 결정은 증거 부족 또는 법률상 범죄가 성립되지 않아 처벌할 수 없다는 결정입니다.

- ○ 죄가안됨 결정은 피의자가 14세 미만이거나 심신상실자의 범행 또는 정당방위 등에 해당되어 처벌할 수 없는 경우에 하는 결정입니다.

- ○ 공소권없음 결정은 처벌할 수 있는 시효가 경과되었거나 친고죄에 있어서 고소를 취소한 경우 등 법률에 정한 처벌요건을 갖추지 못하여 처벌할 수 없다는 결정입니다.

- ○ 각하 처분은 위 세 결정의 사유에 해당함이 명백하거나, 고소인 또는 고발인으로부터 고소ㆍ고발 사실에 대한 진술을 청취할 수 없는 경우 또는 사안이 경미하여 수사의 필요성이 인정되지 않는 경우 등에 하는 결정입니다.

- ○ 수사중지 결정은 참고인 또는 피의자의 소재가 확인되지 아니하여 수사를 중단하는 결정으로 참고인 또는 피의자의 소재가 밝혀지면 재기신청을 하여 수사가 다시 진행될 수 있습니다.

- ○ 위 결정에 대하여 통지를 받은 자는 형사소송법 제245조의7 제1항에 의해 해당 사법경찰관의 소속 관서의 장에게 이의를 신청할 수 있습니다. 신청이 있는 때 해당 사법경찰관은 형사소송법 제245조의7 제2항에 의해 사건을 검사에게 송치하게 됩니다.

# Ⅳ 강제수사 절차[15]

## 1. 압수, 수색, 검증

형사소송법 제199조(수사와 필요한 조사) 제1항은 "수사에 관하여는 그 목적을 달성하기 위하여 필요한 조사를 할 수 있다. 다만, 강제처분은 이 법률에 특별한 규정이 있는 경우에 한하며, 필요한 최소한도의 범위 안에서만 하여야 한다."라고 규정하고 있다. 임의수사, 즉 상대방에게 강제력을 행사하지 않고 임의적인 협조로 진행되는 수사가 원칙이고, 수사를 위해 필요한 경우 상대방의 법익침해를 최소화하는 선에서 강제수사(강제처분)를 예외적으로 할 수 있다는 뜻이다.

강제수사에는 사전에 영장을 받아 집행하는 방법과, 현장의 급박성이나 긴급성을 고려하여 영장없이 집행하고 검찰이나 법원의 사후통제를 받는 방법이 있다. 여기서는 강제처분의 종류에 따른 절차와 서식을 알려주도록 하겠다.

### 💿 가. 의 의

압수란 증거물 또는 몰수할 것으로 예상되는 물건의 점유를 취득하는 대물적 강제처분이다.

따라서 원칙적으로 영장주의가 적용되고, 예외적으로 영장에 의하지 않은 압수, 긴급압수, 임의압수에는 영장주의가 적용되지 않는다. 그러나 영장주의가 적용되지 않는다는 것은 압수 당시에 영장을 요하지 않음을 말하는 것이고, '범죄장소에서 영장없이 행한 압수, 수색, 검증(형소법 제216조 제3항), 체포현장에서 영장 없이 행한 압수, 긴급체포된 자의 소유, 소지, 보관물에 대해 24시간 이내에 영장 없이 압수한 경우에는 사후에 영장을 받아야 한다.

즉 임의제출시에만 사전, 사후영장이 필요없는 것이다. 압수는 범죄혐의가 있고 필요성, 상

---

15 본서에서는 압수절차 위주로 다룰 것이며, 체포와 구속에 관한 자세한 사항은 경찰청 수사국에서 2016년에 발간한 "강제수사서류 작성기법 Ⅰ"을 참고하기 바란다.

당성이 있는 경우에 한하여 인정된다. 수사를 잘 하여 범인을 법정에 세워 유죄판결을 받게 하려면 증거의 완전성을 유지하여 변호사에게 탄핵받지 않는 것이 중요하므로 압수 절차를 반드시 숙지해야 한다.

특히 위법수집증거는 그 증거능력을 인정받지 못하여 자칫하면 수사기관의 압수절차상 과오가 피의자에 대한 무죄판결을 불러일으킬 수도 있다. 현행 형사소송법 제308조의2는 "적법한 절차에 따르지 아니하고 수집한 증거는 증거로 할 수 없다."라고 하여 위법수집증거배제법칙을 명문으로 규정하고 있다.

특히 종전 판례는 비진술증거인 증거물에 대하여 위법수집증거배제법칙을 엄격히 적용하지 않고 그 증거능력을 인정하여 왔으나, 2007년경 대법원은 제주지사실 압수수색사건(대판 2007. 11. 15, 2007도3061 전원합의체)에서 "헌법과 형사소송법이 정한 절차에 따르지 아니하고 수집된 증거는 원칙적으로 유죄인정의 증거로 삼을 수 없다"라고 판시하여 종전 판례를 변경하였다.

다만 "위법수집증거의 증거능력을 배제하는 것이 헌법과 형사소송법이 형사소송에 관한 절차 조항을 마련하여 적법절차의 원칙과 실체적 진실 규명의 조화를 도모하고 이를 통하여 형사사법 정의를 실현하려 한 취지에 반하는 결과를 초래하는 것으로 평가되는 예외적인 경우라면, 법원은 그 증거를 유죄 인정의 증거로 사용할 수 있다고 보아야 할 것이다."라고 판시하였다.

여기에서는 압수 위주로 압수의 요건, 압수절차(영장에 의한 경우와 그렇지 않은 경우), 압수물의 처리, 킥스상 실행방법 순서로 설명한다. 나머지 강제수사에 관한 내용은 경찰청에서 발간한 '강제수사 서류작성 매뉴얼', '위법수집증거배제법칙 나침반', '영장신청 ABC' 등의 교재를 참고할 것을 권한다.

## ● 나. 압수의 요건

### 1) 범죄혐의

압수, 수색도 범죄혐의가 있어야 한다. 그러나 판례(대판 1997. 1. 9, 96모34)는 '합리적인 의심의 여지가 없을 정도로 범죄사실이 인정되는 경우에만 압수할 수 있는 것은 아니라 할 것이다'라고 판시하여 피의자 구속의 경우보다 낮은 정도인 '죄를 범하였다고 의심할 만한 정황'이 있으면 족하다고 한다.

### 2) 필요성

압수의 필요성이란 압수의 대상물과 범죄사실과의 관련성이 있음을 의미한다.
현행 형사소송법은 '피고(피의)사건과 관계가 있다고 인정할 수 있는 물건이어야 압수할 수 있다'는 내용을 추가하여 '필요성'의 의미를 더욱 명확하게 하였다.

### 3) 비례성

압수, 수색을 하지 않고서는 달리 증거를 확보할 수 없는 경우라야 하고 목적 달성을 위한 최소한의 범위에 그쳐야 한다.

## ● 다. 압수·수색의 절차

### 1) 수사기관의 압수·수색·검증영장 신청(사전영장)

#### ◈ 가) 관련규정

---

**형사소송법**

**제216조 (영장에 의하지 아니한 강제처분)** ① 검사 또는 사법경찰관은 제200조의2·제200조의3·제201조 또는 제212조의 규정에 의하여 피의자를 체포 또는 구속하는 경우에 필요한 때에는 영장없이 다음 처분을 할 수 있다.

1. 타인의 주거나 타인이 간수하는 가옥, 건조물, 항공기, 선차 내에서의 피의자수색. 다만, 제200조의2 또는 제201조에 따라 피의자를 체포 또는 구속하는 경우의 피의자 수색은 미리 수색영장을 발부받기 어려운 긴급한 사정이 있는 때에 한정한다.[16]

2. 체포현장에서의 압수, 수색, 검증

② 전항 제2호의 규정은 검사 또는 사법경찰관이 피고인에 대한 구속영장의 집행의 경우에 준용한다.

③ 범행 중 또는 범행직후의 범죄 장소에서 긴급을 요하여 법원판사의 영장을 받을 수 없는 때에는 영장없이 압수, 수색 또는 검증을 할 수 있다. 이 경우에는 사후에 지체없이 영장을 받아야 한다.

**제217조 (영장에 의하지 아니하는 강제처분)** ① 검사 또는 사법경찰관은 제200조의3에 따라 체포된 자가 소유·소지 또는 보관하는 물건에 대하여 긴급히 압수할 필요가 있는 경우에는 체포한 때부터 24시간 이내에

---

16 최근 헌법재판소에서 「형사소송법」제216조 제1항 제1호 중 제200조2 부분」에 대하여 영장주의에 위반된다며 헌법불합치 결정이 있은 이후 개정된 조문이다(2018.4.26., 2016헌가7). 헌법재판소는, "체포영장이 발부된 피의자가 타인의 주거 등에 소재할 개연성은 인정되나, 수색에 앞서 영장을 발부받기 어려운 긴급한 사정이 인정되지 않는 경우에도 영장없이 피의자 수색을 할 수 있다는 것이므로, 위에서 본 헌법 제16조의 영장주의 예외요건을 벗어난다"고 판시하면서도 법적 공백상태를 우려하여 2020.3.31.까지 위헌성을 제거하도록 개정할 것을 명령하였다. 따라서 현행법 하에서는 체포영장이 발부된 피의자 체포를 위하여 타인의 주거 등을 수색 시, 별도의 수색영장 없이 수색을 하기 위해서는 ① (개연성) 피의자가 그 장소에 소재할 개연성이 인정되고, ② (긴급성) 수색영장을 발부받기 어려운 긴급한 사정이 있는 등 영장주의 예외요건이 분명히 인정되는지를 면밀히 판단하고, 긴급성 요건이 인정되지 않는 경우에는 별도의 수색영장을 발부받아야 할 것이다(근거공문: 온나라 공문 경기남부청 수사과-5490, 2018. 5. 3. 시행).

한하여 영장 없이 압수 · 수색 또는 검증을 할 수 있다.

② 검사 또는 사법경찰관은 제1항 또는 제216조 제1항 제2호에 따라 압수한 물건을 계속 압수할 필요가 있는 경우에는 지체 없이 압수수색영장을 청구하여야 한다. 이 경우 압수수색영장의 청구는 체포한 때부터 48시간 이내에 하여야 한다.

③ 검사 또는 사법경찰관은 제2항에 따라 청구한 압수수색영장을 발부받지 못한 때에는 압수한 물건을 즉시 반환하여야 한다.

**제218조 (영장에 의하지 아니한 압수)** 검사, 사법경찰관은 피의자 기타인의 유류한 물건이나 소유자, 소지자 또는 보관자가 임의로 제출한 물건을 영장없이 압수할 수 있다.

## 검사와 사법경찰관의 상호협력과 일반적 수사준칙에 관한 규정(대통령령)

**제37조(압수 · 수색 또는 검증영장의 청구 · 신청)** 검사 또는 사법경찰관은 압수 · 수색 또는 검증영장을 청구하거나 신청할 때에는 압수 · 수색 또는 검증의 범위를 범죄 혐의의 소명에 필요한 최소한으로 정해야 하고, 수색 또는 검증할 장소 · 신체 · 물건 및 압수할 물건 등을 구체적으로 특정해야 한다.

**제38조(압수 · 수색 또는 검증영장의 제시)** ① 검사 또는 사법경찰관은 법 제219조에서 준용하는 법 제118조에 따라 영장을 제시할 때에는 피압수자에게 법관이 발부한 영장에 따른 압수 · 수색 또는 검증이라는 사실과 영장에 기재된 범죄사실 및 수색 또는 검증할 장소 · 신체 · 물건, 압수할 물건 등을 명확히 알리고, 피압수자가 해당 영장을 열람할 수 있도록 해야 한다.

② 압수 · 수색 또는 검증의 처분을 받는 자가 여럿인 경우에는 모두에게 개별적으로 영장을 제시해야 한다.

**제39조(압수 · 수색 또는 검증영장의 재청구 · 재신청 등)** 압수 · 수색 또는 검증영장의 재청구 · 재신청(압수 · 수색 또는 검증영장의 청구 또는 신청이 기각된 후 다시 압수 · 수색 또는 검증영장을 청구하거나 신청하는 경우와 이미 발부받은 압수 · 수색 또는 검증영장과 동일한 범죄사실로 다시 압수 · 수색 또는 검증영장을 청구하거나 신청하는 경우를 말한다)과 반환에 관해서는 제31조 및 제35조를 준용한다.

**제40조(압수조서와 압수목록)** 검사 또는 사법경찰관은 증거물 또는 몰수할 물건을 압수했을 때에는 압수의 일시 · 장소, 압수 경위 등을 적은 압수조서와 압수물건의 품종 · 수량 등을 적은 압수목록을 작성해야 한다. 다만, 피의자신문조서, 진술조서, 검증조서에 압수의 취지를 적은 경우에는 그렇지 않다.

**제41조(전자정보의 압수 · 수색 또는 검증 방법)** ① 검사 또는 사법경찰관은 법 제219조에서 준용하는 법 제106조 제3항에 따라 컴퓨터용디스크 및 그 밖에 이와 비슷한 정보저장매체(이하 이 항에서 "정보저장매체등"이라 한다)에 기억된 정보(이하 "전자정보"라 한다)를 압수하는 경우에는 해당 정보저장매체등의 소재지에서 수색 또는 검증한 후 범죄사실과 관련된 전자정보의 범위를 정하여 출력하거나 복제하는 방법으로 한다.

② 제1항에도 불구하고 제1항에 따른 압수 방법의 실행이 불가능하거나 그 방법으로는 압수의 목적을 달성하는 것이 현저히 곤란한 경우에는 압수 · 수색 또는 검증 현장에서 정보저장매체등에 들어 있는 전자정보 전부를 복제하여 그 복제본을 정보저장매체등의 소재지 외의 장소로 반출할 수 있다.

③ 제1항 및 제2항에도 불구하고 제1항 및 제2항에 따른 압수 방법의 실행이 불가능하거나 그 방법으로는 압수의 목적을 달성하는 것이 현저히 곤란한 경우에는 피압수자 또는 법 제123조에 따라 압수·수색영장을 집행할 때 참여하게 해야 하는 사람(이하 "피압수자등"이라 한다)이 참여한 상태에서 정보저장매체등의 원본을 봉인(封印)하여 정보저장매체등의 소재지 외의 장소로 반출할 수 있다.

**제42조(전자정보의 압수·수색 또는 검증 시 유의사항)** ① 검사 또는 사법경찰관은 전자정보의 탐색·복제·출력을 완료한 경우에는 지체 없이 피압수자등에게 압수한 전자정보의 목록을 교부해야 한다.

② 검사 또는 사법경찰관은 제1항의 목록에 포함되지 않은 전자정보가 있는 경우에는 해당 전자정보를 지체 없이 삭제 또는 폐기하거나 반환해야 한다. 이 경우 삭제·폐기 또는 반환확인서를 작성하여 피압수자등에게 교부해야 한다.

③ 검사 또는 사법경찰관은 전자정보의 복제본을 취득하거나 전자정보를 복제할 때에는 해시값(파일의 고유값으로서 일종의 전자지문을 말한다)을 확인하거나 압수·수색 또는 검증의 과정을 촬영하는 등 전자적 증거의 동일성과 무결성(無缺性)을 보장할 수 있는 적절한 방법과 조치를 취해야 한다.

④ 검사 또는 사법경찰관은 압수·수색 또는 검증의 전 과정에 걸쳐 피압수자등이나 변호인의 참여권을 보장해야 하며, 피압수자등과 변호인이 참여를 거부하는 경우에는 신뢰성과 전문성을 담보할 수 있는 상당한 방법으로 압수·수색 또는 검증을 해야 한다.

⑤ 검사 또는 사법경찰관은 제4항에 따라 참여한 피압수자등이나 변호인이 압수 대상 전자정보와 사건의 관련성에 관하여 의견을 제시한 때에는 이를 조서에 적어야 한다.

**제43조(검증조서)** 검사 또는 사법경찰관은 검증을 한 경우에는 검증의 일시·장소, 검증 경위 등을 적은 검증조서를 작성해야 한다.


◈ **나) 유의사항**

압수 또는 수색할 대상이 명시적이고 개별적으로 표시되어야 한다. '피의사건과 관계있는 모든 물건'과 같은 식의 일반영장은 위법하다. 별건압수는 허용되지 않는다. 즉, 동일한 영장으로 수회 같은 장소에서 압수, 수색, 검증을 할 수 없다. 또한 수사기관의 강제권한의 범위와 압수, 수색을 받는 자의 수인의무를 명확히 하여야 하고 피의자의 성명, 죄명, 압수할 물건, 수색 또는 검증할 장소, 신체, 물건, 유효기간 등을 특정하여 기재하여야 한다. 압수할 물건과 수색할 물건을 구분하여야 한다.

예컨대 컨테이너에 들어있는 수입물품 중 일부가 압수의 대상에 해당되는 경우, 압수물품이 들어있다는 컨테이너 자체는 압수할 물건이 아니고 수색의 대상이 되는 물건에 해당한다.

## ◈ 다) 압수수색영장 신청서 기재요령

### (1) 압수할 물건

(가) 피의자가 범행시 착용한 의류 일체
(나) 피의자의 2012년도 영업장부
(다) OO은행 OOO의 보통예금 거래원장 및 전표(2013. 1. 1.~2. 28.간)
- OO주식회사 대표이사 OOO명의로 개설한 당좌거래원장 및 전표
- 자기앞수표번호 마가OOOOOOO번 수표 및 입금자의 거래원장
- OOO의 금융거래에 관한 내역 일체

### (2) 수색 · 검증할 장소, 신체 또는 물건

(가) 경기 OO시 OO로 100 OOO의 집 및 OOO의 시체 1구
(나) 경기 OO시 OO로 200 소재 회사 OO공장 및 부속건물
(다) 주식회사 OO은행 OO지점

### (3) 범죄사실 및 압수수색을 필요로 하는 사유

[신청서 별지에 범죄사실을 기재하고,]
가. ....하는 자로서 피의자가 입은 옷의 제품명, 색깔과 모양, 피해자의 혈흔이 묻어있는지를 확인하기 위함.
나. ...하는 자로서 피의자의 영업장부를 분석하여 횡령금원을 특정하기 위함.
다. ...하는 자로서, 입금 수표와 입금자의 거래원장을 확인하여 사용한 수표의 출처 등을 추적, 피의자의 인적사항을 확인하기 위함.

### (4) 7일이 넘는 유효기간을 필요로 하는 취지와 사유

피의자의 소재 파악을 위하여 장기간 여러 곳에 대한 추적을 요하거나 다수 계좌를 추적하여 장기간의 수사를 요하는 등의 사유가 있을 때에만 기재하고 7일 이내면 기재 생략함.

### (5) 둘 이상의 영장을 신청하는 취지와 사유

피의자의 연고선이 여러 곳으로 각기 다른 수사팀에 의하여 추적을 요하는 사항이 있을 때 기재한다.

### (6) 일출 전 또는 일몰 후 집행을 필요로 하는 취지와 사유

야간 집행이 필요할 때 기재

형사소송법 제125조(야간집행의 제한)

일출전, 일몰후에는 압수 · 수색영장에 야간집행을 할 수 있는 기재가 없으면 그 영장을 집행하기 위하여 타인의 주거, 간수자 있는 가옥, 건조물, 항공기 또는 선거내에 들어가지 못한다.

## (7) 신체검사를 받을 자의 성별 · 건강상태

남, 여를 불문하고 건강상태의 양호, 의식불명, 혼수상태 등 기재

## ◈ 라) 압수영장 집행절차

– 형사소송법 제118조(영장의 제시)

　압수 · 수색영장은 처분을 받는 자에게 반드시 제시하여야 한다.

– 현장에서 압수 · 수색을 당하는 사람이 여러 명일 경우에는 그 사람들 모두에게 개별적으로 영장을 제시해야 하는 것이 원칙이다. 수사기관이 압수 · 수색에 착수하면서 그 장소의 관리책임자에게 영장을 제시하였다고 하더라도, 물건으로 소지하고 있는 다른 사람으로부터 이를 압수하고자 하는 때에는 그 사람에게 따로 영장을 제시하여야 한다.

**(1) 영장의 제시 : 압수 · 수색영장은 처분을 받는 자에게 반드시 사전에 제시하여야 한다. 관리자에게 먼저 제시하였더라도 별도의 처분을 받는 자에게도 제시한다.**

## (2) 당사자 등 참여

검사, 피의자(피고인), 변호인은 압수 · 수색영장의 집행에 참여할 수 있다. (형소법 제219조, 제121조)

압수 · 수색영장을 집행함에는 미리 집행의 일시와 장소를 참여권자에게 통지하여야 한다. 단, 참여하지 아니한다는 의사를 명시한 때 또는 급속을 요하는 때에는 예외로 한다(형소법 제219조, 122조).

공무소, 군사용의 항공기 또는 선거 내에서 압수를 집행할 때에는 그 책임자에게 참여할 것을 통지하여야 한다.

그 밖의 타인의 주거, 간수자 있는 가옥, 건조물, 항공기 또는 선차 내에서 압수 · 수색영장을 집행함에는 주거주, 간수자 또는 이에 준하는 자를 참여하게 하여야 하고(법 제219조, 제123조),

그렇지 못할 때에는 인거인(이웃사람) 또는 지방공공단체의 직원을 참여하게 하여야 한다.

여자의 신체에 대하여 수색할 때에는 성년의 여자를 참여하게 하여야 한다(법 제124조).

**(3) 야간집행의 제한 : 야간집행은 영장에 별도의 기재가 없는 한 허용되지 않지만(법 제219조, 제125조), 풍속에 유해한 장소나 야간에 공중이 출입할 수 있는 장소에 대하여는 이러한 제한을 받지 않는다(제219조, 제126조).**

**(4) 수색증명서 · 압수목록 교부**

수색 후 압수대상물이 없으면 수색증명서를 교부하고, 압수한 경우에는 압수목록을 작성하여 소유자, 소지자, 보관자, 그리고 이에 준하는 자에게 교부하여야 한다(법 제219조, 제129조).

증거물 또는 몰수할 물건을 압수한 때에는 압수조서와 압수목록을 작성하여야 하며, 압수조서에는 압수경위를, 압수목록에는 물건의 특징을 각각 구체적으로 적어야 한다(범죄수사규칙 제119조 제1항, 제2항). 또한 이와 같이 작성된 압수목록(압수증명서)을 소유자, 소지자, 보관자, 기타 이에 준하는 자에게 교부하여야 한다(형사소송법에서는 '압수목록'을, 범죄수사규칙은 '압수증명서'를 교부하도록 규정하고 있으나 압수증명서의 서식의 내용은 '압수한 물건의 품명과 수량을 피압수자에게 교부하여 압수한 물건의 동일성을 확인하고 수사관이 임의로 물건을 빼돌리거나 거짓증거를 삽입하는 것을 방지하자'는 형사소송법의 취지에도 부합하므로, 현행 법령의 해석상 '압수증명서'의 교부만으로 충분하다고 본다.

수색한 결과 증거물 또는 몰수할 물건을 발견하지 못한 때에는 수색증명서를 작성하여 수색을 받은 사람에게 교부하여야 한다.

여기서 주의할 것은 수사기관이 작성하여 피압수자에게 교부해야 하는 압수증명서에는 작성 연월일이 기재되고 그 내용도 사실에 부합하여야 한다. 또 압수물 목록은 피압수자 등이 압수물에 대한 환부, 가환부 신청을 하거나 압수처분에 대한 준항고를 하는 등 권리행사절차를 밟는 가장 기초적인 자료가 되므로, 이러한 권리행사에 지장이 없도록 현장에서 바로 작성하여 교부해야 하는 것이 원칙이자 판례이다. 실무상 압수증명서 원본을 피압수자에게 교부하고, 사본을 기록에 편철한다.

압수목록의 비고란에는 '송치', '가환부' 등 처분내용에 관한 의견을 기재하는 것이 아니라, 그 압수물품의 특징 등을 기재하여야 한다.

압수물 처분형태는 압수물 총목록의 비고란에 기재하는 것이다.

−형사소송법 제128조(증명서의 교부)

　수색한 경우에 증거물 또는 몰취할 물건이 없는 때에는 그 취지의 증명서를 교부하여야 한다.

−형사소송법 제129조(압수목록의 교부)

　압수한 경우에는 목록을 작성하여 소유자, 소지자, 보관자 기타 이에 준할 자에게 교부하여야 한다.

−공무원인 수사기관이 작성하여 피압수자 등에게 교부해야 하는 압수물 목록에는　작성연월일이 기재되고(형사소송법 제57조 제1항) 그 내용도 사실에 부합하여야 한다. 또, 압수물 목록은 피압수자 등이 압수물에 대한 환부 · 가환부신청을　하거나 압수처분에 대한 준항고를 하는 등 권리행사절차를 밟는 가장 기초적인 자료가 되므로, 이러한 권리행사에 지장이 없도록 압수 직후 현장에서 바로 작성하여 교부해야 하는 것이 원칙이다.

같은 취지에서, 작성월일을 누락한 채 일부 사실에 부합하지 않는 내용으로 작성하여 압수 · 수색이 종료된 지　5개월이나 지난 뒤에 이 사건 압수물 목록을 교부한 행위는 형사소송법이 정한 바에 따른 압수물 목록 작성 · 교부에 해당하지 않는다고 본 원심의 판단은 정당하고, 압수물 목록 작성 · 교부에 관한 법리오해 등의 위법은 없다. 이 부분 상고이유도 모두 받아들이지 않는다(대판 2009. 3. 12, 2008도763).

〔별지 제95호 서식〕

증　명　서

제　호

수 신 : 김 O O(주소 기재)

에 대한 죄명 피의사건에 관하여 0000.00.00.　OOOOO에서 OOOOO을 수색한 결과, 증거물 등이 없었음을 증명합니다.

**평택경찰서**

사법경찰관　경감　김OO

| 번호 | 품 종 | 수량 | 피압수자 주거 · 성명 | | | | 소 유 자 주거 · 성명 | 경찰 의견 | 비 고 |
|---|---|---|---|---|---|---|---|---|---|
| | | | 1 | 2 | 3 | 4 | | | |
| | | | 유류자 | 보관자 | 소지자 | 소유자 | | | |
| | | | | | | | | | |
| | | | | | | | | | |
| | | | | | | | | | |
| | | | | | | | | | |

압 수 목 록

### (5) 압수조서의 작성

증거물 또는 몰수할 물건을 압수하였을 때에는 조서를 작성(교부X)하여야 한다.

(가) 피의자 이름을 기재하고 여러명 또는 수죄가 관련된 경우는 압수물건에 해당하는 피의자를 적시한다.

(나) 수사하는 사건명을 기재하되 수죄인 경우는 압수물건에 해당하는 죄명을 기재한다.

(다) 실제 압수가 이루어진 장소를 기재한다.

(라) 압수조서를 작성하는 수사담당자가 압수품을 최초 발견, 접수한 사실을 기록하여야 한다. 타인이 제출한 것을 자신이 압수한 것처럼 작성하면 후일 공판정에 증인으로 출두하여서는 잘못하여 위증을 범할 수도 있고 사건을 그르치게 된다.

(마) 압수경위는 범인에 대한 유죄 인정의 결정적 역할을 하는 증거품을 발견하게 된 경위이므로 어떤 수사보고서보다도 정확하게 사실을 기록하여야 한다. 사전영장에 의한 경우에는 "....영장에 의하여 압수하다"라고 써야 하나, 특히 임의제출의 경우에는, "........하여 영장없이 압수하다" 라고 써서는 안된다. 만약 영장없이 압수한 것이면 사후 압수수색영장을 받아야 한다는 의미가 되고, 이를 생략하면 수사상 중대한 흠이 되는 것이니, 조사관이 직접 현장을 관찰하여 발견한 사실과 사건 관계인으로부터 임의로 제출받아 압수한 것으로 하여야 한다. 임의제출로 압수하는 경우 먼저 임의제출서를 기재하게 하고 이에 따른 사후 압수물건의 소유권을 포기하는 포기서를 받아야 하는 것을 원칙으로 하고(피압수자가 소유자이며, 소유권을 포기하게 할 필요가 있는 경우) 반드시 압수증명서를 교부하여야 한다.

(바) 작성예시

① 임의처분인 압수의 경우에는 임의로 제출한 물건을 압수한 경위를 구체적으로 기재한다.

예) 피의자가 범행에 사용한 OOOO을 도망하면서 버린 곳이라고 하므로 이를 찾기 위하여 부근을 살피던 중 동 쓰레기장 안쪽 구석 비닐봉지 안에 버려져 있는 것을 발견하고 피의자에게 확인을 요구하자 자신이 버린 물건이 틀림없다고 대답하므로 이를 증거로 삼고자 별지 목록과 같이 압수하다.

② 강제처분인 압수의 경우에는 '압수경위'란에 '참여인의 참여여부와 영장의 제시여부 또는 영장없이 행한 사유' 등 합법적 사유를 먼저 기재한 다음에 압수의 경위(경과) 및 결과를 구체적으로 기재한다.

**예 1)** 피의자의 사무실을 수색하여 피의자가 사기사건의 영업에 사용한 장부를 발견하고 피의자와 종업원 김OO을 참여하게 한 후 이를 압수수색검증영장에 의하여 별지 압수목록과 같이 압수하다.

**예 2)** 사전 첩보에 의해 본건 불법영업이 이루어지는 게임장을 급습하여 게임산업진흥에관한법률위반의 현행범으로 체포하면서 피의자를 참여시키고 이건 증거로 삼기 위해 별지 압수목록과 같이 영장없이 압수하다.

**예 3)** 사법경찰관 경감 김OO은 피의자를 특수상해의 현행범인으로 체포한 후 범행을 인정하고 피해자에게 미안하다고 말하면서 피의자가 바닥에 떨어져 있는 길이 약 1미터 가량의 회색 쇠파이프를 가리켜 "저것은 원래 제가 가지고 있던 것인데 저것으로 피해자를 때렸습니다"라며 이를 임의로 제출하겠다고 하므로 피의자 박OO를 참여하게 한 후 이 쇠파이프를 특수상해의 증거로 삼고자 압수하다.

〔별지 제79호 서식〕

| 압 수 조 서 |
| --- |

(가)　　　　　에 대한　　　　(나) 피의사건에 관하여 20 년　월　일　(다)　에서 사법경찰관　(라)　은 사법경찰리 을 참여하게 하고, 별지 목록의 물건을 다음과 같이 압수하다.

| 압 수 경 위 |
| --- |

(마) 압수경위 기재 순서
1. 압수장소에 가게 된(있게 된) 목적, 취지, 경위
2. 압수 현장의 상황(보고, 듣고, 경험한 사실)
3. 압수물의 조치 내용

| 참여인 | 성 명 | 주민등록번호 | 주 소 | 서명 또는 날인 |
| --- | --- | --- | --- | --- |
| | | | | |
| | | | | |
| | | | | |

20 ． ． ．

○ ○ 경 찰 서

사법경찰관　　　㊞

사법경찰리　　　㊞

## 2) 압수 · 수색에서의 영장주의의 예외

### ◈ 가) 구속 · 체포목적의 피의자수사

검사 또는 사법경찰관은 체포영장에 의한 체포, 긴급체포, 구속영장에 의한 구속, 현행범을 체포하는 경우에 영장없이 타인의 주거 또는 간수하는 가옥, 건조물, 항공기, 선거 안에서 피의자를 수사(수색이라는 표현이 타당)할 수 있다(법 제216조 제1항 제1호).

피의자가 타인의 주거 · 건조물 등에 잠복하고 있다고 인정되는 경우에 피의자의 소재를 발견하기 위하여 영장 없이 수색할 수 있도록 한 것이다.

이때에도 주거지 등의 수색에 대한 참여인의 제한과 야간집행의 제한을 받는다.

이러한 제한규정이 해당되지 않는 경우는 체포 · 구속 목적의 피의자 수사가 '급속을 요할 때'에 한한다(법 제220조).

### ◈ 나) 체포현장에서의 압수 · 수색 · 검증

⑴ 검사 또는 사법경찰관은 피의자를 체포영장에 의해 체포하거나 구속영장에 의해 구속하는 경우, 긴급체포, 현행범체포를 하는 경우에 필요한 때에는 영장 없이 체포현장에서 압수, 수색, 검증을 할 수 있다(법 제216조 제1항 제2호).

⑵ 검사 또는 사법경찰관은 체포현장에서 압수한 물건을 계속 압수할 필요가 있는 경우에는 지체 없이 압수수색영장을 청구하여야 한다. 이 경우 압수수색 영장의 청구는 체포한 때부터 48시간 이내에 하여야 한다(법 제217조 제2항).

검사 또는 사법경찰관은 청구한 압수수색영장을 발부받지 못한 때에는 압수한 물건을 즉시 반환하여야 한다(법 제217조 제3항).

⑶ 수사기관이 피의자를 체포 · 구속하는 경우(현행범체포, 긴급체포 등) 영장 없이 체포현장에서 압수수색검증 가능하다. 체포자의 안전과 증거의 파괴, 은닉 방지 위한 긴급행위라는 견해가 일반적이고, ① 위해 가능한 흉기나 도주 수단이 되는 물건 ② 사건 증거물 등에 대해 압수 가능하며, 피체포자의 신체 및 체포 장소에 대해 수색할 수 있다(절도죄로 현행범체포된 자의 신체나 가방을 수색하여 주머니나 가방 내의 장물, 흉기 등이 발견되면 영장없이 압수할 수 있다).

체포현장이란 체포가 행해진 장소에서 하나의 점유관리권이 미치는 범위 내를 의미한다. 가령 대문 안에서 체포가 이루어진 경우라면 집안 전체가 체포장소에 해당한다고 볼 수 있지만, 대문 밖 20미터 떨어진 지점 정도에서 체포가 이루어진 경우에는 집안 거실에서 이루어진 압수 · 수색은 체포장소에서의 압수 · 수색이라고 볼 수 없다.[17]

---

17 대법원 2010. 7. 22. 선고 2009도14376판결.

압수할 필요가 있는 때에는 48시간 이내 지체없이 압수수색영장을 청구해야 하고, 영장을 발부받지 못한 때에는 압수한 물건을 환부해야 한다.

---

**관련판례**

**판례 1)**

피의자 체포현장에서 영장 없이 압수한 물건을 계속 압수할 필요가 있는 경우에는 지체없이 압수수색영장을 청구하여야 하며, 청구한 압수수색영장을 발부받지 못한 때에는 압수한 물건을 즉시 반환하여야 한다. 즉시 반환하지 아니한 압수물은 이를 유죄 인정의 증거로 사용할 수 없는 것이고, 피고인이나 변호인이 이를 증거로 함에 동의하였다고 하더라도 증거로 할 수 없다(대판 2009. 12. 24. 2009도11401).

**판례 2)**

구 정보통신망 이용촉진 및 정보보호 등에 관한 법률상 음란물 유포의 범죄혐의를 이유로 압수수색영장을 발부받은 사법경찰관이 피고인의 주거지를 수색하는 과정에서 대마를 발견하자, 피고인을 마약류관리에 관한 법률 위반죄의 현행범으로 체포하면서 대마를 압수하였으나 그 다음날 피고인을 석방하고도 사후 압수수색영장을 발부받지 않은 사안에서, 위 압수물과 압수조서는 형사소송법상 영장주의를 위반하여 수집한 증거로서 증거능력이 부정된다(대판 2009. 5. 14. 2008도10914).

---

### ◈ 다) 피고인 구속현장에서의 압수 · 수색 · 검증

검사 또는 사법경찰관이 피고인에 대한 구속영장을 집행하는 경우에 필요시 집행현장에서 영장없이 압수 · 수색 · 검증을 할 수 있다(법 제216조 제2항).

### ◈ 라) 범죄장소에서의 압수 · 수색 · 검증

범행 중 또는 범행직후의 범죄 장소에서 긴급을 요하여 법원판사의 영장을 받을 수 없는 때에는 영장없이 압수, 수색 또는 검증을 할 수 있다(법 제216조 제3항).

이 경우 사후에 지체없이 영장을 발부받아야 한다(112신고를 받고 도박현장에 출동하였으나 출동하였으나 이미 도주해 버린 경우 도박현장의 관련 물품들에 대해 압수가 가능하다). 이때 '급속을 요할 때'에는 주거지 등의 수색에 대한 참여인의 제한과 야간집행의 제한을 받지 않는다(법 제220조).

이 규정은 피의자의 체포 · 구속을 전제로 하지 않는 경우이며, 범죄현장에서의 증거물의 은닉과 산일(散逸, 흩어짐)을 방지하기 위한 것이다.

요건으로는 ① 범행 중 또는 범행직후의 장소면 족하고 ② 피의자가 현장에 있거나 체포되었을 것을 요하지 않는다. 대법원은 음주운전 사건[18]에서 체포 · 구속 없이도, 필요시 차량열쇠

---

18  대법원 1998. 5. 8.선고 97다54482.

를 영장없이 압수가능하다고 판시하였다.

이 경우 압수를 계속할 필요 여부를 불문하고 사후에 지체없이 영장을 발부받아야 한다. 즉 경찰관이 영장없이 압수한 행위에 대한 법원의 사후추인의 성격이다. 사후영장을 발부받지 않은 경우에는 처분 후에 작성한 압수조서의 증거능력은 위법수집증거로서 증거능력이 부정된다.[19]

---

**관련판례**

**판례 1)**

사법경찰관 작성의 검증조서는 범죄현장에서 급속을 요한다는 이유로 압수수색영장 없이 행하여졌고 그후 법원의 사후영장을 받은 흔적이 없다. 따라서 이 검증조서는 유죄의 증거로 쓸 수 없는데다가(대법원 1984. 3. 13.선고 83도3006 판결) 설사 피고인이 동의하여 증거능력이 있다 하더라도 위 검증조서로도 피고인의 이건 범행을 인정할 도리는 없다고 생각되며 또 압수조서도 그와 같은 물건들이 현장에서 압수되었다는 사실 외에 피고인의 범행사실을 인정할 만한 증거가치는 없는 것이다(대판 1990. 9. 14. 90도1263)

**판례 2)**

주취 상태에서의 운전은 도로교통법 제41조의 규정에 의하여 금지되어 있는 범죄행위임이 명백하고 그로 인하여 자기 또는 타인의 생명이나 신체에 위해를 미칠 위험이 큰 점을 감안하면, 주취운전을 적발한 경찰관이 주취운전의 계속을 막기 위하여 취할 수 있는 조치로는, 단순히 주취운전의 계속을 금지하는 명령 이외에 다른 사람으로 하여금 대신하여 운전하게 하거나 당해 주취운전자가 임의로 제출한 차량열쇠를 일시 보관하면서 가족에게 연락하여 주취운전자와 자동차를 인수하게 하거나 또는 주취 상태에서 벗어난 후 다시 하며 그 주취 정도가 심한 경우에 경찰관서에 일시 보호하는 것 등을 들 수 있고, 한편 주취운전이라는 범죄행위로 당해 음주운전자를 구속·체포하지 아니한 경우에도 필요하다면 그 차량열쇠는 범행 중 또는 범행 직후의 범죄장소에서의 압수로서 형사소송법 제216조 제3항에 영장 없이 이를 압수할 수 있다(대판 1998. 5. 8, 97다54482).

---

◈ **마) 긴급체포시의 압수·수색**

(1) 검사 또는 사법경찰관은 긴급체포된 자가 소유·소지 또는 보관하는 물건에 대하여 긴급히 압수할 필요가 있는 경우에는 체포한 때부터 24시간 이내에 한하여 영장 없이 압수·수색 또는 검증을 할 수 있다(법 제217조 제1항).

(2) 검사 또는 사법경찰관은 긴급체포시 압수하였거나 또는 체포현장에서 압수한 압수물을 계속 압수할 필요가 있는 경우에는 지체없이 압수수색영장을 청구하여야 한다. 이 경우 압수수색영장의 청구는 체포한 때부터 48시간 이내에 하여야 한다(법 제217조 제2항). 이때 청구한 압

---

19  대법원 1990. 9. 14.선고 90도1263.

수수색영장을 발부받지 못한 때에는 압수한 물건을 즉시 반환하여야 한다.

(3) 가령 하루 전에 발생한 강도범행의 범인을 다음 날 우연히 긴급체포한 경우 그때로부터 24시간 내에 한하여 그 자의 주거지에 가서 장물을 발견하기 위한 압수, 수색을 할 수 있다.

취지는 긴급체포 사실이 밝혀지면 관련자가 증거물 은닉, 파손을 방지하기 위함이며, 피긴급체포자가 '소유하고 있는' 물건도 압수가 가능하므로 체포현장이나 범죄현장이 아니더라도, 이를 보관하는 제3자의 주거지에 대하여도 압수, 수색이 가능하다. 영장을 발부받을 시간적 여유가 없는 등 긴급 압수할 필요가 있어야 하고, 긴급체포한 때로부터 24시간 이내에만 가능하며, 이후에는 구속영장 발부 등 사후 사정과 관계없이 허용되지 않는다.

압수할 필요가 있는 때에는 48시간 이내 지체없이 압수·수색·검증영장을 청구해야 하고, 영장을 발부받지 못한 때에는 압수한 물건을 환부하여야 한다.

### ◆ 바) 유류물 또는 임의제출물의 영치

검사, 사법경찰관은 피의자 기타인의 유류한 물건이나 소유자, 소지자 또는 보관자가 임의로 제출한 물건을 영장없이 압수할 수 있다(법 제218조, 사후영장을 요하지도 않는다).

## ● 라. 압수물의 처리

### 1) 자청보관

압수물은 압수한 기관의 청사로 운반하여 보관함이 원칙이다(자청보관의 원칙). 그러나 일정한 경우에 사법경찰관은 검사의 지휘를 받아 위탁보관, 폐기처분, 대가보관, 이해관계인에 대한 환부·가환부, 피해자에 대한 압수장물의 환부 등을 해 줄 수 있다. 압수물에 대하여는 사건명, 피의자의 성명, 압수목록에 기재한 순위·번호를 기입한 견고한 표찰을 붙여야 한다.

### 2) 위탁보관

운반 또는 보관에 불편한 압수물에 관하여는 간수자를 두거나 소유자 또는 적당한 자의 승낙을 얻어 보관하게 할 수 있다(법 제130조 제1항, 범죄수사규칙 제127조 제3항, 제4항).

# 평 택 경 찰 서

제 0000-00000 호 . . .

수 신 : ○○지방검찰청장 ( 검사 : ○○○ )

제 목 : 압수물 위탁보관 지휘건의

다음 물건은 ○○○외 ○명에 대한 ○○○○○○○○ 피의사건의 증거품으로 압수중인 바, 운반 또는 보관이 불편한 사유로 위탁보관의 필요가 있으니 지휘하여 주시기 바랍니다.

| 연번 | 품 종 | 수 량 | 비 교 |
|---|---|---|---|
|  |  |  |  |
|  |  |  |  |
|  |  |  |  |
|  |  |  |  |
|  |  |  |  |
|  |  |  |  |
|  |  |  |  |
|  |  |  |  |

**평택경찰서**

사법경찰관   ○○      (인)

# 압수물건 보관 서약서

| □ 서약인 | |
|---|---|
| 성　명 | 주민등록번호 |
| 직　업 | 연　락　처 |
| 주　거 | |

다음 압수물건에 대한 보관명령을 받았으므로 선량한 관리자로서의 주의를 다하여 보관할 것은 물론 언제든지 지시가 있으면 제출하겠습니다.

· · ·

서 약 인 :　　　　　　　　　　　　　(인)

| 피의자 | | | | | |
|---|---|---|---|---|---|
| 죄명 | | | | | |
| 압수번호 | 0000-0000 | 접수번호 | 0000-0000 | 사건번호 | 0000-0000 |
| 연번 | 품종 | 수량 | 보관장소 | | 비고 |
| | | | | | |
| | | | | | |
| | | | | | |
| | | | | | |

**평택경찰서장 귀하**

## 3) 폐기처분

위험발생의 염려가 있는 압수물은 폐기할 수 있다(법 제130조 제2항, 제219조). 법령상 생산·제조·소지·소유 또는 유통이 금지된 압수물로서 부패의 염려가 있거나 보관하기 어려운 압수물은 소유자 등 권한 있는 자의 동의를 받아 폐기할 수 있다(법 제130조 제3항). 사법경찰관이 압수물을 폐기하는 경우에는 사전에 검사의 지휘를 받아 처리하고, 폐기시 폐기조서를 작성하고 반드시 사전에 사진촬영을 하여 첨부하여야 한다(범죄수사규칙 제128조 내지 제130조).

〔별지 제84호 서식〕

# 평 택 경 찰 서

제 0000-00000 호 . . .

**수 신 :** ○○지방검찰청장 ( 검사 : ○○○ )

**제 목 :** 압수물 피기처분 지휘건의

다음 물건은 ○○○외 ○명에 대한 ○○○○○○○○○○ 피의사건의 증거품으로 압수중인 바, 위험발생의 염려가 있으므로 폐기처분하려 하니 지휘하여 주시기 바랍니다.

| 연번 | 품 종 | 수 량 | 비 교 |
|---|---|---|---|
|  | 유사석유 | 1만리터 |  |
|  |  |  |  |
|  |  |  |  |
|  |  |  |  |
|  |  |  |  |
|  |  |  |  |
|  |  |  |  |
|  |  |  |  |
|  |  |  |  |

**평택경찰서**

사법경찰관    OO        (인)

[별지 제85조 서식]

## 압수물건 폐기 동의서

| □ 서약인 | |
|---|---|
| 성    명 | 주민등록번호 |
| 직    업 | 연 락 처 |
| 주    거 | |

다음 압수물건을 폐기함에 동의합니다.

· · ·

동 의인 :                    (인)

| 피의자 | | | | | |
|---|---|---|---|---|---|
| 죄명 | | | | | |
| 압수번호 | 0000–0000 | 접수번호 | 0000–0000 | 사건번호 | 0000–0000 |

| 연번 | 품종 | 수량 | 비고 |
|---|---|---|---|
| | | | |
| | | | |
| | | | |
| | | | |

**평택경찰서장 귀하**

〔별지 제90호 서식〕

## 폐 기 조 서

OOO에 대한 피의사건에 관하여 사법경찰관OO OOO는 사법경찰리 OO OOO를 참여하게 하고 압수물을 다음과 같이 폐기한다.

| 연번 | 품 종 | 수 량 | 이 유 | 비 교 |
|---|---|---|---|---|
| | 유사석유 | 1만리터 | OO지청 검사 홍OO의 지휘에 따라 위험발생의 염려가 있으므로 | |
| | | | | |
| | | | | |
| | | | | |
| | | | | |
| | | | | |
| | | | | |
| | | | | |

**평택경찰서**

사법경찰관 경감 ○○○ ㉠
사법경찰리 ○○ ○○○ ㉠

※ 압수물의 폐기와 관련한 헌재결정 및 인권위결정

### ◈ 가) 국가인권위원회

국가인권위에서는 2018. 10. 18. '검찰이 압수한 피의자의 휴대폰을 최종 판결이 확정되기 전에 폐기한 사건과 관련, 해당 검사와 수사관에게 서면경고조치할 것을 소속 지검장에게 권고하였다. 인권위에 따르면 2016년 마약사범으로 현행범 체포될 당시 검거 경찰관에게 폭력을 행사한 것이 경찰인 줄 모르고 한 것이라며 휴대폰을 제출하였는데 1심 재판에서 휴대폰 몰수 판결이 있었고 2심 재판에서 몰수 선고가 예상돼 폐기 조치한 것이었는데, 인권위는 "압수물품인 휴대폰이 폭발물이나 유독물질처럼 보관 자체가 위험해 최종 판결까지 보관하기 곤란한 압수물에 해당되지 않는다"며 최종 판결 전 휴대폰을 조치한 것은 자의적인 권한행사로 적법절차 원칙 위반이라고 하였다. 형사소송법이나 범죄수사규칙상 압수물 중 폐기할 대상은 법령상 문구를 엄격하게 해석하여 '위험발생의 우려가 있는 것', '법령상 생산 등이 금지된 압수물로서 부패의 염려가 있거나 보관하기 어려운 것(소유자 등 동의 요함)'에 한정하여 압수물 폐기를 진행하여야 할 것이다(범죄수사규칙 제128조 및 경찰수사규칙 제69조).

### ◈ 나) 헌법재판소

헌법재판소는 2013. 1. 3.결정에서 위험하지 않은 압수물을 사건종결 전에 폐기한 행위는 공정한 재판을 받을 피고인의 권리를 침해한 것으로 헌법에 위반된다고 하였다.

이 사건은 2010년 강도예비 및 현주건조물방화 피의자가 과도, 라이터를 압수당했는데 피의자가 1심 재판 중 강도예비 혐의에 대한 무죄를 주장하고자 경찰관이 압수한 과도를 검증신청 하였으나 이미 폐기된 사실을 알게 되자 헌법소원심판을 청구한 것이다.

헌재는 '위험발생의 염려가 있는 압수물은 폐기할 수 있다'고 한 형사소송법 제130조 제2항을 엄격하게 해석해야 한다고 하면서 "위험발생의 염려가 있는 압수물이란 사람의 생명, 신체, 건강, 재산에 위해를 줄 수 있는 물건으로 보관 자체가 대단히 위험하거나 곤란한 것을 의미한다. 이런 사유에 해당하지 않는 압수물에 대해서는 설사 피압수자의 소유권포기가 있다 하더라도 폐기가 허용되지 않은 것으로 해석해야 한다"고 하였다.

따라서 불법 게임기 기판 등을 폐기하려면 '위험해서'가 아니라 '법령상 금지된 물건으로서 보관하기 어렵다'는 사유로 폐기해야 하는 것이다.

### 4) 대가보관

대가보관이란 몰수하여야 할 압수물로서 멸실, 파손, 부패 또는 현저한 가치감소의 염려가 있거나 보관하기 어려운 경우에 이를 매각하여 대가를 보관하는 것을 말하며, 환가처분이라고도 한다. 환부하여야 할 압수물 중 환부를 받을 자가 누구인지 알 수 없거나 그 소재가 불명한 경우로서 그 압수물의 멸실, 파손 부패 또는 현저한 가치감소의 염려가 있거나 보관하기 어려운 때에는 사법경찰관은 검사의 지휘를 받아 매각하여 대가를 보관할 수 있다. 대가보관의 대상은 '몰수의 대상물'이지 증거물이 아니다. 환가처분을 함에는 미리 검사, 피해자, 피고인(피의자) 또는 변호인에게 통지하여야 한다.

## 5) 압수물의 환부 · 가환부

검사 또는 사법경찰관은 사본을 확보한 경우 등 압수를 계속할 필요가 없다고 인정되는 압수물 및 증거에 사용할 압수물에 대하여 공소제기 전이라도 소유자, 소지자, 보관자 또는 제출인의 청구가 있는 때에는 환부 또는 가환부하여야 한다(법 제218조의2 제1항).

사법경찰관은 압수물에 관하여 그 소유자, 소지자, 보관자 또는 제출인으로부터 환부 또는 가환부의 청구가 있거나 압수장물에 관하여 피해자로부터 환부의 청구가 있을 때에는 지체없이 압수물 환부(가환부) 지휘건의서(범죄수사규칙 제86호, 제86호의2 서식)를 작성하여 검사의 지휘를 받아야 한다. 이때 소유자, 소지자, 보관자, 제출인 또는 피해자(이하 "소유자등"이라 한다)로부터 압수물 환부(가환부)청구서(범죄수사규칙 제87호 서식)를 제출받아 건의서에 첨부하여야 하며 청구자가 정당한 권한을 가진 자인가를 조사하여 뒤에 분쟁이 생기는 일이 없도록 하여야 한다.

검사지휘를 받은 후 압수물의 환부 또는 가환부를 할 때에는 소유자등으로부터 압수물 환부(가환부)영수증(범죄수사규칙 제88호 서식)을 받아야 하며 먼저 가환부한 물건에 대하여 다시 환부의 처분을 할 필요가 있을 때에는 환부통지서를 교부하여야 한다.

〔별지 제86호 서식〕

---

평 택 경 찰 서

제 0000—00000 호 . . .

**수 신 :** ○○지방검찰청장 ( 검사 : ○○○ )

**제 목 :** 압수물 환부 지휘건의

다음 물건은 ○○○외 ○명에 대한 ○○○○○○○○○○ 피의사건의 증거품인 바, 다음과 같이 환부하려 하니 지휘하여 주시기 바랍니다.

---

| 연 번 | 품 종 | 수 량 | 피압구자 | 환부 받을 사람 | 비 교 |
|---|---|---|---|---|---|
|  |  |  |  |  |  |
|  |  |  |  |  |  |
|  |  |  |  |  |  |
|  |  |  |  |  |  |
|  |  |  |  |  |  |
|  |  |  |  |  |  |
|  |  |  |  |  |  |
|  |  |  |  |  |  |

**평택경찰서**

사법경찰관 ○○ (인)

〔별지 제86호의2 서식〕

평 택 경 찰 서

**제 0000-00000 호 . . .**

**수 신 :** ○○지방검찰청장 ( 검사 : ○○○ )

**제 목 :** 압수물 가환부 지휘건의

다음 물건은 ○○○외 ○명에 대한 ○○○○○○○○○○ 피의사건의 증거품인 바, 다음과 같이 가환부하려 하니 지휘하여 주시기 바랍니다.

| 연 번 | 품 종 | 수 량 | 피압수자 | 가환부 받을 사람 | 비 교 |
|---|---|---|---|---|---|
|  |  |  |  |  |  |
|  |  |  |  |  |  |
|  |  |  |  |  |  |
|  |  |  |  |  |  |
|  |  |  |  |  |  |
|  |  |  |  |  |  |
|  |  |  |  |  |  |

**평택경찰서**

사법경찰관 ○○ (인)

# 압수물환부(가환부) 청구서

| □ 청부인 | |
|---|---|
| 성　　명 | 주민등록번호 |
| 직　　업 | 연 락 처 |
| 주　　거 | |

다음 압수물건은 아래 사건의 증거품으로 귀서에 압수중이던 바, 필요하오니 환부(가환부)해 주시기 바라며, 환부(가환부)하신 후 언제든지 지시가 있으면 제출하겠습니다.

청 구 인 :　　　　　　　　　　(인)

| 피의자 | | | | |
|---|---|---|---|---|
| 죄명 | | | | |
| 압수번호 | | 접수번호 | | 사건번호 |
| 연번 | 품종 | | 수량 | 비고 |
| | | | | |
| | | | | |
| | | | | |
| | | | | |
| | | | | |
| | | | | |
| | | | | |
| | | | | |
| | | | | |

**평택경찰서장 귀하**

# 압수물 환부(가환부) 영수서

| □ 영수인 | |
|---|---|
| 성   명 | 주민등록번호 |
| 직   업 | 연 락 처 |
| 주   거 | |

다음 압수물건은 아래 사건의 증거품으로 귀서에 압수중이던 바, 확실히 환부(가환부)받았으며 언제든지 지시가 있으면 제출하겠습니다.

영 수 인 :                    (인)

| 피의자 | | | | | |
|---|---|---|---|---|---|
| 죄명 | | | | | |
| 압수번호 | | 접수번호 | | 사건번호 | |
| 기록면수 | 연번 | 품종 | 수량 | 비고 | |
| | | | | | |
| | | | | | |
| | | | | | |
| | | | | | |
| | | | | | |

**평택경찰서장 귀하**

## 6) 압수장물의 피해자 환부

압수한 장물은 피해자에게 환부할 이유가 명백한 때에는 피고사건의 종결 전이라도 법원 또는 수사기관은 피해자에게 환부할 수 있다. 피해자환부의 경우에도 피해자, 피의자(피고인) 또는 변호인에게 미리 통지하여야 한다.

# ● 마. 킥스상 압수영장 신청 및 압수물관리 절차

## 1) 킥스 입력절차

### ◈ 가) 대상자관리

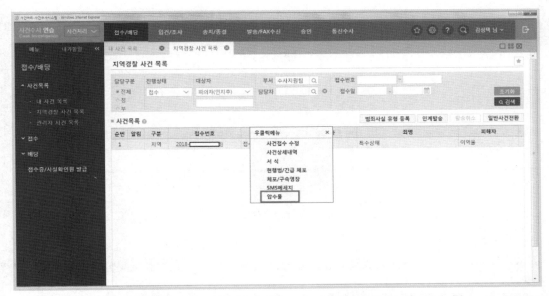

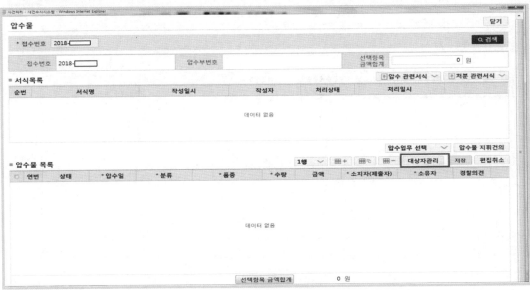

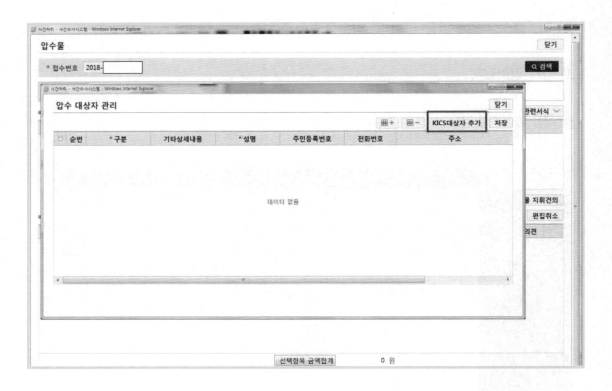

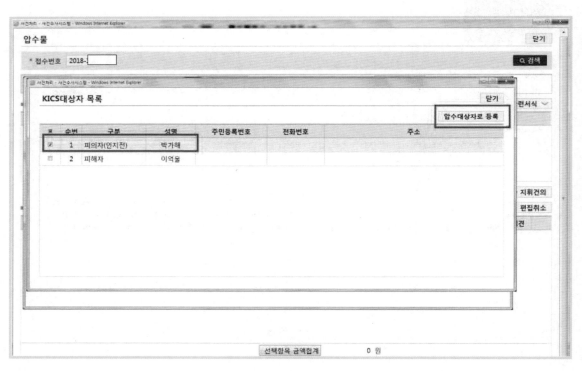

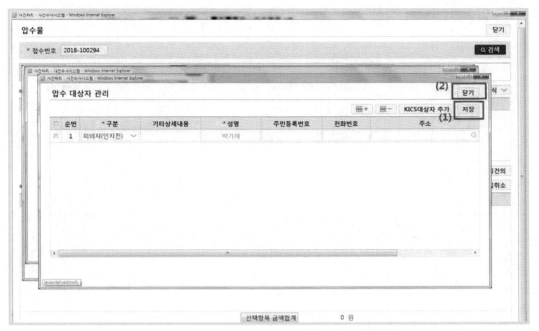

◆킥스 첫 화면 - 지역경찰 사건목록 - 마우스 우클릭 - 압수물 목록 - 대상자 관리–
KICS 대상자 추가 - 피압수자 선택 - 압수대상자로 등록 – 저장 – 닫기


◈ 나) 압수물 목록에 압수물 등재

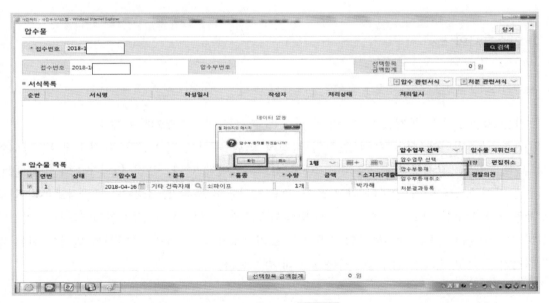

◆ 압수물 목록 – 행 추가(상단 왼쪽에서 두 번째 ' ⊞+ '버튼) – 압수물 정보(압수일, 분류, 품
종, 수량, 금액, 소지자, 소유자) 입력 - 저장 - 확인

◈ **다) 압수관련 서식 작성**

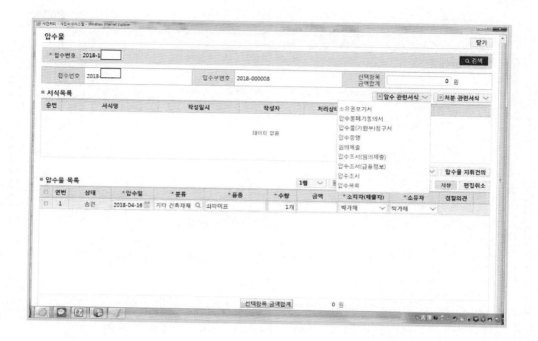

◆ 압수물 목록 - 왼쪽 체크박스 클릭 - 압수 관련서식 - 작성 시작(압수조서 - 압수목록
- 임의제출 - 소유권포기서)

## 2) 압수조서의 작성

◈ **가) 의의**

증거물 또는 몰수할 물건을 압수하였을 때에는 조서를 작성(교부X)하여야 한다.

압수경위는 범인에 대한 유죄 인정의 결정적 역할을 하는 증거품을 발견하게 된 경위이
므로 어떤 수사보고서보다도 정확하게 사실을 기록하여야 한다. 특히 임의제출의 경우에는,
"........하여 영장없이 압수하다"라고 쓰지 말고 경찰관이 소유자, 소지자, 보관자로부터 임의
로 제출받아 압수한 것으로 하여야 한다. 임의제출로 압수하는 경우 먼저 임의제출서를 기재하
게 하고 이에 따른 사후 압수물건의 소유권을 포기(소유자에 한함)하는 포기서를 받아야 하는 것
을 원칙으로 하고 반드시 압수증명서를 교부하여야 한다.

## ◈ 나) 작성예시

### (1) 유류물의 압수

피의자가 ○○쓰레기장을 가리키며 범행에 사용한 ○○○○을 도망하면서 버린 곳이라고 하므로 이를 찾기 위하여 안쪽을 살피던 중 구석 비닐봉지 안에 버려져 있는 것을 발견하고 피의자에게 확인을 요구하자 자신이 버린 물건이 틀림없다고 대답하므로 이를 증거로 삼고자 별지 목록과 같이 압수하다.

### (2) 임의제출물의 압수

사법경찰관 경감 김○○은 피의자를 특수상해의 현행범인으로 체포한 후, 피의자가 범행을 인정하고 피해자에게 미안하다고 말하면서 바닥에 떨어져 있는 길이 약 1미터 가량의 회색 쇠파이프를 가리켜 "저것은 원래 제가 가지고 있던 것인데 저것으로 피해자를 때렸습니다"라며 이를 임의로 제출하겠다고 하므로 피의자 박○○를 참여하게 한 후 이 쇠파이프를 특수상해의 증거로 삼고자 압수하다.

### (3) 현행범인인 강도범 체포시 장물과 흉기 압수

경감 김○○과 경위 오○○가 편의점 강도가 들었다는 112신고를 받고 현장 출동하여 주변 수색한 바 범행장소와 반대편으로 걸어가고 있고 강도범과 인상착의가 비슷한 피의자를 발견하고 불심검문하여 가방에 부엌칼 및 피해품으로 신고된 현금 수십만원이 발견되어 피의자를 추궁하자 강도범행을 일체 자백하였다. 이에 피의자를 현행범으로 체포하면서 사법경찰관 경위 오○○을 참여하게 하고, 범행에 사용된 흉기 및 장물인 현금을 별지 목록과 같이 영장없이 압수하다.

### (4) 범죄장소에서의 영장없는 압수

도박을 한다는 112 신고를 받고 경감 김○○과 경위 오○○가 현장에 출동하였더니 피의자들은 모두 도주하여 현장에 없었으나 현장에 화투 20점과 현금 1만원권 10매, 5만원권 20매, 국방색 모포가 현장에 놓여 있어 도박에 사용된 것이 명백하고 위 장소가 도박의 범죄현장으로 확인되므로, 사법경찰관 경위 오○○을 참여하게 하고, 이를 증거로 삼고자 영장없이 압수하다.

### (5) 긴급체포된 자가 소유, 소지, 보관하는 물건에 대한 압수

사법경찰관 경감 김○○, 경위 오○○은 2018. 4. 17. 20:00경 발생한 편의점 강도사건 신고를 받고 현장출동하여 범행장소 근처 CCTV를 확인하였으나 검거하지 못하던 중, 익일 4. 18. 05:00경 범인과 인상착의가 비슷한 자가 ○○편의점 앞에서 서성거리는 것을 수상하게 여겨 불심검문하여 가방 내에서 흉기를 발견하고 추궁하여 범행 일체를 자백받고 05:15경 긴급체포하였다.

피의자를 계속 추궁하였더니 자신의 집에 전날 강취한 현금을 두고 왔다고 하여 05:30경 피의자의 주거지인 경기 성남시 OO로 O 2층을 수색하여 안방에서 전날 강취한 현금 50만원을 발견하고 피의자로부터 자신이 강취한 현금이라는 확인을 받은 후, 사법경찰관 경위 오OO을 참여하게 하고, 이를 증거로 삼고자 영장없이 압수하다.

◈ **다) 서식 작성요령**

---

### 압수조서(임의제출)

박가해에 대한 특수상해 피의사건에 관하여 2018. 4. 16. 20:45 경기 평택시 OO로 OO에서 사법경찰관 경감 김OO은 사법경찰관 경위 오OO을 참여하게 하고, 별지 목록의 물건을 다음과 같이 압수하다.

### 압 수 경 위

사법경찰관 경감 김OO은 피의자를 특수상해의 현행범인으로 체포한 후 범행을 인정하고 피해자에게 미안하다고 말하면서 피의자가 바닥에 떨어져 있는 길이 약 1미터 가량의 회색 쇠파이프를 가리켜 "저것은 원래 제가 가지고 있던 것인데 저 것으로 피해자를 때렸습니다"라며 이를 임의로 제출하겠다고 하므로 사법경찰관 경위 오OO을 참여하게 하고, 이 쇠파이프를 특수상해의 증거로 삼고자 압수하다.

압수경위는 사건과 관련된 증거물을 소유자, 소지자, 제출자로부터 임의로 제출받은 경위를 6하원칙에 의하여 작성한다. 임의제출이므로 '영장없이 압수하다'는 표현은 쓸 필요가 없다.

| 참여인 | 성 명 | 주민등록번호 | 주소 | 서명또는날인 |
|---|---|---|---|---|
| | 박가해 | | | |
| | | | | |
| | | | | |

2018. 4. 17.
경기평택경찰서

사법경찰관 경감 김 ㉑
사법경찰관 경위 오 ㉑

---

## 3) 압수목록의 작성

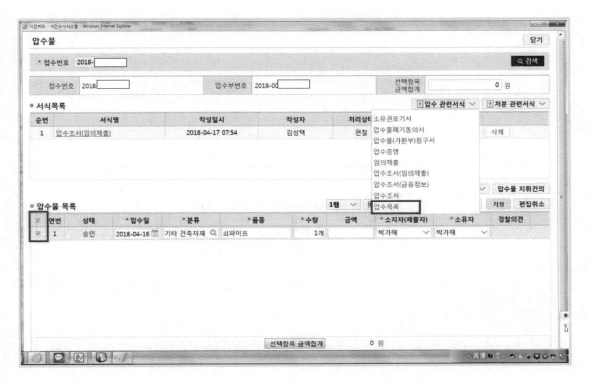

◆압수물 목록 - 왼쪽 체크박스 클릭 - 압수 관련서식 - 압수목록 - 문서작성 창이 나타남 - 내용은 자동으로 입력되므로 바로 '편철'

### ◇ 가) 압수목록 예시

| 압 수 목 록 | | | | | | | |
|---|---|---|---|---|---|---|---|
| 번호 | 품 종 | 수량 | 소지자 또는 제출자 | | 소 유 자 | | 경찰의견 | 비고 |

| 번호 | 품 종 | 수량 | 소지자 또는 제출자 | | 소 유 자 | | 경찰의견 | 비고 |
|---|---|---|---|---|---|---|---|---|
| 1 | 쇠파이프 | 1개 | 성 명 | 박가해 | 성 명 | 박가해 | | |
| | | | 주 소 | | 주 소 | | | |
| | | | 주민등록 번호 | | 주민등록 번호 | | | |
| | | | 전화번호 | | 전화번호 | | | |

## 4) 소유권 포기서의 작성

### 소유권 포기서

| [소유권 포기인] | | | |
|---|---|---|---|
| 성   명 | 박가해 | 주민등록번호 | |
| 직   업 | 무직자 | 연 락 처 | |
| 주   거 | | | |

다음 물건에 대한 소유권을 포기합니다

2018.4.17

포 기 인　(제출자의 서명 날인)　㊞

| 피의자 | 박가해 | | | | |
|---|---|---|---|---|---|
| 죄명 | 특수상해 | | | | |
| 압수번호 | 2018-00 | 접수번호 | 2018-100 | 사건번호 | |

| 연번 | 품종 | 수량 | 비고 |
|---|---|---|---|
| 1 | 쇠파이프 | 1개 | |
| | | | |
| | | | |
| | | | |
| | | | |
| | | | |
| | | | |
| | | | |

**경기평택경찰서장 귀하**

## 5) 압수증명서 또는 수색증명서 작성

### ◈ 가) 의의

증거물 또는 몰수할 물건을 압수한 때에는 압수조서와 압수목록을 작성하여야 하며, 압수조서에는 압수경위를, 압수목록에는 물건의 특징을 각각 구체적으로 적어야 한다(범죄수사규칙 제119조 제1항, 제2항), 또한 이와 같이 작성된 압수목록(압수증명서)을 소유자, 소지자, 보관자, 기타 이에 준하는 자에게 교부하여야 한다(형사소송법에서는 '압수목록'을, 범죄수사규칙은 '압수증명서'를 교부하도록 규정하고 있으나 압수증명서 서식의 내용은 '압수한 물건의 품명과 수량을 피압수자에게 교부하여 압수한 물건의 동일성을 확인하고 수사관이 임의로 물건을 빼돌리거나 거짓증거를 삽입하는 것을 방지하자'는 형사소송법의 취지에도 부합하므로, 현행 법령의 해석상 '압수증명서'의 교부만으로 충분하다고 본다.

수색한 결과 증거물 또는 몰수할 물건을 발견하지 못한 때에는 증명서를 작성하여 수색을 받은 사람에게 교부하여야 한다.

여기서 주의할 것은 수사기관이 작성하여 피압수자에게 교부해야 하는 압수증명서에는 작성연월일이 기재되고 그 내용도 사실에 부합하여야 한다. 또 압수물 목록은 피압수자 등이 압수물에 대한 환부, 가환부 신청을 하거나 압수처분에 대한 준항고를 하는 등 권리행사절차를 밟는 가장 기초적인 자료가 되므로, 이러한 권리행사에 지장이 없도록 현장에서 바로 작성하여 교부해야 하는 것이 원칙이다. 실무상 압수증명서 원본을 피압수자에게 교부하고, 사본을 기록에 편철한다.

### ◈ 나) 압수증명서 예시

경 기 평 택 경 찰 서

**제 2018-000XX호**                                                                    2018. 4. 17

**수 신** : 박가해

**제 목** : 압수증명

다음과 같이 압수하였음을 증명합니다.

| 연 번 | 품 종 | 수 량 | 비고 |
|---|---|---|---|
| 1 | 쇠파이프 | 1개 | |
| | | | |
| | | | |

|  |  |  |
|---|---|---|
|  |  |  |
|  |  |  |
|  |  |  |

경기평택경찰서

사법경찰관 경감

## 6) 임의제출

임 의 제 출

[ 제 출 자 ]

| 성 명 | 박가해 | 주 민 등 록 번 호 |  |
|---|---|---|---|
| 직 업 | 무직자 | 연 락 처 |  |
| 주 거 |  |  |  |

다음 물건을 임의로 제출합니다. 사건처리 후에는 처분의견란 기재와 같이 처분해 주시기 바랍니다.

2018. 4. 16.

제 출 자 : 박가해 ㉑

[ 제출물건 ]

| 연번 | 품 종 | 수량 | 제출자의 처분의견<br>(반환의사 유무) | 비 고 |
|---|---|---|---|---|
| 1 | 쇠파이프 | 1개 | 소유권 포기 |  |
|  |  |  |  |  |
|  |  |  |  |  |
|  |  |  |  |  |
|  |  |  |  |  |

**경기평택경찰서장 귀하**

## 7) 압수물 가환부 청구서

피해자는 절취, 강취당한 장물인 압수물에 대하여 사건종결 전이라도 가환부를 청구할 수 있다. 피해자로부터 압수물(가환부)청구서를 제출받은 후 '압수물 지휘건의'로 들어가 검사 지휘를 받은 후 피해자에게 '압수물(가환부)영수서'를 받고 압수물을 가환부한다.

## ● 바. 검증조서 작성방법

### 1) 의의

검증이란 사물의 상태를 오관으로 관찰하여 그 기재를 하는 것을 말하며 변사사건의 경우 외에는 특히 경제팀 실무상 접할 일이 많지 않다. 필자는 모 기관의 투표 관련 사건에 대해 검증영장을 받아, 그 물건을 압수하지 않고 직접 눈으로 확인해가며 사진을 찍고 시간을 기록하여 그 상태를 보고하는 검증조서를 작성한 바 있다.

### 2) 법적 근거

◈ **가) 형사소송법**

**제49조 (검증 등의 조서)**
① 검증, 압수 또는 수색에 관하여는 조서를 작성하여야 한다.
② 검증조서에는 검증목적물의 현상을 명확하게 하기 위하여 도화나 사진을 첨부할 수 있다.
③ 압수조서에는 품종, 외형상의 특징과 수량을 기재하여야 한다.

◈ **나) 범죄수사규칙**

**제138조(검증)** ① 경찰관은 범죄의 수사에 필요한 때에는 영장을 발부받아 검증을 할 수 있다.

② 경찰관은 검증을 할 때에는 신체의 검사, 사체의 해부, 분묘의 발굴, 물건의 파괴 그 밖의 필요한 처분을 할 수 있다.

③ 경찰관은 검증을 하였을 때에는 검증의 상황 및 경과를 명백히 한 검증조서를 작성하여야 한다.

**제139조(시체 검증)** ① 경찰관은 시체의 해부, 분묘의 발굴 등을 하는 때에는 예를 잃지 않도록 주의하고 배우자, 직계친족 또는 형제자매가 있을 때에는 이들에게 미리 통지하여야 한다.

② 경찰관은 제1항의 경우에 수사상 필요하다고 인정되는 시체의 착의, 부착물, 분묘내의 매장물 등은 유족으로부터 임의제출을 받거나 압수·수색·검증영장을 발부받아 압수하여야 한다.

**제140조(준용규정)** 제113조부터 제115조까지, 제116조 제1항부터 제2항까지, 제117조부터 제118조까지, 제120조, 제126조 제1항의 규정은 검증의 경우에 준용한다.

## 3) 검증조서 예시

### 검 증 조 서

이AA 외 1명에 대한 OOOOOO 피의사건에 관하여 201X. X. X. OOOO 사무실에 임하여 사법경찰관 경감 김성택은 사법경찰관 경위 OOO, 경사 OOO를 참여하게 하고 다음과 같이 검증한다.

**1. 검증의 장소(대상)**

OO시 OO국 사무실 내 금고에 보관 중인 2016. 7. 6. 10:00자 시행 OO 하반기 OO선거 투표용지 XX매

**2. 검증의 목적**

고소인 박BB 등의 주장에 의하면 ㅁㅁㅁ 대표 이AA와 전 ㅂㅂㅂ 소속 김DD이 공모하여 김DD을 OO으로 밀어주기로 하고, 이탈표를 방지하기 위해서 ......(공모한 수법은 생략)......하고, 검표위원인 WWW, FFF가 이를 확인하는 방법으로 비밀투표의 원칙을 해치고 OO의 OO사무감독에 관한 업무를 위계로써 방해했다고 주장하는 바, 봉인된 투표용지의 기명란 기재사항을 직접 확인하여 고소인 주장의 사실여부를 판단코자 검증함.

**3. 검증의 참여인**

성남중원경찰서 지능팀 경위 OOO, 경사 OOO, OOO OOO장 OOO, OOO장 OOO, OOO장 김DD

## 4. 검증의 경위 및 결과

가. 2016. 9. 5. 15:40경 OOO OOO실에서 본직과 경위 OOO, 경사 OOO가 OOO장 OOO를 만나 압수수색 검증영장 집행함을 설명하고 협조를 요구하였다.

나. 2016. 9. 5. 15:50경 OOO 사무실로 이동하여 15:53경 투표용지 봉인한 금고를 확인하였고, 참관자는 OOO, OOO, OOO, 김DD이었다.

[사진 1_현장임장-금고확인 1.jpg, 사진 2_현장임장-금고확인 2.jpg 참조]

다. 본래 투표용지를 압수하려 하였으나 별도로 진행 중인 민사소송인 수원지방법원 201X구합OOOOOO호 OOO무효확인 관련한 검증이 2016. 9. 7.경 예정되어 있다고 하여 검증의 목적이 투표용지의 기명방법을 직접 확인하려 함이었으므로 투표용지를 압수할 필요는 없다고 판단하고, 투표용지 실물이나 사본을 압수하지 않고 봉인해제과정 및 투표용지 전체를 사진촬영하는 것으로 갈음하기로 하였다.

라. 15:53경 OOO 주무관이 투표용지 봉인한 금고를 개방하였다.

[사진 3_금고개방.jpg, 사진 4_금고개방 1.jpg 참조]

마. 15:55경 2016년 OO기 OOO 투표용지 봉투를 확인하였다.

[사진 5_투표용지 봉투.jpg, 사진 6_투표용지봉투(뒷면).jpg 참조]

바. 15:57경 OOO장 OOO이 투표용지 봉투를 칼로 찢어 개방하였다.

[사진 7_투표용지 개봉.jpg, 사진 8_투표용지 개봉 1.jpg, 사진 9_투표용지 개봉 2.jpg 참조]

사. 15:57~15:58경 투표용지 XX매 전체를 책상에 펼쳐놓았다.

[사진 10_투표용지 개봉_펼쳐놓는 중.jpg, 사진 11_투표용지 개봉_완전히 펼쳐놓기.jpg, 사진 12_투표용지 개봉_펼쳐놓기_참관.jpg 참조]

아. 15:59경 본직이 의자 위에 올라가 투표용지 전체를 촬영하였다.

[사진 13_투표용지 전면 촬영.jpg 참조]

자. 15:59경 사진 좌측과 우측을 각각 촬영하였고, 좌측 사진의 투표용지 15매에는 전부 '김DD'의 이름이 기재되었고, 우측 사진의 투표용지에는 '김DD'이 5매, '박BB'이 12매, '지KK'이 1매 기재된 것을 확인하였다.

[사진 14_투표용지 전면촬영(좌측).jpg, 사진 15_투표용지 전면촬영(우측).jpg 참조]

차. 투표용지 전체에 대한 사진촬영을 마치고 16:01경 투표용지 33매를 정리하여 쌓아놓았다.

[사진 16_투표용지 쌓아놓은 것(33매).jpg 참조]

차. 투표용지 전체에 대한 사진촬영을 마치고 16:01경 투표용지 33매를 정리하여 쌓아놓았다.

[사진 16_투표용지 쌓아놓은 것(33매).jpg 참조]

카. 16:02경 투표용지를 다시 세어 총 33매임을 확인하고, 이를 위 개봉한 대봉투에 집어넣고 투명테이프를 붙이는 방법으로 재봉인하고 참관인들이 봉함 부분에 날인하였다.

[사진 17_투표용지 개봉 후 재봉인 1.jpg, 사진 18_투표용지 개봉후 재봉인 1.jpg 참조]

타. 16:05경 투표용지를 담은 대봉투를 OOO 내 금고에 입고하였다.

[사진 19_투표용지 재봉인 후 금고 투입.jpg 참조]

하. 김DD에게 투표한 투표용지 중 기명란 가운데에 ...(어찌어찌 쓰여진 투표용지가 몇 매, 여차저차 쓰여진 투표용지가 몇 매........이하 생략) 총 10매였다.

거. 박BB에게 투표한 투표용지 중 기명란 가운데에 (어찌어찌 쓰여진 투표용지가 몇 매, 여차저차 쓰여진 투표용지가 몇 매........이하 생략) 등 총 4매였다.

◆ 사진 52매(검증과정 촬영 19매, 투표용지 촬영 33매) 첨부

이 검증은 15:40경 시작하여 16:05경 종료하였고, 경감 김성택, 경위 OOO, 경사 OOO가 검증을 실시하였고, OOO OOO장 OOO, OOO장 OOO, OOO OOO, 김DD이 이 검증을 참관하였다.

201X. X. 6.

경기성남중원경찰서

사법경찰관 경감 김성택    ㉑

# 수배 관련 절차(입력에서 검거까지)

## 1. 수배입력시

● **가. 일반적인 수배절차(국내 거주)**

**1) 수배구분 : 지명수배(A, 체포영장) / 지명통보(C)**

**2) 수배절차**

– 고소 · 고발사건이나 인지사건의 피의자에 대한 출석요구
– 3회 이상 출석 불응하거나 소재불명일 경우 주거지, 현재지 등 소재수사 실시(수사보고 작성)
– 피의자 및 가족 통신자료제공요청, 고용보험 및 건강보험 내역,개인별 출입국조회, 유치인 입감여부, 교도소 등 교정기관 수감여부 확인(기록편철)
– 수사보고(소재종합)작성 후, 지명수배(체포영장)는 체포영장 발부받아 킥스 지명수배 전산입력요구서에 각 항목을 입력하여 승인요청(체포영장 스캔 후 킥스에 첨부하고 원본은 수사지원팀 또는 사건관리과 보관)
◆ 체포영장 유효기간은 원칙적으로 공소시효 만료일까지 하고, 범죄일자가 수 개일 경우 최종 범죄일자 기준으로 한다.

**(킥스 수배자 입력화면)**

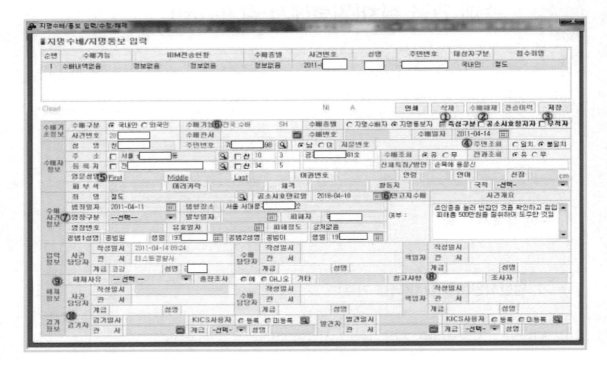

- 승인이 완료되면 킥스 지명수배(통보)전산입력요구서를 출력하여 체포영장 사본과 함께 기록에 편철, 수사중지(피의자중지) 결정을 한다.

## ● 나. 해외로 도피한 피의자

'가'항 일반적인 수배절차(국내 거주)와 동일하나, 해외로 도피한 피의자는 사전에 반드시 범법자출입규제(입국시통보)요청 지휘건의 후 검사 지휘서와 개인별 출입국조회를 첨부, 지방청에 입국시 통보요청 후 수사중지(피의자중지) 결정을 한다.

경찰청 수사기획과-6572('20. 3. 26) 수배자 출입국 규제 조치 등 관리강화 계획에 따르면 국외도피 수배자에 대하여는 사안에 따라 ① 여권 행정제재 요청(△여권 발급·재발급 거부 △여권 반납명령), ② 국제 공조수사(인터폴 적색수배) 요청, ③ 국외출국 수배자 전원에 대해 입국시 통보 일괄조치, ④ 영장발부자 수배시 출국금지·정지 적극 검토 등을 수행하여야 한다.

## ● 다. 공소시효 연장 절차

### 1) 일반적 절차

– 공소시효가 완료된 지명수배/지명통보자를 조회, 확인한다.

◆ '05년까지는 수배카드를 이용해 작성했으나, '06년부터 전산(킥스)관리되고 있어 수배시스템과 함께 확인 필요

– 사건송치서와 체포영장을 찾아 복사한 다음, 개인별 출입국 조회와 범죄경력조회를 한다.

⇒ 출입국 사실이 없는 경우 : 공소시효만료자 발견보고(킥스 시행 후 기소중지자 발견보고)에 의해 '공소권없음' 의견으로 지휘건의, 영장반환(수사보고 작성) 후, 사건재기 받아 지휘 의견대로 송치

(◆ 평택지청은 공소시효완성보고(오프라인) 서식을 이용하여 재기요청)

⇒ 출입국 사실이 있는 경우 : 국외체류기간을 확인하여 공소시효연장 지휘건의 후, 킥스 지명수배(통보)전산입력요구서에 공소시효 수정하여 승인요청

◆ 체포영장 발부자는 연장된 시효를 근거로 재신청, 기존 영장은 반환하고 관련서류는 검찰에 추송

### 2) 영장반환보고

#### ◆ 가) 영장반환보고 작성 안내

킥스에서 '영장반환보고'를 작성하려면 킥스상 영장발부정보(킥스를 통해 영장을 신청하여 발부받은 정보)가 필요하다.

킥스가 아닌 오프라인으로 영장을 신청하여 발부받은 경우, 영장반환보고도 오프라인으로 작성한다. (가) 킥스 시행 ('10. 5. 10.) 전 사건에서 발부받은 영장의 경우 오프라인으로 영장반환보고 작성하고, (나) 킥스 시행 전 사건이라도 킥스상 '과거사건생성' 기능을 통해 사건정보(전산)를 생성한 후 발부받은 영장의 경우 킥스로 영장반환보고를 작성한다.

체포 (구속) 영장 작성에 대해서는, 킥스에 '사건정보 (전산)'만 있으면 영장 작성이 가능하고, 2003년 이전 수배 사건은 '과거사건생성'을 통해 킥스에 종결된 사건정보 생성이 가능하며, 2004년 이후부터 킥스 시행 전까지 심스에서 작성한 수배 사건은 킥스에 사건 정보가 자동 생성되어 있다.

◈ **나) 영장반환보고 서식 예시**

# 평 택 경 찰 서

**제 호**                                                                                           2018. 7. 18.

**수 신 :** 수원지방검찰청 평택지청 (검사 : ㅇㅇㅇ)

**제 목 :** 영장반환보고

　　　별지 영장은 다음의 이유로 반환합니다.

| 영 장 종 별 | | 체포영장 |
|---|---|---|
| 영 장 발 부 일 | | ㅇㅇㅇㅇ |
| 영 장 번 호 | | ㅇㅇㅇ |
| 대상자 | 성 명 | ㅇㅇㅇ |
| | 주민등록번호 | |
| | 주 거 | |
| 죄 명 | | ㅇㅇ |
| 집 행 불 능 의 사 유 | | 공소시효 정지사유가 있어 공소시효 만료일까지였던 기존 체포 영장을 반환하고 기간을 연장한 체포영장 신청 |

첨 부 영 장

**평택경찰서**

사법경찰관

## 3) 출입국 연장 관련서류 작성례

◈ 가) 온나라 공문

국민과 함께하는 따뜻하고 믿음직한 경찰

## 평 택 경 찰 서

수신  경기도남부지방경찰청장(수사과장)

(경유)

제목  출입국 규제(입국시 통보요청) 요청– 김OO

1. 관련근거

– 형사소송법 제199조(수사와 필요한 조사) 제1항 및 제2항

– 경찰관직무집행법 제8조(사실의 확인 등) 제1항

2. 위와 관련, 아래 대상자에 대하여 아래와 같이 입국시 통보요청을 요청하니 조치하여 주시기 바랍니다.

– 아 래 –

| 사건번호 | | 평택경찰서<br>2018–00XXXX호 | 담 당 자 | 평택경찰서 수사1과<br>경제O팀 경O 이OO |
|---|---|---|---|---|
| 출국정지<br>대 상 자 | 성 명 | 김 O O | 성 별 | 남 |
| | 생년월일 | 19XX. XX. XX. | 여권번호 | M20000 |
| | 국 적 | 한국 | | |
| | 요청기간 | 입국시까지 | | |

붙임 1. 기안문.

　　　2. 출입국지휘건의에 대한 지휘.

　　　3. 출입국현황(김OO).

　　　4. 전산입력요구서(김OO).끝.

## 평 택 경 찰 서 장

◈ **나) 출입국지휘건의에 대한 지휘**

## 수 원 지 방 검 찰 청   평 택 지 청

제 2018-☐ 호

2018. 7. 19.

수   신 : 경기평택경찰서장

제   목 : **범법자 출입국 규제요청 지휘건의에 대한 지휘**

다음 사람에 대하여 입국시통보 요청 지휘건의에 대하여 아래와 같이 지휘합니다.

| 가 | 부 | 비 고 |
|---|---|---|
| ○ |  |  |

| 인적사항 | 사 건 번 호 | 2018-00☐ | | |
|---|---|---|---|---|
| | 성     명 | 김☐ | | |
| | 주     거 | | | |
| | 등 록 기 준 지 | 충북 ▆▆▆▆▆▆▆ | | |
| | 직     업 | 미상 | 성     별 | 남자 |
| | 여 권 번 호 | M2▆▆▆ | 주민등록번호 | 8▆▆▆▆ |
| 죄       명 | | 사기 | | |
| 기       간 | | 입국시까지 | | |

## 검 사 지 휘

수원지방검찰청 평택지청

검 사 박☐ 백☐

◈ 다) 온나라 공문에 위 출입국 지휘건의에 대한 지휘 외에 전산입력요구서, 출입국 현황을 첨부하여 지방청 수사과로 송부한다.

## 4) KICS에 사건이 없는 2004년 이전사건을 생성하는 방법

◈ 가) 의의

KICS에는 2004년 사건부터 있어서 2004년 이전 사건에 대하여 공소시효를 연장하기 위해 체포영장을 신청해야 하는 경우 그동안 편법으로 사건을 신규생성한 후 내사종결하는 방법으로 업무를 처리해 왔다. 앞으로는 2004년 이전 사건에 대해 공소시효를 연장하기 위해 체포영장을 신청하는 경우 KICS에서 과거사건을 생성한 후 체포영장을 신청해야 한다.

◈ 나) 과거사건 생성방법

(1) 사건처리 〉 입건/조사 〉 수배 〉 내 수배사건 메뉴에서 2004년 이전 수배 건을 선택 후 수배업무선택의 '상세보기'를 선택한다.

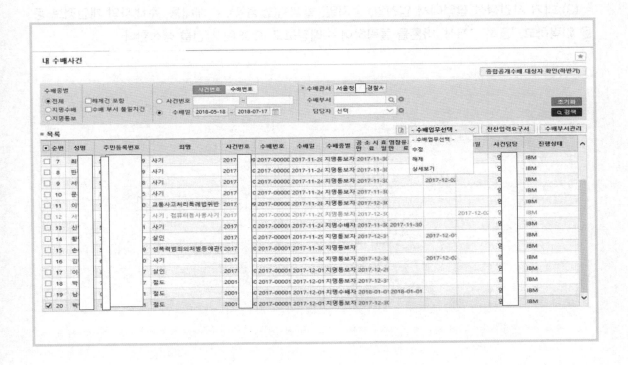

(2) 수배상세 팝업에서 '과거사건생성' 버튼을 클릭한다.

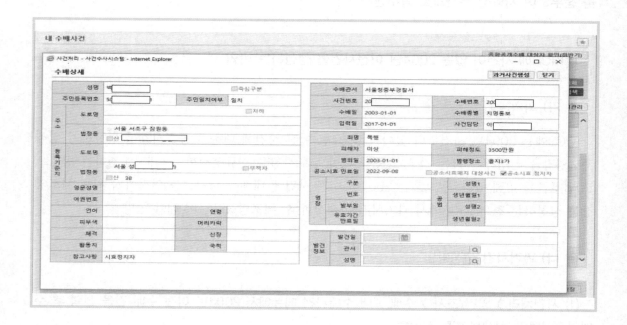

(3) 과거 사건생성 팝업에서 입건일, 송치일, 발생지(법정동), 수배내용, 수배자의 개인정보 등을 입력하고, '등록', '저장' 버튼을 클릭하여 수배정보로 KICS에 사건을 생성한다.

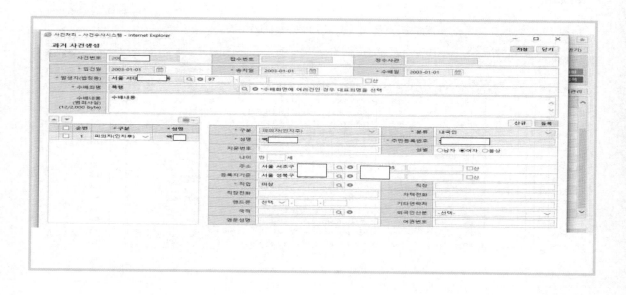

**(4) 수배 정보에 입력된 사건번호로 내 사건 목록에서 생성된 사건을 검색한다.**

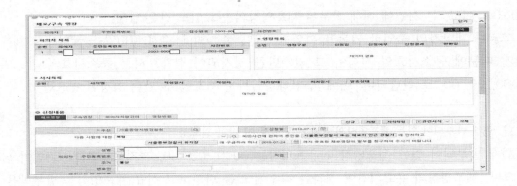

**(5) 이후 영장 신청화면으로 이동하여 영장 신청을 한다.**

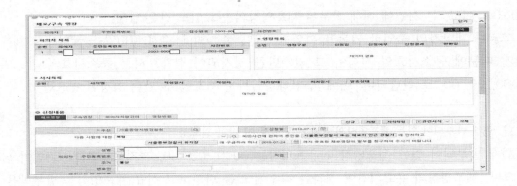

## 5) 영장 유효기간 연장 관련 문제점 및 관리강화 방안('18. 8. 8.(수) 킥스운영계 공문)

### ◈ 가) 문제점

소재불명의 사유로 인해 공소시효 만료일까지로 체포 · 구속영장 (이하 '영장')이 발부되어 지명수배 되어 있는 피의자들에 대해, 공소시효 만료일 2개월 전에는 그 명단을 하달하여 사건담당자가 출입국 여부를 조회하고 출입국 기록이 있을 경우는 외국체류 일수만큼 공소시효를 정지하고 영장 기한을 연장하여 재수배 조치 중이나 일부 수배자는 수배가 연속되지 않고 수일에서 수십일 간 수배의 공백이 발생하는 상황이 발생하고 있다. 원인은 경찰 내부의 수배관리 미흡 외에도 기존 영장을 반환하고 신규 영장을 신청하는 과정(검찰-법원 단계)에서 기존 영장의 유효기간이 아직 남아 있다는 이유로 영장이 불청구 · 기각되는 것이 문제이다. 따라서 아래 예시와 같이 수배기간의 공백이 없도록 적극적으로 업무처리를 할 필요가 있다.

◈ 나) 수사보고 예시

---

경찰청 ·

제 호                                                              2018. 7. 18.

수 신 :

참 조 :

제 목 : 수사보고 (공소시효 정지사유 확인, 기존 영장반환 및 신규 영장신청)

피의자○○○에 대한 ○○(죄명) 사건에 관하여 아래와 같이 수사하였기에 보고합니다.

## 가. 공소시효 정지사유 확인 및 신규 체포영장 발부 필요

본 건 피의자의 범죄혐의 행위 종료일은 0000. 00. 00.로서 공소시효 만료일은 0000. 00. 00. 이고, 본 사건에 대해 발부된 체포영장의 만료일도 같은 날임.

그러나 대상자의 출입국 기록을 확인한 결과, 총 0회에 걸쳐 000일을 국외에서 체류하였기 때문에 공소시효의 진행이 그 일수만큼 정지되어 현재로서는 공소시효의 만료일이 0000. 00. 00. 로 판단되며, 이에 따라 해당일까지 체포할 수 있는 영장이 필요함.

## 나. 현재 발부되어 있는 체포영장의 유효기간 만료 전 반환 필요성

현재 발부되어 있는 체포영장의 유효기간은 0000. 00. 00. 까지로서 아직 00일이 남아 있으나, 체포영장의 유효기간이 경과한 직후에 이를 반환하고 신규 체포영장을 발부받을 경우 5~10일의 체포 불가능한 공백 기간이 발생함.

◆ 유효기간 종료 → 경찰 신규영장 신청 → 검찰 청구 → 법원 발부 → 영장의 경찰서 문발 및 담당자 전달 → 전산수배 입력

◆ 이 과정에 주말 · 공휴일이 있거나, 담당 수사관의 야간 근무, 비번 등이 겹칠 경우 공백 기간은 그만큼 늘어남.

이러한 공백 기간 중 피의자를 발견할 경우(또는 입국과정에서 발견될 경우) 체포를 할 수 없는 문제가 발생하여, 실무적으로 소요되는 (영장 신청 · 청구 · 발부 과정 및 전산입력 시간소요 등) 최소한의 기간을 고려해 현재 영장의 유효기간 만료일 전에 이를 반환하면서 동시에 새로운 체포영장을 발부받아 체포영장의 유효기간에 공백이 발생하지 않도록 하고자 함.

◆ 「형사소송법」은 영장의 유효기간이 경과하면 집행에 착수하지 못한다는 점만을 규정하고 있으며, 영장 유효기간 경과 전의 특별한 사정에 의한 영장 반환에 대해서는 별도의 규정을 두고 있지 않음.

| 경 로 | 지휘 및 의견 | 구분 | 결 재 | 일시 |
|---|---|---|---|---|
| | | | | |
| | | | | |
| | | | | |

## 2. 수배자 검거를 위한 추적수사

• 피의자 특정 및 소재확인을 위한 기본적 추적방법
– ex) 피의자의 전화번호만 아는 경우 통신자료 사용법

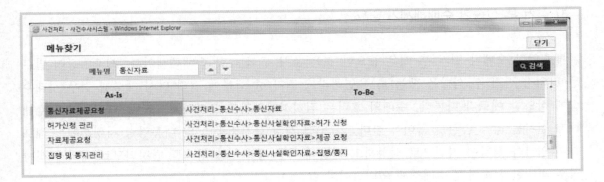

– ex) 피의자의 이름만 아는 경우 킥스 내 수사대상자 검색

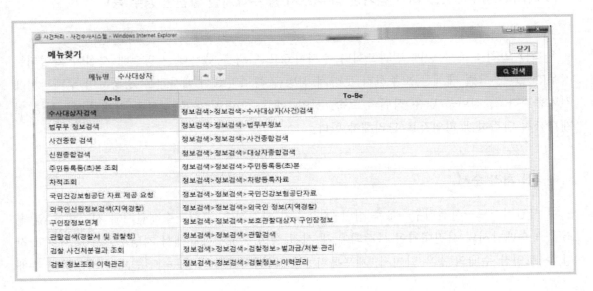

– ex) 피의자 소재지 방문시 유의점 및 건강보험공단을 통한 추적
수진자 자격시스템 실시간 위치통보
– ex) NICE평가정보
피의자의 금융거래현황, 피의자신용정보내역 실시간 통보. 압수영장 또는 본인의 동의서가 필요하다.


## 3. 수배자가 검거되었을 때 처리절차


### ● 가. 일반적인 처리절차(국내 거주)

#### 1) 검거 후 신속한 수배해제가 중요

체포영장 수배자 검거 후 매우 중요한 것은 조사 후 신속한 수배해제이다. 체포영장이 발부된 피의자 검거 후 석방을 했는데, 우연히라도 귀가 중 검문에 걸려 다시 체포될 경우 사태수습에 상당한 애로가 따른다. 수배의 효력은 검거시까지라고 생각하고, 조사 후에는 바로 수배해제 절차를 밟는 습관을 들여야 한다. 2020년 개정 형사소송법 및 대통령령 시행후에는 체포한 피의자를 경찰이 직권으로 석방하고 검찰에 사후 통보/보고하게끔 변경되므로 피의자 석방 직후 최대한 신속하게 수배해제 의뢰하여야 할 것이다.

#### 2) 타서 지명수배자를 내가 검거한 경우(조사 중 수배사실 발견된 경우 등)

◆ 가) 의의 : 조사 중에 전과조회나 수사자료표 입력을 했는데 지명수배 사실이 확인되는 경우가 있다. 그럴 때에는 도주하지 못하게 신병을 확보하고 수배사건을 생성하여 수배관서에 전화통지하고, 전화를 받은 직원의 소속, 성명, 계급, 연락처 등을 명확히 기재한 후, 신병 인계시까지 안전하게 피의자를 관리해야 한다.

◆ 나) 처리 순서

내 사건리스트→사건접수→우측 상단 '기소중지 사건접수' 클릭→수배관서와 사건번호 입력, 저장→ 수배당시의 사건내역이 복제되어 새 사건 생성→서식 메뉴에서 지명수배자 검거보고 작성, 체포영장 수배의 경우 확인서, 체포통지, 신체확인서까지 작성→사건인계서 작성하여 수배

관서로 발송하고 검거사실 통지→신병 인계시까지 유치장 입감 또는 사무실 내에서 신병 관리

## 3) 내 지명수배자를 타서에서 검거한 경우

◈ **가) 의 의** : 내가 지명수배한 피의자를 타서에서 검거하면 즉시 통지가 온다. 신속히 체포영장을 찾아 검거관서에 발송하여 집행케 하고, 신병 인수하러 출발한다. 검거 후 36시간 이내에 신병인수받아 조사 후 구속영장을 신청하거나 석방지휘건의를 보내어 석방하면(2020년 개정 형사소송법 및 시행령의 시행 이후에는 석방지휘건의 없이 석방한다.) 일단 급한 일이 끝난다. 이후 수사재개하여 추가조사 또는 즉시 송치 또는 불송치하여 사건을 마무리하면 된다.[20]

◈ **나) 처리순서**

### (1) 기본적 처리순서

검거사실을 통지받은 후 체포영장을 찾아 검거관서에 팩스(킥스에 체포영장이 미첨부되었을 경우를 말함. 현재는 검거관서에서 기소중지 사건으로 접수하였을 경우 체포영장 정보를 볼 수 있으므로, 사건이 오래되어 킥스로 체포영장 정보를 볼 수 없을 경우만 팩스로 보내주면 된다)로 보내 체포영장 집행케 함→신병인계→우리 서에 도착 후 내 사건리스트→접수/배당→이송접수→타서에서 검거하여 우리서로 발생한 사건을 접수-내 사건리스트에 사건 생성→사건내용 파악을 위해 수배사건의 송치서 첨부→피의자 조사→전과조회→석방 또는 구속여부를 결정

### (2) 피의자 조사 후 석방하고자 하는 경우

① 석방사유에 대한 수사보고 또는 수사결과보고서 작성→ ② 기소중지자 소재발견보고 작성→ ③ 피의자 석방건의 작성→ ④ 피의자를 유치장에 입감 후 검찰청에 들러 사건기록 접수→ ⑤ 검사가 석방 결정하면 상황실 팩스로 '피의자 석방건의에 대한 지휘'를 발송→ ⑥ 상황실로부터 연락받으면 피의자 출감지휘서를 작성하여 석방건의 지휘서와 함께 유치장으로 가져가 신병 석방(피통합관서의 경우 통합관서 상황실로 팩스 송부)→ ⑦ 지명수배자 전산입력요구서를 작성하여 수배해제→ ⑧ 수사재개하여 추가수사 또는 즉시 송치 또는 불송치(2020년 개정 형사소송법 시행 이후에는 ③~⑦까지의 절차가 사법경찰관의 석방결정, 석방, 사후 검찰청통보로 단순화된다.)

---

20  경찰수사규칙 제105조.

### (3) 피의자 조사 후 구속하고자 하는 경우[21]

① 체포시로부터 36시간 내에 구속영장 신청(영장을 신청하지 않기로 결정하면 즉시 석방건의)→ ② 구속영장 신청에 대한 수사보고 또는 수사결과보고→ ③ 구속영장신청서(과장 결재 원칙)→ ④ 기소중지자 소재발견보고→ ⑤ 피의자를 유치장에 입감하고 검찰청에 들러 구속영장 신청 서류 접수→ ⑥ 검사가 구속영장 불청구하면 통지가 오므로 즉시 석방(불청구하지 않고 보완수사 요구가 있으면 체포시한 내 조사하여 영장 재신청)→ ⑦ 검사가 구속영장 청구하면 당일 또는 익일 야간에 영장실질심사 일정을 통보받음→ ⑧ 영장실사 일정에 맞춰 피의자 출감하고 법원으로 출장→ ⑨ 영장실질심사 후 당일 18시 또는 심야에 구속영장 발부 통지받음(판사가 기각하면 즉시 석방)→ ⑩ 구속영장 발부받으면 구속영장 집행, 확인서, 구속통지 작성→ ⑪ 수사재개하여 추가수사 또는 영장 유효기간 내에 송치

◆ 구속영장 신청시 서류 편철순서는 구속영장 신청서(기록에 편철하지 않고 2부 출력하여 끼워넣음)→기소중지자 소재발견보고(2부)→기록목록→지명수배자 검거보고→체포영장, 체포통지, 확인서, 신체확인서→사건송치서 사본→피의자신문조서 및 이후 생성한 조서나 수사보고 등 → 범죄경력조회 순

## 4) 타서 지명통보자를 내가 소재발견한 경우(조사 중 수배사실 발견된 경우 등)

### ◆ 가) 일반적 처리절차

내 사건리스트→사건접수→우측 상단 '기소중지 사건접수' 클릭→수배관서와 사건번호 입력, 저장→ 수배당시의 사건내역이 복제되어 새 사건 생성→서식 메뉴에서 지명통보자 소재발견보고, 지명통보 사실 통지서 작성→지명통보 사실 통지서 3부 출력하여 날인 받아 피의자에게 1부 교부→ 수배담당자 1부 보관→수배관서로 발견보고, 통지서 각 1부 우편송부 및 사건인계서 작성하여 수배관서로 발송하고 피의자에게 지정기일까지 출석하고 그렇지 않으면 체포영장 발부된다고 고지한다.

### 5) 내 지명통보자를 타서에서 소재발견한 경우

검거 즉시 타서에서는 사건 생성하여 우리 서로 발송→지원팀에서 개인배당→킥스에서 지명통보자 소재발견보고 확인 후 피의자에게 출석요구→송치서 출력, 전과조회 후 피의자 조사→ 지명수배자 전산입력요구서 작성하여 수배해제→수사중지사건 재개절차를 거쳐 추가수사 또

---

21  경찰청 수사국 발간, "강제수사서류 작성기법 Ⅰ" 구속편(pp. 102~124)을 참고하기 바란다.

는 즉시 검찰송치 또는 불송치 결정

### 6) 내 지명통보자를 타서에서 소재발견했지만 출석하지 않은 경우

◆ **가) 의 의** : 지명통보자 발견 후 1개월 내 출석치 않으면 체포영장 발부받아 수배종별 변경한 후 영장신청 기록은 수사중지 사건에 추가한다.

◆ **나) 처리순서**

피의자에게 연락 없으면 소재수사→소재불명 확인시 체포영장 신청(기소중지 종결한 원사건에서 작성)→영장을 발부받아 수배종별 변경(C→A) 및 수사중지 결정→영장신청 기록 자체는 수사중지 사건에 추가

### ● 나. 해외도피 피의자의 국내송환시

위 3.-가.의 절차와 유사하되, 피의자가 입국예정이라는 통보를 받으면 필요시 재기기록을 미리 받아 수사에 대비한다. 그리고 입국예정일시에 맞춰 인천공항 등에서 피의자를 인수한다.

### ● 다. 다수 수배건 피의자 처리절차

조사관 본인이 수배한 피의자가 타서에서도 A수배가 되어 있는 경우, 조사관 본인이 자기 수배 사건으로 구속영장을 발부받아 집행하면 나머지 A수배는 불구속 수사하면 된다.

그러나 조사관 본인 사건을 불구속 수사하려는 경우 타서 A수배 담당자에게 검사에게 석방 지휘건의를 한 사실을 알려주고 석방 예정일시에 맞추어 자서 유치장에서 피의자 신병을 인계하면 된다(이때 조사관 본인 수배사건에 대한 수배해제를 꼭 하여야 한다).

또 조사관 본인의 A수배 외에 타서에서 여러 건의 C수배가 되어 있는 경우 피의자에게 지명통보자 소재발견보고를 작성하여 피의자에게 1부를 교부하고 수배관서로 1부를 발송한다. 조사관 본인 사건을 구속수사하는 경우 나머지 C수배 사건을 처리하는 데에는 문제가 없으나(출장조사로 해결), 불구속수사하려는 경우 인덕이 많은 조사관은 타서 C수배 사건까지 조사하여 피의자신문조서를 보내주는 경우도 있다.

# Ⅵ 팀장의 수사지휘[22]

## 1. 일반론

수사란 범인을 검거하고, 증거를 수집하는 과정이다. 그리고 수사팀장의 역할은 구성요건해당성, 위법성, 책임을 팀원과 함께 검토하는 것이다.

수사팀장의 수사지휘는 팀원이 수사를 제대로 할 수 있도록 이끌어 주는 것을 말한다. 그러나 필자의 생각에 이는 일방적 지시가 아닌, 팀 내에서 충분히 얘기하고 토론한 내용을 정리하는 과정이라고 생각한다.

수사지휘서는 단순히 사건을 '잘' 하라고 쓰는 것이 아니라 팀원이 정확한 방향을 잡을 수 있도록 인도하는 역할을 하여야 한다.

결국 사건에서 쟁점이 되는 구성요건을 찾고, 팀장의 판단이나 판례를 적시하고, 그 사안에 적용하여 결론을 도출하는 것이라 할 수 있다.

## 2. 의료법위반 사건 - 사건가담 정도가 미약한 참고인을 피의자로 입건치 않도록 지휘

---

[22] 지금부터 언급되는 사건들은 2020년 개정 형소법 시행 이전 사건이라 'OO의견 송치' 등의 표현이 있음을 양지하기 바랍니다.

# 수 사 지 휘 서

제 2017-000XX 호                      201X. X. XX.

| 접수번호 | 2016-0 | 사건번호 | |
|---|---|---|---|
| 피 의 자 | 김○○ | | |
| 사건담당자 | 소속 : 지능팀 계급 : ○○ 성명 : 김○○ | | |

## < 지 휘 내 용 >

○본건은 의료인인 김○○이 비의료인인 구○○에게 지시하여 무면허의료행위를 지시한 사안으로서 의료인이 비의료인에게 무면허의료행위를 지시한 경우의 형사 책임이 문제됩니다.


○보건복지부의 회신에 의하면 '경락기능검사 기기를 통한 질병 진단', '전기자극 침 시술을 하는 과정에서 전침을 결합하거나 의료기기의 전압을 조정하는 행위' 등은 의료행위로 볼 수 있어 본건은 무면허의료행위가 이루어진 것으로 판단할 수 있습니다.

따라서 김○○에 대하여 교사범의 책임을 인정하는 것은 형법 제33조(공범과 신분) 본문에 의하여 아무런 무리가 없어 보입니다.


○그러나 비의료인 구○○의 행위책임이 특히 문제되는 바, 간호사에 대하여 의료 법 제2조 제5호 나목에서 허용하는 '의사, 치과의사, 한의사의 지도하에 시행하는 진료의 보조'에도 미치지 못하는 행위인지, 즉 의료행위나 그 보조업무를 행한다는 인식조차 없는 수준인지 검토할 필요가 있습니다.


○구○○의 진술에 의하면 자신은 환자 안내, 전침의 선을 원장에게 주는 행위, 수양명경 검사 실시 등의 보조적인 업무를 하였을 뿐, 전침을 환자에게 놓는다든

가 검사 결과를 확인한다던가 하는 업무는 모두 김○○이 했다고 하고, 하루 평균 20명 정도가 내원하는 상태에서 원장 혼자 할 수 없어 이를 보조하기에 이르렀다고 진술하고 있습니다.

또한 전기의 자극강도를 조절하는 것도 김○○의 바로 옆에서 김○○의 지시를 받으며 행하였기 때문에 위험을 초래할 만한 상황은 없었다고 하고 있습니다.


○김○○의 행위에 비하여 구○○의 행위가담여부는 매우 가벼운 것으로 보이며 월 급여 100만원 이외에 별도로 김○○과 이익을 공유한 적이 없고, 비록 의료법위반행위가 추상적 위험범이나 ㅁㅁㅁㅁ행위의 의미와 그 결과에 대해 자세히 몰랐을 것으로 보이는 구○○에게는 그 추상적 위험조차 인정하기에 미약하여 보입니다. 또한 수사의 필요성과 최소침해성을 고려하더라도 김○○을 의료법위반의 교사범으로 처벌하는 것 이외에 구○○을 처벌할 필요성이 미약하여 보입니다.


다만 이에 대해 검찰과 법원의 판단을 받아보아야 할 것이니, 일단 김○○을 무면허의료행위의 교사범으로 하여 기소 의견으로 송치하고 구○○은 일단 불입건하기 바랍니다.

경기성남중원경찰서

사법경찰관 경감 김성택

## 3. 공직선거법위반 – 시민단체의 국회의원 비판기사가 낙선목적 허위사실 유포로 보기 곤란하므로 각하 송치를 지휘

# 수 사 지 휘 서

제 2016-000XX 호                                                          201X. X. X.

| 접수번호 | 2016-00 | 사건번호 | 2016-00 |
|---|---|---|---|
| 피 의 자 | 김OO 외 7명 | | |
| 사건담당자 | 소속 : 지능팀  계급 :        성명 : | | |

< 지 휘 내 용 >

○세금바로쓰기 납세자운동본부는 국가기관 등의 세금낭비를 막기 위해 설립된 시민단체라는 특성상 입건여부에 신중을 기하고자 일단 본부장을 참고인조사를 한 귀관의 조치는 매우 타당하여 보입니다.

○참고인 박OO 또는 세금바로쓰기 납세자운동본부 공동대표들은 공직선거법 제96조 (허위논평 · 보도 등 금지) 제2항에서 열거하는 '방송 등을 경영, 관리하는 자나 편집, 보도 등을 하는 자'가 아님이 명백하므로 본죄의 주체가 될 수 없습니다.

○그리고 공직선거법 제110조(후보자 등의 비방금지)와 관련하여서는 고소인인 신상진 의원이 국회출석율이나 법안발의율이 200위권 밖으로 저조하다는 내용에 대해서는 후보자의 '행위'에 대한 '허위의 사실'인지 문제됩니다.

그리고 공직선거법 제250조 제2항과 관련하여 성명서를 발표한 행위는 '통신 또는 기타의 방법'에 해당한다고 보이나, 고소인의 출석율 또는 법안발의율 저조라는 내용이 '허위의 사실'인지가 문제되니 제110조와 함께 검토하겠습니다.

관련판례의 태도를 보자면,
객관적으로 보아 허위의 사실에 이르지 아니하였더라도 어떤 사실에 관하여 그 일부를 은닉하거나 반대로 허위의 사실을 부가하거나 또는 분식, 과장, 윤색하여 선거인의 공정한 판단을 그르치게 할 정도로 전체적으로 보아 사실이라고 할 수 없는 사실을 표현하는 소위 '사실의 왜곡'도 허위의 사실에 해당할 수 있습니다(대법원 2002. 5. 24. 선고 2003도39 판결).

언론매체가 특정 정당의 후보자나 그 배우자에 관하여 허위사실을 적시한 경우 국민의 알권리를 충족시키기 위한 언론매체의 공익적 성격 때문에 낙선목적을 바로 인정하기는 곤란하지만(대법원 2003. 11. 28. 선고 2003도5597 판결), 당해 언론매체와 특정 후보자와의 관계, 보도 이전 보도대상인 본인을 상대로 진위여부를 확인하는 등 실현가능한 범위 내에서 제보자 주장의 진위여부를 확인하는 검증절차를 거치지 아니한 경우 등 공익적 활동을 벗어난 악의적인 동기가 엿보이는 경우에는 낙선 목적이나 미필적 고의를 인정할 수 있습니다.

박OO 본부장의 항변을 보면 피고소인 단체의 성명서 내용 중 고소인이 보궐선거로 당선되어 8개월 정도만 일했다는 점을 제외한다면 출석율이나 법안발의율은 참여연대 'OOO 국회'에서 제공받은 객관적인 자료에 의하여 작성된 것으로 보입니다.

또한 박OO의 진술 중 고소인의 정정요청에 대해 '신OO의원 의정성과에 대한 정정내용'을 발송해 주었다는 부분, 보궐선거 등의 기준을 추가하는 자체가 자의적일 수 있어 획일적인 기준만을 적용하였다는 부분, 일부 언론사의 물음에 상세하게 답변해주었다는 부분 및 SBS보도내용이나 데일리안의 보도내용에 의원직 중간승계(정OO 의원), 임기 중반 재보궐선거 당선(오OO 의원 등) 등의 개인적 사정이 반영되었다는 점 등을 종합하여 볼 때, 피고소인 단체가 특별히 고소인에 대한 낙선목적으로 본건 성명서를 발표하였다고 보기는 어려워 보입니다.

더욱이 피고소인 소속 단체에서 발표한 성명서는 제19대 국회의원들 중 '본회의 출석, 상임위출석, 법안대표발의 건수'라는 <u>획일적인 성과평가지표</u>를 근거로 하위권 국회의원들을 <u>전반적으로</u> 비판하는 내용이 담겨있을 뿐이고, SBS등 언론매체의 보도내용은 성명서상 국회의원들의 순위를 토대로 <u>개개 국회의원에 대한 구체적인 평가</u>가 담겨있다는 점 등을 볼 때 피고소인 소속 단체에서 고소인이라는 특정 후보자에 대하여 낙선목적을 가졌다고 보기는 어렵습니다.

○그리고 피고소인 소속 단체에서는 성명서 발표 외에도 각 당 공천심사위원회에 대하여 <u>의정활동이 부진한 국회의원 등을 공천에서 배제해달라는 공문</u>을 발송하였던 바, 위 단체의 활동내용을 종합하여 볼 때 위 단체는 국가기관을 전반적으로 감시하는 <u>공익 목적의 시민단체</u>가 분명하여 보이며, 특정 후보자에 대한 낙선목적을 가졌다고 보기 곤란하고, 개개 국회의원의 소명기회를 일체 배제한 것이 아니라는 점에서 그 성명서 내용이 허위사실로 보기 곤란하며, 그 행위가 공공의 이익에 관한 것임이 분명하여 보입니다.

따라서 피고소인들의 행위는 고소인 주장에 의하더라도 공직선거법 제96조 제2항, 제110조 제1항, 제250조 제2항의 행위에 관하여 구성요건해당성이 충족되지 않아 불기소(혐의없음)사안이 명백하므로,
본건 각하 의견으로 지휘건의 받기 바랍니다.

**※ 참조조문**
공직선거법
-제96조 제2항
방송 · 신문 · 통신 · 잡지, 그 밖의 간행물을 경영 · 관리하는 자 또는 편집 · 취재 · 집필 · 보도하는 자는 다음 각 호의 어느 하나에 해당하는 행위를 할 수 없다.

제1호 특정 후보자를 당선되게 하거나 되지 못하게 할 목적으로 선거에 관하여 허위의 사실을 보도하거나 사실을 왜곡하여 보도 또는 논평을 하는 행위

-제110조 (후보자 등의 비방금지)
① 누구든지 선거운동을 위하여 후보자(후보자가 되고자 하는 자를 포함한다. 이하 이 조에서 같다), 후보자의 배우자 또는 직계존비속이나 형제자매의 출생지·가족관계·신분·직업·경력등·재산·행위·소속단체, 특정인 또는 특정단체로부터의 지지여부 등에 관하여 허위의 사실을 공표할 수 없으며, 공연히 사실을 적시하여 사생활을 비방할 수 없다. 다만, 진실한 사실로서 공공의 이익에 관한 때에는 그러하지 아니하다.

- 제250조 (허위사실공표죄)
② 당선되지 못하게 할 목적으로 연설·방송·신문·통신·잡지·벽보·선전문서 기타의 방법으로 후보자에게 불리하도록 후보자, 그의 배우자 또는 직계존·비속이나 형제자매에 관하여 허위의 사실을 공표하거나 공표하게 한 자와 허위의 사실을 게재한 선전문서를 배포할 목적으로 소지한 자는 7년 이하의 징역 또는 500만원 이상 3천만원 이하의 벌금에 처한다.

경기성남중원경찰서

사법경찰관 경감 김성택

## 4. 허위공문서작성 – 허위의 인식이 없어 불기소 의견 송치를 지휘

# 수 사 지 휘 서

제 2010-00○○ 호                                                                                    2010. ○. ○.

| 접수번호 | 2016-00 | 사건번호 | |
|---|---|---|---|
| 피 의 자 | 엄○○ | | |
| 사건담당자 | 소속 : 지능팀  계급 :     성명 : | | |

### < 지 휘 내 용 >

　고소인 최○○는 ○○산업사의 실적을 피의자가 허위로 확인해주었다고 주장하나, 이를 입증한다며 제출한 자료는 대개 본인의 일방적인 주장 또는 본건과 직접 관련이 없는 언론보도 자료 등이고, 그중 서울동부지방검찰청 2015년 형제○○○호 불기소결정서 중 "당시 참고인 엄○○는 사실조회 회신 결과가 잘못된 것이고 실제 ○○산업사의 실적이 있었던 것이 사실이라고 진술하는 바"라는 문장 및 "순천지방법원에서 <u>사실조회를 요청했었는데 성남시 ○○○사업소 직원들이 관련자료를 찾지 못해서인지 회신을 잘못했던 것</u>이라고 하면서" 등의 문장 등이 그나마 의미가 있다고 할 것입니다.

　그러나 형법 제227조 허위공문서작성죄의 성립에는 고의 이외에도 '행사할 목적'을 요구하는 바, 자신이 작성하는 문서가 허위라는 인식은 막연하고 추상적인 정도로는 부족하고 문서의 내용이 '객관적 진실에 반한다'라는 점에 대해 보다 구체적이고 강한 정도가 되어야 본건 범죄가 성립한다고 판단합니다.

　관련 판례를 검토한 바 "공무원이 <u>여러 차례의 출장반복의 번거로움을 회피</u>하고 민원사무를 신속히 처리한다는 방침에 따라 사전에 출장조사한 다음 출장조사내용이 변동없다는 확신하에 출장복명서를 작성하고 다만 그 출장일자를 작성일자로 기재한 것이라면 허위공문서작성의 범의가 있었다고 볼 수 없다 할 것이다(대판 2001. 1. 5, 99도4101).", "피고인들이 물품(미역)검사를 하면서 <u>전체량의 일부만을 추출하여 실물검사를 하였음에도</u> 이를 초과하여 외관검사를 행한 수량 중의 일정량을 실물검사한 것처럼 보고서를 작성하였다 하여도 그것이 <u>업무상 관행에 따른 것이라면</u> 허위공문서 작성의 인식이 <u>없다고</u> 할 것이다(대판 1982. 7. 27, 82도1026).", " 출장 복령서에 "11:00 출발"을 "11:00 현지도착"이라 기재한 경우 특별히 <u>도착시간을 은폐하여야 할 이유가 없는 한</u> 단순히 오기라고 볼 여지도 없지 않으므로 위 사실만으로 허위공문서작성죄로 다스릴 수는 없다(대판 1978. 4. 11,77도3781)." 등의 판례를 보면 <u>범행동기가 불분명한 상태에서의 가벼운 착오나 관행에 따른 업무처리상 오류 정도로는 허위공문서작성죄가 성립하지 않을 것입니다.</u>

또한 기존에 처리된 형사사건이나 민사사건도 이와 같은 논리와 증거에 의해 처리되었을 것입니다.

따라서 피의자의 혐의를 인정할 증거가 없으므로 불기소(혐의없음)의견으로 송치하기 바랍니다.

경기성남중원경찰서

사법경찰관 경감 김성택

## 5. 직권남용 고소 – 고소인에 대한 무고 수사를 지휘

# 수 사 지 휘 서

제 2016-000XX 호                                              2010. 0. 00.

| 접수번호 | 2017-00 | 사건번호 | 2017-00 |
|---|---|---|---|
| 피 의 자 | 성명불상 | | |
| 사건담당자 | 소속 : 지능팀  계급 : OO  성명 : OOO | | |

< 지 휘 내 용 >

 고소인 이OO가 신고한 "□□지구대 경찰관 전체가 □□□□나이트와 유착이 되어 있다"는 신고내용은, 만약 그것이 사실이라면 징계처분 내지 형사처벌을 받기에 충분한 내용이고, 신고의 자발성 및 처벌받게 할 목적 또한 인정됩니다.

 본건의 신고내용이 고소인의 막연한 추측에 기한 것이고 증거 내지 조사가치 자체가 없어 종결하는 것은 타당하나, 고소인이 평소 증거도 없이 경찰관에 대한 무차별적 고소를 남발하는 행위로 보아 무고죄 검토의 필요성은 다분하여 보입니다.

 다만 무고죄가 성립하기 위해서 가장 중요한 것은 "허위사실을 신고한다"는 점에 대한 고의가 필요하여 이에 대한 철저한 조사가 필요합니다.

 무고죄의 고의에 관한 판례로서, "……객관적 사실과 일치하지 않는 것이라도 신고자가 진실이라고 확신하고 신고하였을 때에는 무고죄가 성립하지 않는다고 할 것이나, 여기에서 진실이라고 확신한다 함은 신고자가 알고 있는 객관적인 사실관계에 의하더라도 신고사실이 허위라거나 또는 허위일 가능성이 있다는 인식을 하지 못하는 경우를 말하는 것이지, 신고자가 알고 있는 객관적 사실관계에 의하여 신고사실이 허위라거나 허위일 가능성이 있다는 인식을 하면서도 이를 무시한 채 무조건 자신의 주장이 옳다고 생각하는 경우까지 포함되는 것은 아니다"라는 판례(대판 2000. 7. 4,2000도1908호), "무고죄에 있어서 범의는 반드시 확정적 고의임을 요하지 아니하고 <u>미필적 고의로서도 족하다</u> 할 것이므로, 무고죄는 신고자가 <u>진실하다는 확인 없는 사실을 신고함으로써</u> 성립하고 그 신고사실이 허위라는 것을 확신함을 필요로 하지 않는다"(대법원 1997.3.28., 96도2417호)라는 판례가 존재하므로, 이 판례들의 취지 및 사실관계를 검토하기 바랍니다.

고소인 이○○는 "□□지구대 직원 중에 □□□□나이트와 유착관계에 있다는 것을 어떻게 증명가능한가요"라는 조사관의 물음에 "제가 피해자 신고를 했는데 오히려 현장에서는 가해자인 □□□□나이트 직원의 편에 서서 저를 오히려 허위 신고죄 입건한 것을 보면 아마도 유착관계에 있을 것이라고 추측하는 것입니다."라고 대답하였고, 조사관의 "진술인의 추측이라는 것인 가요. 좀 더 구체적인 증거가 있나요"라는 물음에 "그 상황을 봐서 추측하는 것이고 어떠한 물적 증거가 있는 것은 아닙니다."라고 대답하여 결국 고소인이 그 유착관계에 대한 증명이나 합리적 의심이 들 만한 사정은 없는 것으로 판단되는 바,

고소인 상대로 유착관계에 대한 의심이 든 경위, 그에 대한 물적, 객관적 자료, 확신이 들 만한 사정 등이 있는지 물어보고, 그것이 없다면 위 판례의 태도와 본건 사실관계를 검토하여 무고죄 입건 여부를 판단, 지휘받기 바랍니다.

경기성남중원경찰서

사법경찰관 경감 <i>김성택</i>

## 6. 채무자의 회생 및 파산에 관한 법률위반 – 채무자의 재산은닉에 채권자를 해할 목적의 존재여부를 조사하는 요령 지휘

## 수 사 지 휘 서

제 2018-00000 호                                                    2018. 2. 26.

| 접 수 번 호 | 2017-0000 | 사 건 번 호 | 2017-0000 |
|---|---|---|---|
| 피 의 자 | 김○○ 외 1명 | | |
| 사건담당자 | 소속 : 경제○팀    계급 : ○○    성명 : ○○○ | | |

### < 지 휘 내 용 >

○ 수사과장 의견

본건 채무자 회생 및 파산에 관한 법률은 '자기 또는 타인의 이익을 도모하거나 채권자를 해할 목적'을 요구하는 목적범으로서, 피의자가 목적 유무를 자백하지 않으면 전후 사정을 보아 최대한 객관적으로 목적 유무를 판단할 수밖에 없습니다.

피의자는 고발인과 채권채무 관계가 있고 자신을 괴롭혔다는 등 감정이 있다고 진술하며 일응 논점을 흐리는 진술을 하나, 고발인의 입장과 별개로 피의자가 다른 채권자를 해했는지 여부를 객관적으로 판단하여야 할 것입니다.

일명 채무자회생법과 구조가 유사한 민법 제406조 채권자취소권과 관련된 민사 판례를 보면 "채무자가 자기의 유일한 재산인 부동산을 매각하여 소비하기 쉬운 금전으로 바꾸거나 타인에게 무상으로 이전하여 주는 행위는 특별한 사정이 없는 한 사해행위에 해당한다(대법원 2008. 3. 13. 선고 2007다73765 판결)."라거나 "채무자가 채무가 재산을 초과하는 상태에서 채권자 중 한 사람과 통모하여 그 채권자만 우선적으로 채권의 만족을 얻도록 할 의도로, 채무자 소유의 부동산을 그 채권자에게 매각하고 위 매매대금채권과 그 채권자의 채무자에 대한 채권을 상계하는 약정을 하였다면 비록 매매가격이 상당한 가격이거나 상당한 가격을 초과한다고 할지라도, 채무자의 매각행위는 다른 채권자를 해할 의사로 한 법률행위에 해당한다(대법원 1994. 6. 14. 선고 94다2961, 2978판결)"라고 판시하고 있습니다.

 이를 본다면 모든 채권자는 평등한 관계에 있으므로 다수 채권자가 있는 경우에 채무자의 임의변제를 무제한적으로 인정하면 일부 채권자가 수인하기 어려운 손해를 입을 수 있다는 것이 채권자취소권 제도의 취지로 보입니다.

 따라서 채권자취소권과 구조가 비슷한 파산 및 회생관련 절차에서도 위 판례의 취지는 중요한 의미를 가질 수 있습니다.

 현재 피의자들은 범죄혐의를 부인하면서도 이를 입증할 파산관련서류 등의 제출에 비협조적인 상태입니다.

 특히 경기 성남시 OO구 OO아파트 OO동 OO호 경매 관련하여 통상 실거주나 투자 목적으로 낙찰받으려는 일반 입찰자들을 보면 최대한 저렴한 가격에 매입하여 이익의 극대화를 꾀하려 하는 것이 통상적인데, 만일 피의자들이 피의자들 간의 명의이전을 통한 재산은닉에 중점을 두었다면 통상적으로 안정적으로 낙찰받을 수 있는 가격대를 무시하고 일단 낙찰을 받기 위해 고가로 낙찰받았을 가능성이 있으니 대법원 경매정보사이트(www.courtauction.go.kr) 에서 사건기록을 검색하여 낙찰가격과 감정가 및 당시 시가를 조사하기 바랍니다.

 또한 압수수색검증영장이 발부되면 신속히 영장 집행하여 피의자들의 재산상태와 채권관계를 확인하기 바라며, 만일 피의자들간에 채권채무관계가 존재하지 않는다거나 채무액에 현저히 미치지 못하여 피의자들의 행위가 납득되지 않는 것으로 의심될 경우 채권자를 해할 목적이나 해하게 된 결과가 인정될 수 있으므로 그때 기소 의견 개진하여 지휘건의 받기 바랍니다.

경기평택경찰서

사법경찰관 경감 김성택

**7. 청소년보호법위반 – 청소년 주류판매의 책임을 인정하기 힘든 업주에 대해 자기책임원칙을 근거로 불기소 송치 지휘(원칙적으로는 청소년보호의 필요성이 보다 중대하기 때문에 업주의 과실이 매우 가벼운 경우가 아니라면 기소 의견으로 송치함이 타당할 것이다)[23]**

# 수 사 지 휘 서

제 2018-00136 호                                                2018. 2. 9.

| 접수번호 | 2018-0 | 사건번호 | 2018-0 |
|---|---|---|---|
| 피 의 자 | 김 | | |
| 사건담당자 | 소속 : 경제 팀 계급 :    성명 : | | |

< 지 휘 내 용 >

본건 피의자는 "이 청소년과 그 일행 5명이 저희 식당에 02시에 왔습니다. 그리고 어려 보여서 일행들의 신분증을 모두 확인하던 중 한명이 신분증이 없다고 하면서 99년생이라고 하였습니다. 나머지 일행은 24살부터 20살까지 있었고 당시 바쁘다 보니가 먼저 안주와 같이 술을 가져 주었고, 신분증이 확인되지 않은 청소년에게는 술을 먹지 말라고 술잔을 주지 않았습니다. 그런데, 다른 손님들이 와서 서빙을 하다 보니가 이 청소년이 다른 일행들과 같이 술을 먹는 것을 막지 못하였던 것입니다."라고 변명하고 있습니다.

이는 애초 손님들이 입장할 때에는 최대한 청소년의 신분증을 확인하였고 신분이 확인되지 않은 본건 청소년에게는 술을 먹지 말라고 주의를 주고 술잔을 주지 않는 등 업주로서 최대한 주의의무를 다했으나 다른 손님들의 서빙을 하는 사이에 이 청소년이 술을 먹는 것을 막지 못했다는 취지로 이해됩니다.

우리 청소년보호법이 청소년의 보호를 최우선과제로 하면서 청소년에 대한 주류의 판매, 제공행위 자체를 처벌하고 있고 업주에게 매우 강한 주의의무를 부과하고 있는 것은 사실입니다. 그러나 우리 형법, 나아가 헌법에서 기본원리로 삼고 있는 자기책임의 원칙도 중요하다 할 것입니다. 따라서 본건 피의자가 '청소년의 음주행위'라는 위법행위를 피할 수 있는 기대가능성이 있었는지를 검토하고, 피의자의 '손님 입장 허용'과 '해당 청소년의 음주행위' 간에 인과관계가 단절될 수 있는지도 검토해야 할 것입니다.

---

23 판례 [ 대법원 2007. 11. 16. 선고 2007도7770 판결, 청소년보호법 위반 ]
    청소년보호법의 입법 취지에 비추어 볼 때, 청소년출입금지업소의 업주 및 종사자에게는 청소년의 보호를 위하여 청소년을 당해 업소에 출입시켜서는 아니 될 매우 엄중한 책임이 부여되어 있다 할 것이므로 청소년출입금지업소의 업주 및 종사자는 객관적으로 보아 출입자를 청소년으로 의심하기 어려운 사정이 없는 한 청소년일 개연성이 있는 연령대의 출입자에 대하여 주민등록증이나 이에 유사한 정도로 연령에 관한 공적 증명력이 있는 증거에 의하여 대상자의 연령을 확인하여야 할 것이고(대법원 1994. 1. 14. 선고 93도2914 판결, 대법원 2002. 6. 28. 선고 2002도2425 판결 등 참조), 업주 및 종사자가 이러한 연령확인의무에 위배하여 연령확인을 위한 아무런 조치를 취하지 아니함으로써 청소년이 당해 업소에 출입한 것이라면, 특별한 사정이 없는 한 업주 및 종사자에게 최소한 위 법률 조항 위반으로 인한 청소년보호법위반죄의 미필적 고의는 인정된다고 할 것이다(대법원 2004. 4. 23. 선고 2003도8039 판결 등 참조).

만일 이러한 경우까지 업주를 처벌하게 된다면 업주는 형사처벌을 피하기 위해서 청소년으로 짐작되나 <u>신분이 확인되지 않는 손님이 하나라도 있으면 전부 입장을 거부해야 한다는 결론</u>으로 귀결될 것이나, 우리 사회의 통념, 1~2인의 업주와 소수의 아르바이트생이 다수의 손님을 접대하는 업계 현실, 업주의 영업의 자유의 침해문제 발생우려 등을 종합적으로 고려할 때 그것까지는 업주에게 기대하기 힘들고 피해의 최소성을 침해하여 비례원칙에 반한다고 할 것입니다.

　또한 피의자의 변명이 사실이라면 업주가 본건 청소년을 포함한 여러 손님을 입장시키면서 업주로서는 해당 청소년에게 술잔을 주지 않고 술을 먹지 말라고 주의를 하는 등 최대하고도 가능한 만큼의 주의의무를 다했다고 볼 수 있고, 업주가 신경쓰지 못하는 사이에 해당 청소년이 자기 일행과 술을 마셨다는 결과가 발생한 것은 업주의 책임범위와 예측가능성을 넘어선 것이어서 피의자의 행위(청소년 등을 입장시킨 행위)와 청소년보호법위반의 결과(청소년이 술을 마셨다는 결과)와 인과관계가 단절된다거나 객관적 귀속이 부정되었다고 볼 여지가 충분합니다.

　따라서 본건 해당 청소년을 면밀히 조사하여 피의자의 변명이 사실인지 확인하고, 만일 피의자의 변명이 사실일 경우 결과가 발생하였으나 인과관계 또는 객관적 귀속이 부정된다고 볼 수 있는 바, 미수범을 처벌하지 않는 청소년보호법위반 행위가 미수에 그쳐 결과적으로 불가벌에 그칠 여지가 충분하나 최종적으로 검찰과 법원의 판단을 받아보아야 할 것이므로, 일단 불기소(혐의없음)의견으로 송치할 것을 지휘합니다.

경기평택경찰서

사법경찰관 경감 김성택

# 8. 강제집행면탈 및 경매입찰방해 - 허위유치권 여부 확인하는 수사기법 지휘

<table>
<tr><td colspan="4" align="center">수 사 지 휘 서</td></tr>
<tr><td>제 2018-OOVVV 호</td><td colspan="3" align="right">2018. 7. 30</td></tr>
<tr><td align="center">접수번호</td><td align="center">2018-OOZZZ</td><td align="center">사건번호</td><td></td></tr>
<tr><td align="center">피 의 자</td><td colspan="3" align="center">노OO 외 명</td></tr>
<tr><td align="center">사건담당자</td><td colspan="3" align="center">소속 경제 팀 계급 경장 성명 원OO</td></tr>
<tr><td colspan="4" align="center">〈 지 휘 내 용 〉</td></tr>
</table>

• 본건 피의자들의 혐의는 (1) 허위 유치권이 있다고 경매법원에 신고하여 유치권신고사항이 등재되게 함으로써 경매의 공정을 해한 '경매입찰방해' 혐의와, (2) 고소인으로부터의 강제집행을 면할 목적으로 노OO이 장OO에게 공사도급계약에 따른 채무를 허위로 부담한 '강제집행면탈' 혐의로 정리할 수 있습니다.

• 유치권의 성립여부

유치권이란 ① 타인의 물건 또는 유가증권의 점유자가, ② 그 물건이나 유가증권에 관한 채권(예 : 수선대금채권)의, ③ 전부를 변제를 받을 때까지, ④ 그 물건이나 유가증권을 유치하여 채무자의 변제를 심리적으로 강제하는, ⑤ 민법의 법정담보물권(擔保物權)입니다.

따라서 채권의 존재 자체를 인정받아야 하고, 그 채권이 미변제된 상태에 있으며, 어느 정도 토지로부터 독립한 별도의 건물을 점유하여야 하고, 그 건물이 타인의 소유여야 하며, 점유행위 자체가 평온, 공연하게 시작되어야 하고 그 점유가 계속되면 타인의 점유를 배척할 만큼 배타적인 점유여야 하고, 그 점유가 임의경 매개시결정의 기입등기 이전[24]이어야 합니다.

일단 피의자 장OO은 자신이 인정받아야 할 채권액이 2억 상당임에 불과하다고 인정하고 있으므로, 혹시 더 주장할 채권액이 있는지 물어보고, 더 이상 없다면 평택지원으로부터 본건 경매사건 2016타경 11XXX호 부동산 임의경매 사건에 관한 유치권에 의한 권리신고서 및 그 증빙자료를 확보하여 주시기 바랍니다. 실제 채권액이 2억원임에도 대외적으로 8억원의 채권을 가진 자로 행세했다면, 즉 그러한 의도로 유치권신고를 하여 부동산 경매기록의 매각물건명세서 등에 "장OO로부터 2017. 11. 17.자로 금 820,000,000원의 유치권신고가 있으나 그 성립여부는 불분명함"이 등재되게 했다면 피의자는 실제 채권액보다 과다한 채권을 주장하며 유치권신고를 한 것이라는 혐의가 인정될 수 있습니다.

---

24  대법원 2005. 8. 19. 선고 2005다22688판결.

또한 피의자는 자신이 유치권을 행사한 시기는 건물에 대한 낙찰이 완료된 이후 이고 유치권을 설정한 이유도 그 건물에 대한 피의자의 권리금을 받아서 고소인에 대한 공사금액을 계약대로 주겠다는 의사가 있었다고 하나, 2017. 11. 17.자로 유치권신고가 된 이후 바로 경매가 종료된 것이 아니라 계속 경매가 진행되어 4회까지 유찰되었던 점, 통상 유치권신고가 되면 일반인들은 경매에 참가하기 꺼려하는 점, 피의자가 진정으로 고소인의 공사금액을 주려고 했다면 섣불리 경매진행에 개입하지 말고 정상적인 가격으로(유치권신고가 없는 상태의 가격) 낙찰받게 하고 고소인이 매각대금에서 채권액을 받아가게 하면 충분한 점에서 피의자의 변명은 납득이 되지 않습니다.

그리고 고소인이 제출한 도급계약서는 작성일자가 2014년 9월이고, 착공연월일은 2014년 9월 4일, 준공예정일자는 2015년 1월 30일로서 일응 상식적이나, 피의자 장OO이 제출한 도급계약서는 작성일자가 2014년 11월이고, 착공연월일은 2014년 3월, 준공예정일자는 9월 30일로서, 노OO이 장OO에게 도급하고, 장OO이 고소인에게 도급했다는 가정 하에 도급계약서 작성일자가 사리에 맞지 않고 시간 순서가 뒤죽박죽으로 생각되므로, <u>고소인이나 다른 객관적 입장인 자들을 상대로 장OO의 계약서의 날짜가 정상적인지 확인바랍니다</u>. 또 채권의 변제기가 도과된 이후 유치권이 발생하므로, <u>미수금이 발생한 시점, 장OO이 노OO에게 미변제채권액을 독촉한 시점 등을 당사자들로부터 확인하기 바랍니다(내용증명, 문자메세지, 카카오톡 내역 등)</u>. 그리고 피의자에게 <u>실제 공사현장이나 점유개시시점을 인정할 사진을 제출받아 '디지털카메라 정보' 확인을 통해 실제 촬영날짜를 확인하고, 그 점유개시시점이 경매개시결정 등기 이후인지 등기부등본을 확인바라며, 현장에 임장하여 수도나 전기가 사용될 수 있는 곳이라면 수도요금, 전기요금 발생시점과 사용량 등을 확인하기 바랍니다.</u>

또한 유치권 주장자와 건축주가 아버지와 아들 사이였던 관계가 유치권을 부인하는 주요 근거가 된 적이 있고[25] 피의자들도 처남, 매부 지간임을 인정하므로 <u>본건 수사에 참고하고자 각자의 가족관계증명서, 매부의 배우자의 가족관계증명서(배우자의 부모 확인), 처남의 부(모)의 가족관계증명서(처남 및 매부의 배우자가 남매관계임을 확인)를 발급받아 첨부하기 바랍니다.</u>

- 강제집행면탈의 성립여부

강제집행면탈의 태양 중에는 허위채무부담 행위가 포함되고, 피의자 노OO이 피의자 장OO에게 계약금액 9억2천만원의 도급계약서를 작성해주어 그에 해당하는 채무가 발생한 것으로 대외적으로 인식케 했다면 피의자들에게 강제집행면탈죄가 성립할 수 있습니다. 따라서 본건 유치권신고가 허위유치권으로 판명된다면 강제집행면탈죄 수사에 중요한 참고가 될 수 있습니다.

---

25  서울고등법원 2007. 3. 30. 선고, 2006나78956 판결.

• 피의자 노OO의 관여행위

피의자 노OO은 상피의자 장OO에게 공사진행상황을 맡겨, 자신은 실제 공사에 대해서는 잘 모르고 토XX종합건설에 얼마를 주었는지 등도 모른다고 혐의를 부인합니다.

고소인으로 하여금 피의자들로부터 공사내역을 지급받은 계좌내역을 확인한 후, 피의자 노OO이나 장OO 중 <u>누가 그 계좌의 자금집행을 실질적으로 주도하였는지 등을 확인하여 피의자의 관여 여부를 규명하기 바랍니다. 또한 장OO이 제출한 도급 계약서에 날인된 노OO의 도장을 누가 찍었는지, 그 도장이 인감증명서라면 누가 발급하였는지(노OO 본인인지, 대리인 장OO인지) 확인하기 바랍니다.</u>

• 결론

위 밑줄친 사안에 대해 이행하고 수사보고를 작성하여 주기 바랍니다.

경기평택경찰서

사법경찰관 경감 김성태

## 9. 저작권법위반–저작재산권 침해의 고의 인정방법

**수 사 지 휘 서**

| 제 2012-OOOXX 호 | 2012. 7. 17 |
|---|---|
| 접수번호 | 2012-00XXXX |
| 피 의 자 | 이OO 외 명 |
| 사건담당자 | 소속 : 경제O팀　계급 : 경위　성명 : |
| 〈 지 휘 내 용 〉 ||

[수사지휘서]

저작권법 제136조는 저작재산권을 복제, 공연, 공중송신, 전시, 배포, 대여, 2차 적저작물 작성의 방법으로 침해한 자를 처벌하고 있고 피의자의 행위(또는 드러난 결과)가 복제행위(인쇄, 사진촬영, 복사, 녹음, 녹화 그 밖의 방법으로 일시적 또는 영구적으로 유형물에 고정하거나 다시 제작하는 행위)에 해당할 여지가 있기는 합니다.

그러나 대법원 판례 2008. 10. 9. 선고 2006도4334호에 의하면 저작재산권의 침해죄에 있어서의 고의의 내용은 저작재산권을 침해하는 사실에 대한 인식이 있으면 충분하고, 그 인식은 확정적인 것은 물론 불확정적인 것이라도 이른바 미필적 고의로 인정되는 것이므로, 확실한 결과발생을 희망하지 않더라도 행위자가 객관적 구성요건실현의 가능성을 충분히 인식하고 또한 그것을 감수, 용인하는 의사를 표명한 정도에는 이르러야 합니다.

하지만 피의자는 수색영장 집행 결과 MatOOOO R2011a 프로그램이 자기 회사의 전산 담당 직원인 윤OO의 컴퓨터에서 MatOOOO R2011a에 대한 crack버전으로 발견이 되었지만 이는 퇴사를 한 직원이 다운을 받아 보관을 하다가 윤OO의 컴퓨터에 백업이 되어 있던 것으로 추측이 되고, 회사의 특성상 내부의 보안 프로그램이 외부로 유출되는 것을 막고자 전산담당 직원이 퇴사하는 직원의 프로그램을 점검하고 이를 6개월씩 보관을 하고 있는데 전산 직원인 윤OO의 컴퓨터에 윤OO이 사용하는 것도 아닌 Matlab R2011a에 대한 crack버전이 발견된 것이며 복제프로그램을 사용하고자 보관을 하거나 복제를 한 것은 전혀 아니라며 범죄혐의를 부인하고 있습니다.

비록 크랙 버전과 정품이 가격 및 기능차이가 매우 크기는 하나 피의자는 복제품이 존재했는지도 몰랐다고 하고, Matlab프로그램에 대한 사용인증을 매년마다 지속적으로 받아 사용하였고, 피의자 회사의 컴퓨터에서 총 83개의 프로그램 중에서 1개의 복제품만 발견되었고, 그 복제품의 최종 사용일시는 2011년 4월경으로 빈번히 사용되는 프로그램이라고 볼 수도 없어, 피의자가 굳이 프로그램을 복제할 필요가 있었는지 의문이 드는 등 객관적인 정황도 피의자 진술의 신빙성을 뒷받침합니다. 그리고 피의자가 잘못을 인정하는 부분도 복제품이 보관되었던 점에 대한 잘 못을 인정하는 것이지, 저작권을 침해했다는 잘못을 인정하는 것으로는 보이지 않습니다.

따라서 피의자의 진술 및 객관적인 정황을 종합하여 볼 때 피의자는 프로그램 저작권의 침해행위에 대한 가능성을 인식했다거나 그 결과발생을 감수, 용인했다는 점을 입증할 증거가 부족하므로, 범죄혐의 입증키 어려워 불기소(혐의없음)의견으로 송치하기 바랍니다.

경기성남중원경찰서
사법경찰관 경감 김성택

# 10. 사기 - 투자사기의 고의 인정방법

<table>
<tr>
<td colspan="4" align="center">수사지휘서</td>
</tr>
<tr>
<td align="center">제호</td>
<td></td>
<td></td>
<td align="center">2012. 2. 27</td>
</tr>
<tr>
<td align="center">접수번호</td>
<td>2012-000XXX</td>
<td align="center">사건번호</td>
<td></td>
</tr>
<tr>
<td align="center">피의자</td>
<td colspan="3">윤OO</td>
</tr>
<tr>
<td align="center">사건담당자</td>
<td colspan="3">소속 : 경제1팀　계급 : 경O　성명 : OOO</td>
</tr>
<tr>
<td align="center">지휘내용</td>
<td colspan="3">별지 기재와 같다</td>
</tr>
<tr>
<td colspan="4" align="center">경기성남중원경찰서<br>사법경찰관 경감　김성택</td>
</tr>
</table>

● 범죄혐의에 대하여

본건 고소인은 피의자로부터 비상장주식을 구입해 수익을 올려주겠다는 말을 믿고 투자하였다고 주장하고 있고, 피의자는 사실은 상장주식을 구입해 임의로 투자할 생각이었으나, 고소인에게는 비상장주식을 구입한다고 말을 해야 현금이 돌고 그거 가지고 잘하면 원금 회복을 할 수 있지 않을까 생각하여 그렇게 말한 것이라며 고소인의 주장을 인정하고 있습니다.

또한 피의자는 위와 같이 고소인에게 투자를 받을 당시 이미 손실이 조금씩 누적되어 2008. 6월경 고소인에게 처음 투자금을 받을 때는 이미 누적된 손해 금액이 3~4억원이 넘었던 것 같고, 2011. 12월경에는 20억 정도 되었다고 진술하고, 또한 고소인에게 일부 갚아준 금원은 상장주식으로부터 얻은 수익이 아니고 친척 등 다른 투자자들로부터 받은 돈을 돌려막기식으로 갚아준 것이고, 투자방식에 있어서도 OO증권 사이트에서 차트를 보고 괜찮은 것을 골라서 구입하고, 유료방송 '마이더스 TV'에서 추천해주는 것도 구입하고, 뉴스를 보고 괜찮다고 생각하는 것도 선택했다고 진술합니다.

따라서 피의자는 고소인에게 투자금의 용도를 속인 것이 명백하고, 고소인이 이를 알았더라면 선뜻 돈을 빌려주지 않았을 것이 명백합니다.

그리고 비상장주식 투자와 상장주식 투자의 위험성이 대체로 동일하고 그것을 고소인도 알고 있었다면, 즉 승낙이 있는 모험거래로 인정되어, 어느 쪽을 선택하든 수익이 나면 돌려주고 손실이 나면 돈을 못 주는 것으로 사전에 양해했다면 기망행위 성립이 곤란할 수 있으나, 처음부터 피의자가 사실대로 얘기했다면 고소인 입장에서는 차라리 주식전문가나 투자회사에 돈을 맡길 것이지, 주식전문가로서 객관적으로 인정받지 않은, 개인 자격에 불과한 피의자에게 돈을 맡길 이유가 없었을 것입니다. 즉, 비상장주식에 투자했다면 반드시 수익을 보았을 것이라는 가정을 입증할 필요없이 즉시 사기죄가 성립한다고 보입니다.

더욱이 고소인에게 받은 돈은 피의자가 상장주식을 임의대로 투자하든가 피의자의 기존 손실을 메운다든가, 투자수익을 가장한 이자조로 지급한다든가 하는 식으로 사용되었기 때문에 사실상 피의자에게는 수익금을 줄 능력이 없었던 것으로 판단됩니다.

따라서 용도를 속인 점, 투자수익금을 줄 능력이 없었던 점에서 피의자의 기망행위가 인정되므로 기소의견이고,

● 신병에 대하여

본건 피해금은 16억5천만원 상당으로 특정경제범죄가중처벌등에 관한 법률이 적용되어 3년 이상의 유기징역에 처할 사안이고, 피의자가 장기간 상습적인 기망행위로 금원을 취득한 점에서 범죄의 상습성 및 중대성이 인정되고, 피의자가 추가로 고소당할 위험성이 존재하며, 미혼이고 특별한 직업 없이 어머니와 주소지에서 살고 있다는 점에서 피의자의 도주를 억제할 수단이 거의 없어보이고, 피의자가 막대한 피해금액을 변제할 능력이 없다는 점을 종합하여 볼 때, 피의자는 처벌이 두려워 법원의 불구속재판에 응하지 않고 도주할 우려가 농후한 자이므로 구속수사하기 바랍니다.

# 수사민원상담

제

2

장

# I  수사민원 상담관의 마음가짐과 유의사항

## 1. 마음가짐

상담의 기본은 '경청'과 '공감'이다.

고소인은 무언가 손해가 있고 억울한 마음이 있어 경찰서에 찾아온 것임을 이해해야 한다. 경청은 상대방으로 하여금 생각이나 감정을 자유롭게 표현할 수 있게 하고, 상담에 대한 책임 감을 느끼게 해준다. 아울러 공감은 상대방에게 자신이 이해받고 있다는 느낌을 갖게 함으로써 상호간 신뢰감을 형성하게 한다.

신뢰감이 형성되면 상대방은 자신의 부정적인 느낌까지도 진솔하게 표현하게 되므로 효과적 으로 상담할 수 있게 된다.

경청을 위한 4가지 요령이 있다.

첫째, 상대방이 하는 말, 즉 '언어적 메시지'를 듣고 이해해야 한다.

둘째, 상대방이 나타내는 자세, 얼굴표정, 몸의 움직임, 목소리 등의 '비언어적 메시지'를 잘 살펴야 한다.

셋째, 상담자 본인의 감정은 통제하고 상대방이 처해있는 상황 속에 들어가서 상대방의 정 서, 경험과 감정을 느껴야 한다. 이를 '공감적 경청'이라고도 한다.

넷째, 상담자가 상담에 집중하고 있음을 자세와 표정, 행동 등 '비언어적 메시지'로 지속적으 로 표현해야 한다.

가장 중요한 것은, 민원인이 오죽하면 얼마나 억울해서 여기까지 찾아왔겠느냐고 이해해주 고 공감해주는 것, 그리고 일단 이야기를 끝까지 들어보는 것이다. 그래야 상대방이 마음을 열 수 있다.[26]

---

26  수사민원 상담매뉴얼, 2014, 경찰청.

## 2. 민원인과 대화 시 유의사항

기본적으로 갖추어야 할 태도로는, 기본적으로 '있는 그대로 듣고(적극적 경청)', '민원인의 호소를 파악하며(명료화)', '민원인의 감정을 이해하여 표현해 주는 것(공감)'이 핵심이다.

수사기관에 민원을 제기할 정도라면 이미 해당 민원인의 스트레스가 큰 경우가 대부분이므로 경청하는 자세로 호응해주며 신뢰감을 형성하는 것이 가장 중요하다.

또한 상담 초반에 민원인이 두서없이 얘기하더라도 '내 이야기를 경청하는구나.'라고 느낄수 있도록 호응해 주면서 신뢰감을 형성할 필요가 있습니다. "네. 그러시군요." 하면서 호응을 해주면 민원인의 흥분을 가라앉히고 내 편이라는 인식을 심어줄 수 있다.

아울러 아는 만큼 설명하고, 모를 때는 가장 잘 아는 사람에게 연결하거나 알아보고 설명해드리겠다는 성의를 보이는 것이 좋다.


## 3. 대화시 필요한 상담기법

민원인과 어느 정도 대화가 진행되고, 신뢰가 쌓였다면 대화내용을 정리해줄 필요가 있다. 적당한 시기에 대화내용이나 원하는 바를 요약하는 것이 좋다.

또한 꼬리를 무는 질문·비난 등을 하는 경우에는 질문에 따라가기보다 핵심적인 감정을 잘 파악해 거듭 공감하는 것이 효과적이다.

민원인은 일회 방문으로 모든 일이 해결되기를 바라기 때문에 상담자의 해결능력을 넘어서는 요구를 하기도 한다. 따라서 상담자는 자신이 해결해 줄 수 있는 범위가 어디까지 인지를 명확하게 설명해 주어야 쓸데없는 오해를 막을 수 있다. 다음의 '민사와 형사의 구별'에서 자세히 설명한다.

# Ⅱ 민사와 형사의 구별

"사람을 때리면 벌받아야지", "돈을 빌렸으면 갚아야지"라는 말에는, 법률은 요건과 효과로 구성되었다는 의미가 들어있다. 예컨대 "사람을 때리는 행위", 즉 형법 제260조 제1항 폭행죄[27]의 구성요건에 해당하는 행위를 한 자는 '2년 이하의 징역 또는 500만원 이하의 벌금에 처하는' 효과를 적용받아 벌을 받게 된다는 뜻이다.

또 "돈을 빌렸는데도 안 갚는다"면 민법 제598조(소비대차의 의의),[28] 민법 제390조(채무불이행과 손해배상),[29] 민법 제394조(손해배상의 방법),[30] 민법 제397조(금전채무불이행에 대한 특칙)[31] 등에 규정된 요건대로, "돈을 빌렸는데도 갚지 않아 생긴 채권자의 손해를 적당한 이율에 따른 손해배상액을 감안한 금전으로 배상해야 할" 효과가 생기는 것이다. 또 알아서 돈을 내놓지 않으면 그에 따라 정당한 판결을 받아 채무자의 재산을 강제로 팔아서 돈을 받아올 수 있는 요건과 효과도 마련되어 있다.

이때 사람의 행위가 법률상의 어떤 요건에 해당하는지 규정하는 법률은 형법과 민법이고, 그 효과를 적용하는 절차는 형사소송법과 민사소송법, 민사집행법이다.

즉 법률에 따라 요건에 규정된 행위를 한 자에 대해서만 그에 따른 처벌 등 효과가 발생하기 때문에, 각종 형사사건의 민원상담을 하는 수사관은 고소인이 주장하는 피고소인의 행위가 형법 기타 특별법에 따른 '처벌받아야 할 행위', 즉 범죄구성요건에 해당하는지를 엄격히 따져 고소장 접수여부를 결정해야 한다. 물론 민간인인 고소인이 민원상담 단계에서 밝힐 수 있는 것은 한계가 있기 때문에 수사관은 처음부터 범죄구성요건에 해당하는지가 애매하거나 이를 입증할 증거가 부족한 상태에 직면하는 경우가 많다. 그래서 일단 어느 정도라도 범죄가 의심되

---

27  형법 제260조(폭행죄) ① 사람의 신체에 대하여 폭행을 가한 자는 2년 이하의 징역, 500만원 이하의 벌금, 구류 또는 과료에 처한다.

28  민법 제598조(소비대차의 의의) : 소비대차는 당사자 일방이 금전 기타 대체물의 소유권을 상대방에게 이전할 것을 약정하고 상대방은 그와 같은 종류, 품질 및 수량으로 반환할 것을 약정함으로써 그 효력이 생긴다.

29  민법 제390조(채무불이행과 손해배상) : 채무자가 채무의 내용에 좋은 이행을 하지 아니한 때에는 채권자는 손해배상을 청구할 수 있다. 그러나 채무자의 고의나 과실없이 이행할 수 없게 된 때에는 그러하지 아니하다.

30  민법 제394조(손해배상의 방법) 다른 의사표시가 없으면 손해는 금전으로 배상한다.

31  민법 제397조(금전채무불이행에 대한 특칙) ① 금전채무불이행의 손해배상액은 법정이율에 의한다. 그러나 법령의 제한에 위반하지 아니한 약정이율이 있으면 그 이율에 의한다.

면 사건을 접수하여 추후 수사를 진행하는 쪽으로 가고, 조사관의 경험상 형사상 범죄가 되지 않음이 명백하다고 판단되면 "형사처벌이 곤란하니 고소장 접수가 어렵습니다"라고 안내하며 고소장을 접수하지 않게 되는데 이를 '반려'라고 한다.

이 과정에서 민원인은 자기 손해를 보전받지 못한 상태에서 조사관의 반려에 이의를 제기하거나 순순히 돌아가지 않으려는 '저항'을 하게 되고, 일종의 타협안으로 조사관이 "이 사안은 민사사안이니 민사법원에서 구제를 받으세요"라고 안내할 수도 있다.

어떤 법률적 분쟁이 형사사안인가, 민사사안인가 또는 양자가 혼재되었는가가 문제될 때가 있다. 예컨대 피고소인에게 돈을 빌려주고 돌려받지 못한 '손해'를 입은 고소인이 있을 때, 피고소인이 돈을 빌릴 때 사실 갚을 능력이 되지 않는데도 틀림없이 갚겠다며 돈을 빌렸을 때, 즉 속였을 때에는 형법 제347조 제1항 사기죄의 구성요건이 충족되어 형사사안도 되고 민사사안도 되는 반면, 피고소인이 돈을 빌릴 때 당시 곧 들어올 곗돈이 있었거나 만기가 되어가는 적금이 있거나 사업을 하여 곧 갚을 능력이 되었는데, 사후 사정으로 돈을 갚지 못한 경우, 예컨대 차용 이후 채무가 급증하여 다른 채권자에 의해 예금이 압류되거나, 계가 깨져 곗돈을 못 받거나, 거래처의 부도로 사업이 갑자기 어려워져 돈을 갚지 못했다면, 피고소인이 차용 당시 '속인 것이 아니기 때문에' 사기죄의 구성요건이 충족되지 않아 범죄가 성립하지 않게 된다.

다만 민법 제397조 제2항에 따라 피고소인은 채무불이행 책임을 면하지 못하여[32] 민사상 채무불이행이라는 요건은 충족되기 때문에 돈을 갚아야 한다는 민법상 채무불이행의 효과는 남게 되므로 민사법원으로 가면 그나마 손해를 구제받을 방안이 생길 수 있다.

아니면 채권자가 소송을 제기하여 자기 재산에 강제집행할 것이 걱정되던 채무자가 강제집행을 피할 목적으로 어떤 재산을 타인에게 양도하였을 때, 그 양도가 허위양도라면 형법 제327조(강제집행면탈)[33]이 적용될 수 있으나, 진실한 양도라면 강제집행면탈로는 처벌받지 아니한다. 반면 진실한 양도이나 채권자를 해함을 알고 행한 경우라면 민법 제406조[34]가 적용되어 민사상 채권자취소소송을 제기할 여지가 있을 뿐이다.

이것이 바로 '민사와 형사의 구별'이라는 것으로, 죄가 되지 않는 사건을 들고 온 민원인에게 충분한 상담을 해주려면 수사관도 민사에 대해 많이 알아야 한다는 것이다. 그래야 수사관이 고소장을 반려할 수밖에 없는 상황에서라도 "형사상 죄는 안 되더라도 민사상 소송을 해서 금

---

32  제397조(금전채무불이행에 대한 특칙) ① 금전채무불이행의 손해배상액은 법정이율에 의한다. 그러나 법령의 제한에 위반하지 아니한 약정이율이 있으면 그 이율에 의한다.
    ② 전항의 손해배상에 관하여는 채권자는 손해의 증명을 요하지 아니하고 채무자는 과실없음을 항변하지 못한다.
33  제327조(강제집행면탈) 강제집행을 면할 목적으로 재산을 은닉, 손괴, 허위양도 또는 허위의 채무를 부담하여 채권자를 해한 자는 3년 이하의 징역 또는 1천만원 이하의 벌금에 처한다.
34  제406조(채권자취소권) ① 채무자가 채권자를 해함을 알고 재산권을 목적으로 한 법률행위를 한 때에는 채권자는 그 취소 및 원상회복을 법원에 청구할 수 있다. 그러나 그 행위로 인하여 이익을 받은 자나 전득한 자가 그 행위 또는 전득당시에 채권자를 해함을 알지 못한 경우에는 그러하지 아니하다.

전적인 배상을 받을 수 있는 방법이 있습니다."라고 안내해 줄 수 있기 때문이다.

그리고 법률의 여러 요건 중 하나라도 빠지면 그에 맞는 효과가 발생하지 않는데 이를 민원인은 잘 이해하지 못한다. 예컨대 사기죄가 되려면 '사람을' '속여' '돈을 받거나 또는 재산상의 이익을 취해야 하고' '속인 행위와 이익을 본 행위 간에 인과관계가 있어야(즉, 속아서 준 것이어야)' 사기죄의 모든 구성요건이 충족되고, 그에 해당하는 효과(형사처벌)가 생길 수가 있는데, 가령 오랜 거래관계가 있다거나 서로 사정을 잘 아는 지인이라든가 하여 '속인 것이 없을 때' 즉 '기망행위'가 없었음이 고소장 접수단계에서 명백할 때, 수사관은 "사기죄로 처벌할 수 없다"고 안내해 줄 수밖에 없다.

이것은 팔씨름 경기에 비유할 수 있다. 구성요건이 전부 충족되었다면 팔이 완전히 바닥에 닿은 것이고, 구성요건이 하나라도 충족하지 않는 때에는 '팔이 아직 완전히 바닥에 닿지 않은 상태'라서 승부가 안 난 팔씨름 경기와 같아서 처벌할 수 없다고 이해하면 좋다.

이때 민원인은 "내 손해가 명백한데 왜 고소장을 안 받아 주느냐"라고 따지기 마련이고, 수사관은 "'재산상 손해'가 형법에서 말하는 '범죄'가 아닐 수 있습니다"라고 잘 설명해 주어야 한다는 것이다(물론 현실은 만만치 않다). 그래서 결국은 민사를 잘 알아야 민사라도 안내해 줄 수 있다.

"이 사건은 죄가 되지 않습니다. 검찰이 재판에 부칠 수가 없는 사안입니다(기소하지 않는 사안)"라고 말해 줄 때 이를 불송치 사안이라고 하는데, 경찰수사규칙 제111조(불송치결정)에 의하면 혐의없음, 공소권없음, 죄가 안됨, 각하의 사유가 있다. 혐의없음이란 고소인이 주장하는 사실이 범죄가 성립하지 않는다거나, 고소인 주장이 사실이라면 범죄가 성립된다고 하여도 범죄를 이루는 구성요건 중 일부 또는 전체를 입증할 증거가 없어 피고소인을 처벌할 수 없는 경우를 말한다. '공소권없음'이란 동일 사건에 대하여 이미 확정판결이 있어 중복된 처벌을 할 수 없거나 친고죄에 있어 고소가 없거나 취소되는 등 재판에 부칠 형식적 요건이 결여된 것을 말하고, '죄가 안됨'이란 구성요건은 충족되더라도 정당방위 등 위법성을 조각하는 사유가 있거나 심신상실자의 행위 등 책임을 조각하는 사유가 있는 경우를 말한다.

'각하'란 고소인의 주장에 의하더라도 이미 불송치 사유임이 명백하거나 고소인이 고소장만 제출하고 고소취소하거나 진술을 거부하여 실체적 진실을 밝히기 위한 수사활동이 필요가 없어, 피고소인 조사를 하지 않고 종결하는 경우를 말한다.

# 형사법의 체계에 대한 이해

민원인은 단지 자기의 손해를 말한다. 거기서 범죄를 찾아내는 것이 수사민원상담의 핵심이다.

재산범죄에 있어 우선 피해품이 재물인지, 재산상 이익인지 확인하여야 죄명을 제대로 특정할 수 있다. 예컨대 횡령죄의 객체는 재물이고, 배임죄의 객체는 재산상 이익이고 강도나 사기죄의 객체는 재물과 재산상 이익 둘 다이기 때문이다.

다음으로 피해품의 방향을 확인하여야 한다. 피해자에게서 피의자로 가면 사기/절도/공갈/강도 등일 것이고, 피의자에게 있던 재물이나 재산상 이익이 사라졌다면 횡령/배임일 것이고, 피의자의 소유물이 타인의 권리의 목적이었는데 사라졌다면[취거, 은닉] 권리행사방해죄가 될 것이다.

그리고 범행방법을 확인한다. 피해품이 피해자에게서 피의자로 옮겨졌는데 속여서 가져가면 사기, 빼앗아 가져가면 공갈 또는 강도, 몰래 가져가면 절도가 될 것이다.

이를 도식화하면 다음과 같다[35].

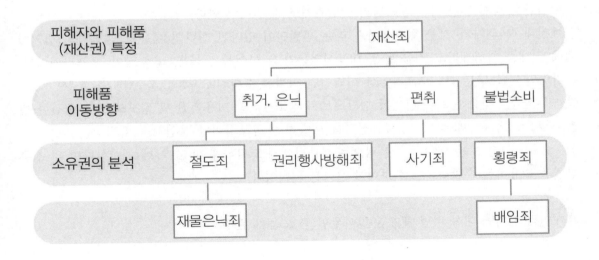

---

35 경찰대학 출판부, 강동필 저, 민사법에 기반한 경제범죄 수사.

피해유형으로부터 죄명을 찾는 과정을 익혀둔다면 피해자가 피해를 호소하는 말로부터 죄명과 범죄사실을 쉽게 특정할 수 있다. 가령 피해자가 "돈 5천만원을 손해봤어요"라고 말할 때 "그 돈은 어디에서 어디로 갔나요, 당신이 피의자에게 준 것이라면 속여서 가져갔나요(사기), 겁을 주고 가져갔나요(억압의 정도에 따라 공갈 또는 강도), 몰래 가져갔나요(절도)?"라고 묻거나 "그 돈은 민원인이 피의자에게 맡겼던 돈인가요? 그 돈을 피의자가 임의로 써버렸나요? 그럼 횡령이 될 것입니다"라고 말해줄 수 있다는 것이다.

물론 고소장이 세련되게 작성되어 죄명을 정확히 특정하고 구성요건을 세분화하고 증거자료를 명확히 제시한 것이라면 더할 나위 없겠지만, '맨몸으로' 상담오는 민원인도 꽤 많기 때문에 이 교재에서 다루도록 하겠다.

수사민원 상담을 하는 수사관은 구성요건을 꿰고 있어야 한다. 이것이 상담의 기본이며 빠르게 증거를 확보하는 첩경이고, 침해당한 법익이 무엇인지 들으면서 그 범죄가 무엇인지 파악할 수 있게 된다.

즉 침해당한 법익이 재산이라면 그 방법에 따라 사기/강도/절도/공갈/재물손괴 등이 될 것이고 신체라면 폭행/상해/과실치상이 될 것이고 명예라면 모욕/명예훼손, 정보통신망 이용촉진 및 정보보호 등에 관한 법률위반이 될 것이고 성적 자유라면 강간, 강제추행이 될 것이고, 자유라면 협박/감금/체포 등이 될 것이다.

그리고 형사소송법 제307조[36](증거재판주의)에 따르면 구성요건을 이루는 사실 하나하나가 엄격한 증거조사의 절차를 거쳐 인정되어야 한다. 따라서 구성요건을 숙지하고 있는 수사관은 민원인으로 하여금 구성요건을 입증하기 충분한 증거를 요구할 수 있게 된다.

수사관은 형법 뿐만 아니라 특별법과의 관계도 잘 알아야 한다.

예컨대 "피의자가 저를 협박했어요"라는 민원인이 있다면 협박의 내용이 '피해자의 법익에 대해 위해를 가하겠다고 겁을 주는 내용이었는지'를 물어봄은 물론 그 수단이 '오프라인인지, 온라인인지'를 구분하여 오프라인상 협박이면 형법상 협박죄(존속협박, 특수협박 등 파생된 구성요건까지 확인)를 적용하고, 온라인상 협박으로서 정보통신망 이용촉진 및 정보보호 등에 관한 법률 제74조 제1항 제3호의 "정보통신망을 이용하여 공포심이나 불안감을 유발하는 부호·문언·음향·화상 또는 영상을 반복적으로 상대방에게 도달하게 한 경우"에 해당한다면 위 정통망법을 적용하는 순발력을 발휘하여야 한다는 의미이다.

개인적 법익에 대한 형법 체계를 알아두면 큰 도움이 된다.

---

**36** 형사소송법 제307조 (증거재판주의) ① 사실의 인정은 증거에 의하여야 한다.
　　② 범죄사실의 인정은 합리적인 의심이 없는 정도의 증명에 이르러야 한다.

## 형법 체계와 대표적인 피해호소

| 침해법익에 따른 구분 | 대분류 | 피해자의 말 |
| --- | --- | --- |
| 생명과 신체에 대한 죄 | 살인의 죄 | 사람을 죽였어요. |
| | 상해와 폭행의 죄 | 때렸어요. 다쳤어요. |
| | 과실치사상의 죄 | (교통사고, 운동중) 실수로 다치게 했어요. |
| | 낙태의 죄 | 임신 중에 아이를 떼었어요. |
| | 유기와 학대의 죄 | 아이를 방치하고 굶겼어요. |
| 자유에 대한 죄 | 협박의 죄 | 겁을 주었어요. |
| | 강요의 죄 | 겁을 주거나 때리며 어떤 행위를 강제로 시켰어요. |
| | 체포와 감금의 죄 | 저를 방에 가두고 못 나가게 했어요. |
| | 약취 · 유인 및 인신매매의 죄 | 저를 강제로 차에 태우고 납치했어요. |
| | 강간과 추행의 죄 | 성폭행했어요. |
| 명예와 신용에 대한 죄 | 명예의 죄 | 모욕적인 말을 했어요. |
| | 신용 · 업무와 경매의 죄 | 가게에서 행패를 부려 손님을 내쫓았어요. |
| 사생활의 평온에 대한 죄 | 비밀침해의 죄 | 함부로 제 편지를 열었어요. |
| | 주거침입의 죄 | 집에 함부로 들어왔어요 |
| 재산에 대한 죄 | 절도의 죄 | 내 물건을 훔쳐갔어요. |
| | 강도의 죄 | 내 물건을 뺏아갔어요. |
| | 사기의 죄 | 돈 떼어먹었어요. |
| | 공갈의 죄 | 겁을 주어 할 수 없이 돈을 줬어요. |
| | 횡령의 죄 | 맡겼던 물건을 빼돌렸어요. |
| | 배임의 죄 | 일처리를 잘못해서 손해를 끼쳤어요. |
| | 장물의 죄 | 제 도난당한 자전거가 고물상에 있어요. |
| | 손괴의 죄 | 저희 집 유리창을 깨뜨렸어요. |
| | 권리행사를 방해하는 죄 | 차를 담보로 맡기고 근저당권을 설정받았는데 차가 없어졌어요. |

# Ⅳ 고소장 작성요령

## 1. 고소의 의의

고소란 범죄피해자 또는 그 친족이 수사기관에 범죄사실을 신고하여 피고소인의 처벌을 요청하는 의사표시이다. 반면 피해자가 아닌 제3자가 범죄사실을 신고하는 것을 '고발'이라고 하고 누구든지 고발할 수 있다.

고소는 구술 또는 서면으로 제기할 수 있고, 이때의 서면을 고소장이라고 한다.

고소와 관련된 형사소송법 규정[37]에 따르면, 고소권자는 범죄의 피해자를 비롯하여 법정대리인, 피해자 사망시 그 배우자나 직계친족 등, 고소할 자가 없는 친고죄의 경우 이해관계인의 신청이 있을 때 검사가 지정한 자 등이 있다.

친고죄란 고소권자가 고소를 제기해야 처벌할 수 있는 범죄로 형법에 "OO 죄는 고소가 있어야 공소를 제기할 수 있다."라고 규정된 모욕죄 등이나, 형법 제328조 또는 이를 준용하는 규정에 따른, 비동거친족이나 비동거가족간의 재산범죄(손괴죄와 강도죄 제외)가 이에 해당한다. 친고죄의 경우 원칙적으로 범인을 알게 된 날 이후부터 6개월 이내에 고소하여야 하므로, 수사관은 고소장에 친척 얘기가 있으면 고소기간 도과여부를 확인하여야 한다.

---

37　형사소송법
　　제223조(고소권자) 범죄로 인한 피해자는 고소할 수 있다.
　　제224조(고소의 제한) 자기 또는 배우자의 직계존속을 고소하지 못한다.
　　제225조(비피해자인 고소권자) ① 피해자의 법정대리인은 독립하여 고소할 수 있다.
　　② 피해자가 사망한 때에는 그 배우자, 직계친족 또는 형제자매는 고소할 수 있다. 단, 피해자의 명시한 의사에 반하지 못한다.
　　제226조(동전) 피해자의 법정대리인이 피의자이거나 법정대리인의 친족이 피의자인 때에는 피해자의 친족은 독립하여 고소할 수 있다.
　　제227조(동전) 사자의 명예를 훼손한 범죄에 대하여는 그 친족 또는 자손은 고소할 수 있다.
　　제228조(고소권자의 지정) 친고죄에 대하여 고소할 자가 없는 경우에 이해관계인의 신청이 있으면 검사는 10일 이내에 고소할 수 있는 자를 지정하여야 한다.
　　제230조(고소기간) ① 친고죄에 대하여는 범인을 알게 된 날로부터 6월을 경과하면 고소하지 못한다. 단, 고소할 수 없는 불가항력의 사유가 있는 때에는 그 사유가 없어진 날부터 기산한다.

## 2. 고소의 취소

고소는 제1심 판결전까지 취소할 수 있고 고소를 취소한 자는 다시 고소하지 못한다.[38]

고소취소가 있으면 친고죄의 경우 검찰수사 단계에서는 불기소(공소권없음) 처분을 하여 수사를 종결하고(경찰수사 단계에서는 '공소권없음' 사안으로 불송치결정한다), 재판 단계에서는 공소기각의 판결로써 재판을 종결한다. 즉 형사절차에서 완전히 해방될 수 있다. 반의사불벌죄(명예훼손죄 등)의 경우에도 마찬가지이다.

친고죄가 아닌 경우라도 고소취소의 실익이 있다.[39] 피고소인이 고소인에게 충분한 손해배상 또는 손해배상의 약속을 하여 고소가 취소된 경우 재판 단계에서 판사가 양형에 충분히 고려할 수 있고, 검찰수사 단계에서는 기소유예의 처분을 하여 재판까지 가지 않을 수도 있다. 형사절차에서 이와 같이 충분한 배상을 받으면 고소인은 굳이 민사소송 절차를 다시 거치지 않게 되니 피고소인이 충분한 배상능력이 있으면 모두가 윈윈하는 길이라 할 수 있다(다만 실체적 진실이 끝까지 밝혀지지 않는 문제, 수사기관을 개인채무 해결을 위한 수단으로 악용하는 문제는 있을 수 있다).

실무상으로, 고소장이 접수된 이후 고소인이 구체적인 진술을 하기 전에(고소보충조서를 받는다고 한다) 고소를 취소하면 즉시 각하할 수 있다. 그러나, 고소인이 고소보충조서를 작성하면서 "이 사건은 범죄가 됩니다"라고 명백히 주장하고 증거도 어느 정도 제출함으로써 수사기관에서 범죄혐의가 의심된다고 판단한 이후에는 친고죄가 아니라면 고소취소되었다고 즉시 사건을 종결할 수는 없고 어찌되었든 진행은 해야 하는 것이 원칙이다. 다만 아직까지 혐의를 입증키 어려운 상태에서 대질조사를 진행하든가 고소인에게 추가자료를 받는 등 여전히 고소인의 협력이 필요한데도 불구하고 고소가 취소되면 고소인이 대질조사에 응하지 않는 등 더 이상 실체적 진실을 밝히기 어려워 불송치(혐의없음) 결정으로 사건을 종결할 여지는 있다.

고소가 취소된 사건에 있어 피고소인이 이른바 외상합의를 하였다가 실제 배상을 하지 않아 고소인이 재고소하는 경우가 있다. 만일 친고죄의 경우 재고소는 불가하고 고소하더라도 즉시 불기소 결정으로 종결될 것이다. 반면 비친고죄의 경우 동일사건에 대하여 사법경찰관의 불송치 결정 또는 검찰의 불기소처분이 있었다면 수사기관은 각하할 수 있어 다시 고소하기는 매우 어렵고, 기존 불기소처분(결정)을 뒤집을 새로운 증거가 있었을 때에야 각하되지 않고 수사가 진행될 여지가 있을 뿐이다.[40]

---

**38** 형사소송법 제232조.
**39** 형사소송법 제327조 제5호, 제6호.
**40** 경찰수사규칙 제111조.

## 3. 고소와 무고죄

혹시 고소를 했다가 상대방이 무혐의 처분을 받으면 무고죄로 고소당하는 것은 아닌지 우려될 수 있다. 물론 무혐의 처분을 받은 피고소인이 분한 마음에 무고죄로 고소장을 접수하는 것은 본인의 자유이니 무고죄 고소장이 접수되었다는 통지를 받을 가능성은 언제든지 있다.

다만 무고죄로 처벌받으려면 고소 당시 허위로 고소하였고(일부 허위사실이 포함된 경우 그것이 국가의 심판작용을 그르치게 할 정도인 경우도 포함된다), 상대방을 처벌받게 하거나 징계받게 할 목적이 있었음이 입증되어야 하므로, 고소 당시 알고 있는 사실에 기하여 한 진실한 고소라면 무고죄로 인한 처벌을 염려할 필요는 없다.[41]

무고죄가 성립하는지 여부는 주로 신고인이 주장하는 진술이 '허위사실인지' 즉 객관적 진실에 반하는 사실인지 여부에 따라 갈리는 것이고, 신고자가 허구의 사실이 아닌, 객관적 사실관계를 그대로 신고한 이상, 신고자가 제출하는 증거가 불충분하였거나 피고소인의 행위에 대한 법률적 평가가 검사와 판사 간에 달라서 유죄판결을 받지 못하였더라도 무고죄는 성립하지 않는다. 결국 가장 중요한 것은 고소장에는 범죄사실의 성립 여부에 직접 영향을 줄 만큼 정황을 과장해서는 안되고, 사실 그대로를 기재해야 한다는 것이다.


## 4. 고소장의 형식

민사소송은 소장이라는 형식을 갖춘 '서면'으로 제기하여야 하나, 형사고소나 고발은 말이나 서면으로 할 수 있다. 고소나 고발이 말로 이루어졌으면 진술조서를 작성하여야 하고, 서면에 의한 고소장, 고발장을 받았을 때 그 취지가 불분명하다면 보충서면을 제출하게 하거나 진술조서를 작성하여야 한다. 고소장 자체로 100퍼센트 명확한 경우는 많지 않고 대개의 경우 고소장의 내용을 보충하기 위해 또는 그 외에도 더 많은 내용을 들어 수사에 참고하고자 진술조서를 작성하는 것이 통례이다.

---

**41** [대법원 2010. 4. 29., 선고, 2010도2745, 판결] 무고죄는 타인으로 하여금 형사처분 또는 징계처분을 받게 할 목적으로 공무소 또는 공무원에 대하여 허위의 사실을 신고하는 때에 성립하는 것으로, 여기에서 허위사실의 신고라 함은 신고사실이 객관적 사실에 반한다는 것을 확정적이거나 미필적으로 인식하고 신고하는 것을 말하는 것이므로, 신고사실의 일부에 허위의 사실이 포함되어 있다고 하더라도 그 허위 부분이 범죄의 성부에 영향을 미치는 중요한 부분이 아니고, 단지 신고한 사실을 과장한 것에 불과한 경우에는 무고죄에 해당하지 아니하지만, 그 일부 허위인 사실이 국가의 심판작용을 그르치거나 부당하게 처벌을 받지 아니할 개인의 법적 안정성을 침해할 우려가 있을 정도로 고소사실 전체의 성질을 변경시키는 때에는 무고죄가 성립될 수 있다고 할 것이다

## 5. 고소장 작성요령 일반론

이 책에서 고소장 작성요령을 다루는 이유는, 간략하게나마 고소장 작성요령을 알려줘야 하는 민원인이 있을 수도 있고, 변호사나 법률지식을 잘 아는 민원인이 어떻게 고소장을 잘 써오는지 그 예시를 보여주기 위함이다.

우선 고소장은 ① 피고소인을 특정할 수 있는 정보 ② 구체적인 피해사실(범죄사실) ③ 피해사실을 증명할 수 있는 근거(증거) 등을 중심으로 구성하는 것이 좋다. 피고소인의 주민등록번호나 주소를 정확히 모르더라도 전화번호나 생년월일, 차량번호라도 기재하면 웬만해서는 경찰관이 피고소인을 특정할 수 있다.

정황을 과장하지 않고 있는 그대로 사실을 적시해야 수사기관의 판단을 그르치거나 무고죄로 맞고소당하는 일을 최소화할 수 있다.

또 문장이 길어지면서 주어나 목적어가 뒤죽박죽이 될 수 있으므로, 누가 한 말에 대해서는 따옴표를 적절히 활용하여야 한다. 예컨대 『피고소인은 2017. 3. 3.경 OOOO(장소)에서 저에게 "1000만원만 빌려주면 3개월 안에 틀림없이 갚겠다"라고 말하였습니다. 그래서 고소인은 피고소인의 OO은행 OOO-ooo-OOOO계좌로 1,000만원을 송금해 주었습니다.』라든가, 『피고소인은 2017. 3. 3.경 고소인과 피고소인의 직장인 OOOO(장소)에서 동료 박OO 등 4~5명이 듣는 가운데 "OOO(고소인)이 직장 동료인 OOO와 바람을 핀다는 소문이 있다"라고 말하여 공연히 허위사실로 고소인의 명예를 훼손하였습니다.』라고 쓰는 식이다.

고소장의 마지막 부분에는 고소내용을 입증할 증거를 첨부한다. 증거서류란 차용증, 투자계약서, 상해진단서 등 서면의 형태인 것을 말하고, 증거물이란 물건 그 자체, 예컨대 명예훼손을 입증할 수 있는 녹음파일을 저장한 USB메모리 등을 말한다.

## 6. 표준 고소장 양식과 참고사항

고 소 장

(고소장 기재사항 중 * 표시된 항목은 반드시 기재하여야 합니다.)

### 1. 고소인*

| 성 명<br>(상호 · 대표자) | | | 주민등록번호<br>(법인등록번호) | | - |
|---|---|---|---|---|---|
| 주 소<br>(주사무소 소재지) | | (현 거주지) | | | |
| 직 업 | | 사무실<br>주소 | | | |
| 전 화 | (휴대폰)      (자택)      (사무실) | | | | |
| 이메일 | | | | | |
| 대리인에 고소 의한 | □ 법정대리인 (성명 :      . 연락처      )<br>□ 고소대리인 (성명 :      . 변호사      . 연락처      ) | | | | |

◆ 고소인이 법인 또는 단체인 경우에는 상호 또는 단체명, 대표자, 법인등록번호(또는 사업자등록번호), 주된 사무소의 소재지, 전화 등 연락처를 기재해야 하며, 법인의 경우에는 법인등기부 등본이 첨부되어야 합니다.

◆ 미성년자의 친권자 등 법정대리인이 고소하는 경우 및 변호사에 의한 고소대리의 경우 법정대리인 관계, 변호사 선임을 증명할 수 있는 서류를 첨부하시기 바랍니다.

〈필자의 해설 : 고소인 란에는 이름, 주소, 주민등록번호, 전화번호 등의 표시를 전부 기재한다. 고소인이 여러 명일 경우 이 부분에는 'OOO 외 몇 명'으로 기재한 후 별지에 모두 기재하고, 간편한 절차진행을 위해 대표 고소인을 지정한다는 취지와 고소인들의 명부, 인감날인, 위임장을 첨부할 수 있다.〉

### 2. 피고소인*

| 성 명 | | 주민등록번호 | - |
|---|---|---|---|
| 주 소 | (현 거주지) | | |
| 직 업 | | 사무실<br>주소 | |
| 전 화 | (휴대폰)        (자택)        (사무실) | | |
| 이메일 | | | |
| 기타사항 | | | |

◆ 기타 사항에는 고소인과의 관계 및 피고소인의 인적사항과 연락처를 정확히 알 수 없을

경우 피고소인의 성별, 특징적 외모, 인상착의 등을 구체적으로 기재하시기 바랍니다.

〈필자의 해설 : 피고소인 란에는 아는 데까지 모두 기재하되 주소나 주민등록번호 등 모르는 것이 있으면 불상
으로 기재하고 아는 데까지만 기재한다. 수사기관에서는 전화번호 등으로 인적사항 파악이 가능할 수 있기 때
문에, 고소인은 일단 '불상'으로 기재하고 '고소인은 피고소인의 전화번호까지만 알고 주소나 주민등록번호는
모르므로 나머지 신상정보를 파악하여 조사해 달라는 취지로 기재해도 무방하다. 즉 주소와 주민등록번호를
정확히 알아야만 고소할 수 있는 것은 아니다.〉

### 3. 고소취지*

(죄명 및 피고소인에 대한 처벌의사 기재)

　고소인은 피고소인을 ○○죄로 고소하오니 처벌하여 주시기 바랍니다.*

〈필자의 해설 : 자신이 고소하려는 죄명을 기재한다.〉

### 4. 범죄사실*

◆ 범죄사실은 형법 등 처벌법규에 해당하는 사실에 대하여 일시, 장소, 범행방법, 결과 등
을 구체적으로 특정하여 기재해야 하며, 고소인이 알고 있는 지식과 경험, 증거에 의해 사실로
인정되는 내용을 기재하여야 합니다.

〈필자의 해설 : 범죄사실은 사기죄의 경우 피고소인은 고소인을 속여 언제 어디서 얼마를 편취하였다라는 식
으로, 폭행죄의 경우 피고소인은 언제 어디서 어떠한 방법으로 고소인을 폭행하였다라는 식으로 각 범죄의 구
성요건에 맞게 작성한다.〉

### 5. 고소이유

◆ 고소이유에는 피고소인의 범행 경위 및 정황, 고소를 하게 된 동기와 사유 등 범죄사실을
뒷받침하는 내용을 간략, 명료하게 기재해야 합니다.

〈필자의 해설 : 고소이유는 "가. 당사자와의 관계- 나. 이 사건의 경위- 다. 피고소인의 행태- 라. 소결" 등의
형식으로 단락을 나누어 작성하는 것이 수사기관에서 이해하기에 편리하다. 허위나 과장된 사실을 기재한다면
수사방향을 그르치거나 무고죄로 고소당할 수 있기 때문에 사실 그대로 작성하여야 한다. 범죄유형별 예시는
각론에서 제시하겠다.〉

### 6. 증거자료

(√ 해당란에 체크하여 주시기 바랍니다)

☐ 고소인은 고소인의 진술 외에 제출할 증거가 없습니다.

☐ 고소인은 고소인의 진술 외에 제출할 증거가 있습니다.

☞ 제출할 증거의 세부내역은 별지를 작성하여 첨부합니다.

〈필자의 해설 : 고소장 접수 단계에서 자신이 아는 모든 증거를 제출하는 것이 빠른 진행에 유리할 수 있다. 그리고 고소이유 작성시 예컨대 "고소인은 피고소인의 OO은행 OOO-ooo-OOOO계좌로 금 OO를 송금하였습니다(증 제2호 증 계좌거래내역)" 등으로 증거의 순서를 매기고 6. 증거자료 항목에서 자세히 기재한다.〉

### 7. 관련사건의 수사 및 재판 여부*

(✓ 해당란에 체크하여 주시기 바랍니다)

| | |
|---|---|
| ① 중복 고소 여부 | 본 고소장과 같은 내용의 고소장을 다른 검찰청 또는 경찰서에 제출하거나 제출하였던 사실이 있습니다 ☐ / 없습니다 ☐ |
| ② 관련 형사사건 수사 유무 | 본 고소장에 기재된 범죄사실과 관련된 사건 또는 공범에 대하여 검찰청이나 경찰서에서 수사 중에 있습니다 ☐ / 수사 중에 있지 않습니다 ☐ |
| ③ 관련 민사소송 유 무 | 본 고소장에 기재된 범죄사실과 관련된 사건에 대하여 법원에서 민사소송 중에 있습니다 ☐ / 민사소송 중에 있지 않습니다 ☐ |

**기타사항**

◆ ①, ②항은 반드시 표시하여야 하며, 만일 본 고소내용과 동일한 사건 또는 관련 형사사건이 수사 · 재판 중이라면 어느 검찰청, 경찰서에서 수사 중인지, 어느 법원에서 재판 중인지 아는 범위에서 기타사항 난에 기재하여야 합니다.

### 8. 기타

(고소내용에 대한 진실확약)

본 고소장에 기재한 내용은 고소인이 알고 있는 지식과 경험을 바탕으로 모두 사실대로 작성하였으며, 만일 허위사실을 고소하였을 때에는 형법 제156조 무고죄로 처벌받을 것임을 서약합니다.

2020년 　월 　일*

고소인 　　　　(인)*

제출인 　　　　(인)

◆ 고소장 제출일을 기재하여야 하며, 고소인 난에는 고소인이 직접 자필로 서명 날(무)인 해야 합니다. 또한 법정대리인이나 변호사에 의한 고소대리의 경우에는 제출인을 기재하여야 합니다.

○○경찰서 귀중

**별지 : 증거자료 세부 목록**

(범죄사실 입증을 위해 제출하려는 증거에 대하여 아래 각 증거별로 해당 난을 구체적으로 작성해 주시기 바랍니다)

## 별지 : 증거자료 세부 목록

### 1. 인적증거 (목격자, 기타 참고인 등)

| 성 명 | | | 주민등록번호 | – |
|---|---|---|---|---|
| 주 소 | 자택 :<br>직장 : | | 직업 | |
| 전 화 | (휴대폰)　　　(자택)　　　(사무실) | | | |
| 입증하려는 내용 | | | | |

◆ 참고인의 인적사항과 연락처를 정확히 알 수 없으면 참고인을 특정할 수 있도록 성별, 외모 등을 '입증하려는 내용'란에 아는 대로 기재하시기 바랍니다.

### 2. 증거서류 (진술서, 차용증, 각서, 금융거래내역서, 진단서 등)

| 순번 | 증거 | 작성자 | 제출 유무 |
|---|---|---|---|
| 1 | | | ☐ 접수시 제출 ☐ 수사 중 제출 |
| 2 | | | ☐ 접수시 제출 ☐ 수사 중 제출 |
| 3 | | | ☐ 접수시 제출 ☐ 수사 중 제출 |
| 4 | | | ☐ 접수시 제출 ☐ 수사 중 제출 |
| 5 | | | ☐ 접수시 제출 ☐ 수사 중 제출 |

◆ 증거란에 각 증거서류를 개별적으로 기재하고, 제출 유무란에는 고소장 접수시 제출하는지 또는 수사 중 제출할 예정인지 표시하시기 바랍니다.

### 3. 증거물

| 순번 | 증거 | 소유자 | 제출 유무 |
|---|---|---|---|
| 1 | | | ☐ 접수시 제출 ☐ 수사 중 제출 |
| 2 | | | ☐ 접수시 제출 ☐ 수사 중 제출 |
| 3 | | | ☐ 접수시 제출 ☐ 수사 중 제출 |
| 4 | | | ☐ 접수시 제출 ☐ 수사 중 제출 |
| 5 | | | ☐ 접수시 제출 ☐ 수사 중 제출 |

◆ 증거란에 각 증거물을 개별적으로 기재하고, 소유자란에는 고소장 제출시 누가 소유하고 있는지, 제출 유무란에는 고소장 접수시 제출하는지 또는 수사 중 제출할 예정인지 표시하시기 바랍니다.

### 4. 기타 증거

# 친족상도례와 재산범죄

## 1. 친족상도례의 의의

가까운 친족끼리의 범행에는 법이 최대한 개입을 자제하겠다는 취지로서, 형법상 권리행사 방해죄에 규정되어 손괴죄, 강도죄를 제외한 재산범죄에 준용된다.

친족상도례는 형면제판결(인적처벌조각사유) 또는 상대적 친고죄(공소제기요건)의 문제가 되기 때문에 일반적인 재산범죄 사건에 대한 고소장이나 고소보충조서에서 친인척관계인지 확인해야 한다.

## 2. 친족관계 존재의 범위

-판례 : 소유자 및 점유자 모두 사이에 친족관계가 있는 경우에만 적용(손자가 할아버지 통장을 훔쳐 현금자동지급기를 통해 예금잔고를 자기 계좌로 이체한 경우, 피해자인 은행은 친족이 아니므로 친족상도례 적용 제외).

-친족관계는 범죄행위시에 존재하여야 하며, 이후 친족관계가 소멸하더라도 적용된다. 그러나 혼인외 출생자에 대해 인지하였을 경우 인지 전 범죄에 대하여도 인지의 소급효 때문에 친족상도례가 적용된다(인지의 소급효).

◆ **관련법률**

-민법 제855조 (인지)
① 혼인외의 출생자는 그 생부나 생모가 이를 인지할 수 있다. 부모의 혼인이 무효인 때에는 출생자는 혼인외의 출생자로 본다.
-제860조 (인지의 소급효)
인지는 그 자의 출생시에 소급하여 효력이 생긴다. 그러나 제삼자의 취득한 권리를 해하지 못한다.

## 3. 효과

형면제판결(인적처벌조각사유) 또는 상대적 친고죄(공소제기요건)의 문제가 된다.

## 4. 장물죄의 특례

**−형법 제365조 (친족간의 범행)**
① 전3조의 죄(장물죄 등)를 범한 자와 피해자간에 제328조 제1항, 제2항의 신분관계가 있는 때에는 동조의 규정을 준용한다.
② 전3조의 죄를 범한 자와 본범간에 제328조 제1항의 신분관계가 있는 때에는 그 형을 감경 또는 면제한다. 단, 신분관계가 없는 공범에 대하여는 예외로 한다.

## 5. 사기죄와 공갈죄의 경우

소송사기의 경우 피기망자인 법원과는 친족관계가 없으나 판례는 행위자와 재산상 피해자간에 친족관계가 있으면 친족상도례를 적용한다(75도781).
cf) 횡령죄 · 배임죄의 경우 위탁자도 피해자이므로 소유자 · 위탁자 쌍방과 친족관계가 있어야 친족상도례 적용

## 6. 민법규정(조문에 직접 설명을 붙이기로 하겠다.)

**−제767조 (친족의 정의)**
배우자, 혈족 및 인척을 친족으로 한다.

**−제768조 (혈족의 정의)**
자기의 직계존속과 직계비속을 직계혈족이라 하고 자기의 형제자매와 형제자매의 직계비속, 직계존속의 형제자매 및 그 형제자매의 직계비속을 방계혈족이라 한다.

**−제769조 (인척의 계원)**
혈족의 배우자, 배우자의 혈족, 배우자의 혈족의 배우자를 인척으로 한다(예: 누이의 남편=매

부, 처의 여동생=처제, 처의 여동생의 남편=동서).

### ─제770조 (혈족의 촌수의 계산)

① 직계혈족은 자기로부터 직계존속에 이르고 자기로부터 직계비속에 이르러 그 세수를 정한다(나의 아버지는 1촌, 나의 아버지의 아버지, 즉 할아버지는 '촌수상' 2촌, 그 이하로도 같다).

② 방계혈족은 자기로부터 동원의 직계존속에 이르는 세수와 그 동원의 직계존속으로부터 그 직계비속에 이르는 세수를 통산하여 그 촌수를 정한다(내 동생은 2촌, 내 아버지의 남동생(삼촌)의 아들은 1+2+1=4촌).

(이런 식으로 하면 내 할아버지의 조카는 나─아버지(1촌)─그 아버지(1촌)─그 동생(2촌)─그 아들=1+1+2+1=5촌 당숙).

### ─제771조 (인척의 촌수의 계산)

인척은 배우자의 혈족에 대하여는 배우자의 그 혈족에 대한 촌수에 따르고, 혈족의 배우자에 대하여는 그 혈족에 대한 촌수에 따른다(배우자로 넘어갈 때에는 촌수를 계산하지 않는다는 의미이다. 따라서 동서는 배우자로부터 그 여동생으로 넘어갈 때의 2촌만 계산하면 된다).

### ─제775조 (인척관계 등의 소멸)

① 인척관계는 혼인의 취소 또는 이혼으로 인하여 종료한다.

② 부부의 일방이 사망한 경우 생존 배우자가 재혼한 때에도 제1항과 같다(혈족의 경우와 달리 배우자나 인척관계는 혼인의 해소로 끊기는 경우가 있음을 유의해야 한다. 배우자와 인척관계가 끊어지는 것은, 사별한 경우 재혼한 때이고, 혼인이 취소되거나 이혼한 경우는 그 즉시이다. 따라서 가령 재혼한[혼인신고, 법률혼] 아버지[갑]가 돌아가신 후 새어머니[을]와 그 새어머니가 데려온 딸[병]에 대하여 갑의 친아들[정]이 사기, 횡령으로 고소했을 때, 갑과 을 사이에는 배우자로서 친족상도례가 적용되고, 병 역시 을이 재혼하지 않는 이상 친족상도례가 적용된다.).

◆ 촌수 계산은 0(배우자), 1(위, 아래로 가면 +1), 2(옆으로 가면 +2)만 기억하라!

### ─민법 제777조 (친족의 범위)

친족관계로 인한 법률상 효력은 이 법 또는 다른 법률에 특별한 규정이 없는 한 다음 각호에 해당하는 자에 미친다.
1. 8촌 이내의 혈족
2. 4촌 이내의 인척
3. 배우자

(친족은 제767조에서 "배우자, 혈족 및 인척을 친족으로 한다."라고 규정하고 있으므로 민법 제777조와의 관계상, 형법상 친족상도례에서 말하는 '동거친족'은 '동거하는 8촌 이내의 혈족 또는 4촌 이내의 인척을 말한다.).

### -제779조 (가족의 범위)

① 다음의 자는 가족으로 한다.

1. 배우자, 직계혈족 및 형제자매

2. 직계혈족의 배우자, 배우자의 직계혈족 및 배우자의 형제자매

② 제1항 제2호의 경우에는 생계를 같이 하는 경우에 한한다(내 아버지나 동생 등 직계혈족 또는 형제자매는 생계를 같이 하지 않더라도 가족이라는 의미이다. 반면 내 처의 여동생, 즉 처제가 결혼을 하지 않고 내 집에서 같이 살고 있으면 그때 가족으로 본다. 이 경우 친족상도례에 말하는 '동거가족'이 된다).

### -민법 제855조 (인지)

① 혼인외의 출생자는 그 생부나 생모가 이를 인지할 수 있다. 부모의 혼인이 무효인 때에는 출생자는 혼인외의 출생자로 본다(쉽게 말해 혼인외 자식인 홍길동이 아들로 인정받지 못하던 중 아버지가 어느날 "너는 내 아들이다"라고 인정했으면 이를 인지라고 하여 정식으로 아들이 된다는 뜻이다).

### -제860조 (인지의 소급효)

인지는 그 자의 출생시에 소급하여 효력이 생긴다. 그러나 제삼자의 취득한 권리를 해하지 못한다(위 사례의 경우 홍길동이 인지되기 전에 아버지 물건을 훔쳤는데 그 후에 아버지가 "너는 내 아들이다"라고 했다면 인지의 소급효가 있어서 홍길동이 태어났을 때부터 아들이었던 것이고 친족상도례상 직계혈족이 되기 때문에 형면제사유가 된다는 것이다).

# Ⅵ 공소시효 기간

## 1. 의의

　공소시효란 범죄행위가 종료된 후에 공소제기 없이 일정한 기간이 경과되면 그 범죄에 관한 공소권이 소멸하여, 피고인을 처벌할 수 없게 만드는 제도를 말한다.[42]

　범죄행위가 종료된 후 범인이 출국하지 않은 상태에서 공소시효기간이 지났다면 형사처벌할 수 없다. 가령 2019년 1월 1일 이후 상담을 하면서 민원인이 '2008년도에 돈을 빌려줬는데 떼어먹혔다든지 2011년도에 (단순)횡령이나 (단순)배임이 있었다든지' 하면 피의자에 대해 출입국조회 후 공소시효 도과여부를 판단하여 공소권이 없다고 설명하고 각하 또는 반려할 수 있다.

## 2. 시효기간(2007. 12. 21.부터)

　시효기간은 사형 25년 등 형사소송법 제249조에 규정되어 있다. 시효는 범죄행위가 종료한 때로부터 진행한다. 피고인의 이익보호를 위해 시효의 초일은 시간을 계산함이 없이 1일로 산정하고, 기간의 말일이 공휴일 또는 토요일에 해당하더라도 형사소송법에 규정한 다른 소송행위와 달리 그 말일도 기간에 산입한다. 개별 구성요건이 규정하고 있는 법정형을 기준으로 하며, 2개 이상의 형을 병과할 때에는 중한 형을 기준으로 하고, 교사범과 종범의 경우 정범의 법정형을 기준으로 하되, 필요적 공범의 경우에는 개별 행위자를 중심으로 공소시효를 결정한다.

---

**42**　형사소송법 제249조 내지 253조의2 참조.

## 3. 공소시효의 정지

일정한 사유가 있으면 공소시효의 진행이 정지되고, 그 사유가 없어지면 나머지 시효기간만 다시 진행된다. 민법상 소멸시효가 '중단'되면 진행된 기간을 전부 무효화하고 새로운 시효기간이 진행되나, 형사상 공소시효에는 '중단'이 없고 '정지'만 있다. 그 사유로는 ⑴ 공소제기와 ⑵ 국외도피 등이 있다.

### ● 가. 공소제기

공소시효는 공소의 제기로 진행이 정지되고, 공소기각 또는 관할위반의 재판이 확정된 때로부터 다시 진행한다.

### ● 나. 국외도피

범인이 형사처벌을 면할 목적으로 국외에 있는 경우 그 기간 동안 공소시효는 정지된다. 형사처벌을 면할 목적은 검사가 입증해야 한다. 참고로 해외도피한 지명수배자에 대해 공소시효 연장을 위한 체포영장을 신청할 경우, 연장된 공소시효를 계산하려면 지식관리시스템에 올려진 '공소시효 정지기간 자동계산표'를 활용하면 편리하다.

### ● 다. 기타

검사의 불기소처분에 대한 재정신청이 있으면 재정결정이 있을 때까지 공소시효진행이 정지된다(검사의 불기소처분에 대한 검찰항고나 헌법소원심판의 경우는 제외).

### ● 라. 공소시효 정지의 효력범위

공소시효의 정지는 공소가 제기된 피고인에 대해서만 미친다. 그리고 공범간 처벌의 공평을 기하기 위해, 공범의 1인에 대한 공소시효정지는 다른 공범자에게도 효력이 미치고, 당해 사건의 재판이 확정된 때로부터 진행한다.

즉, 공범자 중 1인이 형사처벌을 면할 목적으로 해외에 도피한 상태에서는, 그 1인에 대해 공소시효가 정지됨은 물론이고 다른 공범자에 대하여도 함께 시효가 정지되는 것이고, 그 다른 공범자에 대한 재판이 확정된 때 시효가 진행된다는 뜻이다(혼자만 해외도피해서는 소용없다는 뜻이다). 따라서 공범 중 1인이 해외도피했다는 고소인 주장이 있으면, 모든 피의자에 대한 출입국

기록 확인이 필요하다.

## ● 마. 실무사례

가령 2019. 8. 21. 현재 수사민원상담실에서, 공소시효가 7년인 횡령죄 사건 고소장을 접수하면서 고소인이 "제가 피고소인에게 어음할인을 해달라고 2011. 5. 10.경 맡겨놓은 5천만원짜리 약속어음(5억원이 넘지 않으니 형법상 횡령)이 있었는데, 2011. 6. 20.경 못 돌려주겠다고 전화하더니(반환거부=횡령) 도망가서 여태껏 연락이 안 됩니다."라고 한다면 즉시 출입국조회를 하여, 출국사실이 없다면 2018. 6. 19.자로 공소시효가 도과되었다고 알려줄 수 있다.

### [표] 공소시효 기간

| 구                                      분 | 2007. 12. 20.까지 | 2007. 12. 21.부터 |
|---|---|---|
| 사      형 | 15년 | 25년 |
| 무      기 | 10 | 15 |
| 장기 10년 이상의 징역, 금고 | 7 | 10 |
| 장기 10년 미만의 징역, 금고 | 5 | 7 |
| 장기 5년 미만의 징역, 금고, 장기 10년 이상의 자격정지 1만원 이상 벌금 | 3 | |
| 장기 5년 미만의 징역, 금고, 장기 10년 이상의 자격정지, 벌금 | | 5 |
| 장기 5년 이상의 자격정지 | 2 | 3 |
| 장기 5년 미만의 자격정지, 구류, 과료, 몰수, 1만원 미만의 벌금 | 1 | |
| 장기 5년 미만의 자격정지, 구류, 과료, 몰수 | | 1 |

◆ 개정법(2007. 12. 21.)시행 전에 범한 죄에 대하여는 종전의 규정을 적용한다. 사건접수일자를 기준으로 하는 것이 아니고 범죄발생일시를 기준으로 한다.

◆ 시효는 범죄행위가 종료한 때로부터 진행하므로 가장 마지막 범죄일자를 공소시효 기산일로 잡고, 1997. 1. 1. 이후로는 범인이 형사처분을 면할 목적으로 국외에 있는 경우 그 기간동안 공소시효는 정지됨을 유의한다.

# Ⅶ 증거의 제출

## 1. 의의

민원인이 고소장과 함께 또는 고소보충조서를 받으면서 증거라며 제출하는 것들이 있다. 표준고소장 양식에는 증거서면과 증거물로 구분되어 있는데, 대개 계약서, 녹취록 등 서면 형태로 된 것이 증거서면이라 한다.

증거서면을 처음부터 고소장에 첨부하여 제출하는 경우에는 고소장 다음에 "(예)갑제증1호계약서"라고 쓴 띠지를 붙여서 첨부하면 찾아보기 편리하다.

고소보충조서를 받으면서 고소인이 증거서면을 제시하며 이를 복사해서 첨부해달라고 요구하는 경우에는 그대로 해 주고 조서와 함께 간인하여 첨부하며, 조서에 "이때 피의자가 임의로 차량 내 보관 중이던 매매계약서와 등록원부를 임의제출하므로 이를 사본하여 조서말미에 첨부하다."라고 기재하면 된다.

반면 서면이 아닌 증거물인 물건 자체, 예컨대 협박사건의 녹음파일이 담긴 USB메모리나 CD 등을 제출하는 경우 기록에 그대로 첨부하기는 곤란해진다. 이럴 때에는 고소인이 임의제출하는 형식으로 해서 압수절차를 밟고 압수조서, 압수목록, 압수증명, 임의제출, 소유권포기서(고소인이 환부를 원한다면 소유권포기서는 받지 않아도 된다.)를 작성한 후 기록과 별도로 압수물, 증거물 통합관리 계획에 따라 수사지원팀(또는 사건관리과) 압수물 담당자에게 보관시켰다가 송치서류와 함께 송치한다.

## 2. 압수조서의 작성

### ● 가. 의의

증거물 또는 몰수할 물건을 압수하였을 때에는 조서를 작성(교부 X)하여야 한다.

압수경위는 범인에 대한 유죄 인정의 결정적 역할을 하는 증거품을 발견하게 된 경위이므로 어떤 수사보고서보다도 정확하게 사실을 기록하여야 한다. 특히 임의제출의 경우에는, "⋯⋯⋯하여 영장없이 압수하다"라고 쓰지 말고 경찰관이 소유자, 소지자, 보관자로부터 임의로 제출받아 압수한 것으로 하여야 한다. 임의제출로 압수하는 경우 먼저 임의제출서를 기재하게 하고 이에 따른 사후 압수물건의 소유권을 포기하는 포기서를 받아야 하는 것을 원칙으로 하고(제출자가 원치 않는 경우 강제로 소유권포기서를 받을 필요는 없다) 반드시 압수증명서를 교부하여야 한다.

현행 형사소송법은 범죄와 '관련된' 것만을 압수하여야 한다고 명시하고 있다. 그리고 증거물 또는 몰수할 수 있는 물건을 압수할 수 있다고 규정하고 있는데 여기서 몰수할 물건이란 형법 제48조에 기재된 '범죄행위에 제공하였거나 범죄행위로 인하여 생긴 물건' 등을 의미한다. 따라서 압수경위는 "본 압수물은 피의자가 고소인을 협박한 음성파일을 담은 USB메모리이다" 등으로 시작하는 것이 바람직하다. 또한 압수물의 특징(명칭, 길이, 크기 등)도 상세히 기재할 필요가 있다.

### ● 나. '임의제출' 압수조서 중 '압수경위' 예시

고소인이 2019. 8. O. 14:00경 우리서 형사과 형사O팀 사무실에서 본건 협박 사건에 대한 고소보충조서를 작성하면서 이것이 당시 피고소인이 자신을 전화로 협박하기에 통화녹음 기능을 사용하여 휴대폰(기종, 번호)에 녹음한 후 USB메모리(용량, 제조사 등)에 담아 본건 증거로 사용하게 해달라며 본직에게 임의로 제출하므로 이를 증거로 삼고자 사법경찰관 경O OOO을 참여하게 하고 별지 목록과 같이 압수하다.

**[압수조서 예시(임의제출)]**

| 압 수 조 서 (임의제출) |
| --- |
| 김OO에 대한 협박 피의사건에 관하여 2019. 8. OO. 00:00 경기성남수정경찰서 형사과 형사 O팀 사무실에서 사법경찰관 경O OOO은 사법경찰리 경OOOO을 참여하게 하고, 별지 목록의 물건을 다음과 같이 압수하다. |

## 압 수 경 위

① 고소인(소유자, 소지자, 보관자 중 누구인지 명시)이 2019. 8. O. 14:00경 우리서 형사과 형사O팀 사무실에서 본건 협박 사건에 대한 고소보충조서 작성중 USB 메모리 1개(제조사, 용량)를 보여주면서, ② 이것이 약 1주일 전 피고소인이 자신을 전화로 협박하기에 통화녹음 기능을 사용하여 휴대폰(기종, 번호)에 녹음한 후 USB메모리(용량, 제조사 등)에 담은 것이니 본건 증거로 사용하게 해달라며 본직에게 임의로 제출하므로(제출 과정의 임의성) 이를 증거로 삼고자 ③ 사법경찰관 경O OOO을 참여하게 하고(참여절차) 별지 목록과 같이 압수하다.

| 참여인 | 성 명 | 주민등록번호 | 주 소 | 서명또는날인 |
|---|---|---|---|---|
| | | | | |
| | | | | |
| | | | | |

2019. 8. .
성남수정경찰서

사법경찰관 ○ ○ ㊞
사법경찰리 ○ ○ ㊞

실전편(고소장 분석부터
조사 후 수사결과보고 작성까지)

제
3
장

# I 사기죄 수사

## 1. 사기죄 개론

◆형법

**제347조 (사기)**

① 사람을 기망하여 재물의 교부를 받거나 재산상의 이익을 취득한 자는 10년 이하의 징역 또는 2천만원 이하의 벌금에 처한다.〈개정 1995.12.29〉

② 전항의 방법으로 제삼자로 하여금 재물의 교부를 받게 하거나 재산상의 이익을 취득하게 한 때에도 전항의 형과 같다.

### 사기

| 조문 | **형법 제307조(사기)**<br>① 사람을 기망하여 재물의 교부를 받거나 재상산의 이익을 취득한 자는 10년↓ 징역 또는 2천 만원↓ 벌금에 처한다. |
|---|---|
| 구성요소 | ① 기망행위 —— 구체적인 거짓말, 행동에 대한 표현<br><br>② 지불의사(능력) 부재 —— 그러나 사실은 피의자는 …할 의사(능력)가 없었다.<br><br>③ 재물(재산상 이익) 취득 행위 —— 이에 속은 피해자로부터 …를 교부받았다.<br><br>④ 마무리 —— 이로써 피혐의자는 피해자를 기망하여(재물 또는 재산상 이익)을 교부받았다. |

일반적인 사건흐름은 "고소장 접수 - 죄명 판단 - 진술조서 - 피신조서 - (대질조사, 증거수집) - 수사결과보고 작성, 송치 또는 불송치결정 - (경우에 따라 보완수사)"식으로 진행된다.

사기죄란 사람을 기망하여 재물을 편취하거나 재산상의 불법한 이익을 취득하거나 제3자로 하여금 얻게 하는 행위를 내용으로 하는 범죄이다. 미수는 처벌하나 예비나 음모는 처벌하지 않는다.

사기죄의 구성요건으로는 객체, 기망행위, 착오의 야기, 처분행위, 재산상 이익의 취득, 주관적 구성요건이 있다.

사기죄의 객체는 "재물 또는 재산상의 이익"이다.

기망행위란 속이는 것, 즉 허위의 의사표시에 의하여 타인을 착오에 빠뜨리는 일체의 행위를 말한다. 예컨대 돈을 갚을 생각이나 능력이 없으면서 틀림없이 갚겠다며 돈을 빌려달라는 행위, 건물 공사를 맡기더라도 공사대금을 줄 생각이나 능력이 없으면서 틀림없이 지불하겠다며 공사를 맡기는 행위 등이 이에 해당한다. 그 종류로는 작위에 의한 기망행위(명시적, 묵시적), 부작위에 의한 기망행위(보증인지위와 고지의무가 있어야 하며, 작위에 의한 기망과 그 행위양태에 있어서 동가치로 인정되어야 한다)가 있다.

착오의 야기란 인식과 현실의 불일치를 말한다. 즉 피고소인은 고소인에게 빌린 돈을 틀림없이 갚겠다고 약속했는데 사실은 피고소인이(차용 당시) 돈을 갚을 의사나 능력이 없었던 경우 등을 말한다. 기망행위와 피기망자의 착오 사이에는 인과관계가 있어야 하고, 인과관계가 결여된 경우에는 미수가 된다. 예컨대 피고소인은 고소인을 속여 변제능력이 없음을 숨기고 돈을 빌려달라고 하였으나, 피고소인의 사정을 다 아는 고소인이 돈을 돌려받을 생각이 없이 불쌍해서 돈을 준 경우 경우에 따라 사기미수가 될 수 있다.

처분행위란 직접 재산상의 손해를 초래하는 작위 또는 부작위를 말한다. 예컨대 돈을 직접 주거나 계좌이체를 해주거나 보증을 서주거나 하는 경우를 말한다. 법률행위(예 : 계약체결)든 사실행위(예 : 노무제공)든 가리지 않으며 법률행위인 경우 유효, 무효 내지 취소가능성 여부를 불문한다.

재산상 이익의 취득이란 피기망자의 처분행위로 인하여 자기 또는 제3자가 재산상 이익을 취득하여야 한다. 행위자가 얻은 재산상 이익은 피해자가 입은 재산상 손해에서 직접 비롯된 것이어야 한다. 피해액의 산정에 있어 유의할 점은 일부 변제받은 금원이 있거나 담보가 제공된 경우라도 애초 빌려준 돈 전부가 피해금액으로 된다는 점이다(대판 2017도12649판결 참조). 그리고 제3자로부터 금원을 융자받을 목적으로 타인을 기망하여 그 타인 소유의 부동산에 제3자 앞으로 근저당권을 설정하게 한 경우 그 구체적 이득액은 원칙적으로 그 부동산의 시가 범위 내의 채권최고액 상당이다(대판 2010도12928판결 참조).

사기죄는 고의범이고 영득죄이므로 고의와 불법영득, 이득의사가 있어야 한다.


## 2. 사기죄의 분류

사기죄는 대상이나 행위에 따라 재물사기, 이익사기, 부작위에 의한 사기 등으로 구분할 수 있고, 수법에 따라 차용사기, 소송사기, 대출사기, 투자금 명목의 차용금 편취, 부동산 매매 관련 사기, 납품 사기(외상 떼어먹기), 속여 팔기, 무전취식, 사례비나 취직 알선 명목 사기, 컴퓨터 등 사용사기 등으로 구분할 수 있다.

## 3. 사기사건 상담요령

### ● 가. 차용사기

#### 1) 고소인의 진술

"저는 피고소인에게 2018. 7. 1.경 돈 1,000만원을 빌려주었으나 전혀 돌려받지 못하였습니다. 이때 1,000만원은 피고소인의 계좌 OO은행 OOO-OOO로 송금하였고 이체내역서가 있습니다. 피고소인은 '1000만원을 빌려주면 연 24%의 이자를 지급하겠고 1개월 후에 틀림없이 갚겠다'라고 약속하면서 차용증을 써 주었습니다. 그런데 피고소인은 애초의 약속과는 달리 변제기일이 지나도록 차일피일 미루면서 원금 1,000만원은 물론 첫달의 이자조로 20만원을 받은 것 외에는 전혀 변제받지 못하고 있습니다. 피고소인의 행태로 보면 피고소인은 처음부터 갚을 생각이나 능력이 없으면서도 마치 갚아줄 것처럼 고소인을 속여 1,000만원을 빌린 것이 분명합니다. 피고소인을 사기죄로 처벌해주세요."

#### 2) 상담의 핵심

먼저 침해된 법익이 돈, 즉 재산이라고 하고, 피해품이 고소인에게서 피고소인으로 간 것이고, 여태까지 못 갚은 것으로 보아 속여서 빌린 것 같다고 한다거나, 빌려주고 나서 나중에 알게 되었는데 당시 피고소인이 한다는 사업도 어려웠고 신용불량이라 처음부터 갚을 능력이나 생각이 없었던 것 같다고 하면 차용사기를 떠올린다.

차용금의 편취에 의한 사기죄의 성립 여부는 '차용 당시'를 기준으로 판단하여야 하므로, 피고인이 차용 당시에는 변제할 의사와 능력이 있었다면 그 후에 차용금을 변제하지 못하였다고 하더라도 이는 단순한 민사상의 채무불이행에 불과할 뿐 형사상 사기죄가 성립한다고 할 수 없고, 한편 사기죄의 주관적 구성요건인 편취의 범의의 존부는 피고인이 자백하지 아니하는 한 범행 전후의 피고인의 재력, 환경, 범행의 내용, 거래의 이행과정, 피해자와의 관계 등과 같은 객관적인 사정을 종합하여 판단하여야 한다(대판 2007도10770판결).

즉 차용사기는 사기죄의 여러 유형 중 매우 단순한 구조이나 고소인이 차용 당시 피고소인의 내심의 변제의사나 객관적인 변제자력을 아는 경우는 거의 없고, 단지 '지금 갚지 못하고 있다'는 이유로 '처음부터 속인 것이다'라고 주장하기 때문에(그렇지 않다면 민사사안으로 되어 형사고소장을 접수하기 어렵게 되므로) 피고소인이 변제의사가 없었음을 인정(자백)하지 않는 이상 변제능력이 없었음을 객관적으로 입증하는 것은 쉽지 않은 문제이다. 따라서 고소인은 나중에 들은 피고소인의 경제적인 어려움, 고소 당시까지 미변제된 사실 등 몇 가지 단편적인 자료만을 토대로 사기죄를 주장할 수밖에 없고 편취혐의의 입증은 수사기관의 몫이 된다.

이 사안의 경우 피해액은 2018. 7. 1.경 고소인이 피고소인에게 교부한 돈 1,000만원이 될 것이고, 중간에 받은 이자 20만원은 공제하지 않는다.

### 3) 증거의 수집

형사소송법 제307조(증거재판주의)에 따르면 "사실의 인정은 증거에 의하여야 하고, 범죄사실의 인정은 합리적인 의심이 없는 정도의 증명에 이르러야" 한다. 이 말은 범죄의 구성요건을 이루는 사실들이 모두 증거에 의해 인정되어야 한다는 의미이다. 그 증거에는 진술 등 인적 증거, 차용증이나 계좌이체 내역서 등 물적증거가 있다. 그리고 위험한 물건을 휴대하여 폭행했다는 특수폭행의 경우 '위험한 물건' 자체도 구성요건의 하나인 만큼 엄격하게 증거로서 입증되어야 할 대상이다. 따라서 수사란 어떤 범죄인지 확인하고 범인을 찾으면서 증거를 수집하는 과정이라 할 수 있다. 이는 수사관의 힘만으로는 어려울 때가 많으므로 고소인의 적극적인 협조를 이끌어내는 수사관의 능력이 필요하다. 그래서 고소장을 받는 과정에서 민원인에게 "이 범죄로 상대방이 처벌받을 수 있으려면 그에 맞는 증거가 필요합니다"라고 안내해 주어야 한다.

객관적 구성요건을 명확히 하기 위해 돈을 빌려줄 때 돈을 빌려준 일시와 장소(차용일시는 공소시효 도과여부를 확인하기 위해, 차용장소는 관할권을 특정하기 위해 필요하다), 피고소인이 한 말(확실한 지급에 대한 약속, 이자율이나 변제기일에 대한 약정, 담보제공의 여부, 차용의 명목)을 확인한다.

수 차례 돈을 빌려준 경우 각각의 범죄마다 공소시효가 진행되고, 마지막에 빌려준 날+사기죄의 공소시효 10년-1일이 최종 공소시효 만료일이 된다.

그리고 돈을 빌려준 이유를 속였는지, 차용할 금전의 용도나 변제할 자금의 마련방법에 관하여 사실대로 고지하였더라면 상대방이 응하지 않았을 경우에 이에 관해 진실에 반하는 사실을 고지하여 금전을 교부받았다면 사기죄가 성립할 것이나(대판 2003도5382판결), 피고소인이 말한 차용금 용도의 목적이 실현되지 않더라도 어차피 금원을 대여하기로 합의하여 교부한 경우는 차용금 용도가 거짓이었더라도 기망행위와 피해자의 재산적 처분행위와의 사이에 상당인과관계가 인정되지 않는다(대판 83도2818). 따라서 일단 피고소인이 말한 차용목적은 확인하여야 한다.

돈을 빌려주었다는 사실 자체를 입증하기 위해 차용증, 계좌이체 내역서, 공정증서, 당사자 사이에 차용사실의 인정 및 변제기일이나 변제조건에 관하여 논의한 문자메세지/내용증명/카카오톡 등 메신저로 대화한 내역 등을 제출받는다.

외환거래의 경우 피해액은 차용 당시를 기준으로 산정해야 하므로 차용 당시의 환율로 계산한다.

혹시 고소인이 피고소인의 객관적인 재산상태를 추정할 수 있는 자료가 있는지, 예컨대 피고소인이 파산이나 회생을 신청했다거나, 직접 또는 주변에서 듣기로 채무가 많았는지, 부동산을 보유하거나 매각한 것이 있는지, 일정한 직업이 있는지 등을 묻는다.

당사자 사이에 민사소송이 있었는지, 그러한 절차에서 고소인의 채권이 제대로 인정되었는지도 확인한다.

사기죄에는 친족상도례가 적용되므로 직계혈족, 배우자, 동거친족, 동거가족 또는 그 배우자인지, 기타 동거하지 않는 친족이나 가족인지 확인한다. 주로 고소장의 고소사실 중 '당사자 간의 관계' 부분에 나와 있다.

범죄의 피해자가 아닌 자가 고소인을 대리하여 고소장을 제출하는 경우 또는 여러 고소인 중 대표로 정한 자가 고소장을 제출하는 경우 위임장을 제출받는다.

◆ 관련근거

**범죄수사규칙**

**제45조(고소의 대리 등)** ① 경찰관은 「형사소송법」 제236조의 규정에 따라 피해자로부터 위임을 받은 대리인으로부터 고소를 수리할 때에는 위임장을 제출하게 하여야 한다.

② 경찰관은 「형사소송법」 제225조부터 제228조까지에서 규정한 피해자 이외의 고소권자로부터 고소를 수리할 때에는 그 자격을 증명하는 서면을 제출하게 하여야 한다.

③ 전항 고소권자의 위임에 따른 대리인으로부터 고소를 수리할 때에는 제1항 및 제2항의 서면을 함께 제출하게 하여야 한다.

④ 제1항부터 제3항까지의 규정은 고소를 취소하는 경우에 준용한다.

## 4) 범죄사실의 완성

"피고소인은 2018. 7. 1.경 OOO(차용장소)에서 고소인에게 '1,000만원을 빌려주면 연 24%의 이자를 지급하겠고 1개월 후에 틀림없이 갚겠다'라고 거짓말하였다. 그러나 사실 피고소인은 돈을 빌리더라도 이를 갚을 의사나 능력이 없었다.

피고소인은 이에 속은 고소인으로부터 피고소인의 계좌 OO은행 OOO-OOO로 1,000만원을 송금받아 이를 편취하였다."

## 5) 고소장의 작성 예시

형사고소장은 민사소송법 제249조(소장의 기재사항-① 소장에는 당사자와 법정대리인, 청구의 취지와 원인을 적어야 한다.)와 같은 엄격한 형식은 없다. 다만 각하처리되지 않게 공소시효가 도과되지 않고, 친족상도례에 걸리지 않고, 동일한 사건을 재고소하지 아니한 것이고, 범죄의 피해자가 고소한 것임을 기재하고, 당사자와의 관계, 구성요건해당성이 충족되는 사실, 결어, 첨부서류, 작성일자, 제출받는 경찰관서 순으로 기재하고, 고소장이 여러 장일 경우 매 장마다 간인한다.

---

## 고 소 장

고소인: A

피고소인: B

　-고소취지-

"피고소인을 사기죄로 고소하오니 처벌해주시기 바랍니다"

　-고소사실-

1. 당사자와의 관계

2. 차용해 준 사실

3. 미변제된 사실

4. 편취혐의의 주장

5. 결어(처벌의사 확인)

　-첨부서류

1. 차용증

2. 지급명령정본

3. 기타.......

2019. 7. 30.

고소인 OOO

OOOO경찰서장 귀하

---

## ● 나. 사업투자사기(사문서위조)

### 1) 고소인의 진술(투자금을 줬는데 떼어먹었다.)

"피고소인은 2016년 3월경부터 여러 차례 '경기도 OO시 OOOO센터와 EM납품계약을 체결했는데 이 계약을 실행하려면 사업운영에 필요한 기계와 EM재료 구입비가 필요하다'고 하면서 '돈을 투자하면 매월 이자 3%를 주고 수익금이 발생하면 50%를 더 주겠다'고 하면서 OO시와의 EM(Effective Microorganisms : 유용미생물군) 원액 원재료 납품계약서 등을 고소인에게 보여주고 고소인으로부터 2016년 7월 19일 금 2,000만원을 받은 것을 비롯하여 그때그때 납품계약서를 보여줘가며 2019년 2월 16일까지 총 55회에 걸쳐 합계 9억8천만원을 받아갔습니다.

그런데 알고 보니 피고소인은 돈을 가져갈 때부터 자금난이 심각하였고 이미 고리의 일수를 쓰고 있었고 고소인에게 보여준 EM납품계약서는 모두 위조된 것으로서 실제 납품계약이 체결되지 않았습니다. 계약서가 위조된 것을 알게 된 경위는, 피고소인이 제품 만드는 기계를 보여주는 것을 차일피일 미루며 보여주지 않다가 고소인이 '통장 보자. 다 말해라'고 다그치자 결국 피고소인이 '총 6억원의 일수와 사채가 있다. 계약서는 다 위조한 것이었다. 잘못했다. 살려달라'고 하면서 사실을 실토하였습니다.

이로 보아 피고소인은 저를 속여 투자금 명목으로 총 9억8천만원을 가져간 것이 분명하니 사기죄와 사문서위조, 위조사문서행사죄로 처벌해주세요."

### 2) 상담의 핵심

제조업이나 서비스업, 부동산, 금융업 등 어떤 사업에 투자하겠다며 돈을 주었다가 돌려받지 못하고 약속한 수익금도 받지 못했다며 사기로 고소하는 경우가 왕왕 있다. 이를 투자사기라고 한다.

이때 오가는 돈은 원금반환 및 일정액의 이자를 지급받기로 하는 소비대차계약에 따른 '대여금'일 수도 있고(민법 제598조), 당해 사업의 손익에 따라 수익금을 지급하는 '투자금'일 수도 있다. 대여금일 경우 차용 당시 변제의사나 변제자력이 있는지가 쟁점일 것이나, 투자금의 경우 (장래의) 사업의 성공가능성이 쟁점일 것이다. 따라서 금전의 성격이 투자금으로 보여진다면, 피고소인이 진행하려 했던 사업이 구체적으로 무엇이었는지, 투자 당시 그 사업의 성공가능성이 어떠하였는지, 돈을 못 받았다면 사후의 사정으로 사업이 실패한 것인지 아닌지를 확인하는 것이 중요하다.

사회적으로 문제되는 투자사기로는 개발호재를 빌미로 한 기획부동산 사기, 비트코인 등 신종 금융사기, 불법 금융투자업, 유사수신과 결합된 투자사기 등이 있다.

고소인이 피고소인에게 속았다고 한다면, 무엇을 속았다는 것인지, 예컨대 실체가 없는 사업을 명목으로 투자받았다거나 성공가능성이 거의 없음에도 이를 과장하여 투자받았다거나, 실체가 있고 성공가능성 여부는 당시 확실하지 않더라도 사회상규상 용인되지 않는 과장광고를 통해 투자하였다는 점을 확인해야 한다. 만일 사업의 실체가 있고 투자 당시 성공가능성 자체는 모르는 것이었고 열심히 사업을 하려고 하였으나 투자 당시 예상하지 못한 사정으로 수익금이 나지 않는 것이었다면 사기죄가 성립하지 않을 수 있다.

또 투자사기는 피해금액이 큰 경우가 많아 피해액이 5억원 이상이라면 특정경제범죄 가중처벌 등에 관한 법률위반 여부를 검토해야 한다.

그리고 겉보기에는 정상적인 사업이더라도 그 실체를 알게 되면 껍데기뿐인 투자사기가 있는데 대표적인 것이 이른바 '폰지사기'라고 하여 사업 자체에서 발생하는 수익금이 아니라, 뒤에 들어온 투자자의 돈으로 먼저 들어온 투자자에게 수익금을 지급하는 형태가 있다. 이 경우 겉으로 보기에는 안정적인 수익금이 지급되는 것처럼 보이나(그래서 초반에는 속았음을 인지하기가 어렵다) 더 이상 후속 투자자가 들어오지 않으면 나머지 투자자에게 더 이상 수익금을 지급할 여력이 되지 않아 마치 폭탄이 터진 것처럼 대량의 피해자가 생기게 되는데, 피의자가 이러한 사업을 했다는 점은 고소인이 입증하기는 쉽지 않으므로, 멀쩡히 들어오던 수익금이 더 이상 들어오지 않는데 그 이유는 잘 모르겠다는 고소인의 진술만 가지고 단순 민사사안으로 단정하면 안되고, 수사기관에서 사업 투자자의 규모, 수익금의 지급방법, 지급이 불가능해졌다면 그 이유 등을 집중적으로 수사하여야 한다.

### 3) 증거의 수집

투자사기 상담에 있어 수집해야 할 증거는 '사업의 실체', '사업수행 능력', '투자금의 지급내역 및 수익금의 수령 내역', 수인의 피의자들의 역할 등이다. 그리고 피의자가 고소인을 속이는 말이나 행동(기망행위)을 한 장소와 일시, 금액을 확인하는 것은 기본이다.

상식적으로 투자자는 단순히 피고소인의 말만 믿기보다는 투자 전 사업의 실체를 확인하려는 노력은 해보았을 것이므로 피고소인이 보여준 사업의 실체, 공장이나 영업장소, 보유한 특허나 기술, 관공서에서 받은 허가, 다른 투자자의 존재 등이 무엇인지 확인한다. 그럼으로써 피고소인이 사업을 수행할 능력이 있었는지 없었는지 추정할 수 있는 것이다.

또한 고소인이 피의자의 사업과 관련된 자금흐름을 파악할 수 있었거나 자금 관련정보를 제공받았다면 이를 제공받도록 한다.

그리고 피의자의 존재가 여러 명일 경우(회사 형태 등), 단순히 대표자만 고소해서는 실효성이 없을 수 있으므로(대표자가 이른바 바지사장일 수도 있으므로) 각자의 역할(투자자 모집책, 자금 담당, 설명회 담당 등)을 구분하여 진술을 받도록 한다.

그리고 사문서위조 및 동행사의 경우 문서를 위조한 행위와 위조문서를 행사한 행위는 별개의 죄가 되므로 각자의 일시, 장소를 특정하되 사문서위조의 일시, 장소를 모르면(고소장을 쓰는 단계에서는) '불상일자, 불상의 장소에서'라고 기재할 수도 있다. 또 피위조자를 특정하여야 하므로 문서의 명의자가 누구인지, 압날된 인장이 어떻게 쓰여있는지도 확인한다.

### 4) 범죄사실의 완성

#### ◈ 가) 특정경제범죄 가중처벌 등에 관한 법률위반(사기)

피고소인은 2016년 3월 ○○일경 ○○에서 고소인에게 '경기도 ○○시 ○○○○센터와 EM납품계약을 체결했는데 이 계약을 실행하려면 사업운영에 필요한 기계와 EM재료 구입비가 필요하다'고 하면서 '돈을 투자하면 매월 이자 3%를 주고 수익금이 발생하면 50%를 더 주겠다'고 하면서 ○○시와의 EM(Effective Microorganisms : 유용미생물군) 원액 원재료 납품계약서 등을 고소인에게 보여주었다. 그러나 사실 피의자가 고소인에게 보여준 납품계약서는 위조한 것이었고 피의자가 축산농협 등과 납품계약을 체결한 것은 없어 고소인으로부터 돈을 받더라도 수익금을 지급할 의사나 능력이 없었다.

피의자는 이와 같이 고소인을 속여 2016년 7월 19일 금 2,000만원을 받은 것을 비롯하여 이때부터 2019년 2월 16일까지 별지 범죄일람표와 같이 총 55회에 걸쳐 합계 9억8천만원을 교부받아 편취하였다.

#### ◈ 나) 사문서위조(죄수는 문서명의자의 수, 작성된 문서의 수를 기준으로 한다.)

피의자는 행사할 목적으로, 불상의 장소에서 불상일자에 EM 원액 원재료 납품계약서 양식에 공급자를 ○○로, ○○를 ○○로....기재하고 ○○시 EM센터, ○○축산업협동조합 등의 각 직인을 위 계약서에 압날하여 권리의무에 관한 별지 납품계약서를 위조하였다.

#### ◈ 다) 위조사문서행사(죄수는 문서를 행사한 횟수를 기준으로 한다.)

피의자는 ○○(일시)경 ○○(장소)에서 위 '나'항과 같이 위조한 ○○시 EM센터 명의의 EM 원액 원재료 납품계약서를 고소인에게 투자권유하는 자리에서 "이 계약서를 봐라. 납품계약이 체결되었으니 투자만 하면 틀림없이 수익금을 줄 수 있다"라며 고소인에게 보여주어 이를 행사하였다.

## 5) 고소장의 작성 예시

고 소 장

고소인: A

피고소인: B

　**-고소취지-**

"피고소인을 사기죄로 고소하오니 처벌해주시기 바랍니다"

　**-고소사실-**

1. 당사자와의 관계

2. 자금투자 경위

- 피고소인의 투자요구(약정, 유혹)

- 투자금의 지급(필요시 일람표 작성)

- 수익금 지급관련 사항

3. 피고소인의 기망행위

-사업 실체의 부존재

-투자 당시부터 사업수행능력 부족

-속은 사실을 알게 된 경위(또는 속인 것이 의심되는 사정)

- 편취혐의의 주장

4. 결어(처벌의사 확인)

　**-첨부서류**

1. 투자계약서

2. 위조된 납품계약서 등 피고소인이 사업을 운영하여 수익금을 줄 능력이나 의사가 없었음을 입증할 증거

3. 기타.......

2019. 7. 30.

고소인 OOO

OOOO경찰서장 귀하

## ● 다. 투자사기(유사수신과 결합)

### 1) 고소인의 진술

고소인이 "어떤 사업에 몇 구좌 단위로 투자금을 지급하고 투자를 하면 꾸준히 수익금을 지

급하겠고 원금보장이나 손실보장을 해주겠다고 하였는데 얼마간 수익금을 주다가 지금은 수익금이나 원금을 주지 않고 있습니다"라고 하면 유사수신과 결합된 투자사기 범행을 의심할 수 있다.

예컨대 다음과 같다.

"피고소인들은 사실은 돈을 빌려가더라도 이를 변제할 능력이나 의사가 없었음에도 고소인에게 금원을 투자금 명목으로 빌려주면 투자원금은 물론이고 고액의 수당을 이자명목으로 지급하여 줄 수 있는 것처럼 속여 고소인으로부터 투자금 명목으로 금원을 편취하기로 공모하였습니다.

첫째, 피고소인 1) 윤OO은 2018년 6월경 성남시 OO구 OO대로 XXX길 O에 있는 OOOO식당에서, 피고소인 2) 유OO이 운영하는 OOOO월드라는 제조회사에 사업자금에 대한 투자금 명목으로 돈을 대여하여 줄 것을 요청하면서, 1구좌에 650만원씩이니 능력이 되는대로 몇 구좌든 대여하여 주면 OOOO월드에서는 구좌당 매일 10만원씩 5개월간 고소인에게 원리금을 지급해주겠다고 거짓말하여 이에 속은 고소인으로부터 2018년 7월 5일부터 총 4회에 걸쳐 OOOO월드 명의의 OO은행 OOO-OO-OOOO계좌로 3,950만원을 송금받았습니다.

둘째, 피고소인 1) 윤OO은 2018년 12월 초순경 서울 OO구 OO동에 있는 고소인의 집 근처 카페에서, 피고소인이 OOOO라는 가상화폐 회사를 알고 있는데 그 가상화폐 회사에 800만원을 투자하면, 투자한 날로부터 3개월이 경과하는 날부터 매일 20만원씩 원리금 조로 총 1억원이 될 때까지 지급하여 준다고 거짓말하여 이에 속은 고소인으로부터 2018년 12월 21일 금 800만원을 송금받았습니다.

투자받은 경위에 대하여는, OOOO월드가 규모가 큰 회사인데도 사업이 잘 되어 추가로 공장을 짓느라 돈이 부족하여 건축 후 담보대출을 받을 때까지 단기적으로 돈을 융통하는 것이라며 저를 안심시켰습니다. 그리고 피고소인은 이후 얼마간 돈을 주다가 현재 책임을 미루며 전혀 돈을 지급하지 않고 있고 주변에 여러 피해자들도 있어 아무래도 사기 피해를 당한 것 같습니다. 그리고 피고소인 1) 윤OO은 "만약 OOOO월드에서 약속대로 돈이 나오지 않으면 내가 책임지고 원리금을 돌려주겠다"라고 말하였습니다.

피고소인들의 역할에 대하여는, 처음에 피고소인 1) 윤OO은 위와 같이 저에게 투자하라고 권유하였고, 2018년 7월 9일경 피고소인 1) 윤OO이 추어탕집으로 오라고 하여 모였더니 피고소인 2) 유OO이 나타나서 피고소인 1) 윤OO은 OOOO월드의 센터장으로 근무하고 있고, 윤OO에게 입금한 돈은 모두 OOOO월드로 입금되고 있으며, 모든 원금과 수익금은 OOOO월드에서 지급한다고 하면서, 현재 OO공장도 잘 돌아가고 있고 회사에 자산도 많으며 새로운 공장도 신축하고 있으니 회사 자금만 보아도 걱정할 것이 없다고 하면서, 만약 잘못되어도 자기는 개인재산도 많으니 개인재산으로라도 책임지고 원금은 돌려주겠다고 약속하였습니다.

경제적 피해 발생에 대하여, 피고소인은 약속기일이 되어도 원리금이 지급되지 않기에 피고소인 1) 윤OO에게 따지니까 사업이 어려워 수익금을 지급하고 있지 못하지만 기다려보라며 차일피일 미루고 있고, 개인재산으로 갚아준다던 피고소인 2) 유OO도 자기가 언제 그런 말을 했냐며 책임을 미루고 있습니다. 이로 보아 피고소인 1) 윤OO과 피고소인 2) 유OO은 함께 공모하여 고소인을 상대로 사기 및 유사수신행위 규제에 관한 법률 위반행위를 한 것입니다."

## 2) 상담의 핵심

투자사기 중 대량의 피해가 발생할 수 있는 대표적인 것이 '유사수신과 결합된 투자사기'이다. 이는 피의자들이 사업체 형태를 만들어 몇 구좌 단위로 투자를 하면 고액의 수당, 수익금을 지급해주겠다며 투자금을 받고, 일부 수익에 만족한 투자자가 계속 지인을 끌어들이게 되는 불법사금융의 형태이다. 금융기관이 아니면서 유사하게 금융업 활동을 하면서 금융감독원의 감독을 회피하게 되므로 막대한 피해가 발생할 우려가 크기 때문에 현행 '유사수신행위의 규제에 관한 법률'[43]에서 유사수신행위를 엄격히 금지하고 있다. 법률의 내용을 보면 금융 관련 법률에 의해 허가받지 않았거나 등록하지 않은 자가 '원금보장', '손실보장'이라는 말을 하며 투자를 받는 형태를 유사수신행위라 칭함을 알 수 있다.

사기죄와 유사수신행위의 규제에 관한 법률 제3조 위반죄는 각 그 구성요건을 달리하는 별개의 범죄로서 서로 행위의 태양이나 보호법익을 달리하고 있어 양 죄는 실체적 경합관계로 봄이 상당하므로[44] 두 개의 범죄사실은 별개로 작성하여야 한다.

## 3) 증거의 수집

돈을 달라고 한 명목, 그 일시와 장소를 파악하는 것은 기본이다. 그리고 피고소인이 고소인에게 보여준 사업의 실체가 있는지, 어떤 명목으로 투자를 하며, 투자금에 대한 수익금의 지급약속, 지급조건, 불이행시 지급을 담보할 수단을 말한 것이 있는지 확인한다. 그리고 구체적인 물증확보 차원에서 투자금을 지급하였거나 수익금을 받은 예금거래 내역서, 투자사실 등을 피고소인이 인정한 문자메세지나 카카오톡 대화내역, 차용증이나 투자약정서나 각서 등을 확보한다.

---

**43** 유사수신행위의 규제에 관한 법률 제2조 (정의) 이 법에서 "유사수신행위"란 다른 법령에 따른 인가 · 허가를 받지 아니하거나 등록 · 신고 등을 하지 아니하고 불특정 다수인으로부터 자금을 조달하는 것을 업으로 하는 행위로서 다음 각 호의 어느 하나에 해당하는 행위를 말한다.
　1. 장래에 출자금의 전액 또는 이를 초과하는 금액을 지급할 것을 약정하고 출자금을 받는 행위
　2. 장래에 원금의 전액 또는 이를 초과하는 금액을 지급할 것을 약정하고 예금 · 적금 · 부금 · 예탁금 등의 명목으로 금전을 받는 행위
　3. 장래에 발행가액 또는 매출가액 이상으로 재매입할 것을 약정하고 사채를 발행하거나 매출하는 행위
　4. 장래의 경제적 손실을 금전이나 유가증권으로 보전하여 줄 것을 약정하고 회비 등의 명목으로 금전을 받는 행위
**44** 대판 2008. 2. 29. 선고 2007도10414판결.

또 유사수신행위로 인정받기 위해서는 법률에 정한대로 출자금이나 원금의 전액 또는 그 이상을 지급할 것을 약정하고 돈을 받았다는 행위, 손실이 나면 보전해주겠다는 약속 등에 관한 증거자료도 확보한다.

또한 피고소인이 언급한 사업체가 금융감독원 등 유관기관에 등록이 되었는지 확인하고자 "금융감독원 홈페이지(www.fss.or.kr)연결→「제도권금융기관조회」선택 → 조회내용입력(지역·업종을 선택하거나 기관명을 직접입력) 조회결과 확인"의 절차를 거치는 것도 좋다.

가상화폐는 아직까지 출자금으로 인정되지 않고 있다.

### 4) 범죄사실의 완성

### ◈ 가) 사기

피고소인 1) 윤OO과 2) 유OO은 사실은 돈을 빌려가더라도 이를 변제할 능력이나 의사가 없었음에도 고소인에게 금원을 투자금 명목으로 빌려주면 투자원금은 물론이고 고액의 수당을 이자명목으로 지급하여 줄 수 있는 것처럼 속여 고소인으로부터 투자금 명목으로 금원을 편취하기로 공모하였다(범행의 공모관계).

① 피고소인 1) 윤OO은 2018년 6월경 성남시 OO구 OO대로 XXX길 O에 있는 OOOO 식당에서, 사실은 고소인으로부터 투자금 명목으로 돈을 빌려가더라도 이를 변제할 의사나 능력이 없음에도 불구하고, 피고소인 2) 유OO이 운영하는 OOOO월드라는 제조회사에 사업자금에 대한 투자금 명목으로 돈을 대여하여 줄 것을 요청하면서, "OOOO월드가 규모가 큰 회사인데도 사업이 잘 되어 추가로 공장을 짓느라 돈이 부족하여 건축 후 담보대출을 받을 때까지 단기적으로 돈을 융통하는 것이다. 1구좌에 650만원씩이니 능력이 되는대로 몇 구좌든 대여하여 주면 OOOO월드에서는 구좌당 매일 10만원씩 5개월간 고소인에게 원리금을 지급해주겠다. 만약 OOOO월드에서 약속대로 돈이 나오지 않으면 내가 책임지고 원리금을 돌려주겠다"고 거짓말하였다.

그리고 피고소인 2) 유OO은 2018년 7월 9일경 OO시 OO추어탕집에서 "윤OO은 OOOO월드의 센터장으로 근무하고 있고, 윤OO에게 입금한 돈은 모두 OOOO월드로 입금되고 있으며, 모든 원금과 수익금은 OOOO월드에서 지급한다. 현재 OO공장도 잘 돌아가고 있고 회사에 자산도 많으며 새로운 공장도 신축하고 있으니 회사 자금만 보아도 걱정할 것이 없다고 하면서, 만약 잘못되어도 나는 개인재산도 많으니 개인재산으로라도 책임지고 원금은 돌려주겠다고 거짓말하였다.

피고소인들은 이에 속은 고소인으로부터 2018년 7월 5일부터 총 4회에 걸쳐 OOOO월드 명의의 OO은행 OOO-OO-OOOO계좌로 3,950만원을 송금받아 편취하였다.

(2) 피고소인 1) 윤OO은 2018년 12월 초순경 서울 OO구 OO동에 있는 고소인의 집 근처 카페에서, 사실은 고소인으로 하여금 가상화폐 투자금 명목으로 돈을 받더라도 수익금이나 원금을 돌려줄 의사나 능력이 없음에도 불구하고, "내가 OOOO라는 가상화폐 회사를 알고 있는데 그 가상화폐 회사에 800만원을 투자하면, 투자한 날로부터 3개월이 경과하는 날부터 매일 20만원씩 원리금 조로 총 1억원이 될 때까지 지급하여 주겠다"라고 거짓말하였다.

피고소인은 이에 속은 고소인으로부터 2018년 12월 21일 금 800만원을 송금받아 편취하였다.

### ◈ 나) 유사수신행위의 규제에 관한 법률위반

이로 보아 피고소인 1) 윤OO과 피고소인 2) 유OO은 함께 공모하여 고소인을 상대로 사기 및 유사수신행위 규제에 관한 법률 위반행위를 한 것입니다."

### 5) 고소장의 작성 예시

**고 소 장**

고소인: A

피고소인: B

　－고소취지－

"피고소인을 사기죄로 고소하오니 처벌해주시기 바랍니다"

　－고소사실－

1. 당사자와의 관계

2. 자금투자 경위

– 피고소인의 투자요구(약정, 유혹)

– 투자금의 지급(필요시 일람표 작성)

– 수익금 지급관련 사항

3. 유사수신행위

– 사업체 투자 또는 수익금 지급을 약속하고 금전을 모으는 행위 적시

– 금융기관 미등록 여부

– 원금보장, 원금 이상의 수익 약정, 손실보장의 약정에 대한 입증

4. 피고소인의 기망행위

– 사업 실체의 부존재 또는 투자 당시부터 사업수행능력 부족

– 속은 사실을 알게 된 경위(또는 속인 것이 의심되는 사정)

– 편취혐의의 주장

5. 결어(처벌의사 확인)

　−첨부서류

1. 투자계약서

2. 사업실체의 부존재나 과다한 채무상태 등 피고소인이 사업을 운영하여 수익금을 줄 능력이나 의사가 없었음을 입증할 증거

3. 기타.......

2019. 7. 30.

고소인 OOO

OOOO경찰서장 귀하

## ● 라. 물품납품대금 사기

### 1) 고소인의 진술

◆물품을 납품하게 된 경위, 납품한 물건의 양과 가액, 대금변제 여부, 피고소인의 사업운영 상태, 사기라고 주장하는 이유 등을 중심으로 청취

"고소인은 대게 및 킹크랩을 수입, 판매하는 회사이고 피고소인들은 대게 및 킹크랩을 조리, 판매하는 자들입니다.

피고소인은 경기도 OO시 OO로 O에서 '왕OO대게'라는 상호로 대게 및 킹크랩을 조리, 판매하는 업체를 운영하고 있습니다.

피고소인들은 2017년 7월 2일 피고소인이 운영하는 위 '왕OO대게' 식당 내에서 고소인에게 '대게와 킹크랩을 공급하여 주면 늦어도 1주일 내 그 대금을 지불해주겠다. 지금 사업이 잘 되고 있으니까 걱정하지 마라'라고 말하며 고소인에게 대게 및 킹크랩을 공급하여 줄 것을 요청하였습니다.

그래서 고소인은 피고소인들에게 2017년 7월 4일부터 대게 85킬로그램 판매대금 1,785,000원을 공급하기 시작하여 2018년 1월 4일까지 대게 및 킹크랩 4.6톤 도합 1억원 가까이 공급하였으나 8회 이후부터는 잔금 지급 일부를 조금씩 미루어 오다가 결국 최종 10,241,400원을 주지 않고 떼어먹었습니다.

피고소인들은 2018. 7. 1.경 고소인에게 꼭 갚겠다는 지불각서를 써주었지만 지금까지도 전혀 갚지 않고 있습니다.

제가 나중에 알아본 바에 의하면 피고소인은 이미 고소인과 공급계약하기 전부터 모든 가게와 집기 등 재산이 압류되었고 신용상태는 매우 낮은 등급이라고 전해들었습니다. 이는 피고소인에게 쌀과 식자재를 공급한 다른 업자 박OO(010-1111-2323)에게 전해들은 사실입니다. 이

외에도 여러 납품업자들이 대금을 못 받아 힘들어한다고 들었습니다.

이로 보아 피고소인들은 처음부터 납품대금을 지급할 능력이나 의사가 없었던 것 같으니 철저히 조사하여 사기죄로 처벌해 주시기 바랍니다."

## 2) 상담의 핵심

사업을 하는 사람들 간에 물품대금을 미지급했다고 '사기죄로 고소하는 경우 편취범의가 계약 당시에 있었으면 형법상 사기죄가 성립할 수 있으나, 그것이 입증되지 않고 사후 경제적 어려움 등으로 인해 대금을 지급하지 못하였다면 민사상 채무불이행 책임만을 물 수 있다.

대법원은 2003. 1. 24. 선고 2002도5265판결에서 "[1] 거래물품의 편취에 의한 사기죄의 성립 여부는 거래 당시를 기준으로 피고인에게 납품대금을 변제할 의사나 능력이 없음에도 피해자에게 납품대금을 변제할 것처럼 거짓말을 하여 피해자로부터 물품을 편취할 고의가 있었는지의 여부에 의하여 판단하여야 하므로 납품 후 경제사정 등의 변화로 납품대금을 일시 변제할 수 없게 되었다고 하여 사기죄에 해당한다고 볼 수 없다. [2] 계속적인 물품거래 도중 일시적인 자금 압박으로 물품대금을 지급하지 못한 것에 불과한 피고인에게 거래 당시부터 편취 범의가 있었다고 보아 사기죄를 인정한 원심판결을 파기한다"고 판시하였다.

따라서 물품대금을 못 받았다며 고소한 고소인의 입장에서는 계약 당시부터 피고소인들이 물품대금을 지급할 의사가 없었다거나, 사업이 어려웠다거나 이미 과다한 부채가 누적되어 꾸준히 대급을 지급할 능력이 없었음에도 이를 숨기고 납품을 요청하였다는 정황 등을 최대한 수집하여야 하고, 수사기관의 입증 역시 이 부분에 중점을 두어야 한다.

## 3) 증거의 수집

피고소인이 물품대금을 요청하여 납품을 했다는 사실을 입증하려면 계약서, 거래처 원장, 공급거래 장부, 통장 거래내역 등을 제공받는다. 사기죄에 있어서 일부 대가가 지급되었다거나 담보로 제공된 사실이 있다고 하여도 편취금액은 애초에 교부받은 대금 전체이므로 피해액 계산시 유의하여야 한다.

그리고 고소인과 납품계약 당시부터 경제적 사정이 어려웠다는 점을 의심할 만한 자료(피고소인의 신용등급, 부채내역 등)도 첨부하면 좋으나 고소인 입장에서 취득하기 쉽지 않은 자료이므로 수사단계에서라도 확보하여야 한다. 그리고 고소인 외에도 대금을 받지 못한 다른 납품업자를 찾아본다.

그리고 예컨대 10회에 걸쳐 거래하면서 5회차부터 피고소인의 과다한 부채누적으로 그때부터 전혀 대금을 지급하지 못하였다면 고소인 입장에서는 "거래당사자의 신용이나 부도 직전의 상태 등 거래관계에 있어 마땅히 고지하여야 할 사항을 숨기고 계속 납품해달라고 하였으니 적어도 이때부터는 사기죄가 됩니다"라고 주장할 수도 있다.

## 4) 범죄사실의 완성

피고소인 1) 박OO, 2) 박OO은 경기도 OO시 OO로 O에서 '왕OO대게'라는 상호로 대게 및 킹크랩을 조리, 판매하는 업체를 운영하는 자들이다.

피고소인들은 상호 공모하여 2017년 7월 2일 피고소인이 운영하는 위 '왕OO대게' 식당 내에서 고소인에게 '대게와 킹크랩을 공급하여 주면 늦어도 1주일 내 그 대금을 지불해주겠다. 지금 사업이 잘 되고 있으니까 걱정하지 마라'고 말하며 고소인에게 대게 및 킹크랩을 공급하여 줄 것을 요청하였다. 그러나 피고소인들은 이미 그때부터 과다한 부채의 누적으로 식당 영업이 불가능하여 고소인으로부터 대게 및 킹크랩을 납품받더라도 그 대금을 지급할 의사나 능력이 없었다.

피고소인들은 이에 속은 고소인으로부터 2017년 7월 4일부터 대게 85킬로그램 판매대금 1,785,000원을 공급받은 것을 비롯하여 이때부터 별지 범죄일람표와 같이 2018년 1월 4일까지 대게 및 킹크랩 4.6톤 도합 10,241,400원을 공급받고도 그 대금을 지급하지 않고 이를 편취하였다."

## 5) 고소장의 작성 예시

**고 소 장**

고소인: A

피고소인: B

　-고소취지-

"피고소인을 사기죄로 고소하오니 처벌해주시기 바랍니다"

　-고소사실-

1. 당사자와의 관계

2. 물품 납품 경위

　– 피고소인의 사업

　– 물품 납품내역

　– 지급한 금액 및 미지급한 금액의 내역

3. 물품대금의 미변제 사실

4. 피고소인의 기망행위

– 계약 당시부터 지급의사나 지급능력의 부존재

– 속은 사실을 알게 된 경위(또는 속인 것이 의심되는 사정)

– 고소인이 확인한 피고소인의 경제적.상태

– 다른 피해자의 존재 등 편취혐의를 추정할 수 있는 단서

5. 결어(처벌의사 확인)

–첨부서류

1. 납품계약서

2. 물품 공급거래 장부

3. 세금계산서

4. 지불각서

5. 기타.......

2019. 7. 30.

고소인 OOO

OOOO경찰서장 귀하

## ● 마. 공사대금사기(도급계약사기)

### 1) 고소인의 진술

"고소인은 골조건축 전문 시공업체를 운영하고 있는 개인사업자로서 고소외 장OO 소유의 서울 OO구 OO동 XXX번지 지상에 건축면적 75.67㎡, 연면적 267.19㎡, 지상 5층 규모로 신축중인 공사현장에 공사가 끝나면 수고비로 1,000만 원을 지급하겠으니 작업인부 및 장비를 투입시켜 달라는 피고소인 윤OO의 요청으로 노임대마업자 및 장비업자를 투입시켜 작업에 참여하게 한 사실이 있습니다.

당시 위 현장에 인부 및 장비를 투입하는 조건으로, 노임 등은 청구 즉시 지급해주기로 했으므로, 고소인은 피고소인의 말을 믿고 사실상 고소인의 책임 하에 노임대마업자(일명 '품떼기') 및 장비업자 등으로 하여금 위 신축현장에서 작업하도록 하였습니다. 그리고 피고소인의 요청으로 고소인이 작업인부를 투입하게 해 주고 현장 식당 및 장비업체까지 모두 소개해주었습니다.

그럼으로써 시공이 진행되었는데 피고소인은 원래 약속한 대금지급을 작업인부 등에게 직접 해주지 않고, 고소인의 통장에 공사대금 7,050만원을 입금해주면서 고소인더러 현장인부들 노임과 기타 비용을 지급해주도록 요청하길래, 고소인이 피고소인으로부터 송금받은 대금 전액을 인부들에게 대신 지급해 주었습니다.

그러나 고소인은 피고소인에게 더 이상 대금을 지급받지 못하여 ① 2017. 7. 19.부터 2017. 10. 26.까지 철근, 콘크리트, 비계작업 등을 시공한 노임대마업자인 고소외 박OO에게 20,350,000원의 노임 및 ② 2017. 7. 25.부터 2017. 10. 26.까지 펌프카 장비를 투입한 장비업자인 고OO에게 4,400,000원, ③ 2017. 7. 19.부터 2017. 11. 1.까지 위 공사현장에서 작업 인부들의 식대 4,557,000원, ④ 2017. 9. 1.부터 2017. 10. 24.까지 크레인을 임차해 준 OO건기 대표 전OO에게 임대료 230만원등 공사대금 도합 31,607,000원을 지급해주지 못하였습니다.

이에 위 박OO, 고OO, 함바식당주인, 전OO은 건축주인 장OO에게 대금지급을 요구하였다가 피고소인 윤OO에게 받으라며 지급을 거절당하자 단순 소개인인 고소인에게 공사노임 및 장비대금을 지급할 것을 끈질기게 요구받고 있습니다.

비록 고소인의 소개로 신축현장에 위 박OO, 고OO 등 업자들이 시공에 참여한 것은 사실이나 이는 고소인이 피고소인의 대금지급약속을 믿었기 때문인데, 피고소인은 고소인의 신뢰를 배신하고 본인도 돈을 못 받았다며 박OO, 고OO에 대한 대금지급을 거절하고 있어 제가 위 공사대금 31,607,000원의 채무를 떠안을 판입니다.

피고소인은 공사대금을 제대로 지급할 능력이나 의사가 없었음에도 저를 속여 공사에 참여하게 하고도 공사대금 31,607,000원을 지급하지 않고 편취하였으니 사기죄로 처벌하여 주시기 바랍니다."

## 2) 상담의 핵심

도급계약이란 당사자 일방이 어느 일을 완성할 것을 약정하고 상대방이 그 일의 결과에 대하여 보수를 지급할 것을 약정하는 계약을 말하고, 목적물의 인도 또는 일의 완성시 도급계약에 따른 채무를 이행하여야 한다. 완성된 목적물 또는 완성 전의 성취된 부분에 하자가 있는 때에는 (예외적으로 하자가 중요하지 아니한 경우에 그 보수에 과다한 비용을 요할 때가 아니라면) 하자보수나 손해배상을 청구할 수 있고 이는 도급채무의 이행과 동시이행관계에 있다(민법 제664조 내지 제667조).

도급계약의 대표적인 사례는 건물을 지어달라는 공사도급계약이 대표적인 경우로서 현실적으로 대금미지급이나 하자보수 책임을 둘러싼 법적 분쟁이 많이 생긴다.

통상 고소인은 도급계약상 수급인으로서 채권자이고 피고소인은 도급인으로서 채무자인데, 고소인이 공사 전체를 맡을 수도 있고 공사의 일부분만을 맡을 수도 있으며, 공사 소개나 일부 용역 제공으로 인한 채권채무관계도 존재한다.

공사대금을 못 받은 고소인의 입장에서 민사책임은 물론 형사책임도 묻고 싶을 때 사기죄를 주장할 수밖에 없으나, 사기죄가 성립하려면 미지급사실 외에도 '계약 당시'부터 공사대금을 지급할 의사나 능력이 없었다는 점이 입증되어야 하므로 쉽지만은 않다.

그러나 "피고인이 자기자본이 거의 없는 상태에서 금융기관이나 다른 사람 등으로부터의 차용금 등만으로 막대한 대지구입비 및 건축공사비가 소요되는 호텔의 신축공사를 발주한 후 공사업자에게 공사대금을 지급하지 않은 사안에서, 피고인은 처음부터 공사업자가 호텔을 완공하여 주더라도 그 공사대금을 지급할 의사나 능력이 없음에도 공사업자와 사이에 호텔의 신축공사의 도급계약을 체결하고 공사대금을 지급하지 않은 것으로서, 피고인에게 위 공사계약 당시 공사업자에 대하여 공사대금을 편취할 범의가 있었거나 적어도 편취의 미필적 고의가 있었다고 추단하기에 충분하다"고 판시한 하급심판례(2004. 6. 10. 선고 2003고합438판결)도 있으므로 이러한 사건은 수사기관의 치밀하고 끈질긴 수사가 특히 요구되는 분야이다.

공사현장에서 거래관행상 공사대금이 지급되는 구조도 알고 있어야 한다. 통상 공사에 착수하기 전에 계약금(착수금-통상 공사대금의 10% 이상)을 수령하고 나머지는 공사진행 정도에 따라 기성고 비율에 의하여 조금씩 지급하게 되고 마지막에 잔대금을 지급하되 하자보수에 갈음하는 손해배상채권이 있으면 이를 공제함과 동시에 지급하게 되는 구조이다. 건축주나 수급인 모두 자기자본이 많지 않은 경우 기성금 지급여력의 부족으로 수급인, 하수급인 모두 줄줄이 경제적 어려움을 겪는 사건이 발생하기도 한다.

사기죄는 물론 횡령죄도 검토하여야 한다. 이 경우 피고소인이 계약 당시에는 공사대금을 지급할 능력이나 의사가 있었으나, 건축주(도급인)로부터 교부받은 공사대금을 타인을 위해 보관하고 있다가 공사대금 외에 개인채무나 다른 공사현장에 사용하는 등으로 임의소비한 경우 통상 이 돈은 자기 재산이 되어 횡령죄가 문제되지 않지만, 인부들의 노임을 피의자를 통해 지급하려고 하는 등 목적과 용도를 정해 위탁한 금전은 횡령죄의 객체가 될 여지가 있다.

공사대금을 못 받은 공사업자가 점유하고 있는 건물에 대해 유치권을 행사할 경우 주거침입, 재물손괴 등의 분쟁이 생길 수도 있고, 공사대금 채권을 허위로 부풀려 유치권에 의한 경매를 신청할 경우 소송사기죄의 실행에 착수하였다고 인정될 수 있다(2012도9603).

위 사건과 반대로 수급인의 사기범행이 문제되는 경우, 예컨대 제대로 수급인이 공사를 제대로 해 줄 능력이나 의사가 없이 공사계약을 체결하고 돈만 받고 공사를 완료해주지 않는 경우 사기죄로 고소할 여지가 있고, 공사대금을 부풀려 청구한 경우 "공사의 도급 또는 하도급계약에서 공사대금을 기성고 비율에 따라 산정한 기성금으로 분할 지급하기로 약정한 경우 수급인 또는 하수급인이 시공물량을 부풀려 기성금을 청구하고 이를 지급받는 경우, '설계물량과 시공물량 사이의 차이, 물량 차이의 발생원인, 기성고 비율의 산정방식, 약정공사대금의 결정방식과 설계변경에 따른 계약금액의 조정가능성' 등을 종합하여 고려하였을 때 '거래관계에서 신의와 성실의 의무를 저버리는 것으로서 사회통념상 권리행사의 수단으로 용인할 수 없는 정도에 이르렀다고 볼 수 있으면' 사기죄가 성립한다"고 판시한 판례도 있다.[45]

---

45 대법원 2016. 10. 13. 선고 2015도11200판결(사기).

## 3) 증거의 수집

해당 공사 자체의 존재를 입증하기 위한 건축허가표지나 착공신고서, 공사계약 체결사실의 존재를 입증하기 위한 공사도급계약서, 공사대금 지급내역 및 미지급내역을 입증하기 위한 세금계산서나 공사비 지급내역이나 통장거래내역서, 공사대금 채무를 독촉하였다는 내용증명이나 문자메세지나 카카오톡 대화내역 등을 제출받아야 한다.

그리고 고소인으로부터 공사비를 미지급한 이유를 알고 있는지, 피고소인의 경제적인 사정을 추정할 단서가 있는지(개인 채무내역, 채무변제를 독촉받고 있는 사실, 신용상태) 등을 확인한다.

또 공사를 진행하였다거나 공사대금 미지급사유 등을 알고 있는 관련자들의 사실확인서도 확인한다.

향후 수사사항에 해당하겠지만, 공사대금 미지급사유를 파악하기 위해서는 피고소인에 대한 수사진행시 피고소인이 해당 공사로 인해 이익을 보았는지, 손해를 보았는지 조사할 필요가 있다.

## 4) 범죄사실의 완성

피의자는 2017. 7. 초순경 서울 OO구 OO동에 있는 상호불상의 커피숍에서 고소인 김OO에게 "서울 OO구 OO동 OOO에 건축면적 75.67㎡, 연면적 267.94㎡, 지상 5층 규모의 제2종 근린생활시설 및 다가구주택 신축공사를 맡아서 하고 있는데 골조공사에 필요한 작업 인부와 장비를 투입시켜 주면 인건비와 장비대는 바로 지급하고, 공사가 끝나면 수고비로 1,000만 원을 지급하겠다."고 거짓말을 하였다. 그러나 사실 고소인의 알선으로 노무자와 건설기계 등을 공급받더라도 임금과 건설기계 임대료, 식대 등을 지급할 의사나 능력이 없었다.

피의자는 이와 같이 고소인을 기망하여 이에 속은 고소인의 알선으로 ① 노임대마업자(일명 : 품떼기) 박OO으로부터 2017. 7. 19.부터 2017. 10. 26.까지 철근공, 콘크리트공, 비계공을 공급받고 노무비 2,035만원과 ② OO중기 대표 고OO으로부터 2017. 7. 25.부터 2017. 10. 26.까지 펌프카장비를 임차하여 사용하고 임대료 440만원, ③ 2017. 7. 19.부터 2017. 11. 1.까지 위 공사현장에서 작업 인부들의 식대 4,557,000원, ④ OO건기 대표 전OO으로부터 2017. 9. 1.부터 2017. 10. 24.까지 크레인을 임차하여 사용하고 임대료 230만원을 각각 지급하지 아니하여 합계 31,607,000원의 재산상 이익을 취득하였다.

## 5) 고소장의 작성 예시

**고 소 장**

고소인: A

피고소인: B

－**고소취지**－

"피고소인을 사기죄로 고소하오니 처벌해주시기 바랍니다"

－**고소사실**－

1. 당사자와의 관계

2. 공사도급계약 또는 하도급계약의 체결

   － 고소인이 맡은 건축공사 또는 도급계약의 내용

   － 대금 지급조건 및 지체상금에 대한 약정

   － 공사비 지급금액 및 미지급 금액의 내역

3. 고소인의 도급계약의무 이행

   － 공사 완료 또는 미완료 사실

   － 공사를 완료하였으면 건물을 인도한 사실, 완료하지 못하였으면 하자로 인한 보수공사나 손해배상 등 분쟁 존재 사실

4. 피고소인의 대금지급의무 불이행

   － 고소인의 공사비용 투입내역

   － 기성금, 잔금 등 수령여부

5. 피고소인의 기망행위

   － 계약 당시부터 지급의사나 지급능력의 부존재

   － 속은 사실을 알게 된 경위(또는 속인 것이 의심되는 사정)

   － 고소인이 확인한 피고소인의 경제적 상태

   － 다른 피해자의 존재 등 편취혐의를 추정할 수 있는 단서

5. 결어(처벌의사 확인)

   －**첨부서류**

1. 견적서, 건축도급계약서

2. 공사비용 투입내역

3. 세금계산서

4. 사실확인서

5. 기타·······

2019. 7. 30.

고소인 OOO

OOOO경찰서장 귀하

## ● 바. 부동산사기(고소인을 기망하여 제3자를 위한 근저당권설정)

### 1) 고소인의 진술

"고소인들은 경기 OO시 OO동 임야 34,413㎡를 약 3분의 1씩 소유하고 있는 공유자들이고, 피고소인은 'OOO물류단지 주식회사'를 운영한다며 고소인들 소유의 토지를 매수하려고 한 사람입니다.

피고소인은 고소인들에게 토지를 구입하여 물류단지를 개발하는데 사용하겠다고 접근하여 그 구입 조건으로 '제3자인 박OO을 근저당권자로 하여 이 사건 토지에 대한 근저당권을 설정하도록 허락해주면, 계약금 2억 5천을 지불하겠다. 이후 본인이 이 토지에 대한 근저당권을 해소하고 잔금을 치르도록 하겠다.'고 했습니다.

이때 피고소인은 '근저당권을 설정해줘야 이 토지를 물류센터로 개발할 수 있다. 만일 본인이 2017. 6. 10.경까지 잔금을 지급하지 못할 경우, 2017. 11. 10.경까지 잔금을 지급할 것이며, 그 과정에서 발생하는 이자는 연 15%로 계산하여 11. 10.경 모두 변제할 것이다.' 라고 약속하였습니다. 그래서 계약금을 받은 날 고소인들의 각 지분에 대하여 채무자를 피고소인으로, 근저당권자를 제3자인 박OO으로, 채권최고액을 각 3억 9천만원으로 하여 근저당권을 설정하여 주었습니다.

그러나 현재까지 피고소인은 잔금을 치르지도 않았고 근저당권을 해제하지도 못하고 있어서 고소인들이 다른 곳에 토지를 팔 수 없도록 하고 있습니다. 피고소인은 처음부터 고소인들의 토지를 구입할 의사나 능력 없이 속여서 계약을 체결한 것이라고 보이기에 사기로 고소하는 바입니다. 당시 피고소인과 함께 작성하였던 부동산 매매계약서, 각서, 내용증명은 모두 고소장에 첨부하였습니다.

고소인들한테 '제3자가 이 사건 토지에 대한 근저당권을 설정하게 해주면 계약을 이행할 수 있다'고 하여 고소인들의 동의를 받아 박OO으로 하여금 이 사건 토지의 근저당권을 설정하게 한 것이 속인 것이고, 만일 박OO이 근저당권을 행사하는 경우 고소인들이 그 설정된 근저당권의 채권최고액 3억 9천만원씩을 각각 모두 변제하여야 할 상황에 처해 있습니다. 그래서 만일 피해를 본다면 3억 9천만원 x 고소인 수(3명)로 하여 총 11억 7천만원이 될 것입니다.

당시 피고소인은 이렇게 박OO에게 근저당권을 설정해 주면 물류 단지를 개발하여 수익을 창출할 수 있을 것이라고만 하였지만, 이것은 거짓말이었고 근저당권이 해제되지 않고 있으니까 다른 곳에 팔지도 못하고 있고, 피고소인이 설정된 근저당권에 대한 이자를 내야 하는건데 그것도 내지 않아서 저희가 지불하고 공탁을 걸어놓았습니다."

## 2) 상담의 핵심

사기죄는 피고소인 자신의 이익을 위한 행위여도 성립하나 제3자의 이익을 위한 행위여도 성립한다(형법 제347조 제2항).

고소인은 피의자의 채권자 박○○을 위해 자기 토지에 근저당권설정을 해 준 것이 사기죄라고 주장하고 있다. 사기가 되려면 기망행위, 착오의 야기, 재산상 이익의 취득, 불법영득의사가 모두 인정되어야 할 것이고 고소인은 기망행위와 착오를 주장하고 있으므로 매도인이 매수인의 채권자를 위해 근저당권을 설정해 준 것이 사기죄의 객체인 '재산상 이익'이 될 것인지 여부가 중요하다.

근저당권자는 경매절차에서 실제 채권액의 한도 내에서 채권최고액까지는 우선변제를 받을 수 있으므로 피고소인이 박○○에게 재산상 이익을 취득하게 하였음은 인정된다.

재산범죄에 있어 피해액이 5억원이 넘으면 특정경제범죄 가중처벌 등에 관한 법률을 적용한다.

이 사건에서 중요한 것은 고소인들이 제3자인 박○○에 근저당권을 설정해 준 것이 기망행위가 되느냐는 것인데, 고소인들은 그렇게 해줘야 잔금을 제대로 받을 것이라 믿었을 뿐 상세한 내역을 알기는 어려울 것이다. 다만 고소인들이 아는 것은 "피고소인이 박○○을 위한 근저당권을 설정해주면 해당 토지를 물류센터로 개발해서 수익을 창출할 수 있으므로 잔금을 정상적으로 지불해 줄 수 있다"는 말을 들은 것 뿐이므로, 향후 수사과정에서 그 근저당권이 물류센터 개발에 필요한 것이었는지(투자자 유치 등), 피고소인의 개인채무를 위한 담보제공에 불과하였는지를 확인하여야 한다.

## 3) 증거의 수집

부동산매매계약을 체결하였다면 그 계약서와 관련자료, 등기사항증명서를 확인한다. 이 사건의 경우 매매계약서와 근저당권설정계약서를 모두 확인한다. 등기 관련 자료를 고소인이 보유하고 있지 못한다면, 그 부속서류에 대하여 이해관계인으로서 열람을 청구할 수 있다(부동산등기법 제19조 제1항).

근저당권설정을 하였다면 근저당권설정계약서, 부동산 소유자의 위임장 등 등기 관련자료를 확보한다.

또 피고소인이 물류센터를 개발하겠다고 하였으므로 피고소인이 실제 사업을 운영하고 있었는지, 그 실체가 있는지 등에 대해 고소인으로부터 아는 만큼 확인한다.

## 4) 범죄사실의 완성

피의자는 부동산개발업에 종사하는 자이다.

피의자는 2017. 3. 6.경 경기 OO시 OO, 법무사OOO사무소에서 고소인들에게 "경기도 OO시 OO동 산OO번지 임야 34,413㎡에 대한 계약을 체결해주면 계약금으로 김갑, 김을, 정병에게 각 2억 5,000만원씩 지급할 테니 박OO이라는 자에게 채권최고액 3억9,000만원인 근저당권을 각각 설정하여 달라. 근저당권을 설정해주면 위 토지에 대한 잔금을 2017. 6. 10.경까지 지급하겠다. 그때까지 잔금을 지급하지 못하더라도 연 15%의 이자를 합산하여 2017. 11. 10.경까지 모두 지급하겠다." 라고 하였다.

그러나 사실 피의자는 고소인들이 박OO에게 위 토지에 대한 근저당권을 설정해주더라도 잔금을 지급해 줄 의사나 능력이 없었다.

그럼에도 불구하고, 피의자는 위와 같이 고소인들을 기망하여 이에 속은 고소인들로 하여금 2017. 3. 6.경 경기도 OO시 OO동 산OO번지의 임야를 각 공유지분에 따라 부동산매매계약하고, 건외 박OO에게 각 공유지분에 따른 채권최고액 3억9,000만원씩, 도합 11억7,000만원 상당의 근저당권을 설정하게 하였다.

이로써 피의자는 제3자인 박OO으로 하여금 11억7,000만원 상당의 재산상의 이익을 취득하게 하였다.

## 5) 고소장의 작성 예시

### 고 소 장

고소인: A, B, C

피고소인: D

　－고소취지－

"피고소인을 사기죄로 고소하오니 처벌해주시기 바랍니다"

　－고소사실－

1. 당사자와의 관계

2. 토지 매매계약의 체결

3. 근저당권의 설정

　－ 근저당권을 설정해 준 이유

　－ 피고소인과 근저당권자와의 관계

4. 피고소인의 잔금지급의무 위반 및 근저당권말소의무 위반

5. 고소인들의 피해

6. 피고소인의 기망행위

　　– 계약 당시부터 잔금지급의사나 지급능력의 부존재

　　– 잔금 미지급에도 불구하고 근저당권 말소 미이행

　　– 속은 사실을 알게 된 경위(또는 속인 것이 의심되는 사정)

　　– 고소인이 확인한 피고소인의 경제적 상태, 사업추진능력 유무

　　– 다른 피해자의 존재 등 편취혐의를 추정할 수 있는 단서

5. 결어(처벌의사 확인)

　　–첨부서류

1. 토지매매계약서

2. 근저당권설정계약서

3. 대금지급내역

4. 지불각서. 내용증명 등 피고소인에 대한 독촉

5. 기타.......

2019. 7. 30.

고소인 OOO

OOOO경찰서장 귀하

# 4. 차용사기 실전수사

## ● 가. 고소장 예시

고소인 송AA는 카드론을 받아 피고소인 성BB에게 2,800만원을 빌려준 사실이 있는데 이를 갚지 않고 있다는 고소내용이다.

# 고　소　장

(고소장 기재사항 중 ＊ 표시된 항목은 반드시 기재하여야 합니다.)

## 1. 고소인*

| 성 명<br>(상호·대표자) | 송 AA | | 주민등록번호<br>(법인등록번호) | |
|---|---|---|---|---|
| 주 소<br>(주사무소 소재지) | 충남 | | | ） |
| 직 업 | 보통인부 | 사무실<br>주소 | | |
| 전 화 | (휴대폰) 010 - | | (자택) | (사무실) |
| 이메일 | | | | |
| 대리인에<br>의한 고소 | □ 법정대리인 (성명 :　　　　　　　, 연락처　　　　　　)<br>□ 고소대리인 (성명 : 변호사　　　, 연락처　　　　　　) | | | |

※ 고소인이 법인 또는 단체인 경우에는 상호 또는 단체명, 대표자, 법인등록번호(또는
　사업자등록번호), 주된 사무소의 소재지, 전화 등 연락처를 기재해야 하며, 법인의 경우
　에는 법인등기부 등본이 첨부되어야 합니다.

※ 미성년자의 친권자 등 법정대리인이 고소하는 경우 및 변호사에 의한 고소대리의 경우
　법정대리인 관계, 변호사 선임을 증명할 수 있는 서류를 첨부하시기 바랍니다.

## 2. 피고소인*

| 성 명 | 성 BB | | 주민등록번호 | 70( |
|---|---|---|---|---|
| 주 소 | 경기도<br>동 1 | | | |
| 직 업 | | 사무실<br>주소 | | |
| 전 화 | (휴대폰) 010 - ; | | (자택) | (사무실) |
| 이메일 | | | | |
| 기타사항 | | | | |

※ 기타사항에는 고소인과의 관계 및 피고소인의 인적사항과 연락처를 정확히 알 수 없을
　경우 피고소인의 성별, 특징적 외모, 인상착의 등을 구체적으로 기재하시기 바랍니다.

## 3. 고소취지*

　고소인은 피고소인을 사기죄로 고소하오니　철저히 조사하여 법에 따라 처벌하여 주시기 바랍니다.

## 4. 고소이유

가. 고소인은 2016년 1월 피고소인에게 대여할 당시,　　　　산업(주) 대표인 피고소인이 고용한 직원이었습니다.

나. 피고소인은 <u>2016년 1월 27일 오전에,</u> 당시　　　　　산업(주) 사무실이었던 경기도 평택시　　　　　　　　　에서, 자금이 급히 필요하다 하여, 대여하여 주면 단기에 채무변제를 하겠다고 약속하고, 차용증을 작성후 <u>2016년 1월27일 오전 10시 경 및 오후 2시 경에, 1,500만원 1,300만원을 2차례에 나누어 총 2,800만원을 피고소인 법인통장에 입금</u>한 사실이 있습니다.

당시 고소인은 피고소인에게, 고소인 본인의 현금 동원 능력은 없어니, 고소인 본인의 명의로 된 카드를 이용하여 <u>카드론 대출을 받아 피고소인에게 대여하는 것이니, 신용을 부탁드렸습니다</u>

다.그러나 피고소인은 약속과 달리 <u>2016년 3월 4월 단 2차례, 카드론 이자</u>만 지급하였고 이후 <u>2018년 5월 현재까지 원금 및 이자 일체를 지급하지 않고 있으며, 2016년 10월부터 고소인의 통화등 통신을 회피 및</u> 답장을 거부하는등 단절하였고

고소인에게 한차례의 의논도 없이 <u>2017년 9월에 개인회생절차를 신청한</u>

상태입니다.

라.피고소인의 개인회생절차로 알게된 사항은, 2016년 1월27일 고소인이 피고소인에게 대여할 당시, 피고소인은 이미 많은 여러곳의 차입금으로, 고소인 본인에게 변제할 의사나 능력이 되지 않았고, 고소인의 대여금으로 또 다른 차입금 이자 및 카드결재료, 자동차 할부금을 되 갚는 등의 사실을 알게 되었습니다.

마. 따라서 피고소인은 고소인에게 변제 능력도 안되면서 거짓말을 하여 기망한 다음 고소인으로부터 2,800만원을 편취한 것이 분명하므로 조사하여 법에 따라 처벌해 주시기 바랍니다.

※ 고소이유에는 피고소인의 범행 경위 및 정황, 고소를 하게 된 동기와 사유 등 범죄사실을 뒷받침하는 내용을 간략, 명료하게 기재해야 합니다.

## 5. 증거자료

☐ 고소인은 고소인의 진술 외에 제출할 증거가 없습니다.

☑ 고소인은 고소인의 진술 외에 제출할 증거가 있습니다.

☞ 제출할 증거의 세부내역은 별지를 작성하여 첨부합니다.

## 6. 관련사건의 수사 및 재판 여부*

| ① 중복 고소 여부 | 본 고소장과 같은 내용의 고소장을 다른 검찰청 또는 경찰서에 제출하거나 제출하였던 사실이 있습니다 ☐ / 없습니다 ☑ |
|---|---|
| ② 관련 형사사건 수사 유무 | 본 고소장에 기재된 범죄사실과 관련된 사건 또는 공범에 대하여 검찰청이나 경찰서에서 수사 중에 있습니다 ☐ / 수사 중에 있지 않습니다 ☑ |
| ③ 관련 민사소송 유 무 | 본 고소장에 기재된 범죄사실과 관련된 사건에 대하여 법원에서 민사소송 중에 있습니다 ☑ / 민사소송 중에 있지 않습니다 ☐ (지급명령진행정) |

기타사항

※ ①, ②항은 반드시 표시하여야 하며, 만일 본 고소내용과 동일한 사건 또는 관련 형사사건이 수사·재판 중이라면 어느 검찰청, 경찰서에서 수사 중인지, 어느 법원에서 재판 중인지 아는 범위에서 기타사항 난에 기재하여야 합니다.

## 7. 기타

## ● 나. 수사방향 설정

비교적 단순한 구조의 차용사기이다. 그리고 실체판단보다 형식판단이 우선이므로 각하사유를 조사한다. 공소시효를 살펴보니 차용시점은 2016년이고 사기죄의 공소시효는 10년이므로 아직 많이 남아있다. 사기죄는 친고죄나 반의사불벌죄가 아니므로 일단 고소권자로부터 유효한 고소가 있으면 된다(검찰사건사무규칙 제69조 제3항 제5호 각하 사유 참조). 동일한 사안으로 검찰처분이 있음에도 재고소했다면 각하가 가능하니 이 점도 확인해본다. 일종의 공식처럼(공친반재), 즉 공(소시효)−친(고죄)−반(의사불벌죄)−재(고소 여부)를 살피는 것이 우선이다.

그 다음에는 실체판단으로 들어간다. 사기죄의 구성요건은 ① 기망행위 ② 착오 야기 ③ 타인 점유 타인의 재물 또는 재산상 이익의 처분행위 ④ 인과관계라고 하였다. 고소장에 위와 같은 항목이 적시되어 있는지(구성요건에서 하나라도 탈락되면 범죄가 성립하지 않는다), 이를 입증할 방법이 있는지를 확인한다. 사안에서 피의자가 고소인에게 돈을 빌려달라고 했고 아직까지 받지 못했다고 하며, "속아서 빌려줬다"라고 주장하므로 일단 실체판단으로 나아갈 필요가 있다. 그리고 특히 입증방법 등에 대해서 고소장만으로 완전한 판단이 힘들 경우 고소보충조서를 받으면서 보완한다.

## ● 다. 고소보충조서 예시

고소장만으로는 범죄수사에 나서기 부족하므로, 피고소인이 고소인에게 차용을 요구한 방법, 약속한 변제방법과 변제기한, 고소인이 알고 있던 피고소인의 차용당시 경제사정 및 이후의 경제사정, 미변제 이유, 증거관계 확인, 처벌의사 유무 등을 구체적으로 묻기 위해 고소보충조서를 받는다.

고소장에 빨간줄 친 부분을 보며 대략의 범죄사실을 잡고, 고소보충조서에 "언제, 어떻게 빌려달라고 했으며 왜 속였다고 생각하는지"를 물어가며 범죄사실을 구성한다.

---

문 : 누구를 어떤 혐의로 고소하는 것인가요?

답 : 성BB을 사기 혐의로 고소합니다.

문 : 성BB과는 어떤 관계인가요?

답 : 평택 OO읍에 있는 CC산업(주)의 대표가 성BB이였고 저는 거기서 일했습니다.

문 : 피고소인으로부터 어떤 피해를 입은 것인가요?

답 : 2,800만원을 빌려줬는데 이자 2번만 지급하고 원금과 나머지 이자는 한푼도 변제하지 않아 피해를 입었습니다.

문 : 2,800만원을 빌려준 일시, 방법이 어떻게 되나요?

---

답 : 2016. 1. 27.경 CC산업(주) 명의 은행 계좌로 1,500만원. 1,300만원 2차례에 나누어 총 2,800만원을 송금해줬습니다.

문 : 피고소인이 돈을 빌려달라고 했던 장소는 어디인가요?

답 : 피고소인이 운영했던 평택시 OOOO CC산업(주) 사무실에서 빌려달라고 했습니다.

문 : 직접 진술인과 만나서 얘기를 했던 것인가요?

답 : 네.

문 : 피고소인이 뭐라고 하면서 돈을 빌려달라고 하던가요?

답 : 자금이 급해서 필요하니 빌려주면 단기 내에 갚겠다고 했습니다.

문 : 단기 내라면 정확히 며칠 또는 몇 달 내로 갚겠다고는 안했던 것인가요?

답 : 단기 몇 개월 내에 갚겠다고 했습니다.

문 : 뭐하는데 자금이 필요하다고 하던가요?

답 : 그런 말은 안했습니다 그냥 자금이 필요하다고 했습니다.

문 : 자금을 어디에 사용한다고 한다는 말을 안했었다는 말인가요?

답 : 네.

문 : 그러면 자금을 어떻게 해서 갚겠다고 하던가요?

답 : 그런 말도 안했었고 그냥 단기내에 갚겠다고만 했습니다.

문 : 이자는 얼마를 받았나요?

답 : 제가 당장 빌려줄 돈이 없어서 제 명의로 된 카드를 이용하여 카드론 대출을 받아서 피고소인에게 돈을 빌려줬었는데 카드론 대출에 약정된 이자를 2번만 변제했었고 나머지 이자와 원금은 전혀 변제하지 않았습니다.

문 : 그 이자 2번은 첫 번째 이자와 두 번째 이자만 변제하고 그 뒤로는 이자 변제를 하지 않았다는 말인가요?

답 : 네.

문 : 이자는 얼마를 냈나요?

답 : 제가 증거자료로 첨부한 고소장의 지급명령서의 청구원인을 보니까 피고소인은 2016. 1. 27.경 금원을 빌려간 이후 2016. 2.경 457,158원, 2016. 3.경 331,151원, 2016. 4.경 310,147원의 카드론 이자를 지급했고 2016. 11. 11.경에는 2016. 4.경 이후로 지급하지 않았던 이자의 일부 500,000원을 지급하여 총 1,598,446원의 이자만 지급했었습니다.

문 : 피고소인과 이 건 말고도 이전에도 돈거래를 했었던 사실이 있었나요?

답 : 네. 1회 있었습니다.

문 : 언제 얼마를 빌려줬나요?

답 : 2015. 10.경 쯤에 1천만원을 빌려줬었고 그 돈은 갚았습니다.

문 : 피고소인은 변제기일이 지났음에도 불구하고 아직까지도 왜 돈을 변제치 않고 있는 것인가요?

답 : 이유는 모르겠습니다. 돈이 없다고만 할 뿐입니다.

문 : 피고소인으로부터 속은 것이 있나요?

답 : 네, 돈을 빌려준 것에 대해서 변제 능력과 의사도 없으면서 빌려간 것이 저를 속인 것이라 생각합니다.

문 : 피고소인이 변제 능력이 없었다는 것에 대한 근거가 있나요?

답 : 최근에 법원에서 보내온 송달 자료인 개인회생채권자목록을 보고 알았습니다. 피고소인이 개인회생을 신청했습니다. 자료를 보면 저로부터 돈을 빌리기 이전 시점부터 SOO저축은행, 경기OOOO재단, 주식회사 OO카드, OO캐피탈 주식회사, OO보증기금, OO캐피탈주식회사 총 6건의 채무가 존재했었기에 변제 능력이 없다고 볼 수 있는 것입니다.

문 : 돈을 빌려줄 때 피고소인을 신뢰한 이유가 무엇인가요?

답 : 일단은 대표였고, 두 번째로는 전에 1회 빌려주었던 적이 있었는데 약속을 어기지 않고 채무를 변제해줬고 이번에는 금액이 좀 더 크게 빌려줬지만 이번에도 당연히 갚을 줄 알고 빌려줬던 것입니다.

문 : 피고소인이 변제 능력이 있었던 것으로 믿었던 것인가요?

답 : 네, 당연히 어떻게 해서든 갚아 줄 것으로 알고 있었던 것이죠.

문 : 피고소인한테 변제 능력이 있는지 확인하지는 않았나요?

답 : 네, 앞전에도 돈을 빌려줬을 때 약속을 지켜서 갚았기 때문에 확인하지 않았습니다.

문 : 이 건에 대해 민사소송을 진행한 것인가요?

답 : 네, 제가 승소했습니다.

문 : 피고소인의 범죄혐의가 인정될 시 처벌을 원하나요?

답 : 네.


## ● 라. 피의자신문조서 예시(요약)

-고소인과의 관계, 고소인에게 돈을 빌린 사실을 확인(돈을 빌린 일시, 장소, 명목을 한꺼번에 뭉뚱그려 묻는 것이 아니라 빌린 횟수 전부에 대하여 일시, 장소, 명목을 구분하여 물어본다)
-돈을 빌린 명목, 돈을 빌릴 당시 무엇이라고 말하며 빌려달라고 하였는지(기망행위)를 물어본다.
-돈을 빌릴 당시 경제적인 상태, 돈을 갚을만한 의사나 능력이 있었는지 유무를 입증방법을 요구하며 물어본다(기망행위와 착오유발 간의 인과관계 규명).

－돈을 갚기 어려웠던 객관적인 상태가 드러나면(또는 증거로 추궁하여 그에 대해 인정을 받아내면) 어떤 계획으로 돈을 갚을 생각을 한 것인지. 그래도 못 갚게 되는 결과가 되었다면 그것이 피해자에 대하여 속인 것은 아닌지 묻는다(경우에 따라 미필적 고의에 의한 조사기법 활용).

－빌린 돈의 사용처를 묻는다(기망행위와 연관될 수 있음). 빌린 돈의 사용처를 묻는다(기망행위 입증과 연관될 수 있다. 피의자가 차용명목대로 차용금을 사용하였는지 또는 기존 채무 변제나 생활비 등으로 사용하였는지 조사한다. 차용명목과 관계없이 사용하였다면 "도대체 무슨 돈으로 갚으려고 했던 것인가요?"라고 물어본다. 또 계좌추적, 수표추적 등을 위해 본인의 동의서나 압수영장이 필요할 수도 있다.

－돈을 빌릴 당시의 채무, 채권 등을 확인한다. 채권이 있다면 그것이 회수가능한 것인지도 확인한다.

－피의자가 어떤 사업을 해서 돈을 갚겠다는 계획을 세웠다고 진술하면 그것이 혐의를 부인하는 취지로 이해될 수 있다. 그럼에도 그 사업의 실현가능성이 있었는지. 설령 그 사업에서 수익이 나더라도 다른 채무를 막기에 급급하여 결국 고소인에 대한 채무를 갚을 여력은 없었던 것은 아닌지 묻는다.

－피의자가 변제 전후로 회생절차, 파산절차를 밟은 것이 있다면 그 신청경위 및 본건 채무 미변제에 대한 영향 여부를 묻는다.

－객관적인 채무초과상태에 기초한 미필적 고의의 인정여부. 가령 "위와 같이 피의자에게는 수많은 채무가 존재했었던 상황으로 당장 고소인의 돈을 갚을 여건이 되지 않았지만 팜 씨앗껍질 납품 사업을 통해 수익을 발생시키고자 하였으나, 사업이 이뤄지지 않아 수익을 발생시키지 못해 돈을 못 갚은 것은, 피의자는 이미 카드 돌려막기, 수많은 채무로 더 이상 감당하지 못할 차용금을 변제할 능력도 그 때 당시 없었고 위 사업을 진행하면서 수익을 발생시키고 있었던 시점도 아니었고 이제 막 위 사업을 시작하려고 했던 찰나라 갚을 능력을 속이고 고소인으로부터 돈을 빌린 것으로 보여질 수 있는데 어떻게 생각하나요"라고 물어볼 수도 있다.

　　고소보충조서를 받아보니 일단은 피고소인이 고소인을 속여 돈을 빌려간 것으로 의심된다. 따라서 우선 고소인의 주장이 사실인지, 즉 고소인에게 어떤 명목으로 돈을 빌려달라고 했는지, 갚은 것이 있는지, 당시 경제사정이 어땠는지, 갚을 능력이나 의사가 있었는지 등을 묻는다. 위 고소장에서는 피의자는 어려웠던 경제사정을 인정하면서도 갚을 의사는 있었다며 혐의를 부인하고 있다. 또한 피의자는 일을 하면 5천만원의 수익을 기대할 수 있어 그것으로 돈을 갚으려고 했으나 일이 잘 안되어 돈을 못 갚았다며 변제능력이 없었다는 점도 부인하고 있다.

　　그러나 당시 피의자는 채무액 4억원의 존재 및 그 채무를 돌려막기를 한 사실, 이후 개인회생신청을 하여 인가받은 사실 등을 인정하고 있어, 객관적으로 보더라도 설령 5천만원의 수익이 발생되더라도 기존 채무 4억원을 변제하는데 급급하여 고소인의 돈을 갚을 것으로는 도저히 기대되지 않는다. 이에 조사관은 "위와 같이 피의자에게는 수많은 채무가 존재했었던 상황으로 당장 고소인의 돈을 갚을 여건이 되지 않았지만 팜 씨앗껍질 납품 사업을 통해 수익을 발생시키고자 하였으나, 사업이 이뤄지지 않아 수익을 발생시키지 못해 돈을 못 갚은 것은, 피의자는 이미 카드 돌려막기, 수많은 채무로 더 이상 감당하지 못할 차용금을 변제할 능력도 그

때 당시 없었고 위 사업을 진행하면서 수익을 발생시키고 있었던 시점도 아니었고 이제 막 위 사업을 시작하려고 했던 때라 갚을 능력을 속이고 고소인으로부터 돈을 빌린 것으로 보여질 수 있는데 어떻게 생각하나요"라며 미필적 고의에 '쐐기를 박는' 질문을 한 것이다. 그래도 피의자는 혐의를 부인하였지만 이미 변제능력이 없었던 사정이 객관적으로 인정될 것이다.

## ● 마. 수사결과보고 예시

### 3. 범죄사실

피의자는 CC산업(주)의 대표였고 고소인은 위 법인에 고용된 직원이었다.

2016. 1. 27. 오전경 피의자가 운영했던 평택시 OO CC산업(주) 사무실에서 고소인에게 "자금이 급해서 필요하니 빌려주면 단기 내에 갚겠다" 라고 거짓말하였다.

그러나 사실 피의자는 과다한 채무가 있었으므로 고소인에게 돈을 빌리더라도 이를 갚을 의사나 능력이 없었다.

이와 같이 피의자는 고소인을 기망하여 이에 속은 고소인으로부터 CC산업(주) 명의 국민은행 계좌로 총 2회에 걸쳐 도합 28,000,000원을 송금받았다.

이로써 피의자는 고소인을 기망하여 재물을 교부받았다.

### 4. 적용법조

형법 제347조 제1항

### 5. 증거관계

고소장, 개인회생채권자목록, 차용증, 내용증명, 지급명령서, 고소보충 진술조서, 피의자신문조서 등

### 6. 수사결과 및 의견

○ 인정되는 사실

– 피의자가 고소인한테 자금이 필요하니 빌려주면 갚겠다고 말해서 고소인으로부터 2,800만원을 받아 원금을 한 푼도 갚지 못하고 있는 사실과 피의자가 고소인에게 금원 차용당시 약 4억원(기록 11, 12쪽)의 채무가 존재하고 있었던 사실은 인정된다.

○ 고소인은

– 피의자가 돈을 어디에 사용하게 자금이 필요하다는 말은 안하고 그냥 자금이 필요하다고 했고 어떻게 갚겠다는 말도 안하고 그냥 단기 내에 갚겠다고 하는 등 범죄사실과 같은 말을 하여 돈을 빌려주었으나, 최근인 2018년 경에 법원으로부터 받은 피의자의 개인회생채권자목록(기록 11, 12쪽)을 보니 피의자에게 자기(고소인) 채무금 포함 약 4억 3천만원의 채무가 있는 사실을 알게 되어 피의자가 처음부터 변제능력을 속이고 자신으로부터 돈을 빌려간 것이며.

– 만약에 처음부터 피의자에게 수많은 채무가 존재한 사실을 알았더라면 당연히 돈을 빌려주지 않았을 것이라면서 채무가 많은 피의자에게 돈을 빌려줬다가는 피의자로부터 돈을 받지 못할 수도 있기에 채무 사실을 알았다면 왜 빌려주냐면서 사기 피해를 당했다고 주장한다.

○ 피의자는

– 고소인에게 금원 차용 당시 CC산업을 운영하고 있었는데 위 회사를 운영하는데 자금이 필요해서 빌렸고 이 때, 회사가 수익이 발생하던 시점도 아니었고 적자였고 자신이 가져가는 순수익도 없었고 약 4억원의 채무가 존재했고 카드 돌려막기도 하고 재산, 현금, 예금, 적금 등 아무것도 없었지만 말레시아에 있는 '팜나무'의 씨앗 껍질(PKS)을 일본에 있는 발전소에 납품해주기 위한 중개업자 형식으로 일을 하면 월 순수익이 5천만원이 발생할 것이라 위 일을 하려고 했다가 일본에 있는 업체에서 무기한 연기되어 위 일을 하지 못해 수익이 발생하지 않아 돈을 갚지 못한 것으로 그 당시 변제 능력이 없었던 것은 인정한다.

– 하지만, 고소인의 돈을 갚을 의사는 있었다면서 속인 것은 없다며 기망의 고의를 부인한다.

○ 검토

– 피의자는 고소인으로부터 금원 차용 당시 이미 총 7곳(OO저축은행, OOOO보증재단, 주식회사 OO카드, OO캐피탈 주식회사, OOOO기금, OO캐피탈 주식회사, OO카드 주식회사)에서 약 4억원의 채무가 있었던 점, 피의자는 이 때 당시 회사 일이 적자여서 자신이 가져가는 순수익이 없어서 현금, 예금, 적금, 재산 등이 없었고 카드 돌려막기도 했다고 진술한 점, 고소인으로부터 돈 차용 후 2년 뒤인 2018.경에 도저히 채무를 갚을 수가 없어 개인회생 신청을 하여 승인이 되었다고 진술한 점,

– 비록 피의자는 말레이시아에 있는 '팜나무'의 씨앗 껍질을 일본에 있는 발전소에 납품해주는 일을 통해 고소인의 돈을 갚을 생각이었다고는 하나, 그 때 당시 위 사업을 통해 수익을 발생시키고 있어서 수익으로 고소인의 돈을 갚을 수 있는 확실한 시점이 아니라 그렇게 막 시작하려고 하려던 시점으로 수익을 통해 고소인의 돈을 갚을 수 있다는 확실한 보장이 없었던 점, 피의자는 고소인의 채무상태를 알았더라면 돈을 빌려주지 않았을 것이라고 진술하는 점 등을 보면 피의자는 변제 능력이 없었던 것이 명백해 보이고 피의자 역시 이를 인지하거나 돈을 갚지 못할 수도 있을 것이라는 것을 예견할 수 있었다고 봄이 타당해보이므로 변제능력이 없음에도 불구하고 이를 속여 돈을 편취한 혐의가 인정된다.

○ 결정

– 따라서, 피의자는 고소인의 차용금의 약 10배가 넘는 채무를 지고 있어 경제상황이 한계에 다다른 상태에서 고소인에게 변제능력을 속이고 금원을 편취하였고 개인회생까지 신청했던 것을 보면 기망의 고의가 인정되기에 기소(불구속) 사안으로 검찰송치 결정임.

앞서 피의자신문조서 작성과정에서 설명한 바와 같이, 피의자는 변제의사와 변제능력이 있었다며 혐의를 부인하였으나, 이미 과다한 기존 채무를 돌려막고 있던 사정, 고소인의 돈을 갚을 가능성은 거의 희박했다는 객관적인 사정, 이로써 피의자가 돈을 갚지 못할 수도 있다는 점을 예견했을 것이라는 점(미필적 고의의 인정) 등을 볼 때 피의자의 편취혐의가 인정되어 기소 의견으로 송치하였다.

## ● 바. 평가(결론)

차용사기죄를 인정하려면 차용 당시부터 피의자가 변제의사나 변제능력이 없었다는 점을 자백하거나 또는 부인하더라도 이를 배척할 강력한 증거에 의해 입증되어야 한다.

통상 피의자는 일반적으로 변제의사가 있었다며 혐의를 부인하므로, 변제능력이 있었는지 없었는지를 엄격히 조사하여야 한다. 이 사건에서는 피의자가 순순히 기존 채무의 존재를 인정하였지만(개인회생을 신청한 사실이 있기 때문에 이를 부인하는 것은 어려웠을 것이다), 만일 피의자가 기존 채무를 숨기는 경우라면 'NICE평가정보(주)'에 대해 개인신용정보 조회 요청을 하여 객관적인 재산상태를 확인하는 방법이 있다. 이는 피의자 본인의 동의서나 법원의 압수수색검증영장을 받아 나이스평가정보(주)에 협조공문을 보내피의자의 개인신용정보(개인식별정보, 신용거래정보, 신용능력정보, 신용도판단정보, 공공정보, 신용등급 등)를 제공받는 방법이다.

물론 NICE평가정보(주)를 통해 조회할 수 있는 것은 금융기관에 대한 채무만이 조회되므로 이것만으로는 개인간의 사적 채무상태를 알 수 없다. 따라서 피의자에게 강하게 추궁하든가 피의자의 거래내역을 제출받아 피의자에게 입금한 자 또는 소액을 이체받은 자(원금을 빌려주었거나 이자를 받은 채권자일 수 있다)를 파악하는 방법으로 개인간 채무까지 확인하여야 한다.

개인파산·면책제도를 통하여 면책을 받은 경우 전부 사기죄가 성립하는 것은 아니다. 이 경우 사기죄의 인정 여부는 그 사기로 인한 손해배상채무가 면책대상에서 제외되어 경제적 회생을 도모하려는 채무자의 의지를 꺾는 결과가 될 수 있다는 점을 감안하여 신중한 판단을 요한다.[46]

다만 위 2007도8549 판례에서는 "그러한 법리에 따르더라도, 피고인은 2001년경 전 남편이 사업에 실패하여 이혼을 하면서 4~5천만 원 가량의 보증채무를 부담하고 있었고 달리 소유한 재산이 전혀 없어 돈을 차용하더라도 이를 변제할 의사나 능력이 없었음에도 불구하고 2004. 4.경부터 파산신청을 하기 불과 40여 일 전인 2006. 3. 28.경까지 피해자들로부터 총 6천만 원의 돈을 빌려서 채무 변제와 생활비 등으로 사용한 사건"에서는 사기죄의 성립을 인정하였다.

---

46  대법원 2007. 11. 29. 선고 2007도8549.

# 5. 작위에 의한 사기죄 실전수사(재물사기)

## ● 가. 고소장 예시

### 고 소 장

고 소 인　　전□□□ 주식회사(1□□□□□□)
　　　　　　평택시 경□□로 1□□, □□호(□□동, □□□□□□)
　　　　　　대표이사 김**AA**, 유**BB**
　　　　　　　　을

　　　　　　고소인의 대리인 법무법인 □□□
　　　　　　담당변호사 □□□□□□□□□□□□□□□□
　　　　　　서울 □□□□□□□□□□□□□□□
　　　　　　전화 : □□□□□□□□□□□□

피고소인　　김**CC**(6□□□□□□□□)
　　　　　　평택시 □□□□□□□□□□□□□□□□□

고소죄명 : 사기

### 범 죄 사 실

<u>피고소인</u>은 2016. 3. 25. 김**O미** 소유의 경기도 평택시 □□면 □□리 □□□
외 2필지 지상 건물(이하 '이 사건 건물')에 관하여 <u>임대차계약</u>을 체결한 후

<u>2017. 5. 18.까지 이 사건 건물에서 거주한 자이다.</u>

피고소인은 <u>임대차보증금에 상응하는 5개월분의 월 차임 합계 10,000,000원</u>

<u>(2,000,000원 × 5개월)</u>을 <u>연체함으로써</u> 실제로 김□미로부터 반환받을 임대차

<u>보증금이 없음</u>에도 불구하고, 김□미가 고소인에게 임대차보증금 반환 명목

으로 10,000,000원을 예치하였음을 기화로 고소인에게, "내가 김□미로부터

<u>반환받을 임대차보증금 10,000,000원이 있으니, /김□미가 예치한 예치금</u>

<u>10,000,000원을 나에게 지급해달라."라고 거짓말하여</u>, 이에 속은 고소인으로
　　　　　　　　　　　　　　　　　(기망행위)　　(고소인의 착오 야기)
<u>부터 2017. 5. 18.</u> 예치금 10,000,000원을 지급받았고, 이후 고소인은 김□미가
　　(재물을 교부받음. 인과관계 인정)
제기한 예치금 소송에서 피고소인에게 반환할 임대차보증금이 존재하지 않

음에도 불구하고 피고소인에게 예치금을 지급하였다는 이유로 패소하여 김

　□미에게 <u>13,000,000원{10,000,000원(예치금) + 3,000,000원(지연이자 및 소송비</u>

<u>용)}</u>을 지급함으로써 위 금액 상당의 <u>손해를 입었다.</u>

이로써 피고소인은 고소인을 기망하여 10,000,000원을 편취하였다.

고 소 이 유

**1. 당사자의 지위**

　가. <u>고소인</u>은 평택시의 산업기반 조성 목적으로 평택도시공사의 참여 아래

산업입지 및 개발에 관한 법률에 따라 경기도지사로부터 <u>산업단지 개발</u> <u>사업</u>(이하 '<u>이 사건 사업</u>')<sup>1)</sup>의 <u>사업시행자로 지정된 자입니다</u>(증 제1호 증 법인등기부등본 참조).

나. <u>피고소인</u>은 2016. 3. 25. 김◻︎미 소유의 이 사건 건물에 관하여 임대차 계약을 체결한 후 2017. 5. 18.까지 <u>이 사건 건물에서 거주한 임차인입</u> 니다(증 제2호증 임대차계약서 참조).

**2. 김◻︎미가 10,000,000원을 예치한 경위**

가. <u>고소인</u>은 2016. 4. 27. 김◻︎미와 이 사건 사업 부지에 포함된 이 사건 건물 및 그 부지(이하 통칭하여 '이 사건 부동산')에 관하여 <u>손실보상협</u> <u>의계약</u>(이하 '<u>이 사건 협의계약</u>')을 체결하였습니다(증 제3호증 손실보 상협의계약서 참조).

나. 이 사건 협의계약서 <u>특약</u>에 의하면, 김◻︎미는 2017. 4.말까지 이 사건 건물에 대한 <u>임대차관계를 종료시키고 임차인인 피고소인을</u> 이 사건 건 물에서 <u>퇴거시켜야</u> 하는데,

---

1) 위치 : 평택시 ◻︎면 ◻︎리 일원(이하 '이 사건 사업 부지'), 면적 : 826,370㎡, 사업명 : 평택 : ◻︎ 일반산업단지, 사업목적 : 공익사업에 따른 이주기업과 첨단 산업 중소기업 육성, 사업내용 : 산업단지 부지조성 및 도로, 녹지 등 기반시설 설 치 등.

만약 김█미가 피고소인에게 임대차보증금을 반환하지 못함으로써 피고

소인이 이 사건 건물에서 <u>퇴거하지 않을 경우를 대비하여</u> 김█미는 고

소인이 지정하는 █████사 관리계좌에 증거금으로 <u>10,000,000원을 예치</u>하

였습니다(이하 '이 사건 예치금').

다. 즉, 김█미가 ① <u>피고소인에게 반환할 임대차보증금이 존재함에도 불구</u>

하고 ② <u>피고소인에게 임대차보증금을 반환하지 않음으로써</u>, <u>피고소인</u>

<u>이 이 사건 건물에서 퇴거하지 않는 경우</u>, 고소인이 <u>대신</u> 피고소인에게

임대차보증금반환 명목으로 이 사건 <u>예치금을 지급하고 퇴거시키기로</u>

약정한 것입니다(<u>만약 피고소인이 반환받을 임대차보증금이 없다면 고</u>

<u>소인은 김█미에게 이 사건 예치금을 그대로 반환</u>하여야 합니다).

**예치금의 성격은, 김O미가 피고소인에게 임대차보증금을 반환하지 못할 경우를**
**대비한 담보임.   피고소인으로서는 김O미에게 임대차보증금을 직접 반환받든지,**
**고소인으로부터 예치금을 받아가든지 선택할 수 있었을 것임.**

**3. 피고소인의 기망행위 및 금원 편취**

가. <u>피고소인은</u> 이 사건 임대차계약이 종료될 때까지 <u>5개월분의 월 차임</u>

(10,000,000원)을 연체하였으므로, <u>자신이 김█미로부터 반환받을 임대차</u>

<u>보증금이 존재하지 않는 사실을 잘 알고 있었습니다.</u>

**(즉, 고소인에게 예치금을 달라고 할 권리가 없었다는 의미임)**

나. 즉, <u>임대차보증금</u>은 임대차계약 종료 후 목적물을 임대인에게 명도할

때까지 발생하는, <u>임대차에 따른 임차인의 모든 채무를 담보</u>하는 것이

고, 이러한 채무는 임대차관계 종료 후 목적물이 반환될 때에 <u>특별한</u>

사정이 없는 한 별도의 의사표시 없이 보증금에서 당연히 공제되는 것인바(대법원 2017. 3. 22. 선고 2016다218874 판결 참조),

피고소인은 2016. 12.부터 2017. 4.까지 5개월분의 월 차임 합계 10,000,000원을 연체하였고, 그 연체액이 임대차보증금(10,000,000원)에 달하였으므로, 김□미로부터 반환받을 수 있는 임대차보증금이 전혀 없게 된 사실을 잘 알고 있었습니다[특히, 피고소인은 고소인으로부터 예치금을 지급받은 후 고소인에게 예치금을 "부정수령"하였음을 스스로 인정하였습니다(증 제4호증 확인서 참조)].

다. 그럼에도 불구하고, 피고소인은 위와 같은 사정을 모르는 고소인이 김□미로부터 이 사건 예치금을 예치하였음을 기화로 임대차계약서를 제시하면서, 「내가 김□미로부터 반환받을 임대차보증금 10,000,000원이 있는데 김□미가 반환하지 않고 있으니, 김□미가 고소인에게 예치한 예치금 10,000,000원을 나에게 지급해달라」라고 거짓말을 하면서 이 사건 예치금의 지급을 요구하였고(증 제5호증 임차보증금 반환청구서 참조),

이에, 고소인은 피고소인의 말을 믿고 2017. 5. 18. 피고소인에게 이 사건 예치금을 지급하였습니다(증 제6호증 지급내역 참조).

라. 이후 김〇미 등으로부터 확인한 결과, 고소인은 위와 같은 5개월분의 월 차임 연체로 <u>피고소인이 반환받을 임대차보증금이 존재하지 않는데 피고소인에게 속아 임대차보증금의 반환조로 이 사건 예치금을 지급한</u> 사실을 알게 되었고,

<u>오히려 고소인은</u> 이 사건 <u>예치금을 잘못 지급하였다는 이유로 김〇미로 부터 예치금 소송</u>(수원지방법원 평택지원 2017가소〇〇〇호)까지 당하여 <u>패소판결을 받음으로써 김〇미에게 합계 13,000,000원{10,000,000원(예치 금) + 3,000,000원(소송비용 및 지연이자)}을 지급하는 손해</u>를 입었습니 다(증 제7호증 이체확인증, 증 제8호증 판결문 각 참조).

마. 이에, <u>고소인이 피고소인에게 부정 수령한 예치금을 반환하여 줄 것을</u> 여러 차례 <u>요청하자, 피고소인은 고소인에게 위 예치금을 반환할 것을 확약하는 확인서를 작성하여 교부하였으나</u>(증 제5호증 확인서 참조), <u>이 후 완전히 태도를 돌변하여 예치금의 반환을 거절한 채 일체 연락이 두 절된 상태인바,</u>

위와 같은 피고소인의 행태만으로도 피고소인의 부정한 예치금 지급 청 구 및 그에 따른 금원 수령이 금원 편취의 고의에서 비롯된 것임을 능 히 인정할 수 있습니다.

## 4. 결론

피고소인은 마치 반환받을 임대차보증금이 있는 것처럼 고소인을 기망하여 이에 속은 고소인으로부터 임대차보증금 명목으로 예치금 10,000,000원을 지급받아 이를 편취하였으므로, 형법 제347조 제1항 소정의 사기죄의 죄책을 면할 수 없습니다.

이상과 같은 이유로 고소인은 피고소인을 상대로 이 사건 고소를 하는 것이므로, 귀서에서는 피고소인을 철저히 수사하시어 엄벌에 처해 주시기 바랍니다.

### 입 증 방 법

1. 증 제1호증       법인등기부등본(고소인)
1. 증 제2호증       임대차계약서
1. 증 제3호증       손실보상협의계약
1. 증 제4호증       확인서
1. 증 제5호증       임차보증금 반환청구서
1. 증 제6호증       지급내역
1. 증 제7호증       이체확인증
1. 증 제8호증       판결문(평택지원 2017가소      )

## ● 나. 수사방향(부작위에 의한 기망의 의의, 임대차보증금과 관련된 배경지식)

이 사건은 일응 피의자가 고소인에게 "김O미에게 받아야 할 임대차보증금이 남아있지 않은" 사실을 숨기고 예치금을 청구하여 받아갔다는 점에서 '부작위에 의한 사기'로 생각될 수도 있다. 그러나 부작위에 의한 기망행위가 성립하기 위해서는 1) 상대방은 행위자와 관계없이 스스로 착오에 빠져 있어야 하고, 2) 행위자는 상대방의 착오를 제거함으로써 피해자의 재산침해를 방지해야 할 보증인지위에 있어야 한다. 보증인지위에 근거하여 행위자에게는 상대방에 대해서 사실을 알려야 할 고지의무가 있어야 한다. 또한 3) 부작위에 의한 기망이 작위에 의한 기망과 그 행위양태에 있어서 동가치로 인정되어야 한다.

이 사건에서는 피의자는 회사에 전화를 할 당시 "보증금을 받지 못했으니 본인에게 보증금을 지급해 주어야 한다"라고 주장하여 고소인에게 "예치금을 지급해줘야겠다"라는 착오를 일으켜 이에 속은 고소인으로부터 1,000만원을 받아간 것이므로, '작위에 의한 기망행위'로 보아야 한다. 반대로 고소인이 먼저 임대차관계를 조사하면서 피고소인에게 "당신이 임차인인가, 보증금을 받았는가, 그렇지 않다면 우리가 보증금을 줄 테니 나가달라"라며 돈을 주고, 피고소인이 스스로에게 돈을 받아갈 채권이 없음을 숨기고 돈을 받아갔다면 고소인이 먼저 착오에 빠졌고 피의자에게 보증인지위가 인정된다는 점에서 부작위에 의한 사기죄가 성립할 것이다.

2) 임대차는 당사자 일방이 상대방에게 목적물을 사용, 수익하게 할 것을 약정하고 상대방이 이에 대하여 차임을 지급할 것을 약정함으로써 그 효력이 생긴다(민법 제618조). 집을 빌려주는 사람이 임대인(소유자)이고 집을 빌려쓰는 사람이 임차인이다. 흔히 말하는 월세는 소액의 보증금과 월 임대료를 주는 것이고, 전세는 거액의 보증금을 주는 대신 월 임대료가 없으며 임차기간이 끝나면 그대로 돌려받는 방식이다. 임대인 입장에서는 경제적으로 보증금에 대한 임대기간 만큼의 이자를 얻는 식이다. 현실적으로는 보증금이 있는 월세의 경우처럼 위 방식이 혼합된 경우가 많다.

보증금이 있는 임대차의 경우 임대차기간이 만료될 때 특별한 하자가 없으면 임차인은 임대인으로부터 보증금을 돌려받아 나가게 되고, 미지급된 월세나 기타 손해배상할 일이 있으면 임대인은 그 손해를 본 만큼 보증금에서 공제하고 임차인에게 돌려줄 수 있다. 즉, 손해배상의 담보로 보증금을 받아두는 것이다. 임차인은 보증금의 전부나 일부를 돌려받으면서 이와 동시에 임대인에게 부동산의 점유를 돌려주어야 한다. 한 쪽이 의무이행을 하지 않으면 상대방도 자기의 의무이행을 거절할 권리가 있는데 이를 동시이행의 항변권이라고 한다(민법 제536조[동시이행의 항변권] ① 쌍무계약의 당사자일방은 상대방이 그 채무이행을 제공할 때까지 자기의 채무이행을 거절할 수 있다).

## ● 다. 고소보충조서

고소장 내용대로만 인정된다면 사기죄 인정이 쉬운 사안이다. 고소인 주장에 따르면, 피의자는 고소인에게 '예치금' 1,000만원을 받아갔는데, 임대인 김○미로부터 이중지급을 이유로 소송을 당해 김○미에게 물어주는 피해를 입었다고 한다. 그리고 그 예치금은 피의자가 받아가면 안 되는 돈인데도 이를 숨기고 임차인인 자기에게 달라고 주장하여 내어주게 되었다고 주장한다. 물론 고소인으로서는 돈을 내어주기 전에 임대인 김○미에게 사실확인을 하지 않은 과실이 있으나, "임대인이 임대차계약을 체결하면서 임차인에게 임대목적물이 경매진행 중인 사실을 알리지 아니한 경우, 임차인이 등기부를 확인 또는 열람하는 것이 가능하더라도 사기죄가 성립한다고 본 사례(대법원 1998. 12. 8.선고, 98도3263 판결)에 비추어 사기죄의 성립을 방해하지는 않을 것이다. 그렇다면 기망행위, 착오 야기, 재물취득의 인과관계가 인정된다는 것이다. 그러면 먼저 예치금의 성격을 확인하고, 고소인 주장대로 정말 피의자가 위 예치금 1,000만원을 받아가면 안 되는지 수사하면 된다.

○ **고소보충조서 예시**

| 진 술 조 서(고소보충) |
| --- |

**성        명** : 국○○

**주민등록번호** : (생략)

**직        업** : (생략)

**주        거** : (생략)

**등록기준지** : (생략)

**직장주소** :

**연  락  처** : 자택전화 자택전화  휴대전화 (생략)

　　　　　　　직장전화 직장전화   전자우편(e-mail) 전자우편

위의 사람은 피의자 김CC에 대한 사기 피의사건에 관하여 2018. 7. 16. 14:07 경기평택경찰서 수사과 경제1팀사무실에 임의 출석하여 다음과 같이 진술하다.

**1. 피의자와의 관계**

　저는 피의자 김CC와 아무런 관계가 없습니다.

**1. 피의사실과의 관계**

　저는 피의사실과 관련하여 고소인 자격으로서 출석하였습니다.

이 때 진술의 취지를 더욱 명백히 하기 위하여 다음과 같이 임의로 문답하다.

문 : 고소인이 국OO인가요?

답 : 네 맞습니다.

(이때, 진술인이 본인의 신분증을 제출하기에 사본하여 조서말미에 첨부하다.)

문 : 고소인은 오늘 어떠한 자격으로 출석하게 되었나요?

답 : 저는 ㅁㅁㅁㅁ주식회사의 과장으로 일하고 있으며, 해당 사실에 대해서 잘 알기 때문에 회사의 대표 자로 진술을 하러 나왔습니다.

문 : 고소인은 누구를 고소하려고 하는 것인가요?

답 : 김CC을 고소하려고 합니다.

문 : 왜 고소하려고 하나요?

답 : 거짓말로 돈을 가져간 것을 시인했음에도 불구하고, 부당하게 이득 본 금액을 돌려주지 않기 때문에 고소하려고 합니다.

문 : 타인으로 하여금 형사처분 또는 징계처분을 받게 할 목적으로 공무소 또는 공무원에 대하여 허위의 사실을 신고한 자는 10년 이하의 징역 또는 1천 500만원 이하의 벌금에 처해질 수 있습니다.

답 : 네 알겠습니다.

문 : 고소인은 피의자를 언제 알게 되었나요?

답 : 2017. 3.경에 알게 되었습니다.

문 : 어떻게 알게 되었나요?

답 : 당초 김CC을 안 것은 아니고, 김O미를 통해서 알게 되었습니다. 저희 회사는 2016. 4. 26.경 김O미 소유의 경기도 평택시 OO면 OO리 OO 외 2필지와 건물을 구입하였습니다. 그런데 당시 김CC은 해 당 건물에 임차인이었고, 2017. 5. 18.까지 해당 건물에서 영업 등을 하였습니다.

문 : 고소인은 건 외 김O미와 언제 어떤 계약을 하였나요?

답 : 당시 저희회사는 평택시의 산업기반 조성 목적으로 평택도시공사의 참여 아래 산업입지 및 개발에 관한 법률에 따라 경기도지사로부터 산업단지 개발사업의 사업시행자로 지정이 되었습니다. 그래서 김O미의 토지를 구입하여 개발하려고 하였습니다. 김O미의 땅과 건물은 2016. 5. 18.경 소유권이 넘 어왔지만 김O미가 지금 본인이 세를 받고 있는 게 있으니, 조금만 기다려달라고 하였습니다. 이 내용 은 고소장에 첨부되어 있습니다.

문 : 그래서 고소인은 어떻게 하였나요?

답 : 토지개발 특성상 바로바로 개발이 되는 것이 아니기 때문에 김O미와 손실보상협의 계약서를 작성하 였습니다. 계약서의 특약사항을 보시면 2017. 4.경 말까지 임대차관계를 소멸시킨다고 되어 있으며 임대차보증금 지급채무에 관한 지급보장을 위해 김O미가 저희 회사로 1,000만원을 맡겨두었습니다.

문 : 피의자가 고소인에게 언제쯤 보증금을 요구하였나요?

답 : 2017. 4.경 말에 보증금을 요구하였습니다.

문 : 고소인은 해당 사실을 건 외 김O미에게 확인하지 않았나요?

답 : 일단 계약서를 보시면 2017. 4.말까지 모든 임대차계약을 종료한다고 하였는데 그렇게 되지도 않았고, 회사 쪽에서 김CC한테 계약이 끝났으니 나가야 한다고 고지하자 보증금을 받지 못했다는 식으로 말하면서 보증금을 받으면 나간다고 하기에 돈을 주게 된 것입니다.

문 : 피의자와 건 외 김O미와 개인적인 채무관계가 있는 것은 언제 알게 되었나요?

답 : 나중에 알게 되었습니다. 김CC한테 돈을 지급하고 한달 뒤 쯤에 알게 되었습니다.

문 : 건 외 김O미가 뭐라고 하였나요?

답 : 김CC이 월세를 내지 않았기 때문에 돌려줄 보증금이 없고, 그러니 저희 회사에 맡겨놓은 보증금을 달라고 하였습니다.

문 : 그렇다면 피의자는 회사에 전화를 할 당시 보증금을 받지 못했으니 본인한테 보증금을 지급해 주어야 한다고 했다는 것이죠?

답 : 네 맞습니다.

문 : 그래서 고소인의 회사는 그 말을 믿고 돈을 지급해 준 것이죠?

답 : 네 맞습니다.

문 : 이 건과 관련하여 김O미씨와 민사재판이 있었고 패소한 것이 확인되는데, 이와 관련하여 피의자에게 돈을 돌려 달라고 한 사실이 있나요?

답 : 재판의 결과가 나오기 전에 연락을 하였습니다. 저희 회사로 보증금을 청구할 때에는 김O미와 관련하여 채무관계가 있던 것도 얘기하지 않았고, 월세가 밀린 것도 얘기하지 않고서는 사람을 속여 돈을 받으면 되냐는 식으로 얘기를 하니 본인이 2017. 9. 15.경 확인서를 작성하였습니다.

문 : 이후에 피의자와 연락한 사실이 있나요?

답 : 7~8 번 정도 연락을 하였습니다. 처음에 연락을 할 때는 당장 1,000만원이 없으니 조금만 시간을 달라고 하였는데, 이후에는 동업자와 얘기를 해보고 돈을 주겠다고 하였습니다. 마지막에는 배째라는 식으로 연락을 하고, 지금은 연락을 받지도 않습니다.

문 : 그렇다면 피의자가 돌려준 돈은 하나도 없나요?

답 : 네 없습니다.

문 : 정리하자면, 고소인은 피의자가 건 외 김O미와 관련하여 개인적인 채무도 있고, 보증금도 받을 권한이 없으면서 고소인에게 보증금을 받을 권한이 있는 것처럼 행동하였고, 그 행위에 속은 고소인 측으로부터 1,000만원의 이익을 취했다는 것이지요?

답 : 김CC이 가져간 금액은 1,000만원이지만, 김CC의 기망행위로 인한 회사의 손해는 1,000만원 이상입니다. 저희 회사는 김O미와 관련하여 소송을 하는데 변호사비용 등을 지불하였고, 패소해서 또 법적 이자까지 물게 되었습니다.

문 : 고소인은 피의자의 처벌을 원하나요?

답 : 네.

문 : 이상 진술은 사실인가요?

답 : (자필기재)

문 : 더 하실 말씀이 있으신가요?

답 : (자필기재)

위의 조서를 진술자에게 열람하게 하였던 바 진술한 대로 오기나 증감·변경할 것이 없다고 말하므로 서명(기명날인)하게 하다.

진 술 자            국OO (인)

2018. 7. 16.

**사법경찰리**        **경장**       **원OO (인)**

# 수사 과정 확인서[47]

| 구 분 | 내 용 |
|---|---|
| 1. 조사 장소 도착시각 | 2018. 7. 16. 14:07 |
| 2. 조사 시작시각 및 종료시각<br>(조서작성을 시작, 종료한 시각) | ☐ 시작시각 : 2018. 7. 16. 14:07<br><br>☐ 종료시각 : 2018. 7. 16. 14:48 |
| 3. 조서열람 시작시각 및 종료시각<br>(조서를 읽게 한 때로부터 읽기를 다 마치고 고치는 것이 끝난 시각) | ☐ 시작시각 : 2018. 7. 16. 14:50<br><br>☐ 종료시각 : |
| 4. 그밖에 조사과정 진행경과 확인에 필요한 사항<br>(중간에 식사나 흡연, 휴식을 했다면 "12:00부터 13:10까지 점심식사를 함. 14:00부터 14:20까지 휴식함" 등으로 그 내용을 적는다.) | (자필기재하는 것이 보통이다) |
| 5. 조사과정 기재사항에 대한 이의제기나 의견진술 여부 및 그 내용(위 칸에 적은 시간이나 내용이 틀린 것이 있는지 묻고 그 대답을 기재한다 [없음. 조사종료시간이 다르다 등]) | (자필기재하는 것이 보통이다) |

2018. 7. 16.

사법경찰리 경장 원OO은 국OO을 조사한 후, 위와 같은 사항에 대해 국OO으로부터 확인받음

확 인 자          국OO  (인)
사법경찰리

---

[47] 수사과정확인서는 '적법한 절차와 방식에 의한 조서작성'을 보강하는 역할을 한다. 진술증거를 취득하는 과정을 투명하게 하여 그 과정에서 절차적 적법성을 보장한다는 의미이다. 따라서 꼭 사실 그대로 작성되어야 한다.
◆ 형사2015. 04. 23 선고 대법원 2013도3790 판결 : 형사소송법 제221조 제1항, 제244조의4 제1항, 제3항, 제312조 제4항, 제5항 및 그 입법 목적 등을 종합하여 보면, 피고인이 아닌 자가 수사과정에서 진술서를 작성하였지만 수사기관이 그에 대한 조사과정을 기록하지 아니하여 형사소송법 제244조의4 제3항, 제1항에서 정한 절차를 위반한 경우에는, 특별한 사정이 없는 한 '적법한 절차와 방식'에 따라 수사과정에서 진술서가 작성되었다 할 수 없으므로 증거능력을 인정할 수 없다.
형사소송법 제221조 제1항에서 검사 또는 사법경찰관은 수사에 필요한 때에는 피의자가 아닌 자의 출석을 요구하여 진술을 들을 수 있다고 규정하고, 제244조의4 제3항, 제1항에서 검사 또는 사법경찰관이 피의자가 아닌 자를 조사하는 경우에는 피의자를 조사하는 경우와 마찬가지로 조사장소에 도착한 시각, 조사를 시작하고 마친 시각, 그 밖에 조사과정의 진행경과를 확인하기 위하여 필요한 사항을 조서에 기록하거나 별도의 서면에 기록한 후 수사기록에 편철하여야 한다고 규정하고 있다. 이와 같이 수사기관으로 하여금 피의자가 아닌 자를 조사할 수 있도록 하면서도 그 조사과정을 기록하도록 한 취지는 수사기관이 조사과정에서 피조사자로부터 진술증거를 취득하는 과정을 투명하게 함으로써 그 과정에서의 절차적 적법성을 제도적으로 보장하려는 데 있다. 따라서 수사기관이 수사에 필요하여 피의자가 아닌 자를 조사하는 과정에서 그 진술을 청취하여 증거로 남기는 방법으로 진술조서가 아닌 진술서를 작성·제출받는 경우에도 그 절차는 준수되어야 할 것이다.
이러한 형사소송법의 규정 및 그 입법 목적 등을 종합하여 보면, 피고인이 아닌 자가 수사과정에서 진술서를 작성하였지만 수사기관이 그에 대한 조사과정을 기록하지 아니하여 형사소송법 제244조의4 제3항, 제1항에서 정한 절차를 위반한 경우에는, 특별한 사정이 없는 한 '적법한 절차와 방식'에 따라 수사과정에서 진술서가 작성되었다 할 수 없으므로 그 증거능력을 인정할 수 없다.

## ● 라. 피의자신문조서

**(인정신문 후)**

−피신 2면에서 변호인 선임권 등 4가지 질문을 하되, 답변은 (1) 자필로 기재하거나, (2) 타이핑한 후 그 옆에 기명날인 또는 서명을 하게 한다.

−정상관계 질문(원표에 들어갈 내용으로서, 학력, 병역, 재산관계, 종교, 가족관계 등을 묻는다.)

−고소인과 피의자와의 관계(친족상도례 적용여부와 관련), 고소인 및 참고인 김○미와의 관계를 묻는다.

−고소인 주장대로 고소인에게 보증금 천만원을 받은 사실이 있는지, 현금으로 받았는지 통장으로 받았는지, 받을 당시에 무엇이라고 말하면서 받았는지, 그것이 고소인과의 관계에서 기망행위가 아닌지, 고소인은 속아서 준 적인지, 즉 기망행위와 착오 사이에 인과관계가 인정되는지 등을 묻는다.

−본건에서 피의자는 "세입자로서 받을 권리가 있어서 받았다"는 식으로 변명하였다. 즉석에서 참고인 김○미와의 대질조사를 실시하는 등 즉시 피의자의 변명에 대한 반박이 가능하면 그렇게 할 수 있으나, 그것이 여의치 않다면 최대한 피의자에게 말을 많이 하게 한다. 나중에 증거로 추궁하면 피의자 진술의 모순이 대번에 드러날 수도 있고, 1회 진술이 임의적으로 이루어진 것이라는 자료가 되기도 한다.

−고소인이 제출한 증거자료, 즉 확인서 등에 대한 작성경위를 묻는다.

## ● 마. 수사보고

### 경기평택경찰서

**제 2018−2○○○ 호**                                        2018. 7. 20.

**수 신 :** 경찰서장

**참 조 :** 수사과장

**제 목 :** 수사보고(참고인 김○미와의 통화)

 피의자 김CC에 대한 사기 사건에 관하여 아래와 같이 수사하였기에 보고합니다.

### −아 래−

2018. 7. 20. 19:40경 피의자와 계약서를 작성하였던, 참고인 김○미와 통화를 하여 다음과 같은 내용을 확인하였다.

발신자 : 평택경찰서 경제○팀 경장 원○○

수신자 : 김○미(010−xxxx−xxxx)

통화내용

문 : 진술인은 피의자를 알고 있나요?

답 : 알고 있습니다.

문 : 진술인이 피의자와 계약한 경기도 평택시 ○○면 ○○리 ○○외 2필지 지상 건물의 건물주였나요?

답 : 네 맞습니다.

문 : 진술인은 피의자와 언제 해당건물에 대한 임대차계약서를 작성하였나요?

답 : 저는 해당건물과 그 외의 부지가 개발될 예정임을 알고 있었기에 임대차 계약을 하지 않으려고 하였고, 부동산에서 모든 건물을 빼 둔 상황이었습니다. 그런데 피의자가 1년이라도 좋으니 살겠다고 말을 하면서 자기네들이 개발되면 나가겠다고 직접 찾아와서 임대차 계약을 해달라고 하기에 2016. 3.경에 보증금은 천만원에 월세는 200만원으로 하는 임대차 계약서를 작성하였습니다.

문 : 그렇다면 피의자는 2016. 3.경 계약을 할 당시부터 해당 건물과 토지에 대해서 개발이 된다는 사실을 알고 있었던 것인가요?

답 : 네 맞습니다. 그렇기 때문에 계약서에 특약사항을 기록한 것이고, 중개업자도 끼지 않고 직접 거래를 하게 된 것입니다. 또 보통 이런 계약은 2년 정도를 하는데 1년만 한 것도 그러한 이유 때문입니다.

문 : 그렇다면 피의자들은 2016. 11.경에 왜 나가겠다고 말한 것인가요?

답 : 당시 피의자와 동업을 하는 사람이 있었는데, 뭔가 마음이 맞지 않았고 다투었던 것으로 알고 있습니다. 그런 문제 때문인지 11월경에 나가겠다고 보증금을 빼겠다고 하기에 계약은 1년인데 무슨 말을 하냐고 묻자, 보증금을 돌려주지 않으면 월세를 내지 않겠다고 하였습니다. 그래서 제가 보증금에서 빼는 걸로 하겠다고 한 것입니다.

문 : 그렇다면 피의자는 월세를 내지 않아 반환받을 보증금이 없다는 것을 알고 있었던 것이네요.

답 : 네 맞습니다. 계약서대로 1년이 끝날 때까지 보증금을 돌려줄 수 없다고 말하자 피의자가 그럼 월세를 내지 않겠다고 하였고 저는 그럼 보증금에서 빼겠다고 말을 한 것입니다. 피의자는 계약부터 보증금 문제까지 처음부터 모두 다 알고 있었습니다.

문 : 그 외에 할 말이 있나요?

답 : 뭐 저는 ㅁㅁㅁㅁ 주식회사와 재판을 하여 이겼기 때문에 이 문제에 대해서 더 할 말이 없긴 하지만, 피의자의 경우는 본인이 반환받을 금액이 없는 것도 다 알고 있으면서 왜 그랬는지를 모르겠습니다. 그리고 그 돈을 왜 가져갔냐고 묻자 직원들의 월급으로 사용했고 본인이 쓴 돈은 아니라고 하는데 무슨 말을 하는지 모르겠습니다.

참고인 김○미와의 연락을 통해 피의자가 반환받을 보증금이 없다는 것과 계약 당시부터 경기도 평택시 ○○면 ○○리 ○○외 2필지 토지가 개발될 예정인 것을 알고 있던 것으로 확인되기에 수사보고 합니다.

● 바. 수사결과보고

경기평택경찰서

제 2018-0xxxx 호                                          2018. 7. 22.
수 신 : 경찰서장
참 조 : 수사과장
제 목 : 수사결과보고-기소(불구속)


사기 피의사건에 관하여 다음과 같이 수사하였기에 결과 보고합니다.

### 1. 피의자 인적사항

| 김CC | 회사원 |
| --- | --- |
| 주민등록번호 | 62 세 |
| 주거 | 평택시 |
| 등록기준지 | 평택시 |

### 2. 범죄경력자료 및 수사경력자료

(생략)

### 3. 범죄사실

피의자는 경기도 평택시 OO면 OO리 OO외 2필지에 대한 임차인이고, 피해자는 해당 토지에 대한 사업시행자로 토지주 김O미와 손실보상협의계약을 체결한 자이다.

피의자는 2017. 4.경 피해자에게 보증금을 반환받지 못하였음을 주장하며 임대차 보증금 명목으로 1,000만원을 요구하였다.

그러나 피의자는 2016. 12.경부터 2017. 4.경까지 5개월분의 월 차임 합계 1,000만원을 연체하였고, 그 연체액이 임대차보증금(1,000만원)에 달하였으므로, 건 외 김O미로부터 반환받을 수 있는 임대차보증금이 전혀 없음을 알고 있었다.

피의자는 이러한 기망행위에 속은 피해자로부터 임대차보증금 명목으로 예치금 10,000,000원을 지급받아 이를 편취하였다.

### 4. 적용법조

형법 제347조 제1항

## 5. 증거관계

고소장

임대차계약서(기록 제15쪽)

손실보상협의계획서(기록 제16쪽)

진술조서

수사보고

피의자신문조서 등

## 6. 수사결과 및 의견

○ **고소인의 주장**

피의자는 본인이 반환받을 보증금이 없는 것을 알고 있음에도 불구하고, 마치 보증금을 반환받아야 할 것처럼 본인들을 기망하여 1,000만원을 편취하였다고 주장한다.

○ **피의자의 주장**

피의자는 본인이 월세를 내지 않았다고 진술한 사실이 없다고 진술하며,

고소인이 월세를 내지 않았냐고 물어봤으면 내지 않았다고 말했을 것이라고 진술한다.

또한 건 외 김○미에게 전화를 해보면 전체적인 상황에 대해서 알 수 있음에도 불구하고 본인들이 그런 확인절차를 거치지 않아 패소하고서 본인에게 탓을 미루는 것이라고 주장한다.

○ **결론**

- 피의자는 본인이 피해자를 기망하여 1,000만원 상당의 재산상 이익을 취득한 사실에 대해서 전부 부인한다.

- 피의자는 경기도 평택시 ○○면 ○○리 ○○ 외 2필지가 개발된다는 사실을 2016. 11.경에 확인하였고, 그 사실에 대해 건 외 김○미에게 따지며 보증금반환을 요청하였으나, 건 외 김○미가 계약은 1년이기에 보증금을 주지 못하겠다고 하여 피해자를 찾아가 보증금을 달라고 하였던 것이고, 피해자가 보증금을 주기에 그냥 받아온 것이라고 진술(기록 제50쪽)하나,

- 건 외 김○미와의 통화(기록 제58쪽)를 통해 2016. 3.경 해당 토지에 대한 모든 내용을 피의자가 알고 있던 것이 확인되었고, 월세금도 피의자의 진술처럼 김○미가 달라고 하지 않은 것이 아니라 본인들이 내지 않겠다고 한 사실이 확인(기록 제59쪽)된다.

- 또한, 피의자가 2016. 11.경에 공사를 이유로 건물을 나가겠다고 보증금을 요구하였다는 것이 사실이라고 하여도 2016. 11.경에 보증금을 반환받아 나가지 않고 2016. 12.경부터 2017. 5.경까지 월세를 내지 않으며 계속해서 건물을 이용한 것은 일반적으로 이해할 수 없고, 건 외 김○미가 건물주가 아니라서 월세를 내지 않았다면서 건물주인 ㅁㅁㅁㅁ 주식회사에는 월세를 내지 않은 것도 피의자 진술의 신빙성을 떨어뜨린다.

- 이외에도 대판48 1998. 12. 8., 98도3263의 판결을 참고하면 법률상 고지의무 있는 자가 일정한 사실에 관해 상대방이 착오에 빠져 있음을 알면서도 그 사실을 고지하지 않는 경우로 일반 거래의 경험칙상 상대방이 그 사실을 알았더라면 법률행위를 하지 않았을 것이 명백한 경우에는 신의칙상 그 사실을 고지할 법률상 의무가 인정된다고 판시하고 있고, 이 사건 보증금의 경우 피해자가 그 사실을 건 외 김○미에게 확인하는 것이 가능할지라도 피해자가 해당 사실을 확인하지 않은 사실만으로는 피의자가 반환받을 보증금이 없음을 알면서도 피해자에게 보증금을 요구하였다는 사실을 정당화할 수는 없다.
- 위와 같은 내용을 종합할 때, 피의자가 모든 것을 알고 있으면서도 피해자에게 보증금을 요구한 것은 피의자에게 피해자를 기망할 의사가 있었던 것으로 판단된다.
- 따라서 피의자에 대하여 '기소(불구속)' 의견으로 송치하고자 합니다.

**7. 수사참여경찰관**

경장 박○○

## ● 사. 평가(결론)

이 사안은 고소장에 의해 어느 정도 사실관계가 파악된 상태에서 시작된, 비교적 쉬운 사건이고, 피의자가 보증금을 돌려받을 권리가 있는지 없는지만 입증하면 되는 사건이다. 조사 결과 피의자는 "건외 김○미에게 보증금반환을 요청하였으나, 건 외 김○미가 계약은 1년이기에 보증금을 주지 못하겠다고 하여 피해자를 찾아가 보증금을 달라고 하였던 것이고, 피해자가 보증금을 주기에 그냥 받아온 것이다"라고 하는 등 이런저런 변명을 하였으나 참고인 조사를 통해 피의자가 사건외 김○미에게 돌려받을 보증금이 더 없는 것을 확인하였더니 피의자의 기망행위가 인정된다. 이에 기소 의견으로 송치하였다.

---

**48** 여관건물이 경매진행 중임에도 불구하고 이를 알리지 않고 임대하여 보증금을 수령한 경우(대판1998.12.8., 98도3263 ; 임차인이 등기부를 확인 · 열람하는 것이 가능하더라도 사기죄가 성립한다).

# 6. 부동산사기(근저당권설정과 재산상 이익) 실전수사

● **가. 고소장**

<h2 style="text-align:center">고 소 장</h2>

고 소 인    1.    김갑 (53○ -1 .)
경기 평택시 원 . 3(도일동)

2.    김을 (60 -10 4)
경기 평택시 원 : 3(도일동)

3.    정병 (56 -2 6)
서울 송파구 ☐ 2 동 3호(☐ 동,
. 오)

고소진술대리인    김옥 (55 -1
서울 강남구 로 0,8동 호( 포동,☐ 아파트)
전화 010- 32

고소대리인

피고소인    김정 , 닐덕 물류단지 주식회사
경기 평택시 ☐번길 (' 동)
(010- .0)

# 고 소 취 지

고소인은 다음과 같이 피고소인을 사기죄로 고소하오니 철저히 수사하시어 피고소인을 엄벌에 처하여 주시기 바랍니다.

## - 다 음 -

피고소인은 현재   !덕 ·물류단지 주식회사 대표이사인 바, 피고소인은 고소인들이 공유로 소유하고 있는 "경기도 평택시 ☐동 산   번지 임야 34,413㎡(이하 '본건 토지'라고 합니다)"에 대한 매매대금 중 계약금을 지급하고 피고소인의 채권자 고소외 명갑 (55    - *******)에게 본건 토지를 근저당권 담보물로 제공하더라도, 고소인들에게 계약대금 중 나머지 잔금을 지급하거나 근저당권부 채무를 상환할 의사나 능력이 없음에도 불구하고,

2017. 3. 6.경 평택시 소재   A 법무사 사무소에서, 고소인들에게 "계약금으로 김·갑 , 김을 , 정병 에게 본건 토지에 대한 계약금으로 각 2억5,000만원씩 지급할테니 명갑 에게 채권최고액 3억9,000만원인 근저당권의 담보물 제공하여 주면, 약정한 잔금을 2017. 11. 10.까지 틀림없이 지급하겠다"고 거짓말하여 이에 속은 고소인들로 하여금 피고소인의 채권자인 명갑 에게 각 채권최고액 3억9,000만원인 근저당권을 설정하도록 하여 채권최고액 합계 금 11억7,000만원 상당의 재산상 이익을 취득한 것입니다.

이와같은 피고소인의 행위는 특정경제범죄가중처벌등에관한법률 제3조 제1항 제2호, 제2항, 형법 제347조에 해당하는 것으로 그 죄질이 매우 불량하다고 할 것이므로 엄중한 처벌을 하여 주시기 바랍니다.

# 고 소 사 실

## 1. 고소인들과 피고소인의 지위

고소인 김갑 , 김을 는 각 2002. 6. 24. 본건 토지 중 지분 34413분의 11355를 매수하여 소유하고 있고, 고소인 정병 는 2011. 12. 1. 협의분할에 의한 상속을 받아 본건 토지 중 지분 34413분의 11703을 매수하여 소유하고 있으며, 고소인들은 본건 토지의 공유자들입니다(증제1호증 부동산등기부등본 참조).

한편, 피고소인은 본건 토지를 비롯한 토지 일원을 물류창고로 개발하겠다고 하면서 고소인들과 2017. 3. 6. 부동산매매계약을 체결한 자입니다.

## 2. 구체적인 본건 범행에 대하여

가. 피고소인은 덕 물류단지 주식회사의 대표이사라고 하면서 본건 토지를 매수하여 물류창고로 개발하겠다고 고소인들에게 접근한 바 있습니다. 피고소인은 본건 토지에 대한 부동산매매계약을 체결하여 주면 즉시 계약금으로 2억5,000만원을 주겠다고 고소인들에게 제안하면서, 나머지 잔금은 2017. 6. 10.까지 틀림없이 지급하여 줄 것이고 만약 그 때까지 지급하지 못하더라도 연 15% 이자를 합산하여 2017. 11. 10.까지 틀림없이 지급하여 주겠다고 하였습니다. 피고소인은 매매대금은 틀림없이 지급하여 줄테니 매매대금을 지급하여 주면 고소인들의 각 공유지분에 대하여 피고소인의 채권자에게 금 3억9,000만원의 채권최고액으로 하는 근저당권을 설정하여 달라고 하였습니다.

나. 고소인들은 본건 토지에 대한 계약금만을 지급받고 계약금보다 1억4,000만원
   이 많은 채권최고액 3억9,000만원의 각 근저당권을 피고소인의 채권자에게 설
   정하여 주는 것에 대하여 망설이자, 피고소인은 잔금은 틀림없이 지급하여 줄
   것이고 만약 자신이 잔금기일까지 잔금을 지급하지 않으면 위 각 근저당권을
   즉시 말소하여 주겠다고 하였습니다.

다. 이에 고소인들은 피고소인이 틀림없이 잔금기일에 잔금을 지급하겠다고 자신
   하면서 만약 잔금기일에 잔금을 지급하지 않으면 위 각 근저당권을 즉시 말소
   하여 주겠다고 하므로 이를 믿고 피고소인(    덕  물류단지)과 2017. 3. 6. 평
   택시 소재    A  법무사 사무소에서 부동산매매계약을 체결한 바 있습니
   다.

라. 위 각 부동산매매계약(증제2호증의 1,2,3)의 중요내용을 발췌하면,

- 고소인 김갑 , 김을 , 정병 의 각 매매대금은 21억, 21억, 2,163,000,000
  원으로 하고, 피고소인은 매매계약 즉시 계약금으로 각 2억5,000만원을 입
  금한다.
- 부동산매매 계약금은 지정법무사가 상기 목적물에 대한 근저당권설정서류
  확보시, 계약과 동시에 고소인들이 지정한 은행계좌에 입금한다. 실제적 대
  출금액은 설정비율과 상관없이 계약금을 초과할 수 없다.
- 잔금기일이 2017. 6. 10.이 넘어갈 경우 채권채무에 관한 이율 년 15%를 적
  용하며 최종기한은 2017. 11. 10.까지로 한다.
- 피고소인이 토지매매잔금이 지연될시(2017. 11. 10.한) 기 지급된 계약금은
  고소인들에게 귀속되며 피고소인은 계약금에 대한 근저당권의 권리주장을
  포기하며 근저당권 해지를 피고소인의 비용으로 소멸시켜야 한다.

마. 고소인들은 이러한 부동산매매약정에 기하여 피고소인의 말을 믿고 계약금만을 받고 피고소인의 채권자라는 명 갑 에게 고소인들의 각 공유지분에 대하여 3건의 채권최고액 3억9,000만원인 근저당권을 설정하여 준 바 있습니다. 그러나 피고소인은 약정한 잔금기일인 2017. 11. 10.이 경과하였음에도 불구하고 잔금을 지급하거나 위 각 근저당권을 해지한 바 없습니다.

바. 이에 고소인들이 독촉하자 피고소인은 각서(증제3호증)를 작성하여 주면서, 잔금기일을 2017. 11. 27.까지로 연장하여 주면 틀림없이 이자를 포함한 잔금을 지급할 것이고 그 때까지도 잔금을 지급하지 못할 경우 즉시 위 각 근저당권을 해지하겠다고 한 바 있습니다. 그러나 그 때까지 피고소인은 어떠한 이행이나 연락도 없었고, 고소인들은 부득이 피고소인에게 내용증명(증제4호증)을 발송하여 위 각 근저당권의 말소를 최고하였으나 사업이 진행되고 있으니 2017. 12. 29.까지 잔금을 지급하겠다고 하였으나 현재까지 어떠한 이행이나 연락이 없는 상태입니다.

사. 고소인들이 확인한 바, 피고소인이나    덕  물류단지는 잔금을 지급할 의사나 능력이 없이 고소인들에게 계약금만을 지급하고 피고소인의 채권자에게 근저당권을 설정하도록 하여 재산상 이익을 취한 바 있으며, 고소인들은 이로 인하여 본건 토지에 대하여 근저당권이 설정된 채 피해를 당하고 있는 실정입니다. 피고소인은 본건 토지 일원에 물류단지를 개발할 능력도 없이 고소인들에게 본건 토지를 담보로 제공하도록 하여 위 각 근저당권의 채권최고액 합계 상당인 11억7,000만원 상당의 재산상 이익을 취하려고 고소인들을 기망한 것으로 생각됩니다.

## 3. 결 어

이와같이 피고소인은 당초부터 고소인들에게 약정에 따른 매매잔금을 지급할 의사나 능력이 없음에도 불구하고, 지급한 계약금액을 초과하는 채권최고액 3억9,000만원의 근저당권을 피고소인의 채권자에게 근저당권의 담보물로 제공하도록 하여 재산상 이익을 취득한 것입니다.

고소인들은 피고소인에게 기망당하여 현재 근저당권이 설정되어 있는 상태로 재산권을 행사하지 못하고 있어, 더 이상 이러한 피고소인의 불법행위를 방치할 수 없어 본건 고소에 이르게 되었사오니 부디 피고소인을 철저히 조사하시어 엄중한 처벌을 하여 주시기 바랍니다.

## 입 증 방 법

| | |
|---|---|
| 1. 증제1호증 | 부동산등기부등본 |
| 1. 증제2호증의 1,2,3 | 각 부동산매매계약서 |
| 1. 증제3호증 | 각서 |
| 1. 증제4호증 | 내용증명 |
| 1. 증제5호증 | 내용증명(답변서) |

기타 증거는 조사시 제출하도록 하겠습니다.

## ● 나. 수사방향

### 1) 도식화

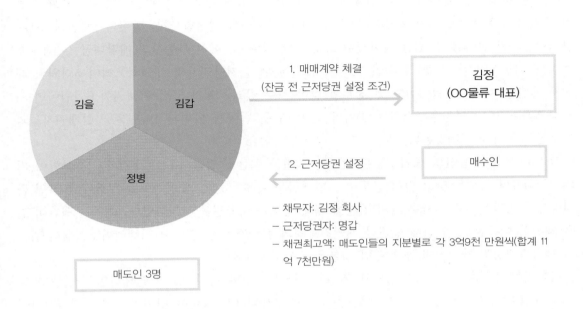

1. 매매계약 체결
(잔금 전 근저당권 설정 조건)

김정
(OO물류 대표)

2. 근저당권 설정

매수인

- 채무자: 김정 회사
- 근저당권자: 명갑
- 채권최고액: 매도인들의 지분별로 각 3억9천 만원씩(합계 11억 7천만원)

김을 / 김갑 / 정병

매도인 3명

### 2) 사건의 쟁점

고소인은 피의자의 채권자 명갑을 위해 자기 토지에 근저당권설정을 해 준 것이 사기죄라고 주장하고 있다. 사기가 되려면 기망행위, 착오의 야기, 재산상 이익의 취득, 불법영득의사가 모두 인정되어야 할 것이고 고소인은 기망행위와 착오를 주장하고 있으므로 매도인이 매수인의 채권자를 위해 근저당권을 설정해 준 것이 사기죄의 객체인 '재산상 이익'이 될 것인지 여부가 중요하다.

채권자가 일단 부동산에 근저당권자로 등기가 되면 강력한 담보권을 갖게 된다. 채권자가 이자나 원금의 변제를 못 받으면 자기가 그 부동산에 대해 경매를 신청할 수 있고, 아니면 다른 채권자가 신청한 경매사건에서 순위에 따라 배당을 받을 수 있다. 근저당권자가 아닌 채권자는 우선 집행권원을 취득해야, 즉 채무자에게 소송을 걸어 이겨야 그 다음에 경매를 신청할 수 있는데, 근저당권자는 부동산의 소유자와 "부동산을 담보로 잡혔으니 소송을 거치지 않아도 경매를 신청할 수 있다"는 합의를 미리 본 셈이니 훨씬 간편하고도 강력한 담보를 잡은 것이다. 따라서 근저당권자로 등기된 것 자체가 재산상 이득의 취득임은 명백하다. 또한 형법 제347조 제2항에서 행위자가 아닌 제3자를 위한 사기죄를 인정하고 있으니 본건은 사기죄로 수사할 가치가 있다.

그리고 피해액 산정과 관련하여 피해액을 얼마로 볼 것인지, 부동산 소유권 전체에 대한 근저당권인지, 지분에 대한 근저당권인지 이해하여야 한다.

일반적으로 저당권은 1회의 채무에 대해 담보권을 설정한 것이고, 근저당권은 채권액이 들쭉날쭉한 계속적인 채무에 대해 연체이자와 집행비용 등을 감안하여 평균적인 채무액보다 늘린 금액을 상한선으로 하여(채권최고액이라고 한다) 담보권을 설정한 것을 말한다. 채권최고액은 근저당권자가 받아갈 수 있는 상한선이므로, 실제 경매사건에서 부동산의 매각대금(간편하게 필수비용을 제한 나머지만을 생각한다)이 10억원이고 1순위 근저당권자의 채권최고액이 5억원일 때 실제 계산한 채권이 4억원이면 그 전부를 받아갈 수 있고, 그 자의 실제 채권이 6억원이면 채권최고액까지인 5억원은 1순위로 받아가고, 이때 못 받아간 나머지 1억원은 일반채권자들과 동등한 위치에서 나눠갖는다.

그리고 본건 부동산의 등기부등본 갑구를 보면 부동산을 김갑, 김을, 정갑 등 세 사람이 거의 3분의 1씩 지분을 갖고 있어 공동소유 형태임을 알 수 있다. 또 등기부등본 을구를 보면 근저당권자 명갑은 모든 공유자들의 지분에 대해 전부 근저당권을 설정하였다. 따라서 명갑이 얻은 재산상 이득은 토지 전체에 대한 채권최고액의 합산액이 될 것이고 피해액이 5억원이 넘으니 특정경제범죄 가중처벌 등에 관한 법률을 적용하여야 한다.

아울러 본건 수사시 어떻게 근저당권이 부동산등기부에 등기되는지 이해하면 관련증거 확보에 도움이 된다. 부동산 소유권이전등기시 매매계약서가 필요한 것처럼 근저당권설정시에도 '근저당권설정계약서'가 필요하다. 그리고 소유권자의 등기권리증(분실시 확인서면 등)을 일단 등기소에 제공해야 한다. 또 소유권자의 인감증명서도 첨부된다. 따라서 근저당권설정계약서, 인감증명서 등을 확보하려면 그 등기가 이루어진 등기소에 방문하여 원칙적으로 압수영장을 제시하여 제공받을 수 있다.

## 3) 수사계획

우선 고소인 또는 등기소를 통하여 근저당권설정계약서, 고소인들의 위임장, 인감증명서 등 등기신청과 관련된 첨부서류를 확보하고, 근저당권설정의 목적을 알기 위해서 근저당권자 명갑을 상대로 기존채무에 대한 담보를 제공받은 것인지, 향후 개발계획과 관련된 것인지 조사하여야 한다.

피의자 상대로도 근저당권 설정을 원했던 목적을 확인하여야 한다. 만일 그 목적이 향후 개발계획추진 차원에서 투자자를 끌어들이기 위한 것이었다면 고소인이 이를 용인하였을 수가 있으나, 사실은 개발계획과 상관없이 기존 채무에 대한 담보마련을 위한 것이었다면 고소인이 이를 용인하지 않았을 것이기 때문이다. 아울러 고소인 주장에 의하면 피의자가 근저당권말소나 잔금지급 등의 약속을 지키고 있지 않고 있다고 하고, 피의자가 처음부터 잔금을 마련하여 물류센터개발을 위한 토지개발을 추진할 수 있는 능력이나 자금이 없었다면 고소인이 향후 잔금지급을 전제로 한 근저당권설정을 용인할 리가 없었다는 점에서 피의자의 잔금마련계획, 근저당권말소를 위한 자금계획을 확인하여야 한다. 이는 피의자로부터 동의서를 제출받거나 압수영장을 발부받아 NICE평가정보(주) 또는 금융기관으로부터 피의자의 재산상태를 확인하는 등의 방법으로 가능하다.

## 4) 소결

피의자가 향후 잔금마련 및 물류센터 개발을 위해 투자자를 모집하는 과정에서 그에 대한 담보마련을 위해 근저당권설정을 한 것이고, 매매계약 당시 근저당권말소를 해 줄 의사와 능력이 있었다면 불기소 가능성이 있다.

반면 피의자는 기존 채권자 명갑을 위해 급하게 담보를 마련한 것이라거나 기타 향후 물류센터 개발과 아무런 관련 없이 근저당권을 설정해달라고 한 것이어서, 이를 알았다면 고소인들이 이에 응할 가능성이 없었다거나 피의자의 자력으로 근저당권 말소를 해 줄 능력이 없었다면 기소 가능성이 있다. 또 피의자의 자금사정이나 신용으로 보아 계약금도 겨우 마련한 것이고 잔금을 지급할 경제적 사정이 안 되거나 투자를 끌어들일 능력이 없었다면 잔금지급을 전제로 한 근저당권설정에 고소인이 동의할 리가 없으므로 역시 기소 가능성이 있을 것이다.

## ● 다. 부동산등기부등본 읽는 법

[토지] 경기도 평택시  !동 신                                                         고유번호 1354-

| 순위번호 | 등 기 목 적 | 접 수 | 등 기 원 인 | 권 리 자 및 기 타 사 항 |
|---|---|---|---|---|
| 3-1 | 3번등기명의인표시변경 | 2017년3월6일 제7940호 | 2016년6월13일 전거 | 김봉갑의 주소 경기도 평택시 · I: 동) |
| 4 | 1번윤 ☆ 지분전부이전 | 2002년8월1일 제26529호 | 2002년6월24일 매매 | 공유자 지분 34413분의 11355 김남돈 60 · ******* 서울시 강남구 동  -  아파트 |
| 4-1 | 4번등기명의인표시변경 | 2017년3월6일 제7938호 | 2016년6월13일 전거 | 김남돈의 주소 경기도 평택시             ) |
| 5 | 2번김 ▓ 지분전부이전 | 2011년12월22일 제40471호 | 2011년12월1일 협의분할에 의한 상속 | 공유자 지분 34413분의 11703 정범 56 · ******* 서울특별시 강남구 · I ,  동 호(  동,  아파트) |

| 【 을 구 】 | | | ( 소유권 이외의 권리에 관한 사항 ) | |
|---|---|---|---|---|
| 순위번호 | 등 기 목 적 | 접 수 | 등 기 원 인 | 권 리 자 및 기 타 사 항 |
| 1 | 갑구4번김남돈지분전부근저당권설정 | 2017년3월6일 제7939호 | 2017년3월6일 설정계약 | 채권최고액 금390,000,000원 채무자  덕 물류단지주식회사 경기도 평택시  I 천길 1층( 동) 근저당권자 명갑 55! ******* 충청남도 천안시  · 길 ( I동) |
| 2 | 갑구3번김봉갑지분전부근저당권설정 | 2017년3월6일 제7941호 | 2017년3월6일 설정계약 | 채권최고액 금390,000,000원 채무자  덕 물류단지주식회사 경기도 평택시  I길 1층( 동) |

발행번호 13520113504                      2/3          발급확인번호 AAWM-          발행일 2017/11/27

[토지] 경기도 평택시    동                                                          고유번호 1354-

| 순위번호 | 등 기 목 적 | 접 수 | 등 기 원 인 | 권 리 자 및 기 타 사 항 |
|---|---|---|---|---|
| | | | | 근저당권자 명갑 550! ******* 충청남도 천안시 서북구 업성3길 31-25(업성동) |
| 3 | 갑구5번정   지분전부근저당권설정 | 2017년3월6일 제7942호 | 2017년3월6일 설정계약 | 채권최고액 금390,000,000원 채무자  덕 물류단지주식회사 경기도 평택시  번길 1층( 동) 근저당권자 명갑 55 I-******* 충청남도 천안시   5( I동) |

-- 이 하 여 백 --

수수료   1,000원 영수함

관할등기소 수원지방법원 송탄등기소 / 발행등기소 법원행정처 등기정보중앙관리소

이 증명서는 등기기록의 내용과 틀림없음을 증명합니다.

서기 2017년 11월 27일

법원행정처 등기정보중앙관리소                                    전산운영책임관

*실선으로 그어진 부분은 말소사항을 표시함. *기록사항 없는 갑구, 을구는 '기록사항 없음' 으로 표시함. *증명서는 컬러 또는 흑백으로 출력 가능함.
[인터넷 발급] 문서 하단의 바코드를 스캐너로 확인하거나, 인터넷등기소(http://www.iros.go.kr)의 발급확인 메뉴에서 발급확인번호를
입력하여 위·변조 여부를 확인할 수 있습니다. 발급확인번호를 통한 확인은 발행일부터 3개월까지 5회에 한하여 가능합니다.

발행번호 1354                    B378171          3/3          발급확인번호 AAWM-          발행일 2017/11/27

부동산등기부(등기사항증명서)는 표제부, 갑구, 을구로 구성되어 있다(저당권 등이 없으면 을구가 없을 수도 있다). 표제부는 부동산에 대한 현황, 즉 위치, 지목, 면적, 구조, 병합이나 분할 여부 등이 나와있다. 아파트나 빌라 등 개별적으로 소유권이 인정되는 여러 세대가 모여서 하나의 건물을 구성하는 경우, 표제부에 '1동 건물의 표시'가 먼저 나오고 해당 전유부분의 표시, 대지 권의 표시가 나중에 나온다.

갑구는 소유권이나 그 제한에 관한 사항이 등기된다. 최초에 소유권보존등기가 있을 것이고, 그 다음부터 소유권이전이나 가압류, 가처분, 경매개시결정등기 등 소유권에 대한 제한사항이 등기된다. 소유권은 전부 옮겨질 수도 있고 지분으로 나누어 옮겨질 수도 있다. 소유자가 여러 명 있을 경우 가장 나중에 등기된 자가 현재 소유자이다. 갑구 순위번호 1번의 의미는 최초의 소유자와 윤갑이 1970년 2월 2일 매매계약을 체결하여 1970년 4월 9일 (잔금을 치렀을 것이다) 해당 등기소에 1970년 3,659번째로 접수하여 윤갑 앞으로 소유권이전이 되었다는 의미이다. 그리고 갑구 2번은 2002년 6월 24일에 김원갑이 윤갑의 지분 일부(34,413분의 11,703)을 매입하여 2002년 8월 1일(이때 잔금을 치렀을 것이다)에 등기신청하여 일부 지분권자로 등기되었다는 의미이다. 김봉갑과 김남을도 같은 날 지분이전등기를 신청하여 2002년 8월 1일자로 3명의 공동소유자가 등기되었다. 그리고 갑구 5번을 보면 2번 갑지분 전부이전이라고 되어 있는데 김원갑이 2011년 12월 1일경 이전에 사망하였고 상속인들이 "우리끼리 법정상속분대로 나눠갖지 말고 홀로 남은 정병에게 전부 이전해드리자"라고 협의하여 2011년 12월 22일자로 정병이 김원갑의 지분 전부를 승계받았다는 의미이다.

그리하여 2011년 12월 22일자로 공동소유자가 김봉갑, 김남을, 정병 3명이 되었다.

을구는 소유권 외의 권리가 등기된다. 저당권, 임차권, 전세권, 지역권 등 소유권에 대한 담보물권 또는 용익물권이 등기된다. 을구 1번을 보면 갑구 4번 김남을 지분 전부에 대해 2017년 3월 6일자로 근저당권설정계약을 하고 같은 날 7,939번째로 등기소에 접수하여 채권최고액 3억9천만원, 근저당권자 명갑, 채무자 OOO 물류주식회사를 내용으로 하는 근저당권이 등기되었다. 그리고 을구 2, 3번도 마찬가지로 김봉갑, 정병 소유의 지분에 대해 근저당권이 등기되었다. 이로써 명갑은 이 토지 전체에 대해 채권최고액 합산 11억7천만원의 근저당권자가 되었다.

## ● 라. 고소보충조서

<table>
<tr><td colspan="2" align="center">진 술 조 서</td></tr>
</table>

**성    명** : 김무

**주민등록번호** : 5

**직    업** : 회사원

**주    거** : 서울

**등록기준지** : 서울

**직장주소** : 서울

**연 락 처** : 자택전화 02–    휴대전화 010–

　　　　　　 직장전화 없음  전자우편(e–mail)

위의 사람은 피의자 김정에 대한 특정경제범죄가중처벌등에관한법률위반(사기) 피의사건에 관하여 2018. 3. 13. 13:58 경기평택경찰서 수사과 경제O팀사무실에 임의 출석하여 다음과 같이 진술하다.

**1. 피의자와의 관계**

저는 피의자 김정과 거래 상대방 관계에 있습니다.

**1. 피의사실과의 관계**

저는 피의사실과 관련하여 고소 대리인 자격으로서 출석하였습니다.

이 때 진술의 취지를 더욱 명백히 하기 위하여 다음과 같이 임의로 문답하다.

문 : (피해자인 경우) 담당조사관으로부터 형사절차상 범죄피해자의 권리 및 지원 정보에 대한 안내서를 교부받았나요?

답 :

문 : 진술인이 김무 본인인가요?

답 : 예.

**(이때, 진술인이 자신의 신분증을 제시하기에 사본하여 조서 말미에 첨부하다.)**

문 : 이 고소장(이때, 2018. 1. 11.경 작성된 고소장을 보여주며)이 진술인이 제출한 것이 맞나요

답 : 예. 변호사 사무실을 통하여 제출하였습니다.

문 : 진술인은 금일 본 건 고소대리인으로 출석한 것인가요

답 : 예. 맞습니다. 김갑과 김을은 저와 형제관계이고, 정병은 돌아가신 저의 큰형인 김원갑의 형수입니다. 김갑씨는 태백에 있어 출석이 어렵고, 김을은 암투병으로 출석이 어려우며, 정병은 본 건 토지를 남편인 김원갑으로부터 상속받은 자로, 현재 미국에서 생활하고 있어 출석이 어렵습니다. 그래서 제가 고소대리인으로 출석한 것입니다.

**(이때, 진술인이 각 고소인으로부터 받은 위임장과 가족관계증명서를 제출하기에 조서 말미에 첨부하다.)**

문 : 고소내용의 요지는 무엇인가요?

답 : 피고소인은 고소인들의 소유의 토지를 구입하겠다고 기망하여 그 구입 조건으로 "<u>이 사건 토지에 대한</u> <u>근저당권을 설정하도록 허락해주면, 계약금 2억 5천을 지불하겠다. 이후 본인이 이 토지에 대한 근저당</u> <u>권을 해소하고 잔금을 치르도록 하겠다.</u>"고 했습니다. 그러나 피고소인은 자신이 근저당권을 해제하지 <u>도 못하고 있고, 잔금도 치르지 못하고 있습니다. 그래서 고소인들이 다른 곳에 토지를 팔 수 없도록 하</u> <u>고 있습니다. 피고소인은 처음부터 고소인들의 토지를 구입할 의사나 능력 없이 속여서 계약을 체결한</u> <u>것이라고 보이기에 사기로 고소하는 바입니다.</u>

문 : 동일 건으로 고소를 했거나, 취소를 한 사실이 있는가요?

답 : 아니요. 없습니다.

문 : 누구를 상대로 고소하는 것인가요?

답 : 김정을 상대로 고소하는 것입니다.

문 : 타인으로 하여금 형사처분 또는 징계처분을 받게 할 목적으로 공무소 또는 공무원에 대하여 허위의 사 실을 신고하면 무고죄로 처벌받을 수 있음을 알고 있나요?

답 : 예. 알고 있습니다.

문 : (이때, 피고소인의 화상 사진을 보여주며) 이 사람이 피고소인 김정이 맞나요?

답 : 예. 맞습니다.

문 : 피고소인은 언제, 어떻게 알게 된 관계인가요?

답 : 5~6년전 본 건 토지 거래 때문에 알게 되었습니다. 제가 고소인들을 대리해서 본 건 토지 매매 계약 을 진행하였습니다.

문 : 당시 진술인이 고소인들로부터 이 사건 토지를 거래하여도 된다는 내용으로 위임을 받은 사실이 있나요

답 : 예. 있습니다. 당시 2016. 12. 14.경 고소인들로부터 위임을 받아 고소인들 소유의 토지를 계약하였습니다.

**(이때, 진술인이 2016. 12. 14.경 작성된 위임장을 제출하기에 조서 말미에 첨부하다.)**

문 : 당시 본 건 토지에 대한 계약 내용 및 조건은 어떠한 것이었나요?

답 : 피고소인과 2017. 3. 6.경 경기도 평택시 OO동 산 OO번지의 토지를 매매계약을 체결하여, 같은 해 6. 10.경 피고소인이 잔금을 치르기로 하였습니다. 그 과정에서 고소인들은 채권최고액 3억 9천만원의 근 저당권을 설정하였습니다. 그런데 그 과정에서 피고소인은 "만일 본인이 2017. 6. 10.경까지 잔금을 지 급하지 못할 경우, 2017. 11. 10.경까지 잔금을 지급할 것이며, 그 과정에서 발생하는 이자는 연 15%로 계산하여 11. 10.경 모두 변제할 것입니다." 라고 하였습니다. 그런데 피고소인이 2017. 11. 10.경까지 잔 금을 치르지 못하여 2017. 11. 11.경 저를 찾아와서 2017. 11. 27.까지 지급하겠다고 하며 각서를 썼습니다.

그 후에도 지급이 되지 않아 2017. 12. 5.경 피고소인의 회사인 'OOO물류단지 주식회사'로 내용증명을 보냈습니다. 당시 피고소인과 함께 작성하였던 부동산 매매계약서, 각서, 내용증명은 모두 고소장에 첨부하였습니다.

문 : 내용증명을 보낸 후 답변서를 받았나요?

답 : 예. 받았습니다. 2017. 12. 29.일 내로 근저당을 해제해주고 잔금을 지불해주기로 하였습니다.

문 : 각 고소인들이 받아야 할 잔금은 얼마인가요?

답 : 김갑과 김을은 각 21억, 정병은 21억 6,300만원입니다.

문 : 각 고소인들이 받아야 할 잔금이 서로 다른 이유는 무엇인가요?

답 : 김갑과 김을은 지분면적이 11,355㎡이고, 정병이 가지고 있는 지분면적이 11,703㎡라서 그렇습니다. 면적이 더 넓어서 정병이 받아야 할 잔금이 더 많습니다.

문 : 계약서를 보면 계약금으로 각 고소인들에게 2억 5천만원씩 지불하기로 되어 있는데, 고소인들은 위 금원을 교부받은 사실이 있나요?

답 : 예. 있습니다. 추후 계좌내역을 제출하도록 하겠습니다. 계약금 중 일부는 수표로 받아 각 고소인들의 통장으로 입금한 내역도 있는데, 그것도 같이 제출하도록 하겠습니다.

문 : 위와 같이 고소인들이 계약금을 받은 후 피고소인이 본 건 토지에 대한 근저당권을 설정할 수 있도록 허락해 주었다는 것인가요?

답 : 예. 그렇습니다. 당시 피고소인이 그 토지를 물류단지를 개발하는데 사용하겠다고 하면서 자신이 해당 토지에 대하여 근저당권을 설정할 수 있어야 단지 개발이 진행이 될 수 있다고 하였습니다. 그래서 피고소인이 해당 토지를 개발하려고 다른 사람에게 돈을 차용하는 과정에서, 그 다른 사람이 이 토지에 대한 근저당권을 설정하도록 하게 된 것입니다.

문 : 그러한 사실을 모두 다 알고서 동의하고 계약을 체결하였던 것인가요?

답 : 예. 그렇습니다.

답 : 예. 그렇습니다.

문 : 고소장에 첨부된 등기부 등본을 보면 그 당시 본 건 토지에 대한 근저당권 설정자가 명갑으로 확인이 되는데, 맞나요?

답 : 예. 맞습니다.

문 : 위 사람에게 피고소인이 금원을 차용하여 근저당권을 설정하게 하였다는 것인가요?

답 : 예. 당시 고소인들이 계약금 2억 5천만원씩 받을 때 일부 수표로 받은 것이 있는데, 거기 배서된 사람 이름을 보면 명갑이라는 이름이 있습니다. 이것은 김정이 명갑에게 돈을 빌린 후 그 빌린 돈으로 고소인들에게 계약금으로 각 2억 5천만원 씩을 준 것이고, 명갑은 그와 같이 김정에게 금원을 빌려준 근거로 근저당권을 설정해 준 것입니다. 이에 대하여 김정과 얼마 전 통화를 하였을 때 사실이라고 하였습니다.

문 : 진술을 정리하면, 고소인들이 계약금으로 각 2억 5천씩은 모두 받은 것이고, 피고소인은 그에 따라 계약을 이행하여야 했으나 계약 내용대로 이행하지 못했던 것으로 보이는데, 이 과정에서 피고소인이 고소인들에게 무엇을 속이고, 어떤 재산상의 손해를 입혔다는 것인가요?

답 : 일단 고소인들한테 '제3자가 이 사건 토지에 대한 근저당권을 설정하게 해주면 계약을 이행할 수 있다'고 하여 고소인들의 동의를 받아 명갑으로 하여금 이 사건 토지의 근저당권을 설정하게 한 것이 속인 것이고, 만일 명갑이 근저당권을 행사하는 경우 고소인들이 그 설정된 근저당권의 채권최고액 3억 9천만원씩을 각각 모두 변제하여야 할 상황에 처해 있습니다. 그래서 만일 피해를 본다면 3억 9천만원 x 고소인 수(3명)로 하여 총 11억 7천만원이 될 것입니다.

문 : 이렇게 명갑으로 하여금 근저당권을 설정하게 하면 피고소인이 얻는 이익이 무엇인가요?

답 : 아마 물류단지를 개발할 수 있는 기회가 있을 것인데...... 자세히는 모르겠습니다. 당시 김정은 이렇게 명갑에게 근저당권을 설정해 주면 물류 단지를 개발하여 수익을 창출할 수 있을 것이라고만 하였습니다.

문 : 정리하면, 진술인은 피고소인이 본 건 토지 계약을 이행할 의사나 능력 없이 고소인들을 기망하여 제3자(명갑)로 하여금 위 토지의 근저당권을 설정하게 하였다는 진술인가요?

답 : 예. 맞습니다.

문 : 그리고 그 결과로 현재까지 잔금을 지급받지 못하고 있고, 근저당권도 해제되지 않고 있어 피해를 보고 있다는 진술인가요?

답 : 예. 근저당권이 해제되지 않고 있으니까 다른 곳에 팔지도 못하고 있고, 피고소인이 설정된 근저당권에 대한 이자를 내야 하는건데 그것도 내지 않아서 저희가 지불하고 공탁을 걸어놓았습니다.

**(이때 진술인이 금전공탁서를 제출하기에 사본하여 조서 말미에 첨부하다.)**

문 : 피고소인과 언제까지 연락이 되었나요?

답 : 올해 2월 초까지는 연락이 되었습니다.

문 : 피고소인이 어디에 사는지 알고 있나요?

답 : 아니요. 잘 모릅니다.

문 : 본 건으로 피고소인과 합의한 사실이 있나요?

답 : 없습니다. 합의를 하면 뭐합니까. 다 약속도 어기는데. 그 사람과 통화한 내역도 있습니다. 맨날 나중에 변제하겠다고 하는 내용입니다.

문 : 추가로 제출할 서류나 증거자료가 있나요?

답 : 고소인들이 계약금을 받았다는 자료를 제출하도록 하겠습니다. 그리고 피고소인과 통화한 내역도 녹취 CD로 제출하겠습니다.

문 : 이상의 진술이 사실인가요?

답 :

문 : 더 할 말이 있나요?

답 :

## ● 마. 피의자신문조서(요지)

－인정신문

－피신 2면에서 변호인 선임권 등 4가지 질문을 하되, 답변은 (1) 자필로 기재하거나, (2) 타이핑한 후 그 옆에 기명날인 또는 서명을 하게 한다.

－정상관계 질문(원표에 들어갈 내용으로서, 학력, 병역, 재산관계, 종교, 가족관계 등을 묻는다.)

－고소인과 피의자와의 관계(친족상도례 적용여부와 관련)를 묻는다.

－본격적인 조사단계에서, 사전에 사기죄에서 고소보충조서를 받으면서 피해품을 특정했다면(재물 또는 재산상 이익), 피의자를 상대로 조사 초반에 고소인 주장대로 그와 같은 피해를 입힌 사실이 있는지부터 묻는다. 특히 본건 사기사건의 피해품은 제3자를 위한 재산상 이익이므로, 일단 고소인 주장대로 제3자에게 근저당설정을 해 준 것이 사실인지부터 묻고, 그 다음 어떤 이해관계가 있어서 근저당권을 설정하게끔 해 준 것인지, 피의자와 명갑은 어떤 관계인지 묻는다.

－기망행위와 관련하여, 고소인은 피의자의 말을 들어주면 개발사업이 잘 이루어져 나머지 잔금을 치르는데 도움이 될 것이라는 기대 하에 잔금도 받기 전에 제3자에게 근저당권설정을 해 준 것으로 보이므로, 근저당권설정의 목적과 개발사업과의 관련성을 조사하는 것이 핵심이다.

－일반적으로 근저당권자는 채권자이고, 부동산의 소유자 또는 저당권 설정 항목에 채무자라고 기재된 자가 위 근저당권자에 대한 채무자이다. 채무자와 부동산의 소유자가 다른 경우, 부동산의 소유자는 채무자의 채권자를 위해서 자기 재산을 담보로 제공한 것이고 이른바 '물상보증인'이라 불리운다. 따라서 피의자와 근저당권자 사이에 어떤 채권채무관계가 있는지 묻는다. 즉 본건 개발사업을 위해 투자자금을 끌어들인 것인지, 아니면 피의자의 기존 채무를 담보하게 할 목적으로 근저당권을 설정한 것인지, 아니면 다른 이유가 있는지를 조사한다.

－그리고 근저당권설정을 하였다면 근저당권설정계약서, 부동산 소유자의 위임장 등 등기 관련자료를 확보한다. 등기신청시 첨부된 자료는 관할 등기소에 보관하고 있으므로 원칙적으로 압수수색검증영장을 발부받아 등기소로부터 자료를 확보한다.

－피의자(채무자)와 근저당권자(명갑)간의 채권채무관계를 확인하는 과정에서 피의자가 계약금조차도 자기 돈이 아닌 명갑에게 빌린 돈으로 마련하였음을 확인할 수 있었다.

－피의자에게 개발사업을 진행할 능력이 있었는지, 대출을 통해 잔금과 개발사업비용을 마련할 계획이었다면 피의자의 재산, 신용상태, 기존 대출관계, 금융기관에서 바라보는 객관적인 대출가능비용 등을 묻는다. 상식적으로 금융기관에서 담보로 삼을 부동산의 잔존가치 전부를 담보로 하기보다는 연체이자, 경매 실행비용 등을 감안하여 그보다 적은 금액을 대출해줄텐데 만약 대출금액이 부족하거나 대출이 안 나온다면 피의자로서는 설령 대출이 실행되더라도 그 차액과 소유권이전에 따른 등기비용이나 취, 등록세 등의 현금을 마련하지 못하여 잔금마련 및 그 이후의 실행계획에 큰 차질을 빚게 될 수 있다. 본건에서 피의자는 현재 그만한 돈도 없다고 스스로 진술하였다.

–피의자가 아직까지 잔금을 지급하지 못한 이유 및 근저당권을 말소해주지 못한 이유를 묻는다.

–본건에서는 피의자로부터 나이스신용평가조회 동의서와 금융거래정보등 제공 동의서를 받아 객관적으로 피의자의 자력을 확인하였다. 또한 회사의 운영상태에 대한 자료를 받았다.

–마지막으로 "사기의 혐의 중에는 기망하여 제3자로 하여금 재산상 이익을 취하게 한 경우에도 처벌을 하고 있고, 피의자의 행위는 위 혐의에 해당되는 것으로 보이는데 이에 대하여 진술할 사항이 있나요"라는 질문에 피의자는 "제가 자력이 없어 명갑에게 돈을 빌리고 그 대가로 고소인들의 토지를 근저당 설정하게 한 것은 맞지만, 제가 차용한 돈도 모두 개인적으로 쓴 것도 아니고, 사업을 하기 위한 과정에서 이렇게 한 것인데...... 사기라고는 생각하지 않습니다. 현재도 사업이 진행 중이고, 나중에 OO증권에서 브릿지론을 받으면 모두 해결될 문제입니다."라고 변명하였다. 조사를 마치고 나면 피의자가 자금부족으로 사업에 차질을 받을 수도 있는 위험에 충분히 대비하였거나 그 위험을 고소인들에게 알려주었는지 여부가 편취범의 인정에 관건이 될 것이다.

## ● 바. 수사결과보고

### 경기평택경찰서

제 2018-XXX 호
2018. 5. 18.

수 신 : 경찰서장
참 조 : 수사과장
제 목 : 수사결과보고[기소(불구속)]

특정경제범죄가중처벌등에관한법률위반(사기) 피의사건에 관하여 다음과 같이 수사하였기에 결과 보고합니다.

#### 1. 피의자 인적사항

| 김정 | 회사원(OOO물류단지주식회사) |
|---|---|
| 주민등록번호 | : |
| 주 거 | : |
| 등록기준지 | : |

#### 2. 범죄경력자료 및 수사경력자료

(생략)

### 3. 범죄사실

피의자는 부동산개발업에 종사하는 자이다.

피의자는 2017. 3. 6.경 경기 평택시 OO, 법무사OOO사무소에서 고소인들에게 "경기도 평택시 OO동 산OO번지 임야 34,413㎡에 대한 계약을 체결해주면 계약금으로 김갑, 김을, 정병에게 각 2억 5,000만원씩 지급할 테니 명갑이라는 자에게 채권최고액 3억9,000만원인 근저당권을 각각 설정하여 달라. 근저당권을 설정해주면 위 토지에 대한 잔금을 2017. 6. 10.경까지 지급하겠다. 그때까지 잔금을 지급하지 못하더라도 연 15%의 이자를 합산하여 2017. 11. 10.경까지 모두 지급하겠다." 라고 하였다.

그러나 사실 피의자는 고소인들이 명갑에게 위 토지에 대한 근저당권을 설정해주더라도 잔금을 지급해 줄 의사나 능력이 없었다.

그럼에도 불구하고, 피의자는 위와 같이 고소인들을 기망하여 이에 속은 고소인들로 하여금 2017. 3. 6.경 경기도 평택시 OO동 산OO번지의 임야를 각 공유지분에 따라 부동산매매계약하고, 건외 명갑에게 각 공유지분에 따른 채권최고액 3억9,000만원씩, 도합 11억7,000만원 상당의 근저당권을 설정하게 하였다.

이로써 피의자는 제3자인 명갑으로 하여금 11억7,000만원 상당의 재산상의 이익을 취득하게 하였다.

### 4. 적용법조

형법 제347조 제2항(사기)

### 5. 증거관계

ㅇ 고소장, 진술조서, 피의자신문조서, 신용평가조회정보, 은행거래내역 등

### 6. 수사결과 및 의견

**[ 인정되는 사실 ]**

ㅇ 고소대리인이 제출한 부동산등기부등본, 매매계약서, 각서 및 내용증명으로 보아 2017. 3. 6.경 피의자가 고소인들과 각각 본 건 토지(경기도 평택시 OO동 산OO번지)에 대한 부동산매매계약을 체결하고, 고소인들로 하여금 건외 명갑에게 각 공유지분에 따라 채권최고액 3억 9천만원에 상당한 근저당권을 설정하게 한 사실이 인정된다.

ㅇ 각 고소인들의 통장거래내역으로 보아 이 사건 토지에 대한 계약금으로 건외 명갑과 피의자로부터 2억 5,000만원을 각 입금받은 사실이 인정된다.

ㅇ 피의자의 진술 및 기업은행 통장거래내역으로 보아 명갑으로부터 2017. 3. 6.경 3억원, 같은 해 3. 7.경 6천만원, 도합 3억 6천만원을 입금받은 사실이 인정된다.

**[ 고소대리인 김무의 진술에 대하여 ]**

ㅇ 고소대리인은 피의자가 고소인들이 소유한 토지(경기도 평택시 OO동 산OO번지)를 매수하겠다고 말하면서, 그 조건으로 건외 명갑에게 위 토지에 대한 채권최고액 3억 9,000만원의 근저당권을 각각 설정해 달라고 요청하였다고 진술한다.

ㅇ 피의자는 고소인들이 위와 같이 근저당권을 설정해주면 2017. 11. 10.경까지 근저당권을 모두 해제하고 잔금을 지불하기로 약속하였으나 현재까지 근저당권을 해제하지 못하고 있고, 고소인들에게 약속한 잔금도 변제하지 못하고 있어 처음부터 토지를 정상적으로 구입할 의사나 능력 없이 고소인들을 속여 부동산매매계약을 체결한 후 명갑에게 근저당권을 설정하게 한 것이라고 주장한다.

**[ 피의자의 진술에 대하여 ]**

ㅇ 피의자는 자신의 물류단지 사업 부지를 개발하기 위하여 토지를 알아보던 중 고소인들이 소유한 토지를 매수할 계획으로 고소인들과 부동산매매계약을 체결하고, 그 계약금으로 각 고소인들에게 2억 5,000만원씩 입금해 주었다고 한다.

ㅇ 당시 고소인들에게 지급했던 계약금은 건외 명갑에게 차용한 것이며, 그 차용 조건으로 명갑에게 이 사건 토지에 대한 근저당권을 설정해 준 것이라고 진술하였다.

ㅇ 위와 같이 피의자에게 금원을 차용해 준 명갑이라는 자는 사채업자로 본 건 물류단지 개발과는 전혀 관계가 없는 자이고, 피의자가 고소인들과 본 건 토지를 매매계약한 후 계약금을 줄 능력이 되지 않아 위 사람에게 금원을 차용하여 고소인들에게 계약금을 지불한 것이라고 진술하였다.

ㅇ 피의자는 명갑에게 차용한 금원 및 고소인들의 잔금을 변제하지 못하고 있는 것은 맞지만, 이에 대하여 자신이 2018. 3. 28.경 OO증권에서 받은 '브릿지론 투자 확약서' 사본을 제출하며 추후 OO증권에서 300억원의 투자를 받아 고소인들과 명갑에게 변제할 계획이라고 주장하며 본 건 혐의 부인한다.

**[ 참고인 명갑 조사 불가에 대하여 ]**

ㅇ 참고인 명갑과 통화하여 피의자를 알게 된 경위 및 금원을 차용해 주게 된 이유, 이 사건 토지에 대한 근저당설정 등에 대하여 묻고자 하였으나 참고인은 2018. 4. 12.경 1회 통화된 이후 본 수사관의 전화를 받지 않고, 출석요구서를 보내도 출석하지 않고 있다.

ㅇ 이에 위 사람 대신 당시 참고인과 함께 사채업을 도와주었다는 이OO라는 자의 인적사항을 확인하여 진술 확보하고자 하였으나, 이OO가 사용하고 있는 휴대전화번호는 다른 사람의 명의로 가입된 전화번호로 확인되어 그 인적사항 특정할 수 없어 진술 청취할 수 없었다.

ㅇ 다만 피의자의 기업은행 통장거래내역에서 참고인 명갑의 명의로 금원을 입금 받은 사실이 있어 피의자 진술이 사실임을 확인하였다.

[ 수사관 의견 ]

○ 피의자는 위와 같이 OO증권에서 투자를 받아 모두 변제할 계획이라고 하며 본 건 혐의 부인하고 있으나, 조사 당시 고소인들과 이 사건 토지를 최초 계약할 때 피의자의 자력으로 계약금을 줄 능력이 없어 명갑에게 금원을 차용하여 고소인들에게 지급하고, 한편 차용 조건으로 고소인들로 하여금 명갑에게 근저당권을 설정하도록 한 것이라고 진술하고 있다.

○ 또한 당시 고소인들에게 근저당권을 설정해 달라고 요청할 때 위와 같은 사실을 고지하지 않고 '근저당권을 설정해줘야 물류단지개발 사업을 진행할 수 있다'라고만 말했다고 진술하는 점으로 보아 당시 고소인들은 자신들의 토지를 제3자에게 근저당설정을 해주어야 하는 이유에 대하여 정확히 알지 못하는 상태에서 피의자의 요청대로 해주었던 것으로 보인다.

○ 따라서, 만일 고소인들이 이러한 사정을 알았더라면 피의자가 자력으로 계약금을 지불할 능력이 없을 것이고 따라서 향후 치러야 할 잔금 및 근저당권 말소에 따른 비용 등 장차 소유권이전을 완료하기 위해 필요한 자금 또한 마련할 능력이 없다고 판단하여 피의자와 이 사건 부동산매매계약을 체결하지 않았을 것인 바, 피의자는 위와 같은 사실을 고지할 법률상, 조리상 의무가 있음에도 불구하고 고지하지 않았던 것으로 보인다.[49]

○ 한편 피의자가 제출한 'OO증권 브릿지론 확약서'는 일정한 심의를 거쳐 심의기준에 충족한 회사에 대하여 대출을 해 주겠다는 취지로 작성된 문서일 뿐 실제로 피의자에게 언제까지, 얼마의 금액이 대출될 예정이라는 취지로 작성된 문서가 아니므로 그 실현 가능성이 불투명한 점, 일반적인 담보대출로 보더라도 토지의 시가에서 채권최고액을 차감한 만큼의 담보대출이 이루어지는 점, 잔금약속기일인 2017. 11. 10.경부터 본건 조사시 까지 대출이 이뤄지지 않았던 점, 피의자가 제출한 동의서로 신용등급과 통장거래내역을 제공받은 결과 낮은 신용등급 및 대부업체 대출 이력, 소액의 잔액이 확인되는 점 등으로 보아 위 확약서로 300억원의 대출이 가능하다는 피의자의 진술은 신뢰하기 어렵고, 고소인들과 부동산매매계약을 체결할 당시 이 사건 물류사업진행이 여의치 않았던 것으로 보인다.[50]

---

49 대법원 2004. 5. 27. 선고, 2003도4531판결
사기죄의 요건으로서의 기망은 널리 재산상의 거래관계에 있어 서로 지켜야 할 신의와 성실의 의무를 저버리는 모든 적극적 또는 소극적 행위를 말하는 것이고, 그 중 소극적 행위로서의 부작위에 의한 기망은 법률상 고지의무 있는 자가 일정한 사실에 관하여 상대방이 착오에 빠져 있음을 알면서도 그 사실을 고지하지 아니함을 말하는 것으로서, 일반거래의 경험칙상 상대방이 그 사실을 알았더라면 당해 법률행위를 하지 않았을 것이 명백한 경우에는 신의칙에 비추어 그 사실을 고지할 법률상 의무가 인정된다.

50 대법원 2008. 2. 14. 신고, 2007도10658판결
피고인(매수인)과 피해자(매도인)들 사이의 매매계약이 피고인과 피해자들 사이의 매매계약이 토지거래허가를 받지 아니하여 유동적 무효의 상태에 있었다 하더라도, 피고인이 대출금 및 매매대금을 정산해 줄 것처럼 피해자를 기망하여 그로 하여금 근저당권을 설정하게 함으로써 재산상의 이익을 취득한 이상 피고인으로서는 사기죄의 죄책을 면할 수 없다.

○ 위와 같이 수사한 결과, 피의자는 고소인들을 기망하여 제3자에게 재산상 이익을 취득하게 한 것으로 인정되기에 기소(불구속) 의견으로 송치하고자 합니다.

**7. 수사참여경찰관**

경위 김OO

## ● 사. 결론(평가)

저당권설정이 재산상이득으로 평가될 수 있음과, 등기부등본 분석을 통해 소유권이전의 경위와 근저당권설정의 경위를 이해한 후, 피의자에게 근저당권설정의 목적과 잔금마련을 해 줄 자금계획 및 피의자의 신용상태 등을 조사하여 기소 의견으로 송치할 수 있었다.

# Ⅱ 횡령죄 수사[51]

## 1. 횡령죄의 기본이론[52]

### ● 가. 조문과 구성요건

#### 1) 형법 제355조

> **제355조 제1항 :** 타인의 재물을 보관하는 자가 그 재물을 횡령하거나 그 반환을 거부한 때에는 5년 이하의 징역 또는 1천500만원 이하의 벌금에 처한다.

이와 관련, 형법 제356조는 업무상횡령죄를 규정하고, 제359조는 횡령죄와 업무상 횡령죄의 미수범을 규정하고, 제360조 제1항은 점유이탈물횡령죄를, 제360조 제2항은 매장물횡령죄를 규정하고 있다.

#### 2) 구성요건

횡령죄는 ① 타인의 재물을 ② 위탁관계에 의하여 보관하는 자가 ③ 횡령 또는 정당한 이유 없이 반환거부한 경우에 성립된다. 따라서 일반적으로 ① 피해품의 특정, ② 타인의 재물, ③ 위탁관계, ④ 불법영득의사가 수사사항이 된다.

---

51 자세한 공부를 위해서는 수사연수원 강동필 교수의 '민사법에 기반한 경제범죄수사'의 일독을 권한다.
52 '민사법에 기반한 경제범죄수사(경찰대학출판부, 2017, 경찰수사연수원 교수 강동필)' 참조.

## ◈ 가) 타인의 재물

횡령죄의 주체는 '타인의 재물을 보관하는 자'이므로, 타인의 재물인가 또는 그 재물을 보관하는가의 여부는 민법, 상법 기타의 민사실체법에 의하여 결정되어야 한다.[53]예컨대 민법상 조합재산은 총유이나 상법상 익명조합의 경우라면 그 재산은 영업자의 단독소유이고 익명조합원(투자자 등)의 소유권은 인정되지 아니한다. 그리고 조합재산을 함부로 처분했다는 고소장을 접수했을 때 민법상 조합의 청산절차를 거쳤는지, 그리하여 조합재산의 소유권이 변동되었는지도 보아야 한다.

타인의 재물성은 일반 거래의 경험칙에 의해 정하여진다. 계금의 소유권은 계주에게, 지입차량의 소유권은 회사에, 프랜차이즈의 경우 가맹점주에게, 위탁매매[54]의 경우 위탁자에게 위탁물과 판매대금의 소유권이 있다.[55] 그러나 위탁판매인과 위탁자간에 판매대금에서 각종 비용이나 수수료 등을 공제한 이익을 분배하기로 하는 등 정산관계나 대금처분에 관하여 특별한 약정이 있는 경우에는 그렇지 않다.

동산의 비전형 담보에 관해서는, 양도담보의 경우 채무자에게, 매도담보의 경우 채권자에게, 할부판매의 경우 매도인에게 있다.

부동산 명의신탁의 경우 2자간명의신탁에서는 명의신탁자(맡긴 사람)에게, 3자간 명의신탁이나 계약명의신탁에서는 명의수탁자(맡은 사람)에게 소유권이 있다.[56]

## ◈ 나) 위탁관계에 의한 보관자

보관자란 재물에 대한 법률상 또는 사실상 지배력이 있는 상태로서, 위탁신임관계를 요한다.[57]

위탁신임관계의 원인은 임대차, 위임 등의 계약(위탁행위)으로만 설정될 것을 요하지 않고 사무관리, 관습, 조리, 신의칙에 의해서도 성립한다. 통장에 잘못 송금된 돈을 써버린 사안[58]에서 명시적인 계약상 위탁관계는 없었으나 판례는 신의칙상 위탁관계를 인정한 것으로 보인다.

---

**53** 대법원 2010. 5. 13. 선고 2009도1373 판결.
**54** 상법 제101조(의의) : 자기명의로써 타인의 계산으로 물건 또는 유가증권의 매매를 영업으로 하는 자를 위탁매매인이라 한다.
**55** 제103조 (위탁물의 귀속) : 위탁매매인이 위탁자로부터 받은 물건 또는 유가증권이나 위탁매매로 인하여 취득한 물건, 유가증권 또는 채권은 위탁자와 위탁매매인 또는 위탁매매인의 채권자간의 관계에서는 이를 위탁자의 소유 또는 채권으로 본다.
**56** 사법연구원 발간, 신 형벌법(김운곤, 설진관 편저) 참조.
**57** 대법원 2010. 6. 24. 선고 2009도9242 판결.
**58** 대법원 2015. 10. 28. 선고 2005도5975.

## ◈ 다) 횡령 내지 반환거부

### (1) 횡령(빼돌리거나 명의를 바꾸거나 근저당설정을 하는 행위 등)

횡령행위란 불법영득의사를 실현하는 일체의 행위를 말하고, 행위자는 이미 타인의 재물을 점유하고 있으므로 점유를 자기를 위한 점유로 변개하는 의사를 일으키면 곧 영득의 의사가 있었다고 할 수 있지만, 단순한 내심의 의사만으로는 횡령행위가 있었다고 할 수 없고 영득의 의사가 외부에 인식될 수 있는 객관적 행위가 있을 때 횡령죄가 성립한다.[59] 횡령행위의 한 태양으로서의 은닉이란, 타인의 재물의 보관자가 위탁의 본지에 반해 그 재물을 발견하기 곤란한 상태에 두는 것을 말한다.[60] 나아가 다른 사람의 재물을 보관하는 사람이 그 사람의 동의없이 함부로 이를 담보로 제공하는 행위는 불법영득의 의사를 표현하는 횡령행위로서 사법상 그 담보제공행위가 무효이거나 그 재물에 대한 소유권이 침해되는 결과가 발생하는지 여부에 관계없이 횡령죄를 구성한다.[61] 예컨대 양자간 명의신탁에서 보관자가 사기로써 부동산을 매도하거나 근저당권을 설정하고 대출금을 받아가는 행위 등은 일반적으로 횡령행위로 평가된다.

### (2) 반환거부

피의자가 반환거부는 정당하다고 항변하는 경우 유치권이나 정산관계 등 그 반환거부에 정당한 이유가 있는지 살펴보는 것이 수사의 핵심이 된다.

## ◈ 라) 불법영득의사

피고인이 위탁받아 보관하고 있던 돈이 모두 사라졌으나 그 돈의 행방이나 사용처가 밝혀지지 않고 있는 상황에서 피고인이 그 행방이나 사용처를 제대로 설명하지 못하거나 또는 피고인이 주장하는 사용처에 사용된 자금이 위 돈과는 다른 자금으로 충당된 것이 드러나는 등 피고인이 주장하는 사용처에 위 돈이 사용되었다는 점을 인정할 수 있는 자료가 부족하고 오히려 피고인이 위 돈을 개인적인 용도에 사용하였다는 점에 대한 신빙성 있는 자료가 많은 경우에는 일응 피고인이 위 돈을 불법영득의 의사로 횡령하였다고 추단할 수 있을 것이다.

그러나 어떤 금전의 용도가 추상적으로 정하여져 있다 하여도 그 구체적인 사용 목적이나 사용처, 사용 시기 등에 관하여 보관자에게 광범위한 재량을 가지고 이를 사용할 권한이 부여

---

**59** 대법원 2016. 8. 30. 선고 2013도658 판결.
**60** 대법원 1999. 9. 17. 선고 99도2889 판결 : 피고인이 조성한 비자금이 회사의 장부상 일반자금 속에 은닉되어 있었다 하더라도 이는 당해 비자금의 소유자인 회사 이외의 제3자가 이를 발견하기 곤란하게 하기 위한 장부상의 분식에 불과하여 그것만으로는 피고인의 불법영득의 의사를 인정할 수는 없다.
**61** 대법원 2002. 11. 13. 선고 2002도2219 판결.

되어 있고, 지출한 후에 그에 관한 사후보고나 증빙자료의 제출도 요구되지 않는 성질의 것이라면, 그 보관자가 위 금전을 사용한 다음 그 행방이나 사용처를 제대로 설명하지 못하거나 증빙자료를 제출하지 못하고 있다고 하여 함부로 불법영득의 의사를 추단하여서는 아니되고, 그 금전이 본래의 사용 목적과는 관계없이 개인적인 이익을 위하여 지출되었다거나 합리적인 범위를 넘어 과다하게 이를 지출하였다는 등 불법영득의 의사를 인정할 수 있는 사정을 검사가 입증하여야 함은 입증책임의 법리상 당연하다 하겠다.[62] 수사실무자들이 이를 판단하려면 그 금전사용에 관한 규정을 찾아보아 집행담당자의 재량이 얼마만큼 인정되는지 보는 것도 중요하다.

### ◈ 마) 횡령죄 범죄사실의 작성

① (위탁관계) 피의자는 2019. 4. 7. 10:00경 경기 OO시 OO길 OO에 있는 피해자 정OO의 집에서 그로부터 발행일 2019. 4. 5. 지급기일 2009. 9. 30. 어음금액 10,000,000원인 약속어음 1장에 대한 할인을 의뢰받았다.

피의자는 ② (보관자의 지위) 피해자를 위하여 할인을 의뢰받은 위 약속어음을 보관하던 중, ③ (횡령행위) 2019. 4. 13. 14:00경 경기 OO시 OO길 XX에 있는 피의자의 집에서 그 어음을 외상물품대금 지급 명목으로 사건외 김OO에게 임의로 건네주었다. ④ (결구) 이로써 피의자는 피해자의 재물을 횡령하였다.

### ● 나. 부동산횡령

#### 1) 부동산의 보관자

부동산의 보관자 지위는 원칙적으로 등기부상의 소유명의인에 대하여 인정된다. 등기된 부동산의 경우 건물에 거주하면서 관리하고 있더라도 공유지분을 명의신탁받았거나 기타 부동산을 유효하게 처분할 수 있는 지위가 인정되어야 타인 재물의 보관자 지위를 인정할 수 있다(소유권이전등기시 등기명의상 소유자만이 등기의무자로서 인감증명서, 등기권리증, 주민등록초본 등을 첨부정보로 제출하여 등기신청을 할 수 있으므로).

부동산등기법상 미등기부동산에 대한 소유권보존등기시 그 소유권을 증명하는 첨부정보로 '건축물대장'을 제출하는 점을 고려할 때 미등기부동산은 건축허가명의자가 사실상 또는 법률상 지배할 수 있는 자이다.

---

62  대법원 2010. 6. 24. 선고 2008도6755 판결(지방자치단체 업무추진비 사건-무죄).

## 2) 부동산 명의신탁

부동산명의신탁의 유형은 2자간 명의신탁, 3자간 명의신탁(중간생략등기형 명의신탁), 계약명의신탁이 있는데 최근 대법원 판례변경으로 모든 유형의 명의신탁에 대해 횡령죄가 성립하지 않게 되었다. 이는 부동산 실명법의 입법취지대로, 불법적으로 명의신탁을 한 신탁자를 보호하지 않겠다는 취지에 부합한 것으로, 이와 관련된 횡령죄 고소가 들어온다면 각하처리하고 부당이득반환청구소송 등 민사문제만 남는다고 안내해주면 되겠다.

### ● 다. 동산횡령

대법원은 동산횡령죄에서 보관자의 지위를 '점유' 내지 사실상의 지배를 기준으로 한다[63](동산의 물권변동은 인도를 기준으로 하므로, 현재 점유하고 있는 자가 법률적, 사실적 지배를 하는 외관을 갖춘 것은 당연하다 하겠다).

소유권유보부매매의 경우 매도인은 대금이 모두 지급될 때까지 소유자이므로 매수인 뿐만 아니라 제3자에 대하여도 유보된 목적물의 소유권을 주장할 수 있다. 다만 등기, 등록을 요하는 자동차 등의 경우는 소유권유보부매매의 개념을 원용하지 않는다.

수사실무상 피의자가 반환거부의 정당한 사유가 있다고 항변하는 경우, 그러한 권리가 있는지(정산관계, 유치권 성립여부 등)를 수사하여야 한다.

### ● 라. 금전횡령

대법원은 ① 용도를 특정하여 위탁된 금전을 그 용도에 따르지 않고 임의사용한 경우, ② 금전의 수수를 수반하는 사무처리를 위임받은 자가 그 행위에 기하여 위임자를 위하여 제3자로부터 수령한 금전을 소비한 경우에 횡령죄의 성립을 인정하여 왔다.

## 2. 횡령죄 상담요령

보통 고소인이 "피고소인이 자신이 맡은 금원(또는 재물)을 착복하였다.", "피고소인에게 돈(또

---

63  대법원 2005. 6. 24. 선고 2005도2413 판결.

는 물건)을 맡겼더니 엉뚱한 데 써버렸다 또는 돈을 가지고 사라져버렸다."는 표현을 한다면 횡령
죄를 생각하게 된다. 우선 고소인은 그 금원(또는 재물)의 소유자여야 하고 이를 피고소인에게 맡
긴 관계 또는 피고소인이 고소인을 위해 돈을 수금하는 관계(보관관계라고 한다)가 인정되어야 하
고, 다음으로 피고소인이 이 맡은 금원(재물)을 횡령(그 금원이나 재물을 자기 것처럼 처분하거나 영득하
거나 담보로 제공하는 등 불법영득의사를 실현하는 행위)하거나, 반환거부하였을 때 횡령죄가 성립한다.

즉 횡령죄는 ① 타인의 재물을 ② 위탁관계에 의하여 보관하는 자가 ③ 횡령 또는 정당한 이
유없이 반환거부한 경우에 성립된다. 따라서 일반적으로 ① 피해품의 특정, ② 타인의 재물,
③ 위탁관계, ④ 불법영득의사를 확인하여야 한다.

횡령죄의 주체는 '타인의 재물을 보관하는 자'이므로, 타인의 재물인가 또는 그 재물을 보관
하는가의 여부는 민법, 상법 기타의 민사실체법에 의하여 결정되어야 한다.

예컨대 민법상 조합재산은 총유이나 상법상 익명조합의 경우라면 그 재산은 영업자의 단독
소유이고 익명조합원(투자자 등)의 소유권은 인정되지 아니한다. 부동산 명의신탁의 경우 2자간
명의신탁에서는 명의신탁자(맡긴 사람)에게, 3자간 명의신탁이나 계약명의신탁에서는 명의수탁
자(맡은 사람)에게 소유권이 있다.

보관자란 재물에 대한 법률상 또는 사실상 지배력이 있는 상태로서, 위탁신임관계를 요한다.

횡령행위(빼돌리거나 명의를 바꾸거나 근저당설정을 하는 행위 등)란 불법영득의사를 실현하는 일체
의 행위를 말하고, 행위자는 이미 타인의 재물을 점유하고 있으므로 점유를 자기를 위한 점유
로 변개하는 의사를 일으키면 곧 영득의 의사가 있었다고 할 수 있지만, 단순한 내심의 의사만
으로는 횡령행위가 있었다고 할 수 없고 영득의 의사가 외부에 인식될 수 있는 객관적 행위가
있을 때 횡령죄가 성립한다.

다른 사람의 재물을 보관하는 사람이 그 사람의 동의없이 함부로 이를 담보로 제공하는 행
위는 불법영득의 의사를 표현하는 횡령행위로서 사법상 그 담보제공행위가 무효이거나 그 재
물에 대한 소유권이 침해되는 결과가 발생하는지 여부에 관계없이 횡령죄를 구성한다.

피의자가 반환거부가 정당하다고 항변하는 경우 유치권이나 정산관계 등 그 반환거부에 정
당한 이유가 있는지 살펴보아야 할 것이다.

횡령죄는 영득죄이므로 보관하던 재물에 대한 불법영득의사, 즉 권리자를 배제하고 자기 소
유물과 같이 이용하거나 처분할 의사가 있어야 한다.

금전횡령에 대하여 대법원은 ① 용도를 특정하여 위탁된 금전을 그 용도에 따르지 않고 임
의사용한 경우, ② 금전의 수수를 수반하는 사무처리를 위임받은 자가 그 행위에 기하여 위임
자를 위하여 제3자로부터 수령한 금전을 소비한 경우에 횡령죄의 성립을 인정하여 왔다.

요약하자면 횡령죄의 고소인으로부터 "① 언제, 어디서, 어떤 이유로 보관관계가 성립했는
지, ② 언제, 어디서, 어떤 방법으로 고소인을 배신하고 재물을 횡령하였거나 반환을 거부하였
는지"를 확인하여야 한다.

횡령죄의 유형으로는 거래관계착복(위탁판매, 매도의뢰), 고용관계착복(수금착복), 공금착복(단체, 사적모임 포함), 부동산처분(매도의뢰, 임대차관계, 명의신탁횡령), 수금착복 등이 있다.

횡령죄의 법정형은 5년 이하의 징역 또는 1,500만원 이하의 벌금이고, 업무상 횡령죄는 10년 이하의 징역 또는 3천만원 이하의 벌금이며, 특정경제범죄 가중처벌 등에 관한 법률위반의 경우 이득액이 50억원 이상일 때에는 무기 또는 5년 이상의 징역, 이득액이 5억원 이상 50억원 미만일 때에는 3년 이상의 유기징역이다. 따라서 업무상횡령죄와 일반횡령죄를 구분하여야 하고, 피해액이 5억원 이상인지 이하인지 특정하여야 한다.

본죄의 업무는 위탁관계에 의한 타인의 재물보관을 내용으로 한다. 주된 업무, 부수적 업무를 불문한다. "형법 제356조 소정의 업무는 직업, 직무라는 말과 같아 법률, 계약에 의한 것뿐만 아니라 관례를 좇거나 사실상이거나를 묻지 않고 '같은 행위를 반복할 지위에 따른 사무'를 가리킨다. 피고인이 등기부상으로 공소외 회사의 대표이사를 사임한 후에도 계속하여 사실상 대표이사 업무를 행하여 왔고 회사원들도 피고소인을 대표이사의 일을 하는 사람으로 상대해 왔다면 피고소인은 위 회사 소유 금전을 보관할 업무상의 지위에 있다."라고 판시한 판례(대판 80도1970)을 참고할 필요가 있다.

특별히 유의할 사항으로, 공동사업과 자금투자를 핵심요소로 하는 '조합(민법 제703조 : 조합은 2인 이상이 상호간에 금전 기타 재산 또는 노무를 출자하여 공동사업을 경영할 것을 약정하는 계약관계에 의하여 성립한다.)'에 관한 문제가 있다. 조합원 모두가 대등하게 또는 조직체계를 갖추어 조합을 운영한다면 조합의 재산은 합유재산, 즉 모두의 재산이고 조합원 중 일부가 함부로 처분하면 횡령죄가 성립할 수 있다. 그런데 일부는 조합의 운영에 전혀 개입하지 않으면서 자금만 댄 경우, 즉 업무감시권과 조합재산 처분동의권 등이 없는 경우 이 자를 익명조합원이라 하고, 실제 운영자는 영업자라고 하며, 상법 규정에 의해 조합재산은 영업자의 것으로 보기 때문에 횡령의 문제가 발생하지 않는다는 판례가 있다(대법원 2009. 10. 15. 선고 2009도7423판결).

익명조합 사건에서는 횡령 외에 다른 범죄의 성립여부도 검토하여야 한다. 예컨대 동업재산을 횡령하였다는 고소사건에 있어 동업체가 익명조합으로 판명되어 불기소 사안으로 보이더라도, 사업의 성공가능성이나 이후 수익금 배분현황 등을 보아 처음부터 수익금을 나누어 줄 생각이나 능력이 없이 동업자금을 투자받아 편취한 것은 아닌지, 즉 사기혐의가 있는지 등도 검토하여야 한다.


## 3. 횡령죄 상담사례(수금착복)

(금전사무처리를 위임받은 자가 제3자로부터 교부받은 금전을 횡령)

## 가. 고소인의 진술

"제가 근무하는 주식회사 서O컨설팅(이하 '서O컨설팅'이라 함)은 서울 O구 OO동 2XX–XXX 외 필지 지상 '디OOO크럽' 빌딩 4, 5층의 소유자이며, 피고소인은 주식회사 노OOOO트(이하 '노OOOO트'라 함)의 대표이사입니다. 서O컨설팅과 노OOOOO트는 2017. 10. 28. 노OOOO트가 서O컨설팅 소유 4,5층에 대하여 "임대차계약 등의 체결, 금품의 대리수취 및 정산 관리업무" 등을 하는 내용으로 위임용역계약을 체결하였습니다. 피고소인은 위와 같이 계약을 체결한 후 114,568,000원을 임대보증금 등 명목으로 상인들로부터 받아 보관하고 있던 중 횡령하였다는 내용으로 고소하려는 것입니다.

서O컨설팅과 노OOOO트간에는 위임용역계약에 따라서 1) 임대 유치 및 임대차 계약 체결과 관련한 제업무 일체, 2) 임대차계약 관련 금품의 대리 수취 및 그 정산 업무 일체, 3) 계약의 원활한 수행을 위해 발생하는 공사의 지휘 및 관리 업무를 위탁한 것이니 피고소인이 임차인들로부터 수령한 일체의 금원은 저희 서O컨설팅의 소유입니다.

즉 피고소인이 상인들로부터 돈을 받아서 저희 회사로 계좌이체를 해주든, 현금으로 전달한 후 입금증을 받는 방법으로 금품을 전달하여야 합니다. 임대차계약서가 작성된 후 보증금 등이 피고소인에게 입금되면 피고소인은 바로 서O컨설팅으로 돈을 전달해 주어야 하는 것입니다.

피해사실을 알게 된 경위는, 그 전부터 돈이 제 때 입금이 되지 않는 부분이라든지 이런 부분은 알고 있었지만 같은 사무실을 썼기 때문에 연기해준 경우도 많이 있었습니다. 그런데 피고소인의 귀책 사유로 용역계약이 해지되면서 2019. 2월부터 돈을 반환해달라고 요청했으나 피고소인이 이에 응하지 않고 있는 상황입니다. 그러면서 임대차계약이 만료되는 임차인들로부터 저희 서O컨설팅에 보증금 반환을 요구받는 피해를 입고 있습니다."

## 나. 상담의 핵심

민사법적으로는 돈을 갖고 있는 사람이(점유자) 소유권자가 되므로 이에 따른다면 횡령죄가 성립할 여지가 없으나, 형사적으로는 이와 다른 소유권개념이 인정된다. 그래서 대법원 판례가 일관하여 ① 용도를 특정하여 위탁된 금전을 그 용도에 따르지 않고 임의사용한 경우, ② 금전의 수수를 수반하는 사무처리를 위임받은 자가 그 행위에 기하여 위임자를 위하여 제3자로부터 수령한 금전을 소비한 경우 횡령죄의 성립을 인정하여 왔다.

위와 같은 사건의 경우 고소인과 피고소인의 계약관계를 검토하여 피고소인이 수령한 금전이 바로 고소인에게 귀속되는지, 즉 소유권이 누구에게 있는지를 확인한다. 위임용역계약에 따라 소유권이 고소인에게 있는 것이 인정된다면 횡령죄의 구성요건인 '위탁관계'와 '금전의 타인성'은 인정되는 것이고, 이후 피고소인의 금전 사용처와 정산관계 유무를 따져, 정당하지 않은 임의소비의 경우에 불법영득의사의 존재, 나아가 횡령죄의 성립을 인정할 수 있다.

또한 피의자를 특정해야 하므로 상대방 업체에서 실제 금전수령에 관한 업무를 담당한 자가 누구인지, 그가 대표이사가 아니라면 대표이사와의 공모관계를 의심할 수 있는 자료가 있는지 확인한다. 그러면서 본건이 단순횡령인지, 업무상횡령인지 특정할 수 있다.

또 불법영득의사 여부를 확인하기 위해, 고소인이 알기로 위 금원을 어떻게 사용하였는지, 정상적인 건물관리업무 등에 사용한 것인지, 아니면 위임의 본지 및 고소인의 이익에 반하여 피고소인이 멋대로 사용하였는지 묻는다. 그리고 만일 피고소인을 조사하였을 때 위 금원 중 일부가 건물관리비용 등 고소인의 이익을 위해 썼다는 변명이 있다면, 건물관리비용은 통상의 위임용역계약에 따라 지급하는 비용에서 직접 충당하여야만 하는지 아니면 일종의 융통성이 있어 임대차보증금 등에서 우선 지불하고 나중에 채워놓으면 되는지를 조사한다.

즉 피고소인이 정산관계가 있다거나 고소인을 위해 썼다고 변명할 수 있으므로 혹시 고소인과 피고소인간에 얽힌 채권채무관계가 있는지, 금전의 사용처가 엄격히 분리되었는지, 혹시 상계합의가 있었는지 확인한다.

만일 피고소인이 본건 피해금액을 그 위임의 취지대로 사용하지 않고 마음대로 피고인의 위임자에 대한 채권에 상계충당함은, 상계정산하기로 하였다는 특별한 약정이 없는 한, 당초 위임한 취지에 반하는 것으로서 횡령죄를 구성할 것이다(대판 2001도3100판결).

### ● 다. 증거의 수집

횡령죄의 범죄사실은 먼저 '위탁관계'가 있고 이후 '횡령행위'가 있는 형태이기 때문에, 수사기관으로서는 각 금원의 임의소비행위 및 불법성 여부를 엄격히 규명해야 한다. 그러나 고소인 입장에서는 위탁관계나 금전수령행위까지는 수사기관에 말할 수 있어도 피의자가 언제, 어디서, 어떻게 임의소비하였는지까지 확인하여 고소하기는 쉽지 않다.

따라서 고소인 조사단계에서는 우선 피의자가 고소인을 위하여 제3자로부터 금원을 수령한 각 행위의 일시, 장소, 기타 사항을 확인하고, "피고소인이 돈을 어떻게 썼는지는 모르겠고 그 돈을 지금 돌려주지 않고 있습니다"라고 한다면 우선 추후 피의자로부터 조사할 사항으로 남겨둔다.

우선 소유권의 존재와 위탁관계의 성립을 입증하기 위해 당사자간에 체결된 위임용역계약서 등을 확인한다. 그리고 피해액을 특정하기 위해서 피고소인이 임차인들에게 돈을 받은 각각의 일자와 금액과 금전의 취지 등을 확인하여 범죄일람표 형태로 작성하고, 임차료를 피고소인에게 교부한 임차인에게 사실확인서, 계좌이체내역, 보증금 영수증 등을 받아올 수 있는지 고소인에게 묻고, 이 중 고소인에게 일부 금원이 입금되었다면 그 금액을 특정한다.

또 피고소인이 횡령사실을 인정했는지 아닌지에 대한 증거자료, 예컨대 내용증명이나 사실확인서, 문자메세지 대화내역 등을 제출받는다.

## ● 라. 범죄사실의 완성

"고소인 회사인 주식회사 서O컨설팅(이하 '서O컨설팅'이라 함)은 서울 O구 OO동 2XX-XXX 외 필지 지상 '디OOO크럽' 빌딩 4, 5층의 소유자이며, 피고소인은 주식회사 노OOOO트(이하 '노OOOO트'라 함)의 대표이사이다.

서O컨설팅과 노OOOOO트는 2017. 10. 28. 노OOOO트가 서O컨설팅 소유 4, 5층에 대하여 "임대차계약 등의 체결, 금품의 대리수취 및 정산 관리업무" 등을 하는 내용으로 위임 용역계약을 체결하기 때문에 피고소인이 상인들로부터 돈을 받아서 고소인 회사로 금품을 전달하여야 한다. 그럼에도 피고소인은 상인들로부터 수령한 고소인 소유의 임대보증금 등 114,568,000원(최초 임차인 OO에게 언제, 얼마를 수령, 그때부터 별지 범죄일람표와 같이 O회에 걸쳐 OO 수령)을 업무상 보관하던 중 이를 고소인에게 전달하지 않고 임의소비하여 횡령하였다."

## ● 마. 고소장의 작성 예시

고 소 장

고소인: A, B, C
피고소인: D

－고소취지－

"피고소인을 업무상 횡령죄로 고소하오니 처벌해주시기 바랍니다"

－고소사실－

1. 당사자와의 관계
2. 위탁관계의 성립

　－위임용역계약의 체결

　－ 계약의 내용과 당사자의 의무

　－ 금전이 소유권이 고소인에게 있다는 주장

　－ 구체적인 범죄사실

3. 횡령행위의 성립

　－ 금전의 임의소비

　－ 사전합의나 상계약정의 부존재(횡령행위의 불법성 주장)

　－ 피고소인의 인정 여부(사실확인서, 변제약정서 등)

4. 고소인의 피해

5. 결어(처벌의사 확인)

―첨부서류

1. 위임용역계약서

2. 임차인들의 사실확인서, 보증금 영수증 등

3. 내용증명 등 피고소인에 대한 독촉

4. 피고소인의 변제약정서

5. 기타.......

2019. 7. 30.

고소인 OOO

OOOO경찰서장 귀하

## 4. 횡령 조서 예시

### ● 가. 고소보충 조서

#### 1) 보관물 횡령

---

**(재물보관 과정)**

문 : 고소인은 피의자에게 OOO을 보관시킨 사실이 있나요(종류, 수량, 가격 조사)?

문 : 그 물건은 누구의 소유인가요?

문 : 언제, 어디서 보관시켰나요?

문 : 보관하게 된 경위나 이유가 어떻게 되나요(위탁관계의 근거)?

**(1-횡령행위)**

문 : 고소인이 위와 같이 보관시킨 물건을 피의자가 함부로 처분한 사실이 있나요?

문 : 피의자가 그 물건을 처분한 방법에 대해 알고 있나요?

**(2-반환거부)**

문 : 고소인이 위와 같이 보관시킨 물건에 대해 피의자가 반환을 거부한 사실이 있나요?

문 : 반환을 거부하는 이유가 무엇인지 알고 있나요?

문 : 고소인과 피의자간에 대금에 관한 정산절차가 필요한 것인가요?

---

## ● 나. 피의자신문조서

### 1) 보관물 횡령

문 : 피의자는 ○○회사에서 어떤 일을 하고 있나요(경리 직원이라 대답)?

문 : 그 회사에서 언제부터 근무하였나요?

문 : 피의자는 경리 업무를 하면서 회사 자금을 맡아 보관한 사실이 있나요?

문 : 피의자는 회사 자금을 개인 용도로 사용한 적이 있나요?

문 : 그 일시, 장소가 어떻게 되나요?

문 : 피의자는 횡령한 회사 자금을 어떤 용도로 사용하였나요?

문 : 고소인은 피의자의 횡령 사실을 입증한다며 장부의 입금내역 및 그에 불일치하는 계좌 거래내역을 가지고 왔는데 피의자가 이 차액만큼 횡령한 것이 맞는가요(대답: 예, 제가 그 차액만큼은 입금하지 않고 개인적으로 가지고 가서 생활비로 사용하였습니다)?

문 : (범죄일람표를 보여주며)이 내역이 전부 피의자가 횡령한 내역인가요(또는 이 중에 횡령하지 않았다고 반박할 부분이 있나요)?

문 : 왜 그렇게 행동하였나요?

문 : 합의하거나 변제하였나요?

문 : 피의자에게 유리한 증거나 더 할 말이 있나요?

### 2) 협회 운영자금 횡령

문 : 현재 직업은요?

답 : ○○○○협회사무장으로 2010년도부터 근무하고 있습니다.

문 : ○○○○협회 리그참가비를 진술인이 임의로 사용했단 말인가요?

답 : 예. 인터넷 도박을 하는데 사용했습니다.

이때, 피의자가 2017. 03월경부터 09월경까지 인터넷 도박에 사용한 거래내역이라며 피의자 명의 농협계좌 (3XX-0000)를 제출하기에 조서말미에 편철하다.

문 : ○○협회는 어떤 단체인가요?

답 : 생활체육회 동호회와 엘리트 체육을 관장한다고 보시면 됩니다.

문 : ○○협회 사무실 위치는요?

답 : ○○시 ○○구 XX호에 위치합니다.

문 : ○○협회의 구성원은 어떻게 되나요?

답 : 회장 1명, 부회장 2명, 감사 X명, 이사가 X명으로 구성되어 있습니다.

문 : OO협회가 하는 일은요?

답 : 생활체육 주말리그 사업과 엘리트체육, 즉 학생OO부 대회를 관장하고 있습니다.

문 : OO협회는 법인인가요?

답 : 비영리 법인입니다.

문 : OO협회의 운영비는 어떻게 조달하나요?

답 : XX시에 거주하는 OO동호인 및 OO동호회가 총 XXX단체가 있는데 그들로부터 1년 연회비 명목으로 XX 만원 도합 2XX,X00,000원을 받고 있으며, 시 보조금으로 XXX단체에서 선수를 선발해서 대회를 참가하게 되는데 그때마다 받는 보조금이 있습니다.

문 : 관리라 하면 구체적으로 어떤 것인가요?

답 : 리그비 명목으로, 운동장 사용료, 비품구입비, 사무실 운영비, 이사들 급여로 지출이 되는데 제가 그 비용 을 전부 집행하고 있습니다.

문 : 언제부터 사무장이 집행하고 관리하나요?

답 : 예, 제가 7년간 해왔습니다. 제가 계속해 왔던 업무이구요.

문 : OO협회의 리그운영비 은행과 계좌번호는요?

답 : 농협계좌로서 7XX로 시작되는 계좌입니다.

문 : 위 계좌의 인터넷 뱅킹도 진술인이 하나요?

답 : 예, 제가 전부 했습니다.

문 : 진술인이 어떤 방법으로 리그운영비를 임의로 사용했단 말인가요?

답 : OO협회계좌의 돈을 인터넷뱅킹을 이용하여 제 명의 농협계좌(30X-XX)로 이체하여 사용하였습니다. 그리고 그 돈을 제가 인터넷도박 싸이트에 자금계좌로 다시 인터넷 뱅킹을 하였습니다.

문 : 진술인이 제출한 거래내역중에 도박을 한 표시형식이 있나요?

답 : 제가 제출한 입출금 거래내역중에 도박에 사용한 표시형식을 보면 '사용료'로 표시가 되어 있는 것은 제 가 전액 도박 자금으로 사용한 표시형식입니다.

문 : 도박자금으로 '사용료'외에 현금으로 인출한다거나 다른 표시형식은 사용하지 않았나요?

답 : 제 명의 계좌에서 현금으로 인출하여 도박자금으로 사용한 적도 30여회 있습니다. 그 30여회는 제가 거 래내역을 보고 표시를 하여 추후 제출하겠습니다.

문 : 그럼 진술인이 임의로 도박자금에 사용한 리그운영비가 총 얼마나 되나요?

답 : 정확한 금액은 계산해봐야 되지만 1억 5천만원 정도 되지 않을까요?

문 : OO협회 리그참가비는 어떻게 관리되나요?

답 : OO협회 통장이 개설되고, 그 계좌를 제가 관리합니다.

문 : 관리라 하면 구체적으로 어떤 것인가요?

답 : 리그비 명목으로, 운동장 사용료, 비품구입비, 사무실 운영비, 이사들 급여로 지출이 되는데 제가 그 비용을 전부 집행하고 있습니다.

문 : 진술인이 리그운영비를 도박자금으로 사용한다는 사실을 누가 알고 있나요?

답 : 아무도 몰랐습니다.

문 : 진술인은 횡령금액의 일부를 변제하거나 의사가 있나요?

답 : 제가 지금 형편이 어려워 당장은 어려우나 최소한 금액을 변제하고, 나머지 금액에 대하여 상환하도록 노력하겠습니다.

————————————————(2회)

문 : 피의자는 전회에 스스로 제출한 예금거래내역서에 도박자금 명목, 즉 피의자가 임의소비 한 내역을 표시하였지요?

답 : 예, 동그라미와 네모로 표시했지요.

문 : 그럼 실제로 OO협회 운영관련하여 정상적인 내역도 있나요?

답 : 예, 몇 건은 있습니다.

문 : 그럼 그 내역을 모두 표시할 수 있나요?

답 : 예, 있습니다.

이때, 본직이 피의자로 하여금 예금거래내역서중 출금된 내역 중에 실제로 협회운영 관련한 내용을 파란색 싸인펜으로 표시하게 하다.

문 : 파란색 네모친 부분이 실제 협회운영과 관련하여 정상으로 집행된 내역인가요?

답 : 예, 맞습니다. 그리고, 사용처를 기재해 놓았습니다.

문 : 그럼 동그라미와 네모, 파란색 네모외에 표시하지 않은 부분은요?

답 : 제가 모두 개인적으로 사용한 것입니다. OO은행이나 XX은행 카드값 때문에 OO은행과 XX은행에 이체도 하고, 아들에게 보내주기도 하고, 차 기름 넣고 아는 지인들에게 돈을 빌려주기도 하고 받기도 하 한 내역입니다.

사실은 협회운영 관련하여 사용해야 되는데 별도 표시를 하지 않은 부분은 개인적으로 사용한 부분입니다.

문 : 그럼, 표시를 하지 않은 내역은 모두 피의자가 사적으로 사용하였단 말인가요?

답 : 예, 협회 돈으로, 제가 써서는 안되는 돈입니다.

# 범 죄 일 람 표(1)

| 연번 | 일시 | 금액 | 사용명목 | 비고 |
|---|---|---|---|---|
| 1 | 2017.3.22 | 50,500원 | | |
| 2 | 2017.3.22 | 1,000,500원 | | |
| 3 | 2017.3.22 | 700,500원 | | |
| 4 | 2017.3.22 | 300,500원 | | |
| 5 | 2017.3.22 | 700,500원 | | |
| 6 | 2017.3.22 | 300,500원 | | |
| 7 | 2017.3.22 | 1,000,500원 | | |
| 8 | 2017.3.22 | 1,500,500원 | | |
| 9 | 2017.3.23 | 1,500,500원 | | |
| 10 | 2017.3.23 | 1,500,500원 | 인터넷 도박 | |
| 11 | 2017.3.24 | 1,500,500원 | 자금으로 출금 | |

| 입/출구분 | 출금 | 금액조건 | | 전체 | | 검색기록사항 | |
|---|---|---|---|---|---|---|---|

■ 거래내역 [단위:원]

| 거래일자 | 찾으신금액 | 맡기신금액 | 남은금액 | 거래내용 | 거래기록사항 | 거래점 |
|---|---|---|---|---|---|---|
| 2017-03-29 | 700,000 | | 8,472,546 | 스마트당행 | 사용료 30 | [0] |
| 2017-03-29 | 17,000 | | 8,455,546 | NH체크 | 안점 | [0] |
| 2017-03-29 | 11,500 | | 8,444,046 | NH체크 | 마겟트 | [0] |
| 2017-03-29 | 700,000 | | 7,744,046 | 스마트당행 | 사용료 31 | [0] |
| 2017-03-29 | 1,000,000 | | 6,744,046 | 스마트당행 | 사용료 32 | [0] |
| 2017-03-29 | 1,000,000 | | 5,744,046 | 스마트당행 | 사용료 33 | [0] |
| 2017-03-29 | 700,500 | | 5,043,546 | S-국민은행 | 사용료 34 | [0] |
| 2017-03-29 | 1,500,000 | | 3,543,546 | 스마트당행 | 사용료 35 | [0] |
| 2017-03-30 | 1,500,000 | | 5,543,546 | 스마트당행 | 사용료 36 | [0] |
| 2017-03-30 | 100,000 | | 5,443,546 | 스마트당행 | | [0] |
| 2017-03-30 | 1,000,000 | | 9,443,546 | 스마트당행 | 사용료 37 | [0] |
| 2017-03-30 | 1,400,000 | | 8,043,546 | 스마트당행 | 사용료 38 | [0] |
| 2017-03-30 | 1,500,000 | | 6,543,546 | 스마트당행 | 사용료 39 | [0] |
| 2017-03-31 | 28,000 | | 9,515,546 | NH체크 | 까스 | [0] |
| 2017-03-31 | 500,800 | | 9,014,746 | CD새마을 | | [046]0462020 |
| 2017-03-31 | 1,000,000 | | 8,014,746 | 스마트당행 | 사용료 40 | [011]001077 |
| 2017-04-01 | 1,000,000 | | 10,014,746 | 스마트당행 | | [011]001077 |
| 2017-04-01 | 53,900 | | 11,960,846 | NH체크 | 송 | [011]000242 |

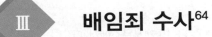

## Ⅲ 배임죄 수사[64]

## 1. 기본이론

### 가. 개념[65]

형법 제355조 제2항의 배임죄는 ① 타인의 사무처리자가 ② 그 임무에 위배하는 행위로써 ③ 재산상의 이익을 취득하거나 제3자로 하여금 이를 취득하게 하여 ④ 본인에게 재산상의 손해를 가한 때에 성립한다. 형법 제356조에서는 업무상배임죄를 가중처벌하고 있다. 횡령죄는 배임죄에 대한 특별관계에 있으므로 횡령죄가 성립하면 배임죄는 논하지 않는다.

### 나. 범죄사실

배임죄의 범죄사실은 ① 임무발생의 기초사실, ② 임무발생 사실, ③ 임무위배 행위, ④ 결구의 순으로 기재한다. 특히 재산상 이익의 내용을 구체적으로 기재하여야 한다.[66]

횡령죄의 범죄사실에서 위탁관계의 발생사실과 횡령 또는 반환거부의 일시, 장소를 별도로 기재하는 것처럼, 배임죄의 범죄사실도 임무발생사실과 임무위배행위의 각 일시, 장소, 내용을 별도로 기재한다.

---

64  자세한 공부를 위해서는 수사연수원 강동필 교수의 '민사법에 기반한 경제범죄수사'의 일독을 권한다.
65  '민사법에 기반한 경제범죄수사(경찰대학출판부, 2017, 경찰수사연수원 교수 강동필)' 참조.
66  2010 검찰 공소사실 기재례.

**작성례)**

① 피고인은 2009. 5. 8. 13:00경 서울 성북구 OO로 OO에 있는 OO부동산중개사무소에서 피고인 소유인 OO로 OO에 있는 대지 120㎡, 건평 68㎡의 가옥 1동에 대한 매매계약을 피해자 홍O동과 체결하였다.

② 피고인은 약정에 따라 피해자로부터 계약금 2,000만원을 즉시 건네받고, 2009. 5. 21. 위 부동산중개사무소에서 중도금 1억 3,000만원을 건네받았으므로 잔금기일인 2009. 5. 30. 잔금수령과 동시에 피해자에게 위 대지 및 가옥에 대한 소유권이전등기절차를 이행하여 주어야 할 임무가 발생하였다.

③ 피고인은 위와 같은 임무에 위배하여 2009. 5. 25. 13:00경 위 OO로 OO에 있는 OO부동산중개사무소에서 박OO에게 대금 3억원에 위 대지 및 가옥을 매도하고 그날 위 OO동에 있는 OO등기소에서 그에게 위 대지와 가옥에 대한 소유권이전등기를 마쳐주었다.

④ 이로써 피고인은 위 부동산 시가 3억원 상당의 재산상 이득을 취득하고 피해자에게 같은 액수에 해당하는 손해를 가하였다.

## 2. 배임죄 상담요령

형법 제355조 제2항의 배임죄는 ① 타인의 사무처리자가 ② 그 임무에 위배하는 행위로써 ③ 재산상의 이익을 취득하거나 제3자로 하여금 이를 취득하게 하여 ④ 본인에게 재산상의 손해를 가한 때에 성립한다. 형법 제356조에서는 업무상배임죄를 가중처벌하고 있다. 횡령죄는 배임죄에 대한 특별관계에 있으므로 횡령죄가 성립하면 배임죄는 논하지 않는다[67].

배임죄의 범죄사실은 ① 임무발생의 기초사실 ② 임무발생 사실 ③ 임무위배행위 ④ 결구의 순으로 기재하며, 특히 재산상 이익의 내용을 구체적으로 기재하여야 한다.[68]

배임죄의 주체인 타인의 사무처리자란 "타인의 재산적 이익 등을 보호, 관리하는 것이 신임관계의 전형적, 본질적 내용이 되는 지위에 있는 사람을 말한다(대판 2012. 5. 10. 선고 2010도3532). 타인의 사무를 처리할 의무의 주체가 법인이 되는 경우에 그 타인의 사무는 대표기관의 대표행위에 의하여 실현될 수밖에 없어 자연인인 대표기관이 배임죄의 주체가 된다(대판 1984. 10. 1. 82도2595).

그런데 '타인의 사무처리자'가 어떤 특정한 대상을 열거한 것이 아니기 때문에 매우 추상적

---

**67** 경찰대학 출판부, 강동필 저, 민사법에 기반한 경제범죄 수사 참조.
**68** 2010 검찰 공소사실 기재례.

으로 보일 수밖에 없고 실무에서도 매우 까다로운 범죄유형이다. 그래도 대법원에서 인정하는 배임죄의 주체는 5가지 유형으로 구분할 수 있어 어느 정도 구체화가 가능하다.

첫째는 이중매매로서, 부동산의 매도인이 중도금을 받고도 타인에게 이중매매하거나(대판 86 도936), 매도한 부동산에 대하여 제3자에게 근저당권설정등기를 한 경우(대판 74도2215) 배임죄가 성립한다.

둘째는 소속 법인 등에 대한 배임으로서, 주식회사의 직원과 대표이사, 금융기관의 임직원이나 경영자 등이 소속 법인 등에 대하여 위임계약 등에 기해 타인의 사무처리자에 해당할 수 있다. 이 경우 본인인 법인 등에게 손해가 발생하여도 이른바 '경영판단의 법칙' 등에 의해 배임죄의 성립이 제한될 수 있다.

셋째는 담보권침해에 의한 배임이다. 담보권자는 채권자가 담보의 목적을 달성할 수 있도록 그 담보물을 보관할 의무를 지게 되어 채권자에 대하여 그의 사무를 처리하는 자의 지위에 있다(대판 2006도4215).

넷째는 낙찰계의 계주로서, 계주가 계원들로부터 계불입금을 징수하게 되면 계주는 신의칙상 계원들에게 계금을 지급할, 타인의 사무처리자가 된다(대판 2009도3143).

다섯째는 위 4가지 유형군에 해당하지 않으면서, 계약의 목적이 된 권리를 계약 상대방의 재산으로서 보호 내지 관리하여야 할 의무를 전형적, 본질적인 내용으로 하는 신임관계가 형성된 경우이다.

따라서 배임죄의 고소장을 접수하는 경우에 위의 구체화된 4가지 유형 중 하나에 속하는지 살펴보고, 그렇지 않다면 5번째 유형의 "계약의 목적이 된 권리를 계약 상대방의 재산으로서 보호 내지 관리하여야 할 의무를 전형적, 본질적인 내용으로 하는 신임관계가 형성되었는지"를 판단하여야 한다(수사연수원 강동필 교수의 저서, '민사법에 기반한 경제범죄수사' 책 중 274쪽부터 281쪽에 풍부한 예시가 나와있다).

'임무에 위배하는 행위'란 본인과 사이의 신임관계를 저버리는 일체의 행위를 포함하고(2009도1149), 그 목적과 취지가 법령이나 사회상규에 위반된 위법한 행위로서 용인할 수 없는 경우에는 그 행위의 결과가 일부 본인을 위하는 측면이 있다고 하더라도 비교적 쉽게 배임죄가 성립된다. 예컨대 판공비 지출용 법인신용카드를 업무와 무관하게 개인적 용도에 사용한 행위는 업무상 배임죄를 구성하고(대판 2003도8095), 기업의 영업비밀을 사외로 유출하지 않을 것을 서약한 회사의 직원이 경제적 대가를 얻기 위해 경쟁업체에 영업비밀을 유출하는 행위나(대판 98도4704), 영업상 주요한 자산을 반출하였을 때 영업비밀이 아니더라도 그 자료가 영업상 주요한 자산이고 비공개된 경우에(대판 2004도7962) 업무상 배임죄를 구성한다.

# 3. 배임죄 상담사례(담보권설정자의 배임 사건)

## ● 가. 고소인의 진술

"피고소인 1) 진OO과 피고소인 2) 나OO은 이 사건 토지인 서울시 OO구 OO동 XXX 토지 위에 다세대주택을 짓겠다며 토지잔금 및 건축자금으로 8억7천만원의 대출을 신청하였습니다. 이에 피고소인 1)이 채무자로서 대출을 받고 피고소인 2)가 연대보증을 섰습니다. 이때 2017. 3. 8.경 대출을 해주고 위 토지에 대해 채권최고액을 10억4,400만원으로 하여 근저당설정을 한 적이 있습니다. 그러면서 피고소인들은 고소인에게 추가로 '장차 이 사건 토지위에 건설될 이 사건 다세대주택이 완공되면 이 사건 다세대주택 신축건물을 은행에 담보권이 설정될 때까지 고소인의 권리행사 및 보전에 영향을 미칠 어떠한 행위도 하지 않기로 하면서 준공 즉시 고소인에게 담보제공하기로, 즉 근저당권을 설정해주기로 약정하였습니다.

만약 약정대로 이행되었다면 토지의 근저당권이 그대로 전이되어 다세대주택의 각 호수별로 1,044,000,000원의 근저당권이 설정되었을 것입니다.

그런데 피고소인들은 그 약정에 위배하여 2018. 8.22에 3개 호수, 2018. 9. 11.에 6개 호수를 OO종합건설에 매도하여 O협은행에 손해를 가하였습니다.구체적인 일시와 호수는 기 제출한 고소장에 기재된 바와 같습니다. 참고로 당시 피고소인들이 변제일인 2018. 3. 8.이 지나도록 대출금을 변제하지 못하자, 담당 지점이었던 O협은행 OO동 지점에서 독촉을 하는 과정에서 추가근저당권설정 계약서도 작성하게 된 것입니다. 당시 피고소인들이 '이 건물이 곧 준공이 되니까 O협에서 근저당권을 설정할 수 있게 해 주겠다.'고 하여 이러한 계약서를 작성하게 된 것입니다. 그런데 확인해보니 2018. 9. 17. 당시는 이미 9개 호수의 소유권이 모두 OO종합건설로 이전된 후였습니다. 피고소인들이 당시 O협은행 측에 거짓말을 했던 것입니다.

따라서 피고소인들은 건물이 준공되면 즉시 고소인에게 근저당설정을 해주기로 하는 임무에 위배하여 이를 타인에게 매도하였으니 배임죄로 처벌하여 주시기 바랍니다."

---

### (추가 고소사항) 강제집행면탈

진OO과 나OO은 O협은행이 위 다세대주택에 대한 강제집행을 하지 못하도록 위 다세대주택 각 호실을 2018. 8.~9.에 OO종합건설에 매매 형식으로 소유권이전하였습니다. 하지만 이는 진OO과 나OO이 실질적인 소유권을 유지하면서 명의만 OO종합건설로 넘긴 허위양도였을 것으로 의심됩니다.

## ● 나. 상담의 핵심

배임이라는 말의 한자를 해석하면 '임무를 배신했다'는 뜻이다. 그 주체는 '타인의 사무처리자'여야 하고, '임무를 위배하여' 본인에게 손해를 가하고 자신은 그에 상당하는 이익을 취할 경우 성립하는 범죄로서, 용어 하나하나가 매우 추상적이고 어려울 수밖에 없다. 배임죄로 고소하러 온 민원인을 상담하는 입장에서는 우선 대법원 판례가 확립한 구체적인 4가지 유형(이중매매, 법인 등의 사무처리자, 담보권설정자의 담보권침해, 계주의 계금지급의무) 중 하나에 해당하는지 보아야 한다.

이 사건의 경우 피고소인들은 담보권설정자의 입장이라 할 수 있다. 그리고 건물이 완공되면 토지에 설정한 것과 같은 근저당권설정을 해주기로 약정하였다고 한다. 근저당권설정을 해 줄 수 있는 자는 그 부동산의 소유자여야 한다. 근저당권 설정계약서 작성, 등기권리증의 제공, 인감증명서의 제공과 위임장의 작성 등 저당권등기 신청의 일련의 과정에서 소유자의 협력이 절대적으로 필요하기 때문이며, 계약 상대방의 재산권을 보호, 관리하여야 할 의무를 전형적, 본질적인 내용으로 하는 신임관계가 형성되었다고 볼 수 있기 때문이다.

따라서 신축건물에 근저당설정해 줄 의무가 단순한 약속 이상의 구체적인 계약관계로 인정되었는지 그 근거를 따져본다(이 사건에서는 추가근저당권설정 계약서도 작성하였다고 하므로, 피고소인의 의무가 인정되어 타인의 사무처리자로 볼 수 있다).

그리고 피의자들의 임무위배행위를 특정한다. 이 사건에서는 건물신축 이후 고소인 회사에 추가근저당권을 설정해주지 않고 다른 회사에 매각했다고 하고, 그 회사가 고소인 회사를 위해 근저당권설정을 해 줄 리 없는 이상 '임무위배행위' 및 '본인에 대한 손해의 발생'은 인정된다 할 것이다.

손해액을 특정하여야 한다. 경제범죄의 손해액이 5억원을 넘으면 형법이 아닌 특정경제범죄 가중처벌 등에 관한 법률이 적용되기 때문이다.

대법원 판례(2008도9213판결)에 의하면, "타인에 대하여 근저당권설정의무를 부담하는 자가 제3자에게 근저당권을 설정하여 주는 배임행위로 인하여 취득하는 재산상 이익 내지 그 타인의 손해는 그 타인에게 설정하여 주기로 한 근저당권의 담보가치 중 제3자와의 거래에 대한 담보로 이용함으로써 상실된 담보가치 상당으로서, 이를 산정하는 때에 제3자에 대한 근저당권 설정 이후에도 당해 부동산의 담보가치가 남아 있는 경우에는 그 부분을 재산상 이익 내지 손해에 포함시킬 수 없다."고 하였다.

이 사건의 경우 최초 위 토지에 대해 채권최고액을 10억4,400만원으로 하여 근저당권을 설정한 후, 신축건물 전체에 대하여도 동일 액수를 채권최고액으로 하는 근저당권을 설정하기로 약정해주어 타인의 사무처리자가 되었는데, 이 임무에 위배하여 신축건물 전체를 타인에게 매도하였다면 고소인은 10억4,400만원 상당의 채권최고액을 근저당권으로 설정받기로 한 약정이 무위가 되어버리므로 이 10억4,400만원을 한도로 한 신축건물의 잔존 담보가치가 고소인의 손해액이자 피고소인들의 이득액이라 할 것이다(만약 사건을 달리하여 피고소인들이 고소인이 아닌 제3자에게 5억원을 채권최고액으로 한 근저당권을 설정해주었다면 신축건물의 잔존가치가 채권최고액을 넘어선다는 것을 전제로, 이 판례의 법리에 따라 피해액 및 손해액은 5억원이 될 것이다).

### ● 다. 증거의 수집

피고소인들의 임무 및 그 위배행위에 대한 입증을 위해, 최초 토지에 대한 근저당권설정계약서, 대출 관련서류, 근저당권이 설정된 토지의 등기사항증명서, 추가 근저당권설정계약서를 확보하고, 피고소인들의 임무위배행위, 즉 타인에 대한 신축건물의 매각행위를 입증하고자 해당 건물의 등기사항증명서를 제출받는다.

또 건물이 준공되었는지 확인하고자 집합건축물대장도 확보한다.

또 위 신축건물을 매수한 OO종합건설 관계자에 대한 진술서 등이 필요하다(고소인이 구하기 어렵다면 향후 수사과정에서라도 확인해야 할 사항이다).

물론 가장 중요한 것은 피고소인들이 그렇게 행위를 한 동기일 것이다. 건물을 지으려면 막대한 자본이 들어가는 만큼 피고소인들이 은행 외에서 자금을 끌어들이고자 신축건물을 타인에게 매각했다면, 혹시 그로써 고소인에게 채무를 변제할 수 있게 되었는지도 살펴본다. 향후 수사과정에서, 피고소인은 최대한 노력하여 타인의 자금을 끌어들여 건물을 완성시키고 고소인에 대한 채무를 갚는 최선의 방법을 선택한 것이라고 변명할 수 있다. 즉 행위의 동기를 살펴봄으로써 고의와 불법영득의사 여부를 가릴 수 있다.

### ● 라. 범죄사실의 완성

배임죄의 범죄사실은 ① 임무발생의 기초사실(일시, 장소, 내용), ② 임무의 내용(타인의 재산사무처리의 임무의 내용), ③ 임무위배행위(일시, 장소, 내용), ④ 재산상 이익의 취득과 손해의 발생(재산상 이익의 내용)으로 구성된다.

"피고소인 1) 진OO과 피고소인 2) 나OO은 이 사건 토지인 서울시 OO구 OO동 XXX 토지 위에 다세대주택을 신축한 건축주이다.

피고소인들은 2017. O. O.경 고소인 회사에 8억7천만원의 대출금을 신청하고 위 토지를 담보로 제공하여 위 토지에 대해 채권최고액을 10억4,400만원으로 하여 근저당설정을 하였다. 이후 2018. 3. 8.이 지나도록 대출금을 변제하지 못하자 '이 건물이 곧 준공이 되니까 O협에서 근저당권을 설정할 수 있게 해 주겠다. 장차 이 사건 토지위에 건설될 이 사건 다세대주택이 완공되면 이 사건 다세대주택 신축건물을 은행에 담보권이 설정될 때까지 고소인의 권리행사 및 보전에 영향을 미칠 어떠한 행위도 하지 않기로 하면서 준공 즉시 고소인에게 담보제공하기로, 즉 근저당권을 설정해주겠다'라고 약정하며 추가 근저당권 설정계약서를 작성하였다.

이로써 피고소인들은 건물신축 즉시 건물에 대하여 다세대주택의 각 호수별로 1,044,000,000원의 근저당권을 설정할 임무가 생겼음에도 불구하고 이에 위배하여 2018. 8. 22.에 101호 등 3개 호수, 2018. 9. 11.에 201호 등 6개 호수를 OO종합건설에 매도하여 O협은행에 손해를 가하였다. 이로써 피고소인들은 고소인을 위해 설정해주기로 한 근저당권의 채권최고액 10억4,400만원 상당의 재산상 이익을 취득하고, 고소인에게 동액 상당의 손해를 가하였다."

## ● 마. 고소장의 작성 예시

**고 소 장**

고소인: A, B, C

피고소인: D

−고소취지−

"피고소인을 배임죄로 고소하오니 처벌해주시기 바랍니다"

−고소사실−

1. 당사자와의 관계
2. 피고소인들의 임무 성립
   − 대출계약 및 담보권설정계약의 체결
   − 대출금 미변제 및 추가 근저당권설정계약의 체결
   − 근저당권설정계약의 구체적 내용(담보권 설정의무 성립)
3. 피고소인의 임무위배행위
   − 건물의 준공(집합건축물대장상 준공일자 기재)
   − 건물 등기사항증명서 확인(소유권 보존등기 일자)
   − 피고소인들의 건물 매각(등기사항증명서상 갑구의 소유권이전등기의 내용 확인)
4. 피고소인의 이득액 및 고소인의 피해액
5. 결어(처벌의사 확인)

−첨부서류

1. 근저당권설정계약서
2. 집합건축물대장, 부동산 등기사항증명서

3. 내용증명 등 피고소인에 대한 독촉

4. 채무 미변제사실의 입증

5. 기타.......

2019. 7. 30.

고소인 OOO

OOOO경찰서장 귀하

## ● 바. 유의사항

최근 대법원 2020. 6. 18.선고 2019도14340 전원합의체 판결에서 채무자가 금전채무를 담보하기 위한 저당권 설정계약을 맺고도, 채무자가 제3자에게 먼저 담보물에 관한 저당권을 설정하거나 담보물을 양도하였더라도 채무자에 대한 관계에서 '타인의 사무를 처리하는 자'라고 볼 수 없어 배임죄가 성립하지 않는다고 판시하였다. 따라서 고소장의 사실관계와 위 판례를 잘 비교해보아야 한다.

## 4. 계주의 배임죄 성부

## ● 가. 계에 관한 기본이론

계 또는 금융계는 상호부조의 차원에서 금전 융통의 필요가 있는 각 계원이 일정한 방식에 따라 금원을 납부하여 모은 목돈을 순차 수령함으로써 계원간에 금전을 융통하는 계약관계를 말하며, 번호계, 추첨계, 낙찰계 등 계불입금 납부와 계금 수령 방식에 따라 다양한 종류가 있다.[69]

낙찰계 계주의 계금지급의무가 배임죄의 '타인의 사무'에 해당하려면 단순한 채권관계상 의무를 넘어서 신임관계에 기초하여 타인의 재산을 보호 내지 관리하는 데 이르러야 한다. 계주가 계원으로부터 계불입금을 징수하면 계주는 낙찰받은 계원과 사이에서 신의칙상 계불입금을 보호 내지 관리해야 하는 신임관계에 들어서게 되어, 이때 계주의 계금지급의무는 타인의 사무에 해당한다. 그러므로 월불입금 징수 후 계금을 계원들에게 지급하지 아니하면 다른 특별한 사정이 없는 한 낙찰계원에 대하여 배임죄를 구성한다.[70]

---

**69** 경찰대학 출판부, 강동필 저, 민사법에 기반한 경제범죄 수사, 449쪽.

**70** 대법원 1987. 2. 24. 선고 86도1744 판결.

그러나 계주가 계원들로부터 계불입금을 징수하지 아니하였다면 이때의 계금지급의무는 단순한 채권관계상의 의무에 불과하여 타인의 사무에 속하지 아니하므로 배임죄가 성립하지 않는다.[71]

그러나 계주가 파계 후에 계원들로부터 계가 존속하는 것처럼 계금을 징수하는 것이 계원들과 사이에 사기죄가 성립할 여지가 있으며,[72] 가령 피고소인이 운영하던 여러 개의 계가 제대로 운영되지 않아 속칭 돌려막기 식으로 비정상적으로 운영되면서 별다른 재산이 없어 계불입금을 받더라도 계금을 지급할 의사나 능력이 없다면 사기죄가 될 수 있다.

### ● 나. 범죄사실 예시

#### 1) 배임죄(계주의 계금지급의무 위반)

피고소인은 언제 어디에서 어떤 방식으로 낙찰계를 조직한 계주가 되었으면 매회 낙찰계금을 즉시 낙찰된 계원에게 지급하여 줄 의무가 있음에도 불구하고 그 임무에 위배하여 언제 어디에서 정당하게 낙찰계금을 지급해야 할 계원 OOO에게 계금 OO를 지급하지 아니하고 이를 자기의 용도에 소비하여 동액 상당의 재산상 이익을 취득하고, 고소인에게 동액 상당의 손해를 가하였다.

#### 2) 사기죄(계금지급 불능 상태에서 월불입금 수령)

피고소인은 언제 어디에서 어떤 방식으로 구성된 번호계의 계주이다.

피고소인은 자신이 운영하던 여러 개의 계가 제대로 운영되지 않아 속칭 돌려막기를 하고 있는 등 정상적으로 운영되지 않고 있었을 뿐만 아니라 당시 채무가 OO만원이나 있어서 계불입금을 징수하더라도 정해진 기일에 정상적으로 계금을 지급할 의사나 능력이 없었다.

그럼에도 불구하고 낙찰계의 계원인 고소인 OO에게 제O회차 월불입금을 징수받고 이를 개인채무에 변제하는 방법으로 이를 편취하였다.

---

71 대법원 2009. 8. 20. 선고 2009도3143판결.
72 대법원 1982. 11. 9. 선고 82도2093판결.

# 5. 배임 피의자신문조서 예시

● **가. 예시 1(실제로는 이렇게 묻지 않지만 구성요건이 어떻게 되는지 확인하는 의미를 담고 있다. 실제 벌어진 사건에 관하여 아래 예시 1의 틀을 참고하여 질문하면 된다.)**

---

**(타인의 사무처리 관계)**

문 : OOO의 사무를 처리한 사실이 있는가요?

문 : 사무를 처리한 근거는 무엇인가요(계약관계 등)?

문 : 처리한 사무의 내용을 말하시오.

**(임무에 위배한 사실)**

문 : 사무를 어떻게 처리하게 되어 있는가요?

문 : 사무를 잘못 처리한 내용을 말하시오.

문 : 그렇게 처리하여야 할 근거는 무엇이라고 생각하는가요?

**(취득의 의사)**

문 : 무슨 이익을 취할 의사가 있었는가요?

문 : 피의자가 이득을 취할 생각이었나요, 아니면 다른 사람으로 하여금 이익을 보게 할 생각이었나요?

문 : 피의자의 행위로 인해 위임자에게 손해를 입힌다고 생각하는가요?

**(재산상의 손해 야기)**

문 : 누구에게 어떤 손해를 입혔나요?

문 : 피의자의 잘못으로 피해자가 손해를 입었다고 생각하는가요?

**(이득 취득)**

문 : 취득한 이익의 종류와 가격을 말하시오?

문 : 이득을 취득한 사람은 피의자 본인인가요, 다른 사람인가요?

**(합의 여부)**

문 : 피해를 변상하거나 합의한 사실이 있는가요?

---

## 나. 예시 2

문 : 피의자는 고소인 OOO을 알고 있는가요?

문 : OOO에게 건물과 토지를 매매한 사실이 있는가요?

문 : 언제, 어떻게 매도하였는가요?

문 : (이때 기록OO쪽에 첨부된 매매계약서를 보여주며) 이것이 피의자와 고소인 간에 OO번지 건물과 토지를 매매하기로 한 계약서인가요?

문 : OOO으로부터 계약금과 중도금을 받았는가요?

문 : 잔금은 받았는가요?

문 : 고소인에게 소유권이전등기를 넘겨주었는가요?

문 : 피의자는 고소인이 아닌 ㅁㅁㅁ에게 위 건물과 토지의 소유권이전등기를 해 준 사실이 있는가요?

문 : 고소인에게 매도하기로 계약 후 중도금까지 받고 ㅁㅁㅁ에게 넘겨준 이유는 무엇인가요?

문 : ㅁㅁㅁ에게 넘겨주면서 고소인 OOO에게 중도금까지 받았다고 알렸는가요?

문 : 고소인 OOO에게 사전에 승낙받은 사실이 있는가요?

문 : 그 상가의 시가는 어떻게 되는가요?

문 : 합의는 하였는가요?

문 : 기타 피의자에게 유리한 증거나 할 말이 더 있나요?

# 6. 배임 고소사건 실전수사

## ● 가. 조합 운영비 무단사용

### 1) 고소장 예시

# 고 소 장

#### 1. 고소인

| 성 명 | 정AA | 주민등록번호 | ⚡ |
|---|---|---|---|
| 주 소 | 경기 평택시 | | |
| 전 화 | | | |

| 성 명 | 김BB | 주민등록번호 | 7 |
|---|---|---|---|
| 주 소 | 경기 | | |
| 전 화 | | | |

#### 2. 피고소인

| 성 명 | 이CC | 주민등록번호 | |
|---|---|---|---|
| 주 소 | 경기도 | | |
| 전 화 | | | |

#### 3. 고소취지

고소인은 피고소인을 <u>업무상횡령 또는 업무상배임(형법 제356조)</u> 혐의로

고소하오니 혐의사실이 밝혀질 경우 피고소인을 처벌하여 주시기 바랍니

다. **※횡령과 배임은 특별관계로서 횡령죄가 성립하면 배임죄는 별도로 성립하지 않는다. 두 죄를 구분하는 방법은 정당하지 않은 자금사용과 그로 인한 이익이 '재물'인가 '재산상 이득'인가, 그 행위가 '횡령행위'인가 '임무에 위배하는 행위'인가 등 구성요건을 중심으로 판단한다.**

4. 범죄사실

피고소인은 **DD** 지역주택조합의 조합장의 지위에 있는 자입니다. ✓

(조합장으로서 임무에 위배한 자금집행이라 주장)

가. 피고소인은 <u>2015. 11. 경부터 2017. 6. 경까지 약 20개월간</u> 조합창립총회에서 승인받은 <u>조합운영비(월 18,000,000원, 20개월 360,000,000원)</u>를 초과하여 총 933,000,000원을 사용하는 등 총회에서 승인받은 조합운영비를 초과하여 약 6억원 상당을 임의로 사용하였습니다.

나. 피고소인은 평택시 [____] 에 있는 ' **EE** 시장'이라는 식당에서 <u>식대를 지출할 이유가 없음에도 불구하고 2016. 5. 4. 583인분 식대 3,498,000원 및 2016. 5. 31. 164인분 식대 984,000원</u> 등 총 11,360,000원을 결제하는 등 조합자금을 임의로 사용하였습니다.

다. 피고소인은 2016. 9. 3. 경 그 무렵에는 <u>조합 임시총회가 개최된 바가 없음에도 불구하고</u> 평택시 [__]읍 [_____] 에 있는 호텔 **FF** 에서 <u>21시경부터 약 20초 단위로 조합 임시총회 명목으로 총 6회에 걸쳐 120만원을 카드로 결제</u>하였습니다.

피고소인은 위와 같이 조합운영과 상관없는 곳에 임의로 조합자금을 사용하여 피고소인이 보관하고 있던 조합자금을 횡령하거나 조합에 손해를 가하여 배임하였습니다.

5. 고소이유

가. 당사자 관계

고소인은 DD 지역주택조합의 조합원이며, 피고소인은 DD 지역주택조합의 조합장의 지위에 있는 자입니다.

DD 지역주택조합은 무주택서민들이 분담금을 부담하여 사업비를 마련하여 공동주택을 건설하여 공급받기 위하여 조합원으로 가입하고, 주택법에 근거하여 설립된 단체입니다. 주택법에 근거하여 설립된 지역주택조합은 조합원들이 1/N 방식으로 총 사업비를 부담하기 때문에 사업비가 증가할수록 무주택서민들인 조합원들이 부담하는 돈은 그 만큼 늘어나게 됩니다.

그런데, 피고소인은 조합장으로서 조합원들이 부담하여 마련된 조합운영자금을 필요한 업무에 사용하기 위하여 보관할 의무가 있음에도 불구하고 그 용처를 알 수 없는 곳에 임의로 사용하는 등 횡령하거나 배임하였습니다.

## 나. 조합운영비 명목의 횡령, 배임에 대하여

### (1) 조합운영비 사용에 대한 총회결의 내용

　DD　지역주택조합은 주택법에 근거하여 무주택서민들이 조합원으로 가입하고, 조합원들이 납부한 분담금을 사업비로 사용하여 공동주택건설 사업을 시행하는 단체입니다. 따라서 조합원들이 부담하는 조합자금은 그 사업목적에 적정하게 사용되어야 하며, 조합원들의 의사에 따라 그 사용처가 결정됩니다.

　DD　지역주택조합도 2015. 11. 8. 경 창립총회를 개최하면서 조합운영비로 월 18,000,000원을 사용하는 것을 내용으로 하는 안건을 결의하였습니다. 특히, 조합운영비 중 인건비를 구성하는 조합장 및 상근직원 (2인) 급여는 각 350만원(조합장), 500만원(상근직원 2인 급여) 총 850만원으로 확정되어 있었습니다(증제1호증 2015년도 조합창립총회 책자 제8호 안건).

### (2) 피고소인이 조합운영비로 사용한 조합자금 액수

그런데, 피고소인은 조합장으로서 조합원들의 총회 결의 내용에 따라 조합자금을 사용할 의무가 있음에도 불구하고, 월별자금입출금명세서에 의하면, ① 피고소인은 2016. 1. 경부터 '노무비(인건비)'로 조합총회결의에서 승인받은 850만원을 초과하여 '잡급'이라는 명목으로 매월 최소 약

120만원(2016. 1.)에서부터 최대 약 8,700만원(2016. 5.)까지 사용한 것을 확인할 수 있으며, ② 조합 사무실 임차료는 고정되어 있음에도 불구하고 2016. 9. 경에는 임차료 명목으로 약 6,100만원을, 2017. 6. 경에는 약 2,400만원을 사용한 것으로 확인되는 등 조합운영비 명목으로 총회결의를 통하여 승인받은 월 1,800만원을 초과하여 약 20개월 동안 933,000,000원(월 평균 약 4665만원)을 사용한 것으로 확인됩니다(증제2호증 월별자금입출금명세서).

**(3) 구체적 인건비 사용내역에 대하여**

위와 같이 피고소인이 총회결의에서 승인받은 조합운영비{매월 1,800만원/ 인건비 매월 850만원(조합장 350만원, 상근직원 2인 500만원)}를 초과하여 조합운영비 명목으로 사용한 돈 중 2015. 11. 부터 2017. 9. 까지 23개월 동안 인건비로 지출한 돈은 총 589,828,255원{총회결의를 통하여 승인받은 인건비는 195,500,000원(= 23개월 x 월 850만원)}입니다(증제3호증 조합장부 및 이체내역, 별지 '인건비지출내역표' 참조).

조합총회결의를 통하여 승인받은 인건비는 조합장 1인 및 상근직원 2인에 대한 급여 850만원입니다. 그런데, [별지] '인건비지출내역표' 기재(별지 '인건비지출내역표'는 증제3호증을 정리한 것입니다)에서 확인할 수 있듯이 피고소인이 인건비로 지급한 급여 대상자는 3인(조합장 및 상근

ㅇ '안 I I'는 L L 개발 주식회사의 대표이사이기도 하였습니다(증제
7호증 L L 개발 등기사항전부증명서/ 현재 사내이사로 재직중인
'안 L L'가 안 I I의 아들로 추정됩니다).

아래 표에서 보는 바와 같이 조합직원으로 급여를 받은 자들 중 상당
수는 조합과 특별한 관계에 있거나, 단순 사무보조임에도 거액의 급여
를 지급받은 자들에 해당합니다.

| 이름 | 급여지급 사유 | 관계 | 급여 지급액 |
|---|---|---|---|
| 정 M | 조합상근직원 | L L 개발 감사(~2014. 1. 24.)<br>J J 종합건설 감사(현재) | 총 7,140만원 |
| 안 L L | 잡급 | L L 개발 이사(현재)<br>I I 수 아들 추정 | 총 928만원 |
| 박 O O | 사무보조 | H H 씨 감사(~2016. 11. 16.) | 총 106,331,320원<br>(6,571만원은 2016. 5.<br>경 2회에 걸쳐 지급) |

한편, 피고소인은 김 P P 에게 브리짓대출 자서수수료 명목으로 '인력용
역비' 항목으로 2016. 4. 경 총 약 3,000만원을 지급하였는데, 브릿지대
출에 관한 통장 자서는 금융기관에서 출장나와 진행하는 것이므로 '자
서'를 위한 인력용역비 명목으로 지급될 돈이 있을 리가 없습니다.

다. 식대 명목의 횡령 배임에 대하여

피고소인은 2016. 5. 4. 평택시 ⬜읍 ⬜에 위치한 E E

직원 2인)을 초과하고 있습니다.

별지 '인건비지출내역표'에서 확인할 수 있듯이 상근직원으로 정리되어 있는 5인(조합장 및 상근직원 중 퇴사자도 포함)에게 지급된 급여가 23개월 동안 총 175,600,000원인데 반하여, 그 정체를 정확히 알기 어려운 비상근 직원 총 43인에게 지급된 급여는 23개월 동안 총 429,250,000원으로서 상근직원의 인건비에 비하여 약 2.5배에 달하며, 특히 비상근직원인 최GG(매월 약 435만원 총 약 6,382만원), 정KK(매월 약 290만원, 총 약 4,264만원)는 상근직원보다 더 높은 급여를 지급받는 등 인건비를 횡령한 정황이 명백합니다.

o 참고로, DD 지역주택조합은 2015. 4. 경 조합업무대행에 관하여 '주식회사 HH 씨'와 용역계약을 체결하였습니다(증제4호증 행정 용역계약서).

o '안I I'는 주식회사 HH 씨에서 감사로 근무하였던 자(2014. 11. ~ 2015. 5.)입니다(증제5호증 등기사항전부증명서 HH 씨).

o 주식회사 JJ 종합건설은 원래 주식회사 HH 씨라는 명칭을 사용하였으며, '안I I'가 대표이사로 재직 중입니다(증제6호증 JJ 종합건설 등기사항전부증명서).

도매시장이라는 식당에서 도저히 이해할 수 없는 583인분 식대 3,498,000원을 지출하고, 2016. 5. 31. 164인분 식대 984,000원을 지출하는 등 총 11,360,000원을 지출한 것으로 확인됩니다(증제8호증 세금계산서2매, 증제9호증 지출내역서).

피고소인이 위와 같이 많은 식대를 위 식당에서 사용할 이유가 없습니다. 피고소인은 위와 같은 방식으로 조합자금을 횡령하였거나, 조합에게 손해를 가하여 배임하였음이 분명합니다.

라. 숙박비 명목의 횡령 배임에 대하여

피고소인은 2016. 9. 3. 21시경 평택시 [　]읍 [　　　　]에 있는 호텔 FF 에서 20초 단위로 25만원 내지 15만원을 각 결제하여 총 115만원을 카드로 결제하는 등 총 120만원 상당을 총회비용 명목으로 사용하였습니다(증제10호증 지출내역서, 증제11호증 지급매출전표6매). 그러나, 2016. 9. 3. 무렵에는 임시총회가 개최된 바가 없습니다. 피고소인은 위와 같은 방법으로 조합자금을 횡령하거나 조합에게 손해를 가하여 배임하였습니다.

6. 결론

위와 같이 피고소인은 [DD] 지역주택조합의 조합장으로서 총회결의에서 승인받은 조합운영비 1,800만원(매월)을 초과하여 그 용처를 알 수 없는 곳에 임의로 사용하여 횡령하거나 배임하였음이 분명하므로 엄벌에 처해주시기 바랍니다.

### 증 거 자 료

1. 증제1호증        2015년도 조합창립총회 책자 제8호 안건
1. 증제2호증        월별자금입출금명세서(2015. 11. ~ 2017. 6.)
1. 증제3호증        조합장부 및 이체내역
1. 증제4호증        행정용역계약서
1. 증제5호증        등기사항전부증명서   HH   씨
1. 증제6호증        등기사항전부증명서   JJ 종합건설
1. 증제7호증        등기사항전부증명서   LL   개발
1. 증제8호증        세금계산서2매
1. 증제9호증        지출내역서
1. 증제10호증       지출내역서
1. 증제11호증       지급매출전표6매

◆ 수사방향: 조합장은 타인인 조합의 업무를 처리하는 자에 해당한다. 조합의 운영비는 상식적으로 조합원들을 위해 사용하여야 하고 개인적 이익을 위해 사용하면 그 부담은 고스란히 조합원들에게 떠넘겨질 위험이 있다. 본건에서 고소인은 수상한 조합비 지출내역이라며 부당한 집행임을 주장하므로, 그 지출내역이 사실인지와 어떤 목적으로 지출했는지를 조사하여 '임무에 위배한 자금사용인지'를 규명한다.

## 2) 고소보충조서 예시

### 진 술 조 서

**성　　명 :** 김BB

**주민등록번호 :** 7

**직　　업 :**

**주　　거 :**

**등록기준지 :**

**직장주소 :** 경기도

**연 락 처 :** 자택전화 자택전화 휴대전화 010
직장전화 직장전화 전자우편(e-mail) 전자우편

위의 사람은 피의자 이CC에 대한 업무상 횡령 피의사건에 관하여 2018. 2. 22. 14:55 경기평택경찰서 수사과 경제O팀사무실에 임의 출석하여 다음과 같이 진술하다.

### 1. 피의자와의 관계

저는 피의자 이CC와 친인척 관계가 아닙니다.

### 1. 피의사실과의 관계

저는 피의사실과 관련하여 고소인 자격으로서 출석하였습니다.

이 때 진술의 취지를 더욱 명백히 하기 위하여 다음과 같이 임의로 문답하다.

문 : (피해자인 경우) 담당조사관으로부터 형사절차상 범죄피해자의 권리 및 지원 정보에 대한 안내서를 교부받았나요?

답(정AA,김BB) : 네, 받았습니다.

문 : 진술인들이 정AA, 김BB 본인 맞나요?

답(정AA,김BB) : 네, 맞습니다.

**– 이 때, 고소인들이 운전면허증을 제시하기에 사본하여 조서 말미에 철하다.**

문 : 이것이 고소인들이 제출한 고소장인가요?

– 당 경찰서 제2018-0000조로 중복된 고소장을 보여준 바,

답(정AA, 김BB): 네 맞습니다.

문 : 본 건에 대하여 다른 수사기관에 고소나 고소 취소한 사실이 있나요?

답(정AA,김BB) : 아니요 처음입니다.

문 : 고소내용의 전부 또는 일부라도 허위사실을 고소하는 경우 무고죄로 처벌받을 수 있음을 알고 있나요?

답(정AA,김BB) : 네.

문 : 피고소인이 사용한 6개 계좌의 계좌번호를 알고 있나요?

답 : 피고소인에게 정보공개요청을 하여 이체결과 내용을 받았으나, 피고소인이 계좌번호를 다 지우고 제 공하여 계좌번호를 알 수 없게 하였습니다.

문 : 피고소인에 대한 고소내용은 무엇인가요?

답 : 피고소인은 2016. 11월경부터 2017. 6월경까지 20개월간 조합창립총회에서 승인받은 조합운영비(월 1,800만원, 20개월 3억6,000만원)에서 약 6억원 상당을 초과하여 임의로 사용하였습니다.

문 : 초과 사용한 내역이 무엇인가요?

답 : 1. 조합운영비 1,800만원 중 인건비를 구성하는 조합장(월급여 350만원) 및 상근직원(2인 월급여 총 500만원)의 급여 총 850만원으로 구성되어 있음에도, 그 비용을 초과하여 2016. 1월경부터 2017. 9월 경까지 43명에게 총 429,251,300원을 임의로 지출하였고,

2. 매달 지급임차료로 지출될 수 있는 금액보다 초과하여 2016. 5월 62,898,000원, 2016. 9월 61,710,000원, 2017. 6월 24,442,000원을 과다하게 지출하였습니다.

문 : 피의자가 인건비를 임의로 사용하였다는 주장의 입증자료는 무엇인가요?

답 : 조합에서 인가한 금액이 월 1,800만원인데 그 비용을 훨씬 초과하여 사용한 것으로도 의심이 되고, 피 고소인에게 인건비가 어떻게 초과되어 사용되었는지 물어봤으나 명확한 답을 주지 않고 있는 부분입 니다.

문 : 조합운영비에서 인가된 비용보다 초과하여 사용할 경우 회의를 거쳐서 승인을 받아야 하나요(피의자 의 재량 확인)?

답 : 네 원칙적으로는 총회를 통해 승인을 받아 사용해야 합니다.

문 : 피고소인이 초과 사용한 부분에 대해 이사회 회의를 하거나 승인을 받은 사실이 있나요?

답 : 저희는 조합원으로 그 부분은 잘 파악이 되지 않고 있습니다. 처음 창립총회 이후로는 이사회에 일임 하여 처리하고 있는데, 저희가 파악한 바로는 본건 관련하여 2017. 4월경에 1번 회의를 했었던 것으로 알고 있고 그 회의 안건 내용을 가지고 있는데, 회의 안건 내용 중 조합운영비 초과 사용에 대한 내용 이 있는지는 봐야 할 것 같습니다. 하지만 그 전부터 지급이 되어 왔던 것으로 그 이후에 회의한 것은 의미가 없다고 생각합니다.

문 : 피의자가 임차료를 임의로 사용하였다는 주장의 입증자료는 무엇인가요?

답 : 고정적으로 나가는 임차료는 경기 평택시 OO읍 OO번지 소재의 모델하우스 월 임대료로 500만원에 서 600만원이 지출되고, OO읍 OO OO빌딩 2층에 있는 조합사무실 임차료 80만원까지 매달 580에서 680만원입니다. 그런데 위와 같이 지정된 임차료 금액이 정해져 있음에도 그 금액을 훨씬 초과하여 사 용된 금액에 대해 어디에 어떻게 사용되었는지 피고소인이 제대로 설명을 해주지 않아서 피고소인이 그 부분을 임의로 사용하였다고 보는 것입니다.

문 : 제출한 자료를 보면 지출된 임차료 금액이 정해져 있지 않고 금액이 다 다른데 그 이유가 무엇인가요?

답 : 그건 저희도 잘 모르겠습니다.

**-추가로 사용된 인건비에 대해 추가 질의하다.**

문 : 행정용역사인 'HH씨'에서 해주는 일이 무엇인가요?

답 : HH씨와는 행정용역계약서(기록 287)를 기반으로 조합 사업의 인허가 진행, 각종 용역업무의 체결업무 진행, 부동산매매계약의 체결 등의 업무에 자문 및 협조를 하도록 되어 있습니다.

문 : 고소인이 제출한 자료(기록 10,317)를 보면 HH씨 대표였던 안에에 대해 언급하고 있는데 어떤 내용인가요?

답 : (기록 292~301)를 보면 현재 JJ종합건설 대표이사인 안에가 LL개발에서 대표이사였거나 이사였던 사실을 알 수 있습니다. 그리고 JJ종합건설의 전 이름이 HH씨임을 법인 등기부등본을 통해 알 수 있습니다. HH씨와 LL개발은 같은 사무실을 사용하였습니다. 또한 LL개발의 이사는 안에의 아들 안LL로 되어 있습니다. 이렇듯 위 세 회사는 모두 안에와 연관된 회사입니다.

그런데 조합에서 추가로 지출한 인건비를 보면 LL개발 이사 안LL, 김YY(동시에 JJ종합건설 이사), JJ종합건설 이사 김ㄷㄷ, HH 감사 박OO 등 피고소인이 이사 및 대표이사로 지냈던 회사의 사람들에게 인건비가 지출된 것으로 파악되고 있습니다. 이는 피고소인이 조합운영비를 이들에게 지급하여 부당하게 임금을 받도록 하였거나, 피고소인이 이 돈을 횡령했을 가능성이 큰 것으로 보고 있는 것입니다.

문 : (기록 XXX을 제시하며) 이 사람들에게 지급된 인건비는 확실히 인건비를 부당하게 지급한 부분이라고 여기는 건가요?

답 : 안에와 연결된 회사의 임원 및 직원으로 있는 사람들입니다. 정MM은 조합의 상근직원으로 등록되어 있으나 LL개발의 감사를 역임했고 JJ종합건설의 감사로 있는 자로 조합을 위해 일을 했는지 확실하지 않고, 안LL는 안에의 아들로 LL개발 이사를 역임하고 있어서 조합을 위해 실제로 일을 했는지 알 수 없습니다.

그리고 박OO, 최GG, 정SS는 HH씨 직원 혹은 이사입니다. 이미 HH씨와 행정용역계약을 체결하고 그 용역비를 이제까지 107억이 제공되었고, 직원 월급은 HH씨에서 해결해야 하는 부분인데, 위 직원들의 월급도 피고소인이 별개로 지급한 것입니다.

김PP에게 지출된 인력용역비는 브릿지대출의 자서수수료[73] 명목으로 지급되었는데, 통상 자서는 은행에서 출장이 나와 진행하므로 지출될 금액이 아님에도 인건비로 지출되었습니다.

---

73 여기서 말하는 '자서'란 대출받을 때 대출신청서에 자필서명하는 것을 말하며 대출신청이 거의 마무리되는 절차에서 수수료를 받는다는 의미이다.

문 : 추가로 피고소인에 대한 고소내용을 진술하세요?

답 : 2. 피고소인은 경기도 평택시 ○○읍 ○○○○ 소재의 'EE시장' 식당에서 식대를 과다하게 지출할 이유가 없음에도 2015. 6. 23. 583인분 3,498,000원, 2016. 6. 25. 164인분 984,000원을 지출하고도 당월 별도의 식대 1,294,000원을 지출하는 등 조합자금을 임의로 사용하였습니다.

**- (기록 302~304)피고소인들이 제출한 세금계산서 및 내역 확인하다.**


문 : 피의자가 임의로 사용하였다는 주장의 입증자료는 무엇인가요?

답 : 상근직원이 3명이고 식대를 과다하게 지출할 이유가 없음에도, 매달 식대가 과다하게 지출되었습니다. 그 중에서도 많이 지출된 위 금액에 대해 고소하는 것입니다. 이 부분에 대해서도 왜 이렇게 많이 지출되었는지에 대해 피고소인이 제대로 답변을 해주지 않고 있습니다.

문 : 추가로 피고소인에 대한 고소내용을 진술하세요.

답 : 3. 피고소인은 2016. 9. 3. 21:00경 평택시 ○○읍 ○○○ 소재의 '호텔FF'에서 임시 총회가 개최되지 않았음에도 임시종회 명목으로 6회에 걸쳐 총 120만원을 임의로 카드 결제하여 사용하였습니다.

**- (기록 305~315)피고소인들이 제출한 지출내역 및 사용영수증 확인하다.**

문 : 피의자가 임의로 사용하였다는 주장의 입증자료는 무엇인가요?

답 : 지출내역에는 임시총회 비용으로 되어 있으나, 피고소인에게 물어봤더니 피고소인이 그날 은행관계자들 만나서 썼다고 하였습니다. 그런데 조합원 중에 한명이 호텔FF에 전화하여 알아본 결과 호텔FF은 방이 하나에 5만원씩이라고 하였습니다. 따라서 저렇게 과다하게 결제될 수 없는 돈입니다.


문 : 조사하여 피고소인의 죄가 인정되면 처벌을 원하나요?

답 : 네 당연히 원합니다.


문 : 이상 진술은 모두 사실인가요?

답 : 네.


문 : 더 할 말이 있나요?

답 :

# 3) 피의자신문조서 예시

## ◆ 가) 1회 피의자신문조서(이CC)

−인정신문

−피신 2면에서 변호인 선임권 등 4가지 질문을 하되, 답변은 (1) 자필로 기재하거나, (2) 타이핑한 후 그 옆에 기명날인 또는 서명을 하게 한다.

−정상관계 질문(원표에 들어갈 내용으로서, 학력, 병역, 재산관계, 종교, 가족관계 등을 묻는다.)

−고소인과 피의자와의 관계(친족상도례 적용여부와 관련)를 묻는다.

◆변호인 참여하에 조사할 때 변호사임을 확인할 수 있는 서류를 제출받고, 조사를 마친 후 조서를 열람시키되 간인은 하지 않고 조서말미에 진술자 밑에 서명날인하게 한다.

−피의자가 DD지역주택조합의 전 조합장으로 근무하였던 사실, 근무기간, 역할 등을 묻고, 고소인의 주장대로 특정 자금을 특정 명목으로 집행한 사실이 있는지 묻고, 그 다음 집행절차, 사용된 계좌 및 그 집행이 부당하였다거나 초과집행한 것이었는지 등을 묻는다.

−본건에서는 문제되는 항목이 여러 개이므로 소제목을 달아가며 묻는 것이 정리하기에 용이하다.

−본건에서는 1차 피신작성시 자료정리가 불충분하여 일단 고소인이 주장하는 항목대로 지출한 사실이 있는지 조사하였고, 2차 피신 작성시 그 지출이 부당하였는지, 정당하였다면 이를 입증할 증거가 있는지 항목별로 물어가며 조사하였다.

−본건과 같이 자금집행의 정당성 여부를 다투는 업무상배임 고소사건에서는 피의자의 진술만 믿지 말고 지출경위 등에 대해 객관적으로 진술해 줄 사람이나 객관적인 자료가 있는지 묻고, 가급적 직접 참고인 진술조서를 받는다.

−본건의 경우 대법원 1997.6.13. 선고97도618 판결(조합장이 조합원들을 대표하여 약속어음 공증신청을 이사회의 결의로 선정된 법무사로 하여금 대행하게 하는 용역계약을 체결함에 있어 그 법무사가 제시하는 수수료액이 적정한 것인지 조사하여 보지 않고, 그 금액이 과다함에도 불구하고 이를 낮추려는 시도조차 하지 않은 채 이를 그대로 받아들여 용역계약을 체결하였다면, 경험칙상 조합장으로서의 임무에 위배한다는 인식과 법무사의 이익을 위하여 본인인 조합원들에게 재산상의 손해를 가한다는 인식을 가지고 있었다고 볼 수 있다)을 참조하였다.

−피의자는 의례 자신의 자금집행이 정당했다며 혐의를 부인하는 것이 통상적이므로 계약서, 업무담당자인 참고인 조사 등 최대한 객관적인 자료에 기하여 혐의유무를 판단하여야 한다. 또한 수사대상자 검색을 또 통해 기존 고소사건이 어떻게 처리하는지 참고하는 것도 좋다.

## 4) 수사결과보고 예시

| 경기평택경찰서 | |
|---|---|
| 제 2018-0XXX1 호 | 2018. 7. 25. |
| **수 신** : 경찰서장 | |
| **참 조** : 수사과장 | |
| **제 목** : 수사결과보고-일부 기소(불구속) | |

업무상 배임 피의사건에 관하여 다음과 같이 수사하였기에 결과 보고합니다.

### 1. 피의자 인적사항

| | |
|---|---|
| 이CC | 무직 |
| 주민등록번호 : | 6세 |
| 주거 : | |
| 등록기준지 : | |

### 2. 범죄경력자료 및 수사경력자료

(생략)

### 3. 범죄사실

피의자는 경기 평택시 OO면 OOO에서 진행 중인 DD지역주택조합의 전 조합장으로 조합 업무를 총괄하던 자이고, 고소인 정AA(59세,남) 및 고소인 김BB(47세,여)은 조합원이다.

1) 피의자는 2016. 1월경부터 2017. 9월경까지 매달 정해진 조합운영비 1,800만원 중 조합장 월 급여 350만원 및 상근직원 2인 월 급여 500만원까지 월 인건비가 850만원으로 구성되어 있음에도, 피의자는 위 기간 동안 그 비용을 초과하여 범죄일람표와 같이 43명에게 총 429,251,300원을 조합의 승인 없이 임의로 초과 지출하여 위 조합에 같은 액수에 해당하는 손해를 가하였다.

2) 피의자는 2016. 1월경부터 2017. 9월경까지 총회에서 승인한 조합사무실 월 임차료 100만원과 홍보관 토지 임차료 600만원까지 월 임차료가 총 700만원으로 정해져 있음에도 불구하고, 피의자는 정해진 금액을 초과하여 2016. 5월 62,898,000원, 2016. 9월 61,710,000원, 2017. 6월 24,442,000원을 조합의 승인 없이 임의로 지출하여 위 조합에 같은 액수에 해당하는 손해를 가하였다.

3) 위 조합의 상근직원은 3명으로 매달 식대를 과다하게 지출할 이유가 없음에도, 피의자는 경기도 평택시 OO읍 OOOO 소재의 'EE시장' 식당에서 2015. 6. 23. 583인분 3,498,000원, 2016. 6. 25. 164인분 984,000원을 지출하고도 당월 별도의 식대 1,294,000원을 추가 지출하는 등 조합의 승인 없이 임의로 식대를 초과 지출하여 위 조합에 같은 액수에 해당하는 손해를 가하였다.

4) 피의자는 2016. 9. 3.경 임시총회를 개최하지 않았음에도 임시총회에 참여한 사람들의 숙박비 명목으로 평택시 OO읍 OO 소재의 '호텔FF'에서 6회에 걸쳐 120만원을 조합계좌와 연결된 우리은행 체크카드로 결제하여 위 조합에 같은 액수에 해당하는 손해를 가하였다.

## 4. 적용법조

형법 제356조, 제355조 제2항

## 5. 증거관계

고소장, 조합창립총회 책자, 월변자금입출금명세서, 조합장부 및 이체내역

행정용역계약서(HH씨), 등기사항전부증명서(HH씨, JJ종합건설, LL개발), 세금계산서(EE시장), 호텔FF 영수증

금융계좌에 대한 압수수색검증영장 및 회신내역, 각 용역계약서

고소인 진술조서(3회), 피의자신문조서(3회) 등

## 6. 수사결과 및 의견

[고소인 고소내용 및 DD주택조합에 대해]

### • 고소인 고소내용

– 고소인은 조합에서 인가한 조합운영비가 월 1,800만원으로 2016. 11월경부터 2017. 6월경까지 20개월간 총 3억6,000만원만 지출되어야 함에도, 6억원을 초과하여 임의로 사용하였고, 이 중 피고소인의 임의 소비가 의심되는 위 범죄사실의 4개의 혐의에 대해 고소장을 제출하였다. 피의자에게 어떻게 사용된 것인지 물어봤으나 명확한 답변을 하지 않았기에 고소한다는 진술이다.

### • DD주택조합 사업에 관하여,

– 조합설립일은 추진위원회에서 2015. 11. 8. 조합창립총회 안건 상정 및 승인을 완료하였고 2016. 4. 6. 설립인가 되었다.

– 조합원 납입액 약 700억, 조합원의 행정용역비 납입액이 약 180억으로 총 880억이 조합통장으로 납입되었고, 조합원들이 받은 브릿지 대출금액이 약 837억으로 총 1,717억 납입된 상태이다(기록 510쪽 참고, 국민은행 5915XXX55 조합계좌에서 HH씨 계좌로 2015. 11. 16.부터 2016. 5. 24.까지 약 107억(지급률 약 58%)을 행정용역비로 지출).

### • 피의자의 직책 및 업무, 근무기간

– 피의자는 조합장으로 계약서 상에 본인이 책임을 지고 도장을 날인하거나, 금융기관 연대보증으로 들어가기도 하고, 조합비 사용에 있어서 조합장인 피의자의 승인이 필요하며, 조합 사업 지출에 관여하는 등 조합업무를 전반적으로 총괄하는 자이다.

– 피의자는 2015. 11월경부터 2017. 12월경까지 조합장으로 일을 했다.

- **(참고) 조합에서 운영하는 계좌**

1. KK신탁에서 입금하는 우리은행 통장 2개

  1) 1005 XXX

  2) 1005 XXXXXX

2. 농협(이자지출) : 351 XXXXXX 브릿지 대출 이자 → 적정하게 지출한 계좌

3. 푸른저축은행(이자지출) → 적정하게 지출한 계좌

4. KB통장 3개

  1) 5915XXX42 : 조합원 청약금(계약금) 입금 계좌로 가구당 500만원에서 1,200만원 입금

  2) 5915XXX26 : 조합원이 행정용역비 명목으로 입금한 계좌이며, 가구당 1,100만원~1,200만원 입금. 합하여 대략 180억 입금

  3) 5915XXX55 : 조합원 분담금 입금 계좌로 가구당 브릿지 대출까지 받은 사람들은 약 8,000만원까지 입금. 토지비용이나 분양 수수료, 토지 수수료, 용역비 등 주된 사업비 지출

1) 5915XXX42 : 조합원 청약금(계약금) 입금 계좌로 가구당 500만원에서 1,200만원 입금

2) 5915XXX26 : 조합원이 행정용역비 명목으로 입금한 계좌이며, 가구당 1,100만원~1,200만원 입금. 합하여 대략 180억 입금

3) 5915XXX55 : 조합원 분담금 입금 계좌로 가구당 브릿지 대출까지 받은 사람들은 약 8,000만원까지 입금. 토지비용이나 분양 수수료, 토지 수수료, 용역비 등 주된 사업비 지출

## [위 범죄사실 1) 인건비 초과 지출에 대해]

- **고소인은,**

– 피의자는 2016. 1월경부터 2017. 9월경까지 매달 정해진 조합운영비 1,800만원 중 조합장 월 급여 350만원 및 상근직원 2인 월 급여 500만원까지 월 인건비가 850만원으로 구성되어 있음에도, 위 기간 동안 그 비용을 초과하여 43명에게 총 429,251,300원을 조합의 승인 없이 임의로 초과 지출하였다는 주장이다.

– 조합은 각종 용역업무의 체결업무진행, 부동산 매매계약의 체결 등의 업무에 자문 및 협조하는 업무를 담당하도록 행정용역사인 ㈜HH씨와 용역계약을 체결하고(기록 287쪽), 행정용역비로 183억원(평형별 1,100만원~1,200만원)을 지급하였기에, 이와 관련된 업무 인건비는 ㈜HH씨가 지급해야 함에도 조합계좌에서 추가로 지급되었다고 진술한다.

– 또한 분양(계약)과 관련된 일을 하는 사람을 고용하고 인건비를 지급하는 일도 따로 용역계약을 체결하였는데, 2015년에는 'GG산업개발(주)'과 계약하여 진행하였고, 2016년에는 '주식회사CCC'에서 진행하였으며, 특히 2016. 4. 2.부터 주식회사CCC에 조합원 모집 및 상담업무를 일임하였고, 세대당 900만원의 수수료를 지급하는 것으로 계약했는데도 불구하고 조합비로 다시 위 업무에 대해 인건비가 지급된 것이라고 하였다.

– 그리고 홍보관 안내, 주차 안내, 전화업무 등 단순 업무는 'RR'라는 회사와 용역계약을 체결하였기에 RR 에서 지급해야 하므로 조합에서 따로 인건비를 지급할 부분이 아니라는 진술이다.

– 조합원 모집은 2016. 9월경 추가모집까지 해서 마감했고, 주식회사CCC의 업무도 조합원 모집완료시까지 이기 때문에 추가모집완료와 함께 업무가 종료되는 것인데, 피의자는 2016. 11월경부터 2017년까지도 조합 원을 모집하는 업무를 하기 위해 인력비를 지출하였다고 주장하고 있어 말이 되지 않는다고 하며, 심지어 그 모델하우스는 2017. 3. 22.에 불도 났기에 조합원 모집을 할 수 없는 상태에서도 인건비가 지출되었다는 주장이다.

– 조합원 서류인가접수 관련 업무, 브릿지대출 자서 업무 등의 안내 상담(TM)업무는 행정용역사인 ㈜HH씨 에서 하는 것이고, 현재 4명이서 할 수 있을 정도의 업무로 인력이 크게 필요하지 않은 업무라고 하였다.

• **피의자는,**

– 1,800만원은 조합 운영비로 인건비 3명, 사무실운영비, 사무실 임차료로 나가는 부분이고, 나머지 초과 된 부분은 사업비 부분이므로 운영비와 별개로 해야 한다는 주장이다.

– 위 조합에서 지출된 비용은 조합 토지 매입비, 홍보관(모델하우스) 임대료, 홍보관 건축비, 조합원 모집 비용 등 전반적으로 조합아파트를 짓는 부분에 사용하였고,

– 인건비는 모두 홍보관 안내, 주차요원, 계약 담당직원, 안내전화담당, 인허가 필요사항 안내담당, 총회 전 안내전화, 서류준비 등을 담당하는 단기인력에 사용된 금액이라는 진술이다.

• **피의자 제출의 인력운영 내역 확인**

–피의자는 인력을 업무추진별 소요인원 및 업무내역을 정리하여 제출하였고(기록 779쪽), 2016년 및 2017 년 각 사람의 업무를 정리하여 제출하였다(기록 965쪽~969쪽).

– 그러나 위 제출한 자료는 임의로 작성하여 제출한 것으로, 당시 작성된 각 사람에 대한 근로계약서 등은 없다는 진술이다.

• **'GG산업주식회사' 및 '주식회사 CCC' 인력용역계약서 확인**

– 2015. 4. 13. 작성된 GG산업주식회사의 인력용역계약서의 '제7조(주택홍보관 운영 및 영업비용 부담)' 부 분에 '을'의 고용인원 관련 일체의 비용' 인건비가 포함되어 있다(기록 982쪽~988쪽).

– 2016. 4. 20. 작성된 주식회사 CCC 인력용역계약서의 '제7조(주택홍보관 운영 및 영업비용 부담)' 부분 에 '을'의 고용인원 관련 일체의 비용' 인건비가 포함되어 있다(기록 989쪽~1,004쪽).

• **인건비 지급된 각 사람에 대한 금융영장 회신 관련**

– 2015. 11월경부터 2017. 9월경까지 상근직원 3명을 제외한 총 43명에게 인건비가 추가로 지급되었기에 각 계좌에 대해 금융 압수수색검증영장 신청 및 발부받아 확인하였다.

– 43명의 계좌 내역을 확인한 바, 피의자에게 곧바로 계좌 이체된 내역은 확인되지 않았다.

- 위 조합의 행정용역사 ㈜HH씨의 감사로 있었던 박OO는 2016. 5월경부터 2017. 9월경까지 약 1억600만 원을 인건비로 지급받았고, ㈜HH씨의 직원인 최GG은 2016. 8월경부터 2017. 9월경까지 총 6,380만원을 지급받았으며, 다른 ㈜HH씨 직원 정KK는 2016. 7월경부터 2017. 9월경까지 총 4,260만원을 지급받았다.

- 2016. 5. 3. 박OO에게 지급된 약 4,800만원 및 2016. 5. 28. 지급된 약 1,700만원은 다시 ㈜HH씨 감사 박OO, ㈜HH씨 직원 정KK, 조합직원 정MM, ㈜HH씨 명의의 계좌로 다시 빠져 나간다.

● **이상과 같이 수사하여,**

- 대법원 1997.6.13. 선고97도618 판결

'재개발 조합의 조합원들이 시공회사로부터 이주비를 차용하면서 약속어음을 발행, 공증하여 주기로 함에 따라 조합장이 조합원들을 대표하여 약속어음 공증신청을 이사회의 결의로 선정된 법무사로 하여금 대행 하게 하는 용역계약을 체결함에 있어 그 법무사가 제시하는 수수료액이 적정한 것인지 조사하여 보지 않고, 그 금액이 과다함에도 불구하고 이를 낮추려는 시도조차 하지 않은 채 이를 그대로 받아들여 용역계약을 체 결하였다면, 경험칙상 조합장으로서의 임무에 위배한다는 인식과 법무사의 이익을 위하여 본인인 조합원 들에게 재산상의 손해를 가한다는 인식을 가지고 있었다고 볼 수 있다'고 한 판시에서 조합장의 업무상 배 임의 고의를 인정하였다.

- 피의자는 위 조합의 조합장으로 조합을 대표하여 조합의 업무를 집행하는 지위에 있는 자이므로 타인의 사무를 처리하는 자에 해당한다. 따라서 조합장이 조합이 부담하지 않아도 될 채무를 떠안게 하였다면, 업 무상의 임무에 위해하여 본인이 조합에 손해를 가한 것이므로 업무상 배임죄가 성립한다고 할 것이다.

- 피의자는 DD지역주택조합 사업과 관련, 각 사업 인허가 진행, 각종 용역업무 체결 및 진행, 부동산 매매 계약 체결 등의 업무를 행정용역사인 ㈜HH씨에 가구당 1,100만원에서 1,200만원의 수수료를 지급하며 일임 하였고, 피의자가 대부분의 인건비로 지급하였다는 주택홍보관 운영 업무는 GG산업주식회사 및 주식회사 CCC에 별도의 수수료를 지급하고 용역계약을 체결하였음에도 불구하고, 조합계좌에서 추가로 지급되어 이중으로 비용이 지출되었다.

- 또한 ㈜HH씨 직원 및 임원인 박OO, 정KK에게 월급을 지급하는 등 43명에게 20개월간 다액의 인건비를 지 급하였음에도, 이들 업무에 관한 계약서를 작성한 사실이 없어 지급내역에 대해 명확히 설명하지 못하고 있다.

- 피의자는 조합운영의 용역계약을 체결함에 있어서는 조합원들의 최소한의 경비만을 부담하게 됨으로써 그들에게 가장 이익이 되는 내용으로 계약을 체결했어야 할 업무상 임무가 있음에도, 동일한 업무에 대해 이중으로 지출을 하도록 하여 본인 조합원들에게 재산상 손해를 가한다는 인식을 가지고 있었다고 볼 수 있다고 판단된다.

- 따라서, 피의자 위 범죄사실 1) 혐의에 대해 기소(불구속) 의견이다.

- 임차료 지출내역 중 홍보관 토지 임차료 및 조합사무실 임차료는 적정하게 지출된 것이나 나머지는 이 중 지출된 내역이라고 하였다.

**[위 범죄사실 2) 임차료 초과 지출에 대해]**

**• 고소인은,**

– 피의자가 2016. 1월경부터 2017. 9월경까지 총회에서 승인한 조합사무실 월 임차료 100만원과 홍보관 토지 임차료 600만원까지 월 임차료가 총 약 700만원으로 정해져 있음에도 불구하고, 정해진 금액을 초과하여 2016. 5월 62,898,000원, 2016. 9월 61,710,000원, 2017. 6월 24,442,000원을 조합의 승인 없이 임의로 지출하였다고 주장한다.

**• 이에 대해 피의자는,**

– 2016. 5월 지급임차료가 많이 지출된 이유는 모든 임차료 부분이 총합으로 되어 있어서 그러하고, 특히 모델하우스 물품 대여비가 총 5,500만원으로 차지하는 비용이 크다는 진술이다.

– 2016. 5월, 2016. 9월, 2017. 6월에 금액에 포함된 금액은 조합사무실 및 홍보관 임대료 외, 현금지급기 및 복합기 임대료, 물품대여 임대료가 포함된 것이라고 하였다(기록 582쪽~617쪽, 계정별원장, 세금계산서, TTT렌탈 견적서 참고). 특히 위 시기에 금액이 많이 지출된 이유는 물품렌탈비가 많이 빠져나갔기 때문이라고 하였다.

– 피의자는 위 TTT렌탈과 작성한 계약서를 제출하였고(기록 858쪽~862쪽), TTT렌탈에서 발행한 렌탈 대금 청구서(기록 868쪽~873쪽) 상에서 렌탈 총액이 총 2억4,100만원으로 확인되고, 위 대금을 나눠서 청구한 내역이 확인된다(기록 868쪽, 876쪽, 884쪽, 892쪽 청구서 참고).

**• 피의자의 위 주장에 대해 고소인은,**

– 위 대금도 GG산업개발 및 주식회사CCC과 용역을 체결하였기 때문에 위 용역사에서 지급을 해야 하는 부분인데 조합에서 따로 지출을 한 것이라고 하며, 용역계약서의 물품공급에 대한 부분을 제시하였다.

**• 'GG산업주식회사' 및 '주식회사 CCC' 인력용역계약서 확인**

– 2015. 4. 13. 작성된 GG산업주식회사의 인력용역계약서의 '제7조(주택홍보관 운영 및 영업비용 부담)' 부분에 '을의 사무기기 렌탈 및 구입' 비용이 포함되어 있다(기록 982쪽~988쪽).

– 2016. 4. 20. 작성된 주식회사 CCC 인력용역계약서의 '제7조(주택홍보관 운영 및 영업비용 부담)' 부분에 '을의 사무기기 렌탈 및 구입' 비용이 포함되어 있다(기록 989쪽~1,004쪽).

**• 이상과 같이 수사하여,**

– 피의자는 이미 GG산업주식회사 및 주식회사CCC과 홍보관(모델하우스) 운영에 대한 용역계약을 체결하여 용역비를 지출하였고, 위 업체들과 작성된 계약서의 계약사항에는 '홍보관의 사무기기 렌탈 및 구입비용'이 포함되어 있음에도, 조합비로 다시 홍보관의 사무기기 렌탈비 용도로 지출한 내역이 확인된다.

– 따라서, 위 범죄사실 1) 수사내용과 같이 피의자가 동일한 금액에 대해 이중으로 지출하여 조합원들의 재산상 손해를 가하였다고 볼 수 있기에 기소(불구속) 의견이다.

**[위 범죄사실 3) EE시장 식대 지출에 대해]**

- **고소인은,**

– 위 조합의 상근직원은 3명으로 매달 식대를 과다하게 지출할 이유가 없음에도, 피의자는 경기도 평택시 OO읍 OOO 소재의 'EE시장' 식당에서 2016. 6. 23. 583인분 3,498,000원, 2016. 6. 25. 164인분 984,000원을 지출하고도 당월 별도의 식대 1,294,000원을 추가 지출하는 등 식대를 과다하게 지출하였다는 주장이다.

– 또한 조합사무실에서 이용하는 식장은 상호가 'QQ식당'인데, 위 식대가 지출된 세금계산서는 'EE시장'으로 되어 있는 점이 의심된다고 하였다.

– 조합원 중에 한명이 위 QQ식당 사장에게 물어보니, OO지역의 힐스테이트 조합모집 현장에 식사를 제공하고 그 대금을 DD조합으로 청구하도록 한 적이 있다고 들었다는 것이다. 그러나 이 부분에 대하여 직접 물어보라고 하며, 위 식당 사장의 진술서 등은 제출하지 않았다.

- **피의자는,**

– 식대를 모아서 결제를 하기에 한 번에 많이 결제가 되는 것이고, QQ식당과 EE시장의 사업자가 같아서 계산서가 EE시장 상호로 발행되는 것이라는 진술이다.

– 위 상근직원 식대 외에 식대가 많이 발생한 이유는, 홍보관에서 일하는 직원 등 당시 투입된 직원의 식대인데, 4월에 브릿지대출과 관련하여 자서를 진행하면서 인력이 많이 투입되어 밥값이 많이 나온 것이고, 4월에 자서를 진행했지만 한 번에 결제를 하다 보니 6월에 결제가 되었다는 것이다.

– 피의자는 위와 같이 자서를 진행하였다며, 자서진행 안내문 및 대출협약서를 제출하였다(기록 396쪽부터 참고).

- **QQ식당(전 EE시장) 사장 박OO 진술**

– 박OO은 이전에 EE시장 상호로 횟집을 운영하였는데, 종목을 변경하면서 사업자를 QQ식당으로 바꿨는데도 불구하고, 카드 단말기 회사에서 상호를 변경해 주지 않아 계산서에 EE시장 상호로 표시된다는 진술이고,

– 고소인은 피의자가 횟집에서 회를 먹은 것이 아니냐고 의심하는데 그건 아니며, QQ식당에서 먹은 것이 맞고, 지금 고소인들도 똑같이 QQ식당을 이용하고 있는데 같은 상호로 찍힌다고 하였다.

– 장부에 적혀 있는 식대는 모두 DD사업에서 소비한 식대이고 다른 지역으로 배달한 적은 없다고 하며, OO 홈플러스 맞은편에 있었던 컨테이너로 된 사무실과 모델하우스에 배달했다고 하였다.

– 또한 결제 방식은 한달이나 한달 조금 지나서 한꺼번에 결제하는 방식이라는 진술이다.

- **이상과 같이 수사하여,**

– 고소인은 QQ식당 사장 박OO에게 피의자가 OO지역의 조합으로 식사를 제공하고, 그 대금을 DD지역사업에 청구했다고 들었다고 하였지만, 박OO은 모두 DD지역으로 제공한 식대라는 진술이고,

– 조합이 진행되면서 홍보관(모델하우스)를 운영한 것은 사실이기에, 피의자의 주장대로 고용된 직원들의 식대를 지급한 것으로도 볼 수 있는 등 피의자가 식대를 임의로 사용하였다는 증거를 발견할 수 없어 불기소(혐의없음) 의견이다.

**[위 범죄사실 4) 호텔FF 숙박비 지출에 대해]**

- **고소인은,**

 – 피의자는 2016. 9. 3.경 임시총회를 개최하지 않았음에도 임시총회에 참여한 사람들의 숙박비 명목으로 평택시 OO읍 OOO 소재의 '호텔FF'에서 6회에 걸쳐 120만원을 조합계좌와 연결된 우리은행 체크카드로 결제하였는데, 조합원 중 한명이 호텔FF에 전화해 보니 방이 하나에 5만원씩이라고 하므로 이렇게 과다하게 지출될 이유가 없다는 진술이다.

 – 이와 관련하여 모텔비 결제내역을 지출하였으나, 진술만 있을 뿐 다른 증거자료 제시하지 않았다(기록 307쪽~312쪽).

- **피의자는,**

 – 2016. 4월경 1차 브릿지 대출이 되지 않았던 사람들을 대상으로 2016. 8월경 2차 브릿지 대출 자서를 다시 진행했고, 그 때 자서 진행한 금융사 직원들이 2016. 9. 2.부터 2016. 9. 4.까지 숙박비용으로 지출한 금액이고, 10명이 2박을 한 것이라는 진술이다.

 – 1차 대출과 다르게 2차 진행시에는 주말이고 인원도 적어서 조합에서 숙박비 지원을 해준 것이고, 돈을 나눠서 결제한 이유는 법인은 30만원 이상 카드 결제시 업무추진비 사용으로 인증 받는데 어려움이 있어서 25만원씩 분할 결제한 것이라고 주장한다.

- **위 피의자 진술에 고소인은,**

 – 2016. 8월에 브릿지 대출을 진행한 적이 없다고 진술하였다.

 – 설사 진행했더라도 은행 직원에 대한 식대, 숙박비 등은 다 은행에서 지급하는 것인데 왜 조합에서 지출했으며, 자서 진행한 곳이 PP저축은행과 BB상호저축은행이고, 보통 한 은행에서 2명 정도가 오기에 4명이서 진행했을텐데 인원에 비해 금액이 너무 많다고 주장하였다.

- **자서 진행내역 확인**

 – 피의자는 2016. 9. 2.부터 2016. 9. 4.까지 자서를 진행한 일정표 및 브릿지 대출협약서를 제출하였고(기록 462쪽부터 참고), 예산 집행 내역 정리하여 제출하였다.(기록 820쪽)

 – 2016. 9. 22. 대출이 실행된 내용을 확인하는 입금내역 제출하였다(기록 952쪽~953쪽).

- **이상과 같이 수사하여,**

 – 피의자가 제출한 자료로 보아 피의자의 주장대로 그 시기 추가 브릿지 대출 자서가 진행된 것은 맞는 것으로 보이나, 위 호텔에 실제 숙박을 했는지, 하지 않았는지 여부는 확인하기 어렵다.

 – 피의자는 위 호텔에 숙박한 인원이 금융행정기관 5명, 조합 및 행정용역사 6명이라고 진술하고 있는데(기록 820쪽), 위 자서가 1차 및 2차에 대출이 되지 않은 사람을 대상으로 하고 있어 최종 대출을 받은 사람이 55명으로 적기에 늦게까지 자서 진행 업무를 할 상황이 아니었다고 판단되는 상황에서 굳이 위 호텔에서 숙박하고 숙박비를 지출해야 했는지 의문이고,

– 만약 피의자의 주장대로 금융사 직원을 숙박하도록 하였다 하더라고, 조합 및 행정용역사가 위 호텔에서 함께 숙박을 하므로 <u>조합비를 사용해야 하는 상황은 아닌 것으로 보이고, 1차 및 2차에서는 위 숙박비가 지출되지 않아 3차에서도 지출할 필요가 없음에도 지출된 것으로 보이므로 피의자가 조합원들에게 재산상 손해를 가했다고 볼 수 있기에 기소(불구속) 의견</u>이다.

[결론]

○ 피의자의 범죄사실 1) 및 2), 4)에 대해 기소(불구속) 의견이고, 범죄사실 3)에 대해 불기소(혐의없음) 의견으로 송치하고자 합니다.

### 7. 수사참여경찰관

경장 ○○○

# Ⅳ 권리행사방해 수사

## 1. 기본개념과 수사방법

권리행사방해죄의 구성요건은 ① 타인의 점유 또는 권리의 목적인 ② 자기의 물건 또는 특수매체기록을 ③ 취거·은닉·손괴할 것이 있다.[74] 즉, 타인의 이해관계가 얽힌 자기의 물건에 손대어 타인에게 손해를 가하는 구조이다.

그 객체는 자기의 소유일 것을 요하므로 지입차량의 운전자, 법인의 부사장이나 과점주주 등 소유자가 아닌 경우는 범죄의 주체가 되지 않는다. 다만 주식회사의 대표이사가 그 지위에 기하여 그 직무집행행위로서 타인이 점유하는 위 회사 소유의 물건을 취거한 경우 '자기의 물건'으로 본다.

타인 권리의 목적이라 함은 타인의 제한물권 또는 채권의 목적이 된 경우를 말하며, 저당권, 유치권, 인도청구권, 가압류 등이 있다.

그 행위태양으로서 취거란 그 점유자의 의사에 반하여 그 점유자의 점유로부터 자기 또는 제3자의 점유로 옮기는 것을 말하므로, 피해자를 속여 교부받는 경우 '취거'라고 볼 수 없다. 은닉이란 물건의 소재를 발견하기 불가능하게 하거나 현저히 곤란한 상태에 두는 것이고, 손괴란 물건의 전부 또는 일부에 대하여 그 효용을 해하는 것을 말한다.

참고로 최근 캐피탈 회사에서 근저당 설정한 자동차의 대출금을 안 갚았다고 고소가 들어오는 경우가 왕왕 있다.

권리행사방해죄는 근저당권의 목적물인 자동차를 은닉, 손괴하든지 하여 권리행사, 즉 저당권실행을 방해했을 때 성립하는데, 조사하여 보면 캐피탈회사의 채무는 갚지 못했지만 막상 차는 그대로 있는 경우가 있다. 따라서 고소장만 받고 즉시 피의자를 소환하기보다는 자동차등록

---

74 '민사법에 기반한 경제범죄수사(경찰대학출판부, 2017, 경찰수사연수원 교수 강동필)' 참조.

원부상 소유권이전이 되었는지(허위양도나, 소재불명의 가능성 확인), 고소인 측에서 피의자 주소지나 등록원부상 사용근거지에 가서 차를 찾아본 적이 있는지, 단순히 대출금을 안 갚은 것인지 아니면 차가 없어서 저당권실행이 곤란한지 등을 먼저 확인할 필요가 있다.

민사집행규칙 제116조(자동차인도집행 불능시의 집행절차취소)에는 "강제경매개시결정이 있은 날부터 2월이 지나기까지 집행관이 자동차를 인도받지 못한 때에는 법원은 집행절차를 취소하여야 한다"라고 규정하고 있다. 경매하려고 모였는데 차가 없으면 경매진행이 당연히 안될 것이므로, 경매집행의 실효성을 위하여 우선 차를 확보하려는 취지로 이해된다. 따라서 이러한 유형의 범죄수사에는 저당권자의 권리행사(채무불이행으로 인한 임의경매신청)이 실질적으로 방해되었는지 여부를 따져야 할 것이다.


## 2. 범죄사실 작성례

피의자는 ○○마○○○○호 차량의 소유자이다.

피의자는 2017. ○. ○.경 전화상으로 고소회사에 위 차량을 담보로 대출금 5,000,000원 연이율 34.90%, 지연이율 34.90%, 대출기간 36개월, 1년 거치 이후 원리금을 균등상환하여 주기로 하고 위 차량에 근저당을 설정하여 주었다(① 자기 소유의 물건이 ② 저당권이라는 타인 권리의 목적이 됨).

피의자는 위 차량을 운행하며 보관하던 중, 원리금을 지불하지 않아 고소인 회사에서 강제집행을 위한 차량 반환을 요구 받자, 2018. 4. 30.경 불상지로 위 차량을 은닉하였다(③ 은닉행위).

이로써, 피의자는 고소인의 위 차량에 대한 권리행사를 방해하였다(④ 결어).

# 3. 권리행사방해 고소장 분석

## ● 가. 고소장 예시

# 고 소 장

[고소인]
주식회사 [AA] 대표이사 [　]
서울시 [　]
담당 주소 : 인천 [　]
(주) [　] 소비자금융본부 회수센터 [　] 지점
대표번호: [　]

[고소대리인]
이　　름 :
주민번호 :
주　　소 :

[피고소인]
이　　름 : 양 [BB] / hp 010- [　]
주민번호 : 4 [　]
주　　소 : 경기도 [　]

[고소취지]
고소인은 피고소인을 권리행사방해죄로 고소하오니 조사하시어 처벌하여 주시기 바랍니다.

[고소사실]

　고소인인 주식회사 [AA] 는 코스닥상장 법인으로서 개인고객을 상대로 본인의 동의를 얻어, 파악한 개인 신용평가를 통해 무담보 신용대출, 자동차 담보를 이용해 담보대출 업으로 하는 합법적인 주식회사 입니다. 현재 전국적으로 22개의 지점망을 보유하고 있으며, 당사 홈페이지를 통해 인터넷 및 전화 신용, 담보대출 또한 병행하여 사업을 영위하고 있습니다.

　금번 고소건과 관련하여 피고소인은 2015년 09월 07일 전화를 통해 담보 대출을 신청하였습니다. 이에 당사는 피고소인의 휴대전화로 전화를 걸어 대출실행을 하기 위해 상담하였습니다. 차량에 대한 정보와 서류를 받고, [ 2012 (2012.03.26) 봉고3/ [1] 마 [22] / 흰색, 디젤 / 주행 115000km] 차량 원부를 조회하였을 때도 문제가 발견되지 않아 중고차 딜러를 통해 차량시세를 확인하여 당시 시세가격보다 30% 가량 적은 오백만원(₩ 5,000,000)의 대출을 실행하였습니다.(당시 중고 차량시세 850만 정도) 따라서, 피고소인은 당사와 적법한 상거래상의 채권 채무관계가 성립되어 약정한 이율에 따른 이자 및 원금을 상환할 의무를 부담한 것입니다. **(채권채무관계 발생-피의자 소유 재산에 저당권 설정)**

자동차담보 대출 상품으로 1년거치(30일 기준 이자금 148,000원), 2년 원리금균등상환방식(24개월간 매월 391,000원) 매월 약정일 15일에 대출 당시 정상금리 연 34.9%, 연체금리 연 34.9% 이자율이 적용되어 대출을 실행했으나 **2017년 6월 17일 142,142원 납부 한 것을 마**지막으로 대출금 상환기일이 도과하여도 이를 변제하지 아니하여 피고소인과 통화를 지속 시도했지만 연락이 두절되었습니다. 대출실행당시 알려준 직장은(　　　　테크/031-　　　　/경기도 　　　　　　　　　　　　　) 확인 시 통화연결이 안되었습니다. 이후 2016년 7월 28일 피고소인이 알려준 거주지 (경기도 　　　　　　　단독) 방문시 주인대면했으나, 전기세, 수도세 안내고 도망가고 현재는 외국인이 거주한다고 하였습니다. 이후 연락이 전혀 안되었습니다. 2016년도 8월 5일 　　　　　　법률에서 파산을 신청한다는 자료송부서를 받아보았습니다. 파산접수 (수원지방법원 2016하단　　　) 사건결과는 (2018.01.26) 종국 폐지라는 법원 판결이 나왔습니다. 이후 2018년도 4월 30일 피고소인과 통화시 채무변제에 대해서 회피하려고하고, 차량위치 물어보니 일방단전후 전화 수신거부를 반복하였습니다 **(타인의 권리[저당권]의 목적이 된 차량 은닉 의심)**

이에 고소인은 당시 초본지 및 원부상 차고지(경기도 　　　　　　1 단독)로 자동차임의경매를 신청하여, 피고소인의 자동차 [2012 (2012.03.26) 봉고3/　마　　　]를 차량인도집행을 시도 했습니다. 수원지방법원 평택지원 ( 2018타경　　호) 의 경매절차에 따라 차량을 확보하기 위해 2018년5월25일 초본지 및 차고지에 방문을 해서 차량을 확인 했습니다. 이후 피고소인의 자택을 방문하였으나 부재 중이었고, 피고소인에게 연락을 하였으나 연락받고 고의적으로 수신거부로 돌렸습니다. 주소지 주변까지 모두 확인해봤으나 차량은 없었습니다. 이로 인해 고소인의 합법적인 자동차임의경매절차를 더 이상 진행할 수 없었습니다.

고소인(주)　　　　는 피고소인에게 원만하게 해결을 하기 위하여 수차례 연락을 시도해보았으나 여전히 정지로 연락두절 상태이며, 전혀 변제의사를 보이고 있지 않고 있습니다. 당사는 피고소인 때문에 나날이 심각한 손해를 입고 있으며, 당사와의 적법한 거래관계가 목적이 아닌 당사를 기망 하여 대출금을 편취할 목적으로 연락을 회피하는 것으로 추정되는 바입니다. 이는 부당하게 대출금을 편취 채권자를 기망하는 태도입니다.

**(자동차 은닉으로 인한 피해발생-저당권실행 방해)**
피고소인은 고소인의 권리로 담보된 물건을 은닉한 부분에 대하여 전혀 범죄의식이 없고, 민사법 자동차임의경매 특성상 개시결정이 나고 인도명령 신청 후 자동차를 2주안으로 확보해야만 경매신청을 진행 할 수 있는 부분으로 현재 피고소인이 차량을 은닉하여 자동차소재지 또한 불명상태입니다. 은닉으로 인한 자동차임의경매가 불가한 상태라 형사고소를 하게된 이유입니다. 자동차의 특성상 시간이 흐를수록 담보물건의 차량가액은 감가상각이 상당하므로 부득이 고소인은 위와 같은 사실을 들어 피고소인을 **권리행사방해죄**로 형사 고소하니 법률이 허용하는 범위 내에서 엄빌하여 주시기 바랍니다.

■담보물건 자동차 : [2012 (2012.03.26) 봉고3/ 마 / 흰색. 디젤 / 주행 115000km]

[ 증 거 자 료 ]

증1  피고소인  대출약정서                     1부
증2  피고소인  거래상세내역                   1부
증3  피고소인  차량등록원부                   1부
증4  피고소인  대출 당시 제출한 서류

[ 첨 부 서 류 ]

1. 위임장

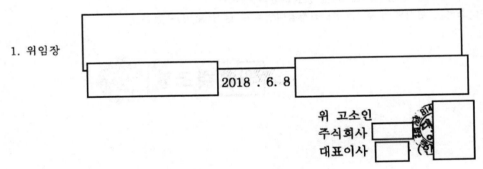

2018 . 6. 8

위 고소인
주식회사
대표이사        (인)

# 수 원 지 방 검 찰 청 귀 하

수원지방법원 평택지원

# 자동차인도불능조서

사       건 : 2018본☐ (2부)

채 권 자 : (주)☐

채 무 자 : 양☐(채무자)

집 행 권 원 : 수원지방법원 평택지원 2018타경☐호

집 행 일 시 : 2018.05.25 10:04

집 행 장 소 : 경기도 ☐5

1. 위 집행권원에 의한 <u>자동차 인도</u>는 아래의 사유로 실시하지 못하였다.

- 집 행 불 능 사 유 -

집행대상 물건을 찾지 못함

2. 이 절차는 같은 날 10:04에 종료하였다.

이 조서는 현장에서 작성하여 집행참여인에게 읽어(보여)주었다.

2018.05.25

집 행 관 : ☐

                                등본입니다.
                                2018.06.04
                        수원지방법원 평택지원
                              집행관

채 권 자 : 대리인 ☐

채 무 자 : 불 참

참 여 자 성 명 :

        주 소 :

참 여 자 성 명 :

        주 소 :

201800☐

< 1 / 1 >

2018/06/04 10:41 - D

## ● 나. 피의자신문조서 예시

**-인정신문**

-피신 2면에서 변호인 선임권 등 4가지 질문을 하되, 답변은 (1) 자필로 기재하거나, (2) 타이핑한 후 그 옆에 기명날인 또는 서명을 하게 한다.

-정상관계 질문(원표에 들어갈 내용으로서, 학력, 병역, 재산관계, 종교, 가족관계 등을 묻는다.)

-고소인과 피의자와의 관계(친족상도례 적용여부와 관련)를 묻는다.

-권리행사방해죄의 구성요건은 '타인의 권리의 목적이 된', '자기의 물건을', '취거, 은닉, 손괴하여', '타인의 권리행사를 방해한 때'에 성립한다. 여기서 타인의 권리의 목적이 되었다는 것은 근저당권자에게 담보로 제공되었다는 것이고, 자동차등록원부상 소유관계를 확인하고, '취거, 은닉, 손괴' 중 어떤 행위를 했다는 것인지 밝히고, 어떤 방법으로 타인의 권리행사를 방해했다는 것인지 밝혀야 한다.

-피의자 상대로 고소인과 채권채무관계가 있는지 묻는다.

-이 경우 피의자 소유의 자동차를 담보로 제공했는지, 자동차등록원부에 저당권이 등기되어 있는지 묻는다.

-대출금을 갚았는지, 못 갚았는지, 못 갚았다면 그 이유를 묻는다.

-고소인의 권리행사와 관련하여 고소인의 저당권실행의 착수를 알았는지, 대출금 변제나 차량반납 등을 통보받았거나 경매진행절차를 알게 되었는지 묻는다.

-고소인의 연락을 회피하였는지, 차량을 숨기거나 다른 채권자에게 담보로 제공하였는지, 현재 차량을 보관하는 곳은 어디인지 묻는다.

-본건에서 피의자는 경제적으로 힘들어 고소인의 연락을 회피한 것은 사실이나 차량은 그대로 운행하고 있다고 진술하였다. 이것이 사실이라면 저당권자로서는 채무자의 협력을 받아 차량의 소재를 확인하여 임의경매를 진행할 수 있으므로 저당권이 방해되는 것은 없다. 대출금을 갚는 문제는 저당권자의 채권을 만족시키느냐 여부, 즉 민사상의 문제이지 권리행사방해죄의 성부와는 관련이 없다.

## ● 다. 수사결과보고 예시

| 경기평택경찰서 | |
|---|---|
| 제 2018-09799 호 | 2018. 7. 25. |
| 수 신 : 경찰서장 | |
| 참 조 : 수사과장 | . |
| 제 목 : 수사결과보고 – [불기소(혐의없음)]고소취소 | |

권리행사방해 피의사건에 관하여 다음과 같이 수사하였기에 결과 보고합니다.

## 1. 피의자 인적사항

양BB

주민등록번호     :           OO            세

주거                   :

등록기준지       :

## 2. 범죄경력자료 및 수사경력자료

(생략)

## 3. 범죄사실

피의자는 1마22호 차량의 <u>소유자</u>이다.

피의자는 2015. 9. 7.경 전화상으로 고소회사에 <u>위 차량을 담보로</u> 대출금 5,000,000원 연이율 34.90%, 지연이율 34.90%, 대출기간 36개월 1년거치 이후 원리금 균등상환하여 주기로 하고 <u>위 차량에 근저당을 설정하여 주었다.</u>

피의자는 위 차량을 운행하며 보관하던 중, <u>원리금을 지불하지 않아 고소인 회사에서 강제집행을 위한 차량 반환을 요구받자, 2018. 4. 30.경 불상지로 위 차량을 은닉하였다.</u>

이로써 피의자는 타인의 권리의 목적이 된 자기 차량을 은닉하였다.

## 4. 적용법조

형법 제323조

## 5. 증거관계

고소장, 피의자신문조서, 고소취하장 등

## 6. 수사결과 및 의견

• 인정되는 사실

피의자가 차량을 담보로 대출 500만원을 받으면서 고소인 회사에 근저당설정을 하여 준 사실은 인정이 된다.

• 피의자의 진술

－ 피의자는 자신이 운영하던 사업장이 부도가 나면서 힘들다 보니 은행권 등 여러 곳에서 전화가 와서 전화를 받지 않았을 뿐, 고소인회사로부터 차량을 반환하라는 연락을 받지 못하였다고 하며, <u>차량은 현재 피의자가 운행 중이기에 고소인회사에 반환하겠다는 진술</u>이다.

• 의견

<u>실제 피의자가 차량 점유 중임을 확인하였고</u>(기록 43~44쪽 참조), 고소인 회사 또한 피의자와 원만히 합의를 보았다고 하며 고소취하장을 제출하였다(기록 48쪽 참조).

따라서 위와 같이 <u>피의자가 고의로 차량을 은닉하였다고 볼 수 없어 불기소(혐의없음)의견으로</u> 송치하고자 합니다.

## 7. 수사참여경찰관

경장 김OO

## 라. 분석(평가)

　권리행사방해죄 수사는 먼저 은닉, 손괴, 취거했다는 물건이 피의자(행위자)의 소유인가, 그 물건이 저당권, 유치권, 임차권 등 타인의 권리의 목적이 되었는가, 그 행위에 대해 정당한 이유가 있었는가 등을 수사한다. 본 사안에서는 대부업을 하는 회사가 피의자에게 대출을 해주면서 피의자 소유 차량에 저당권설정을 했으니 '타인의 권리의 목적', '자기 소유의 물건'이라는 구성요건해당성은 충족한다. 다만 피의자가 차량의 소재를 알 수 없도록 은닉한 적은 없으며 현재도 차량을 보유하고 있다며 혐의 부인하고 관련증거들도 이에 부합하여 불기소(혐의없음) 의견으로 송치한 사례이다. 이와 반대로 피의자가 다른 채권자에게 담보로 차량을 맡겼고 그 회수대책도 불투명했다면 일명 대포차로 둔갑하여 소재불명이 될 것이니 기소의견으로 송치할 가능성이 높았을 것이다.

# V 강제집행면탈 수사

## 1. 의의

채권자로부터 강제집행을 받을 단계에 직면한 채무자(제3자도 포함-물상보증인 등)가 은닉(강제집행을 실시하려는 자에 대해 재산의 발견을 불가능하게 하거나 곤란하게 만드는 행위), 손괴(물리적 훼손행위와 가치감소행위), 허위양도(재산을 양도한 것처럼 가장하여 재산소유권자의 명의를 변경), 허위의 채무부담(채무가 없음에도 제3자에게 채무부담하는 것처럼 가장)을 하는 행위를 처벌하는 죄이다. 강제집행을 받을 객관적 상태여야 죄가 성립한다.

## 2. 고소장 예시

고 소 장

고 소 인    주식회사 AA 종합건설
지배인 한 BB
경기도
연락처 : 010-

피고소인  1. 노 CC
경기
연락처 : 010-
2. 장 D
연락처 : 010-

고 소 취 지

고소인은 위 피고소인들을 강제집행면탈죄 및 경매방해죄로 고소하오니 철저히 조사하시어 엄벌에 처하여 주시기 바랍니다.

# 고 소 이 유

## 1. 당사자 관계

피고소인 노CC은 경기도 평택시 [        ] 토지 및 그 지상 건물9 이하 '이 사건 부동산' 이라고만 합니다)의 소유자이었던 자로서 고소인과 사이에 그 지상건물에 관한 신축공사계약(이하 '이 사건 공사' 라고만 합니다)을 체결한 도급인이고, 피고소인 장D은 위 피고소인 노CC으로부터 위임을 받아 고소인과 사이에서 이 사건 공사계약을 주도하였던 자입니다.

고소인은 건축공사업 등을 목적으로 하는 회사로서 위 피고소인 노CC, 장D과 사이에 이 사건 건물에 관한 신축공사계약을 체결한 수급인입니다.

## 2. 고소인과 피고소인들 사이의 도급계약의 체결

고소인은 2014. 9. 4. 경 피고소인 노CC과 사이에 노CC 소유의 평택시 [    ] [        ] 답 661㎡에 공사금액 653,500,000 원(부가가치세 별도), 준공예 정일 2015. 1. 30.로 정하여 건물을 신축하는 내용의 도급계약을 체결한 바 있습니다. 도급계약상 도급인은 피고소인 노CC이나 이 사건 공사는 피고소인 장D 이 위 피고소인 노CC으로부터 모든 권한을 위임받아 실질적으로 그 도급계약을 진행하였습니다(증 제1호증 민간건설공사 표준도급계약서, 증 제2호증 공사완료 이행에 따른 확약 및 각서).

최초의 위 공사도급계약이 체결된 이후 피고소인들의 귀책사유로 인하여 수차례 공사가 중단되다가 2015. 2. 25. 고소인과 피고소인들 사이에 공사완료 이행에 따른 확약 및 각서가 작성되었고, 이후 고소인은 이 사건 공사를 완료하고 2016. 10. 경 신축건물을 피고소인들에게 인도하여 주었습니다.


**3. 피고소인들의 강제집행면탈**


**가. 공사대금 지급을 둘러싼 고소인과 피고소인들 사이의 법적분쟁**

<피고소인 노CC의 채무 미변제 사실>

위에서 살핀 바와 같이 고소인은 이 사건 공사도급계약에 따라 건물을 완공하고 2016. 10. 경 건물을 피고소인들에게 인도하여 주었습니다. 그러나 피고소인들이 공사잔대금을 지급하지 않아 수차례 이의 지급을 요구하였으나, 피고소인들은 오히려 2016. 11. 17. 고소인을 상대로 지체상금을 이유로 수원지방법원 평택지원 □□□호로 채무부존재확인의 소송을 제기하여 왔습니다. 이에 공사대금을 단 한 푼도 지급받지 못하고 공사를 완료하였던 고소인은 위 소송절차에서 공사대금과 추가공사대금의 지급을 구하는 반소(동 법원 2016가합□□□)를 제기하였습니다.

<판결에서 고소인의 공사대금채권이 인정되었다는 의미>

수원지방법원 평택지원은 위 본소 및 반소청구에 대하여 피고소인 노CC이 주장하는 지체상금이 이유없음을 이유로 피고소인 노CC의 청구를 모두 기각하는 한편 고소인의 공사대금 청구는 이를 인용하는 판결을 선고하였습니다. 고소인의 추가공사대금 청구에 대하여는 증거부족을 이유로 이를 기각하였습니다(증 제3호

증 판결문).


나. 피고소인 노CC의 허위채무 부담


형법 제327조는 '강제집행을 면할 목적으로 재산을 은닉, 손괴, 허위양도 또는 허위의 채무를 부담하여 채권자를 해하는 행위'를 처벌하는 규정을 두고 있습니다.

그런데, 앞서 살핀 바와 같이 이 사건 공사도급계약은 피고소인 노CC과 고소인 사이에 체결되었고 그 공사를 진행한 것 역시 수급인인 고소인입니다. 한편이 사건 부동산은 채권자 평택☐☐☐가 2016. 12. 14. 임의경매(수원지방법원 평택지원 2016타경☐☐호)를 신청하여 경매절차가 진행중이었고 고소인은 이 사건 공사대금을 담보하기 위하여 이 사건 토지에 채권최고액 601,150,000 원의 근저당권을 설정받은 근저당권자로서 위 경매절차에서 배당을 받을 지위에 있었습니다. 그럼에도 불구하고 피고소인들은 위 민사소송 1심에서 패소하자 고소인으로부터의 강제집행을 면할 목적으로 마치 피고소인 장D이 이 사건 공사를 진행하고 피고소인 노CC으로부터 공사대금 8억 2천만원을 지급받지 못한 것처럼 허위의 계약서를 작성하여 위 2016타경☐☐호 부동산임의경매 사건에 허위의 유치권 신고를 하였습니다(증 제4호증 민사집행사건기록).
　　　　<강제집행을 당할 객관적 상태+피고소인 노CC의 허위채무부담> +
　　　　<허위 유치권 신고로 공정한 경매를 방해>

'형법 제327조의 강제집행면탈죄는 위태범으로서 현실적으로 민사집행법에 의

한 강제집행 또는 가압류, 가처분의 집행을 받을 우려가 있는 객관적인 상태 아래, 즉 채권자가 본안 또는 보전소송을 제기하거나 제기할 태세를 보이고 있는 상태에서 주관적으로 강제집행을 면탈하려는 목적으로 재산을 은닉, 손괴, 허위양도하거나 허위의 채무를 부담하여 채권자를 해할 위험이 있으면 성립하는 것이고, 반드시 채권자를 해하는 결과가 야기되거나 행위자가 어떤 이득을 취하여야 범죄가 성립하는 것은 아니며, 현실적으로 강제집행을 받을 우려가 있는 상태에서 강제집행을 면탈할 목적으로 허위의 채무를 부담하는 등의 행위를 하는 경우에는 달리 특별한 사정이 없는 한 채권자를 해할 위험이 있다고 보아야 한다' 는 것이 대법원 판례의 태도입니다(대법원 2008. 6. 26. 선고 2008도3184 판결 등).

그런데, 피고소인 노CC은 자신과 공사도급계약을 체결한 고소인을 상대로 제기한 채무부존재확인 소송에서 패소하여 강제집행을 받을 우려가 있는 객관적인 상태에 있으면서 마치 피고소인 장D에게 공사대금 채무를 부담하고 있는 것처럼 허위의 도급계약서를 작성하여 이를 근거로 피고소인 장D로 하여금 허위의 유치권을 신고하게끔 하였는 바 이러한 피고소인들의 행위는 강제집행을 면탈할 목적으로 허위의 채무를 부담하는 것으로서 강제집행면탈죄를 구성한다고 할 것입니다.

**다. 피고소인들의 공모**

고소인에 대하여 실질적으로 공사대금채무를 부담하고 있는 자는 피고소인 노□

옥이라고 할 것이나. 앞서 언급한 바와 같이 피고소인 정D은 피고소인 노CC의 위임을 받아 고소인과 사이에서 이 사건 공사도급계약을 실질적으로 주도하였던 자이고 위 고소인을 상대로 한 민사소송 역시 피고소인 정D이 주도한 바 있습니다. 이렇듯 피고소인 정D은 피고소인 노CC과 이 사건 공사계약에 있어 그 이해관계를 같이 하고 있음을 알 수 있습니다. 그럼에도 불구하고 피고소인 정D은 마치 피고소인 노CC에게 공사대금채권을 가지고 있는 것처럼 허위의 공사도급계약서를 작성하여 이를 근거로 허위의 유치권 신고를 하였는 바. 피고소인들의 강제집행면탈 범행에 있어 피고소인들의 공모관계가 넉넉히 인정된다고 할 것입니다.

### 라. 소결론

이상에서 살핀바와 같이 피고소인들은 서로 공모하여. 고소인의 강제집행을 면탈할 목적으로 피고소인 노CC이 피고소인 정D에게 공사대금채무를 부담하고 있는 것처럼 허위의 공사도급계약서를 작성하여 이를 근거로 허위의 유치권신고를 하였으므로. 피고소인들을 강제집행면탈죄로 처벌하여 주시기 바랍니다.

### 4. 피고소인들의 경매·입찰방해

형법 제315조는 위계 또는 위력 기타 방법으로 경매 또는 입찰의 공정을 해한 자를 2년이하의 징역이나 700만 원 이하의 벌금에 처하는 규정을 두고 있습니다.

그런데 앞서 살핀바와 같이 피고소인 장□은 이 사건 공사를 하지 않았고 실제로 이 사건 공사를 한 것은 고소인임에도 불구하고 이 사건 부동산에 대한 임의 경매절차에서 그 입찰가를 낮춰 자신이 낮은 가격에 이 사건 부동산을 낙찰받기 위한 목적으로 피고소인 노□과 공모하여 허위의 유치권을 신고하였는 바, 피고소인들의 이러한 행위는 경매의 공정을 해한 것으로서 형법 제315조의 경매방해죄를 구성한다고 할 것입니다.

## 5. 결론

피고소인들은 자신들이 고소인을 상대로 제기한 소송에서 패소하자 실제로 이 사건 공사를 고소인이 하였음에도 불구하고 허위의 공사도급계약서를 작성하여 이를 근거로 이 사건 부동산에 대한 경매절차에서 허위의 유치권을 신고하였습니다. 피고소인들의 이러한 행위는 강제집행면탈죄, 경매방해죄를 구성한다고 할 것입니다. 고소인은 피고소인들로부터 공사대금을 단 한푼도 받지 못한 상황속에서 우여곡절 끝에 공사를 완료하여 이를 피고소인들에게 인도하여 주었습니다. 그럼에도 불구하고 고소인들은 공사대금의 지급을 거부하는 것도 모자라 자신들이 소송에서 패소하자 허위의 계약서를 작성하여 고소인의 강제집행 마저 방해하고 있습니다. 이러한 사정을 참작하시어 피고소인들을 엄벌에 처하여 주시기 바랍니다.

# 증 거 자 료

1. 증 제1호증     민간건설공사 표준도급계약서

1. 증 제2호증     공사완료 이행에 따른 확약 및 각서

1. 증 제3호증     판결문

1. 증 제4호증     민사집행사건기록

1. 기타 수사단계에 맞춰 필요한 증거를 제출하도록 하겠습니다.


# 첨 부 서 류

1. 위 증거자료             각 1통


2018. 4.

위 고소인

주식회사 [　] 종합건설

지배인 [　]


평택경찰서장     귀 중

# 민간건설공사 표준도급계약서

1. 공 사 명 : (☐ 씨.☐ 빌(노☐ ) 신축공사      <고소인이 제출한 계약서임

2. 공사장소 : 경기도 평택시 ☐☐☐☐☐☐ 번지    -계약서 작성 이후 착공 및 준공이 이루어졌을 것으로 볼 수 있음>

3. 착공년월일 :   2014 년   09 월   04 일

4. 준공예정년월일 :   2015 년   01 월   30 일

5. 계약금액 : 일금육억오천삼백오십만원정  (₩653,500,000)(부가가치세 별도)

  (노 무 비 : 건설산업기본법에 따름)

    ※ 건설산업기본법 제88조제2항, 동시행령 제84제1항 규정에 의하여 산출한 노임

6. 계약보증금 : 계약금액의 5 % (각서로 갈음함)

7. 선       금 : 일금일억칠백만원정(₩107,000,000)(부가가치세 별도)(계약금으로

        평택시 ☐☐☐☐☐☐ , ☐☐ 번지 대물 수령)

        (계약이행제출과 동시 지급) 단, 파기시 원상복구 한다.

8. 기성부분금 : 준공 후 건축물을 담보하여 대출금으로 기성 수령.(잔금 ₩546,500,000)

9. 지급자재의 품목 및 수량 : 없   슴.

10. 하자담보책임(복합공종인 경우 공종별로 구분 기재)

| 공종 | 공종별계약금액 | 하자보수보증금율(%) 및 금액 | | 하자담보책임기간 |
|---|---|---|---|---|
| 건축공사 | 653,500,000 | ( 3 ) % | 원정 | 건설산업기본법에 따름 |
| | (부가세별도) | ( ) % | 원정 | |
| | | ( ) % | 원정 | |

11. 지체상금율 : 없   슴.

12. 대가지급 지연 이자율 : 없   슴.

13. 기타사항 : 없   슴.

     도급인과 수급인은 합의에 따라 붙임의 계약문서에 의하여 계약을 체결하고, 신의에 따라 성실히 계약상의 의무를 이행할 것을 확약하며, 이 계약의 증거로서 계약문서를 2통 작성하여 각 1통씩 보관한다.

붙임서류 : 1. 민간건설공사 도급계약 일반조건 1부(사업자등록증,주민등록증사본 첨부)

          2. 공사계약특수조건 1부

          3. 설계서 및 산출내역서 1부

                              2014 년   09 월    일

도 급 인                             수 급 인

주소 경기 ☐☐☐☐☐             주소 경기 ☐☐☐☐☐

성명 노 [CC] (인)              성명(주 [AA] 종합건설 대표이사 임☐ (인)

증제 1 호증

## 갑 제3-2호증

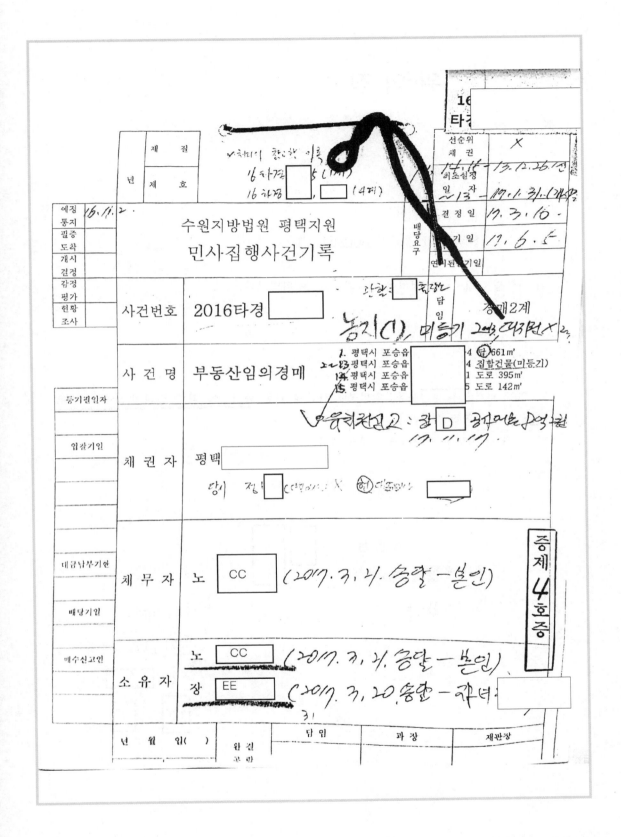

수원지방법원 평택지원
민사집행사건기록

| | 제 질 | | | | 선순위 | X |
|---|---|---|---|---|---|---|
| 년 | 제 호 | | | | 채권 | |
| | | | | 배당요구 | | |

사건번호 2016타경 [　]

사건명 부동산임의경매

| | | |
|---|---|---|
| 1. 평택시 포승읍 | | 4 답 661㎡ |
| 13. 평택시 포승읍 | | 4 집합건물(미등기) |
| 14. 평택시 포승읍 | | 1 도로 395㎡ |
| 15. 평택시 포승읍 | | 5 도로 142㎡ |

채권자 평택 [　]

채무자 노 CC (2017. 3. 4. 송달 - 본인)

소유자 노 CC (2017. 3. 4. 송달 - 본인)
장 EE (2017. 3. 20. 송달 - )

증제 4호증

| 년 월 일( ) | 완결 교람 | 담 임 | 과 장 | 재판장 |
|---|---|---|---|---|
| | | | | |

# 위 임 장

법 무 사 이:

평택시

Tel : 031)

Fax : 031)

H.P : 010)

E-Mail :　　　　@hanmail.net

위 사람을 대리인으로 정하여 다음의 사항을 위임한다.

## 다　　　　　　음

1. 2016 타경 ☐☐☐☐☐☐ 부동산임의경매 사건에 관한 <u>유치권에 의한 권리신고서의 작성,</u>
<u>제출</u> 및 취하하는 행위.

1. 기타 위 사항에 부수하는 일체의 행위.

### 2017. 11. 17.

위 임 인　　　장 ☐ ☐

경매 개시 이후 ① 건물 보존등기 하고
건물 ① 근저당 설정 하여금

현재는 유치권 행사
① 열쇠 교체 ①
현재는 ☐☐☐☐

늑 CC. 경 D

3-3

# 유치권에 의한 권리신고서

사 건 명 : 2016 타경 [　] 호 부동산임의경매

채 권 자    평택[　]

채 무 자    노 CC

신 고 인    정 D

## 신 고 취 지

신고인은 위 사건 경매목적물인 부동산에 대하여 유치권에 의하여 담보되는 등
820,000,000원의 채권이 있음을 신고하오니 이 사건 경매절차에서 이해관계인으로서의
권리를 행사할 수 있도록 하여 주시기 바랍니다.

## 신 고 사 유

1. 사실관계

   (1) 신고인은 안성시 [　] 읍에서 건축업을 영위하는 자로서 2014. 3. 경 이 사건
   경매목적 부동산의 소유자와 공사금액 금920,000,000원(부가세별도), 공사기간
   2014. 9. 30.까지로 빌라12세대를 신축하는 공사도급계약을 체결한 후 그 공사를
   거의 완공하여 소유자에게 인도하였습니다.

   (2)하지만 소유자는 위 공사계약당시 착수금조로 일억원을 지급한 이후 현재까지
   공사대금 잔금 820,000,000원을 지급하지 않고 있습니다. 신고인이 기성금을 받지

니다. 그 이유는 이 사건 부동산이 위치한 곳이 필다수요가 폭증하여 분양은 모두
될 것이라는 생각이 들 기 때문입니다.

(3)그 후 이 사건    동산에 근저당권부 채권을 가지고   던 경매신청인이 경매를
신청하여 현재에 이르게 되었는데 소유자가 지급불능에 빠진 이후부터 신고인은 현
장을 점거하고 유치권행사를 위해 현재까지 점유를 이어가고 있습니다.

*앞으 공사를 완성한 이후는 받지금 대금이라도 받아서 공사를 중단함 생각이었음*

2. 유치권의 성립과 피담보채권액.

신고인은 공사대금 전액을 변제받을 때 까지 이건 건물을 적법하게 점유할 수 있는
유치권자입니다.

신고일 기준으로 신고인이 소유자에 대하여 가지는 채권은 아래와 같습니다.


(1) 공사계약금액 : 920,000,000원

(2) 착수금등 : 100,000,000원

(3) 채권총액 금 820,000,000원


3. 유치권에 의한 권리신고

이상과 같은 사유에 의하여 신고인은 이건 건물에 대한 정당한 유치권자로서 그 피
담보채권이 변제될 때 까지 이건 건물을 적법하게 점유할 권원이 있고, 민사집행법
제91조 제5항에 의거 이건 건물의 매수인은 유치권에 의하여 담보되는 신고인의 채
권을 변제할 책임이 있다할 것이므로 그 권리를 신고하오니 신고인이 이 사건 경매
절차의 이해관계인으로서 권리행사를 할 수 있도록 조치하여 주시기 바라며, 아울
러 입찰물건명세서에 신고인의 권리를 기재하여 유치권의 존재에 대한 분쟁을 사전
에 방지할 수 있도록 조치하여 주시기 바랍니다.

# 첨 부 서 류

1. 공사도급계약서 사본                          1 부

2. 유치권관련 사진                              1 부

## 민간건설공사 표준도급계약서

1. 공 사 명 : 빌라12세대 및 토목공사    **＜피의자 장D가 제출한**

2. 공사장소 : 평택시 [        ]         번지 **공사계약서임＞**

3. 착공년월일        | 2014 | 년 | 3 | 월 |    | 일 |

4. 준공예정년월일    | 2014 | 년 | 9 | 월 | 30 | 일 |

5. 계약금액 : 일금  구억 이천만  원정 (부가가치세 별도)

  1) 건설산업기본법 제88조제2항, 동시행령 제84제1항 규정에 의하여 산출한 노임

6. 계약보증금 : 일금    일구       원정 ( ₩ 10,000,000  원)

7. 선     금 : 일금           원정(계약 체결 후 01일 이내 지급)

8. 기성부분금 : (   )월에 2회

9. 지급자재의 품목 및 수량

10. 하자담보책임(복합공종인 경우 공종별로 구분 기재)

| 공종 | 공종별계약금액 | 하자보수보증금율(%) 및 금액 | | 하자담보책임기간 |
|------|----------------|------------------|--------|------------------|
|      |                | (   ) %          | 원정   |                  |
|      |                | (   ) %          | 원정   |                  |
|      |                | (   ) %          | 원정   |                  |

11. 지체상금율 :

12. 대가지급 지연 이자율 :

13. 기타사항 :

　　도급인과 수급인은 합의에 따라 붙임의 계약문서에 의하여 계약을 체결하고, 신의에 따라 성실히 계약상의 의무를 이행할 것을 확약하며, 이 계약의 증거로서 계약문서를 2통 작성하여 각 1통씩 보관한다.

붙임서류 : 1. 민간건설공사 도급계약 일반조건 1부

　　　　　 2. 공사계약특수조건(특약사항)

　　　　　 3. 견적서 및 산출내역서 1    **＜작성일자가 공사착공 이전임＞**

　　　　　　　　　　　　　2014년  11  월    일

　　도 급 인　　　　　　　　　　　　수 급 인

　주소 [              ]　　　　　주소:안성시 [              ]
　　　　　　　　　　　　　　　　　( [    ]

　성 명 노 [ CC ]　　　　　　장 [ D ]

수원지방법원 평택지원

2016타경[    ]

## 매각물건명세서

| 사 건 | 2016타경[    ] 부동산임의경매 | | 매각<br>물건번호 | 1 | 작성<br>일자 | 2017.11.20 | 담임법관<br>(사법보좌관) | 이[   ] |
|---|---|---|---|---|---|---|---|---|
| 부동산 및 감정평가액<br>최저매각가격의 표시 | 별지기재와 같음 | | 최선순위<br>설정 | 목록1,14,15        :<br>2013.12.26.근저당권, 목<br>록2~13 : 2017.1.31.경매<br>압류 | | | 배당요구종기 | 2017.06.05 |

부동산의 점유자와 점유의 권원, 점유할 수 있는 기간, 차임 또는 보증금에 관한 관계인의 진술 및 임차인이 있는 경우 배당요구 여부와 그 일자, 전입신고일자 또는 사업자등록신청일자와 확정일자의 유무와 그 일자

| 점유자의<br>성 명 | 점유부분 | 정보출처<br>구 분 | 점유의<br>권 원 | 임대차기간<br>(점유기간) | 보증금 | 차 임 | 전입신고일자,사업<br>자등록 신청일자 | 확정일자 | 배당요구여부<br>(배당요구일자) |
|---|---|---|---|---|---|---|---|---|---|
| | | | | 조사된 임차내역없음 . | | | | | |

※ 최선순위 설정일자보다 대항요건을 먼저 갖춘 주택·상가건물 임차인의 임차보증금은 매수인에게 인수되는 경우가 발생 할 수 있고, 대항력과 우선변제권이 있는 주택·상가건물 임차인이 배당요구를 하였으나 보증금 전액에 관하여 배당을 받지 아니한 경우에는 배당받지 못한 잔액이 매수인에게 인수되게 됨을 주의하시기 바랍니다.

등기된 부동산에 관한 권리 또는 가처분으로 매각으로 그 효력이 소멸되지 아니하는 것

매각에 따라 설정된 것으로 보는 지상권의 개요

비고란
일괄매각. 목록1은 농지의 기존 전용허가를 신규매수자 앞으로 변경하는 조건으로 농지취득자격증명원 발급받아 제출 필요(미제출시 보증금 몰수). 목록1은 지목은 "답"이나 현황은 "대지"임. 목록2-13 건물은 완공된 상태이나 사용승인을 득하지 못해 건축물대장 미작성된 건물로 직권보존등기한 건물임. 장[ D ]로부터 2017. 11. 17.자로 금 820,000,000원의 유치권신고가 있으나 그 성립여부는 불분명함

주1 : 매각목적물에서 제외되는 미등기건물 등이 있을 경우에는 그 취지를 명확히 기재한다.
 2 : 매각으로 소멸되는 가등기담보권, 가압류, 전세권의 등기일자가 최선순위 저당권등기일자보다 빠른 경우에는 그 등기일자를 기재한다.

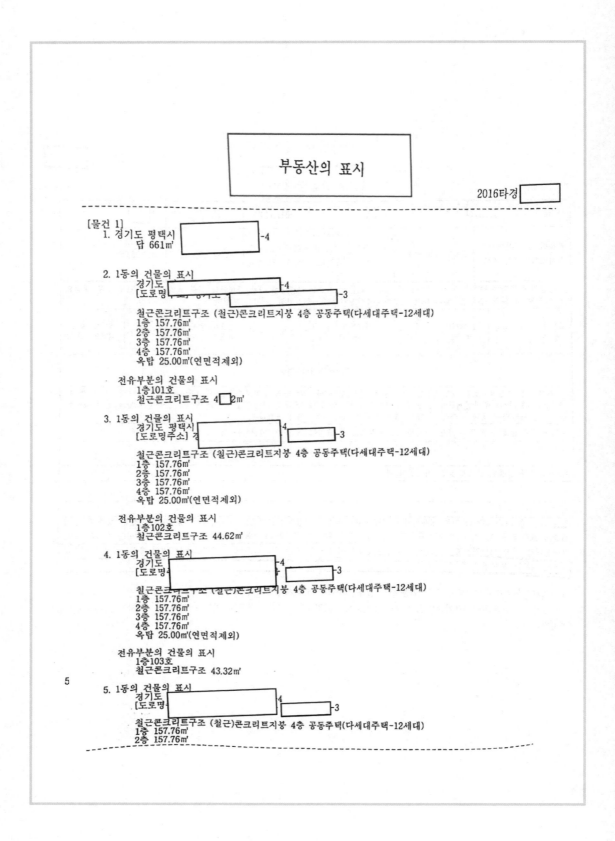

부동산의 표시

2016타경

[물건 1]
　　1. 경기도 평택시
　　　　답 661㎡　　　　　-4

　　2. 1동의 건물의 표시
　　　　경기도
　　　　[도로명주소] 경기도　　　　-4
　　　　　　　　　　　　　　　　-3

　　　　철근콘크리트구조 (철근)콘크리트지붕 4층 공동주택(다세대주택-12세대)
　　　　1층 157.76㎡
　　　　2층 157.76㎡
　　　　3층 157.76㎡
　　　　4층 157.76㎡
　　　　옥탑 25.00㎡(연면적제외)

　　　전유부분의 건물의 표시
　　　　1층101호
　　　　철근콘크리트구조 4□2㎡

　　3. 1동의 건물의 표시
　　　　경기도 평택시
　　　　[도로명주소] 경　　　　-4
　　　　　　　　　　　　　　-3

　　　　철근콘크리트구조 (철근)콘크리트지붕 4층 공동주택(다세대주택-12세대)
　　　　1층 157.76㎡
　　　　2층 157.76㎡
　　　　3층 157.76㎡
　　　　4층 157.76㎡
　　　　옥탑 25.00㎡(연면적제외)

　　　전유부분의 건물의 표시
　　　　1층102호
　　　　철근콘크리트구조 44.62㎡

　　4. 1동의 건물의 표시
　　　　경기도
　　　　[도로명　　　　　　　-4
　　　　　　　　　　　　　　-3

　　　　철근콘크리트구조 (철근)콘크리트지붕 4층 공동주택(다세대주택-12세대)
　　　　1층 157.76㎡
　　　　2층 157.76㎡
　　　　3층 157.76㎡
　　　　4층 157.76㎡
　　　　옥탑 25.00㎡(연면적제외)

　　　전유부분의 건물의 표시
　　　　1층103호
　　　　철근콘크리트구조 43.32㎡

5
　　5. 1동의 건물의 표시
　　　　경기도
　　　　[도로명　　　　　　-4
　　　　　　　　　　　　　-3

　　　　철근콘크리트구조 (철근)콘크리트지붕 4층 공동주택(다세대주택-12세대)
　　　　1층 157.76㎡
　　　　2층 157.76㎡

전유부분의 건물의 표시
4층403호
철근콘크리트구조 43.32㎡

14. 경기도 [          ]-1
    도로

15. 경기도 [          ]-5
    도로

<2017. 11. 17. 장D의 유치권신고 후
2회 입찰기일에서 유찰됨-경매방해의
결과가 발생하였음을 추정할 수 있음)

| 감 정 평 가 액 | 1,073,400,000 |
| --- | --- |

| 회차 | 기 일 | 최저매각가격 |
| --- | --- | --- |
| 1회 | 2017.10.16 | 1,073,400,000 |
| 2회 | 2017.11.20 | 751,380,000 |
| 3회 | 2018.01.08 | 525,966,000 |
| 4회 | 2018.02.12 | 368,176,000 |

일괄매각. 목록1은 농지의 기존 전용
허가를 신규매수자 앞으로 변경하는 조
건으로 농지취득자격증명원 발급받아
제출 필요(미제출시 보증금 몰수). 목
록1은 지목은 "답"이나 현황은 "대지"
임. 목록2~13 건물은 완공된 상태이나
사용승인을 득하지 못해 건축물대장 미
작성된 건물로 직권보존등기한 건물임.
장D로부터 2017. 11. 17.자로 금 82
0,000,000원의 유치권신고가 있으나
그 성립여부는 불분명함

# 기 일 입 찰 불 능 조 서

사 건 : 2016타경　　　호 부동산임의경매
채 권 자 : 평택
채 무 자 : 노 CC
부동산의 표시 별지목록 기재와 같다. (1번 물건)
입찰기일 : 2017.11.20 (10:00)
입찰 및 개찰장소 : 수원지방법원 평택지원 13호 경매법정
다음과 같이 입찰절차를 진행하였다.
--------------------------------------------------

1. 매각물건명세서, 현황조사보고서 및 평가서 사본을 보게 하였다.

2. 최저매각가격의 1/10의 보증을 제공하지 않으면 매수신청을 할 수
   없음을 고지하였다.

3. 같은 날 10:10 에 입찰을 최고하고, 입찰마감시각과 개찰시각을 고지하였다.

4. 같은 날 11:20 에 입찰을 마감한 결과 입찰자가 없어 입찰불능이 되었다.

2017.11.20

집　행　관

김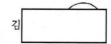

15. 경기도 평택시 [          ]5
    도로 [  ]㎡

| 감 정 평 가 액 | 1,073,400,000 |
|---|---|

| 회차 | 기 일 | 최저매각가격 |
|---|---|---|
| 1회 | 2017.10.16 | 1,073,400,000 |
| 2회 | 2017.11.20 | 751,380,000 |
| 3회 | 2018.01.08 | 525,966,000 |
| 4회 | 2018.02.12 | 368,176,000 |

일괄매각. 목록1은 농지의 기존 전용허가를 신규매수자 앞으로 변경하는 조건으로 농지취득자격증명원 발급받아 제출 필요(미제출시 보증금 몰수). 목록1은 지목은 "답"이나 현황은 "대지"임. 목록2~13 건물은 완공된 상태이나 사용승인을 득하지 못해 건축물대장 미작성된 건물로 직권보존등기한 건물임. 정 D 로부터 2017. 11. 17.자로 금 820,000,000원의 유치권신고가 있으나 그 성립여부는 불분명함

## 3. 고소장 분석 및 수사방향

고소장을 보면 고소인은 피고소인 노CC로부터 공사계약 도급을 받아 공사를 완료하고 인도하여 주었는데 잔금을 받지 못하여, 별도의 근저당권자가 신청한 임의경매사건에서 채권자(근저당권자)로 참여하여 배당을 받으려는 때에, 피고소인 장D가 2017. 11. 17.자로 유치권신고를 한 이후 경매가 3차례 유찰되어 4회차 매각기일에 경매가 완료되어 이 사건 경매에서 채권액을 충분히 받지 못하게 되어 고소장을 제출하게 되었다.

고소장에는 고소인과 피고소인 노CC의 채권채무관계, 관련 민사소송 승소, 임의경매 진행상황, 피고소인 장D의 유치권신고, 매각물건명세서 등에 유치권신고내역 기재, 경매 3회 유찰 등의 사실관계가 나와 있다. 이 점이 모두 인정된다고 할 때 '강제집행을 받을 상태', '채권자를 해할 목적' 등의 구성요건은 충족될 것이므로 그 유치권이 허위의 유치권인지, 허위의 채무부담인지만 가려낸다면 강제집행면탈과 경매방해죄의 성립 여부를 판단할 수 있다.

유치권의 개념과 수사에 대해서는 본서 '제4장 민사지식편(수사와 민사)' 중 'Ⅲ. 유치권과 수사' 부분을 참고하기 바란다.

판례에 따르면 허위의 유치권신고를 하더라도 법원이 별도의 처분행위를 하는 것은 아니라는 점에서 사기죄는 성립하지 아니하나(대법원 2009. 9. 24.선고 2009도5900 판결), 허위의 유치권에 기해 경매신청을 한 경우에 대법원은, 유치권에 의한 경매를 신청한 유치권자는 일반채권자와 마찬가지로 피담보채권액에 기초하여 배당을 받게 되는 결과 피담보채권인 <u>공사대금 채권을 실제와 달리 허위로 크게 부풀려 유치권에 의한 경매를 신청할 경우 정당한 채권액에 의하여 경매를 신청한 경우보다 더 많은 배당금을 받을 수도 있으므로, 이는 법원을 기망하여 배당이라는 법원의 처분행위에 의하여 재산상 이익을 취득하려는 행위로서,</u> 불능범에 해당한다고 볼 수 없고, 소송사기죄의 실행의 착수에 해당한다고 할 것이라고 판결하였다(대법원 2012. 11. 15. 선고 2012도9603 판결). 또한 이와 유사한 사안으로 경매의 목적이 된 주택의 실질적 소유자인 <u>피고인이 전처 명의로 허위임대차계약서를 작성하고 이를</u> 첨부하여 경매법원에 전처가 주택임대차보호법상 대항력 있는 주택임차인인 것처럼 권리신고를 하였다면 대항력 있는 주택임차인의 외관을 갖추고 그 사실을 권리신고를 통하여 입찰참가인에게 나타내어 <u>그 보증금액만큼 입찰가를 저감시킴으로써 공정한 경매를 방해한</u> 것이므로, 형법 제315조의 위계의 방법에 의한 경매방해죄가 성립한다(인천지방법원 부천지원 2001. 5. 18. 선고 2001고단23판결)고 판시하였다.

따라서 피고소인들이 직접 유치권자로서 경매신청한 것은 아니지만 경매절차에서 허위의 또는 과다한 공사대금 채권에 기한 유치권신고를 하였다면 이를 본 일반 경매 참가자들이 그만큼 저감된 가격으로 입찰하거나 경매를 포기하려 하기 때문에 공정한 경매절차가 방해됨은 명백하다 할 것이다.

허위유치권 여부를 판단하기 위해서 담당자가 어떻게 수사하였는지는 아래 필자의 수사휘서를 참고하면 좋을 것이다. 즉 유치권자가 주장하는 공사가 실제 있었는지, 유치권자의 점유가 '채권의 변제기 도래시점'과 '임의경매개시결정등기 기입시점' 사이에 있었는지 등을 점유장소의 전기요금 발생시점 및 디지털카메라의 사진촬영일자 확인 등을 통해 규명하고 계약서 작성일을 면밀히 살피라고 수사지휘한 바 있다.

이 사건에서는 피의자 노CC는 일체 장D에게 일을 맡겨 잘 모른다고 하였고, 장D는 자기가 실제 공사는 하였는데 실제 받아야 할 돈은 2억원이지만 계약서에 9억원으로 쓰여있어 그만한 채권액을 주장한 것이라는 변명을 하였다. 그러나 이는 타당하지 않고 피의자의 유치권신고로 매각물건명세서에 유치권신고 사실이 기재되었으며 2회 더 유찰되는 일이 발생하였고 일반인의 관점에서도 유치권신고가 된 물건에 선뜻 응찰하기는 어렵다는 점에서 경매방해라는 객관적인 상태는 인정된다고 보았다.

또한 계약서 작성일자나 피의자의 변명이 사리에 맞지 않고 피의자들은 친인척관계였으며 피의자 장D도 실제 받아야 할 채권액보다 과다한 채권액을 신고한 사실 자체를 인정하며 나아가 피의자 장D가 주장하는 계약체결 당시 피의자는 수감중이어서 공사를 진행할 사정 자체가 인정되지 않는 바, 허위유치권으로 판단하여 기소 의견으로 사건을 송치하였다(수사지휘서 내용대로 수사하면 충분할 것이므로 피의자신문조서 및 수사결과보고 예시는 생략한다).


## 4. 수사과장의 수사지휘

| 수 사 지 휘 서 | | | |
|---|---|---|---|
| 제 2018-00XXXX 호 | | | 2018. 7. 30. |
| 접수번호 | 2018-00XXX | 사건번호 | 2018-00XXX |
| 피의자 | 노OO 외 1명 | | |
| 사건담당자 | 소속 : 경제팀    계급 : 경장    성명 : 원OO | | |
| 〈지휘내용〉 | | | |

• 본건 피의자들의 혐의는 (1) 허위 유치권이 있다고 경매법원에 신고하여 유치권신고사항이 등재되게 함으로써 경매의 공정을 해한 '경매입찰방해' 혐의와,

(2) 고소인으로부터의 강제집행을 면할 목적으로 노OO이 장OO에게 공사도급계약에 따른 채무를 허위로 부담한 '강제집행면탈' 혐의로 정리할 수 있습니다.

• 유치권의 성립여부

유치권이란 ① 타인의 물건 또는 유가증권의 점유자가, ② 그 물건이나 유가증권에 관한 채권(예 : 수선대금채권)의, ③ 전부를 변제를 받을 때까지, ④ 그 물건이나 유가증권을 유치하여 채무자의 변제를 심리적으로 강제하는, ⑤ 민법의 법정 담보물권(擔保物權)입니다.

따라서 채권의 존재 자체를 인정받아야 하고, 그 채권이 미변제된 상태에 있으며, 어느 정도 토지로부터 독립한 별도의 건물을 점유하여야 하고, 그 건물이 타인의 소유여야 하며, 점유행위 자체가 평온, 공연하게 시작되어야 하고 그 점유가 계속되면 타인의 점유를 배척할 만큼 배타적인 점유여야 하고, 그 점유가 임의경매개시결정의 기입등기 이전[75]이어야 합니다.

일단 피의자 장OO은 자신이 인정받아야 할 채권액이 2억 상당임에 불과하다고 인정하고 있으므로, 혹시 더 주장할 채권액이 있는지 물어보고, 더 이상 없다면 평택지원으로부터 본건 경매사건 2016타경 11XXX호 부동산 임의경매 사건에 관한 유치권에 의한 권리신고서 및 그 증빙자료를 확보하여 주시기 바랍니다. 실제 채권액이 2억원임에도 대외적으로 8억원의 채권을 가진 자로 행세했다면, 즉 그러한 의도로 유치권신고를 하여 부동산 경매기록의 매각물건명세서 등에 "장OO로부터 2017. 11. 17.자로 금 820,000,000원의 유치권신고가 있으나 그 성립여부는 불분명함"이 등재되게 했다면 피의자는 실제 채권액보다 과다한 채권을 주장하며 유치권신고를 한 것이라는 혐의가 인정될 수 있습니다.

또한 피의자는 자신이 유치권을 행사한 시기는 건물에 대한 낙찰이 완료된 이후이고 유치권을 설정한 이유도 그 건물에 대한 피의자의 권리금을 받아서 고소인에 대한 공사금액을 계약대로 주겠다는 의사가 있었다고 하나, 2017. 11. 17.자로 유치권신고가 된 이후 바로 경매가 종료된 것이 아니라 계속 경매가 진행되어 4회까지 유찰되었던 점, 통상 유치권신고가 되면 일반인들은 경매에 참가하기 꺼려하는 점, 피의자가 진정으로 고소인의 공사금액을 주려고 했다면 섣불리 경매진행에 개입하지 말고 정상적인 가격으로(유치권신고가 없는 상태의 가격) 낙찰받게 하고 고소인이 매각대금에서 채권액을 받아가게 하면 충분한 점에서 피의자의 변명은 납득이 되지 않습니다.

그리고 고소인이 제출한 도급계약서는 작성일자가 2014년 9월이고, 착공연월일은 2014년 9월 4일, 준공예정일자는 2015년 1월 30일로서 일응 상식적이나, 피의자 장OO이 제출한 도급계약서는 작성일자가 2014년 11월이고, 착공연월일은 2014년 3월, 준공예정일자는 9월 30일로서, 노OO이 장OO에게 도급하고, 장OO이 고소인에게 도급했다는 가정 하에 도급계약서 작성일자가 사리에 맞지 않고 시간 순서가 뒤죽박죽으로 생각되므로, 고소인이나 다른 객관적인 자들을 상대로 장OO의 계약서의 날짜가 정상적인지 확인바랍니다.

또 채권의 변제기가 도과된 이후 유치권이 발생하므로, 미수금이 발생한 시점, 장OO이 노OO에게 미변제 채권액을 독촉한 시점 등을 당사자들로부터 확인하기 바랍니다(내용증명, 문자메세지, 카카오톡 내역 등).

---

75  대법원 2005. 8. 19. 선고 2005다22688판결.

그리고 피의자에게 실제 공사현장이나 점유개시시점을 인정할 사진을 제출받아 '디지털카메라 정보' 확인을 통해 실제 촬영날짜를 확인하고, 그 점유개시시점이 경매개시결정 등기 이후인지 등기부등본을 확인바라며, 현장에 임장하여 수도나 전기가 사용될 수 있는 곳이라면 수도요금, 전기요금 발생시점과 사용량등을 확인하기 바랍니다.

또한 유치권 주장자와 건축주가 아버지와 아들 사이였던 관계가 유치권을 부인하는 주요 근거가 된 적이 있고[76] 피의자들도 처남, 매부 지간임을 인정하므로 본건 수사에 참고하고자 각자의 가족관계증명서, 매부의 배우자의 가족관계증명서(배우자의 부모 확인), 처남의 부(모)의 가족관계증명서(처남 및 매부의 배우자가 남매관계임을 확인)를 발급받아 첨부하기 바랍니다.

• 강제집행면탈의 성립여부

강제집행면탈의 태양 중에는 허위채무부담 행위가 포함되고, 피의자 노OO이 피의자 장OO에게 계약금액 9억2천만원의 도급계약서를 작성해주어 그에 해당하는 채무가 발생한 것으로 대외적으로 인식케 했다면 피의자들에게 강제집행면탈죄가 성립할 수 있습니다. 따라서 본건 유치권신고가 허위유치권으로 판명된다면 강제집행면탈죄 수사에 중요한 참고가 될 수 있습니다.

• 피의자 노OO의 관여행위

피의자 노OO은 상피의자 장OO에게 공사진행상황을 맡겨, 자신은 실제 공사에 대해서는 잘 모르고 XXX종합건설에 얼마를 주었는지 등도 모른다고 혐의 부인합니다.

고소인으로 하여금 피의자들로부터 공사내역을 지급받은 계좌내역을 확인한후, 피의자 노OO이나 장OO 중 누가 그 계좌의 자금집행을 실질적으로 주도하였는지 등을 확인하여 피의자의 관여 여부를 규명하기 바랍니다. 또한 장OO이 제출한 도급계약서에 날인된 노OO의 도장을 누가 찍었는지, 그 도장이 인감증명서라면 누가 발급하였는지(노OO 본인인지, 대리인 장OO인지) 확인하기 바랍니다.

• 결론

위 밑줄친 사안에 대해 이행하고 수사보고를 작성하여 주기 바랍니다.

경기평택경찰서

사법경찰관 경감 김성택

---

76 서울고등법원 2007. 3. 30. 선고, 2006나78956 판결.

# 명예훼손/모욕죄 수사

## 1. 조문구성

### ● 가. 형법

**제307조 (명예훼손)**

① 공연히 사실을 적시하여 사람의 명예를 훼손한 자는 2년 이하의 징역이나 금고 또는 500만원 이하의 벌금에 처한다. 〈개정 1995.12.29〉

② 공연히 허위의 사실을 적시하여 사람의 명예를 훼손한 자는 5년 이하의 징역, 10년 이하의 자격정지 또는 1천만원 이하의 벌금에 처한다. 〈개정 1995.12.29〉

**제308조 (사자의 명예훼손)**

공연히 허위의 사실을 적시하여 사자의 명예를 훼손한 자는 2년 이하의 징역이나 금고 또는 500만원 이하의 벌금에 처한다. 〈개정 1995.12.29〉

**제309조 (출판물 등에 의한 명예훼손)**

① 사람을 비방할 목적으로 신문, 잡지 또는 라디오 기타 출판물에 의하여 제307조 제1항의 죄를 범한 자는 3년 이하의 징역이나 금고 또는 700만원 이하의 벌금에 처한다. 〈개정 1995.12.29〉

② 제1항의 방법으로 제307조 제2항의 죄를 범한 자는 7년 이하의 징역, 10년 이하의 자격정지 또는 1천500만원 이하의 벌금에 처한다. 〈개정 1995.12.29〉

**제310조 (위법성의 조각)**

제307조 제1항의 행위가 진실한 사실로서 오로지 공공의 이익에 관한 때에는 처벌하지 아니한다.

**제311조 (모욕)**

공연히 사람을 모욕한 자는 1년 이하의 징역이나 금고 또는 200만원 이하의 벌금에 처한다. 〈개정 1995.12.29〉

**제312조 (고소와 피해자의 의사)**

① 제308조와 제311조의 죄는 고소가 있어야 공소를 제기할 수 있다. 〈개정 1995.12.29〉

② 제307조와 제309조의 죄는 피해자의 명시한 의사에 반하여 공소를 제기할 수 없다. 〈개정 1995.12.29〉

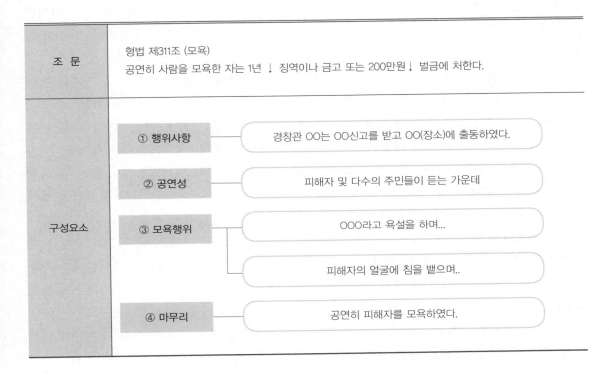

| 조 문 | 형법 제311조 (모욕)<br>공연히 사람을 모욕한 자는 1년 ↓ 징역이나 금고 또는 200만원↓ 벌금에 처한다. |
|---|---|
| 구성요소 | ① 행위사항 ── 경창관 OO는 OO신고를 받고 OO(장소)에 출동하였다.<br>② 공연성 ── 피해자 및 다수의 주민들이 듣는 가운데<br>③ 모욕행위 ── OOO라고 욕설을 하며...<br>── 피해자의 얼굴에 침을 뱉으며..<br>④ 마무리 ── 공연히 피해자를 모욕하였다. |

## ● 나. 정보통신망 이용촉진 및 정보보호 등에 관한 법률

**제70조 (벌칙)**

① 사람을 비방할 목적으로 정보통신망을 통하여 공공연하게 사실을 드러내어 다른 사람의 명예를 훼손한 자는 3년 이하의 징역 또는 3천만원 이하의 벌금에 처한다.

② 사람을 비방할 목적으로 정보통신망을 통하여 공공연하게 거짓의 사실을 드러내어 다른 사람의 명예를 훼손한 자는 7년 이하의 징역, 10년 이하의 자격정지 또는 5천만원 이하의 벌금에 처한다.

③ 제1항과 제2항의 죄는 피해자가 구체적으로 밝힌 의사에 반하여 공소를 제기할 수 없다.

## 2. 기본개념과 수사방법

형법상 명예훼손죄란 공연히 사실 또는 허위의 사실을 적시하여 사람의 명예를 훼손함으로 써 성립하는 범죄이고, 모욕죄란 공연히 사람을 모욕함으로써 성립하는 범죄이다. 특히 인터 넷 등 정보통신망을 통하여 사람을 비방할 목적으로 사실 또는 허위의 사실을 드러내어 명예훼 손을 한 경우에는 정보통신망 이용촉진 및 정보보호 등에 관한 법률(이하 "정통망법"이라 한다)에 의해 가중처벌된다.

형법상 명예훼손죄(진실한 사실, 허위사실 모두 포함), 출판물에 의한 명예훼손죄는 반의사불벌 죄이고 모욕죄, 사자명예훼손죄는 친고죄이다. 정통망법상 명예훼손죄는 친고죄이다.

본 죄의 수사에 있어서는 피의자의 말이나 행동이 피해자의 명예를 훼손하거나 모욕이 될 수 있는 내용인가, 그 표현이 사실인가 또는 단순한 경멸적 표현인가, 피해자가 특정될 수 있 는가, 그 표현을 들은 사람이 불특정 다수인가 또는 특정인인 경우 전파가능성이 있는가, 허위 의 사실을 진실하다고 착오한 경우는 어떻게 되는가, 오로지 진실한 사실로서 공공의 이익에 부합한 행동으로서 형법 제310조의 적용이 가능한가 등이 주요 논점이 된다.

모든 자연인과 존속하는 법인은 명예훼손죄에서 말하는 명예의 주체가 된다. 사교단체나 가 족 등은 하나의 단체로서 대외적으로 활동하는 게 아니어서 그 집단에 대한 명예훼손죄는 가능 하지 않지만 그 구성원 각자에 대해서 집합명칭에 의한 명예훼손은 가능하다. 국가나 지방자치 단체는 명예의 주체가 되지 않는다.[77]

명예를 훼손하는 표현은 공연히 이루어져야 한다. '공연히'란 불특정인 또는 다수인이 인식 할 수 있는 상태를 말한다. 불특정이고 다수여야 한다는 것이 아니라 불특정이거나 다수이면 된다는 것이다(AND가 아니라 OR의 뜻). 따라서 아무도 없는 곳에서 피해자와 가해자만이 나눈 대화는 전파가능성도 없으므로 일반적으로는 명예훼손죄가 성립하지 않는다.

'사실'이란 현실적으로 발생하고 증명할 수 있는 과거와 현재의 상태를 말하며, 장래의 표현 은 그것이 과거 또는 현재의 사실을 기초로 하거나 이에 대한 주장을 포함하는 경우에 명예훼 손죄가 성립한다(판례 : 내일부로 구속영장이 떨어진다고 말한 사례. 대법원 2002도7429 판결). 다만 추 상적 사실이나 가치판단의 표시는 모욕죄에 해당한다(욕을 한 경우는 모욕죄, 여기저기 거짓말을 하 고 다녀서 사람들 사이를 이간질한다는 표현은 명예훼손죄).

피해자가 특정되어야 하지만, 반드시 사람의 성명이나 단체의 명칭을 명시해야만 하는 것 은 아니고, 사람의 성명을 명시하지 않거나 또는 두문자나 이니셜만 사용한 경우라도 그 표현 의 내용을 주위사정과 종합하여 볼 때 그 표시가 피해자를 지목하는 것을 알아차릴 수 있을 정

---

**77** 대법원 2016. 12. 27. 선고 2014도15290 판결.

도이면 피해자가 특정되었다고 볼 것이다.[78] 예컨대 특정 기자가 쓴 글이나 특정 정치인에 대한 기사에 대해 명예훼손의 표현이 있는 악성댓글의 경우 즉시 피해자가 특정되었다고 볼 것이고, 여러 사람들이 모여있는 인터넷 게시판 등에 이니셜을 썼더라도 누구를 말하는지 충분히 짐작할 수 있는 경우에는 피해자가 특정되었다고 볼 수 있다.

허위사실을 진실한 사실로 오인하고 적시한 경우 제307조 제1항의 명예훼손죄가 성립한다. 적시된 사실이 허위의 사실이라고 하더라도 행위자에게 허위성에 대한 인식이 없는 경우에는 제307조 제2항의 명예훼손죄가 아니라 제307조 제1항의 명예훼손죄가 성립할 수 있을 것이다.[79] 2016도18024 판결에서 대법원은 '제307조 제1항의 법정형이 2년 이하의 징역 등으로 되어 있는 반면 제307조 제2항의 법정형은 5년 이하의 징역 등으로 되어 있는 것은 적시된 사실이 객관적으로 허위일 뿐 아니라 행위자가 그 사실의 허위성에 대한 주관적 인식을 하면서 명예훼손을 하였다는 점에서 가벌성이 높다고 본 것이다'라고 판시한 취지를 보더라도, 수사기관이 제307조 제2항의 혐의를 입증하려면 그 표현 자체가 허위라는 점 및 피의자가 그 허위성을 인식하였을 것이라는 점을 모두 입증해야 한다.

형법 제310조는 명예훼손의 행위가 진실한 사실로서 오로지 공공의 이익에 관한 때에는 처벌하지 아니한다고 규정하고 있다. 이는 진실한 사실의 경우에만 해당하고 허위사실의 경우에는 적용되지 않는다. 진실성이란 전체적으로 보아 적시사실의 중요부분이 진실과 합치되면 충분하고 세부적으로 약간 달라도 무방하다. 공익성이란 국가, 사회 기타 일반 다수인의 이익에 관한 것뿐만이 아니라 특정한 사회집단이나 그 구성원의 관심과 이익에 관한 것도 포함한다. 온 국민이 아니더라도 특정 아파트 입주민들의 이익을 위해서 입주자대표회의의 문제점을 제기하는 사람은 제310조의 적용을 주장할 수 있다. 제310조는 위법성조각사유이므로 수사결과 보고 작성시 "죄가안됨(피의사실이 범죄구성요건에 해당하나 법률상 범죄의 성립을 조각하는 사유가 있어 범죄를 구성하지 아니하는 경우)" 결정을 한다.

공공의 이익은 '비방할 목적'과 상충되므로 하나가 인정되면 다른 하나는 부정된다.[80] 따라서 비방할 목적으로 진실한 사실로서 명예훼손을 한 것이 입증되는 경우 비록 피의자가 공공의 이익을 주장하더라도 수사기관은 형법 제301조의 적용을 배제할 수 있다.

요약하자면 고소인은 형법 제307조 제2항에 의한 명예훼손을 주장하는데 수사결과 피의자는 허위성의 인식이 없이 진실한 사실로 오인하였고 공공의 이익을 위한 목적이 있었다면 제307조 제1항을 적용하고 다시 위법성조각사유인 제310조를 적용하여 죄안됨 결정을 한다.

---

78  대법원 2009. 2. 26. 선고 2008다27769 판결
79  대법원 2017. 4. 26. 선고 2016도18024 판결
80  대법원 2005. 4. 29. 선고 2003도2137 판결

## 3. 구체적인 수사방법 및 증거의 수집

예컨대 고소인은 "저와 피고소인은 (어떠 어떠한) 관계입니다. 피고소인은 OO(언제), OO(어디)에서 직장 동료 박OO, 최OO 등이 듣는 가운데 저에 대하여 '김OO(고소인)은 직장 동료 OO를 성추행한 적이 있다'라고 말했습니다. 이는 최OO가 제게 직접 알려준 사실입니다. 저는 절대 성추행한 적이 없습니다. 피고소인은 허위사실로 인해 제 명예를 훼손하였으니 처벌해 주시기 바랍니다"라고 말할 수 있다.

먼저 고소장을 읽으면서 고소인의 주장대로라면 구성요건을 충족하는지(명예훼손적 또는 모욕적 표현, 공연성 인정여부) 확인하고 피의자의 행위(언어 또는 비언어적 표현)이 피해자에게 경멸적인 표현인지, 또는 사회적인 가치를 떨어뜨리는 사실의 표현인지 검토하고(명예훼손죄? 모욕죄?) 그 행위시점(공소시효 및 고소기간 확인차)을 특정하고, 피해자가 특정되었는지, 그리고 그 모든 것이 사실이라면 이를 입증할 방법이 있는지(녹취록, 목격자진술서 확보 여부) 검토한다. 그리고 고소보충조서 작성시 고소인 상대로 입증방법 및 대질의사, 고소취소여부 등을 묻는다.

피고소인이 말한 것이 구체적인 사실이면 명예훼손으로, 그렇지 않고 단순히 경멸적인 표현이면 모욕죄로 접수한다.

또한 명예훼손을 주장하는 고소인으로부터 "진실한 사실에 의한 명예훼손인지", "허위사실에 의한 명예훼손인지"를 구분하라고 한다. 허위사실이라면 그 근거, 즉 "피고소인이 알고 있는 사정에 의한다면 피고소인이 말한 내용은 허위라는 것을 알텐데 그렇게 말한 것입니다. 왜냐하면 저는 누구를 성추행한 적이 없고 그런 소문이 난 적도 없으며 피고소인이 그런 말을 어디서 들을 일도 없었는데 피고소인이 저를 성추행범이라고 소문을 내고 다닙니다."라는 식으로 구체적인 근거를 말하도록 한다.

다음으로 피의자를 조사하면서 고소인 주장이 사실인지와 이를 인정하는지 또는 반박하는지, 반박한다면 이를 입증할 증거가 있는지를 조사하고, 행위의 동기를 묻고, 명예훼손을 한 내용이 허위가 아닌 진실한 사실로 알았다고 변명할 경우 그 근거를 묻는다. 그리고 마지막으로 진실한 사실에 의한 명예훼손임이 인정될 경우 공공성이 있는지, 제310조의 적용가능성을 검토한다.

## 4. 인터넷 아이디(ID)와 피해자 특정과의 관계

### 가. 일반적 논의

명예훼손죄에서 말하는 명예는 내적 명예가 아니라 외적, 사회적 명예이므로 피해자가 누구인지 알 수 있도록 특정되어야 한다. 인터넷 아이디(ID) 사용자에 대한 명예훼손죄와 관련하여 다양한 판례들이 있는데, 원칙적으로 아이디만으로 피해자가 특정되지 않으면 명예훼손죄가 성립하지 않으나, 전후사정으로 보아 아이디로도 특정된다면 명예훼손죄가 성립한다는 것이 판례의 취지이다.

내 사건에서 수사관의 정의감정을 기준으로, 내 사건에 최대한 가까운 판례를 끌어오면 되는 것이다.

### 나. 의정부지방법원 2014. 10. 23. 선고 2014고정1619 판결

[판결요지]

[1] 명예훼손죄와 모욕죄의 보호법익은 다 같이 사람의 가치에 대한 사회적 평가인 이른바 외부적 명예인 점에서는 차이가 없고, 명예의 주체인 사람은 특정한 자임을 요하지만 반드시 사람의 성명을 명시하여 허위의 사실을 적시하여야만 하는 것은 아니므로 사람의 성명을 명시한 바 없는 허위사실의 적시행위도 표현의 내용을 주위사정과 종합 판단하여 그것이 어느 특정인을 지목하는 것인가를 알아차릴 수 있는 경우에는 특정인에 대한 명예훼손죄를 구성한다.

그러나 피해자의 인터넷 아이디(ID)만을 알 수 있을 뿐 그 밖의 주위사정을 종합해 보더라도 그와 같은 인터넷 아이디(ID)를 가진 사람이 누구인지를 알아차리기 어렵고 달리 이를 추지할 수 있을 만한 아무런 자료가 없는 경우에 있어서는, 외부적 명예를 보호법익으로 하는 명예훼손죄 또는 모욕죄의 피해자가 특정되었다고 볼 수 없으므로, 특정인에 대한 명예훼손죄가 성립하지 아니한다.

[2] 피고인이 특정 인터넷 카페의 게시판에 甲이라는 아이디(ID)를 가진 피해자 乙에 대해 허위사실을 게시하였다고 하여 정보통신망 이용촉진 및 정보보호 등에 관한 법률 위반(명예훼손)으로 기소된 사안에서, 위 카페의 회원수가 18,800여 명에 이르고 카페 내에서는 실명이 아닌 별명을 사용하도록 되어 있는 점, 피해자는 카페 내에서 甲이라는 이름으로만 글을 올려 왔을 뿐 甲이 乙이라는 사람임을 알 수 있는 어떠한 정보도 게시되어 있지 않은 점, 피해자는 피고인을 고소하면서 피고인의 아이디(ID)만을 기재하였을 뿐 구체적인 정보에 대해서는 서로 알지 못했고, 피고인 역시 甲이 어떤 실체적 인물인지에 대해서는 알지 못했던 점 등에 비추어, 甲

에 대한 댓글만으로 특정한 사람인 乙에 대하여 외부적 명예를 보호법익으로 하는 명예훼손죄가 성립한다고 보기 어렵다고 한 사례.

### ● 다. 반면 ID사용자에 대한 명예훼손이 무조건 무죄는 아니고, 주위사정을 종합하여 특정인을 알아챌 수 있으면 명예훼손죄가 성립한다.

**[인천지방법원 2015. 3. 20. 선고 2014고정3756 판결]**

인터넷 게임인 OO레이 채팅방에서 처음보는 게임접속자에게 욕설을 한 것으로, (1) 피해자가 1년 가까이 동일한 아이디 사용 (2) 함께 접속해 있던 사람들은 1년 전부터 피해자와 친분을 유지해오며 피해자의 나이, 이름, 재학중인 학교 등을 알고 있었고 (3) 가해자가 아이디의 가입자정보를 통하여 피해자가 여성이라는 점을 알고 있었다는 점 (4) 피고인도 피해자의 아이디인 'OO'를 상대로 모욕감을 주기 위해 이러한 표현을 했다고 진술한 점 (5) 에서 그 아이디를 사용하는 사람을 특정지우는 기능을 하고, 인터넷 아이디와 그 사용자의 성명, 주민등록번호, 주소 등은 그 인터넷 사이트에 등록되므로 인터넷 아이디를 알면 그 사용자가 누구인지 어렵지 않게 찾을 수 있는 점 등을 종합하면 'OO'라는 아이디로 피해자가 특정되었다고 판단된다.

### ● 라. 피해자 특정의 정도

대법원 2002. 5. 10. 선고 2000다50213

**[재판요지]**

[1] 명예훼손에 의한 불법행위가 성립하려면 피해자가 특정되어 있어야 하지만, 그 특정을 할 때 반드시 사람의 성명이나 단체의 명칭을 명시해야만 하는 것은 아니고, 사람의 성명을 명시하지 않거나 또는 두문자(頭文字)나 이니셜만 사용한 경우라도 그 표현의 내용을 주위사정과 종합하여 볼 때 그 표시가 피해자를 지목하는 것을 알아차릴 수 있을 정도이면 피해자가 특정되었다고 할 것이다.

**기타 특별법 사건 수사**

## 1. 수사방법 일반 및 범죄사실 작성방법

특별법의 경우에는 "피의자는 노래방을 운영하는 자이다" 등으로 특별법상의 의무에 따르는 자임을 설명하거나 ("누구든지 운행정지명령이 부과된 자동차를 운행하면 안된다" 등으로 누구든지 특별법상의 의무를 따라야 한다고 도입부를 쓰기도 한다), 다음에 개별적으로 형사법에 규정된 각 구성요건에 맞추어 실제 벌어진 일을 서술한다.

또 특별법은 형법과 달리 "어떤 행위를 하라, 하지 말라."라는 조문과 "이에 위반하면 처벌하겠다"라는 조문이 별도로 규정된 것이 대부분이다. 그래서 운행정지명령을 위반한 차량을 발견했을 때에는 자동차관리법에서 운행정지명령이 있는 차를 타면 안된다는 조문과, 소유자로부터 운행에 관한 위탁을 받지 않고 차를 타면 안된다는 조문을 찾고, 이에 위반하면 형벌인지 과태료인지를 규정한 조문을 찾아서 "누구든지 어떠한 행위를 하면 안된다. 그럼에도 불구하고 피의자는 언제 어디서 위 규정에 위반된 행위를 하였다," "피의자는 차량의 소유자가 아니고 차량의 소유자 A로부터 운행에 관한 정당한 위탁을 받은 사실이 없다. 그럼에도 불구하고 피의자는 언제 어디서 어떤 차량을 운행하였다"라고 범죄사실을 쓴다. 과태료 사안이라면 경찰이 신경쓸 여지는 많이 줄어든다.

## 2. 자동차관리법[81]

### ● 가. 유형별 수사착안사항

◆ 법조문, 구성요건, 범죄사실 기재례, 피의자신문조서 작성예시 등을 중심

### 1) 서론

차적조회로 적발되는 차량 유형으로는 크게 수배차량과 비수배차량으로 나뉘어진다.

수배차량은 도난차량, 무적차량(예 : 도난수배 후 등록말소된 차량 등), 범죄용의차량(강절도 등 범행이용 차량이나 교통사고 야기 후 도주차량 등), 번호판 도난, 기타 차량(렌트사에서 빌린 차량을 횡령한 경우, 기관 요청 수배, 의무보험 미가입차량 등)이 있으며, 차량운전자에 대하여 수배의 원인이 된 범죄의 종류에 따라 처리하면 된다. 즉 훔친 차량을 운행하다가 '도난차량'으로 적발되었다거나 훔친 번호판을 달고 자기 차량을 운행하다가 '번호판 도난'으로 적발되었다면 임의동행 또는 현행범체포 후 운행자의 절도 혐의를 조사하고, '범죄용의차량' 적발시 수배사실을 고지하고 형사·교통과 등 수배부서에 인계한다.

'기타 수배' 차량은 수배사실 고지, 차량 운행경위 등을 확인하고 임의동행 또는 현행범 체포 후 수사·교통과 등 수배입력 부서에 인계한다. 단, 경제범죄 관련 수배차량인 경우 민사관계로 얽혀있어 당장 소유관계를 파악하기 어려운 경우가 많으므로, 필요시 조회기를 통해 수배부서 확인 및 담당자와 협의하고 가급적 임의동행하는 것이 바람직하다.

비수배차량이 최근 개정된 자동차관리법을 위반한 차량인 경우가 대부분인데, ① 등록하지 않았거나 등록 후 말소된 차량을 운행한 경우(무적차량), ② 불법명의자동차(이전등록 미필, 일명 대포차)를 운행한 경우, ③ 자동차 소유자의 요청 등에 의한 '운행정지명령'이 있는 차량을 운행한 경우, ④ 의무보험 미가입 상태에서 운행한 경우(자동차손해배상보장법위반) 등의 유형이 있다. ⑥ 아울러, 경합사건처리지침상 음주·무면허 사건, 주민등록법위반 사건도 처리할 수도 있으므로 함께 서술한다. 이상 유형에 대하여 법조문, 구성요건, 범죄사실 기재례, 피의자신문조서 작성예시 등을 중심으로 설명하겠다.

---

81 '대포차 근절을 위한 『자동차관리법』(2016 개정법령) 수사매뉴얼(김성택)' 참조.

## 2) 무적차량 운행 ......................................................... (유형 1)

### ◈ 가) 관련 법조문

**제5조 (등록)**

자동차 (이륜자동차는 제외한다. 이하 이 조부터 제47조까지의 규정에서 같다)는 자동차등록원부(이하 "등록원부"라 한다)에 등록한 후가 아니면 이를 운행할 수 없다. 다만, 제27조 제1항에 따른 임시운행허가를 받아 허가 기간 내에 운행하는 경우에는 그러하지 아니하다.

**제80조 (벌칙)**

다음 각 호의 어느 하나에 해당하는 자는 2년 이하의 징역 또는 500만원 이하의 벌금에 처한다. 〈개정 2011.5.24, 2012.12.18, 2013.12.30, 2015.8.11〉

1. 제5조를 위반하여 등록하지 아니하고 자동차를 운행한 자

### ◈ 나) 구성요건

#### (1) 주 체

자동차를 운행한 자

#### (2) 객 체

자동차등록원부에 등록되지 않았거나 등록이 말소된 자동차를 의미한다.

#### (3) 행위

등록되지 아니하였거나, 등록이 말소된 차량을 운행하는 것을 말한다. '운행'이란 사람 또는 화물의 운송 여부에 관계없이 자동차를 그 용법에 따라 사용하는 것을 말한다.

이때 차량은 압수치 않고 앞·뒤 번호판을 임의제출 받아 압수한다(소유권 포기서징구). 압수 번호판은 말소된 차량의 번호판이므로 혐의 유무 관계없이 검사지휘를 받아 모두 폐기처분한다.

#### (4) 고의

이 죄의 성립에 요구되는 고의는 등록되지 아니하였거나 등록말소된 자동차를 운행한다는 인식이 필요하다.

### (5) 조사사항

자동차 운전면허가 있는지, 무등록 자동차를 운행한 일이 있는지, 언제/어떤 차량을 운행하였는지, 그 차량은 왜 등록이 되지 않았는지, 어디부터 어디까지 운행하였는지 등을 조사한다.

그리고 피의자가 말소등록사실 자체를 인식하기는 쉽지 않으나, 통상 대포차를 운행하는 자의 무책임한 태도, 소유권자와의 분쟁 인식가능성 등을 추궁하여 소유자의 말소등록신청 등의 대응을 예상 또는 인식했는지 조사할 필요가 있다.

과거에는 대포차 명의자가 차량등록 말소신청을 하려면 소유권이전판결 등을 받아야 가능하였으나, 현재 개정 자동차관리법 제13조 제3항 제3호에 의하면 운행정지명령에도 불구하고 계속 운행하는 경우 직권으로 말소등록이 가능하다.

따라서 피의자의 고의를 입증하려면 차량을 정상적으로 구입하였는지 또는 운행정지명령 자체의 인식여부를 조사하거나, 이것이 여의치 않을 경우 소유자와의 분쟁이나 책임보험 미가입 상태에서의 계속적인 운행 등 운행정지명령의 가능성 인식여부 등을 조사하여야 한다.

참고로 무등록차량 운행시 도로교통법 제93조 제1항 제16호에 의해 운전면허를 취소하여야 한다.

### ◈ 다) 범죄사실 예시

### (1) 무등록차량 운행

자동차는 자동차등록원부에 등록한 후가 아니면 운행하지 못한다. 그럼에도 불구하고 피의자는 일자불상경 정비소와 폐차장에서 수집한 중고부품 등으로 제작한 가로 2미터, 세로 5미터의 가솔린엔진차를 관할관청에 등록하지 아니하고 2016. 4. O. 10:00경 평택시 OOO동 OO번지 앞 노상에서 운행하였다.

### (2) 등록말소된 차량 운행

자동차는 자동차등록원부에 등록한 후가 아니면 운행하지 못한다. 그럼에도 불구하고 피의자는 2016. 4. O. 10:00경 평택시 OOO동 OO번지 앞 노상에서, 2016. 1. 2.경 소유자 박OO의 신청에 의해 등록말소된 01바1234호 그랜저 승용차량을 운행하였다.

### ◈ 라) 피의자신문조서 작성 예시

◆인정신문, '진술거부권 및 변호인 조력권 고지 등 확인', 정상관계 질문은 생략

문 : 피의자는 01바1234호 그랜저 승용차량을 운행한 사실이 있나요?

답 : 예, 있습니다.

문 : 언제 어디에서 운행하였나요?

답 : 오늘 출근하는 길에 2016. 4. O. 10:00경 성남시 중원구 OOO동 OO번지 앞 제 집 앞에서부터 단속당한 상대원동 XX번지 앞까지 운행하였습니다.

문 : 피의자는 위 차량을 언제 구입하였나요?

답 : 작년 말에 제 채무자인 박OO이 자기가 남의 차를 담보조로 가지고 있는데 채무변제조로 가져가라고 했습니다. 박OO이 말하기를, 자기의 채무자와는 채무가 완전히 해결된 차니 가져가라고 한 겁니다. 그래서 문제가 없을 줄 알고 제 박OO에 대한 채권 1천만원 대신에 가져온 겁니다.

문 : 그렇다면 현재 피의자가 탄 차량은 등록말소가 되어 있는데 어찌 된 것인가요?

답 : 박OO의 채무자가 차를 돌려달라고 말을 하더라...는 말은 들었는데 제가 신경쓸 문제가 아니라 가만히 있었습니다.

문 : 그러면 본건 차량은 기존 등록원부상 소유자가 말소등록신청을 한 것인데 피의자는 이에 대해 알고 있었나요?

답 : 그거야 구체적으로 몰랐습니다.

문 : 피의자는 본건 차량에 대하여 정기검사를 받거나 보험에 가입한 적이 있나요?

답 : 아니오. 제 명의가 아니라 그럴 수가 없었습니다.

문 : 그러면 피의자는 정상적으로 명의이전절차를 거치지 아니하고 본건 차량을 인도받은 것이고, 피의자 명의로 보험에 가입한다거나 정기검사를 받을 수가 없었는데, 어쨌든 피의자가 정상적으로 소유권행사를 할 수 없는 차량이라는 점은 알고 있었지요?

답 : 예, 그렇습니다.

문 : 피의자는 차량명의를 이전해가지 않으면 아무래도 법적인 문제가 생기겠다는 등의 걱정을 한 적이 있나요?

답 : 예, 그렇죠.

문 : 차량의 등록원부상 명의자가 피의자나 사건외 박OO에게 차량명의를 가져가라고 독촉한 적이 있던가요?

답 : 박OO이 그런 말은 전해 주더라고요. 그래도 뭐, 가만히 있었죠.

문 : 해당 차량의 보험은 어떻게 가입하였나요?

답 : 그런 거 신경 안 쓰고 그대로 운행하였습니다.

◆ 의무보험 미가입 상태에서 운행하였을 시 자동차손해배상보장법 제26조 제2항 2호, 제8조 위반과 경합범 처리-3년↓, 3천만원↓)

문 : 피의자는 자동차세를 납부한 사실이 있나요?

답 : 아직 안 냈습니다. 고지서가 제게 오지 않으니까요.

문 : 피의자는 위 차량의 정기검사를 받았는가요?

답 : 안 받았습니다.

문 : 본건 차량의 등록원부를 보면 속도위반 등 과태료 압류가 5회 기록되어 있는데 누가 운행하다가 생긴 것인가요?

답 : 제가 운행하다가 과속한 겁니다.

문 : 피의자는 이 과태료를 아직까지 납부하지 않은 것인가요?

답 : 예, 그렇습니다.

문 : 지금까지 피의자의 진술과 모든 사정을 종합해 보면 피의자는 본건 자동차가 말소등록된 사실을 구체적으로 몰랐다고는 해도, 차량을 계속 운행하다가 어느 날 소유자의 신청에 의해 말소되었는데, 처음부터 소유권분쟁이 생길 우려가 매우 높은 차량이었고 피의자가 명의이전을 받으려는 어떠한 노력도 하지 않았기 때문에 말소등록 등의 문제가 생길 수도 있겠다고 생각했을 것 같은데, 피의자는 이를 인정하나요(소유자의 말소등록신청이나 운행정지명령신청 등 대포차의 문제를 인식하였다는 점을 추궁할 필요 있음)?

답 : 예, 맞습니다.

(중략)

문 : 이상 진술이 사실인가요?

답 : (자필기재)

문 : 참고로 더하고 싶은 말이 있나요?

답 : (자필기재)

## 3) 이전등록 미이행......................................................................... (유형 2)

### ◈ 가) 관련 법조문

**제12조 (이전등록)**

① 등록된 자동차를 양수받는 자는 대통령령으로 정하는 바에 따라 시 · 도지사에게 자동차 소유권의 이전등록(이하 "이전등록"이라 한다)을 신청하여야 한다.

② 제53조에 따라 자동차매매업을 등록한 자(이하 "자동차매매업자"라 한다)는 자동차의 매도 또는 매매의 알선을 한 경우에는 산 사람을 갈음하여 제1항에 따른 이전등록 신청을 하여야 한다. 다만, 자동차매매업자 사이에 매매 또는 매매의 알선을 한 경우와 국토교통부령으로 정하는 바에 따라 산 사람이 직접 이전등록 신청을 하는 경우에는 그러하지 아니하다. 〈개정 2013.3.23〉

③ 자동차를 양수한 자가 다시 제3자에게 양도하려는 경우에는 양도 전에 자기 명의로 제1항에 따른 이전등록을 하여야 한다.

**제80조 (벌칙)**

다음 각 호의 어느 하나에 해당하는 자는 2년 이하의 징역 또는 500만원 이하의 벌금에 처한다. 〈개정 2011.5.24, 2012.12.18, 2013.12.30, 2015.8.11〉

2. 제12조 제3항을 위반하여 자기 명의로 이전 등록을 하지 아니하고 다시 제3자에게 양도한 자

**제81조 (벌칙)**

다음 각 호의 어느 하나에 해당하는 자는 1년 이하의 징역 또는 300만원 이하의 벌금에 처한다. 〈개정 2011.5.24, 2012.5.23, 2012.12.18, 2013.12.30, 2014.1.7, 2015.8.11〉

2. 제12조 제1항을 위반하여 정당한 사유 없이 자동차 소유권의 이전등록을 신청하지 아니한 자

◈ **나) 구성요건**

**(1) 주 체**

자동차를 양수받은 자

**(2) 객 체**

매매, 증여 등의 사유로 소유권이 이전되고, 그 전에 자동차등록원부에 등록된 자동차를 의미한다.

**(3) 행위(2015. 1. 20. 개정)**

자동차를 양수받고도 정해진 기간 내에 이전등록을 신청하지 아니하는 행위

◆ 이전등록 신청기간

① 매매의 경우 : 매수한 날부터 15일 이내

② 증여의 경우 : 증여를 받은 날부터 20일 이내

③ 상속의 경우 : 상속개시일이 속하는 달의 말일부터 6개월 이내

④ 그 밖의 사유로 인한 소유권이전의 경우 : 사유가 발생한 날부터 15일 이내

**(4) 고의**

이 죄의 성립에 요구되는 고의는 "정해진 기간 내에 이전등록을 해야 할 의무를 게을리한다는 인식"으로 족하다.

**(5) 수사착안**

이전원인(매매, 증여 등)의 일시, 장소를 특정하고, 자동차매매상 등으로부터 이전등록의무가 있다는 사실을 들었는지, 인감증명서를 넘겨주는 등 이전등록에 필요한 절차를 밟았는지, 자동차를 양수한 후 보험에 가입하였는지와 누구 명의로 가입하였는지 등을 조사한다.

또한 법 제85조 제1항, 제4항에 의해 본죄는 우선적으로 통고처분 대상(일사부재리효가 있음)이며 사법경찰관리에게도 통고처분의 직무권한이 생겼으므로, 사건을 인지한 경찰관은 통고처분을 하되, △1년내 재범 △죄를 범한 동기 · 수단 · 결과 등을 헤아려 통고처분하는 것이 타당

하지 않은 경우 △성명·주소 불확실 △통고처분을 거부하는 경우 등 통고처분을 하는 것이 적합하지 않은 경우 형사입건한다.

### ◆ 다) 범죄사실 예시

**(1) 등록된 자동차를 매매한 자는 매수한 날로부터 15일 이내에 이전등록을 하여야 한다.**

그럼에도 불구하고 피의자는 2016. 1. 1. 강남자동차매매센터 내 OO자동차판매 사무실에서 사건외 박OO로부터 01가1234 아반떼 차량을 매수하고도 2016. 3. 2. 현재까지 이전등록을 하지 아니하였다.

**(2) 등록된 자동차를 매매한 자는 매수한 날로부터 15일 이내에 이전등록을 하여야 한다.**

그럼에도 불구하고 2016. 1. 1. 사건외 박OO가 그 채권자인 이OO에게 채무담보로서 02나xxxx 쏘나타 승용차를 맡기고도 채무를 갚지 아니하자, 이OO가 피의자에게 그 자동차를 2016. 2. 2. 매도하였음에도 불구하고, 2016. 3. 2. 현재까지 이전등록을 하지 아니하였다.

### ◆ 라) 피의자신문조서 작성 예시

---

◆인정신문, '진술거부권 및 변호인 조력권 고지 등 확인', 정상관계 질문은 생략

문 : 피의자는 01가1234 아반떼 차량을 운행한 사실이 있나요?

답 : 예, 있습니다.

문 : 언제 어디에서 운행하였나요?

답 : 오늘 출근하는 길에 08시경 성남시 중원구 OOO동 OO번지 저의 집 앞에서부터 단속당한 상대원동 XX번지 앞까지 운행하였습니다.

문 : 피의자는 위 차량을 언제 구입하였나요?

답 : 사실은 정식으로 산 것이 아니고, 제 채무자인 박OO로부터 대여금 1,000만원에 대한 담보조로 맡아두고 있었는데 2016. 2. 2.경 박OO가 도저히 돈을 갚을 여력이 안 되니 차나 가져가라고 해서 차량매매대금을 대여금과 상계하기로 하고 가져오게 되었습니다. 즉 저는 차를 박OO로부터 산 것입니다.

문 : 그렇다면 피의자는 이 차량을 샀다고 주장하는 것이고, 위 차량의 등록명의자는 현재 피의자가 말한 박OO로 되어 있던데 피의자는 매매일로부터 1달이 지난 현재까지 왜 이전등록을 하지 않은 것인가요?

답 : 그런 생각은 하고 있었는데 귀찮기도 하고 지금 상태가 편하기도 해서 그대로 있었습니다.

문 : 피의자는 차량명의를 이전해가지 않으면 아무래도 법적인 문제가 생기겠다는 등의 걱정을 한 적이 있나요?

답 : 예, 그렇죠. 속도위반을 하면 박OO에게 날아갈 것이고...가만있지는 않겠죠.

문 : 사건외 박OO는 차량명의를 가져가라고 독촉한 적이 있던가요?

---

답 : 예. 그렇습니다. 제가 명의이전을 하지 않고 있었던 것입니다.

문 : 해당 차량의 보험은 어떻게 가입하였나요?

답 : 아직 박○○의 보험기간이 만료되지 않아서 그대로 운행하였습니다.

◆ 의무보험 미가입 상태에서 운행하였을 시 자동차손해배상보장법 제46조 제2항 2호, 제8조 위반과 경합범

처리-3년↓, 3천만원↓

문 : 피의자는 자동차세를 납부한 사실이 있나요?

답 : 아직 안 냈습니다. 고지서가 제게 오지 않으니까요.

문 : 피의자는 위 차량의 정기검사를 받았는가요?

답 : 안 받았습니다.

문 : 본건 차량의 등록원부를 보면 속도위반 등 과태료 압류가 5회 기록되어 있는데 누가 운행하다가 생긴 것

인가요?

답 : 제가 운행하다가 과속한 겁니다.

문 : 피의자는 이 과태료를 아직까지 납부하지 않은 것인가요?

답 : 예. 그렇습니다.

문 : 피의자는 매매일로부터 15일 내에 명의이전을 신청하지 않은 사실을 인정하는가요?

답 : 예. 그렇습니다. 조속히 명의이전을 하겠습니다.

**(중략)**

문 : 이상 진술이 사실인가요?

답 : (자필기재)

문 : 참고로 더하고 싶은 말이 있나요?

답 :(자필기재)

## 4) 불법명의자동차 운행 및 운행정지명령 위반 관련 ............. (유형 3)

### ◆ 가) 관련 법조문

**제2조(정의)** 이 법에서 사용하는 용어의 뜻은 다음과 같다.

3. "자동차사용자"란 자동차 소유자 또는 자동차 소유자로부터 자동차의 운행 등에 관한 사항을 위탁받은 자

를 말한다.

**제24조의2(자동차의 운행정지 등)** ① 자동차는 제2조 제3호에 따른 자동차사용자가 운행하여야 한다.

② 시 · 도지사 또는 시장 · 군수 · 구청장은 제1항의 요건에 해당하지 아니한 자가 정당한 사유 없이 자동차를 운행

하는 경우 자동차 소유자의 동의 또는 요청 등에 따라 해당 자동차의 운행정지를 명할 수 있다.

③ 시·도지사 또는 시장·군수·구청장은 제2항에 따른 운행정지를 명하는 경우 다음 각 호의 사항을 이행하여야 한다.

1. 해당 자동차에 대한 운행정지 처분사실을 등록원부에 기재

2. 해당 자동차의 운행을 방지·단속할 수 있도록 자동차등록번호와 차량 제원 등 필요한 정보를 경찰청장에게 제공

3. 필요한 경우 등록번호판을 영치하고, 영치 사실을 시·도지사 또는 시장·군수·구청장과 자동차 소유자에게 통보

4. 자동차등록번호, 운행정지 사유 및 자동차 제원 등을 공보 및 홈페이지에 공고

④ 시·도지사 또는 시장·군수·구청장은 제2항에 따라 운행정지를 명한 자동차에 대하여 필요한 경우 체납된 징수금 환수를 위하여 공매할 수 있다.

⑤ 시·도지사 또는 시장·군수·구청장은 제4항에 따른 공매에 대하여 전문지식이 필요하거나 그 밖에 특수한 사정으로 직접 공매하는 것이 적당하지 아니하다고 인정하는 경우에는 「금융회사부실자산 등의 효율적 처리 및 한국자산관리공사의 설립에 관한 법률」에 따라 설립된 한국자산관리공사에 공매를 대행하게 할 수 있다. 이 경우 공매는 시·도지사 또는 시장·군수·구청장이 한 것으로 본다.

⑥ 제2항 및 제3항에 따른 운행정지 동의 또는 요청·명령 및 등록번호판의 영치 방법 등에 관하여 필요한 사항은 국토교통부령으로 정한다.

[본조신설 2015.8.11.] [시행일 : 2016.2.12.] 제24조의2

**제81조(벌칙)** 다음 각 호의 어느 하나에 해당하는 자는 1년 이하의 징역 또는 300만원 이하의 벌금에 처한다. 〈개정 2011.5.24., 2012.5.23., 2012.12.18., 2013.12.30., 2014.1.7., 2015.8.11.〉

7의2. 제24조의2 제1항을 위반하여 자동차를 운행한 자

**제82조(벌칙)** 다음 각 호의 어느 하나에 해당하는 자는 100만원 이하의 벌금에 처한다. 〈개정 2014.1.7., 2015.1.6.〉

2조의2. 제24조의2제2항에 따른 운행정지명령을 위반하여 운행한 자

◆ **나) 구성요건**

**(1) 주 체**

법 제2조 제3호에 따른 자동차 사용자(자동차 소유자 또는 소유자로부터 운행 등을 위탁받은 자)가 아닌 자

## (2) 객 체

법규정의 해석상 운행자와 자동차의 소유자가 다른 자동차를 의미한다. 특히 법 제82조 제2조의2(운행정지명령위반) 관련하여서는 자동차 소유자의 동의 또는 요청 등에 따라 시·군·구청장이 운행정지 명령을 한 자동차를 의미한다.

## (3) 행위

(가) 법 제81조 제7의2호(불법명의자동차 운행) 관련 : 자동차 사용자 등이 아닌 자가 자동차를 운행하여야 한다.

(나) 법 제82조 제2조의2(운행정지명령위반) 관련 : 자동차 사용자가 아닌 자가 운행정지 처분이 된 자동차를 운행하여야 한다.

## (4) 고의

이 죄의 성립에 요구되는 고의는 "자신이 정당한 자동차 사용자가 아니라는 인식"과 "그럼에도 불구하고 자동차를 운행한다는 인식"이 필요하다.

현실적으로 "운행정지명령을 받은 사실"을 구체적으로 운행자가 인식하기는 어려우나 법률을 모른다고 하여 위법성이 조각되지 아니하고, 소유자 불명의 차량을 현저히 싼 값에 매입했다든가 등록원부상 정당한 소유권자로부터 매매한 것이 아니어서 소유자로부터 법적인 분쟁에 휘말릴 수 있을 가능성을 어느 정도 인식하였다면 고의 인정에 충분하리라고 본다(세금이나 과태료를 내지 않았다거나 정기검사 미이행, 의무보험 미가입운행 등의 행태가 피의자의 고의를 뒷받침하는 자료라고 판단됨).

## (5) 수사착안

차량취득, 권리관계(명의·보유자) 및 운행경위 등을 조사하여야 하고, '이전등록 미이행'과 '운행정지 명령 위반'을 동시에 경합범으로 처리하는 것이 가능하다.

자동차는 동산이기는 하나, 자동차 소유권의 득실변경은 부동산의 경우와 같이 등록원부에 등록함으로써 효력이 생기는 바(자동차관리법 제6조), 채무자가 채권자에게 담보로 맡긴 차량을 산 것이라고 주장하더라도 등록원부상 명의이전이 되지 않는 한 법적으로 소유권자가 아님을 유념하여야 한다.

## ◈ 다) 범죄사실 예시

### (1) 불법명의자동차 운행 관련

자동차 소유자 또는 자동차 소유자로부터 자동차의 운행 등에 관한 사항을 위탁받은 자가 아니면 자동차를 운행할 수 없다.

피의자는 2016. 1. 1. 사건외 박OO가 그 채권자인 이OO에게 채무담보로서 02나xxxx 쏘나타 승용차를 맡기고도 채무를 갚지 아니하자, 이OO가 피의자에게 그 자동차를 2016. 2. 2. 매도하였기 때문에 자신이 정당한 자동차 사용자가 아닌 정을 알고 있었다.

그럼에도 불구하고 피의자는 2016. 2. 2.부터 단속 당시인 2016. 3. 2. 09시 현재까지 자동차 사용자가 아님에도 위 02나xxxx 쏘나타 승용차를 운행하였다.

### (2) 운행정지명령 위반 관련

시장·군수·구청장은 자동차 소유자 또는 자동차 소유자로부터 자동차의 운행 등에 관한 사항을 위탁받은 자가 아닌 사람이 자동차를 운행하는 경우 소유자의 동의 또는 요청에 따라 해당 자동차의 운행정지를 명할 수 있고, 누구든지 운행정지명령을 받은 자동차를 운행하면 아니된다.

그럼에도 불구하고 피의자는 2016. 3. 2. 10:00경 성남시 중원구 OOO동 OO번지 앞 노상에서 성남시장이 2016. 2. 2.자로 운행정지명령을 한 02나xxxx 쏘나타 차량을 운행하였다.

## ◈ 라) 피의자신문조서 작성 예시

> ◆인정신문, '진술거부권 및 변호인 조력권 고지 등 확인', 정상관계 질문은 생략
>
> 문 : 피의자는 02나xxxx 쏘나타 승용차를 운행한 사실이 있나요?
>
> 답 : 예, 그렇습니다.
>
> 문 : 언제부터 언제까지 운행하였나요?
>
> 답 : 2016. 2. 2.경 이OO라는 사람으로부터 산 이후부터 지금까지 운행하였습니다.
>
> 문 : 위 차량의 등록원부상 명의인은 박OO로 되어 있는데 피의자는 이 사람을 아는가요?
>
> 답 : 저는 이OO에게 차를 산 것인데 박OO은 이OO의 채무자라고 들었습니다. 박OO이 담보로 차를 맡긴 것인데 돈을 갚지 않자 이OO가 제게 싼 값에 처분한 것입니다.
>
> 문 : 그러면 피의자는 등록원부상 명의인인 박OO에게 차량을 운행해도 좋다는 승낙이나 위탁을 받은 사실이 있나요?
>
> 답 : 없습니다.
>
> 문 : 피의자는 이OO로부터 차량을 구입하였다는 증빙자료가 있나요?
>
> 답 : 예, 여기 있습니다.

이때 피의자가 임의로 차량 내 보관중이던 매매계약서와 등록원부를 임의제출하므로 이를 사본하여 조서말미에 첨부하다.

문 : 해당 차량의 보험은 어떻게 가입하였나요?

답 : 아직 박○○의 보험기간이 만료되지 않아서 그대로 운행하였습니다.

◆ 의무보험 미가입 상태에서 운행하였을 시 자동차손해배상보장법 제26조 제2항 2호, 제8조 위반과 경합범처리-3년↓, 3천만원↓)

문 : 피의자는 자동차세를 납부한 사실이 있나요?

답 : 아직 안 냈습니다. 고지서가 제게 오지 않으니까요.

문 : 피의자는 위 차량의 정기검사를 받았는가요?

답 : 안 받았습니다.

문 : 본건 차량의 등록원부를 보면 속도위반 등 과태료 압류가 5회 기록되어 있는데 누가 운행하다가 생긴 것인가요?

답 : 제가 운행하다가 과속한 겁니다.

문 : 피의자는 이 과태료를 아직까지 납부하지 않은 것인가요?

답 : 예, 그렇습니다.

**(가) 불법명의자동차 운행 관련**

문 : 피의자는 등록원부상 소유자가 아니고, 소유자로부터 운행해도 좋다는 승낙이나 위탁을 받은 사실이 없음에도 위 02나xxxx 쏘나타 승용차를 운행한 사실을 인정하는가요?

답 : 예, 그렇습니다. 싼 맛에 산 차인데 이렇게 골치아프게 되어서 후회합니다.

문 : 결국 이 차량은 정상적으로 매매가 된 차량도 아니고 피의자도 위 차량을 등록원부상 소유자가 아닌 사람으로부터 시세보다 훨씬 싼 값에 산 자동차이기 때문에 법적으로 원만하게 운행하기는 힘들다는 것을 알았던 것 아닌가요?

답 : 예, 그렇죠

문 : 그렇기 때문에 피의자는 자동차세, 과태료를 내지 않았고 정기검사도 받지 않았으며 의무보험에도 가입하지 않은 것이지요?

답 : 예, 그렇습니다.

---

**(나) 운행정지명령 위반 관련**

문 : 피의자는 등록원부상 소유자가 아니고, 소유자로부터 운행해도 좋다는 승낙이나 위탁을 받은 사실이 없음에도 위 02나xxxx 쏘나타 승용차를 운행한 사실을 인정하는가요?

답 : 예, 그렇습니다. 싼 맛에 산 차인데 이렇게 골치아프게 되어서 후회합니다.

문 : 피의자가 오늘 단속에 걸린 이유는 소유자인 박○○가 시청에 운행정지명령을 신청하였기 때문에 불법명의자동차로 조회가 되었기 때문입니다. 피의자는 이에 대해 알고 있었나요?

답 : 채권자 이OO를 통해서 박OO가 돈을 갚을테니 차를 돌려달라고 한다는 얘기는 들었습니다. 저는 제가 차를 산 값을 받기 전까지는 못 돌려주겠다고 했죠.

문 : 그러면 피의자는 위 차량이 운행정지명령을 받은 자동차라는 사실을 알고 있었나요?

답 : 저야 구체적으로 운행정지명령이란 게 있는지 잘 몰랐습니다.

문 : 그럴더라도 이 차량은 정상적으로 매매가 된 차량도 아니고 피의자도 위 차량을 등록원부상 소유자가 아닌 사람으로부터 시세보다 훨씬 싼 값에 산 자동차이기 때문에 법적으로 원만하게 운행하기는 힘들다는 것을 알았던 것 아닌가요?

답 : 예, 그렇죠.

문 : 그렇기 때문에 피의자는 자동차세, 과태료를 내지 않았고 정기검사도 받지 않았으며 의무보험에도 가입하지 않은 것이지요?

답 : 예, 그렇습니다.

———

[(가), (나)공통....]

(중략)

문 : 이상 진술이 사실인가요?

답 :

문 : 참고로 더하고 싶은 말이 있나요?

답 :


◈ 마) 현장에서의 쟁점(차량포기각서 등)

불법명의자동차 단속현장에서 운행자가 '차량소유권포기각서'등을 들며 채무자로부터 받은 차량인데 소유권포기를 받았으니 운행해도 된다고 변명하는 경우가 있다. 그러나 차량포기각서는 차량담보대출시 약자 입장인 채무자가 다른 채무관련 서류와 함께 일괄적으로 도장만 찍어서 주는 것으로, 채무발생 당시에는 "내 차를 운행해도 좋다"는 허락까지는 없었던 것으로 보는 것이 상식에 맞다.

왜냐하면 차량이 도로에 나오는 순간 사고의 위험, 주정차위반이나 과속단속으로 인한 과태료의 위험 등에 노출되기 때문에 채무자 입장에서는 빨리 돈을 갚고 차를 돌려받기 원하는 것이지 자기 차량이 도로에 돌아다녀도 상관없다고 생각하는 경우는 상상하기 어렵기 때문이다.

따라서 불법명의운행차량 단속 당시 채무자의 의사를 확인하여 "차량이 돌아다녀도 좋다고 허락을 했느냐?"라고 질문하여 "운행에 관한 소유자의 정당한 위탁이 있었는지" 여부를 조사하여야 할 것이다.

다만 특수한 사정(예컨대 채무상환이 불가능할 지경의 채무자가 채무독촉을 받고 "차량을 가져가라, 차량을 포기한다. 차량 받는 걸로 빚을 대신해라"라는 등의 구체적인 차량포기의사나, 운행에 관한 위탁이 있었다고 볼 사실관계)이 있다면 운행에 관한 정당한 위탁이 있었다고 볼 여지가 있기는 하다(이 견해는 작성자의 사견이 반영된 것이므로 검찰과 법원의 판단을 받아 볼 필요가 있다).

## 5) 불법명의자동차 운행 관련, 의무보험 미가입상태 운행 ....... (유형 4)

### ◈ 가) 관련 법조문

**제8조 (운행의 금지)**
의무보험에 가입되어 있지 아니한 자동차는 도로에서 운행하여서는 아니 된다. 다만, 제5조 제4항에 따라 대통령령으로 정하는 자동차는 운행할 수 있다.

**제46조 (벌칙)**
② 다음 각 호의 어느 하나에 해당하는 자는 1년 이하의 징역 또는 1천만원 이하의 벌금에 처한다. 〈개정 2012.2.22, 2015.1.6〉
2. 제8조 본문을 위반하여 의무보험에 가입되어 있지 아니한 자동차를 운행한 자동차보유자

### ◈ 나) 범죄사실 예시

누구든지 자동차 의무보험에 가입되어 있지 아니한 자동차를 도로에서 운행하여서는 아니된다.
그럼에도 불구하고 피의자는 2016. 3. O. OO:OO경 성남시 중원구 OO 앞 도로상에서 12부9XX6호 그랜저 승용차를 자동차 의무보험에 가입하지 아니한 상태로 운행하였다.

### ◈ 다) 피의자신문조서 예시

〈불법명의자동차의 운행에 대하여 조사한 후〉
문 : 피의자가 2016. 3. O. OO:OO경 위 차량을 운행할 당시 의무보험에 가입하였나요?
답 : 아닙니다.
문 : 피의자는 의무보험에 가입되어 있지 아니한 자동차는 도로에서 운행하여서는 안된다는 사실을 알고 있나요?
답 : 예, 알고 있습니다. 인정합니다.
문 : 이상 진술이 사실인가요?
답 :

## 6) 자동차 음주운전 (경합사건 처리과정 중)............................ (유형 5)

### ◈ 가) 관련 법조문

**제44조 (술에 취한 상태에서의 운전 금지)**

① 누구든지 술에 취한 상태에서 자동차등(「건설기계관리법」 제26조 제1항 단서에 따른 건설기계 외의 건설기계를 포함한다. 이하 이 조, 제45조, 제47조, 제93조 제1항 제1호부터 제4호까지 및 제148조의2에서 같다)을 운전하여서는 아니 된다.

**제148조의2 (벌칙)**

① 다음 각 호의 어느 하나에 해당하는 사람은 1년 이상 3년 이하의 징역이나 500만원 이상 1천만원 이하의 벌금에 처한다.

1. 제44조 제1항을 2회 이상 위반한 사람으로서 다시 같은 조 제1항을 위반하여 술에 취한 상태에서 자동차등을 운전한 사람

2. 술에 취한 상태에 있다고 인정할 만한 상당한 이유가 있는 사람으로서 제44조제2항에 따른 경찰공무원의 측정에 응하지 아니한 사람

② 제44조 제1항을 위반하여 술에 취한 상태에서 자동차등을 운전한 사람은 다음 각 호의 구분에 따라 처벌한다.

1. 혈중알콜농도가 0.2퍼센트 이상인 사람은 1년 이상 3년 이하의 징역이나 500만원 이상 1천만원 이하의 벌금

2. 혈중알콜농도가 0.1퍼센트 이상 0.2퍼센트 미만인 사람은 6개월 이상 1년 이하의 징역이나 300만원 이상 500만원 이하의 벌금

3. 혈중알콜농도가 0.05퍼센트 이상 0.1퍼센트 미만인 사람은 6개월 이하의 징역이나 300만원 이하의 벌금

③ 제45조를 위반하여 약물로 인하여 정상적으로 운전하지 못할 우려가 있는 상태에서 자동차 등을 운전한 사람은 3년 이하의 징역이나 1천만원 이하의 벌금에 처한다.

### ◈ 나) 범죄사실 예시

### (1) 범죄사실 1 (위반전력 없는 경우)

피의자 서OO는 07머XXXX호 차량을 운전한 사람이다. 2016. 4. 11. 23:12경 혈중알콜농도 영점영오사퍼센트(0.054%)의 술에 취한 상태로 성남시 분당구 OOO로 OO역 앞길을 출발하여 같은시 중원구 OO동에 있는 OOO 앞길에 이르기까지 약 800m 의 구간에서 운전하였다.

## (2) 범죄사실 2 (위반전력 있는 경우)

피의자는 2007년 7월 11일, 2016년 1월 27일 음주운전을 하다 2회 처분을 받은 전력이 있는 자로, 성남시 중원구 OO동 XXXX 모란역 부근 앞 도로에서부터 성남시 중원구 OO동 OO터널 약 100m 전 앞 도로에 이르기까지 혈중알콜농도 0.079%의 술에 취한 상태로 약 6km 정도의 거리를 62로XXXX호 그랜저 승용차를 운전하였다.

### ◈ 다) 피의자신문조서 예시

문 : 피의자는 술을 마신 상태에서 자동차를 운전한 사실이 있습니까?

답 : 예. 사실입니다.

문 : 일시 및 장소를 말하세요?

답 : 2016. 4. 8. 22:08경 OOO동에 있는 OOO 앞 도로상입니다.

문 : 피의자는 운전면허를 소지하고 있나요?

답 : 예. 1종 보통 자동차운전면허 소지하고 있습니다.

문 : 피의자가 운전한 차량 번호, 차종, 소유주를 말하세요?

답 : 12서XXXX호, 싼타페 승용차량이고, 제 소유입니다.

문 : 음주측정은 하였나요?

답 : 예. 호흡측정 하였습니다.

문 : 음주 측정수치에 대하여 알고 있나요?

답 : 예. 0.122%입니다.

문 : 위 측정수치에 대하여 이의가 있나요?

답 : 이의 없습니다.

문 : 술을 마신 일시 및 장소를 말하세요?

답 : 단속당일 저녁 6시경부터 약 40분에 걸쳐 상대원(공단)에 있는 OO식당에서 식사하면서 반주로 마셨습니다.

문 : 피의자가 마신 술의 종류와 양은 얼마나 되나요?

답 : 소주 1병 정도 마셨습니다.

문 : 술은 누구와 마셨나요?

답 : 직원들과 마셨습니다.

문 : 당시 운전을 한 이유는 무엇인가요?

답 : 제 배우자가 저녁에 회식이 있어서 22:30경 OOO동에서 만나기로 하였는데, 그곳으로 이동하다가 단속이 된 것입니다.

문 : 운전을 한 거리는 얼마나 되나요?

답 : 상대원동 OO시티(사무실) 건물 앞 도로에서부터 단속지점까지 약 800M 미만의 거리입니다.

문 : 전에도 음주운전으로 적발된 적이 있나요?

답 : 아니오, 이번이 처음입니다.

## 7) 자동차 무면허운전 (경합사건 처리과정 중)........................ (유형 6)

### ◈ 가) 관련 법조문

**제43조 (무면허운전 등의 금지)**

누구든지 제80조에 따라 지방경찰청장으로부터 운전면허를 받지 아니하거나 운전면허의 효력이 정지된 경우에는 자동차등을 운전하여서는 아니된다.

**제152조 (벌칙)**

다음 각 호의 어느 하나에 해당하는 사람은 1년 이하의 징역이나 300만원 이하의 벌금에 처한다.

1. 제43조를 위반하여 제80조에 따른 운전면허(원동기장치자전거면허는 제외한다. 이하 이 조에서 같다)를 받지 아니하거나(운전면허의 효력이 정지된 경우를 포함한다) 또는 제96조에 따른 국제운전면허증을 받지 아니하고(운전이 금지된 경우와 유효기간이 지난 경우를 포함한다) 자동차를 운전한 사람

### ◈ 나) 범죄사실 예시

피의자는 음주운전으로 적발되어 110일간의 운전면허 정지기간(2016. 1. 28.-2016. 4. 26.)중에 성남시 중원구 OO동 XXXX 모란역 부근 앞 도로에서부터 성남시 중원구 OO동 중원터널 약 100m 전 앞 도로에 이르기까지 위 62로XXXX호 그랜저 승용차를 무면허 운전하였다.

### ◈ 다) 피의자신문조서 예시

문 : 피의자는 자동차운전면허 없이 자동차를 운전하다가 적발된 사실이 있나요?

답 : 예, 사실입니다.

문 : 단속된 일시 및 장소를 진술하세요?

답 : 2016. 4. 11. 13:45경 성남시 중원구 순환로 OOO번길 OO 앞 도로상입니다.

문 : 피의자가 운전한 차량번호, 차종, 소유주를 진술하세요?

답 : 16우XXXX호. 소나타 승용차량이고, 제 소유입니다.

문 : 피의자는 자동차운전면허를 소지하고 있나요?

답 : 아니오, 자동차 운전면허가 없습니다.

문 : 피의자는 자동차운전면허가 왜 없나요?

답 : 2008년도에 음주운전으로 취소된 이후 현재까지 면허를 취득하지 못하였습니다.

문 : 왜 자동차운전면허를 취득하지 않았나요?

답 : 생계 때문에 일하느라 운전면허 시험 보기가 어려웠으나, 또한 틈틈이 시간내서 보기는 했지만, 계속 떨어져서 결국 현재까지 운전면허를 취득하지 못한 것입니다.

문 : 피의자가 금일 운전한 거리는 얼마나 되나요?

답 : 금일 13:20경 서울시 송파구 OO동에 있는 OO역 앞 도로에서부터 단속지점까지 약 15Km 미만의 거리입니다.

문 : 피의자는 왜 자동차운전면허 없이 운전한 것인가요?

답 : 일을 마치고 귀가하느라 운전하게 된 것입니다.

문 : 피의자는 자동차운전면허가 취소되어 현재 무면허 상태임을 알고 있었나요?

답 : 예, 알고 있었지만, 생계 때문에 어쩔수 없이 운전하였습니다.

문 : 참고로 더 할 말이 있나요?

답 : 아니오, 앞으로는 힘들어도 반드시 운전면허를 취득하고 운전하도록 하겠습니다. 선처 부탁드립니다.

## 8) 주민등록법위반 (차량검문시 타인의 주민등록증 제시)......... (유형 7)

### ◈ 가) 관련 법조문

**제37조 (벌칙)**

다음 각 호의 어느 하나에 해당하는 자는 3년 이하의 징역 또는 1천만원 이하의 벌금에 처한다. 〈개정 2009. 4. 1, 2014. 1. 21.〉

8. 다른 사람의 주민등록증을 부정하게 사용한 자

### ◈ 나) 범죄사실 예시

피의자는 2016. 1. 2. 10:00경 OO앞 노상에서 홍OO의 주민등록증을 소지하여 습득하고 있던 중, 2016. 4. O. 20:00경 성남시 중원구 금상로 O 앞 노상에서 음주운전 단속중인 성남중원경찰서 교통관리계 경O OOO에게 위 홍OO의 주민등록증을 신분확인용으로 제시하여 타인의 주민등록증을 부정하게 사용하였다.

### ◆ 다) 피의자신문조서 예시

문 : 피의자는 금일 음주단속을 당한 적이 있는가요?

답 : 예, 그렇습니다.

문 : 피의자는 음주단속 중인 교통경찰관에게 본인확인용으로 주민등록증을 제시한 적이 있는가요?

답 : 예, 그렇습니다.

문 : 그 주민등록증은 피의자의 것인가요?

답 : 아닙니다.

문 : 그렇다면 언제, 어디서 구한 것인가요?

답 : 홍○○의 주민등록증인데 ○○경 ○○에서 주웠습니다.

문 : 피의자는 그 주민등록증을 우체통에 넣거나 다른 방법으로 주인에게 돌려주려고 했는가요?

답 : 아닙니다.

문 : 피의자가 금일 음주단속시 교통경찰관에게 제시한 주민등록증은 타인의 것인데 왜 그랬나요?

답 : 교통경찰관이 제 이름을 물어보는데, 겁이 나서 다른 사람의 이름을 둘러대려고 한 것입니다. 죄송합니다.

문 : 그러면 피의자는 습득한 홍○○의 주민등록증을 부정하게 사용한 사실을 인정하는가요?

답 : 예, 그렇습니다.

## ● 나. 자동차관리법 관련 Q&A

### 질문 1〉 자동차관리법 제81조 제2호가 즉시범인지 여부

통고처분 관련, 범칙행위를 한 날로부터 1년 이내에 동일한 위반행위를 한 사람은 범칙자가 아니어서 형사처벌을 한다고 규정되어 있는데, 이미 1차례 적발된 상태에서 1년 이내에 다시 적발된 경우에 위 자관법 제85조 제2항 제1호가 적용되는지 여부가 문제됨. 즉 자동차 이전등록 미이행 상태가 계속되는 경우 즉시범으로 보아 다시 기소가 불가능한지, 아니면 계속범으로 보아 기소가 가능한지 여부가 문제됨.

### ◆ 답변 : 본죄는 즉시범으로 이해됩니다.

자동차관리법 제81조 제2호, 제12조 제1항 위반죄는 등록된 자동차를 양수받은 자가 그 자동차를 매수한 날부터 15일 이내에 소유권 이전등록 신청을 하지 아니함으로써 곧바로 범죄가 성립하고 그와 동시에 완성되는, 이른 바 즉시범이라고 보아야 합니다.

동법 제80조 제2호, 제12조 제3항의 경우에도 이와 마찬가지로 즉시범으로 봄이 상당합니다.

따라서 최초 이전등록 미이행으로 인해 처벌받았다면 그 후 이전등록을 여전히 미이행하고 있더라도 새로운 범죄가 발생한 것이 아니어서 기소가 불가능하다고 보아야 합니다. 다만, 공소시효 기간이 지나서 최초로 적발되었다면 즉시범의 성격상 불송치(공소권없음) 사안이 될 것입니다.

◆ **대법원 2013. 7. 25. 선고 2012도15057 판결**

'자동차소유권 이전등록 미신청'으로 인한 자동차관리법 제81조 제2호, 제12조 제1항 위반죄가 즉시범인지 여부 (적극) 및 구 자동차관리법 제84조 제2항 제2호, 제12조 제1항 위반행위도 마찬가지인지 여부(적극)

## 질문 2〉 이전등록 미이행의 정당한 사유 존재시

자동차를 양수한 자가 전소유자로부터 관련 서류를 받지 못하거나 법률적 불능, 원시적 불능, 상품용 차량이거나 전소유자가 리스회사나 캐피탈회사로 되어 있는 등의 사유로 이전등록 의무자의 귀책사유 없이 미이행한 경우 기소가 가능한지?

◆ **답변** : 자동차관리법 제81조 제2호에서 '정당한 사유없이'라는 문구가 있기 때문에 이전등록을 하지 아니한 정당한 사유가 있음이 조사과정에서 입증된다면 마땅히 기소가 불가능할 것입니다.

**자동차관리법 제81조 (벌칙)**

다음 각 호의 어느 하나에 해당하는 자는 1년 이하의 징역 또는 300만원 이하의 벌금에 처한다.

2. 제12조 제1항을 위반하여 정당한 사유 없이 자동차 소유권의 이전등록을 신청하지 아니한 자

## 질문 3〉 운행정지명령을 몰랐다고 변명하는 경우

운행정지명령 관련, 실제 임시운행자의 경우는 대부분 운행정지명령 차량이라는 사실을 잘 모르는 것이 현재 실정인데 이 경우 운행정지명령 사실을 모르고 운행하였다고 변명하는 경우 단순 법률의 부지로 볼 것인지 아니면 구성요건 해당이 없다고 할 것인지 문제됨.

즉 통상적으로 실제 운영자는 아무런 문제 없이 잘 타고 다니다가 어느 날 갑자기 운행정지명령이 떨어져 현장에서 임의동행 되어 오는 경우가 많고, 이 경우 처음에 아무런 이상없이 경찰에 적발도 안 되고 잘 타고 다녔는데 어느 날 갑자기 그렇게 되었다고 변명하는 경우 어떻게 처리할 것인지?

◆ **답변** : 위법성의 인식이 없다는 것은 단순한 법률의 부지를 말하는 것이 아니라, 일반적으로는 범죄가 되는 경우이지만 자기의 특수한 경우에는 법령에 의하여 허용된 행위로서 죄가 되지 아니한다고 그릇 인식하고 그와 같은 그릇 인식함에 정당한 이유가 있는 경우에는 벌하지 아니한다는 취지로 파악하고 있기 때문에(대법원 2006. 11. 23. 선고 2005도5511판결 등), 단순히 운행정지명령을 몰랐다고 변명함에도 불구하고 차량의 취득경위, 차량의 운행상태, 보험 가입 여부 등을 종합하여 볼 때, 자기의 차같이 생각하고 관리했는지, 남의 차를 부담없이 탄다고 생각했는지에 따라 판단해야 한다고 봅니다.

그와 반대로 해석한다면 구체적인 운행정지명령 발령을 모른다고 변명하는 경우, 그간 남의 차를 부담없이 편하게 타면서 그 부담은 남에게 전가해 온 피의자의 태도가 드러날 경우에도

피의자를 처벌할 수 없게 되어 대포차 운행을 근절하려는 개정법의 취지에 반한다고 봅니다. 또한 운행정지명령에 대한 인식이 없었다고 명백히 인정되는 경우 등록원부상 자동차 소유주로부터 운행에 관한 정당한 위탁을 받았는지 여부까지 수사하여야 할 것입니다.

### 질문 4〉 현장에서 운행사실 입증이 곤란한 경우

지구대 파출소에서는 통상적으로 운행중에 적발하는 경우는 거의 없고 주차되어 있는 차량을 차적조회하여 위반 사항을 확인하고, 그 이후에 차량에 적혀 있는 연락처로 차량 점유자에게 전화하여 만나게 되는데 이 경우 차량 점유자가 실제 운행을 한 사실이 없고, 그냥 주차만 해 두었을 뿐이라고 변명하는 경우에 현실적으로 수사해서 운행했다는 것을 입증할 방법은?

◆ 답변 : 운행 중 조회기로 적발된 경우는 운행사실 입증에 어려움이 없을 것이지만, 주차 중 적발되었다면 인근 차량의 CCTV나 동네의 CCTV, 피의자의 주유내역 등을 수사하여야 할 것이며, 주정차위반이나 속도위반 과태료 등 적발사실이 있다면 그 자체로 입증이 될 것입니다.

### 질문 5〉 번호판영치 등 용어 설명

차량 번호판 영치, 인도명령 등 경찰관들이 혼동을 많이 하고 있어 이 부분에 대한 명확한 용어 설명이 필요하고 차량에 대한 조치도 궁금함(차량을 압수해야 하는지, 번호판만 압수해야 하는지, 행위자를 체포해도 되는지 등).

◆ 답변 : 1) 등록번호판의 영치 : 차적조회 결과 '운행정지명령 안내'가 현출되는 경우를 말하며, 법적 용어로는 운행정지명령을 받은 자동차의 등록번호판 영치입니다.

지구대에서 운행정지명령을 받은 차량을 운행한 운전자를 적발하여 차량취득·운행 경위 등을 확인하고 자동차관리법위반 혐의로 임의동행(또는 현행범체포)하여, 수사과에 인계하고, 수사과에서는 피의자를 해당법조 위반으로 조사하면서 지자체(차량등록사업소)에 연락하여 번호판 영치토록 인계합니다. 단, 경찰과태료 고액 체납에 따른 번호판영치 대상차량(질서위반행위규제법 §55)으로 확인된 경우에는 먼저 번호판영치 조치 후 지자체 통보합니다.

그리고 운전자 없이 차량만 발견된 경우 운행사실이 확인되지 않는 때에는 별도로 차량에 대해 조치할 필요가 없습니다.

**자동차관리법 제24조의2 제3항 제3호**
시, 도지사 등은 운행정지를 명하는 경우 필요한 경우 등록번호판을 영치하고 영치 사실을 시, 도지사 등과 자동차 소유자에게 통보하여야 한다.

**자동차관리법 시행규칙 제23조의2**

시장, 군수 또는 구청장은 등록번호판을 영치한 경우에는 별지 서식의 영치증을 자동차 소유자에게 발급하여야 한다. 다만 발급곤란시 해당 자동차에 영치증을 부착하는 것으로 발급을 갈음할 수 있다.

### 질문 6〉 대포차의 판단기준

자동차관리법위반 건으로 기소하게 될 경우 운전면허 정지, 취소 등 행정처분이 수반되어 당사자에게는 큰 불이익이 갈 수도 있어 형사처벌과는 별도로 민원 제기 등의 소지가 많음.

◆ 답변 : 대포차 운행여부는 자동차의 운행지역, 운행형태, 자동차 소유자의 사회적, 경제적 상황, 자동차 소유자와 운전자의 관계 및 그 밖의 정황 등을 종합하여 판단하되, 민원야기 등 마찰발생 가능성이 있으므로 압류과다, 의무보험 미가입 여부 등을 확인해 신중히 판단하여야 합니다(지방청 지침).

◆ ① 과태료 압류 50건↑ ② 정기검사 미필 3회↑ ③ 의무보험 미가입 6월↑

④ 자동차세 미납 6회↑, 4가지 교집합을 대포차로 본다는 것이 국토교통부의 기준이나, 개정 자관법의 취지상 경찰 입장에서는 이보다 완화될 것이 필요합니다.


### 질문 7〉 자동차손해보장법위반 혐의 조사시 피조사자의 책임보험 가입여부는 어떻게 확인을 해야 되는가요?

◆ 답변 : 소속 지방경찰청 교통과 교통안전계 체납과태료 징수 담당자에게 행정전화로 알아보고 수사보고를 작성하였습니다.


### 질문 8〉 대상차량에 대한 번호판 영치 대상여부, 과태료 체납(시군구 및 경찰청 범칙금) 내역 금액이 얼마인지 어떻게 확인을 해야 되는가요?

◆ 답변 : 경찰청 범칙금 체납내역은 경찰서 교통민원실로 행정전화하여 확인하고 있고, 시군구 과태료 체납내역은 차량등록사업소에 전화합니다.


### 질문 9〉 만약 대상차량 번호판을 압수했을 경우 압수물의 처리절차는 어떻게 되나요?

◆ 답변 : 앞, 뒤 번호판 2개는 송치하고, 번호판을 제거한 차량은 렉카차로 견인조치합니다.


### 질문10〉 대상차량의 번호판을 압수하지 못하였으나, 번호판 영치 대상 차량일 경우에 어디에 어떻게 전화를 해서 차량을 처리 해야 되나요?

◆ 답변 : 경찰서 경무과에서는 주차장이 좁다고 빨리 처리를 하라고 항상 재촉을 하고 있는 실정이라 빠른 조치가 필요합니다. 운행정지명령 자체가 지자체의 권한이고 경찰청은 업무처리를 위한 정보를 제공받는 입장이기 때문에 범죄로 인한 압수물이 아닌 이상 차량에 대한 처분권한이 없다고 할 수 있으므로, 통상 지자체(차량등록사업소)에 연락하여 차를 가져가라고 하

는 경우가 대부분입니다.

사견으로는, 본건 업무처리는 소유자의 이익을 위한 것이고, 번호판 영치를 통해 운행자의 운전을 불가하게 만드는 조치가 행해지기 때문에, 경찰은 단속장소 인근 공용 주차장에 차를 주차하게 하고, 소유자가 법적 절차를 거쳐 차를 찾아가게 한 후 주차비는 소유자의 부담으로 하게 하는 것이 옳다고 생각합니다.

**질문11〉** 대포차 관련해서 잘 따라오는 경합사건 관련, 피의자가 본인확인용으로 타인의 '주민등록증'을 제시한 경우, 지구대에서는 공문서부정행사로 현행범체포했는데 경제팀에서는 주민등록법위반으로 죄명 변경해서 송치하고 있는데 어떤게 맞나요?

◆ **답변 :** 주민등록법위반이 형법상 공문서부정행사죄에 대하여 일종의 특별법이고 법정형이 더 높으므로 주민등록법위반으로 의율해야 합니다.

## 3. 저작권법

### ● 가. 저작권법 규정

**저작권법 [시행 20170321] [법률 제14634호, 2017.3.21.,일부개정]**

**제2조 (정의)**

이 법에서 사용하는 용어의 뜻은 다음과 같다.

1. "저작물"은 인간의 사상 또는 감정을 표현한 창작물을 말한다.

2. "저작자"는 저작물을 창작한 자를 말한다.

22. "복제"는 인쇄 · 사진촬영 · 복사 · 녹음 · 녹화 그 밖의 방법으로 일시적 또는 영구적으로 유형물에 고정하거나 다시 제작하는 것을 말하며, 건축물의 경우에는 그 건축을 위한 모형 또는 설계도서에 따라 이를 시공하는 것을 포함한다.

23. "배포"는 저작물등의 원본 또는 그 복제물을 공중에게 대가를 받거나 받지 아니하고 양도 또는 대여하는 것을 말한다.

24. "발행"은 저작물 또는 음반을 공중의 수요를 충족시키기 위하여 복제 · 배포하는 것을 말한다.

25. "공표"는 저작물을 공연. 공중송신 또는 전시 그 밖의 방법으로 공중에게 공개하는 경우와 저작물을 발행하는 경우를 말한다.

**제124조 (침해로 보는 행위)**

① 다음 각 호의 어느 하나에 해당하는 행위는 저작권 그 밖에 이 법에 따라 보호되는 권리의 침해로 본다.

2. 저작권 그 밖에 이 법에 따라 보호되는 권리를 침해하는 행위에 의하여 만들어진 물건(제1호의 수입물건을

포함한다)을 그 사실을 알고 배포할 목적으로 소지하는 행위

3. 프로그램의 저작권을 침해하여 만들어진 프로그램의 복제물(제1호에 따른 수입 물건을 포함한다)을 그 사실을 알면서 취득한 자가 이를 업무상 이용하는 행위

**제136조 (벌칙)**

① 다음 각 호의 어느 하나에 해당하는 자는 5년 이하의 징역 또는 5천만원 이하의 벌금에 처하거나 이를 병과할 수 있다.

1. 저작재산권, 그 밖에 이 법에 따라 보호되는 재산적 권리(제93조에 따른 권리는 제외한다)를 복제, 공연, 공중송신, 전시, 배포, 대여, 2차적 저작물 작성의 방법으로 침해한 자

2. 제129조의3 제1항에 따른 법원의 명령을 정당한 이유 없이 위반한 자

② 다음 각 호의 어느 하나에 해당하는 자는 3년 이하의 징역 또는 3천만원 이하의 벌금에 처하거나 이를 병과할 수 있다.

4. 제124조 제1항에 따른 침해행위로 보는 행위를 한 자

## ● 나. 고소보충조서 예시

### 진 술 조 서(고소대리인)

**성　　명 :** 하OO ( 한자생략 )

**주민등록번호 :** 6

**직　　업 :** 법무법인 OO 사무원 ( 직장명 )

**주　　거 :** 서울

**등록기준지 :** 서울

**직장주소 :**

**연 락 처 :** 자택전화 02-　　휴대전화 010-

　　　　　　직장전화 02-5　　0　전자우편(e-mail) 전자우편

위의 사람은 피의자 최OO외 1명에 대한 저작권법위반 피의사건에 관하여 2012. 6. 12. 09:16 경기성남중원경찰서 수사과 경제1팀사무실에 임의 출석하여 다음과 같이 진술하다.

**1. 피의자와의 관계**

저는 피의자 최OO외 1명과는 저희가 저작권에 대한 위임을 받은 프로그램을 임의대로 사용하는 관계에 있고, 달리 특별한 관계는 전혀 아닌 사람입니다.

## 1. 피의사실과의 관계

저는 피의사실과 관련하여 피해자의 자격으로서 출석하였습니다.

이 때 진술의 취지를 더욱 명백히 하기 위하여 다음과 같이 임의로 문답하다.

문 : 진술인이 하OO인가요?

답 : 예, 제가 하OO입니다.

이때, 하OO가 제출한 운전면허증 사본을 제출받아 이를 조서말미에 첨부하다.

이때, 성남중원경찰서 사건번호 2012-XXXX호를 보여주며 묻다.

문 : 위 고소장은 진술인이 접수한 고소장이 맞는가요?

답 : 예, 제가 근무하는 법무법인 OO에서 접수한 고소장이 맞습니다.

문 : 진술인은 위 법무법인 OO에서 어떤 일을 하는가요?

답 : 예, 법무법인 OO의 사무원으로 일하고 있고, 저작권과 관련한 고소의 접수 등의 업무를 하고 있습니다.

문 : 그러면 위 고소장도 진술인이 접수한 것인가요?

답 : 예, 저희 법무법인 OO의 대표변호사인 황OO로부터 위임을 받아서 제가 접수 대행만 하였습니다.

답 : 그러면 위와같은 내용에 대하여 성남중원경찰서에 고소장을 제출한 것 외에 달리 수사를 의뢰한 것은 없는가요.

답 : 예, 그렇습니다.

문 : 누구를 고소하는 것인가요?

답 : 예, 첫째로는 주식회사 OOOOO니어링이고, 소재지는 성남시 중원구 OOO, OO호에 소재한 회사이고, 둘째로는 이 회사의 대표이사인 최OO이고, 저희가 위임을 받은 저작권을 침해하여 사용하는 사람들인 관계에 있고, 달리 친.인척 관계는 전혀 아닌 사람입니다.

문 : 고소의 요지에 대하여 진술하여 주세요?

답 : 예, 고소인 주식회사 이스트소프트, …… 등의 회사는 컴퓨터프로그램 및 각종 주변기기 등을 개발하여 판매하고 있는 회사이고, 법무법인 OO에서는 위 프로그램 등에 대한 저작권에 대한 고소 등에 대한 위임을 받은 사실이 있습니다. 그런데 피고소인의 회사는 위와 같은 저작권이 있는 프로그램에 대하여 정품을 구매하지 않고 이를 복제한 제품을 사용한 사실이 있기에 이에 대한 수사를 해 달라는 내용입니다.

문 : 그러면 구체적인 피고소인의 위법행위에 대하여 진술하여 주세요?

답 : 예, 주식회사 아이OOO비는 사무용 소프트웨어 유통업을 하는 회사이고, 이 회사의 직원으로 근무하는 성OO의 진술에 의하면 2011. 12. 22.경 성남시 OOO, OO호와 800호에 영업을 위하여 방문하였고, 위 회사에서 관리부서장을 만나 정품소프트웨어 도입건에 대하여 상담을 했는데 위 회사에서는 비용적인 부담으로 추후 정품 도입건에 대하여 검토를 해야 한다고 한 후, 현재까지 불법 복제품을 사용하고 있다고 합니다. 불법적인 프로그램으로는 마이크로소프트사의 office, …… 등의 제품을 불법적으로 사용하고 있다는 내용으로 이에 대한 수사를 해 달라는 것입니다.

문 : 그러면 위 프로그램 외에 달리 복제품에 대하여는 이의가 없는 것인가요?

답 : 예, 위 프로그램 등에 대한 조사를 해 주시면 됩니다.

문 : 그러면 위 회사에서는 위 프로그램들에 대한 정품을 구입한 내역이 일체 없는가요?

답 : 각 저작권 사에 요청하여 확인을 해 보았는데 없는 것으로 확인이 되었습니다.

문 : 위 회사에서 사용하는 컴퓨터는 몇 대나 되는가요?

답 : 종업원은 25명 정도인데 컴퓨터는 20대 정도를 사용한다고 들었습니다.

문 : 그러면 위 회사에서 사용하는 프로그램 중에서 복제품을 각각 몇 개 정도를 사용한다고 하는가요?

답 : 20대 정도의 컴퓨터에 각각 사용되는 것으로 추정이 되지만 정확한 개수는 파악이 되지 않고 있습니다.

문 : 위 회사는 어떤 제품을 생산하는 회사인가요?

답 : 의료기기를 제조하는 회사로 알고 있습니다.

문 : 그러면 위 회사에서 생산하는 의료기기를 제조하기 위하여는 위와 같은 프로그램들이 꼭 필요한 것인가요?

답 : 예, 그렇습니다.

문 : 위 회사에서 위와같은 프로그램을 사용한다는 것을 확인할 다른 방법은 없는가요?

답 : 제보자의 진술 외에는 달리 없습니다.

문 : 그러면 피고소인에 대하여 법인과 대표이사에 대하여 피고소인으로 특정을 한 것으로 보이는데 실질적인 사용자들에 대하여는 확인이 되는가요?

답 : 예, 사용자까지는 확인을 하지는 못하였습니다.

문 : 그러면 실질적으로 위법행위를 한 사람들에 대하여는 특정을 하지 못하였다는 말이고 위 회사에서 사용한다고 해서 양벌규정을 적용하여 법인과 대표이사를 고소한 것이라는 말인가요?

답 : 예, 그렇습니다.

문 : 피고소인들의 행위가 조사하여 위법하면 처벌을 원하는가요?

답 : 예, 처벌을 해 주십시오.

문 : 이상의 진술이 사실인가요?

답 :

문 : 참고로 할 말이 있는가요?

답 :

## ● 다. 고소보충조서 예시(불법복제사실을 직접 확인한 자)

진 술 조 서

**성　　명 :** 성○○ ( 한자생략 )

**주민등록번호 :** 7 4

**직　　업 :** 회사원 ( ㈜아이○○ )

**주　　거 :** 경기도

**등록기준지 :**

**직장주소 :**

**연 락 처 :** 자택전화　휴대전화 010-

　　　　　　직장전화　전자우편(e-mail) 전자우편

위의 사람은 피의자 최○○외 1명에 대한 저작권법위반 피의사건에 관하여 2012. 6. 12. 17:34 경기성남중원경찰서 수사과 경제1팀사무실에 임의 출석하여 다음과 같이 진술하다.

### 1. 피의자와의 관계

저는 피의자 최○○외 1명과는 제가 영업을 위하여 방문하였던 회사의 대표이사와 회사로 알고 있고, 달리 특별한 관계는 전혀 아닌 관계에 있습니다.

### 1. 피의사실과의 관계

저는 피의사실과 관련하여 피해자의 자격으로서 출석하였습니다.

이 때 진술의 취지를 더욱 명백히 하기 위하여 다음과 같이 임의로 문답하다.

문 : 진술인이 성○○인가요?

답 : 예, 제가 성○○입니다.

이때, 성○○의 주민등록증을 제출받아 이를 사본하여 조서말미에 첨부하다.

이때, 성남중원경찰서 사건번호 XXXX호에 첨부된 진술서의 내용을 확인하고 묻다.

문 : 진술인은 2011. 12. 22. 성남시 ○○○, ○○호와 811호에 위치한 (주)○○○○○니어링에 방문한 사실이 있다고 하는데 맞는가요?

답 : 예, 맞습니다.

문 : 위 회사를 왜 방문한 것인가요?

답 : 저는 컴퓨터프로그램의 소프트웨어를 판매하는 회사에서 근무를 하고 있는데 저희 회사의 프로그램을 판매하기 위한 영업을 위하여 방문을 하였습니다.

문 : 어떤 프로그램을 판매하는가요?

답 : 사업용 소프트웨어 프로그램입니다.

문 : 그러면 위 회사에서 누구를 만났는가요?

답 : 관리부장이라는 분을 만나서 판매를 위하여 상담을 했습니다.

문 : 그러면 위 회사에서 어떤 프로그램을 판매하기 위한 상담을 하였는가요?

답 : 사무용 소프트웨어 프로그램과 설계프로그램에 대한 판매를 상담하였습니다.

문 : 그러면 위 회사에서는 어떤 제품을 구비하고 있다고 하였는가요?

답 : 정품을 구매하였다는 언급이 없었고, 사용을 하는 소프트웨어의 목록을 알려 주었는데 제가 진술서에 기재를 했듯이 사용하는 소프트웨어 프로그램들에 대하여 피고소인의 회사에서 정품을 구입하였는가를 확인하였는데 정품을 구매한 내역이 없는 것으로 확인이 되어서 이를 제가 저작권에 대한 권리가 있는 법무법인에 제보를 하게 되었고, 이에 고소가 된 것으로 알고 있습니다.

이때, 진술서에 기재된 프로그램에 대한 확인을 하고 묻다.

문 : 그러면 위 회사에서는 마이크로소프트사의 office, OO사의 OO...... 등의 제품을 사용하고는 있는데 이에 대한 구매내역을 확인하였을 때, 정품을 구매한 내역이 없다는 말인가요?

답 : 예, 그렇습니다.

문 : 그러면 위 회사에서 사용하는 제품들이 복제품이라는 말들인가요?

답 : 예, 그렇습니다.

문 : 위 제품들이 정품을 구매한 내역이 없다는 것이나 라이센스도 없다는 것은 어떻게 아는가요?

답 : 저작권사의 총판에 문의를 했을 때, 정품을 구매하거나 라이센스가 없다는 것을 확인을 해 주었습니다.

문 : 정말 정품을 구매한 근거가 없는가요?

답 : 예, 그렇습니다.

문 : 이상의 진술이 사실인가요?

답 :

문 : 참고로 할 말이 있는가요?

답 :

# 경 기 성 남 중 원 경 찰 서

제 2012-000CC 호                                    2012. 6. 20.

**수 신 : 수원지방검찰청 성남지청장**

**제 목 : 수색영장신청(사전)**

       다음 사람에 대한 저작권법위반 피의사건에 관하여 아래와 같이 압수 · 수색 · 검증하려 하니 2012년 06월 27일 까지 유효한 압수 · 수색 · 검증영장의 발부를 청구하여 주시기 바랍니다.

| | | |
|---|---|---|
| **피의자** | **성   명** | 최OO 외 1명 |
| | **주 민 등 록 번 호** | 5   2 (53세 ) |
| | **직   업** | 미상 |
| | **주   거** | 경기도 ) |
| **변   호   인** | | |
| **압 수 할 물 건** | | |
| **수색 · 검증할 장소, 신 체 또 는 물 건** | | **별지 기재와 같다** |
| **범죄사실 및 압수. 수색. 검증을 필요로 하는 사유** | | **별지 기재와 같다** |
| **7 일을 넘는 유효기간을 필요로 하는 취지와 사유** | | |
| **둘 이상의 영장을 신청하는 취 지 와 사 유** | | |
| **일출전또는일몰후집행을 필요로 하는 취지와 사유** | | |
| **신 체 검 사 를 받 을 자 의 성 별 . 건 강 상 태** | | |

### 경 기 성 남 중 원 경 찰 서

**사법경찰관   경위**

**[별지]**

◆ **수색 · 검증할 장소, 신체 또는 물건**

성남시 중원구 OOO동 OOO 300호, 500호 소재 주식회사 OOOOO니어링 사무실 내에 설치된 업무용 컴퓨터 20여 대에 설치된, 마이크로소프트사의 'Office', (......) 등 복제프로그램

◆ **범죄사실 및 압수 · 수색 · 검증을 필요로 하는 사유**

● **범죄사실**

피의자 2) (주)OOOOO니어링은 성남시 OO구 OO동 OOO호, 500호 소재에서 의료기기 제조, 도매, 수출입업 등을 목적으로 설립한 법인이고, 같은 1) 최OO는 피의자 2) (주)OOOOO니어링의 대표이사인 자이다.

**가. 피의자 1) 최OO,**

누구든지 정당한 권한없이 다른 사람의 프로그램을 복제하거나 이용하여 그 저작권을 침해하여서는 아니된다. 그럼에도 불구하고 피의자는 2011. 12. 22.경 (주)OOOOO니어링 사무실 내에 설치된 업무용 컴퓨터 20여 대에 고소인들의 마이크로소프트사의 'Office',(......) 등 프로그램을 저작권자의 허락없이 불법적으로 이용하여 고소인들의 저작권을 침해하였다.

**나. 피의자 2) (주)OOOOO니어링,**

법인은 그 대표자 등의 위반행위를 방지하기 위하여 해당 업무에 관하여 상당한 주의와 감독을 게을리하면 아니됨에도 불구하고 이를 게을리하여, 위 '가'항과 같은 일시, 장소에서 피의자의 대표자인 같은 1) 최OO가 피의자의 업무에 관하여 위와 같은 위반행위를 하였다.

● **수색을 필요로 하는 사유**

참고인 성OO은 위 회사에 방문하여 불법적인 복제프로그램을 사용하는 것을 확인하였다고 하고, 고소장 및 고소대리인의 진술조서, 스프트웨어등록확인서 등으로 보아 범죄사실과 같은 혐의가 있다고 판단되고, 위 회사의 사무실에 설치된 컴퓨터를 상대로 수색영장을 발부받아 피의자들이 실제 복제하여 사용하고 있는 컴퓨터 프로그램의 규모 및 현황을 확인하는 등의 방법으로 범죄사실 구증하고자 수색영장을 필요로 함.

● **피의자 인적사항**

1) 성명 : 최OO

주민등록번호 : 5 2 - 1 2

주소 : 경기도

2) 성명 : 주식회사 OOOOO니어링(대표이사 최OO)

법인등록번호 : 1 1 - 0 9

소재지: 성남시

## ● 마. 수사보고(압수수색검증 집행) 예시

| 경기성남중원경찰서 | |
|---|---|
| 제 2012-1XX3 호 | 2012. 7. 3. |
| 수 신 : 경찰서장 | |
| 참 조 : 수사과장 | |
| 제 목 : 수사보고(압수수색검증영장 집행 관련) | |

피의자 최OO 외 1명에 대한 저작권법위반 사건에 관하여 아래와 같이 수사하였기에 보고합니다.

―아 래―

위 사건과 관련하여

2012. 6. 25. 13:49경 성남중원경찰서 수사과 경위 김OO이 한국소프트웨어저작권협회 AP지원팀 장OO외 5명 등과 함께 성남시 OO구 OOO동 OO호 소재 (주)OOOO니어링에 임하여,

위 회사의 부사장인 이OO 입회하에 기히 발부된 압수수색검증영장을 집행하였다.

영장 집행결과 위 회사에서 사용하는 13대의 컴퓨터에서 Adobe Systems의Acrobat 8.0 Professional 등 31종 67개의 소프트웨어 프로그램이 발견되었다.

―. Adobe Systems의 Acrobat 8.0 Professional 1개, ...... 2개,

―. Autodesk의 AutoCAD 2008 1개, ...... 1개,

―. Microsoft의 Office 2007 Professional 1개(1개 정품),...... 5개,

―. 안랩의 V3 Lite 5개,

―. 이스트소프트의 ...... 5개,

―. 한글과컴퓨터의 한글 ...... 등 45개의 프로그램이 복제품인 것으로 확인되고, 22개는 정품인 것으로 확인되었다.

이에 이OO 명의의 진술서, 컴퓨터프로그램 시리얼번호 목록표, 컴퓨터프로그램 설치 및 사용현황, 개인별 검색결과 13매, 화면캡쳐내용 3매, 사업자등록증사본, 이OO의 명함 사본을 기록에 첨부하였기에 수사보고합니다.

## 바. 피의자신문조서 예시

**-인정신문**

-피신 2면에서 변호인 선임권 등 4가지 질문을 하되, 답변은 (1) 자필로 기재하거나, (2) 타이핑한 후 그 옆에 기명날인 또는 서명을 하게 한다.

-정상관계 질문(원표에 들어갈 내용으로서, 학력, 병역, 재산관계, 종교, 가족관계 등을 묻는다.)

-고소인과의 관계를 묻는다.

-사전에 수색영장을 집행하여 불법프로그램 사용여부를 확인한 경우, 그 구체적인 프로그램명, 사용한 PC의 위치, 기종과 사용자 등을 묻고, 저작권 침해의 이유, 직원에 대한 관리감독의 철저 여부, 고소취소 여부 등을 조사한다.

-질문 예시 : (PC별 사용현황표를 제시하며) "2012. 6. 25. 본 조사관이 피의자가 운영하는 성남시 중원구 OOO동 OOOO, 300호, 800호 소재한 주식회사 OOOOO니어링에 임하여, 위 사무실의 내부에 있던 13대의 컴퓨터에 대한 수색영장을 집행한 바, 13대의 컴퓨터에서 -. Adobe Systems의 Acrobat 8.0 Professional 1개, ...... 2개,

-. Autodesk의 AutoCAD 2008 1개, ...... 1개,

-. Microsoft의 Office 2007 Professional 1개(1개 정품),...... 5개,

-. 안랩의 V3 Lite 5개,

-. 이스트소프트의 ...... 5개,

-. 한글과컴퓨터의 한글 ...... 등 45개의 프로그램이 복제품인 것으로 확인되되고, 22개의 프로그램은 정품인 것으로 확인되었는데 이를 알고 있는가요."

## 사. 수사결과보고 예시

| 경기성남중원경찰서 | |
|---|---|
| 제 201X-0XXX 호 | 201X. 7. 11. |
| **수 신** : 경찰서장 | |
| **참 조** : 수사과장 | |
| **제 목** : 수사결과보고 | |
| 저작권법위반 피의사건에 관하여 다음과 같이 수사하였기에 결과보고합니다. | |

## 1. 피의자 인적사항

    1)       최OO                            기타사업
                주민등록번호 :             5-1      세
                주거 :
                등록기준지 :

    2)       주식회사OOOOO니어링
                법인번호 :
                주거 :
                등록기준지 :

## 2. 범죄경력자료 및 수사경력자료

피의자 1) 최OO는

(생략)

피의자 2) 주식회사 OOOOO니어링은

법인으로 해당사항 없음

## 3. 범죄사실

피의자 1) 최OO는 성남시 중원구 OOO동 OOO 300호, 700호 소재한 주식회사 OOOOO니어링의 대표이사, 같은 2) 주식회사 OOOOO니어링은 의료기기 제조, 도매, 수출입업 등을 목적으로 설립된 법인체이다. 누구든지 정당한 권한없이 다른 사람의 프로그램 저작권을 복제 등의 방법으로 침해하여서는 아니된다. 그럼에도,

**가. 피의자 1) 최OO는**

2012. 6. 25. 위 사무실에서

고소인 Adobe Systems에서 저작권을 취득한 컴퓨터프로그램인 Adobe Systems의 Acrobat 8.0 Professional 1개, ...... 2개,

- Autodesk의 AutoCAD 2008 1개, ...... 1개,

- Microsoft의 Office 2007 Professional 1개(1개 정품),...... 5개,

- 안랩의 V3 Lite ...... 5개,

- 이스트소프트의 ...... 5개,

- 한글과컴퓨터의 한글 ...... 등 45개의 복제 프로그램을 13개의 컴퓨터에 무단 복제하여 사용하였다.

**나. 피의자 2) 주식회사 OOOOO니어링,**

법인은 그 대표자 등의 위반행위를 방지하기 위하여 해당 업무에 관하여 상당한 주의와 감독을 게을리하면 아니됨에도 불구하고 이를 게을리하여, 위 '가'항과 같은 일시, 장소에서 피의자의 대표자인 같은 1) 최OO가 피의자의 업무에 관하여 위와 같은 위반행위를 하였다.

## 4. 적용법조

저작권법 136조 제2항 제4호, 제124조 제1항 제3호, 제141조

## 5. 증거관계

고소대리인의 고소장, 압수수색검증영장에 의거하여 확인된 SW점검결과 확인표, PC별 사용현황, 피의자신문
조서 등

## 6. 수사결과 및 의견

위 피의사실과 관련하여

고소장 접수되고, 위 회사에 대한 압수수색검증영장 집행한 바, 위 회사에서 사용하는 13대의 컴퓨터에서
Adobe Systems의 Acrobat 8.0 Professional 1개 등 31종 67개의 소프트웨어 프로그램이 발견되었다.

**위 소프트웨어의 프로그램 중에서 고소대리인이 고소를 한 복제프로그램으로는**

- Adobe Systems의 Acrobat 8.0 Professional 1개-, Adobe Systems의 Acrobat 8.0 Professional 1개, ...... 2개,
- Autodesk의 AutoCAD 2008 1개, ...... 1개,
- Microsoft의 Office 2007 Professional 1개(1개 정품),...... 5개,
- 안랩의 V3 Lite ...... 5개,
- 이스트소프트의 ...... 5개,
- 한글과컴퓨터의 한글 ...... 등 45개의 프로그램이 복제품인 것으로 확인되고, 22개는 정품인 것으로 확인되
었다.

◆ **피의자 1) 최OO(011-      )는**

주식회사 OOOOO니어링은 의료장비 등을 생산하여 판매 및 수출을 하는 회사이고, 약 7년전부터 위 회사의
대표이사로 취임하여 실질적으로 위 회사를 운영하고 있고,

피의사실과 관련하여 직원들이 새롭게 입, 퇴사를 하면서 직원들에 대한 관리를 잘 하지 못하여 복제품을 사
용하게 된 것 같고, 불필요한 것은 삭제를 하고 정품을 구매하여 사용할 것이라고 하면서 회사를 상대로 고소
가 되어 피의사실과 같이 복제품이 발견된 사실에 대하여 잘못되었다고 피의사실 일체 자백한다.

**이상을 종합하면**

피의자들의 범죄혐의 인정되므로 각 기소(불구속)의견으로 송치하고자 합니다.

## 7. 수사참여경찰관

경위 권OO

# VIII 실전용 압수수색검증영장 모음[82]

이하에서는 경제팀 수사실무에서 활용되는 압수수색검증영장을 모아봤다.

## 1. 추적수사 중 압수수색검증영장 활용 예시

영업범의 경우 자금 거래시 추적이 어려운 대포통장을 사용하여 추적에 어려움을 겪더라도, 위법행위를 업으로 하여 이득을 취하기 때문에 거래의 매개체가 되는 계좌는 지속적으로 사용할 가능성이 많다.

이 사건은 영업범이 자신의 신분을 드러내지 않고 전단지, 인터넷 광고 등을 통해 휴대전화번호 등만 알려 광고하여 은밀히 거래한 사건인데, 범인을 특정하고, 그들의 금전거래까지 파악할 목적으로 '폰뱅킹과 연계된 계좌번호 및 그 거래내역을 추적'하여 본 압수수색영장을 활용하여 청약통장 매매알선 브로커 및 양도자 등 50여명을 검거하였다.

| 경기평택경찰서 |
| --- |

| 제 2014-00XX 호 | 2014. 7. 29. |
| --- | --- |

**수 신** : 수원지방검찰청 평택지청장

**제 목** : 압수수색검증영장신청(금융계좌추적용)

다음 사람에 대한 주택법위반 피의사건에 관하여 아래와 같이 압수 · 수색 · 검증하려 하니 2014. 8. 5. 23:59까지 유효한 압수 수색 검증영장의 발부를 청구하여 주시기 바랍니다

---

82 이론과 실무에 보다 충실해지기 위해서는 경찰청에서 발간한 '강제수사서류 작성기법 Ⅱ(2017 발간)'의 일독을 권한다.

446 제3장 실전편(고소장 분석부터 조사 후 수사결과보고 작성까지)

| 피 의 자 | 성명 | 성명불상 |
|---|---|---|
| | 주민등록번호 | (세) |
| | 직 업 | 미상 |
| | 주거 | 주거불상 |
| 변호인 | | 해당사항 없음 |
| 대 상 계 좌 | 계좌명의인 | ■ 피의자 본인 ■ 제3자(인적사항은 별지와 같음) |
| | 개설은행 · 계좌번호 | [국민] 0000 (명의자 불상) |
| | 거래기간 | 2013. 8. 4.부터 2014. 7. 29.까지 |
| | 거래정보 등의 내용 | 별지 참조 |
| 압수할 물건 | | 별지 참조 |
| 수색 · 검증할 장소 또는 물건 | | 별지 참조 |
| 범죄사실 및 압수수색 · 검증을 필요로 하는 사유 | | 별지 참조 |
| 7일을 넘는 유효기간을 필요로 하는 취지와 사유 | | 해당사항 없음 |
| 둘 이상의 영장을 신청하는 취지와 사유 | | 해당사항 없음 |
| 일출전 또는 일몰 후 집행을 필요로 하는 취지와 사유 | | 해당사항 없음 |

## 경기평택경찰서
사법경찰관 경위

**[ 계좌명의인 ]**

◆ 제3자 인적사항: 불상

**[ 거래정보 등의 내용 ]**

1) 불상의 피의자가 아래 기재와 같이 010-4XX4-OOOO번에서 국민은행(1599-9999) ARS 로 접속하여 행한 거래와 관련, 그 거래 계좌를 대상계좌로 정의할 때, 대상계좌의 입·출금 거래내역 및 고객정보 전산자료(CIF)[대상계좌가 법인 명의 계좌일 경우 대표자 인적 사항의 자료 포함]

2) 대상계좌에서 입·출금된 거래내역 중 인터넷 내지 폰뱅킹시 사용한 전화번호 내역, 창구거래 및 현금인출기를 사용하여 현금 입금 및 인출한 경우는 화상자료(CCTV)

3) 대상계좌에서 금원이 입·출금된 계좌의 고객정보 전산자료(CIF)

**- 아 래 -**

| 통화시각 | 통화시간 | 발신번호 | 상대번호 | |
|---|---|---|---|---|
| 2013. 8. 4. | 22:03:33 | 02:28 | 010-4XX4-OOOO | 1599-999 |
| 2013. 10. 22. | 11:50:36 | 01:12 | 010-4XX4-OOOO | 1599-9999 |
| 2013. 12. 27. | 09:47:37 | 11:08 | 010-4XX4-OOOO | 1599-9999 |
| 2014. 1. 24. | 08:47:57 | 01:49 | 010-4XX4-OOOO | 1599-9999 |
| 2014. 5. 23. | 10:10:25 | 06:10 | 010-4XX4-OOOO | 1599-9999 |

**[ 압수할 물건 ]**

◆ 압수할 물건(제3자)

1) 대상계좌의 2013. 8. 4. 부터 2014. 7. 29.까지 입출금 거래내역서(ATM기 이용 무통장 입금시 입금자 인적사항 포함) 및 고객정보조회표(CIF)[대상계좌가 법인 명의 계좌일 경우 대표자 인적사항의 자료 포함]

2) 대상계좌의 입출금 자원과 관련된 직전, 직후 계좌의 고객정보조회표(CIF)

3) 대상계좌의 2013. 8. 4. 부터 2014. 7. 29.간의 입출금 거래내역 중

① 인터넷 내지 폰뱅킹에 의한 거래시 ID, IP주소 등 로그기록 내지 폰뱅킹시 사용한 전화번호

② 현금 입금 및 인출의 경우 그 거래의 화상자료

**[ 수색 · 검증할 장소 또는 물건 ]**

1) 서울시 성북구 중앙동 OOOO 2층 국민은행 업무지원센터
   (tel. 02-6450-OOOO, fax. 02-6450-OOOO)

2) 위 압수할 물건 2), 3)항 기재의 압수, 수색할 금융거래 자료 또는 정보와 그 자료에서 파생된 금융거래 정보 또는 자료를 보관, 관리하고 있는 금융기관의 점포 또는 부서, 다만 예금계좌의 고객정보 전산자료(CIF) 등 금융거래 전산자료를 공유하고 있는 금융기관 점포

**[ 범죄사실 및 압수 · 수색 · 검증을 필요로 하는 사유 ]**

[ 범죄사실의 요지 ]

피혐의자는 2014. 6. 9. 평택시 OO동 OOOO 공영주차장에서 '청약통장 삽니다. 저축 · 예금 · 종합 무주택자에 한함 OO부동산 010-OOOO-XXXX'라고 기재된 명함형 광고물을 뿌려 놓는 등의 행위로 입주자저축 증서의 양도 · 양수 또는 알선할 목적으로 하는 광고를 하였다.

[압수 · 수색 · 검증을 필요로 하는 사유]

피혐의자가 OO은행 ARS에 휴대폰으로 접속하여 행한 거래를 통해 피혐의자를 특정하고자 함.


## 2. 금융계좌추적용 – 계좌 추적용

영장신청서 기재사항 중 "입 · 출금 거래내역 중 자금이 송금, 이체 등의 방식으로 입 · 출금된 경우 그 직전 · 직후 연결계좌의 계좌개설 신청서"라는 용어가 있다. 이는 특정계좌에 입금하거나 출금한 계좌의 명의인을 파악하려고 할 때 하나의 압수영장으로는 그 계좌에 직접 입금하거나 출금한 계좌를 무한히 파악할 수 없고 단 1개의 계좌만을 파악할 수 있기 때문이다.

금융계좌추적용 압수영장 집행시 장기간 수사의 보안을 유지할 필요가 있을 때 최대 6개월까지 통보유예하는 제도를 활용할 필요가 있다. 금융실명거래 및 비밀보장에 관한 법률 제4조의2에 근거하여 금융회사가 거래정보 등을 수사기관에 제공한 경우에는 10일 이내에 제공한 거래정보 등의 주요내용, 사용목적, 제공받은 자 및 제공일 등을 명의인에게 서면으로 통보해야 한다. 그러나 수사의 밀행성을 고려했을 때 명의자(일반적으로 피의자 또는 그와 밀접한 관계에 있는 자)가 수사상황을 알게 되면 수사가 방해받을 수 있다. 금융실명법상 해당 통보가 증거인멸, 증인위협 등 공정한 사법절차의 진행을 방해할 우려가 명백한 경우에는 수사기관이 금융회사에게 6개월의 한도로 통보를 유예할 수 있다. 이와 같은 사실이 계속되는 경우에는 2회에 걸쳐 3개월의 범위에서 연장할 수 있어 최대 1년간 통보유예를 할 수 있다.

# 경기성남중원경찰서

제 2018-00XXX 호                                                        2018. 5. 31.

수 신 : 수원지방검찰청 평택지청장

제 목 : 압수수색검증영장신청 (금융계좌추적용)

　　　다음 사람에 대한 주택법위반 피의사건에 관하여 아래와 같이 압수 · 수색 · 검증하려 하니 2018. 6. 7. 23:59까지 유효한 압수 수색 검증영장의 발부를 청구하여 주시기 바랍니다.

| | | |
|---|---|---|
| 피의자 | 성명 | 문AA |
| | 주민등록번호 | 6 |
| | 직업 | |
| | 주거 | |
| 변호인 | | |
| 대상계좌 | 계좌명의인 | ■ 피의자 본인 ■ 제3자(인적사항은 별지와 같음) |
| | 개설은행 · 계좌번호 | 별지와 같음 |
| | 거래기간 | 별지와 같음 |
| | 거래정보 등의 내용 | 아래 압수할 물건의 내용과 같음 |
| 압수할 물건 | | 1. 별지와 같음 |
| 수색 · 검증할 장소 또는 물건 | | 별지와 같음 |
| 범죄사실 및 압수수색 · 검증을 필요로 하는 사유 | | 별지와 같음 |
| 7일을 넘는 유효기간을 필요로 하는 취지와 사유 | | 해당없음 |
| 둘 이상의 영장을 신청하는 취지와 사유 | | 해당없음 |
| 일출전 또는 일몰 후 집행을 필요로 하는 취지와 사유 | | 해당없음 |

## 경기평택경찰서
### 사법경찰관 경위

## 【 계좌명의인 】

손AA, 여AA, 김AA, 박AA, 박BB, 윤AA, 송AA, 이AA, 김BB, 안AA, 임AA, 김CC, 신AA, 정AA, 석AA, 강AA, 김DD, 문AA, 김EE, 최AA, 허AA, 최AA......이하 생략(43명)

## 【 개설은행 · 계좌번호 】

1. [국민] 20XXXXXXX (김AA) 2016. 01. 01.부터 2017. 12. 31.까지
2. [국민] 24XXXXXXX (임AA) 2016. 01. 01.부터 2017. 12. 31.까지
3. [국민] 34XXXXXXX (문AA) 2016. 01. 01.부터 2017. 12. 31.까지
4. [국민] 05XXXXXXX (김BB) 2016. 01. 01.부터 2017. 12. 31.까지
.......(중략)
43. [유안타증권] 159XXXXXXX (오AA) 2016. 01. 01.부터 2017. 12. 31.까지

## 【 압수할 물건 】

1. 위 대상계좌의 고객정보(CIF) 및 2016. 1. 1.부터 2017. 12. 31.까지 입출금 거래내역자료
2. 위 대상계좌에서 직후 연결된 계좌의 고객정보(CIF) 및 금원 이체 시부터 20일 기간 동안의 입출금거래 내역 자료
3. 위 대상계좌에서 발행된 자기앞 수표가 현금으로 교환되거나 계좌에 입금되었을 경우, 지급 제시인의 고객정보, 수표 입금 시 수표 사본과 입금 시 작성한 전표(수표 제시자 인적사항, 연락처 확인) 및 수표 출금 시 수표번호 등 정보가 기재된 자료

## 【 수색 · 검증할 장소 또는 물건 】

서울 중구 남대문로 84 KB국민은행 업무지원부
서울 용산구 한남대로 72 기업은행 업무지원부
서울 종로구 중학동 율곡로 6 트윈트리빌딩 A동 5층
서울 강남구 봉은사로 114길 20 새마을금고 중앙회
서울 중구 세종대로9길 20 신한은행 업무지원센터
서울 마포구 월드컵북로 60길 17 우리금융상암센터 4층
전남 나주시 산포면 정보화길 1 우정사업정보센터 금융정보통계팀
서울 중구 을지로 55 하나은행 업무지원부
서울 종로구 새문안로 50 씨티빌딩
서울 중구 을지로 76, 유안타증권 금융지원팀
압수할 물건을 보관하고 있는 각 해당은행 본점(전산부 포함) 및 각 영업점
　　(장소는 별지 금융기관 명단 참조)

**【 범죄사실 및 압수 · 수색 · 검증을 필요로 하는 사유 】**

**[ 범죄사실 ]**

(피의자는......지역주택조합장으로 근무하면서 불필요한 경비지출 등으로 조합에 ....원 상당의 손해를 가하고, 같은 액수의 재산상 이득을 취득하였다.)

**[ 압수 · 수색 · 검증을 필요로 하는 사유 ]**

피의자는 DD지역주택조합의 홍보관(모델하우스) 운영 및 조합원 모집업무, 대출 및 자서 안내 및 계약서 작성 등을 위해 추가로 인력을 단기 고용하였다고 주장하나,

자서 등 행정용역을 위해 행정용역사 'HH씨'와 용역계약서를 체결하였고, 모델하우스 분양대행업체인 'GG개발(주)' 및 '주식회사CCC'과 용역계약을 체결하여 조합원 모집 및 상담 업무를 일임한 계약서가 발견되고 용역비가 지출된 내역 등으로 보아, 같은 업무로 인건비가 중복 지출된 것으로 확인됨에 따라, 위 추가 지출된 인건비가 DD주택조합사업을 위한 인건비로 지출된 것이 아니라는 고소인의 주장이 상당히 근거가 있다.

따라서 별개로 인건비가 지급된 43명의 계좌 거래내역을 확인하여, 피의자, 조합원 또는 행정용역사인 'HH씨' 행정용역 직원들에게 재 지급된 것인지, DD주택조합사업이 아닌 다른 지역 조합사업 인력비로 지급된 것이 아닌지 확인하는 등 수사 자료로 활용하고자 신청합니다.

## 3. 금융계좌추적용– 수표 추적용

**경기성남중원경찰서**

**제 2015–00XXX 호**                                                    2018. 8. 21.

**수 신** : 수원지방검찰청 평택지청장

**제 목** : 압수수색검증영장신청 (금융계좌추적용)

　　　다음 사람에 대한 주택법위반 피의사건에 관하여 아래와 같이 압수 · 수색 · 검증하려 하니 2015. 8. 28. 23:59까지 유효한 압수 수색 검증영장의 발부를 청구하여 주시기 바랍니다.

| 피의자 | 성명 | 김AA |
|---|---|---|
| | 주민등록번호 | 7 |
| | 직 업 | 회사원 |
| | 주거 | |
| 변호인 | | 없음 |
| 대상계좌 | 계좌명의인 | ■ 피의자 본인 ■ 제3자(인적사항은 별지와 같음) |
| | 개설은행 · 계좌번호 | 별지 참조 |
| | 거래기간 | 2012. 10. 2.경부터 2015. 8. 21.경까지 |
| | 거래정보 등의 내용 | 압수할 물건과 같음 |
| 압수할 물건 | | 별지 참고 |
| 수색 · 검증할 장소 또는 물건 | | 별지 참고 |
| 범죄사실 및 압수수색 · 검증을 필요로 하는 사유 | | 별지 참고 |
| 7일을 넘는 유효기간을 필요로 하는 취지와 사유 | | 해당 없음 |
| 둘 이상의 영장을 신청하는 취지와 사유 | | 해당없음 |
| 일출전 또는 일몰 후 집행을 필요로 하는 취지와 사유 | | 해당없음 |

### 경기평택경찰서
사법경찰관 경감

---

**[ 계좌명의인 ]**

◆ 제3자 인적사항(수표 발행자)
 – 성    명 : 김BB
 – 주민번호 : 77XXXXXXX

**[ 개설은행 · 계좌번호 ]**

1) 발행점 : 농협 송OO지점

　－ 2012. 10. 2.경 발행된 100만원권 '39XXXX45～39XXXX49' 총5매

　－ 2013. 1. 3.경 발행된 100만원권 '39XXXX58～39XXXX63' 총6매

2) 발행점 : 국민은행 송OO지점

　－ 2012. 11. 13.경 발행된 10만원권 '46XXXX40～46XXXX89' 총50매

　－ 2013. 2. 24.경 발행된 10만원권 '64XXXX34～64XXXX63' 총30매

　－ 2013. 3. 16.경 발행된 10만원권 '81XXXX84～81XXXX13' 총30매

**[ 압수할 물건 ]**

◆ 압수할 물건(제3자)

피해자 김BB(7XXXX)가 발행의뢰 한 아래 각 수표의

가. 자기앞수표 사용일, 사용지점, 보관점, 수표사본

나. 사용자인적사항 일체, 뒷면 이서정보에 관한 사항

다. 위 수표가 입금된 계좌의 계좌번호 및 명의자 인적사항

라. 위 수표를 자원으로 재발행된 수표의 지급에 관한 전산정보자료

〈 수 표 정 보 〉

**1) 농협(송OO지점)**

| 연번 | 발행은행 | 발행의뢰자 | 수표번호 | 액면금액 (수표 1매당) | 발행일 |
|---|---|---|---|---|---|
| 1 | 농협(송OO지점) | 김BB | '39XXXX45'부터 '39XXXX49'까지 (5매) | ₩1,000,000 | 2012-10-02 |
| 2 | 농협(송OO지점) | 김BB | '39XXXX58'부터 '39XXXX63'까지 (6매) | ₩1,000,000 | 2013-01-03 |

## 2) 국민은행(송OO지점)

| 연번 | 발행은행 | 발행의뢰자 | 수표번호 | 액면금액 (수표 1매당) | 발행일 |
|---|---|---|---|---|---|
| 1 | 국민(송OO지점) | 김BB | '46XXXX40'부터 '46XXXX89'까지 (50매) | ₩100,000 | 2012-11-13 |
| 2 | 국민(송OO지점) | 김BB | '64XXXX34'부터 '64XXXX63'까지 (30매) | ₩100,000 | 2013-02-24 |
| 3 | 국민(송OO지점) | 김BB | '81XXX584'부터 '81XXX613'까지 (30매) | ₩100,000 | 2013-03-16 |

## [ 수색 · 검증할 장소 또는 물건 ]

1) 서울시 서초구 양재동 214 NH농협은행 및 농협중앙회

   (tel. 02-xxxx-yy71, 1588-xxxx, fax. 02-xxxx-yy51)

2) 서울시 성북구 중앙동 8-2 2층 국민은행 업무지원센터

   (tel. 02-ssss-88dd, fax. 02-ssss-88dd)

3) #별지 기재의 금융기관 본점 전산부 또는 각 지점. 위 압수수색할 물건의 금융거래 자료 및 정보를 보관, 관리하고 있는 금융기관의 본점 또는 지점

## [ 범죄사실 및 압수 · 수색 · 검증을 필요로 하는 사유 ]

### [ 범죄사실의 요지 ]

피의자는 마트직원으로 근무하는 자이다.

피의자는 2012. 10.경 평택시 OO동 이하 불상의 커피숍에서 피해자 김BB에게 "내가 사업을 새로 시작하려고 하는데 사업자금이 필요하다. 사업자금을 빌려주면 어머니가 OO시장에 건물이 있고 집도 있으니 어머니한테 돈을 받아서 변제하겠다."고 거짓말하였다.

그러나 실제로는 피해자에게 돈을 빌려도 이를 변제할 의사나 능력이 없었다.

그럼에도 불구하고, 피의자는 위와 같은 거짓말에 속은 피해자로부터 2012. 10.경부터 2013. 4.경까지 총6회에 걸쳐 아래 범죄일람표 기재와 같이 3,000만원을 수표 및 사건 외 이AA 명의의 농협 17XXXX375계좌로 이체받았다.

# 범 죄 일 람 표

| 연번 | 일 시 | 장 소 | 기망행위 | 편 취 금 액(원) | 비고 |
|---|---|---|---|---|---|
| 1 | 2012. 10. 2. | 평택시 농협 | "사업을 하려고 하는데 사업자금이 필요하니까 돈을 빌려달라. 아버지가 병원의사이고 엄마가 OO시장쪽에서 일을 하시는데 집도 있고 건물도 있으시다. 엄마한테 받아서 변제하겠다." | 5,000,000 | |
| 2 | 2012. 11. 13. | 〃 | 〃 | 5,000,000 | |
| 3 | 2013. 1. 3. | 〃 | "퇴사한 OOOO 다른 지점을 입사하여야 하는데 돈을 주어야 입사가 가능하다. 돈을 빌려달라." | 6,000,000 | |
| 4 | 2013. 2. 24. | 국민 은행 | "대출금 이자가 밀려서 신용이 좋지 않으면 OOOO에 취직하기 힘들다. 대출이자를 변제하게 돈을 빌려달라." | 3,000,000 | |
| 5 | 2013. 3. 16. | 〃 | 〃 | 3,000,000 | |
| 6 | 2013. 4. 5. | 불상 (전화 통화) | "친구에게 빌린 돈 300만원을 변제해야 내가 OO쪽에 쌀가게를 하는 것을 친구가 도와줄 것이다. 돈을 빌려주면 엄마에게 받아서 변제하겠다." | 3,150,000 | 농협 이AA명의 (17XXXX75) |
| 7 | 일자 불상 | 불상 | "돈을 빌려주면 엄마에게 받아서 변제하겠다." | 4,850,000 | |
| 합계 | | | | 30,000,000 | |

[ 압수 · 수색 · 검증을 필요로 하는 사유 ]

고소인은 위와 같이 발행 의뢰한 수표를 피의자에게 모두 빌려주었다고 진술하였으나, 피의자는 해당 수표 중 일부를 고소인과 함께 사용한 것이라고 주장하여, 수표의 지급지 및 지급받은 수표의 제시인을 확인하여 본 건 범죄사실을 명확히 하고, 피의자 혐의 유무를 확인하여야 할 필요가 있으므로 압수수색검증영장을 신청하는 것임.

# 별지

〈 금 융 기 관 〉

◆ 한국은행 · 한국산업은행 · 한국수출입은행 · 중소기업은행

◆ 「은행법」에 따른 금융기관

– 신한은행, 우리은행, 한국스탠다드차타드은행, 하나은행, 국민은행, 외환은행, 농협은행, 지역농 · 축협, 한국씨티은행, 대구은행, 부산은행, 광주은행, 제주은행, 전북은행, 경남은행 등

◆ 「장기신용은행법」에 따른 장기신용은행

◆ 「단기금융업법」에 따른 단기금융회사

◆ 「자본시장과 금융투자업에 관한 법률」에 따른 투자매매업자 · 투자중개업자 · 집합투자업자 · 신탁업자 · 증권금융회사 · 종합금융회사 및 명의개서 대행회사

◆ 「상호저축은행법」에 따른 상호저축은행과 그 중앙회

◆ 「수산업협동조합법」에 따른 수산업협동조합과 그 중앙회

◆ 「축산업협동조합법」에 따른 축산업협동조합과 그 중앙회

◆ 「인삼협동조합」에 따른 신용협동조합과 그 중앙회

◆ 「신용협동조합법」에 따른 신용협동조합과 그 중앙회

◆ 「새마을금고법」에 따른 금고와 그 연합회

◆ 「보험업법」에 따른 보험회사

◆ 「우체국예금 · 보호에 관한 법률」에 따른 채신관서

◆ 그 밖에 「금융실명거래 및 비밀보장에 관한 법률 시행령」 제2조에서 정하는 기관

◆ 「신용카드업법」에 따른 카드회사

## 4. 카카오톡 대화내역 상대방 인적사항 파악용

경기성남중원경찰서

제 2018-00XXX 호                                                    2018. 4. 24.

수 신 : 수원지방검찰청 평택지청장

제 목 : 압수수색검증영장신청(사전)

다음 사람에 대한 주택법위반 피의사건에 관하여 아래와 같이 압수 · 수색 · 검증하려 하니 **2018. 5. 1. 23:59**까지 유효한 압수 수색 검증영장의 발부를 청구하여 주시기 바랍니다.

| 피의자 | 성명 | 불상 |
|---|---|---|
| | 주민등록번호 | (세) |
| | 직업 | 불상 |
| | 주거 | 주거불상 |
| 변호인 | | |
| 압수할 물건 | | 별지와 같음 |
| 수색 · 검증할 장소 또는 물건 | | 별지와 같음 |
| 범죄사실 및 압수수색 · 검증을 필요로 하는 사유 | | 별지와 같음 |
| 7일을 넘는 유효기간을 필요로 하는 취지와 사유 | | 해당 없음 |
| 둘 이상의 영장을 신청하는 취지와 사유 | | 해당없음 |
| 일출전 또는 일몰 후 집행을 필요로 하는 취지와 사유 | | 해당없음 |
| 신체검사를 받을 자의성 별 · 건강상태 | | 해당없음 |

**경기평택경찰서**

사법경찰관 경위

## 【 압수할 물건 】

◆ 2018. 4. 17. 19:41경부터 2018. 4. 17. 19:44경 사이, 010–XXXX–93XX 번호로 카카오톡을 통하여 대화를 나눈 상대방의 연락처, 계정명, 상대방의 가입자 정보

## 【 수색 · 검증할 장소, 신체 또는 물건 】

◆ 경기 성남시 분당구 판교역로 235(삼평동) ㈜다음 카카오
   (전화 : 02–xxxx–yy00, 팩스 : 02–xxxx–yy66)

## 【 범죄사실 및 압수 · 수색 · 검증을 필요로 하는 사유 】

### [ 범죄사실 ]

피의자는 2018. 4. 17. 경 장소를 알 수 없는 곳에서 채팅어플 'OO채팅'을 통해 만난 피해자 송AA에게 "즉석만남을 하려면 150,000원을 입금해야한다."고 거짓말을 하였다.

그러나 사실 피의자는 피해자로부터 150,000원을 입금 받더라도 즉석만남을 시켜줄 의사나 능력이 없었다.

이와 같이 피의자는 피해자를 기망하여 이에 속은 피해자로부터 (주)오XX 명의 우리은행 100XXXXX976 계좌로 150,000원, 주식회사 AA 명의 농협은행 301XXXXX331 계좌로 2차례에 걸쳐 1,433,400원, 최AA 명의 우리은행 100XXXXX310 계좌로 982,700원 등 4차례에 걸쳐 도합 2,566,100원을 이체 받아 이를 편취하였다.

### [ 압수 · 수색 · 검증을 필요로 하는 사유 ]

사기범행 당시 불상의 피의자가 사용한 카카오톡 계정의 가입명의자, 연락처 등을 확인하여 피의자를 특정하고 증거자료로 사용하고자 압수수색검증영장 신청합니다.


## 5. 티머니 사용내역 확보 후 인적사항 특정

### 서울금천경찰서

제 2014-00XXX 호                                                   2014. 3. 26.

**수 신** : 서울남부지방검찰청검사장

**제 목** : 압수수색검증영장신청(사전)

다음 사람에 대한 절도 피의사건에 관하여 아래와 같이 압수 · 수색 · 검증하려 하니 **2014. 4. 2. 23:59**까지 유효한 압수 · 수색 · 검증영장의 발부를 청구하여 주시기 바랍니다.

| 피의자 | 성명 | 성명불상 |
|---|---|---|
| | 주민등록번호 | (세) |
| | 직 업 | 미상 |
| | 주거 | 불상 |
| 변호인 | | |
| 압수할 물건 | | 별지 참고 |

| 수색·검증할 장소 또는 물건 | 서울시 중구 후암로 110(남대문로5가) ㈜한국스마트카드 |
|---|---|
| 범죄사실 및 압수수색·검증을 필요로 하는 사유 | 별지 참고 |
| 7일을 넘는 유효기간을 필요로 하는 취지와 사유 | |
| 둘 이상의 영장을 신청하는 취지와 사유 | |
| 일출전 또는 일몰 후 집행을 필요로 하는 취지와 사유 | |
| 신체검사를 받을 자의성 별·건강상태 | |

경기평택경찰서

사법경찰관 경위

## [ 압수할 물건 ]

불상의 피의자가 2014. 2. 5. 13:59:31경 507번 버스(3XX5호) 승차할 때와  2014. 2. 5. 14:09:14경 507번 하차할 때 한국스마트 카드단말기에 태그한 불상의 카드 및 신용카드에 대한 가입자 카드종류 및 카드번호, 인적사항 등 정보 일체

## [ 범죄사실 및 압수·수색·검증을 필요로 하는 사유 ]

### [ 범죄사실의 요지 ]

피의자는 일체불상 자이다.

피의자는, 2014. 2. 5. 14:09경 서울 금천구 OO동 OO번지 OO초등학교 정류장 507번 버스 내에서, 피해자 이AA(26세)이 동 버스 운전석 쪽 맨 뒤 두 번째 자리에 앉아 그 자리에 놓아두었던 미 개봉된 시가 90만원 상당의 삼성 미니 A폴더폰 3대, 시가 60만원 상당의 와인 AA폰 2대, 도합 390만원 상당의 피해품이 들어 있는 쇼핑백을 들고 가는 방법으로 절취하였다.

### [압수·수색·검증영장을 필요로 하는 사유]

피해자 이AA은 영등포구 OO동 소재 OO시장 정류장에서 5XX번 버스에 승차하여 목적지인 구로구 OOO역 정류장에서 하차시 자신이 휴대하던 피해품이 들어 있는 쇼핑백을 앉아 있던 좌석에 놓고 내린 후,
불상의 피의자가 2014. 2. 5. 13:59:31경 독산동 OO시장 정류장에서 50X번(3XX5호) 버스 차량에 승차하여 자신이 소지하고 있던 미상의 카드로 승차 카드단말기에 태그를 하는 장면이 촬영되었고, 그 피의자가 피해자

가 앉았던 운전석 맨 뒤 두 번째 좌석에 앉아 오던 중 피해자가 놓고 내린 피해품이 들어 있는 쇼핑백을 들고 2014. 2. 5. 14:09:14경 507번 경유지인 OO동 OO초등학교 정류장에 내린 후 자신의 팔을 뻗어 버스 내 하차 카드단말기에 태그를 하는 장면이 촬영되어 압수수색할 필요성이 있고, 불상의 피의자가 2014. 2. 5. 13:59:31 경 507번 버스 승차할 때와 2014. 2. 5. 14:09:14경 507번 하차할 때 한국스마트 카드단말기에 태그한 불상 의 카드 및 신용카드에 대한 가입자 카드종류 및, 카드번호, 인적사항 등 정보 일체를 압수수색하여 피의자 범 죄혐의 실체를 명백히 하기 위해 압수수색검증영장을 발부받아 피의자를 특정하고자 합니다.

## 6. 부동산 등기신청 관련서류 확보

등기소에 등기신청시 매매계약서, 근저당권설정계약서, 법인설립등기신청 관련서류 등 일체 의 첨부자료는 관할 등기소에서 보관하게 되어 있다. 따라서 수사상 그 등기신청 관련자료가 필요한 경우 등기소에 압수영장을 제시하여 확보할 수 있다.

가령 부동산 매매계약서나 확인서면이 위조되었다고 다툼이 있는 경우 압수영장을 발부받아 등기소로부터 기록을 확보하여 국립과학수사연구원에 감정받아 수사에 활용하고 원본은 등기 소에 돌려주는 것이 가능하다.

필자의 경우 평택경찰서 수사과장으로 근무하면서 유령법인을 설립한 사기사건에 대해 피의 자들이 바지사장을 내세워 유령법인을 설립하는 과정에서 흔적을 찾을 수도 있으니 압수영장 을 발부받아 그 법인의 설립등기신청 관련서류를 확보하라고 한 적이 있다. 아래 압수영장이 그것이다.

### 경 기 평 택 경 찰 서

| | |
|---|---|
| 제 2018-00XXX 호 | 2018. 6. 4. |

수 신 : 수원지방검찰청 평택지청장

제 목 : 압수수색검증영장신청(사전)

　　　　다음 사람에 대한 사기 피의사건에 관하여 아래와 같이 압수·수색·검증하려 하니 **2018. 6. 11.** **23:59**까지 유효한 압수·수색·검증영장의 발부를 청구하여 주시기 바랍니다.

| 피의자 | 성명 | 신AA |
|---|---|---|
| | 주민등록번호 | 5 |
| | 직업 | 미상 |
| | 주거 | |
| 변호인 | | |
| 압수할 물건 | | 별지와 같음 |
| 수색 · 검증할 장소 또는 물건 | | 서울중앙지방법원 등기국(서울 서초구 법원로3길14) |
| 범죄사실 및 압수수색 · 검증을 필요로 하는 사유 | | 별지와 같음 |
| 7일을 넘는 유효기간을 필요로 하는 취지와 사유 | | |
| 둘 이상의 영장을 신청하는 취지와 사유 | | |
| 일출전 또는 일몰 후 집행을 필요로 하는 취지와 사유 | | |
| 신체검사를 받을 자의성 별 · 건강상태 | | |

**경기평택경찰서**

사법경찰관 경위

## 【 압수할 물건 】

서울중앙지방법원 등기국에서 2015년 8월 17일 설립등기신청된 주식회사 AA유통(대표자: 신AA, 5, 법인등록번호 : 12, 소재지: 경기도 평택시 OO읍 OO대로 ZZZ호)에 대한 설립등기신청시(2015. 8. XX) 및 본점이전등기신청시(2018. 3. X.) 제출된 법인등기신청서, 정관, 주식인수증, 잔고증명서, 이사회의사록, 위임장 등 설립등기신청서류 일체 및 위임인인 법무사의 성명, 주소 및 연락처, 제출자 정보

# 【 범죄사실 및 압수 · 수색 · 검증을 필요로 하는 사유 】

## [ 범죄사실 ]

피의자 신AA은 주식회사 AA유통 대표이다.

피의자는 2018. 4. 20.경 불상지에서 인천에서 (주)DDD축산을 운영하는 고소인 김OO에게 전화하여, "(주)DDD축산 돼지고기가 좋다는 소문을 들었다. 평택에서 AA유통을 운영하고 있는데, 돼지고기를 납품받고 싶다. 고기를 납품하면, 그 대금을 잘 지급하겠다." 라고 거짓말하였다.

사실 피의자는 주식회사 AA유통을 운영할 능력과 의사 없이, 돼지고기를 납품받으면, 한 두 번 정도 납품 대금을 입금한 다음 외상 거래로 돼지고기를 납품 받은 후 대금을 지급하지 않고, 잠적할 생각이었다.

이에 속은 고소인으로부터 2018. 5. 14. 돼지고기 12,932,572원, 5. 18. 돼지고기 15,019,182원 상당을 평택시 OO읍 OO대로 ZZZ호 'AA유통'으로 납품 받은 후 그 대금을 지급하지 않고 이를 편취한 것을 비롯하여, 범죄일람표와 같이 고소인 11명으로부터 돼지고기 등 311,956,887원 상당의 물건을 납품 받은 후 그 대금을 지급하지 않아 동액 상당의 재물을 편취하였다.

## [ 압수 · 수색 · 검증을 필요로 하는 사유 ]

피의자 신AA은 2028. 5. 17.까지 유효한 사기혐의 체포영장이 발부된 상태로 현재 추적 중이나, 피의자의 소재 확인할 단서가 없다.

피의자의 회사인 주식회사 AA유통은 2015. 8. 17.자로 설립되어 2018. 3. 9.자로 평택으로 본점이전신청되었는 바, 본건과 같이 다수의 피의자들로부터 대량의 물건을 납품받아 갑자기 잠적하는 사건은 다분히 계획적인 사기범행일 가능성이 높고, 피의자 외의 다른 공범이 검거를 피하기 위해 법인을 매수 후 피의자를 일명 바지사장을 내세워 자신들의 검거를 회피하였을 개연성이 충분하다.

주식회사의 소유권을 이전하려면 주식의 이전이 필수이고 이 과정에서 위임법무사가 피의자나 다른 공범을 접촉했을 수 있으므로, 주식회사 AA유통이 설립등기 및 본점이전등기되었을 당시 제출된 등기신청서 및 첨부서류를 확보하여 대리인으로 신청한 법무사가 누구인지, 그 법무사에게 설립등기 등의 신청을 위임한 자가 누구인지, 등기신청서류나 주식인수증 등에 피의자나 다른 공범의 신원을 파악할 단서가 있는지 등을 파악할 필요가 있다.

그러나 우리서에서 2018. 5. 29.경 서울중앙지방법원 등기국에 위 자료를 요청하는 협조공문을 발송하였으나 5. 30.자로 "상업등기법 제11조 제3항 단서에 따라 등기신청서 또는 부속서류는 법원의 명령이나 촉탁, 법관이 발부한 영장에 의하여 압수하는 경우 외에는 협조요청 공문만으로 제출받을 수 없다"는 회신(서울중앙지방법원 법인등기조사과 등기서기보 장AA)을 받았기에 임의제출을 받기는 어렵고 강제수사가 필요함이 확인되었다.

따라서 위 등기신청서류를 확보하여 피의자를 추적, 검거하고자 압수수색검증영장을 신청함.

## 7. 금융계좌추적용 – 사기 사건에 이용된 계좌의 거래내역 등 자금흐름 확인

경 기 평 택 경 찰 서

**제 2017-00XXX 호**　　　　　　　　　　　　　　　　　　　　　　　2017. 8. 3.

**수 신** : 수원지방검찰청 평택지청장

**제 목** : 압수수색검증영장신청(금융계좌추적용)

　　　　다음 사람에 대한 특정경제범죄가중처벌등에관한법률위반 사기 피의사건에 관하여 아래와 같이 압수 수색 검증하려 하니 **2017. 8. 10. 23:59**까지 유효한 압수 · 수색 · 검증영장의 발부를 청구하여 주시기 바랍니다.

| 피의자 | 성명 | 송○○ |
|---|---|---|
| | 주민등록번호 | 7XX000-1000000(세) |
| | 직업 | |
| | 주거 | ○구 ○○번길 ○○ (○○동) |
| 변호인 | | |
| 대상계좌 | 계좌명의인 | ■ 피의자 본인 ■ 제3자(인적사항은 별지와 같음) |
| | 개설은행 · 계좌번호 | 별지 참고 |
| | 거래기간 | 2016. 8. 22.부터 2017. 8. 4.까지 |
| | 거래정보 등의 내용 | 별지 참고 |
| 압수할 물건 | | 별지 참고 |
| 수색 · 검증할 장소 또는 물건 | | 별지 참고 |
| 범죄사실 및 압수수색 · 검증을 필요로 하는 사유 | | 별지 참고 |
| 7일을 넘는 유효기간을 필요로 하는 취지와 사유 | | 해당사항 없음 |
| 둘 이상의 영장을 신청하는 취지와 사유 | | 해당사항 없음 |
| 일출전 또는 일몰 후 집행을 필요로 하는 취지와 사유 | | |

**경기평택경찰서**

사법경찰관　경위　최○○

## [ 계좌명의인 ]

◆ 제3자 인적사항

  1. 성　　명 : 신OO

     주민번호 : 690000-2000000

  2. 성　　명 : 송OO

     주민번호 : 800000-1000000

## [ 개설은행 · 계좌번호 ]

1. [우리] 34XXXXXXX01

2. [하나] 119xxxxxxx07

## [ 거래정보 등의 내용 ]

1. 우리은행 계좌번호 3xxxxxxxxxxx1(예금주 : 신OO), 예금계좌의 개설에 관한 자료 계좌개설신청서 사본, 예금계좌의 개설에 관한 자료 (계좌개설신청서 사본, 인적사항, 현금카드 번호, 신분증사본)

2017.03.04.~2017.08.04.까지 거래기간 중 입출금 내역관련 자료(입출금시 출금장소, 인터넷뱅킹 접속시 접속IP, 텔레뱅킹 ARS 조회시 사용한 휴대전화번호 포함)

2. 하나은행 계좌번호 11xxxxx07 (예금주 : 송OO), 예금계좌의 개설에 관한 자료 계좌개설신청서 사본, 예금계좌의 개설에 관한 자료 (계좌개설신청서 사본, 인적사항, 현금카드 번호, 신분증사본)

2016.08.22.~2017.08.04.까지 거래기간 중 입출금 내역관련 자료(입출금시 출금장소, 인터넷뱅킹 접속 시 접속 IP, 텔레뱅킹 ARS 조회 시 사용한 휴대전화번호 포함)

## [ 압수할 물건 ]

◆ 압수할 물건(제3자)

1. 우리은행 계좌번호 34xxxxxx01(예금주 : 신OO), 예금계좌의 개설에 관한 자료 계좌개설신청서 사본, 예금계좌의 개설에 관한 자료 (계좌개설신청서 사본, 인적사항, 현금카드 번호, 신분증사본)

    2017.03.04. ~ 2017.08.04.까지 거래기간 중 입출금 내역관련 자료(입출금시 출금장소, 인터넷뱅킹 접속시 접속IP, 텔레뱅킹 ARS 조회시 사용한 휴대전화번호 포함)

2. 하나은행 계좌번호 119xxxxx307 (예금주 : 송OO), 예금계좌의 개설에 관한 자료 계좌개설신청서 사본, 예금계좌의 개설에 관한 자료(계좌개설신청서 사본, 인적사항, 현금카드 번호, 신분증사본)

    2016.08.22. ~ 2017.08.04.까지 거래기간 중 입출금 내역관련 자료(입출금시 출금장소, 인터넷뱅킹 접속시 접속IP, 텔레뱅킹 ARS 조회시 사용한 휴대전화번호 포함)

## [ 수색 · 검증할 장소 또는 물건 ]

1. 서울 마포구 월드컵북로60길 17 (우리금융상암센터)

   T. 02–xxxx–yy89　F. 050–xxxx–yy04

2. 서울 중구 을지로 55 (하나은행 별관 빌딩)

   T. 02–xxxx–yy50　F. 1688–xxxx

## [ 범죄사실 및 압수 · 수색 · 검증을 필요로 하는 사유 ]

### [ 범죄사실 ]

### 1. 고소인 문OO에 대한 사기

피의자는 2017. 2. 6.경 평택시 OO동 주택에서 고소인에게 "장차 개발될 땅이 있는데 지목이 변경되면 10억 이상의 가치 및 큰 시세 차익을 얻을 수 있다. 이 땅에 투자하면 절반의 수익을 배분해 주겠다."고 거짓말을 하여 투자 받고, "함께 투자한 오락실의 확장 등 새로운 가게 오픈을 위해 기계를 구입, 유지. 예약을 위한 선금이 필요하다."고 하여 투자받는 등 범죄일람표 '별지 1'과 같이 도합 2억 4,965만원을 편취하였다.

그러나 사실은 피의자는 고소인에게 투자 받은 돈으로 해당 토지의 개발에 투자하지 않았고 오락실의 확장을 위한 기계의 구입, 유지, 예약 등에 사용하지 않았으며 고소인에게 돈을 변제할 의사나 능력이 없었다.

이로써 피의자는 고소인을 기망하여 재물의 교부를 받았다.

### 2. 고소인 박OO에 대한 사기

피의자는 2016. 6.경 평택시 OO동 주택에서 고소인에게 "미군 렌탈하우스에 투자하면 월세 등으로 월 1,500만 원 정도를 벌 수 있고 그 중 월 400만원 정도를 챙겨주겠다. 그리고 원금은 2~3개월 정도 쓰고 돌려주겠다."라고 거짓말을 하여 고소인으로부터 2016. 8. 22.부터 2017. 3. 22.까지 피의자 동생인 송OO의 (구)외환은행 계좌(6xxxxxx81)로 범죄일람표 '별지 2'와 같이 도합 207,203,710원을 투자받아 이를 편취하였다.

그러나 사실은 피의자는 실제로 미군 렌탈하우스에 투자하지 않았으며 해당 지역에 미군 렌탈하우스가 설립되지 않았다.

이로써 피의자는 고소인을 기망하여 재물의 교부를 받았다.

### 3. 고소인 서OO에 대한 사기

피의자는 2016. 11.경 평택시 OO동 주택에서 고소인에게 "신규로 신용카드를 만들어서 빌려주면 내가 그 카드를 사용하면서 기존에 남아있는 카드빚 1,800만원을 분할해서 갚아나가도록 할 테니, 신용카드를 만들어 달라."고 거짓말을 하였다.

그러나 사실 피의자는 고소인 명의의 신용카드를 사용하면서 카드론 등 서비스를 받아 금원을 편취하고자 했기 때문에 정상적으로 카드를 사용할 의사나 능력이 없었다.

피의자는 이에 속은 고소인으로부터 삼성카드 등 5매를 받아 보관하던 중, 2017. 3.경 고소인 명의의 신용카드를 이용하여 범죄일람표 '별지 3'과 같이 카드론, 현금서비스, 카드사용 등 도합 3,130만원 상당의 금액을 편취하였다.

이로써 피의자는 고소인을 기망하여 재물의 교부를 받았다.

### [ 압수 · 수색 · 검증을 필요로 하는 사유 ]

**예시 1)** 피의자는 동거녀인 신OO 명의의 우리은행 3xxxxxx01 계좌와 동생 송OO 명의의 하나은행 1xxxxxx307 계좌를 주로 이용하여 고소인들에게 금원을 송금 받아 사용한 사실이 확인되므로, 위 계좌의 거래내역 등 자금흐름 확인으로 증거자료를 확보하고, 입출금시 출금장소, 인터넷뱅킹 접속시 접속IP, 텔레뱅킹 ARS 조회시 사용한 휴대전화번호 등을 확인하여 피의자 검거자료로 활용하기 위함.

**예시 2)** 〈별개의 사건이지만 신청사유의 다른 예로서 적시하는 것이며, 압수할 물건은 동일함〉

 피의자는 고소를 당한 이후 사용하던 휴대폰을 해지한 뒤 알 수 없는 곳에 은신중인 상태로, 피의자 명의의 신용카드나 금융계좌, 휴대폰 등을 사용하지 않는 것으로 확인되었고, 범행당시 피의자가 사용하던 피의자의 자 장OO 명의의 농협 계좌도 2017. 10. 26. 이후로 거래내역이 없으며, 장OO 명의의 농협 계좌와 다수의 입출금 등 거래내역이 확인된 피의자의 모 유OO, 처 류OO, 자 장OO, 내연녀로 추정되는 이OO 명의의 금융계좌를 피의자가 사용하고 있을 개연성이 있으므로 대상계좌에 대한 거래내역 등 분석하여 피의자를 추적 · 검거하기 위함.


## 8. 금융계좌추적용 – 카드 사용내역 추적하여 수배자 수사

### 경 기 평 택 경 찰 서

제 2018-0XXX 호                                                                                       2018. 8. 7.

**수 신 :** 수원지방검찰청 평택지청장

**제 목 :** 압수수색검증영장신청(금융계좌추적용)

 다음 사람에 대한 자격모용사문서작성 피의사건에 관하여 아래와 같이 압수 수색 검증하려 하니 **2018. 8. 14. 23:59**까지 유효한 압수 · 수색 · 검증영장의 발부를 청구하여 주시기 바랍니다.

| 피의자 | 성명 | 김OO |
|---|---|---|
| | 주민등록번호 | 690000-1000000( 세) |
| | 직업 | 미상 |
| | 주거 | 불상 |

| | 변호인 | |
|---|---|---|
| **대상계좌** | 계좌명의인 | ■ 피의자 본인 ■ 제3자(인적사항은 별지와 같음) |
| | 개설은행 · 계좌번호 | 1. 별지와 같음 |
| | 거래기간 | |
| | 거래정보 등의 내용 | 별지와 같음 |
| 압수할 물건 | | 별지와 같음 |
| 수색 · 검증할 장소 또는 물건 | | 1. 별지와 같음 |
| 범죄사실 및 압수수색 · 검증을 필요로 하는 사유 | | 별지와 같음 |
| 7일을 넘는 유효기간을 필요로 하는 취지와 사유 | | |
| 둘 이상의 영장을 신청하는 취지와 사유 | | |
| 일출전 또는 일몰 후 집행을 필요로 하는 취지와 사유 | | |

**경기평택경찰서**

사법경찰관　경위　최○○

## 【 개설은행 · 계좌번호 】

[삼성카드] 카드 · 계좌번호 정보 없음

[전북은행 카드] 카드 · 계좌번호 정보 없음

## 【 거래정보 등의 내용 】

1. 삼성카드에 대한 회원가입정보(개설신청서 사본, 카드수령지 주소, 청구서수령지 주소, 결제계좌정보),

   위 카드에 대한 2018. 4. 1.부터 2018. 8. 7.까지의 카드사용내역(가맹점 주소 및 연락처, 카드사용 문자알림

   서비스 가입시 회신전화번호, ARS조회시 사용한 전화번호), 회원정보 변경시 변경된 회원정보(전화번호, 카

   드정보, 청구서수령지 주소),

   위 카드에 대한 2018. 8. 7.부터 2018. 9. 6.까지 카드사용내역 발생시 가맹점 주소 및 연락처

2. 전북은행 카드에 대한 회원가입정보(개설신청서 사본, 카드수령지 주소, 청구서수령지 주소, 결제계좌정보),

   위 카드에 대한 2018. 4. 1.부터 2018. 8. 7.까지의 카드사용내역(가맹점 주소 및 연락처, 카드사용 문자알림

   서비스 가입시 회신전화번호, ARS조회시 사용한 전화번호), 회원정보 변경시 변경된 회원정보(전화번호, 카

   드정보, 청구서수령지 주소),

   위 카드에 대한 2018. 8. 7.부터 2018. 9. 6.까지 카드사용내역 발생시 가맹점 주소 및 연락처

## 【 압수할 물건 】

1. 삼성카드에 대한 회원가입정보(개설신청서 사본, 카드수령지 주소, 청구서수령지 주소, 결제계좌정보),
   위 카드에 대한 2018. 4. 1.부터 2018. 8. 7.까지의 카드사용내역(가맹점 주소 및 연락처, 카드사용 문자알림
   서비스 가입시 회신전화번호, ARS조회시 사용한 전화번호), 회원정보 변경시 변경된 회원정보(전화번호, 카
   드정보, 청구서수령지 주소),
   위 카드에 대한 2018. 8. 7.부터 2018. 9. 6.까지 카드사용내역 발생시 가맹점 주소 및 연락처
2. 전북은행 카드에 대한 회원가입정보(개설신청서 사본, 카드수령지 주소, 청구서수령지 주소, 결제계좌정보),
   위 카드에 대한 2018. 4. 1.부터 2018. 8. 7.까지의 카드사용내역(가맹점 주소 및 연락처, 카드사용 문자알림
   서비스 가입시 회신전화번호, ARS조회시 사용한 전화번호), 회원정보 변경시 변경된 회원정보(전화번호, 카
   드정보, 청구서수령지 주소),
   위 카드에 대한 2018. 8. 7.부터 2018. 9. 6.까지 카드사용내역 발생시 가맹점 주소 및 연락처

## 【수색 · 검증할 장소 또는 물건 】

1. 서울 중구 세종대로 67, 삼성본관 24층 삼성카드(주) 업무지원팀
2. 전북 전주시 덕진구 백제대로 566, 전북은행 업무지원팀

## 【 범죄사실 및 압수 · 수색 · 검증을 필요로 하는 사유 】

### [ 범죄사실 ]

피의자는 2012. 2. 23. 서울시 서초구 OO동 소재 KT 지점에서 올레 홈 신청서 고객명 란에 '이OO, 핸드폰
010-XXXX-yyyy, 설치주소 서울 강남구 OO동 OO빌 OOO호, 개통희망일 2012. 2. 23., 대리인 성명 김OO,
위임하는 고객 성명 이OO'이라 기재한 후 이OO의 도장을 날인하고 신청인란에 김OO이라 기재한 후 서명하
였다.

그러나 피의자는 진정인 이OO의 대리인 자격으로 광고홍보를 위한 서류 작성을 위임 받았을 뿐, kt 올레 홈
패드 신청에 관한 권한을 위임받은 사실이 없었다.

그럼에도 불구하고 피의자는 위와 같이 이OO의 대리인 자격을 모용하여 행사할 목적으로 권리의무에 관한
사문서인 '올레 홈 신청서' 1부를 작성하였고, 그 자리에서 작성된 사실을 모르는 kt 직원에게 위와 같이 작성
한 '올레 홈 신청서' 1부를 제출하여 행사하였다.

### [ 압수 · 수색 · 검증을 필요로 하는 사유 ]

피의자는 지명통보자로 소재 발견된 이후에 사용하던 휴대폰을 사용정지 시킨 뒤 알 수 없는 곳으로 도피 중

인 상태로, 피의자 명의로 가입된 휴대폰 등이 없어 피의자를 추적할 만한 단서가 없으며, 피의자가 도피 중에 은행 계좌나 신용카드를 사용할 가능성이 있으므로 카드사용내역 등을 분석하여 피의자를 추적 · 검거하기 위함.

## 9. 압수영장 - 사무실 운영관련장부 압수

### 경 기 평 택 경 찰 서

제 2014-00XX 호                                                  2014. 6. 9.

**수 신** : 수원지방검찰청 평택지청장

**제 목** : 압수수색검증영장신청(사전)

다음 사람에 대한 특정경제범죄가중처벌등에관한법률위반(배임) 피의사건에 관하여 아래와 같이 압수 · 수색 · 검증하려 하니 2014. 6. 16. 23:59까지 유효한 압수 · 수색 · 검증영장의 발부를 청구하여 주시기 바랍니다.

| 피의자 | 성명 | 백○○ |
|---|---|---|
| | 주민등록번호 | 390000-1000000( 세) |
| | 직 업 | |
| | 주거 | 평택시 ○○○로 ○○, ○○○호(○○동,○○아파트) |
| 변호인 | | |
| 압수할 물건 | | 별지 참고 |
| 수색 · 검증할 장소 또는 물건 | | 별지 참고 |
| 범죄사실 및 압수수색 · 검증을 필요로 하는 사유 | | 별지 참고 |
| 7일을 넘는 유효기간을 필요로 하는 취지와 사유 | | |
| 둘 이상의 영장을 신청하는 취지와 사유 | | |
| 일출전 또는 일몰 후 집행을 필요로 하는 취지와 사유 | | |
| 신체검사를 받을 자의성 별 · 건강상태 | | |

### 경기평택경찰서

사법경찰관 경위 최○○

## [ 압수할 물건 ]

평택시 OO동 OOO 도시형 생활주택(OOO하우스) 공동사업약정과 관련된 서류 일체

## [ 수색 · 검증할 장소, 신체 또는 물건 ]

서울 강남구 OO동 OOO OO빌딩 O층 (주)OOO 사무소

## [ 범죄사실 및 압수 · 수색 · 검증을 필요로 하는 사유 ]

### [ 범죄사실의 요지 ]

피의자 1) 백OO와 피의자 2) 백OO은 부자지간으로 평택시 OO동 OOO번지에 OOO하우스란 이름의 도시형 생활주택을 신축하여 분양하는 부동산시행사업을 한 사람들이고, 피의자 3) 박OO은 자동차정비업에 종사하고, 피의자 4) 김OO은 의류제조업에 종사하고, 피의자 5) 최OO은 무직이고, 피의자 6) 공OO은 방앗간을 운영하고, 피의자 7) 안OO는 요리사이고, 피의자 8) 김OO는 상업에 종사하는 사람이다.

피의자 1) 백OO와 피의자 2) 백OO은 2013. 7. 9. 평택시 OO동 OOO번지에 있는 분양사무실에서 고소인 이OO와 위 대지에 신축하는 OOO하우스 OOO호와 OOO호에 대한 분양계약을 체결하였다. 피의자들과 고소인 이OO는 계약당일에 OOO호에 대한 계약금 705만원, OOO호에 대한 계약금 715만원을, 2013. 8. 27. OOO호에 대한 중도금 3,525만원을, 2013. 8. 28. OOO호에 대한 중도금 3,575만원을, OOO호에 대한 잔금 2,820만원과 OOO호에 대한 잔금 2,860만원은 입주지정일에 소유권이전등기 소요 서류와 상환으로 주고받기로 약정한 것을 비롯하여 첨부 범죄일람표와 같이 고소인 이OO 등 11명의 고소인들과 분양계약을 체결하고 계약금과 중도금을 교부받았다.

피의자들은 위 약정에 따라 고소인들로부터 계약금과 중도금을 교부받았으므로 입주지정일에 잔금 수령과 동시에 고소인들에게 대지 및 건물에 대한 소유권이전등기절차를 이행하여 주어야 할 임무가 발생하였다.

피의자들은 위와 같은 임무에 위배하여 2013. 12. 6. 장소를 알 수 없는 곳에서 액수를 알 수 없는 금액에 피의자 4) 김OO에게 위 OOO하우스 OOO호와 OOO호를 매도하고 2014. 2. 14. 평택시 동삭동에 있는 수원지방법원 평택지원 등기과에서 피의자 4) 김OO에게 위 OOO호 등 11개호에 대한 소유권이전등기를 해주었다.

이로써 피의자들은 공모하여 첨부 범죄일람표와 같이 45개호 시가 31억 6,250만원 상당의 재산상 이익을 취득하고 고소인들에게 같은 액수에 해당하는 손해를 가하였다.

### [ 압수 · 수색 · 검증을 필요로 하는 사유 ]

피의자 2) 백OO은 공사비 부족으로 장기간 공사가 중단된 상황에서 지인을 통해 알게 된 (주)OOO 대표와 ㈜OOO로부터 9억 400만원을 투자받고 이에 대하여 6개월 후에 4억원의 확정수익을 더해 지급하는 조건으로 공동사업약정을 체결하였고, ㈜OOO의 자문에 따라 ㈜OOO와 시공사(OO건설), 시행사(OOO하우스) 측에서

각각 명의자를 내세워 ㈜OOO의 투자금으로 고소인들(OOO 및 시공사 관계자) 명의로 계약금을 입금하고 분양계약서를 만들어 이를 근거로 OO신협에서 중도금 대출을 받아 공사비를 충당했던 것으로, 고소인들이 실제로 계약금 등을 지급하고 분양계약을 체결한 것이 아니기 때문에 소유권이전등기를 해줄 이유가 없고, ㈜OOO 측에서 내세운 계약 명의자들이 세대당 200만원씩의 사례금을 요구하여 약속어음을 작성해주었고 이를 ㈜OOO 측에서 보관 중이라고 진술하고 있고, 임의제출을 요구하면 제출을 거부하거나 증거를 인멸할 우려가 있으므로, 압수수색 검증영장 발부받아 (주)OOO에 보관 중인 본건 도시형 생활주택에 대한 공동사업 관련 서류를 확보하여 투자경위 및 투자금의 용처 등을 확인하기 위함.

## 10. 압수영장 - 게임장 긴급압수 후 사후압수영장

경 기 평 택 경 찰 서

제 2014-000XX 호                                                                 2014. 1. 2.

**수 신 :** 수원지방검찰청 평택지청장

**제 목 :** 압수수색검증영장신청(사후)

　　　　다음 사람에 대한 게임산업진흥에관한법률위반 피의사건에 관하여 아래와 같이 긴급압수 · 수색 · 검증하였으니 압수 · 수색 · 검증영장의 발부를 청구하여 주시기 바랍니다.

| 피의자 | 성명 | 장OO |
|---|---|---|
| | 주민등록번호 | 7X0000-1000000( 세) |
| | 직 업 | 게임장운영(OO게임랜드) |
| | 주거 | 평택시 OO길 OOO (OO읍) |
| 변호인 | | |
| 긴급압수 · 수색 · 검증한 자의 관직성명 | | 경감　　　　김OO |
| 긴급압수 수색 · 검증한 일시 | | 2014. 1. 2. 20:30 |
| 범죄사실 및 압수수색 · 검증을 필요로 하는 사유 | | 평택시 OO읍　OO리　OOO번지　OO게임렌드 |
| 긴급압수한 물건 | | 별지 참고 |

| | |
|---|---|
| 범죄사실 및 긴급압수 · 수색 검증한 사유 | 별지 참고 |
| 체포한 일시 및 장소 · 형사소송법 · 제조 제항에 따른 경우 | 2014. 1. 2. 20:30    평택시 OO읍 OO리 OOOOO게임랜드 |
| 일출전 또는 일몰후 집행을 한 사유 | 별지 참고 |
| 신체검사를 한자의성별 건강상태 | |

**경기평택경찰서**

사법경찰관    경위

## [ 긴급압수한 물건 ]

OO 게임기 40대, 만원권 213장, 오만원권 7장, 오천원권 1장, 천원권 23장

## [ 범죄사실 및 긴급압수 · 수색 · 검증한 사유 ]

### [ 범죄사실의 요지 ]

피의자는 평택시 OO읍 OO리 OOO번지에 있는 'OO게임랜드'를 운영하는 사람이다.

**1. 환전**

누구든지 게임물의 이용을 통하여 획득한 유 · 무형의 결과물을 환전하여서는 안 된다.

그럼에도 불구하고, 피의자는 2013. 9. 4.경부터 2014. 1. 2. 19:20경까지 위 게임장에 전체이용가 게임물인 'OO' 게임기 40대를 설치해놓고 영업을 하면서 손님이 게임을 통하여 획득한 카드를 장당 5,000원씩 계산하여 수수료 10%를 공제한 뒤 이를 현금으로 환전하였다.

**2. 사행행위업**

게임물 관련사업자는 게임물을 이용하여 도박 그 밖의 사행행위를 하게 하여서는 안된다.

그럼에도 불구하고, 피의자는 전항과 같은 일시, 장소에서 전항과 같이 손님이 게임을 통하여 획득한 카드를 현금으로 환전해줌으로써 손님으로 하여금 게임물을 이용하여 사행행위를 하게 하였다.

### [ 긴급압수 · 수색 · 검증한 사유 ]

게임장에서 환전을 해주는 불법영업을 하고 있다는 제보를 받고 현장을 단속하면서 불법영업사실이 확인되어 업주를 현행범인으로 체포하면서 법관으로부터 영장을 발부받을 시간적 여유가 없어 불법영업에 사용된 게임기 등을 증거물로 긴급압수하게 되었고, 이를 계속 압수할 필요성이 있음.

# 민사지식편(수사와 민사)

제 4 장

# Ⅰ 민사절차 개관(채권의 발생부터 채권의 만족까지)

## 1. 민사절차 개관

### ● 가. 채권의 발생

⇩

### ● 나. 채무불이행(민법 제390조)

⇩

### ● 다. 승소판결(집행권원의 취득)-강제집행의 근거

1) 소송(정식, 이행권고, 지급명령, 소액심판)

2) 소송외(화해, 조정, 공정증서)

3) 그 밖의 집행권원(민사집행법 제56조)

◆[형사사건화 : 형법 제152조 (위증)]

① 법률에 의하여 선서한 증인이 허위의 진술을 한 때에는 5년 이하의 징역 또는 1천만원 이하의 벌금에 처한다.

◆[형사사건화 : 형법 제327조 (강제집행면탈)]

강제집행을 면할 목적으로 재산을 은닉, 손괴, 허위양도 또는 허위의 채무를 부담하여 채권자를 해한 자는 3년 이하의 징역 또는 1천만원 이하의 벌금에 처한다.

⇩

● 라. 집행문(집행권원과 실제 집행 사이의 가교 역할, 민집 제28조, 제29조)

⇩

● 마. 사전절차

1) 재산명시절차(민집 제61조)
◆[형사사건화 : 민사집행법 제68조 (채무자의 감치 및 벌칙)]
⑨ 채무자가 거짓의 재산목록을 낸 때에는 3년 이하의 징역 또는 500만원 이하의 벌금에 처한다.
2) 채무불이행자명부등록(민집 제70조)
3) 재산조회(민집 제74조)

⇩

● 바. 보전절차

1) 가압류(민집 제276조)–금전채권에 관한 것
2) 가처분(민집 제300조)–비금전채권에 관한 것

⇩

● 사. 강제집행 및 임의경매

1) 금전채권에 기초한 강제집행
◆[형사사건화 : 제136조 (공무집행방해)]
① 직무를 집행하는 공무원에 대하여 폭행 또는 협박한 자는 5년 이하의 징역 또는 1천만원 이하의 벌금에 처한다.

가) 부동산에 대한 강제집행
(1) 통칙
(2) 강제경매

◆ [형사사건화 : 형법 제140조의2 (부동산강제집행효용침해)]

강제집행으로 명도 또는 인도된 부동산에 침입하거나 기타 방법으로 강제집행의 효용을 해한 자는 5년 이하의 징역 또는 700만원 이하의 벌금에 처한다.

◆ [형사사건화 : 제315조 (경매, 입찰의 방해)]

위계 또는 위력 기타 방법으로 경매 또는 입찰의 공정을 해한 자는 2년 이하의 징역 또는 700만원 이하의 벌금에 처한다.

(3) 강제관리

**나) 선박 등에 대한 강제집행**

**다) 동산에 대한 강제집행**

**(1) 유체동산**

◆ [형사사건화 : 형법 제140조 (공무상 비밀표시무효)]

① 공무원이 그 직무에 관하여 실시한 봉인 또는 압류 기타 강제처분의 표시를 손상 또는 은닉하거나 기타 방법으로 그 효용을 해한 자는 5년 이하의 징역 또는 700만원 이하의 벌금에 처한다.

**(2) 채권과 그 밖의 재산권**

**(3) 배당절차**

**2) 금전채권 외의 채권에 기초한 강제집행**

**가) 직접강제(민집 제257조)**

**나) 대체집행(민집 제260조)**

**다) 간접강제(민집 제261조)**

**3) 담보권 실행 등을 위한 경매**

## 2. 채권의 발생

금전채권, 금전채권 외의 채권(유체물인도청구권 등), 담보권 등(당사자 사이에 어떤 것을 주거나 어떤 행위를 '해야 할 의무'와 '청구할 권리'가 생기는 것)

## 3. 채무불이행/불법행위책임

### ● 가. 의의

민법상 책임은 주로 계약을 전제로 하는 채무불이행 책임과, 계약을 전제로 하지 않은 불법행위책임으로 나눌 수 있다. 예컨대 부동산매매계약을 체결한 부동산의 매도인(파는 사람)이 잔금을 받고도 소유권이전등기를 해주지 않는다면 계약에 따른 의무이행을 하지 않은 채무불이행 책임을 진다. 따라서 매수인은 매도인에 대하여 채무불이행에 따른 손해배상청구소송 또는 소유권이전등기 청구소송을 제기할 수 있다. 또 과실로 교통사고를 낸 자동차 운전자는 피해자에 대해 '계약을 전제로 하지 않은' 손해배상책임을 물어야 한다.

채무불이행책임은 소극적 불이행(아직 이행단계에 돌입하지 않은 것, 이행지체·이행불능·이행거절로 구분)과, 적극적 불이행(이행을 했으나 약속된 채무 내용과 다른 경우)로 구분할 수 있고, 그 효과로 이행강제권, 손해배상청구권, 계약해제권, 계약해지권 등이 발생한다.

불법행위책임이란 계약 내용과 상관없이 고의·과실로 타인에게 손해를 가한 자가 손해를 배상해야 하는 책임이다. 불법행위 피해자는 피해 전 상태로 회복(원상회복)을 주장하는 손해배상청구권을 취득한다.

### ● 나. 관련규정

**-민법 제390조 (채무불이행과 손해배상)**
채무자가 채무의 내용에 좇은 이행을 하지 아니한 때에는 채권자는 손해배상을 청구할 수 있다. 그러나 채무자의 고의나 과실없이 이행할 수 없게 된 때에는 그러하지 아니하다.

**-민법 제750조 (불법행위의 내용)**
고의 또는 과실로 인한 위법행위로 타인에게 손해를 가한 자는 그 손해를 배상할 책임이 있다.

## 4. 승소판결(집행권원의 취득)–강제집행의 근거

### ● 가. 통상의 소송

#### 1) 절차개관

원고소장제출→소장심사→소장부본의 송달, 답변서 제출의무 고지(30일 이내)→피고답변서 제출(불제출시 무변론 원고승소 판결)→변론준비절차회부(서면에 의한 변론준비, 당사자 본인을 출석시키는 변론준비기일)→재판기일(변론기일) 출석→증거조사(증인신문 등)→판결선고→항소→상고

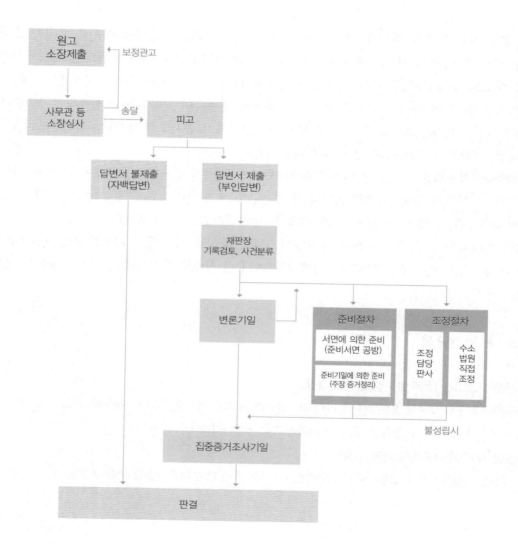

## 2) 소장의 제출

**가)** 소장의 작성 – 먼저 자신의 청구내용을 담은 소장을 작성하여야 한다.

**나)** 법원에 접수 – 직접접수, 우편접수 가능하며 인지대 등 비용이 발생하나 승소시 채무자에게 물리게 할 수 있다.

**다)** 관할–일반적인 경우 자연인은 피고의 주소지 관할법원, 법인은 주된 사무소 또는 영업소(본점) 소재지이고, 특별한 경우 부동산에 관한 소는 부동산소재지 관할, 어음수표에 관한 소는 어음수표의 지급지 관할, 불법행위에 관한 소의 경우 불법행위지 관할법원이다.

---

◆ 상대방의 주소를 모르고 전화번호만 알 때에, 소 제기와 동시에 사실조회신청을 법원에 하면 법원에서 통신사에 사실조회신청을 하고 주소를 알 수 있고, 역시 상대방의 주소를 모르고 주민등록번호만 알 때에 소장에는 '주소를 모른다'고 하고 주소보정명령을 받아서 아무 동 주민센터로 가면 주민등록등, 초본을 뗄 수 있다. 이를 근거로 주소보정서를 제출하면 된다.

☞ 법원으로부터 피고의 송달불능을 이유로 주소보정명령을 받은 경우, 주소보정명령 + 주민등록표열람 또는 등초본 교부신청서 + 채권자 신분증 –〉 채무자의 주민등록초본 발급 –〉 7일 내 주소보정

**–가족관계의 등록 등에 관한 법률 제14조 (증명서의 교부 등)**

① 본인 또는 배우자, 직계혈족, 형제자매(이하 이 조에서는 "본인등"이라 한다)는 제15조에 규정된 등록부등의 기록사항에 관하여 발급할 수 있는 증명서의 교부를 청구할 수 있고, 본인 등의 대리인이 청구하는 경우에는 본인 등의 위임을 받아야 한다. 다만, 다음 각 호의 어느 하나에 해당하는 경우에는 본인 등이 아닌 경우에도 교부를 신청할 수 있다.

1. 국가 또는 지방자치단체가 직무상 필요에 따라 문서로 신청하는 경우

2. 소송·비송·민사집행의 각 절차에서 필요한 경우

3. 다른 법령에서 본인 등에 관한 증명서를 제출하도록 요구하는 경우

4. 그 밖에 대법원규칙으로 정하는 정당한 이해관계가 있는 사람이 신청하는 경우

**–가족관계의 등록 등에 관한 규칙 제19조(등록사항별 증명서 교부 등)**

① 법 제15조에 규정된 등록부 등의 기록사항에 관하여 발급할 수 있는 증명서(이하 "등록사항별 증명서"라 한다)의 교부신청은 "등록부 등의 기록사항 등에 관한 증명신청서(이하 "신청서"라 한다)"에 그 사유를 기재하여 제출하여야 한다. 다만, 본인이 청구하는 경우에는 신청서를 작성하지 않을 수 있고, 대리인이 법 제14조 제1항의 본인 또는 배우자, 직계혈족(이하 이 조에서는 "본인등"이라 한다)의 위임을 받아 청구하는 때에는 본인 등의 위임장과 주민등록증·운전면허증·여권 등의 신분증명서 사본을 제출하여야 한다. 〈개정 2009. 12. 31., 2016. 8. 1., 2016. 11. 29.〉

② 법 제14조 제1항 제4호의 "정당한 이해관계 있는 사람"이란 다음 각 호의 어느 하나에 해당하는 경우를 말한다.

1. 민법상의 법정대리인

2. 채권·채무의 상속과 관련하여 상속인의 범위를 확인하기 위해서 등록사항별 증명서의 교부가 필요한 사람

3. 그 밖에 공익목적상 합리적 이유가 있는 경우로서 대법원예규가 정하는 사람

③ 제1항의 신청서에는 대법원예규가 특별히 규정하고 있는 경우를 제외하고는 대상자의 성명과 등록기준지를 정확하게 반드시 기재하여야 하고 다음 각 호에 해당하는 서류를 제출하여야 한다.

1. 법 제14조 제1항 제1호의 경우에는 그 근거법령과 사유를 기재한 신청기관의 공문 및 관계공무원의 신분증명서

2. 법 제14조 제1항 제2호의 경우에는 법원의 보정명령서, 재판서, 촉탁서 등 이를 소명하는 자료

◆ 소 제기 전에 상대방의 재산을 모를 때 신용정보회사에 대해 채권채무관계를 입증할 서류를 제출하고 소정의 수수료를 내면 상대방의 부동산을 알 수 있다. 예금채권은 신용정보회사를 통해 알 수는 없고 승소판결을 받은 후 재산명시절차를 거쳐서 알 수 있다. 그리고 상대방이 부동산을 제3자에게 양도하는 등 재산을 빼돌린 것이 있다면 '채권자취소권'을 행사하여 채무자에게 명의를 돌려놓은 다음 그 재산에 강제집행을 하는 방법이 있다.

### 3) 소장심사

소장의 기재사항인 '청구하는 사람(원고)의 이름과 주민번호, 주소, 전화번호 등 연락처/ 청구를 받는 사람(피고)의 이름과 주민번호, 주소, 전화번호, 연락처/ 사건명/청구취지(청구하고자 하는 내용을 기재)/청구원인을 기재/소정의 인지대와 송달료를 납부' 등에 대하여 형식적 심사를 한다.

### 예시)

**청 구 취 지**

1. 피고는 원고에게 돈 100,000,000원 및 2013. 2. 19.부터 이 사건 소장 부본 송달 일까지는 연 5%의, 그 다음 날부터 다 갚은 날까지는 연 15%의 비율에 의한 돈을 각 지급하라.

**2. 소송비용은 피고의 부담으로 한다.**

**3. 제1항은 가집행 할 수 있다.**

라는 판결을 구합니다.

· 청구원인이라 하여 당해사건의 청구에 이르게 된 경위를 자세하게 기재함.

· 필요한 증거자료를 갑 제 ○ 호 라는 식으로 일련번호를 기재하여 제출 (ex 차용증)

## 4) 소장 부본 송달

－교부송달원칙(민사소송법 178조－송달받을 사람에게 직접 주는 것)

－보충송달(민사소송법 186조, 186조의2), 유치송달(민사소송법 186조 3항), 우편송달(민사소송법 187조, 규칙 51조), 송달함송달(민사소송법 188조, 규칙 52조)

－공시송달(민사소송법 194조 내지 196조, 규칙54조) : 소송서류가 피고의 이사 등으로 송달하지 못하게 된 경우, 일반적인 통상의 조사를 다하였지만 당사자가 어디 있는지 알 수 없는 경우에 주민등록등본 1통과 최후 주소지의 통, 반장이나 인근 거주자의 인우보증서(불거주확인서)를 첨부하여 공시송달을 신청한다.

## 5) 피고의 답변서 제출

피고는 소장 부본을 받은 후 원고의 주장에 대하여 30일 이내에 답변서를 제출하여야 하고, 만약 기간 내에 아무런 답변을 하지 않는 경우 자백하는 것으로 간주하고 변론 없이 원고 승소 판결이 선고될 수 있다(민사소송법 제257조). 피고가 이의가 있어 답변서를 제출하면 소가 진행된다. 흔히 침묵은 금이라고 하나, 민사에서 침묵은 독이 될 수 있다.

## 6) 변론준비절차

－변론기일에 앞서 미리 쟁점과 증거를 정리하여 소송관계를 뚜렷하게 하는 절차

－서면에 의한 쟁점정리절차, 기일 전 증거의 신청 및 조사

## 7) 쟁점정리기일

－서면에 의한 쟁점정리절차 및 기일 전 증거조사가 완료된 사건은 그 절차가 종결된 순서대로 쟁점정리기일을 지정하여 시행

－변론준비기일방식과 변론기일방식이 있다.

## 8) 증거조사와 변론이 집중(최대한 같은 날이나 가까운 날 모아서 시행한다는 의미)

- 쟁점정리기일을 마친 후에는 증인 및 당사자신문을 집중하여 실시한다
- 증인조사의 방식
- 증인진술서 제출방식
- 증인신문사항 제출방식
- 서면에 의한 증언방식

## 9) 판결의 선고

변론종결 후 2~3주 후에 판결을 선고하는 것이 보통이지만, 소액 사건의 경우 변론을 종결하면 즉시 판결을 선고하기도 한다.

## 10) 판결의 확정

민사사건은 항소(또는 상고)기간 만료시(판결문송달일로부터 14일 확정되며), 항소장은 항소심을 다룰 법원이 아닌, 원심법원에 제출한다.

## ● 나. 간편한 민사소송절차

정식소송 외(정식, 이행권고, 지급명령, 소액심판, 화해, 조정, 공정증서)의 절차를 소개한다.

## 1) 소액사건심판절차(소액사건심판법)

### ◆ 가) 소액사건이란?

소가(원고가 소로서 주장하는 권리 또는 법률관계에 관하여 가지는 이익을 객관적으로 평가하여 금액으로 표시한 것, 소송물가액이라고도 함.) 3천만원 이하의 금전 그 밖의 대체물, 유가증권의 일정 수량의 지급을 구하는 사건을 말한다.

### ◆ 나) 절차상 특례

절차의 간이화, 신속, 저렴한 비용 등의 요청 때문에 소액사건심판법은 민사소송법과의 관계에서 여러 절차상의 특례를 규정한다.

## (1) 소송대리에 관한 특칙

(원칙적으로 일반소송에서 소송대리인은 변호사이지만)당사자의 배우자, 직계혈족, 형제자매 관계 증명시 변호사가 아니더라도 법원의 허가 없이 '소송대리인'이 될 수 있다.

## (2) 구술에 의한 소제기

소장제출주의의 예외로서 구술에 의하여 소제기시, 법원사무관 등은 제소조서를 작성한다.

## (3) 1회 심리의 원칙

판사는 절차의 신속을 위해 되도록 1회의 변론기일로 심리를 종결하도록 하여야 한다. 신속히 변론기일 지정 또는 소장부본 송달시 30일 내 답변서 제출 의무있음을 고지하고, 답변서 제출이 없을 경우 무변론 판결 선고한다.

## (4) 심리절차상의 특칙

-공휴일, 야간의 개정(직장근무자들의 재판편의를 위해 신설) 등

## (5) 증거조사에 관한 특칙

판사는 필요시 직권으로 증거조사를 할 수 있고, 다만 그 결과에 관하여는 당사자의 의견을 들어야 한다. 증인신문에 갈음하여 서면제출이 가능하다.

## (6) 변론종결 후 즉시 판결선고 가능

통상의 소송절차는 변론종결일로부터 2주일 내 선고하는 것에 비해 매우 신속히 종결된다.

## 2) 이행권고제도

가) 소액사건에 대하여 변론에 의한 소송절차의 회부에 앞서 행하는 절차로 간이, 신속한 처리와 당사자의 법정출석의 불편을 덜어주기 위한 것이다. 쉽게 말해 소액사건이 들어왔을 때 법원이 채무자에게 "채무를 인정하고 끝낼래? 인정 안 하고 싸울래?"라고 물어보는 것이다.

나) 법원은 소액사건이 제기되었을 때 특별한 사정이 없으면 원고가 낸 소장 부본을 첨부하여 피고에게 원고의 청구취지대로 의무이행할 것을 권고하는 취지의 결정을 한다.

◈ **다) 이행권고결정서 송달**

우편송달이나 공시송달은 불가하고, 통상의 송달방법에 의해 송달불능이 되면 지체없이 변론기일을 지정한다.

◈ **라) 피고의 이의신청**

송달받은 날부터 2주 이내 서면에 의해 이의신청하면 이행권고결정은 실효되고(마치 통고처분에 이의 있으면 정식재판으로 진행되는 것과 비슷), 법원은 변론기일을 지정한다.

◈ **마) 이행권고결정의 효력**

피고가 결정서등본을 송달받은 후 2주 이내에 서면에 의한 이의신청을 하지 않을 때에는 이행권고결정은 확정되고, 확정판결과 동일한 효력이 발생한다.

## 3) 독촉절차(지급명령신청)

◈ **가) 독촉절차란?**

금전, 그 밖의 대체물, 유가증권의 일정수량의 지급을 목적으로 하는 청구권에 관하여 채무자가 다투지 않을 것으로 예상될 경우에 채권자로 하여금 통상의 판결절차보다 간이, 신속, 저렴하게 집행권원을 얻게 하는 절차이다.

◈ **나) 특색**

**(1) 서류심리만으로 지급명령을 발하므로 법정 출석 불필요**

**(2) 신속한 분쟁해결**

독촉절차는 채권자의 지급명령 신청만에 의하여 이루어지는 약식의 분쟁해결절차로서, 만일 채무자가 이의신청을 하지 아니하여 지급명령이 확정되면 채권자는 확정된 지급명령에 기하여 강제집행을 신청하여 신속하게 자신의 채권을 만족시킬 수 있다. 다만 상대방이 이의신청하면 결국 통상의 소송절차로 옮겨지므로, 이의신청 가능성이 높다면 직접 조정신청 또는 소송을 제기하는 편이 더 바람직할 수도 있다.

**(3) 채권자가 법원에 납부하는 각종 비용이 저렴(예 : 소장 인지액의 10분의 1)**

## ◈ 다) 지급명령의 신청

### (1) 관할법원

청구의 가액과 무관하게 지법 단독판사 또는 시·군법원의 직분관할에 전속된다. 토지관할은 채무자의 보통재판적, 거소지·의무이행지, 어음수표 지급지, 불법행위지 등이다.

### (2) 요건

금전, 그 밖의 대체물 또는 유가증권의 일정수량의 지급을 목적으로 하는 청구일 것을 요한다(예 : 돈/쌀/수표 갚아라). 따라서 건물명도·토지인도, 소유권이전등기 청구 등에서는 이용할 수 없다(예 : 땅을 내놔라). 또 현재 변제기가 도래하여 즉시 그 지급을 청구할 수 있는 것이어야 한다(안 갚을 경우를 대비해 미리 신청할 수는 없음). 송달불능시 법원은 주소보정명령을 하거나 또는 직권으로 소송절차에 회부한다.

## ◈ 라) 지급명령신청에 대한 재판

### (1) 각하

관할위반, 신청요건의 흠 등의 경우이며, 채권자는 불복할 수 없고, 새로운 소 제기 또는 지급명령신청이 가능하다.

### (2) 지급명령

각하사유가 없으면 청구이유 유무를 심리할 필요없이 지급명령을 발하고, 당사자 양쪽에 직권으로 송달한다. 그 주소지에 채권자가 거주하지 아니하면 법원은 채권자에게 주소를 보정하거나 제소신청을 할 것을 통지하며, 채권자가 그 조치를 취하지 아니한 채 보정기한을 도과시킨 경우 각하 처리한다.

한편, 채무자가 지급명령 정본을 송달받고도 이의신청을 하지 아니한 채 2주일이 경과한 때에는 지급명령이 확정된다. 이는 확정판결과 같은 효력이 있어 채권자는 확정된 지급명령에 기한 강제집행을 신청할 수 있다.

### (3) 채무자의 이의신청

채무자는 지급명령 정본을 송달받은 후 2주일이 경과하기 전에는 언제든지 지급명령에 대한 이의신청을 할 수 있다(서면 또는 말로). 이의신청을 하면 지급명령은 그 효력을 상실하고 통상의 소송절차로 옮겨지고, 채무자는 일반 소송절차에서처럼 피고의 지위에서 자신의 주장을 법원에 충분히 진술할 수 있는 기회를 보장받게 된다.


## 5. 집행문(집행권원과 실제 집행 사이의 가교 역할)


### ● 가. 관련규정

**–민사집행법 제28조 (집행력 있는 정본)**
① 강제집행은 집행문이 있는 판결정본(이하 "집행력 있는 정본"이라 한다)이 있어야 할 수 있다.
② 집행문은 신청에 따라 제1심 법원의 법원서기관 · 법원사무관 · 법원주사 또는 법원주사보(이하 "법원사무관등"이라 한다)가 내어 주며, 소송기록이 상급심에 있는 때에는 그 법원의 법원사무관등이 내어 준다.
③ 집행문을 내어 달라는 신청은 말로 할 수 있다.

**–제29조 (집행문)**
① 집행문은 판결정본의 끝에 덧붙여 적는다.
② 집행문에는 "이 정본은 피고 아무개 또는 원고 아무개에 대한 강제집행을 실시하기 위하여 원고 아무개 또는 피고 아무개에게 준다."라고 적고 법원사무관 등이 기명날인하여야 한다.


## 6. 집행보조절차(사전에 피의자의 재산을 파악)


### ● 가. 재산명시절차(민집 제61조)

#### 1) 의의

일정한 집행권원에 따라 금전채무를 부담하는 채무자가 채무를 이행하지 않는 경우, 법원이 그 채무자로 하여금 강제집행의 대상이 되는 재산과 일정기간 내의 그 재산처분상황을 명시한 재산목록을 제출하게 하고, 그 진실성에 관하여 선서하게 함으로써 그 재산상태를 공개하는 절차이다. 명시기일불출석 · 재산목록제출거부 · 선서거부시 20일 이내 감치결정하고, 허위재산목록제출시 3년 이하 징역 또는 5백만원 이하 벌금에 처하게 된다. 경제팀에서 가끔 민사집행법위반으로 고소장이 들어오는 것이 이 경우이다.

## 2) 관련조문

### 제61조 (재산명시신청)

① 금전의 지급을 목적으로 하는 집행권원에 기초하여 강제집행을 개시할 수 있는 채권자는 채무자의 보통재판적이 있는 곳의 법원에 채무자의 재산명시를 요구하는 신청을 할 수 있다. 다만, 민사소송법 제213조에 따른 가집행의 선고가 붙은 판결 또는 같은 조의 준용에 따른 가집행의 선고가 붙어 집행력을 가지는 집행권원의 경우에는 그러하지 아니하다.

② 제1항의 신청에는 집행력 있는 정본과 강제집행을 개시하는데 필요한 문서를 붙여야 한다.

### 제62조 (재산명시신청에 대한 재판)

① 재산명시신청에 정당한 이유가 있는 때에는 법원은 채무자에게 재산상태를 명시한 재산목록을 제출하도록 명할 수 있다.

② 재산명시신청에 정당한 이유가 없거나, 채무자의 재산을 쉽게 찾을 수 있다고 인정한 때에는 법원은 결정으로 이를 기각하여야 한다.

③ 제1항 및 제2항의 재판은 채무자를 심문하지 아니하고 한다.

④ 제1항의 결정은 신청한 채권자 및 채무자에게 송달하여야 하고, 채무자에 대한 송달에서는 결정에 따르지 아니할 경우 제68조에 규정된 제재(명시기일불출석·재산목록제출거부·선서거부시 20일 이내 감치, 허위재산목록제출시 3년 이하 징역 또는 5백만원 이하 벌금)를 받을 수 있음을 함께 고지하여야 한다.

⑤ 제4항의 규정에 따라 채무자에게 하는 송달은 민사소송법 제187조 및 제194조에 의한 방법으로는 할 수 없다.

⑥ 제1항의 결정이 채무자에게 송달되지 아니한 때에는 법원은 채권자에게 상당한 기간을 정하여 그 기간 이내에 채무자의 주소를 보정하도록 명하여야 한다.

⑦ 채권자가 제6항의 명령을 받고도 이를 이행하지 아니한 때에는 법원은 제1항의 결정을 취소하고 재산명시신청을 각하하여야 한다.

⑧ 제2항 및 제7항의 결정에 대하여는 즉시항고를 할 수 있다.

⑨ 채무자는 제1항의 결정을 송달받은 뒤 송달장소를 바꾼 때에는 그 취지를 법원에 바로 신고하여야 하며, 그러한 신고를 하지 아니한 경우에는 민사소송법 제185조 제2항 및 제189조의 규정을 준용한다.

### 제67조 (재산목록의 열람 · 복사)

채무자에 대하여 강제집행을 개시할 수 있는 채권자는 재산목록을 보거나 복사할 것을 신청할 수 있다.

## ● 나. 채무불이행자명부등록(민집 제70조)

### 1) 의의

일정한 금전채무를 일정기간 내에 이행하지 아니하거나 재산명시절차에서 감치 또는 벌칙대상이 되는 행위를 한 채무자에 관한 일정사항을 법원의 재판에 따라 등재한 후 일반인의 열람에 제공하는 명부(일종의 블랙리스트)이다. 불성실한 채무자로 하여금 신용훼손 등의 불이익을 피하기 위해 채무자의 자진이행에 노력하도록 하는 간접강제의 효과가 있다. 또 일반인으로 하여금 거래 상대방에 대한 신용조사를 쉽게 하여 거래안전을 도모할 수 있다.

### 2) 관련규정

**제70조 (채무불이행자명부 등재신청)**

① 채무자가 다음 각호 가운데 어느 하나에 해당하면 채권자는 그 채무자를 채무불이행자명부(채무불이행자명부)에 올리도록 신청할 수 있다.

1. 금전의 지급을 명한 집행권원이 확정된 후 또는 집행권원을 작성한 후 6월 이내에 채무를 이행하지 아니하는 때. 다만, 제61조 제1항 단서에 규정된 집행권원의 경우를 제외한다.

2. 제68조 제1항 각호의 사유 또는 같은 조 제9항의 사유 가운데 어느 하나에 해당하는 때(명시기일불출석 · 재산목록제출거부 · 선서거부시 20일 이내 감치, 허위재산목록제출시 3년 이하 징역 또는 5백만원 이하 벌금)

② 제1항의 신청을 할 때에는 그 사유를 소명하여야 한다.

③ 제1항의 신청에 대한 재판은 제1항 제1호의 경우에는 채무자의 보통재판적이 있는 곳의 법원이 관할하고, 제1항 제2호의 경우에는 재산명시절차를 실시한 법원이 관할한다.

**제72조 (명부의 비치)**

① 채무불이행자명부는 등재결정을 한 법원에 비치한다.

② 법원은 채무불이행자명부의 부본을 채무자의 주소지(채무자가 법인인 경우에는 주된 사무소가 있는 곳) 시(구가 설치되지 아니한 시를 말한다. 이하 같다) · 구 · 읍 · 면의 장(도농복합형태의 시의 경우 동지역은 시 · 구의 장, 읍 · 면지역은 읍 · 면의 장으로 한다. 이하 같다)에게 보내야 한다.

③ 법원은 채무불이행자명부의 부본을 대법원규칙이 정하는 바에 따라 일정한 금융기관의 장이나 금융기관 관련단체의 장에게 보내어 채무자에 대한 신용정보로 활용하게 할 수 있다.

④ 채무불이행자명부나 그 부본은 누구든지 보거나 복사할 것을 신청할 수 있다.

⑤ 채무불이행자명부는 인쇄물 등으로 공표되어서는 아니된다.

## ● 다. 재산조회(민집 제74조)

### 1) 의의

　명시신청을 한 채권자의 신청에 따라, 법원이 개인의 재산과 신용에 관한 전산망을 관리하는 공공기관·단체 등에 채무자 명의의 재산에 관한 조회를 하고, 그 결과를 재산목록에 준하여 관리하도록 하는 제도이다.

　재산명시절차를 거쳤으나, 그 과정에서 채무자의 의무위반이 있거나 채무자가 제출한 재산목록만으로는 집행채권의 만족을 얻기 어려운 경우 신청이 가능하다.

---

**제74조 (재산조회)**

① 재산명시절차의 관할 법원은 다음 각호의 어느 하나에 해당하는 경우에는 그 재산명시를 신청한 채권자의 신청에 따라 개인의 재산 및 신용에 관한 전산망을 관리하는 공공기관·금융기관·단체 등에 채무자명의의 재산에 관하여 조회할 수 있다. 〈개정 2005.1.27〉

1. 재산명시절차에서 채권자가 제62조 제6항의 규정에 의한 주소보정명령을 받고도 민사소송법 제194조 제1항의 규정에 의한 사유로 인하여 채권자가 이를 이행할 수 없었던 것으로 인정되는 경우

2. 재산명시절차에서 채무자가 제출한 재산목록의 재산만으로는 집행채권의 만족을 얻기에 부족한 경우

3. 재산명시절차에서 제68조 제1항 각호의 사유 또는 동조 제9항의 사유가 있는 경우

② 채권자가 제1항의 신청을 할 경우에는 조회할 기관·단체를 특정하여야 하며 조회에 드는 비용을 미리 내야 한다.

③ 법원이 제1항의 규정에 따라 조회할 경우에는 채무자의 인적 사항을 적은 문서에 의하여 해당 기관·단체의 장에게 채무자의 재산 및 신용에 관하여 그 기관·단체가 보유하고 있는 자료를 한꺼번에 모아 제출하도록 요구할 수 있다.

④ 공공기관·금융기관·단체 등은 정당한 사유 없이 제1항 및 제3항의 조회를 거부하지 못한다.

---

## 7. 보전절차

## ● 가. 보전처분의 필요성

　승소를 하더라도 피고의 남은 재산이 없다면 판결문도 소용없게 된다. 따라서 소송에 들어가기 전에 채무자의 재산은닉 등을 방지하여 확정판결의 재판을 용이하게 하고, 그때까지 채권

자가 입게 될지도 모르는 손해를 예방하는 수단이다.

## ● 나. 가압류(민집 제276조)

### 1) 가압류의 의의

금전채권이나 금전으로 환산할 수 있는 채권의 집행을 보전할 목적으로 미리 채무자의 재산을 동결시키는 제도이며, 대상에 따라 동산가압류, 부동산가압류, 채권가압류 등이 있다.

### 2) 관련규정

-민사집행법 제276조 (가압류의 목적)

① 가압류는 금전채권이나 금전으로 환산할 수 있는 채권에 대하여 동산 또는 부동산에 대한 강제집행을 보전하기 위하여 할 수 있다.

② 제1항의 채권이 조건이 붙어 있는 것이거나 기한이 차지 아니한 것인 경우에도 가압류를 할 수 있다.

-민집 제277조 (보전의 필요)

가압류는 이를 하지 아니하면 판결을 집행할 수 없거나 판결을 집행하는 것이 매우 곤란할 염려가 있을 경우에 할 수 있다.

-민집 제279조 (가압류신청)

① 가압류신청에는 다음 각호의 사항을 적어야 한다.

1. 청구채권의 표시, 그 청구채권이 일정한 금액이 아닌 때에는 금전으로 환산한 금액

2. 제277조의 규정에 따라 가압류의 이유가 될 사실의 표시

② 청구채권과 가압류의 이유는 소명하여야 한다.

-민집 제293조 (부동산가압류집행)

① 부동산에 대한 가압류의 집행은 가압류재판에 관한 사항을 등기부에 기입하여야 한다.

② 제1항의 집행법원은 가압류재판을 한 법원으로 한다.

③ 가압류등기는 법원사무관 등이 촉탁한다.

-민집 제294조 (가압류를 위한 강제관리)

가압류의 집행으로 강제관리를 하는 경우에는 관리인이 청구채권액에 해당하는 금액을 지급받아 공탁하여야 한다.

### 3) 가압류의 요건

#### ◈ 가) 피보전권리

재산상 청구권으로서 금전채권이나 금전으로 환산할 수 있는 채권이어야 한다. 청구권이 성립되어 있거나 청구권의 발생의 기초가 형성되어 있어야 하고, 기한미도래나 조건미성취도 무방하며(소송에 앞서 재산 빼돌리는 것을 방지하려는 가압류제도의 취지상 당연하다), 통상의 강제집행에 적합하여야 한다.

#### ◈ 나) 보전의 필요성

가압류를 하지 않으면 판결 기타 집행권원을 집행할 수 없거나 집행하는 것이 매우 곤란한 염려가 있을 경우 인정된다(예: 책임재산의 낭비, 훼손, 포기, 은닉, 채무자의 도망, 주거부정 등).

### 4) 가압류의 효과

채무자의 재산을 미리 빼돌리는 것을 방지하게 한다. 예컨대 부동산강제경매에서 1억원에 팔릴 부동산에 대하여 채권자가 3천만원의 가압류를 먼저 걸어놓으면(부동산의 등기부등본 갑구에 가압류 사실을 등기하게 하고), 나중에 채무자가 (1) 그 부동산에 채권최고액 8천만원의 근저당권을 설정해 주거나 또는 (2) 제3자에게 소유권이전을 해주더라도, (1) 그 부동산의 경매절차에서 선순위 가압류권자는 나중에 등기된 근저당권과 동일한 순위로 배당받을 수 있거나 (2) 이미 제3자의 소유가 된 부동산의 경매절차에서도 채권자 자격으로 배당받을 수 있다. 즉, 채무자가 재산을 빼돌리려 마음먹더라도 가압류채권자의 채권액 만큼의 가치는 빼돌릴 수 없게 된다.

### ● 다. 가처분(민집 제300조)

### 1) 가처분의 의의

◈ 가) 계쟁물(다툼의 대상)에 관한 가처분 : 금전 이외의 특정 물건이나 권리를 대상으로 하는 청구권을 가지고 있는 경우 계쟁물의 현상을 동결시키는 제도이다. 대상이 채무자의 일반재산이 아니라는 점에서 가압류와 구분된다

예) 부동산처분금지가처분, 점유이전금지 가처분 등

◈ 나) 임시의 지위를 정하는 가처분 : 당사자 사이에 다툼이 있는 권리 또는 법률관계가 현존하고 그에 대한 확정판결시까지 현상의 진행을 방치한다면 권리자에게 현저한 손해 등이 생길 위험이 있는 경우 권리자에게 임시의 지위를 주어 그와 같은 손해 등을 피할 수 있는 제도이다.

예) 근로자가 해고무효확인을 전제로 임금지급을 구하는 가처분, 주주총회결의 취소사건을 전제로 이사직무집행정지 및 직무대행자선임 가처분 등

## 2) 관련규정

**제300조 (가처분의 목적)**
① 다툼의 대상에 관한 가처분은 현상이 바뀌면 당사자가 권리를 실행하지 못하거나 이를 실행하는 것이 매우 곤란할 염려가 있을 경우에 한다.
② 가처분은 다툼이 있는 권리관계에 대하여 임시의 지위를 정하기 위하여도 할 수 있다. 이 경우 가처분은 특히 계속하는 권리관계에 끼칠 현저한 손해를 피하거나 급박한 위험을 막기 위하여, 또는 그 밖의 필요한 이유가 있을 경우에 하여야 한다.

**제305조 (가처분의 방법)**
① 법원은 신청목적을 이루는 데 필요한 처분을 직권으로 정한다.
② 가처분으로 보관인을 정하거나, 상대방에게 어떠한 행위를 하거나 하지 말도록, 또는 급여를 지급하도록 명할 수 있다.
③ 가처분으로 부동산의 양도나 저당을 금지한 때에는 법원은 제293조의 규정을 준용하여 등기부에 그 금지한 사실을 기입하게 하여야 한다.

**제308조 (원상회복재판)**
가처분을 명한 재판에 기초하여 채권자가 물건을 인도받거나, 금전을 지급받거나 또는 물건을 사용·보관하고 있는 경우에는, 법원은 가처분을 취소하는 재판에서 채무자의 신청에 따라 채권자에 대하여 그 물건이나 금전을 반환하도록 명할 수 있다.

## 3) 가처분의 요건

◈ **가) 피보전권리**

**(1) 계쟁물(다툼의 대상)에 관한 가처분의 피보전권리**

– 금전 이외의 특정물에 관한 이행청구권일 것(예–부동산소유권이전등기청구권)

– 이행청구권이 성립하여 있을 것.
– 민사소송절차에 의하여 보호받을 수 있는 권리로서 강제집행에 적합한 권리일 것.

## (2) 임시의 지위를 정하는 가처분의 피보전권리

– 권리관계가 현존 : 현존의 위험방지를 위한 것, 종류제한 없음. 물권관계 · 채권관계 · 신분상의 권리관계 · 조직법상의 권리관계 등도 포함.
– 권리관계에 다툼이 있을 것 : 상대방이 권리관계의 존재를 부인, 주주총회 결의 취소의 소처럼 형성의 소가 제기될 것.

### ◈ 나) 보전의 필요성

## (1) 계쟁물(다툼의 대상)에 관한 가처분에서의 보전의 필요성

특정물의 현상에 변경이 생길 우려가 있어 미리 가처분을 해두지 않으면 현상변경으로 권리를 실행하지 못하거나 현저히 곤란할 염려가 있는 때에 인정된다.

## (2) 임시의 지위를 정하는 가처분에서의 보전의 필요성

현존하는 권리관계에 분쟁이 있어 현저한 손해가 발생할 염려가 있거나 급박한 강압, 폭행의 염려가 있을 때, 기타 필요한 경우 인정된다.

## 8. 강제집행 및 임의경매

### ● 가. 금전채권에 기초한 강제집행

#### 1) 부동산에 대한 강제집행

##### ◈ 가) 금전채권집행의 3단계

집행의 대상에 따라 구체적인 모습은 다르지만 금전채권집행절차는 공통적으로 압류 · 현금화 · 배당의 3단계 구조를 갖는다. 즉 강제집행신청에 따라 집행기관은 채무자가 목적물을 처분하지 못하도록 목적물의 권리상태를 동결하는 압류를 행하고, 다음으로 목적물을 매각 등의 방법으로 현금화하여, 금원을 채권자에게 교부하는 배당절차를 실시한다.

◈ 나) 강제경매

## (1) 경매신청

채권자는 집행정본과 강제집행개시 요건을 증명하는 서류를 첨부하여 서면으로 강제집행을 신청한다.

−민사집행법 제80조 (강제경매신청서)

강제경매신청서에는 다음 각호의 사항을 적어야 한다.

1. 채권자 · 채무자와 법원의 표시

2. 부동산의 표시

3. 경매의 이유가 된 일정한 채권과 집행할 수 있는 일정한 집행권원

−제81조 (첨부서류)

① 강제경매신청서에는 집행력 있는 정본 외에 다음 각호 가운데 어느 하나에 해당하는 서류를 붙여야 한다. 〈개정 2011. 4. 12.〉

1. 채무자의 소유로 등기된 부동산에 대하여는 등기사항증명서

2. 채무자의 소유로 등기되지 아니한 부동산에 대하여는 즉시 채무자명의로 등기할 수 있다는 것을 증명할 서류. 다만, 그 부동산이 등기되지 아니한 건물인 경우에는 그 건물이 채무자의 소유임을 증명할 서류, 그 건물의 지번 · 구조 · 면적을 증명할 서류 및 그 건물에 관한 건축허가 또는 건축신고를 증명할 서류

② 채권자는 공적 장부를 주관하는 공공기관에 제1항 제2호 단서의 사항들을 증명하여 줄 것을 청구할 수 있다.

③ 제1항 제2호 단서의 경우에 건물의 지번 · 구조 · 면적을 증명하지 못한 때에는, 채권자는 경매신청과 동시에 그 조사를 집행법원에 신청할 수 있다.

④ 제3항의 경우에 법원은 집행관에게 그 조사를 하게 하여야 한다.

⑤ 강제관리를 하기 위하여 이미 부동산을 압류한 경우에 그 집행기록에 제1항 각호 가운데 어느 하나에 해당하는 서류가 붙어 있으면 다시 그 서류를 붙이지 아니할 수 있다.

## (2) 압류

법원은 경매신청에 대하여 경매개시결정을 하고 그 정본을 채무자에게 송달하여 경매목적물의 관할 등기소에 경매개시결정의 기입등기를 촉탁한다. 이로써 목적물에 대한 압류의 효력이 발생한다. 이는 채무자에게 집행의 목적물에 대한 처분을 금지하는 효력을 갖게 한다. 첫 매각기일 이전의 날로 집행절차상 필요한 상당한 기간을 고려하여 배당요구의 종기를 정한다.

## (3) 현금화

### (가) 매각의 준비

법원은 집행관에게 목적물에 대한 현황조사를 명하고 감정인에게 부동산을 평가하게 하여 이를 기초로 최저매각가격 등의 매각조건을 정한 다음 매각물건명세서를 작성하여 비치한다. 위 절차가 끝난 다음에는 매각기일과 매각결정기일을 정하여 공고한다.

### (나) 매각절차

매각기일은 집행관으로 하여금 진행하게 한다. 매각기일에 매수신고인이 없는 경우에는 최저매각가격을 저감한 다음 새 매각기일을 정하여 다시 매각을 실시한다.

> **—민사집행법 제112조 (매각기일의 진행)**
> 집행관은 기일입찰 또는 호가경매의 방법에 의한 매각기일에는 매각물건명세서 · 현황조사보고서 및 평가서의 사본을 볼 수 있게 하고, 특별한 매각조건이 있는 때에는 이를 고지하며, 법원이 정한 매각방법에 따라 매수가격을 신고하도록 최고하여야 한다.
> **—제113조 (매수신청의 보증)**
> 매수신청인은 대법원규칙이 정하는 바에 따라 집행법원이 정하는 금액과 방법에 맞는 보증을 집행관에게 제공하여야 한다.
> **—제115조 (매각기일의 종결)**
> ① 집행관은 최고가매수신고인의 성명과 그 가격을 부르고 차순위매수신고를 최고한 뒤, 적법한 차순위매수신고가 있으면 차순위매수신고인을 정하여 그 성명과 가격을 부른 다음 매각기일을 종결한다고 고지하여야 한다.

### (다) 매각결정

매각기일에 최고가 매수인이 정해지면 지금까지의 절차를 다시 한번 검토한다는 의미에서 매각결정기일을 열어 이해관계인의 의견을 들은 다음 최고가 매수신고인에게 매각을 허가하고 매각대금 지급기한을 정한다.

> **민사집행법 제128조 (매각허가결정)**
> ① 매각허가결정에는 매각한 부동산, 매수인과 매각가격을 적고 특별한 매각조건으로 매각한 때에는 그 조건을 적어야 한다.
> ② 제1항의 결정은 선고하는 외에 대법원규칙이 정하는 바에 따라 공고하여야 한다.

### (4) 배당

채권자의 경합이 있거나 매수인이 납입한 매각대금만으로는 채권만족에 부족한 경우 및 채권자가 모두 만족을 얻는 경우에도 배당절차를 실시한다.

**민사집행법 제145조 (매각대금의 배당)**

① 매각대금이 지급되면 법원은 배당절차를 밟아야 한다.

② 매각대금으로 배당에 참가한 모든 채권자를 만족하게 할 수 없는 때에는 법원은 민법 · 상법, 그 밖의 법률에 의한 우선순위에 따라 배당하여야 한다.

## (5) 부수절차(매수인 앞으로의 소유권이전등기 등)

매수인은 대금을 완납한 시점에 소유권을 취득한다. 그러나 현실적으로 목적물에 대한 소유권행사를 위해서는 인도명령절차를 통하여 목적물의 점유를 취득하고 소유권이전등기촉탁을 신청하여 등기부상 소유명의를 얻어야 하는 경우가 많다.

**─민사집행법 제135조 (소유권의 취득시기)**

매수인은 매각대금을 다 낸 때에 매각의 목적인 권리를 취득한다.

**─제136조 (부동산의 인도명령 등)**

① 법원은 매수인이 대금을 낸 뒤 6월 이내에 신청하면 채무자 · 소유자 또는 부동산 점유자에 대하여 부동산을 매수인에게 인도하도록 명할 수 있다. 다만, 점유자가 매수인에게 대항할 수 있는 권원에 의하여 점유하고 있는 것으로 인정되는 경우에는 그러하지 아니하다.

② 법원은 매수인 또는 채권자가 신청하면 매각허가가 결정된 뒤 인도할 때까지 관리인에게 부동산을 관리하게 할 것을 명할 수 있다.

**─제144조 (매각대금 지급 뒤의 조치)**

① 매각대금이 지급되면 법원사무관 등은 매각허가결정의 등본을 붙여 다음 각호의 등기를 촉탁하여야 한다.

1. 매수인 앞으로 소유권을 이전하는 등기

2. 매수인이 인수하지 아니한 부동산의 부담에 관한 기입을 말소하는 등기

3. 제94조 및 제139조 제1항의 규정에 따른 경매개시결정등기를 말소하는 등기

② 매각대금을 지급할 때까지 매수인과 부동산을 담보로 제공받으려고 하는 사람이 대법원규칙으로 정하는 바에 따라 공동으로 신청한 경우, 제1항의 촉탁은 등기신청의 대리를 업으로 할 수 있는 사람으로서 신청인이 지정하는 사람에게 촉탁서를 교부하여 등기소에 제출하도록 하는 방법으로 하여야 한다. 이 경우 신청인이 지정하는 사람은 지체 없이 그 촉탁서를 등기소에 제출하여야 한다. 〈신설 2010.7.23.〉

③ 제1항의 등기에 드는 비용은 매수인이 부담한다. 〈개정 2010.7.23.〉

## 2) 선박 등에 대한 강제집행

특별한 경우 외에는 부동산에 대한 강제집행 절차를 준용한다. 따라서 압류, 현금화, 배당절차로 진행한다.

## 3) 동산에 대한 강제집행

**가) 압류의 방법** : 부동산집행에서는 등기부라는 공적장부에 경매개시결정의 등기를 하는 방법으로 압류를 하지만 유체동산에서는 공적장부가 없으므로 집행관이 점유를 취득하는 사실적인 방법에 의하며, '채권, 그 밖의 재산권'에 대한 집행에서는 공적장부는 물론 점유를 통한 공시방법이 없으므로 압류명령을 이해관계인에게 송달하는 관념적 방법에 의한다.

### ◈ 나) 유체동산

### (1) 압류절차

채권자가 집행관에게 집행신청(집행위임)을 하면 집행관은 채무자 소유의 유체동산 중 압류금지물건을 제외하고 압류를 실시한다.

－민사집행법 제189조 (채무자가 점유하고 있는 물건의 압류)
① 채무자가 점유하고 있는 유체동산의 압류는 집행관이 그 물건을 점유함으로써 한다. 다만, 채권자의 승낙이 있거나 운반이 곤란한 때에는 봉인, 그 밖의 방법으로 압류물임을 명확히 하여 채무자에게 보관시킬 수 있다.
② 다음 각호 가운데 어느 하나에 해당하는 물건은 이 법에서 유체동산으로 본다.
1. 등기할 수 없는 토지의 정착물로서 독립하여 거래의 객체가 될 수 있는 것
2. 토지에서 분리하기 전의 과실로서 1월 이내에 수확할 수 있는 것
3. 유가증권으로서 배서가 금지되지 아니한 것
③ 집행관은 채무자에게 압류의 사유를 통지하여야 한다.

### (2) 현금화절차

압류물을 입찰 또는 호가경매의 방법으로 또는 적당한 매각의 방법으로 현금화한다(민사집행법 제199조). 다만, 법원은 금·은붙이, 유가증권, 기타 유체동산에 대해 특별한 현금화 방법을 명할 수 있다.

## ◈ 다) 채권과 그 밖의 재산권

### (1) 의의

금전채권의 만족을 위하여 채무자의 재산 중 금전채권, 즉 채무자가 제3채무자에 대하여 금전의 급여를 구할 수 있는 각종의 청구권에 대하여 하는 강제집행이다.

### (2) 압류절차

금전채권에 대한 집행도 압류, 현금화, 배당의 3단계로 실시된다. 즉 채권자가 집행법원에 집행신청(압류명령의 신청)을 하면 집행법원은 압류명령을 발령하여 채무자의 제3채무자에 대한 채권을 압류한다. 채무자는 압류명령에 의하여 채권의 처분과 영수가 금지되어 채권의 추심, 채권의 양도 등 채권자를 해치는 일체의 처분이 금지된다. 단, 압류명령에 반하는 채무자의 행위는 압류채권자에 대한 관계에서만 상대적으로 무효이다. 그리고 제3채무자(집행채무자에 대한 채무자)는 채무자에 대한 지급이 금지된다.

### (3) 현금화절차

다시 채권자의 신청에 의하여 추심명령 또는 전부명령을 발령하여 현금화한다. 그 외에 양도명령 등 특별현금화방법을 명할 수 있다.

### (4) 추심명령

압류채권자가 채무자에 갈음하여 제3채무자에 대하여 직접 피압류채권의 이행을 청구하고 그 급부를 수령하여 집행채권의 변제에 충당할 수 있는 권한을 부여하는 집행법원의 명령이다. 추심채권자는 추심에 필요한 채무자의 일체의 권리를 채무자를 대리하거나 대위하지 않고 자기의 이름으로 재판상, 재판외에서 행사할 수 있다.

추심채권자는 이행을 최고하거나 변제를 수령하고 선택권을 행사하며, 정기예금에 대한 추심명령으로 그 만기 전에 해약하는 경우와 같이 해제권, 해지권, 취소권 등을 행사함은 물론, 보증인에 대한 청구를 할 수도 있고, 추심할 채권에 담보권(저당권 등)이 있는 경우에는 직접 자기 이름으로 담보권실행을 위한 경매를 신청할 수 있다.

### (5) 전부명령

전부명령이 발령되어 확정된 경우에는 압류한 금전채권이 압류시점에 소급하여 권면액으로 집행채권의 변제에 갈음하여 집행채권자에게 이전되므로 집행절차는 종료되며 변제절차가 진행될 여지가 없다. 즉 집행채무자가 갖고 있던 채권이 그대로 집행채권자의 것이 되는 것이다. 법률규정에 의한 채권양도라고 볼 수 있다. 전부명령의 대상이 된 피전부채권은 그 동일성을 유지하면서 채무자에서 전부채권자에게 이전되고, 저당권도 함께 이동되며, 전부명령이 제3채무자에게 송달된 때에 채무자가 채무를 변제한 것으로 본다. 예를 들어 집행채무자(B)가 자기가 세들어 사는 집의 소유자(C, 제3채무자)에게 임대차보증금 1억원에 대한 반환청구권을 가지고 있을 때, B에 대한 채권자(집행채권자, A, 청구액은 5천만원이라고 가정)는 B에 대한 집행권원(승소판결 등)을 받은 후 B가 C에 대해 가지고 있는 임대차보증금반환채권을 발견한 다음 법원으로부터 압류 및 전부명령을 받아 B가 임대차기간 만료시 C에게 받아가야 할 1억원 중 5천만원을 자기 앞으로 돌려놓을 수 있다. 이 경우 C는 A에게 5천만원을, B에게 5천만원을 돌려주어야 한다.

## ● 나. 금전채권 외의 채권에 기초한 강제집행

### 1) 직접강제

−민사집행법 제257조 (동산인도청구의 집행)
채무자가 특정한 동산이나 대체물의 일정한 수량을 인도하여야 할 때에는 집행관은 이를 채무자로부터 빼앗아 채권자에게 인도하여야 한다.

### 2) 대체집행

−민사집행법 제260조 (대체집행)
① 민법 제389조제2항 후단(채무자가 임의로 채무를 이행하지 아니한 때, 채무자의 일신에 전속하지 아니한 작위를 목적으로 한 때에는 채무자의 비용으로 제삼자에게 이를 하게 할 것을 법원에 청구할 수 있다.)과 제3항(그 채무가 부작위를 목적으로 한 경우에 채무자가 이에 위반한 때에는 채무자의 비용으로써 그 위반한 것을 제각하고 장래에 대한 적당한 처분을 법원에 청구할 수 있다.)의 경우에는 제1심 법원은 채권자의 신청에 따라 민법의 규정에 의한 결정을 하여야 한다.
② 채권자는 제1항의 행위에 필요한 비용을 미리 지급할 것을 채무자에게 명하는 결정을 신청할 수 있다. 다만, 뒷날 그 초과비용을 청구할 권리는 영향을 받지 아니한다.
③ 제1항과 제2항의 신청에 관한 재판에 대하여는 즉시항고를 할 수 있다.

### 3) 간접강제(민집 제261조)

간접강제란 법원이 채무자에게 경제적인 심리적 압박을 가해 채무를 이행하게 하는 집행방법을 말한다. 보통 법원의 명령을 이행하지 않으면 하루 얼마씩 지급해야 한다는 식으로 이루어진다. 과거 모 국회의원이 전교조 명단을 자기 홈페이지에 올렸다가 전교조의 가처분신청이 받아들여져 법원이 정보공개를 금지하고 위반시 하루 3천만원의 '간접강제'를 명령한 것(명단을 내려라. 그렇지 않으면 하루에 3천만원씩 물어내라!) 그 예이다.

> **제261조 (간접강제)**
> ① 채무의 성질이 간접강제를 할 수 있는 경우에 제1심 법원은 채권자의 신청에 따라 간접강제를 명하는 결정을 한다. 그 결정에는 채무의 이행의무 및 상당한 이행기간을 밝히고, 채무자가 그 기간 이내에 이행을 하지 아니하는 때에는 늦어진 기간에 따라 일정한 배상을 하도록 명하거나 즉시 손해배상을 하도록 명할 수 있다.
> ② 제1항의 신청에 관한 재판에 대하여는 즉시항고를 할 수 있다.

### ● 다. 담보권 실행 등을 위한 경매

부동산에 대해 저당권을 설정한 채권자가 채무를 변제받지 못한 때에는 승소판결을 받는 번거로움을 거치지 않고 바로 (임의)경매를 신청할 수 있다.

> **─민사집행법 제264조 (부동산에 대한 경매신청)**
> ① 부동산을 목적으로 하는 담보권을 실행하기 위한 경매신청을 함에는 담보권이 있다는 것을 증명하는 서류를 내야 한다.
> ② 담보권을 승계한 경우에는 승계를 증명하는 서류를 내야 한다.
> ③ 부동산 소유자에게 경매개시결정을 송달할 때에는 제2항의 규정에 따라 제출된 서류의 등본을 붙여야 한다.

## 9. 민사절차 진행중 형사사건화 되는 경우

### ● 가. 재판 진행시 증인의 위증 또는 허위감정 등

#### 1) 의의

법률에 의하여 선서한 증인·감정인·통역인·번역인이 허위의 진술로서 자기의 기억에 반하는 사실을 진술했을 때 또는 허위의 감정, 통역 또는 번역을 한 때에 처벌된다.

## 2) 근거조문

## ● 나. 강제집행면탈

### 1) 의의

　채권자로부터 강제집행을 받을 단계에 직면한 채무자(제3자도 포함−물상보증인 등)가 은닉(강제집행을 실시하려는 자에 대해 재산의 발견을 불가능하게 하거나 곤란하게 만드는 행위), 손괴(물리적 훼손행위와 가치감소행위), 허위양도(재산을 양도한 것처럼 가장하여 재산소유권자의 명의를 변경), 허위의 채무부담(채무가 없음에도 제3자에게 채무부담하는 것처럼 가장)을 하는 행위를 처벌한다. 강제집행을 받을 객관적 상태여야 죄가 성립한다.

### 2) 근거조문

## ● 다. 재산명시절차 중 거짓의 재산목록제출

### 1) 의의

　금전의 지급을 목적으로 하는 집행권원(가집행 제외)에 기초하여 강제집행을 개시할 수 있는 채권자는 채무자의 재산명시를 요구하는 신청을 할 수 있고 이때 채무자는 법원에 출석하여 강제집행의 대상이 되는 재산, 재산명시명령 송달 전 1년 이내에 채무자가 한 부동산의 유상양도, 위와 같은 때에 채무자가 배우자, 직계혈족 등에게 한 부동산 외의 재산의 유상양도, 재산명시명령이 송달되기 전 2년 내에 채무자가 한 재산상 무상처분을 명시한 재산목록을 제출하여야 한다. 이때 거짓의 재산목록을 제출한 자를 처벌한다.

## 2) 근거조문

**민사집행법 제68조 (채무자의 감치 및 벌칙)**
⑨ 채무자가 거짓의 재산목록을 낸 때에는 3년 이하의 징역 또는 500만원 이하의 벌금에 처한다.

## ● 라. 부동산 경매절차시 발생하는 경매방해

### 1) 의의

경매, 입찰과정에서(사인이 행하는 경매도 포함) 위계, 위력 기타의 방법(경쟁자간의 금품수수, 담합 등)으로 적정한 가격을 형성하는 공정한 자유경쟁이 방해될 우려가 있는 상태를 발생시키는 행위를 처벌한다.

### 2) 근거조문

**형법 제315조 (경매, 입찰의 방해)**
위계 또는 위력 기타 방법으로 경매 또는 입찰의 공정을 해한 자는 2년 이하의 징역 또는 700만원 이하의 벌금에 처한다.

## ● 마. 경매종료 후 인도집행된 부동산에 침입하여 명도의 효용을 해하는 경우

### 1) 의의

본조의 강제집행에는 부동산의 인도·명도를 목적으로 하는 채권의 집행, 부동산에 관한 인도청구권의 압류, 부동산의 강제경매, 담보권 실행을 위한 부동산의 경매가 있다. 명도, 인도된 부동산에 침입하거나 기타 방법(그 부동산에 대해서 그 권리자가 사용, 수익 등 권리행사를 하는데 지장을 주는 일체의 행위, 예컨대 부동산의 훼손, 출입구에 장애물 설치 등)으로 강제집행의 효력을 상실시키거나 권리자의 권리실현에 지장을 초래한 때 기수가 된다. 본죄가 성립하면 주거침입죄·손괴죄는 별도로 성립하지 않는다.

## 2) 근거조문

**형법 제140조의2 (부동산강제집행효용침해)**
강제집행으로 명도 또는 인도된 부동산에 침입하거나 기타 방법으로 강제집행의 효용을 해한 자는 5년 이하의 징역 또는 700만원 이하의 벌금에 처한다.

## ● 바. 유체동산 집행 중 압류물 은닉

### 1) 의의

유체동산의 집행 후 목적물에 행한 압류표시를 무시하고 손상, 은닉, 기타방법(압류물건의 절취, 압류물을 채권자나 집행관 몰래 원래의 보관장소에서 상당한 거리에 있는 다른 장소로 이동시킨 경우, 영업금지가처분에 위반되는 판매업무의 계속 등) 등으로써 그 효용을 해하였을 때 처벌된다. 가처분을 받은 자가 특정 채무자로 지정되어 있는 경우에는 그 이외의 자에게는 가처분의 효력이 미치지 않는다(예: 남편≠처, A회사≠B회사).

### 2) 근거조문

**형법 제140조 (공무상 비밀표시무효)**
① 공무원이 그 직무에 관하여 실시한 봉인 또는 압류 기타 강제처분의 표시를 손상 또는 은닉하거나 기타 방법으로 그 효용을 해한 자는 5년 이하의 징역 또는 700만원 이하의 벌금에 처한다.

## ● 사. 집행관에 대한 공무집행방해

### 1) 의의

집행관은 국가와 근로계약을 체결한 공무원은 아니지만 재판의 집행, 서류의 송달, 기타법령에 정한 사무를 수행할 경우에는 공무를 수행하는 공무원으로 간주한다. 따라서 현장조사, 유체동산의 인도집행 등을 수행하는 집행관에 대한 협박, 폭행을 했을 경우 처벌된다(판례-가옥명도를 집행하는 집달관에게 욕설을 하고 그를 마루 밑으로 떨어뜨리면서 불법집행이라고 소리를 쳤다는 일련의 언동은 협박이라고 할 수 있다.-1969. 2. 18, 68도44).

## 2) 근거조문

**형법 제136조 (공무집행방해)**
① 직무를 집행하는 공무원에 대하여 폭행 또는 협박한 자는 5년 이하의 징역 또는 1천만원 이하의 벌금에 처한다.

# Ⅱ 재산범죄 수사에 필요한 민사법적 개념

## 1. 재물과 재산상 이익의 구분

재물이란 유체물과 관리가능한 무체물을 말한다. 유체물이란 형체가 있는 물건으로서 보거나 만질 수 있으면 우선 유체물로 볼 수 있고 재산상 가치는 따지지 않는다. 그래서 재산가치가 없는 찢어진 약속어음, 주민등록증 등이 형체가 있기 때문에 재물, 즉 절도죄나 사기죄의 객체가 되는 것이다.

인체의 일부, 정보, 채권은 재물이 아니지만(형체가 없거나 소유권의 객체로 하기 부적당하기 때문) 채권이 화체된(묻어 있는) 상품권, 정보가 기록된 USB메모리는 형체가 있기 때문에 재물이다.

재산상 이익이란 재물 이외의 재산적 가치가 있는 이익을 말하며, 법적 보호를 받은 이익에 한하지 않는다.

## 2. 소유와 점유

### ● 가. 기본이론

소유와 점유는 구분된다. 소유권은 사용, 수익, 처분까지 할 수 있는 완전한 권리이다. 반면 점유권은 소유권만큼은 못해도 어떤 물건을 점유한다는 사실적 상태를 존중하여 일정한 권리(점유취득시효, 점유자에 대한 방해배제청구권 등)가 인정된다. 횡령죄의 객체는 타인 소유, 자기 점유의 물건이고, 사기죄나 절도죄의 객체는 타인 소유, 타인 점유의 물건이고, 권리행사방해죄의 객체는 타인의 권리의 목적인 자기 소유의 물건으로 규정되어 있는 것을 보더라도 재산범죄 수사를 잘 하기 위해서는 소유권과 점유권에 대한 이해가 필요하다.

민법상으로는 금전은 가지고 있는 사람이 일단 주인이다. 그러나 형법상으로는 점유자에게 소유권이 인정되지 않는 경우, 즉 타인 소유의 물건을 점유하는 경우를 인정하기도 한다. 대법원 판례는 ① 용도를 특정하여 위탁된 금전을 그 용도에 따르지 않고 임의사용한 경우, ② 금전의 수수를 수반하는 사무처리를 위임받은 자가 그 행위에 기하여 위임자를 위하여 제3자로부터 수령한 금전을 소비한 경우에 횡령죄의 성립을 인정한다.

공동소유인 금전은 타인 소유이다. 따라서 공동소유(특정 토지를 다수인이 지분을 나누어 가지고 소유하는 경우), 총유(종중이나 교회 소유의 재산), 합유(조합 재산)의 개념을 이해해야 한다.

조합재산은 조합원의 합유에 속하므로 조합원 중 한 사람이 조합재산 처분으로 얻은 대금을 임의로 소비하였다면 횡령죄가 성립한다. 반면 익명조합원이 영업을 위하여 출자한 금전 기타의 재산은 상대방인 영업자의 재산으로 되는 것이므로 영업자가 그 영업의 이익금을 함부로 자기 용도에 소비하였다 하여도 횡령죄가 되지 아니한다.

익명조합이란 익명조합원이 돈을 내고(투자하고), 실제 장사를 할 사람이(영업자) 장사를 해서 이익을 분배하는 구조인데, 상법 제79조에서 익명조합원이 출자한 재산은 영업자의 재산으로 본다고 규정하기 때문에, 영업자가 이를 개인적으로 소비하여도 이익을 분배해 줄 계약상 의무가 남아있을지언정 타인 소유의 재산을 횡령한 것이 아니어서 횡령죄가 성립하지 않는 것이다. 익명조합에 대하여는 제4장 민사지식 편(Ⅱ-8)에서 후술한다.

그리고 프랜차이즈 계약의 경우 각각 독립된 상인으로서의 본사 및 가맹점주간의 계속적인 물품공급계약이므로, 가맹점 계약을 동업관계로는 볼 수 없고 따라서 가맹점주들이 판매하여 보관중인 물품판매 대금은 그들의 소유라 할 것이어서 이를 임의소비한 행위는 프랜차이즈 계약의 채무불이행에 지나지 않으므로 결국 횡령죄는 성립하지 아니한다.

① 위탁판매에 있어서는 위탁품의 소유권은 위임자에게 속하고 그 판매대금은 다른 특약이나 특별한 사정이 없는 한 이를 수령함과 동시에 위탁자에 귀속한다 할 것이므로 위탁매매인이 이를 사용, 소비한 때에는 횡령죄가 성립한다. ② 그러나 위탁판매인과 위탁자간에 판매대금에서 각종 비용이나 수수료 등을 공제한 이익을 분배하기로 하는 등 그 대금처분에 관하여 특별한 약정이 있는 경우에는 이에 관한 정산관계가 밝혀지지 않는 한 위탁물을 판매하여 이를 소비하거나 인도를 거부하였다 하여 곧바로 횡령죄가 성립한다고는 할 수 없다.

이러한 법리는 '금전사무처리를 위임받은 자라 제3자로부터 교부받은 금전'에 관하여도 마찬가지이다. 만일 당사자 사이에 별도의 채권, 채무가 존재하여 수령한 금전에 관한 정산절차가 남아 있는 등 위임자에게 반환하여야 할 금액을 쉽게 확정할 수 없는 사정이 있다면, 이러한 경우에는 수령한 금전의 소유권을 바로 위임자의 소유로 귀속시키기로 하는 약정이 있었다고 쉽사리 단정하여서는 안된다.

예산항목 유용의 경우, ① 예산을 집행할 직책에 있는 자가 자신의 이익을 위한 것이 아니고 경비 부족을 메우기 위하여 예산을 유용한 경우, 그것이 본래 책정되거나 영달되어 있어야 할 필요경비이기 때문에 일정한 절차를 거치면 그 지출이 허용될 수 있었던 때에는 그 간격을 메우기 위한 유용이 있었다는 것만으로 바로 그 유용자에게 불법영득의 의사가 있었다고 단정할 수는 없으나, ② 그 예산의 항목유용 자체가 위법한 목적을 가지고 있다거나 예산의 용도가 엄격하게 제한되어 있는 경우는 불법영득의 의사가 인정된다(예 : 교비회계 횡령사건).

점유란 어떤 물건을 지배 또는 차지하고 있는 상태, 즉 재물을 사실상 지배할 수 있는 상태를 말한다. 장소적 연관성과 사실상의 처분가능성이 요건이다. 예컨대 음식점 배달원이 음식배달을 해달라는 주인의 요구를 받고 오토바이를 타고 나간 후 이를 가지고 도주한 경우, 처음 오토바이를 교부받을 때부터 기망으로 인한 처분행위가 없는 이상(이 경우 사기죄 성립), 오토바이를 점유하고 있으면서 사실상의 처분가능성이 있는 종업원이 횡령죄의 주체가 되는 것이다. 반면 독립적인 지위를 갖지 못하는 자(판례에 의하면 산지기 등이 해당됨)는 횡령죄의 주체가 되지 못한다.

## ● 나. 점유의 요건

### 1) 객관적 · 물리적 요소

재물에 대해 사실상 지배하고 있는 상태(점유사실). ① 밀접한 장소적 연관성이 있어야 하고, ② 사실상의 처분가능성(소유권에 대해 인정되는 '처분권'과 구별)이 있어야 한다.

### 2) 주관적 · 정신적 요소

재물을 자기의 의사에 따라 관리 · 지배하려는 사실상의 의사(점유의사)를 말한다. 그 종류로는 사실상의 지배의사(법인의 점유는 부정), 일반적 지배의사(자기가 지배하는 장소에 대한 포괄적 지배의사), 잠재적 지배의사(숙면자에게도 점유가 인정)가 있다.

### 3) 사회적 · 규범적 요소

형법상 점유는 규범적 관점에서 결정해야 하므로 점유의 개념이 확대되기도 하고(휴가 떠난 빈집 속의 물건은 점유가 계속되고, 유실물이라도 점유자가 그 소재를 알고 다시 찾아오는 경우는 점유가 인정되나 관리자의 배타적 점유가 인정되는 경우는 예외), 축소되기도 한다(식당에서 손님이 사용하는 식기는 여전히 주인의 점유 인정).

## ● 다. 점유의 기능

여기에는 행위객체로서의 점유가 있다. 절도죄, 강도죄, 사기죄, 공갈죄의 객체는 타인점유의 재물이다. 여기서 타인점유란 타인의 단독점유와, 행위자와 타인의 공동점유가 포함된다. 그러나 상하관계에 의한 공동점유에 있어 점유자(하위자)가 고도의 신뢰관계가 있어 처분권이 위임되어 있지 않는 한 상위자(상점주인 등)의 단독점유가 인정된다.

◆관련판례

(1) 비독립적 점유(대판 84도3024) : 산지기로서 종중 소유의 분묘를 간수하고 있는 자는 그 분묘에 설치된 석등이나 문관석 등을 점유하고 있다고 볼 수 없으므로 이를 반출하면 절도죄를 구성한다.

(2) 독립적 점유(가스대금 사건, 대판 81도3396) : 민법상 점유보조자(점원)라고 할지라도 그 물건에 대하여 사실상 지배력을 행사하는 경우에는 형법상 보관의 주체로 볼 수 있으므로 이를 영득한 경우에는 절도죄가 아니라 횡령죄에 해당한다(행위자의 자기점유를 인정).


## 3. 자동차 캐피탈회사에서 고소하는 권리행사방해죄 관련 논점


## ● 가. 법률규정

**형법 제323조 (권리행사방해)**

타인의 점유 또는 권리의 목적이 된 자기의 물건 또는 전자기록등 특수매체기록을 취거, 은닉 또는 손괴하여 타인의 권리행사를 방해한 자는 5년 이하의 징역 또는 700만원 이하의 벌금에 처한다.


## ● 나. 권리의 목적

자기의 소유물이 타인의 제한물권이나 채권의 목적이 되어 있는 것을 의미한다(가압류된 물건, 특정물인 원목에 대한 인도청구권, 저당권 등).

저당권이란 채무자 또는 제3자(자기 소유의 부동산을 제3자의 채무에 대한 담보로 제공한 자, 물상보증인)가 채무의 담보로 제공한 부동산 그 밖의 목적물을 채권자가 담보제공자로부터 인도받지 아니하고 그 사용, 수익에 맡겨 두면서, 채무가 변제되지 아니한 경우에 그 목적물의 환가대금으로부터 우선변제를 받을 수 있는 담보물권이다.

저당권의 목적물은 채권자가 점유하는 것이 아니라는 점에서, 저당권은 점유가 아닌 다른 방법으로 공시될 수 있는 것이어야 하고, 등기 또는 등록이 가능한 것이어야 하므로, 민법에서는 저당권을 설정할 수 있는 객체로서 토지, 건물, 지상권, 전세권에 한정하고 있다.

저당권이 설정되면 소유주가 바뀌더라도 저당권은 그대로 유지되므로 기존 채무자가 채무를 갚지 않으면 채권자는 경매를 신청할 수 있다. 이 경우 새 소유주는 채무자의 채무를 대신 갚고 채무자에게 배상을 요구할 수 있다.

### ● 다. 고소사건에서의 문제점

소유권유보부매매라고 하여 가령 비싼 물건을 팔고 돈 다 갚을 때까지는 여전히 매도인의 소유라고 약정하는 경우가 있는데, 등기나 등록으로 소유권이 넘어가는 자동차, 중기, 건설기계에 대해서는 소유권유보부 매매가 인정되지 않는다. 따라서 자동차의 등록원부상 소유자가 곧 소유자이다(회사 명의로 등록된 지입택시나 중기의 경우 회사 소유로 인정함).

그리고 저당권은 새로운 소유자에게 그대로 따라가므로, 차량을 구입하고 할부금을 다 갚지 않은 상태에서 캐피탈 회사로부터 권리행사방해죄로 고소가 들어온 경우 '소유권이전등록을 하였는지', '새로운 소유자의 소재가 파악이 되는지', '소유권이전이 안 되었다거나, 새 소유주나 차량의 소재가 불명확하여 저당권자가 저당권을 행사하는데 심각한 지장이 생겼는지' 등을 검토하여 채무자의 행위가 '타인의 권리(저당권)의 목적이 된 자기의 물건(자동차)를 은닉하였는지'를 판단하여야 한다.

◆관련 민법규정

−제211조 (소유권의 내용)

소유자는 법률의 범위내에서 그 소유물을 사용, 수익, 처분할 권리가 있다.

−제186조 (부동산물권변동의 효력)

부동산에 관한 법률행위로 인한 물권의 득실변경은 등기하여야 그 효력이 생긴다.

−제187조 (등기를 요하지 아니하는 부동산물권 취득)

상속, 공용징수, 판결, 경매 기타 법률의 규정에 의한 부동산에 관한 물권의 취득은 등기를 요하지 아니한다. 그러나 등기를 하지 아니하면 이를 처분하지 못한다.

−제188조 (동산물권양도의 효력, 간이인도)

① 동산에 관한 물권의 양도는 그 동산을 인도하여야 효력이 생긴다.

② 양수인이 이미 그 동산을 점유한 때에는 당사자의 의사표시만으로 그 효력이 생긴다.

−제189조 (점유개정)

동산에 관한 물권을 양도하는 경우에 당사자의 계약으로 양도인이 그 동산의 점유를 계속하는 때에는 양수인

이 인도받은 것으로 본다(양도담보)

－제192조 (점유권의 취득과 소멸)

① 물건을 사실상 지배하는 자는 점유권이 있다.

② 점유자가 물건에 대한 사실상의 지배를 상실한 때에는 점유권이 소멸한다. 그러나 제204조의 규정에 의하여 점유를 회수한 때에는 그러하지 아니하다.

－제194조 (간접점유)

지상권, 전세권, 질권, 사용대차, 임대차, 임치 기타의 관계로 타인으로 하여금 물건을 점유하게 한 자는 간접으로 점유권이 있다.

－제195조 (점유보조자)

가사상, 영업상 기타 유사한 관계에 의하여 타인의 지시를 받아 물건에 대한 사실상의 지배를 하는 때에는 그 타인만을 점유자로 한다.

－제196조 (점유권의 양도)

① 점유권의 양도는 점유물의 인도로 그 효력이 생긴다.

－제209조 (자력구제)

① 점유자는 그 점유를 부정히 침탈 또는 방해하는 행위에 대하여 자력으로써 이를 방위할 수 있다.

② 점유물이 침탈되었을 경우에 부동산일 때에는 점유자는 침탈후 직시 가해자를 배제하여 이를 탈환할 수 있고 동산일 때에는 점유자는 현장에서 또는 추적하여 가해자로부터 이를 탈환할 수 있다.


## 4. 친족상도례


### ● 가. 기본이론

가까운 친족끼리의 범행에는 법이 최대한 개입을 자제하겠다는 취지로서, 형법상 권리행사방해죄에 규정되어 손괴죄, 강도죄를 제외한 재산범죄에 준용된다.

친족상도례는 형면제판결(인적처벌조각사유) 또는 상대적친고죄(공소제기요건)의 문제가 되기 때문에 일반적인 재산범죄 사건에 대한 고소장이나 고소보충조서에서 친인척관계인지 확인해야 한다.


### ● 나. 친족관계 존재의 범위

－판례 : 소유자 및 점유자 모두 사이에 친족관계가 있는 경우에만 적용(손자가 할아버지 통장

을 훔쳐 현금자동지급기를 통해 예금잔고를 자기 계좌로 이체한 경우, 피해자인 은행은 친족이 아니므로 친족상도례 적용이 제외되어 피고인이 처벌받는다).

－친족관계는 범죄행위시에 존재하여야 하며, 이후 친족관계가 소멸하더라도 적용된다. 그러나 혼인외 출생자에 대해 인지하였을 경우 인지 전 범죄에 대하여도 인지의 소급효 때문에 친족상도례가 적용된다(인지의 소급효).

◆관련법률

－민법 제855조 (인지)

① 혼인외의 출생자는 그 생부나 생모가 이를 인지할 수 있다. 부모의 혼인이 무효인 때에는 출생자는 혼인외의 출생자로 본다.

－제860조 (인지의 소급효)

인지는 그 자의 출생시에 소급하여 효력이 생긴다. 그러나 제삼자의 취득한 권리를 해하지 못한다.

## ● 다. 효과

형면제판결(인적처벌조각사유) 또는 상대적 친고죄(공소제기요건)의 문제가 된다.

## ● 라. 장물죄의 특례

**형법 제365조 (친족간의 범행)**

① 전3조의 죄(장물죄 등)를 범한 자와 피해자간에 제328조 제1항, 제2항의 신분관계가 있는 때에는 동조의 규정을 준용한다.

② 전3조의 죄를 범한 자와 본범간에 제328조 제1항의 신분관계가 있는 때에는 그 형을 감경 또는 면제한다. 단, 신분관계가 없는 공범에 대하여는 예외로 한다.

## ● 마. 사기죄와 공갈죄의 경우

소송사기의 경우 피기망자인 법원과는 친족관계가 없으나 판례는 행위자와 재산상 피해자간에 친족관계가 있으면 친족상도례 적용(75도781)

cf) 횡령죄・배임죄의 경우 위탁자도 피해자이므로 소유자・위탁자 쌍방과 친족관계가 있어야 친족상도례 적용

## ● 바. 민법규정(조문에 직접 설명을 붙이기로 하겠다.)

**-제767조 (친족의 정의)**

배우자, 혈족 및 인척을 친족으로 한다.

**-제768조 (혈족의 정의)**

자기의 직계존속과 직계비속을 직계혈족이라 하고 자기의 형제자매와 형제자매의 직계비속, 직계존속의 형제자매 및 그 형제자매의 직계비속을 방계혈족이라 한다.

**-제769조 (인척의 계원)**

혈족의 배우자, 배우자의 혈족, 배우자의 혈족의 배우자를 인척으로 한다(예 : 누이의 남편=매부, 처의 여동생=처제, 처의 여동생의 남편=동서).

**-제770조 (혈족의 촌수의 계산)**

① 직계혈족은 자기로부터 직계존속에 이르고 자기로부터 직계비속에 이르러 그 세수를 정한다(나의 아버지는 1촌, 나의 아버지의 아버지, 즉 할아버지는 '촌수상' 2촌, 그 이하로도 같다).

② 방계혈족은 자기로부터 동원의 직계존속에 이르는 세수와 그 동원의 직계존속으로부터 그 직계비속에 이르는 세수를 통산하여 그 촌수를 정한다(내 동생은 2촌, 내 아버지의 남동생(삼촌)의 아들은 1+2+1=4촌).

(이런 식으로 하면 내 할아버지의 조카는 나-아버지(1촌)-그 아버지(1촌)-그 동생(2촌)-그 아들=1+1+2+1=5촌 당숙)

**-제771조 (인척의 촌수의 계산)**

인척은 배우자의 혈족에 대하여는 배우자의 그 혈족에 대한 촌수에 따르고, 혈족의 배우자에 대하여는 그 혈족에 대한 촌수에 따른다(배우자로 넘어갈 때에는 촌수를 계산하지 않는다는 의미이다. 따라서 동서는 배우자의 여동생으로 넘어갈 때 2촌만 계산하면 된다).

**-제775조 (인척관계 등의 소멸)**

① 인척관계는 혼인의 취소 또는 이혼으로 인하여 종료한다.

② 부부의 일방이 사망한 경우 생존 배우자가 재혼한 때에도 제1항과 같다(배우자와 인척관계가 끊어지는 것은, 사별한 경우 재혼한 때이고, 혼인이 취소되거나 이혼한 경우는 그 즉시이다. 따라서 가령 재혼한[혼인신고, 법률혼] 아버지[갑]가 돌아가신 후 새어머니[을]와 그 새어머니가 데려온 딸[병]에 대하여 갑의 친아들[정]이 사기, 횡령으로 고소했을 때, 갑과 을 사이에는 배우자로서 친족상도례가 적용되고, 병 역시 을이 재혼하지 않는 이상 친족상도례가 적용된다).

**-민법 제777조 (친족의 범위)**

친족관계로 인한 법률상 효력은 이 법 또는 다른 법률에 특별한 규정이 없는 한 다음 각호에 해당하는 자에 미친다.

1. 8촌 이내의 혈족

2. 4촌 이내의 인척

3. 배우자

(친족은 제767조에서 "배우자, 혈족 및 인척을 친족으로 한다."라고 규정하고 있으므로 민법 제777조와의 관계상, 형법상 친족상도례에서 말하는 '동거친족'은 '동거하는 8촌 이내의 혈족 또는 4촌 이내의 인척을 말한다.)

**―제779조 (가족의 범위)**

① 다음의 자는 가족으로 한다.

1. 배우자, 직계혈족 및 형제자매

2. 직계혈족의 배우자, 배우자의 직계혈족 및 배우자의 형제자매

② 제1항 제2호의 경우에는 생계를 같이 하는 경우에 한한다(내 아버지나 동생 등 직계혈족 또는 형제자매는 생계를 같이 하지 않더라도 가족이라는 의미이다. 반면 내 처의 여동생, 즉 처제가 결혼을 하지 않고 내 집에서 같이 살고 있으면 그때 가족으로 본다. 이 경우 친족상도례에 말하는 '동거가족'이 된다).

**―민법 제855조 (인지)**

① 혼인외의 출생자는 그 생부나 생모가 이를 인지할 수 있다. 부모의 혼인이 무효인 때에는 출생자는 혼인외의 출생자로 본다.(쉽게 말해 혼인외 자식인 홍길동이 아들로 인정받지 못하던 중 아버지가 어느날 "너는 내 아들이다"라고 인정했으면 이를 인지라고 하여 정식으로 아들이 된다는 뜻이다)

**―제860조 (인지의 소급효)**

인지는 그 자의 출생시에 소급하여 효력이 생긴다. 그러나 제삼자의 취득한 권리를 해하지 못한다(위 사례의 경우 홍길동이 인지되기 전에 아버지 물건을 훔쳤는데 그 후에 아버지가 "너는 내 아들이다"라고 했다면 인지의 소급효가 있어서 홍길동이 태어났을 때부터 아들이었던 것이고 친족상도례상 직계혈족이 되기 때문에 형면제사유가 된다는 것이다).

## 5. 시효

### ● 가. 상담사례

필자에게 어떤 민원인이 "채무자에게 내용증명을 보냈는데 왜 사기죄의 공소시효가 정지되지 않느냐?"라는 물음을 한 적이 있다. 물론 내용증명 보내는 것과 형사상 공소시효 중단은 아무런 관련이 없다. 민사와 형사의 차이를 모르는 민원인의 질문이었는데, 민사상 소멸시효는 구체적으로 소송을 제기한다거나 가압류를 신청한다든가 할 때 중단되고, 형사상 공소시효는 도피목적의 국외출국이나 공소의 제기 등으로 정지된다. 이 사례에서 내용증명을 보냈다는 것은 단순한 독촉 내지 '최고'라고 하여 민사상 소멸시효의 도과를 지연시키는 효과를 갖게 되는데, 일단 최고를 하면 6개월 내에 재판상의 청구, 파산절차참가, 화해를 위한 소환, 임의출석,

압류 또는 가압류, 가처분을 하였다면 시효중단의 효력을 인정해 준다. 따라서 이와 같은 상담을 받았다면 독촉만으로 시효가 중단되는 것은 아니니 아직 시효가 남았다면 신속히 소송절차 등을 밟도록 안내해주는 것이 좋다.

## ● 나. 형사소송법상의 소멸시효

### 1) 의의

공소시효란 범죄행위가 종료된 후에 공소제기 없이 일정한 기간이 경과되면 그 범죄에 관한 공소권이 소멸하여, 피고인을 처벌할 수 없게 만드는 제도를 말한다.

### 2) 시효기간(2007. 12. 21.부터)

시효기간은 사형 25년 등 형사소송법 제249조에 규정되어 있다. 시효는 범죄행위가 종료한 때로부터 진행한다. 피고인의 이익보호를 위해 시효의 초일은 시간을 계산함이 없이 1일로 산정하고, 기간의 말일이 공휴일 또는 토요일에 해당하더라도 형사소송법에 규정한 다른 소송행위와 달리 그 말일도 기간에 산입한다. 개별 구성요건이 규정하고 있는 법정형을 기준으로 하며, 2개 이상의 형을 병과할 때에는 중한 형을 기준으로 하고, 교사범과 종범의 경우 정범의 법정형을 기준으로 하되, 필요적 공범의 경우에는 개별 행위자를 중심으로 공소시효를 결정한다.

### 3) 공소시효의 정지

일정한 사유가 있으면 공소시효의 진행이 정지되고, 그 사유가 없어지면 나머지 시효기간만 다시 진행된다. 민법상 소멸시효가 '중단'되면 진행된 기간을 전부 무효화하고 새로운 시효기간이 진행되나, 형사상 공소시효에는 '중단'이 없고 '정지'만 있다. 그 사유로는 ⑴ 공소제기와 ⑵ 국외도피 등이 있다.

### ◈ 가) 공소제기

공소시효는 공소의 제기로 진행이 정지되고, 공소기각 또는 관할위반의 재판이 확정된 때로부터 다시 진행한다.

### ◈ 나) 국외도피

범인이 형사처벌을 면할 목적으로 국외에 있는 경우 그 기간 동안 공소시효는 정지된다. 형사처벌을 면할 목적은 검사가 입증해야 한다. 참고로 해외도피한 지명수배자에 대해 공소시효 연장을 위한 체포영장을 신청할 경우, 연장된 공소시효를 계산하려면 지식관리시스템에 올려진 '공소시효 정지기간 자동계산표'를 활용하면 편리하다.

### ◈ 다) 기타

검사의 불기소처분에 대한 재정신청이 있으면 재정결정이 있을 때까지 공소시효진행이 정지된다(검사의 불기소처분에 대한 검찰항고나 헌법소원심판의 경우는 제외).

### ◈ 라) 공소시효 정지의 효력범위

공소시효 정지의 효력은 공소가 제기된 피고인에 대해서만 미친다. 그리고 공범간 처벌의 공평을 기하기 위해, 공범의 1인에 대한 공소시효정지는 다른 공범자에게도 효력이 미치고, 당해 사건의 재판이 확정된 때로부터 진행한다.

즉, 공범자 중 1인이 형사처벌을 면할 목적으로 해외에 도피한 상태에서는, 그 1인에 대해 공소시효가 정지됨은 물론이고 다른 공범자에 대하여도 함께 시효가 정지되는 것이고, 그 다른 공범자에 대한 재판이 확정된 때 시효가 진행된다는 뜻이다(혼자만 해외도피해서는 소용없다는 뜻이다). 따라서 공범 중 1인이 해외도피했다는 고소인 주장이 있으면, 모든 피의자에 대한 출입국기록 확인이 필요하다.

## 4) 관련법률

**−형사소송법**

**제249조 (공소시효의 기간)**

① 공소시효는 다음 기간의 경과로 완성한다. 〈개정 1973. 1. 25, 2007. 12. 21.〉

1. 사형에 해당하는 범죄에는 25년

2. 무기징역 또는 무기금고에 해당하는 범죄에는 15년

3. 장기 10년 이상의 징역 또는 금고에 해당하는 범죄에는 10년

4. 장기 10년 미만의 징역 또는 금고에 해당하는 범죄에는 7년

5. 장기 5년 미만의 징역 또는 금고, 장기10년 이상의 자격정지 또는 벌금에 해당하는 범죄에는 5년

6. 장기 5년 이상의 자격정지에 해당하는 범죄에는 3년

7. 장기 5년 미만의 자격정지, 구류, 과료 또는 몰수에 해당하는 범죄에는 1년

② 공소가 제기된 범죄는 판결의 확정이 없이 공소를 제기한 때로부터 25년을 경과하면 공소시효가 완성한 것으로 간주한다. 〈신설 1961. 9. 1, 2007. 12. 21.〉

-제252조 (시효의 기산점)

① 시효는 범죄행위의 종료한 때로부터 진행한다.

② 공범에는 최종행위의 종료한 때로부터 전공범에 대한 시효기간을 기산한다.

-제253조 (시효의 정지와 효력)

① 시효는 공소의 제기로 진행이 정지되고 공소기각 또는 관할위반의 재판이 확정된 때로부터 진행한다. 〈개정 1961. 9. 1.〉

② 공범의 1인에 대한 전항의 시효정지는 다른 공범자에게 대하여 효력이 미치고 당해 사건의 재판이 확정된 때로부터 진행한다. 〈개정 1961. 9. 1.〉

③ 범인이 형사처분을 면할 목적으로 국외에 있는 경우 그 기간 동안 공소시효는 정지된다. 〈신설 1995. 12. 29.〉

-제253조의2 (공소시효의 적용 배제)

사람을 살해한 범죄(종범은 제외한다)로 사형에 해당하는 범죄에 대하여는 제249조부터 제253조까지에 규정된 공소시효를 적용하지 아니한다.


## ● 다. 민법상의 소멸시효

### 1) 의의

민법에 나온 소멸시효의 의미란, "일정한 사실상태(권리의 불행사 상태에서의 시간 경과)가 일정기간 계속된 경우에, 진정한 권리관계가 일치하는지 여부를 묻지 않고 그 사실상태를 존중하여 '권리의 소멸' 또는 '권리의 소멸을 주장할 수 있는 권리'(쉽게 말해 채권자가 돈 갚으라고 법원에 소를 제기하더라도, 소멸시효가 지나버렸으니 돈 갚을 책임이 없다고 주장하는 것을 말함)"를 발생시키는 제도를 말한다.

즉 채권자가 이행을 구하는 소송을 제기할 경우, 채무자는 소멸시효 완성으로 항변할 수 있으며, 법원은 소멸시효 완성이 입증된 경우 채권자의 청구권을 기각하게 된다.

다만, 소송에서 법원이 소멸시효를 알아서 인정해 주는 것이 아니므로, 그 권리자가 주장하지 않으면 소용이 없다.

## 2) 소멸시효의 요건과 효과

시효로 인하여 권리가 소멸하려면 ⑴ 권리가 소멸시효의 목적이 될 수 있어야 하고(대상적격), ⑵ 권리자가 권리를 행사할 수 있음에도 불구하고 행사하지 않아야 하며(시효의 기산점), ⑶ 권리 불행사의 상태가 일정기간 계속되어야 한다(시효기간)는 세 가지 요건이 갖춰져야 한다.

### ◈ 가) 대상적격

채권뿐만 아니라 소유권을 제외한 그 밖의 재산권도 소멸시효의 목적이 되며, 다만 인격권과 같은 비재산권, 형성권, 소유권 등은 소멸시효의 대상이 되지 않는다.

### ◈ 나) 시효의 기산점(권리의 불행사)

소멸시효는 객관적으로 권리가 발생하여 그 권리를 행사할 수 있을 때부터 진행한다. 예컨대 변제기가 정해져 있는 채권이면 그 변제기(기한이 도래한 때)부터, 부작위를 목적으로 하는 권리의 소멸시효는 위반행위를 한 때부터, 기한이 불확정한 경우 기한이 객관적으로 도래한 때부터 진행한다. 그리고 불법행위로 인한 손해배상의 청구권은 피해자나 그 법정대리인이 그 손해 및 가해자를 안 날로부터 3년간 내에 행사하거나 불법행위를 한 날로부터 10년 내에 행사하여야 한다.

### ◈ 다) 소멸시효의 기간

채권은 원칙적으로 10년이고, '채권 및 소유권' 이외의 재산권은 20년간이다. 예외적으로 민법에서 정한 단기 소멸시효가 있는데,
3년의 단기소멸시효는,
1. 이자, 부양료, 급료, 사용료 기타 1년 이내의 기간으로 정한 금전 또는 물건의 지급을 목적으로 한 채권
2. 의사, 조산사, 간호사 및 약사의 치료, 근로 및 조제에 관한 채권
3. 도급받은 자, 기사 기타 공사의 설계 또는 감독에 종사하는 자의 공사에 관한 채권
4. 변호사, 변리사, 공증인, 공인회계사 및 법무사에 대한 직무상 보관한 서류의 반환을 청구하는 채권
5. 변호사, 변리사, 공증인, 공인회계사 및 법무사의 직무에 관한 채권
6. 생산자 및 상인이 판매한 생산물 및 상품의 대가
7. 수공업자 및 제조자의 업무에 관한 채권
등이고,

1년의 단기소멸시효는,

1. 여관, 음식점, 대석, 오락장의 숙박료, 음식료, 대석료, 입장료, 소비물의 대가 및 체당금의 채권
2. 의복, 침구, 장구 기타 동산의 사용료의 채권
3. 노역인, 연예인의 임금 및 그에 공급한 물건의 대금채권
4. 학생 및 수업자의 교육, 의식 및 유숙에 관한 교주, 숙주, 교사의 채권

등이다.

그리고 이와 같은 단기의 소멸시효기간에 걸리는 채권이더라도, 일단 승소판결을 받으면 소멸시효가 10년으로 연장된다. 파산절차에 의하여 확정된 채권 및 재판상의 화해, 조정 기타 판결과 동일한 효력이 있는 경우에도 마찬가지로 10년으로 연장된다. 다만, 판결확정 당시에 이미 변제기가 도래하고 있어야 한다.

### ◈ 라) 효과(소멸시효 완성의 항변)

소멸시효완성의 항변은 일단 발생한 권리를 소멸시키는 '권리멸각규정'에 해당한다. 그러나 민사소송에서는 당사자가 주장하지 않으면 법원이 알아서 인정해주지는 않는다.

### 3) 소멸시효의 중단

소멸시효가 진행하는 도중 권리를 행사했다고 볼 사정이 있다면 시효가 중단되고, 그때까지 경과한 시효기간은 없던 것으로 되고, 그 중단사유가 종료한 때로부터 새로이 진행한다. 소멸시효의 중단사유로는 ⑴ 청구, ⑵ 압류, 가압류, ⑶ 승인의 3가지가 있다. 청구, 압류, 가압류는 권리자가 자기 권리를 주장하는 것이고, 승인이란 의무자가 상대방의 권리를 인정하는 것이다.

### ◈ 가) 청구

청구란 시효의 대상인 권리를 행사하는 것을 말하며, 재판상 청구뿐만 아니라 재판 외의 것도 포함한다. 민법에서 규정한 사유로는 재판상 청구(소송을 제기하는 것을 말하며, 응소도 포함되나, 원칙적으로 형사소송이나 행정소송의 제기는 포함되지 않다), 파산절차 참가, 지급명령, 화해를 위한 소환 내지 임의출석, 최고의 5가지가 있다. 재판상 청구에 의한 시효중단의 효력은 소를 제기한 때에 발생하지만, 소송의 각하, 기각 또는 취하가 있으면 시효중단의 효력이 없다. 단, 그 때로부터 6월 내에 재판상 청구, 파산절차 참가, 압류 또는 가압류, 가처분을 하면 최초 재판상 청구를 한 때 중단된 것으로 본다.

그리고 '최고(催告)'는 채무자에 대하여 채무의 이행을 청구하는 것을 말한다. 내용증명을 보내 채무이행을 독촉하는 형태 등을 말하나, 그 효력은 정식의 재판상청구보다는 약하기 때문에, 최고를 했다고 즉시 시효가 중단되지 않고, 최고를 한 때로부터 6월 내에 재판상 청구 등 5가지 청구 등 어느 하나 또는 압류, 가압류, 가처분의 방법을 취하지 않으면 시효중단의 효력이 없다. 따라서 소멸시효가 얼마 안 남았는데 민사소송을 준비할 시간이 부족하면, 우선 내용증명을 보내어 '최고'를 하고 이때부터 6개월 내에 최소한 가압류를 받아내거나 재판상 청구를 해야 소멸시효 중단의 효력이 확정적으로 생기게 된다.

### ◈ 나) 압류, 가압류, 가처분

압류 또는 가압류, 가처분은 반드시 재판상 청구를 전제로 하지 않으므로(가압류만 해두고도 채무자가 돈을 갚아 굳이 소송을 제기하지 않는 경우도 있다는 뜻이다), 민법은 이를 별도의 시효중단사유로 삼고 있다.

### ◈ 다) 승인

승인이란, 시효이익을 받을 자(의무자)가 권리자에게 '그 권리가 존재함을 인식하고 있다'는 뜻을 표시하는 행위로서, 명시적이든 묵시적이든 불문한다. 즉 순순히 채권의 존재와 자신에게 채권변제의 책임이 있음을 인정하는, 일종의 '자백'이다. 예컨대 변제기한의 유예요청, 이자의 지급, 일부변제, 담보의 제공 등이 있는데, 시효중단의 효력은 승인의 통지가 상대방에게 도달한 때에 발생한다.

### ◈ 라) 시효중단의 효과

시효가 중단되면 그때까지 경과한 시효기간은 그 효력을 잃고, 중단사유가 종료된 때부터 (예 : 재판상 청구에 대하여는 재판이 확정된 때부터) 새로이 진행한다.

### 4) 관련조문

─민법 제162조 (채권, 재산권의 소멸시효)
① 채권은 10년간 행사하지 아니하면 소멸시효가 완성한다.
② 채권 및 소유권 이외의 재산권은 20년간 행사하지 아니하면 소멸시효가 완성한다.
─제163조 (3년의 단기소멸시효)
다음 각호의 채권은 3년간 행사하지 아니하면 소멸시효가 완성한다. 〈개정 1997. 12. 13.〉

1. 이자, 부양료, 급료, 사용료 기타 1년 이내의 기간으로 정한 금전 또는 물건의 지급을 목적으로 한 채권

2. 의사, 조산사, 간호사 및 약사의 치료, 근로 및 조제에 관한 채권

3. 도급받은 자, 기사 기타 공사의 설계 또는 감독에 종사하는 자의 공사에 관한 채권

4. 변호사, 변리사, 공증인, 공인회계사 및 법무사에 대한 직무상 보관한 서류의 반환을 청구하는 채권

5. 변호사, 변리사, 공증인, 공인회계사 및 법무사의 직무에 관한 채권

6. 생산자 및 상인이 판매한 생산물 및 상품의 대가

7. 수공업자 및 제조자의 업무에 관한 채권

## −제164조 (1년의 단기소멸시효)

다음 각호의 채권은 1년간 행사하지 아니하면 소멸시효가 완성한다.

1. 여관, 음식점, 대석, 오락장의 숙박료, 음식료, 대석료, 입장료, 소비물의 대가 및 체당금의 채권

2. 의복, 침구, 장구 기타 동산의 사용료의 채권

3. 노역인, 연예인의 임금 및 그에 공급한 물건의 대금채권

4. 학생 및 수업자의 교육, 의식 및 유숙에 관한 교주, 숙주, 교사의 채권

## −제165조 (판결 등에 의하여 확정된 채권의 소멸시효)

① 판결에 의하여 확정된 채권은 단기의 소멸시효에 해당한 것이라도 그 소멸시효는 10년으로 한다.

② 파산절차에 의하여 확정된 채권 및 재판상의 화해, 조정 기타 판결과 동일한 효력이 있는 것에 의하여 확정된 채권도 전항과 같다.

③ 전2항의 규정은 판결확정당시에 변제기가 도래하지 아니한 채권에 적용하지 아니한다.

## −민법 제168조 (소멸시효의 중단사유)

소멸시효는 다음 각호의 사유로 인하여 중단된다.

1. 청구

2. 압류 또는 가압류, 가처분

3. 승인

## −제169조 (시효중단의 효력)

시효의 중단은 당사자 및 그 승계인간에만 효력이 있다

## −제174조 (최고와 시효중단)

최고는 6월내에 재판상의 청구, 파산절차참가, 화해를 위한 소환, 임의출석, 압류 또는 가압류, 가처분을 하지 아니하면 시효중단의 효력이 없다.

─제178조 (중단후에 시효진행)

① 시효가 중단된 때에는 중단까지에 경과한 시효기간은 이를 산입하지 아니하고 중단사유가 종료한 때로부
터 새로이 진행한다.

② 재판상의 청구로 인하여 중단한 시효는 전항의 규정에 의하여 재판이 확정된 때로부터 새로이 진행한다.

─민사소송법 제265조 (소제기에 따른 시효중단의 시기)

시효의 중단 또는 법률상 기간을 지킴에 필요한 재판상 청구는 소를 제기한 때 또는 제260조 제2항(피고의
경정)·제262조 제2항(청구의 변경) 또는 제264조 제2항(중간확인의 소)의 규정에 따라 서면을 법원에 제출한
때에 그 효력이 생긴다.

## 6. 공탁

### ● 가. 의의

통상 형사절차에서 접하는 공탁은 변제공탁이다. 민법 제487조(채권자가 변제를 받지 아니하거
나 받을 수 없는 때에는 변제자는 채권자를 위하여 변제의 목적물을 공탁하여 그 채무를 면할 수 있다. 변제자
가 과실없이 채권자를 알 수 없는 경우에도 같다.) 등이 근거규정이다.

즉 채무자가 돈을 갚고 싶은데 채권자 때문에 변제를 할 수 없을 때(이자를 더 받을 욕심에 지금
받지 않겠다고 하거나, 갚을 때가 되었는데 채권자의 소재를 몰라서 이자부담 증가가 걱정될 때 등) 채무자
가 공탁을 함으로써 채무를 면할 수 있게 하는 제도이다.

변제공탁을 하면 채무가 소멸되고 그 이자의 발생도 정지된다. 그리고 공탁을 한 사람(공탁
자)은 착오로 공탁한 때나 공탁의 원인이 소멸한 경우에는 일정한 시기까지는 공탁금을 회수하
여 공탁의 효과를 소멸시킬 수도 있다.

그리고 공탁자는 형사사건과 관련하여 손해배상채무를 공탁할 때 '공탁금회수제한신고'라는
것을 할 수 있다. 구체적으로 "피공탁자의 동의가 없으면 특정 형사사건에 대하여 불기소결정
(기소유예 제외)이 있거나 무죄판결이 확정될 때까지 회수청구권을 행사하지 않겠다"는 뜻을 기
재한 금전공탁서(형사사건용) 또는 공탁금회수제한신고서를 제출하는 방법에 의하고, 형사재판
에서 공탁사실을 양형에 참작할 때 공탁금회수제한신고가 되었는지 여부를 확인한다.

피공탁자의 공탁물출급청구권과 공탁자의 공탁물회수청구권은 자유로이 처분가능한 재산권
으로서 상속, 양도, 압류의 대상 등이 될 수 있다.

## ● 나. 근거규정

**◆민법**

**제2관 공탁**

**-제487조 (변제공탁의 요건, 효과)**

채권자가 변제를 받지 아니하거나 받을 수 없는 때에는 변제자는 채권자를 위하여 변제의 목적물을 공탁하여 그 채무를 면할 수 있다. 변제자가 과실없이 채권자를 알 수 없는 경우에도 같다.

**-제488조 (공탁의 방법)**

① 공탁은 채무이행지의 공탁소에 하여야 한다.

② 공탁소에 관하여 법률에 특별한 규정이 없으면 법원은 변제자의 청구에 의하여 공탁소를 지정하고 공탁물 보관자를 선임하여야 한다.

③ 공탁자는 지체없이 채권자에게 공탁통지를 하여야 한다.

**-제489조 (공탁물의 회수)**

① 채권자가 공탁을 승인하거나 공탁소에 대하여 공탁물을 받기를 통고하거나 공탁유효의 판결이 확정되기까지는 변제자는 공탁물을 회수할 수 있다. 이 경우에는 공탁하지 아니한 것으로 본다.

② 전항의 규정은 질권 또는 저당권이 공탁으로 인하여 소멸한 때에는 적용하지 아니한다.

**〈참고자료 2〉 공탁서**

<table>
<tr><td colspan="7" align="center">공 탁 서(금전)</td></tr>
<tr><td rowspan="2">처<br>리<br>인</td><td>접수</td><td>조사수리</td><td>원표작성</td><td>납입</td><td>출납부정리</td><td>통지서발송</td></tr>
<tr><td></td><td>년 월 일<br>(인)</td><td></td><td>년 월 일<br>(인)</td><td></td><td>년 월 일</td></tr>
<tr><td colspan="7" align="center">○○지방법원　　　지원<br>공탁공무원　　　귀하</td></tr>
<tr><td>공탁번호</td><td colspan="6">2016년금제123호　2015년 ○월 ○일 신청　　　법령조항　　　민법 제487조</td></tr>
<tr><td rowspan="2">공<br>탁<br>자</td><td>성 명</td><td colspan="2">○ ○ ○</td><td rowspan="2">피<br>공<br>탁<br>자</td><td>성명</td><td>○ ○ ○ 대부</td></tr>
<tr><td>주 소</td><td colspan="2">서울시 ○○구 ○○로○○길 ○○</td><td>주소</td><td>서울시 ○○구 ○○로○○길 ○○</td></tr>
<tr><td>공탁금액</td><td colspan="6">금 삼백만 원정(₩3,000,000)</td></tr>
<tr><td>공탁원인<br>사 실</td><td colspan="6">공탁자는 20 . . .경 피공탁자로부터 금 ○○원을 연88%의 이율로 차용한 바 있습니다. 그러나 연88%의 이자율은 대부업 등의 등록 및 금융이용자 보호에 관한 법률이 정한 최고한도 34.9%를 초과한 것으로서 공탁자는 연 34.9%를 초과한 이자 부분에 관하여 지급의무가 없습니다. 그럼에도 불구하고 피공탁자는 연88%의 이자를 지급받아야 한다고 주장하면서 공탁자의 변제에 대해 그 수령을 거절하여 왔으며, 최근에는 공탁자의 연락을 피하기까지 합니다. 이에 공탁자는 위 공탁금액 상당을 변제 공탁하는 바입니다.</td></tr>
<tr><td colspan="2">비고(첨부서류)</td><td colspan="5">대부약정서, 피공탁자 법인등기부등본 각 1부</td></tr>
<tr><td colspan="2">1. 공탁으로 인하여 소멸하는 질권,<br>　전세권, 또는 저당권<br>2. 반대급부내용</td><td colspan="5" align="center">없 음</td></tr>
<tr><td colspan="7">위와 같이 공탁합니다.<br>공탁자 주 소 서울시 ○○구 ○○로○○길 ○○<br>성 명 ○ ○ ○ (인)<br>대리인 주 소 서울시 ○○구 ○○로○○길 ○○<br>성 명 변호사 ○ ○ ○ (인)</td></tr>
<tr><td colspan="7">위 공탁을 수리합니다.<br>공탁금을 20○○. ○○. ○○.까지 ○은행 공탁공무원의 구좌에 납입하시기 바랍니다.<br>동일까지 납입하지 않을 때는 이 공탁금의 수리는 효력을 상실합니다.<br>2○○○년 ○○월 ○○일<br>　　　　　　○○지방법원 공탁공무원　○ ○ ○ (인)</td></tr>
<tr><td colspan="7">(영수증) 위 공탁금이 납입되었음을 증명합니다.<br>2○○○년 ○○월 ○○일<br>　　　　　　공탁물보관자　○ ○ ○ (인)</td></tr>
</table>

※ 1. 도장을 날인하거나 서명을 하되, 대리인이 공탁할 때에는 대리인의 주소, 성명을 기재하고 대리인의 도장을 날인(서명)하여야 합니다.
2. 공탁당사자가 국가 또는 지방자치단체인 경우에는 법인등록번호란에 '사업자등록번호'를 기재하시기 바랍니다.
3. 공탁금 회수청구권은 소멸시효완성으로 국고에 귀속될 수 있으며, 공탁서는 재발급 되지 않으므로 잘 보관하시기 바랍니다.

# 7. 공증

## ● 가. 개념

공증이란, 공증인에 의한 공적인 증명으로서, 미리 분쟁을 예방할 수 있고 소송에서 유력한 증거로 사용되며, 정식재판 없이 강제집행을 할 수 있게 하는 역할을 한다.

공증의 종류는 공정증서(공증인이 해당 서류를 직접 작성하는 것으로 강제집행 가능, 약속어음공정증서/금전소비대차 공정증서/인도집행증서)와 사서증서 인증(신청인이 문서를 작성해 공증을 받는 것으로, 확인의 의미가 있을 뿐 이것만으로는 강제집행 불가)이 있다.

공증은 채무승인에 해당하여 소멸시효가 중단되고 그 날부터 새로이 시효기간이 진행된다.

## ● 나. 관련법률

**− 공증인법**

**− 제56조의2 (어음 · 수표의 공증 등)**

① 공증인은 어음 · 수표에 첨부하여 강제집행을 인낙(認諾)한다는 취지를 적은 공정증서를 작성할 수 있다.

② 제1항에 따른 증서는 어음 · 수표의 발행인과 수취인, 양도인과 양수인 또는 그 대리인의 촉탁이 있을 때에만 작성할 수 있다.

③ 공증인이 제1항에 따른 증서를 작성할 때에는 어음 · 수표의 원본을 붙여 증서의 정본을 작성하고, 그 어음 · 수표의 사본을 붙여 증서의 원본 및 등본을 작성한 후, 증서의 정본은 어음 · 수표상의 채권자에게 내주고, 그 등본은 어음 · 수표상의 채무자에게 내주며, 그 원본은 공증인이 보존한다.

④ 제1항에 따른 증서는 「민사집행법」 제56조에도 불구하고 그 어음 또는 수표에 공증된 발행인, 배서인(背書人) 및 공증된 환어음을 공증인수(公證引受)한 지급인에 대하여는 집행권원으로 본다.

⑤ 제4항에 따라 집행권원으로 보는 증서에 대한 집행문(執行文)은 공증된 어음 · 수표의 수취인이나 공증배서(公證背書)된 양수인에게만 부여한다.

⑥ 제1항의 경우에는 제25조부터 제35조까지, 제35조의2, 제36조부터 제38조까지, 제40조부터 제43조까지 및 제43조의2를 준용한다. 〈개정 2012. 1. 17.〉

**−제56조의3 (건물 · 토지 · 특정동산의 인도 등에 관한 법률행위의 공증 등)**

① 공증인은 건물이나 토지 또는 대통령령으로 정하는 동산의 인도 또는 반환을 목적으로 하는 청구에 대하여 강제집행을 승낙하는 취지를 기재한 공정증서를 작성할 수 있다. 다만, 임차건물의 인도 또는 반환에 관한 공정증서는 임대인과 임차인 사이의 임대차 관계 종료를 원인으로 임차건물을 인도 또는 반환하기 전 6개월 이내에 작성되는 경우로서 그 증서에 임차인에 대한 금원 지급에 대하여도 강제집행을 승낙하는 취

지의 합의내용이 포함되어 있는 경우에만 작성할 수 있다.

② 제1항에 따른 공정증서 작성을 촉탁할 때에는 어느 한 당사자가 다른 당사자를 대리하거나 어느 한 대리인이 당사자 쌍방을 대리하지 못한다.

③ 제1항에 따른 공정증서는 「민사집행법」 제56조에도 불구하고 강제집행의 집행권원으로 본다.

④ 제3항에 따라 집행권원으로 보는 증서에 대한 집행문은 그 증서를 보존하는 공증인이 그 공증인의 사무소가 있는 곳을 관할하는 지방법원 단독판사의 허가를 받아 부여한다. 이 경우 지방법원 단독판사는 허가 여부를 결정하기 위하여 필요하면 당사자 본인이나 그 대리인을 심문할 수 있다.

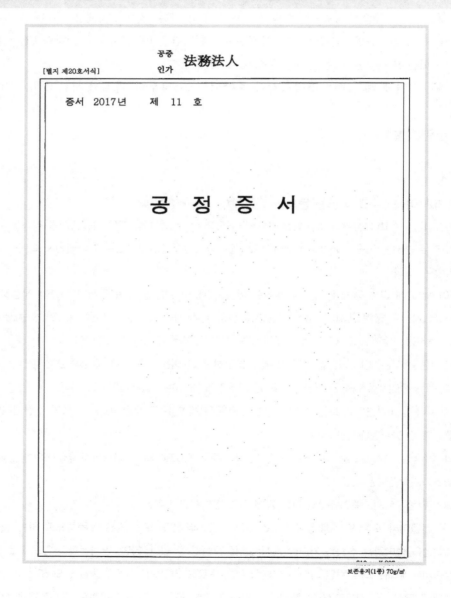

공증
인가 **法務法人**

증서  2017 년     제 11호

## 금전소비대차계약 공정증서

　본 공증인은 당사자들의 촉탁에 따라 다음의 법률행위에 관한 진술의 취지를 청취하여
이 증서를 작성한다. --------------------------------------------------------

제 1 조(목적)　　채권자는 @년 @월 @일--------------------------------

　금 @------------------------------------------- 원정을

채무자에게 대여하고 채무자는 이를 차용하였다. ------------------------

제 2 조(변제기한과 방법)　　@년 @월 @일까지 지불키로 한다. ----------------

----------------------------------------------------------

----------------------------------------------------------

----------------------------------------------------------

제 3 조(이자)　　이자는 원금을 다 갚는 날까지 년 @%로 한다.-----------------

----------------------------------------------------------

제 4 조(변제의 장소)　　채무의 변제장소는　채권자의 주소지로 한다.-----------

----------------------------------------------------------

제 5 조(지연손해금) 채무자가 원금 또는 이자의 변제를 지체한 때에는 지체된 원금

　에 대하여 연@% 의 비율에 의한 지연손해금을 지급한다.--------------------

제 6 조(기한 이익의 상실)　　채무자가 다음 각 호의 어느 하나에 해당하는 때에는

　채권자로부터 달리 통지 또는 최고가 없더라도 당연히 위 차용금 채무에 관한 기한의

　이익을 상실 하고 즉시 나머지 채무금 전부를 변제하여야 한다. ----------------

　1. 채무자에 대하여 파산선고, 회생절차개시 또는 개인회생절차개시의 신청이 있었을

　때

210mm X 297mm
보존용지(1종) 70g/㎡

공중
인가　**法務法人**

2. 채무자가 거래은행으로 부터 거래정지 처분을 받은 때. -----------------

3. 채무자가 차용금의 ----------------- 지급을 지체한 때. ----------

제 7 조(위와 같다)　채무자가 다음 각 호의 어느 하나에 해당하는 때에는 채권자

청구에 따라 위 차용금 채무에 관한 기한의 이익을 상실하고 즉시 나머지 채무금

전부를 변제 하여야 한다. -------------------------------------

1. 채무자가 제3자로부터 강제집행, 가압류, 가처분 또는 경매신청을 받은 때. --

2. 채무자가 조세의 체납으로 압류처분을 받은 때. -----------------------

3. 채무자가 이 계약 조항을 위반한 때. -----------------------------

제 8 조(연대보증)　1. 보증인은 이 계약에 의한 채무자의 채무를 보증하고, 채무자와

연대하여 채무를 이행하기로 약정하였다. -----------------------------

2. 보증인의 보증채무 최고액은 금 @원이다. ----------------------------

3. 보증채무의 기간은 @까지로 한다. ---------------------------------

제 9 조(강제집행의 인낙)　채무자 및 연대보증인이 이 계약에 의한 금전채무를 이행

하지 아니한 때에는 즉시 강제집행을 당하여도 이의가 없음을 인낙하였다. ------

--------------------------------------------------

--------------------------------------------------

--------------------------------------------------

--------------------------------------------------

--------------------------------------------------

--------------------------------------------------

--------------------------------------------------

210mm X 297mm
보존용지(1종) 70g/㎡

공증
인가 **法務法人**

## 관 계 자 의 표 시

| | |
|---|---|
| 관 계 (촉탁인) ----------------------------------------------------------------- | |
| 성 명 (명  칭) ----------------------------------------------------------------- | |
| 주 소 (소재지) ----------------------------------------------------------------- | |
| 직업       --------------------------------- 주민등록번호 ----------------- | |
| 관 계 (촉탁인) ----------------------------------------------------------------- | |
| 성 명 (명  칭) ----------------------------------------------------------------- | |
| 주 소 (소재지) ----------------------------------------------------------------- | |
| 직업       --------------------------------- 주민등록번호 ----------------- | |
| 관 계 (촉탁인) ----------------------------------------------------------------- | |
| 성 명 (명  칭) ----------------------------------------------------------------- | |
| 주 소 (소재지) ----------------------------------------------------------------- | |
| 직업       --------------------------------- 주민등록번호 ----------------- | |
| 관 계 (촉탁인) ----------------------------------------------------------------- | |
| 성 명 (명  칭) ----------------------------------------------------------------- | |
| 주 소 (소재지) ----------------------------------------------------------------- | |
| 직업       --------------------------------- 주민등록번호 ----------------- | |
| 관 계 (촉탁인) ----------------------------------------------------------------- | |
| 성 명 (명  칭) ----------------------------------------------------------------- | |
| 주 소 (소재지) ----------------------------------------------------------------- | |
| 직업       --------------------------------- 주민등록번호 ----------------- | |

210mm X 297mm
보존용지(1종) 70g/㎡

# 8. 조합의 법리로 살펴본 사기죄와 횡령죄의 구별(조합 VS 익명조합)

## ● 가. 서설

필자가 경제팀장으로서 직접 취급했던 사건 중 식당 동업을 했던 피고소인이 식당의 재물을 빼돌렸다며 횡령으로 고소한 사건이 있었다. 당시 피의자의 불법영득의사가 인정되어 필자는 횡령죄에 대해 기소 의견으로 송치하였는데 인사발령으로 타서로 떠난 이후 그 사건 고소인의 변호사로부터 검사가 익명조합의 법리를 원용하여 불기소 처분했다는 소식을 듣고 언뜻 이해되지 않았던 기억이 있다. 이후 법무사 합격 후 그 사건을 떠올려보면 당시로서는 필자가 민법을 덜 공부한 상태라 익명조합의 문제를 깊이 건드리지 못했던 아쉬움이 느껴진다. 시간이 흘러 필자가 수사과장을 하면서 소속 직원이 특정법(횡령죄)로 구속영장을 신청한다고 했을 때 과거의 기억을 떠올려 익명조합의 법리를 내세워 혐의를 부인하는 피의자의 논리를 반박하는 문구를 집어넣은 적이 있는데 결국 구속영장이 발부되었고 필자가 이 사건으로 내부 교육자료를 만들어서 조합과 익명조합의 법리를 설명한 것이 있어, 횡령죄와 관련하여 고민하는 수사관들을 위해 이 교재에 수록하고자 한다.

## ● 나. 고소사건 요지

이 사건은 고소인 회사가 피고소인 회사에 자금을 투자하여 제품을 위탁생산하고 홈쇼핑 등을 통해 판매하여 수익이 생기면 이를 배분하는 계약을 맺었는데 어느 정도 홈쇼핑 판매가 진행된 이후에 피고소인 회사가 자금을 유용했다며 고소한 사건이다.

## ● 다. 고소장 사본

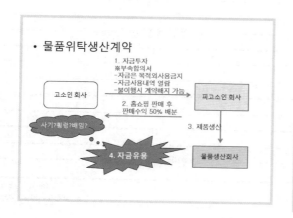

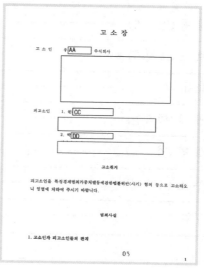

고소인 우 AA 　　　 주식회사(변경 전 상호 '우　　　　　　　',
이하 '고소인회사' 라고 합니다)는 2009. 12. 설립되어 병원 기자재 및 의약
품 도소매업을 주된 영업으로 영위하여 온 회사입니다. 피고소인 원 CC 은 화
장품 제조 및 판매를 주된 영업으로 하는 주식회사 금 B (이하 '금 B' 이라고
합니다)의 대표이사이며 피고소인 박 DD 는 금 B 의 실장직에 있으면서 실무를
총괄하는 사람입니다. 원 CC 과 박 DD 는 부부입니다(참고자료 1. 각 법인등기
부등본).

## 2. 기망에 의하여 계약을 체결하고 거액을 지급하게 된 경위

### 가. 물품공급기본계약 등의 체결

고소인회사와 금 B 은 2017 년 3 월 6 일 물품공급기본계약(참고자료 2)을 체결
하였습니다. 금 B 이 가칭 '퓨처에어쿠션(화장품의 일종)' 을 주식회사 신 □
EE 　　　　　 에 제조를 맡겨 공급 받은 후 다시 이를 고소인회사에 공급
한 후 최종적으로는 홈쇼핑 채널을 통해 판매하고자 하는 계약이었습니다. 장
래 지속적으로 거래를 하기 위한 기본계약이었으나 우선 10 만세트를 대상으
로 명시하였으며(제 2 조), 고소인회사가 금 B 에 최초 견적서에 합의된 금액
중 1,210,000,000 원을 선지급하여 거래를 시작하기로 하였습니다(제 8 조).

동시에 고소인회사와 금 B 은 물품공급기본계약에 따른 부속합의서(참고자료 3)
를 체결하였는데, 홈쇼핑 등을 통한 상품 판매 수익을 각각 50%씩 분배하기로
하고(제 4 조), 고소인회사가 금 B 에 지급하는 발주대금의 사용용도는 목적 외
사용을 금지하고, 금 B 은 완제품 제조원가에 해당하는 세금계산서, 거래내역
서 등 관련 자금사용 내역을 매 익월 10 일 고소인에게 제출하며 고소인회사
는 금 B 의 자금사용내역에 대하여 열람을 할 수 있고 관련 증빙을 요청할 수
있도록 하였습니다(제 5 조).

공동사업 + 자금투자 + 조합원의 업무감시권

요컨대, 고소인회사와 금 B 이 한 거래는 계약서가 비록 물품공급계약 형식으

로 되어 있기는 하지만 단순한 물품공급계약은 아니며 고소인회사가 금 B 이 추진하는 화장품 제조 및 판매 사업에 투자한 것으로 보는 것이 실질에 부합합니다. 피고소인들은 자신들이 계획한 화장품 제조 및 판매를 진행하기 위해 고소인회사에 투자를 제안하였고, 고소인회사로부터 선지급금 형식으로 투자금을 받아 이를 화장품의 각 구성품(쿠션, 파우더, 케이스 등)을 만드는 신 E 등 하위 거래처에 다시 지급하여 그 거래처로부터 납품을 받아서 화장품 완제품을 만든 후 고소인회사를 경유하여 홈쇼핑에 공급하고 발생하는 수익을 투자자인 고소인회사와 이와 같은 과정을 주도하고 투자금 집행과 화장품 제조 등의 실무를 총괄하는 금 B 이 50%씩 가져가기로 하는 프로젝트였습니다(이하 '이 사건 프로젝트'라고 합니다). 이와 같은 사유로 물품기본계약에 더하여 투자금의 사용제한, 투자자의 자금 집행 조사권 등을 규정한 부속합의서를 체결하였던 것입니다.

나. 피고소인측의 자금집행요청 및 고소인회사의 자금집행

(1) 2017 년 3 월 7 일자로 피고소인 박 DD 실장 등은 화장품 10 만세트(본품 케이스 1 개 + 리필 4 개 포함)의 견적으로 부가가치세를 제외한 25 억원이 소요된다는 내용의 견적서를 고소인회사에 제출하였고(참고자료 4. 견적서), 동시에 리필용 제품 40 만개에 대한 견적으로 12 억 1,000 만원이 소요된다는 견적을 제출하였습니다(참고자료 5. 이메일 및 견적서) 고소인회사는 위 견적 및 물품공급기본계약에 정한 바에 따라 우선 12 억 1,000 만원을 금 B 에 지급하였고 금 B 은 하위 거래처인 신 EE 에 지급하였습니다 (참고자료 6. 확인증). (1)2017. 3. 7. 1차 지급

(2) 얼마 후 2017 년 3 월 10 일 피고소인 박 DD 는 다시 이메일로 이 사건 프로젝트 투입비용과 이익금액 등을 구체적으로 계산한 문서(참고자료 7. 이메일 및 퓨처쿠션 운영 및 손익장표 등)를 보내 왔는데, 이에 의하면 투자 금액 총계는 2,734,325,000 원으로 예상되고 이 경우 매출액은 59 억원이며 이익금액은 10 억원이 되는 것으로 기재되어 있습니다. 잠시 후 당시 금 B 의

ᄉᄀ

3

준비 등이 차질 없이 진행되고 있는 것처럼 고소인회사에 이야기하였습니다.

2017 년 3 월 31 일에는 금B 직원인 민FF 부장이 이메일을 통하여 '위A 자금요청_201704' (참고자료 9.)라는 엑셀문서를 보내면서 '첨부서류와 같이 진행하고자 하오니 협조 부탁' 을 해 왔는데, 위 문서의 내용을 보면, 1 차 집행금액(고소인회사가 금☐에 지급한 선지급금)이 1,210,000,000 원, 2 차 집행금액이 735,059,000 원으로 기재되어 있고, 3 차로 다시 673,496,000 원을 집행해 달라고 되어 있습니다. 상품원가, 상품화작업, 런칭부대비용, 광고비용 등 구체적 항목별로 집행 예정 금액들이 계산되어 있고 이를 합한 총 집행예정액이 2,618,555,000 원으로 추산되므로 위와 같은 금액이 더 필요하니 집행해 달라는 취지입니다. 이러한 요청에 따라 고소인회사는 2017 년 3 월 31 일 다시 673,496,000 원을 금설에 선지급금으로 지급하였습니다(현재까지의 지급액 합계는 2,618,591,000 원).

(3)2017. 3. 31. 3차 지급

2017 년 4 월 18 일에도 금B의 민FF 부장은 이메일을 통하여 '퓨처쿠션운영 및 손익장표_☐☐☐☐실지급액(170417)' 이란 엑셀문서를 보내 왔습니다(참고자료 10.). 위 문서에 의하면 총투자금액이 2,743,675,000 원이

08                                                    4

자금 담당 직원인 민FF 부장은 다시 수정된 엑셀장표와 3, 4 월 업무진행시 필요한 자금액을 첨부하면서 재가 후 결제를 부탁한다는 메일을 보내 왔습니다(참고자료 8. 이메일 및 퓨처쿠션 4 월 입금비용 등).

고소인회사는 위 요청에 따라 2017 년 3 월 13 일 735,095,000 원을 선지급금으로 추가로 지급하였습니다. (2)2017. 3. 13. 2차 지급

(3) 이후 고소인회사는 계약서에 정한 바대로 금B측에 자금사용내역에 관한 자료를 제출할 것을 여러 차례 요청하였으나 금B은 세금계산서와 거래내역서와 같은 증빙을 붙친 정확한 사용내역은 제출하지 않았고 단지 간단한 엑셀문서만을 보내 오는 정도였습니다. 물론 피고소인들은 금B이 투자금을 받아 진행하기로 한 화장품의 식품의약품안전처 허가, 제작, 홈쇼핑 런칭준비 등이 차질 없이 진행되고 있는 것처럼 고소인회사에 이야기하였습니다.

필요하고 현재까지 금B이 실제 집행한 금액은 2,087,030,000 원으로 기재되어 있습니다. 최초로 지급 받은 1,210,000,000 원을 퓨쳐쿠션 리필 상품의 매입을 위해 신EE로 집행한 것으로 되어 있으나 그 증빙 (세금계산서, 은행거래내역서 등)은 전혀 없고, 집행 내역 중 '세세파우치 (충진포장)'을 위해 로XX 라는 업체에 82,500,000 원을 지급한 것으로 되어 있으나 사후 파악된 바에 의하면 실제로 돈이 지급된 적은 없습니다.

피고소인 박DD는 2017 년 6 월 21 일 이메일로 제품원가 추가로 인해 판매가를 인상할 필요가 있다는 내용과 함께 총 26 억원이 입금되었고 그 중 25 억 6 천만원이 집행되었고 추가로 4 억원 가량이 집행되어야 할 것 같다는 보고를 해 왔고(참고자료 11. 이메일 및 우AA 자금집행내역 _201706), 2017 년 6 월 23 일에는 다시 이메일로 'J□ 쿠션 자금집행내역 20170623' 과 '우AA 자금집행내역 201706'(참고자료 12. 이메일 및 우AA 인 자금집행내역_201706 등)이란 이름의 문서를 보내면서 375,615,576 원을 추가로 집행(지급)해 줄 것을 요청합니다. 위 문서들을

보면 지금까지 총 2,618,591,000 원이 고소인회사에서 금B에 집행(지급)되었는데 그 중 2,560,206,576 원을 금B이 이 사건 프로젝트를 위해 지출하였으며 현재 잔액이 58,384,424 원인데, 향후 필요한 금액이 434,000,000 원으로 추산되므로 그 차액인 375,615,576 원을 고소인회사가 추가로 지급해 줘야 하는 것으로 기재되어 있습니다. 또한 위 문서의 상품원가 중 퍼프(추가구성) 대금으로 모두 162,800,000 원이 지출된 것으로 기재되어 있으나, 향후 실제로 퍼프 업체인 '제XX 에 실제 지급된 금액은 69,520,000 원에 불과하다는 점과 이와 같이 실제 지급된 금액보다 더 많이 지출한 것으로 속이기 위해 피고소인들이 은행거래내역을 변조하여 고소인회사에 제출한 것도 밝혀지게 됩니다. 고소인회사는 피고소인 박DD의 위와 같은 요청에 따라 2017 년 6 월 27 일 375,651,576 원을 추가로 선지급금으로 지급하게 됩니다.

(4)2017. 6. 27. 4차 지급

(4) 피고소인들은 2017 년 3 월 7 일 고소인회사로부터 처음 지급 받은 선지급

09

5

금 1,210,000,000 원을 신 EE 에 다시 선급금(70%) 847,000,000 원, 잔금(30%) 363,000,000 원 명목으로 지급하였습니다. 그러나 2017 년 8 월 23 일 피고소인들은 위와 같이 잔금 명목으로 지급하였던 363,000,000 원 중에서 'prinne all day foundation' 프로젝트 납품액 211,302,960 원을 공제한 나머지 151,697,040 원을 반환하여 달라고 신 EE 에 공문을 보내 요청하였고 같은 달 25 일 이를 반환 받았습니다. 그런데 위와 같이 피고소인들이 공제한 211,302,960 원의 채무는 이 사건 프로젝트와 무관하게 피고소인들이 별도로 신 FF 에 부담하고 있던 채무입니다. 즉, 피고소인 박 DD 가 대표이사로 있던 주식회사 래 XX 가 신 EE 에 발주를 주었던 화장품 프로젝트에 대한 미지급대금이 있었는데 이를 엉뚱하게도 이 사건 프로젝트의 선급금으로 지급한 대금에서 공제를 하였던 것입니다. 당시 주식회사 래 XX 는 2017 년 3

자금유용 확인 주장

월 17 일자로 서울회생법원에서 파산선고를 받은 상태였는데 결과적으로 피고소인들은 자신들이 운영하는 파산회사의 채무를 이 사건 프로젝트 대금을 사용하여 변제를 한 것입니다. 나아가 피고소인들은 위와 같이 공제하고 남은 금원 151,697,040 원을 반환 받았는데 이 역시 이 사건 프로젝트와는 무관한 용도로 사용되었을 것이 분명합니다. 이와 같이 이 사건 프로젝트와 무관한 용도로 자금을 사용하고도 피고소인들은 이에 대하여 전혀 보고하지 않았음은 물론입니다(참고자료 13. 신 EE 지급액 일부 반환 요청 건, 13-1. 자금일보, 13-2. 법인등기부등본).

홈쇼핑 판매는 실제 실시됨

(5) 식품의약품안전처의 허가 문제 등으로 홈쇼핑 런칭이 예상하였던 시기보다 지연되었고 결국 2017 년 9 월 23 일 처음으로 홈쇼핑을 통해 런칭 방송이 되었습니다. 2017 년 9 월 26 일에는 고소인회사 담당자가 금 B 사무실로 방문하여 세금계산서, 거래명세서, 입출금거래내역 등 자금집행에 대한 증빙자료를 요청하였으나 이를 제대로 제출하지 않아 추후 확인하기로 하였습니다.

(6) 2017 년 9 월 29 일에는 그 동안의 자금 집행 내역에 관한 증빙이 확인되지

않아 더 이상의 추가 선지급금 지급은 어려운 상태였으나 <u>피고소인들은 홈</u>
<u>쇼핑 방송의 구성품으로 최초에 발주하였던 미스트 15,000 세트 재고가 소진</u>
<u>되기 전에 추가로 65,000 세트를 발주할 필요가 있다면서 추가 자금 집행을</u>
<u>요구하였고 이를 신뢰한 고소인회사는 선지급금으로 217,360,000 원을 추가</u>
<u>로 지급하게 되었습니다</u>(참고자료 13-3. J□ 아쿠아로즈미스트 발주건). 향
후 밝혀진 일이기는 하지만 물론 피고소인들은 <u>미스트를 만드는 업체에 추</u>
<u>가로 65,000 세트를 발주하지도 않았습니다.</u>  (5)2017. 9. 29. 5차 지급

이후 피고소인들은 <u>중국 수출과 2 차 발주 및 방송(정규편성 총 11 회) 사은</u>
<u>품, 모델료 등의 명목으로 여러 차례 자금이 필요하다면서</u> 고소인회사에 추
<u>가적인 지급을 요청하였고,</u> 화장품 생산 및 홈쇼핑 방송 판매를 총괄한 피
고소인들의 위와 같은 요청을 그대로 신뢰할 수 밖에 없었던 고소인회사는
<u>2018 년 1 월 4 일까지 추가로 합계 금 1,571,854,717 원을 선지급금으로 지</u>
<u>급하게 되었습니다.</u> 이로써 현재까지 <u>고소인회사가 지급(집행)한 선지급금</u>
<u>총액은 금 4,783,457,293 원에 이르게 되었습니다.</u>  (6)이후 2018. 1. 4. 까지 수차 례에 걸쳐 1,571,854, 717원 지급

다. 고소인회사의 최종적인 조사 및 피고소인들의 자백

(1) 위와 같은 자금 집행 과정에서 상장회사인 고소인회사는 회계 결산을 위
하여 지속적으로 집행 내역에 관한 증빙을 요청하였으나 피고소인들은 제대
로 된 자료를 제출하지 않았습니다.

(2) 결국 <u>고소인회사는 2018 년 1 월 10 일 금B의 사무실에 직접 방문하여 자</u>
<u>료 제출을 요구하여 이를 확인하게 되었는데,</u> 이 사건 프로젝트 초기부터
피고소인들이 자금 집행이 급하고 바로 지급이 안 되면 홈쇼핑 방송 일자를
맞추기 어렵다고 하여 <u>고소인회사가 금B에 급하게 지급해 준 금액 및 지급</u>
<u>일자와 금B이 하위 거래처로 지급한 금액 및 지급일자가 서로 일치하지 않</u>
<u>고, 나아가 고소인회사가 지급한 금액 중 상당액이 이 사건 프로젝트와는</u>
<u>무관한 다른 용도로 지급된 사실을 발견하였고,</u> 기존에 피고소인들이 자금

11                                                                              7

집행에 대한 증빙으로 제출한 자료들 중 내용이 변조된 사례도 있다는 사실도 발견하였습니다.

이에 고소인회사는 더 이상의 거래가 불가능하다고 판단하여 거래를 중지하였고 피고소인들은 자신들의 잘못을 인정하고 빠른 시일 내에 사태를 수습하겠다고 하였습니다. 당시 금B의 회계 담당이던 위XX 이사는 2018 년 1 월 15 일경 이메일로 회계법인을 통해 파악한 투자금 지출 내역을 보내 왔습니다. '1. 투자자 제출 파일', '2. 추가내역 확인' 이라는 파일이 첨부되어 있는데(참고자료 14. 이메일 및 첨부파일의 캡처화면, 첨부파일), 핵심적인 내용은 그 동안 고소인회사가 금B에 선지급금으로 보내 준 금액('총투자금액')이 4,748,433,293 원[1]이고, 금□이 이 사건 프로젝트 진행 명목으로 지출한 금액('총 지출금액')이 2,787,146,920 원으로서 그 차액이 1,961,286,373 원이라는 것입니다. 고소인회사에서는 위 자료를 제출 받아 검토한 결과 '총 지출금액' 중에서도 이 사건 프로젝트와 무관한 용도로 사용된 금액('불인정금액')이 590,337,867 원으로 밝혀졌고, 따라서 금□이 고소인회사에 대하여 책임을 지고 반환해야 하는 금액('조정후 차이')은 결과적으로 2,551,624,240 원으로 파악되었습니다(참고자료 14-1. 투자자금사용액부인).

(3) 이에 따라 금B의 대표이사인 피고소인 원CC은 '주식회사 금B은 우A□ 주식회사에게 2018 년 1 월 10 일 현재 총 2,551,624,240 원의 채무가 있음을 확인한다' 는 내용의 채무확인서(참고자료 15)를 작성하였고, 피고소인 박DD는 '우AA 주식회사와 2017 년 3 월 체결한 계약 내용을 명확히 인지하고 있었으며 위AA 주식회사로부터 받은 목적자금을 다른 용도로 사용할 수 없음을 명확히 인지하고 있었고(1 항), 위

---

[1] 고소인회사가 실제로 지급한 금 4,783,457,293원보다 35,024,000원이 적은 금액인데, 이는 고소인회사가 지급한 2017년 12월 28일 지급한 8,800,000원과 2018년 1월 4일 지급한 단상자 대금 26,224,000원이 위 유□ 이사가 보낸 지급금액에서 누락되었기 때문입니다. 유□ 이사가 보낸 지급금액은 2017년 12월 19일까지만 취합된 금액입니다.

8

목적자금을 우 [AA] 으로부터 수령하여 <u>다른 용도로 자금을 유용하였</u>고 상기 목적자금을 우 [AA] 에게 <u>요청할 당시 고의적으로 해당 목적자금을 다른 용도로 사용할 목적으로 수령하여 유용하였으며(2 항)</u>, 소명자료를 전달하는 과정에서 <u>내부적으로 공모하여 사문서를 위조 후 전달하였다(3 항)</u>' 는 내용의 사실확인서(참고자료 16)를 작성하여 고소인회사에 제출하였습니다. 사실확인서에는 자신들이 변조하여 고소인회사에 제출하였던 은행입출금거래내역서를 첨부하기도 하였습니다.

또한 피고소인 원 [CC] 과 박 [DD] 는 2018 년 1 월 29 일 금 [B] 의 고소인회사에 대한 위 채무 2,551,624,240 원을 연대보증하고 2018 년 2 월 23 일까지 상환하겠다는 내용으로 금전소비대차계약공정증서까지 작성해 주었으나 이러한 약속마저도 지키지 않았습니다(참고자료 17. 공정증서).

## 라. 자백 이후 현재까지의 경과

위와 같이 피고소인들은 자신의 범행을 모두 인정하고 회계법인을 통하여 파악한 목적 외 유용금액 등 2,551,624,240 원을 지급하겠다는 공정증서까지 작성해 주었으나 현재까지도 이를 상환하지 않고 있음은 물론 상환을 하기 위한 노력도 전혀 하지 않고 있습니다. 이에 고소인회사는 불가피하게 피고소인을 고소하게 된 것입니다.

## 3. 피고소인의 범죄행위

### 가. 기망에 의한 대금(선지급금)의 편취

위에서 본 바와 같이, 피고소인들은 <u>고소인회사로부터 자금을 받더라도 이를</u>이 사건 <u>프로젝트에 사용할 의사가 없었음에도 불구하고 마치 이 사건 프로젝트를 수행하기 위하여는 당장 자금이 필요하고 그 받은 돈을 이 사건 프로젝트를 위해 사용할 것처럼 기망하여(추가로 자금 집행을 요청하는 경우에는 기</u>

13

9

지급 받은 돈을 모두 이 사건 프로젝트를 위해 사용한 것처럼 기망하여[2] 이를 믿은 고소인으로부터 선지급금 명목으로 총 4,783,457,293 원을 지급 받아 이중 상당액을 이 사건 프로젝트와 무관한 용도로 사용함으로써 위 금액을 편취하였습니다. 위와 같이 지급 받은 금액 중 일부를 이 사건 프로젝트 진행을 위하여 사용한 것으로 자체 조사 결과 드러났다고 하더라도, 피고소인들이 사실확인서를 작성하면서 인정하는 바와 같이 피고소인들이 고소인회사에 자금을 요청할 당시부터 이미 고소인회사로부터 받은 목적자금을 다른 용도로 유용할 목적을 가지고 있었다면, 결과적으로 일부를 이 사건 프로젝트에 사용하였다고 하더라도 '받은 금액 전부'를 편취금액으로 보는 것이 마땅합니다.

과연 그럴까?

나. 사문서위조 또는 변조 및 동행사

(1) 위에서 본 바와 같이, 피고소인들은 고소인회사에 소명자료를 전달하는 과정에서 내부적으로 공모하여 은행이 발급한 거래내역서의 일부 내용을 변조하였습니다. 은행의 거래내역서는 사실증명에 관한 사문서로서 작성 주체는 예금주가 아닌 은행이므로 예금주가 거래 내역 중 일부를 변조하는 경우 이는 사문서위조죄에 해당합니다.

4. 결론

고소인회사의 의 XX 팀장(연락처 010-[          ]이 이 사건 사실관계를 잘 알고 있으므로 이 XX 팀장이 출석하여 고소인 진술을 할 수 있도록 하여 주시길 부탁 드립니다.

마지막으로, 위와 같이 피고소인들은 약 48 억원 상당의 거액을 편취하였고 그 과정에 사문서를 위조하여 행사하기도 하는 등 죄가 무거우며, 금 B의 하청업체들의 피해도 일부 파악되고 있는바, 수사가 시작되는 경우 피고소인들이 도주할 우려도 매우 큽니다. 나아가 업계 관계자들을 통해 파악된 바에 의하면 현재 피고소인들은 다른 업체를 상대로 하여 본건과 유사한 행위를 하고 있다고 하므로 추가적인 피해자가 발생할 우려도 매우 높습니다. 따라서 피고소인들의 신병을 확보하여 수사할 필요성이 높다고 사료되는바, 이에 대한 고려도 부탁 드립니다. 부디 철저히 수사하시어 법에 따라 엄정히 벌하여 주시기 바람

# 물품 공급 기본 계약

㈜우 [AA] (이하 "갑"이라 한다) 과 ㈜금 B (이하 "을"이라 한다) 은 "가칭: 퓨쳐에어쿠션" 관련 상품의 판매에 대하여 물품공급계약을 다음과 같이 체결한다.


## 제1조[목적]

"을"은 "갑"에게 제2조에서 규정한 상품(제품 포함, 이하 "상품")을 공급하고, "갑"은 "을"로부터 제공받은 상품을 판매하는데 필요한 제반 사항을 규정함으로써 원활한 거래관계가 유지되도록 함을 본 계약의 목적으로 한다.


## 제2조[상품]

① 본 계약의 "상품"이란 아래 명시된 브랜드, 품목으로 화장품제조 전문회사인 ㈜인 [   ](신 [   ] [   ] 포함)에서 제조된 상품 100,000세트(세트 : 홈쇼핑 방송판매를 위한 상품구성단위)를 의미한다.

| 브랜드 | 품목 |
|---|---|
| 미 정 | 2중 기능성 에어쿠션 |


## 제3조[판매 채널 및 영업]

① "갑"은 "을"이 공급한 상품을 대한민국 內 사전에 상호 합의된 홈쇼핑, T-COMMERCE, E-COMMERCE(카탈로그 판매 포함), 온라인(홈페이지등), 오프라인(면세점, 백화점 등 포함)에서 판매할 수 있다.

② "갑"은 1항에 명시된 채널 이외의 곳으로 판매를 확대하고자 할 시에는 "을"과 별도의 합의가 있어야 한다.


## 제4조[상품의 공급 및 공급단가]

① 본 계약은 "갑"과 "을"간 제2조 ①항의 물품공급에 대한 기본계약으로 한다.

② "을"은 "견적서"의 품목, 수량 및 "갑"의 홈쇼핑 방송일정에 맞게 상품을 공급하여야 하며, "갑"은 대금을 지급하고 이를 인수하여야 한다.


## 제5조[상품의 인도]

① "을"은 "최초견적서"상 납기까지 "을"의 비용으로 "갑"이 지정하는 장소로 상품을 인도하여야 하고 "갑"은 이를 수령하여야 한다.

② 전쟁, 내란, 폭동, 천재지변 등 불가항력에 따른 사유와 수송기간의 사고, 수송기간의 노사분규 등 "을"의 귀책사유가 없는 사유에 의하여 "을"이 물품을 인도할 수 없게 된 경우 "을"은

참고자료 2

# 물품공급계약에 따른 부속합의서

"갑" : ㈜ 우[        ]

"을" : ㈜ 금[    ]

"갑"과 "을"은 2017년 3월 6일에 체결된 물품공급 계약에 따라 공동의 사업을 진행하기로 하였으며, 이에 따라 공동 사업진행에 따른 제반사항을 정하기 위하여 본 합의서를 작성한다. 본 합의서는 각 조항에 별도의 단서가 없는 한 "갑"과 "을"이 기존에 체결된 물품계약서 및 모든 합의사항에 우선한다.

## 제1조 사업진행에 따른 결과물(지적재산권등)의 공동소유

"갑"과 "을"은 사업진행에 따라 생성된 모든 유,무형의 자산(상표권, 광고촬영분등 각종영상물및 기타 사업진행에 따른 결과물)을 공유하기로 한다. 이에 따라 상표권등은 공동 출원하기로 하며, 본 계약에서 따로 정하지 아니하였다는 이유로 어느 당사자가 본 사업의 결과물에 대한 독점사용권을 주장할 수 없다.

## 제5조 사업진행 자금 정산

① 본 사업과 관련하여 "갑"이 "을"에게 지급하는 발주대금의 사용용도는 목적 외 사용을 금지한다. 이에 "을"은 "갑"에게 완제품 제조원가에 해당하는 세금계산서, 거래내역서등 관련 자금사용 내역을 매 익월 10일 "갑"에게 제출한다.

② "갑"은 "을"의 자금사용 내역에 대하여 열람을 할 수 있고, 관련 증빙을 요청할 수 있다. "을"은 [    ]자금사용 내역에 대하여 요청이 있을 경우 5일 이내에 관련 자료 및 증빙을 제출하여야 한다.

제6조 계약의 해지

"갑" 또는 "을" 은 다음 각호에 해당되는 경우에는 상대방에 대한 최고 절차 없이 서면 통지로서 본 계약을 해제 또는 해지할 수 있다.

① 계약 당사자가 금융기관으로부터 부도처분 및 기타 거래정지를 당한 경우
② 영업의 폐지, 변경 또는 해산의 결의 등을 하였을 경우
③ 화의신청, 회사 정리절차 신청, 파산 신청 등이 있는 경우
④ 압류, 가압류, 가처분, 경매신청, 조세처분등으로 정상적인 영업이 어려운 경우
⑤ "갑" 또는 "을" 이 본 합의서 제2조 ①항 및 ②항을 위반하는 경우.
⑥ "갑" 또는 "을" 이 본 합의서 제4조 사업이익 정산의무를 2회를 초과하여 위반하는 경우.
⑦ "을" 이 본 합의서 제5조의 사항을 이행하지 않는 경우.

## ● 라. 고소장의 분석과 사건의 진행 및 결론

1) 고소인은 피고소인 회사의 자금유용을 주장하며 처음부터 투자받은 금액 전부에 대해 사기죄가 성립한다고 주장하였다. 즉 피의자는 고소인으로부터 지급받은 금액 중 2,196,809,053원을 사업운영비로 사용하였고 나머지 2,551,624,240원이 본 건 화장품 판매사업과 다른 용도로 사용하였다고 하면서, 투자받은 전액 4,748,433,293원이 편취금액이라고 주장한 것이다.

| 〈고소보충조서 일부〉 | |
|---|---|
| 문 1 | 피의자들을 사기 혐의로 고소한 요지는요? |
| 답 1 | 2017. 3. 6.에 피의자들이 운영하는 서울시 OO에 소재한 ㈜금B 사무실에서 고소인 우AA에게 화장품 판매 사업에 투자를 하면 사업 이익금을 분배해주겠다라고 하면서 사업 운영비 4,748,433,293원을 요구하였고 이를 믿고 피의자들에게 ㈜금B 법인 명의 계좌로 이 금액을 계좌이체해주는 방법으로 투자금으로 지급해주었습니다. 그러나 피의자들은 위 투자금을 지급받고 일부는 사업운영비를 사용하였지만 위 금액 중 2,551,624,240원은 사업운영비 외 약속과 다른 용도로 사용하였습니다. 그러나 피의자가 사업 운영비로 사용하였다고 증명한 2,196,809,053원도 피의자가 회계법인에 의뢰하여 그 회계법인에서 받은 자료를 토대로 한 것인데 이 또한 피의자가 사업운영비로 사용했다고 믿을 수 없어 피의자의 편취금액은 4,748,433,293원입니다. |
| 문 2 | 피의자가 사업운영비 외 약속과 다른 용도로 사용하게 된 사실은 어떻게 알았고 다른 용도로 사용한 2,551,624,240원은 어떻게 특정한 것이죠? |
| 답 2 | 피의자가 지출을 증빙해주기로 했는데 계속 안 해주다가 2018. 1. 15.에 (주)금B 회사에서 투자금 지출 내역을 이메일로 보내주어 확인해보니 피의자는 고소인으로부터 지급받은 금액 중 2,196,809,053원을 사업운영비로 사용하였고 나머지 2,551,624,240원이 본 건 화장품 판매 사업과 다른 용도로 사용한 부분이 확인되었고 피의자들 또한 이를 인정하였습니다. |
| 문 3 | 피의자가 무엇을 속였던가요? |
| 답 3 | 피의자는 사업계획서를 보여주며 본 건 화장품 판매사업을 할 때 매출이 59억원, 순이익금이 10억원이며 우AA(고소인 회사)에서 50퍼센트, 즉 5억원의 수익을 받을 수 있다고 하면서 투자금을 지급해주면 사업운영비로 사용하여 수익을 발생시키겠다고 기망하였습니다. 또한 피의자들은 하위거래업체와 거래를 하면서 화장품 원료 및 부자재를 구매하기 위해 우AA에 그 구매비용을 요구하였는데 이 때 그 구매비용의 100퍼센트를 요구하였습니다. 그러나 나중에 알아보니 피의자들이 하위거래업체에 100퍼센트를 주기로 한 것이 아니라 처음에는 계약금으로 50~70퍼센트의 금액을 주고 추후 나머지 잔금을 주기로 한 것을 알게 되었고 피의자가 기망한 것을 알게 되었습니다. 또한 피의자는 우AA뿐만 아니라 다른 하위거래업체 OO실업 등을 대상으로 화장품 원료나 부자재를 주문하면서 납품을 받고 그 거래대금을 지급하지 않기도 하였습니다. |

## 2) 사기죄가 성립하는지?(교부당시부터 편취의사 존재하여야)

사기죄가 성립하는지 보려면 처음부터 투자금을 본래 목적대로 사용하여 제품생산에 투입할 의사나 능력이 없었어야 할 것인데, 고소인 주장에 의하더라도 초도물량 일부는 정상적으로 홈쇼핑에서 판매가 되었고, 투자진행 도중에 자금유용이 발생한 점으로 보아, 처음부터 피의자의 내심의 의사가 투자금 전액을 영득하려는 것으로 인정될 증거가 부족하였다. 그리고 고소인이 주장하는 사기죄의 근거도 피의자가 하청업체에 거래대금을 지급하지 않았다거나 일부만 지급했다는 취지여서 이것만으로는 편취혐의를 인정하기 어려웠다. 또 피의자도 같은 취지로 주장하며 사기 혐의를 부인할 것이 뻔히 예상되었다. 물론 피의자가 수차례 나누어 돈을 받았으므로 돈을 받던 도중에 불법영득의사가 생겼다고 가정할 수는 있지만 피의자가 자백하지 않는 이상 이는 상상이나 가정에 그칠 뿐 입증하기가 보통 어려운 것이 아니며, 설령 그 가정이 입증된다고 하더라도 피해금액 자체를 특정하는 것도 교부받은 금액 전부인지, 또는 어느 특정한 날 이후부터 받은 돈 전부인지 구분하기도 곤란하다.

### 3) 횡령이라면?(투자받은 돈을 본래목적 외로 유용)

불법영득의사가 계약 당시나 금원을 교부받은 이후 생겼다면, 즉 사업이 정상적으로 진행되다가 중간부터 받은 돈을 유용하거나 목적 외로 사용하였다면 사기죄가 아닌 횡령죄 또는 배임죄의 문제가 된다. 범죄사실을 특정하려면 금원의 소유자가 누구인지, 누가 점유하고 있는지, 일단 교부받은 돈의 사용처가 엄격하게 규정되어 있는지, 피의자에게 일단 돈을 임의대로 쓰고 채워넣기만 하면 되는 식의 재량 내지 융통성이 있는지 당사자간의 계약관계나 조리, 신의칙 등에 근거하여 살펴보고, 함부로 쓸 수 없는 돈이라면 언제 받은 돈을 어떻게 사용하였는지 조사하고, 혹시 별도의 채권채무관계 정리가 필요하다거나 상계가 필요한지를 마지막으로 살펴본다.

### 4) 배임이라면?(타인의 사무처리자의 지위에서 자금집행의 잘못으로 손해 야기)

배임죄가 성립하려면 타인의 사무처리자의 지위에서 타인 사무를 잘못 처리하여 타인에게 손해를 입히고 본인이나 제3자에게 손해를 가하여야 하며 불법영득의사가 당연히 필요하다. 종속관계가 아닌 동업관계에서 타인의 사무처리자가 되려면 타인의 재산보전에 워낙 필수적이며 중요한 일이라서 자신의 사무가 아닌 타인의 사무까지 될 정도여야 한다. 공동사업에 쓸 금원을 피의자 회사의 개인채무 변제에 썼다는 것은 임무위배 행위 및 손해와 이익발생은 쉽게 인정될 수 있으나, 타인의 사무처리자가 되는지는 면밀한 고찰이 필요하다.

### 5) 수사진행하며 횡령으로 방향 설정

수사를 진행하면서, 처음부터 불법영득의사가 있었다는 고소인 주장은 입증이 힘들더라도, 위탁생산계약이 진행되던 도중 고소인 회사로부터 교부받은 금원을 용도 외에 사용하였고 이는 고소인이 납득하기 어려운 불법적인 행위라는 점은 비교적 명백하였기 때문에 죄명을 횡령으로 특정하였다.

그리고 횡령죄 성립의 전제로서 재물의 타인성이 문제되는데, 투자를 한 쪽(A=고소인 회사)과 그 돈을 가지고 사업을 하는 쪽(B=피고소인 회사)이 여럿 있을 때 그 돈의 소유자가 누구인지에 대해 문제가 생긴다.

횡령죄의 대상인 타인의 재물은 남의 것 또는 모두의 것이어야 하고 자기 단독 소유물은 여기에서 제외된다. 만약 B가 A로부터 자금을 빌려 사업을 하였다면(소비대차) 그 돈은 B의 소유이므로 횡령죄가 성립하지 않고 차용 당시 사기죄 성립여부를 고민할 것이나, 만약 조합관계가 성립한다고 하면 조합의 재산은 조합원 모두의 공동재산이라 재물의 타인성이 인정된다(대판 95다4957 : 조합체가 부동산의 소유권을 취득하였다면 이는 그 조합체의 합유물이 된다). 물론 주식회사 간에 조합관계가 성립하는지 잠깐 고민하였으나, 주식회사 간 조합관계를 인정한 판례를 쉽게 발견할 수 있었다(대법원 2011. 5. 26. 선고 2011도1904 판결).[83]

하나 걸리는 문제는 조합(내적조합)과 익명조합을 구별하는 문제였다. 조합 내부관계에 공동사업이 존재하고 조합원이 업무검사권을 가지고 조합의 업무에 관여하였으며 재산의 처분 또는 변경에 전원의 동의가 필요하였다면 내적조합이 성립되어 그 재산은 횡령죄의 객체로 인정받을 수 있다. 그러나 익명조합 관계가 인정되면 횡령죄가 성립하지 않는다. 익명조합이란 익명조합원이 돈을 내고(투자하고), 실제 장사를 할 사람이(영업자) 장사를 해서 이익을 분배하는 구조인데, 상법 제79조에서 익명조합원이 출자한 재산은 영업자의 재산으로 본다고 규정하기 때문에, 영업자가 이를 개인적으로 소비하여도 이익을 분배해 줄 계약상 의무가 남아있을지언정 타인 소유의 재산을 횡령한 것이 아니어서 횡령죄가 성립하지 않는 것이다.

따라서 익명조합 재산에 대한 횡령 고소사건 수사시, 재물의 타인성과 관련하여 먼저 당사자들간의 관계를 규정하는 것이 선행되어야 하므로, 자금을 투자한 자와 실제 영업을 한 자와의 계약관계, 수익금 분배약정의 내용, 투자자의 경영관여 여부, 종업원들이 누구를 실질적인 주인으로 알고 있었는지 여부 등등을 조사하는 것이 필요하다.

그리하여 투자자가 영업자와 어느 정도 공동으로 운영을 한 경우 영업재산을 공동소유로 볼 여지가 있는 반면, 투자자가 경영일선에 전혀 나서지 아니하고 단지 수익금만을 분배받는 위치에 있었다면 해당 영업을 익명조합으로 보아 횡령죄에 대해 불송치(혐의없음)결정을 하는 것이 가능하고, 이 경우 영업자가 처음부터 사업을 제대로 운영할 능력이나 의사가 없었을 경우 애초에 받은 투자금에 대한 사기 여부를 판단하여야 할 것이다.

즉, 핵심은 조합원의 업무감시권과 재산의 처분에 동의가 필요한지 여부인데, 이 사건 동업계약서의 부속합의서를 보면 발주대금의 목적외 사용을 금지하고, 금원을 투자한 고소인 회사는 자금사용 내역을 피고소인 회사로부터 정기적으로 제출받게 되어 있고, 열람을 할 수 있고 증빙을 요청할 수 있으며, 이 약정이 지켜지지 않을 경우 계약해제도 가능하게 되어 있으므로,

---

83 판결이유 중: 공소외 1 주식회사와 공소외 2 주식회사는 공동사업이행협약과 P/F 사업약정을 통하여 상당한 재산상 이익과 노무를 출자하고 이 사건 사업을 공동으로 경영할 것을 약정하는 동업계약을 체결함으로써 조합을 구성하였다고 판단하고, 따라서 동업관계로 인하여 발생한 수익금은 공소외 1 주식회사와 공소외 2 주식회사의 합유에 속하는 동업재산에 해당하며, 공소외 1 주식회사는 이를 공소외 2 주식회사를 위하여 보관하는 지위에 있다고 판단하였다.

고소인 회사의 업무감시권과 재산 처분에 대한 관여나 권한은 충분히 인정된다.

따라서 피고소인이 이 동업관계는 익명조합이라 주장하며 편취혐의를 부인하였지만, 담당수사관은 적극적으로 법률검토를 하여 조합의 법리에 따라 피고소인이 교부받은 금전이 타인인 '조합' 소유라는 점을 명확히 하여 특경법(횡령)으로 구속영장을 신청하여 발부받아 구속 송치할 수 있었다.

만약 사건기록에서 공동사업과 자금출자가 언급되면 법인이 설립되지 않은 이상, 조합의 법리를 떠올려보기 바란다.

---

**〈범죄사실〉**

피의자들은 2017. 3. 6. 서울 OO소재 ㈜금O사무실에서 피해자와 체결한 물품공급 기본계약에 의하여 피해자가 투자한 투자금으로 피의자들이 의뢰하여 제조한 퓨처에어쿠션(화장품 및 그 부속류 등) 등을 TV 홈쇼핑 등에 판매하기로 하면서, 같은 날 " 피해자가 피의자들에게 지급하는 발주대금의 사용용도는 목적외 사용을 금지하고 피해자는 피의자들의 자금사용 내역에 대하여 열람을 할 수 있고, 관련 증빙을 요청할 수 있다. 또한 사업이익은 피해자와 피의자들이 각각 50% : 50% 비율로 그 이익금을 분배하기로 한다"는 내용으로 물품공급계약에 따른 부속합의서를 체결하였다.

이후 피해자로부터 위 물품공급 기본계약과 부속합의서와 관련하여 피의자들의 회사 명의의 기업은행 계좌(390xxXXXXxxx)와 신한은행 계좌(140XXXxxXXX)로 2017. 3. 13.부터 2018. 1. 4.까지 20차례에 걸쳐 4,783,457,293원의 투자금을 교부받아 피해자를 위하여 업무상 보관하게 되었으므로 위 투자금을 물품공급 기본계약서 및 부속합의서에 정한 기준에 따라,

투자금 2,994,242,576원은 퓨처에어쿠션 제조관련 상품원가비(OOOO 매입비, .)......... 등의 제한된 용도로만,

투자금 1,789,214,717원은 Jxx브랜드 화장품 제조 관련 OOO제작비........ 등의 제한된 용도로만 사용하여야 할 의무가 있었다.

**가. 피의자 AOO, BOO의 특정경제범죄가중처벌등에관한법률위반(업무상 횡령)**

**1) 개인유용 및 채무변제 사용 횡령**

피의자들은 피해자 ㈜우AA의 위 자금을 관리하던 중, 개인용도로 사용하거나 및 자신의 채무 변제를 위하여 위 회사 자금을 이용하기로 마음먹고, 2017. 8. 25. ㈜ 금B사무실에서 ㈜금B명의의 기업은행 계좌(390XXXXxxXX)에 업무상 보관 중이던 피해자 ㈜우AA 소유의 211,302,960원을 사건외 신CC 에 과다계상후 자신의 개인채무 변제로 사용하는 등 2017. 3. 7.부터 2018. 1. 2.까지 별지 범죄일람표 (1)과 같이 총 36회에 걸쳐 합계 1,100,715,616원을 마음대로 인출하여 사용하였다.

(계속하여......) + 2) 다른 제품 제조용도 사용 횡령 + 3) 가지급금 명목 횡령 + 4) 기타 개인 용도로 유용하여 횡령하였다.

## ● 마. 관련법률

### 1) 민법

**제3절 공동소유**

**제271조 (물건의 합유)**

① 법률의 규정 또는 계약에 의하여 수인이 조합체로서 물건을 소유하는 때에는 합유로 한다. 합유자의 권리는 합유물 전부에 미친다.

② 합유에 관하여는 전항의 규정 또는 계약에 의하는 외에 다음 3조의 규정에 의한다.

**제272조 (합유물의 처분, 변경과 보존)**

합유물을 처분 또는 변경함에는 합유자 전원의 동의가 있어야 한다. 그러나 보존행위는 각자가 할 수 있다.

**제273조 (합유지분의 처분과 합유물의 분할금지)**

① 합유자는 전원의 동의없이 합유물에 대한 지분을 처분하지 못한다.

② 합유자는 합유물의 분할을 청구하지 못한다.

**제703조 (조합의 의의)**

① 조합은 2인 이상이 상호출자하여 공동사업을 경영할 것을 약정함으로써 그 효력이 생긴다.

② 전항의 출자는 금전 기타 재산 또는 노무로 할 수 있다.

**제704조 (조합재산의 합유)**

조합원의 출자 기타 조합재산은 조합원의 합유로 한다.

**제710조 (조합원의 업무, 재산상태검사권)**

각 조합원은 언제든지 조합의 업무 및 재산상태를 검사할 수 있다.

### 2) 상법

**제4장 익명조합**

**제78조 (의의)**

익명조합은 당사자의 일방이 상대방의 영업을 위하여 출자하고 상대방은 그 영업으로 인한 이익을 분배할 것을 약정함으로써 그 효력이 생긴다.

**제79조 (익명조합원의 출자)**

익명조합원이 출자한 금전 기타의 재산은 영업자의 재산으로 본다.

**제80조 (익명조합원의 대외관계)**

익명조합원은 영업자의 행위에 관하여서는 제3자에 대하여 권리나 의무가 없다.

# Ⅲ 유치권과 수사

<대표 상담사례>

Q : 공사대금을 받지 못한 피의자가 공사대금 확보를 위한 유치권행사를 이유로 타인 소유 아파트의 현관문을 용접한 경우, 재물손괴죄가 성립할 수 있나요?

A : 유치권자로서 소유자나 제3자에 의한 점유의 침탈을 막을 필요가 있었다고 하더라도 아파트 출입문을 용접한 행위는 수단의 상당성이 인정되지 않아 정당행위로 보기는 어려워 보입니다. 타인의 재물의 효용을 해한 것으로 재물손괴죄가 성립할 수 있습니다.

## 1. 유치권의 개념[84]

쉽게 말해 채권자가 채무자나 제3자의 물건(동산, 부동산)을 적법하게 점유할 수 있고 채무자의 반환을 거부할 수 있는 권리이다. 이 경우 채무자는 채무를 갚지 않고서는 그 물건을 찾아올 수 없게 되어 채무변제를 간접적으로 강제하게 되고, 채권자는 채무자를 함부로 몰아내기 어렵게 된다. 유치권은 공시 없이도 성립되는 막강한 물권으로서 까다로운 요건이 필요하지만, 치안현장에서는 민사지식의 부족으로 유치권이 성립되는지에 대한 판단이 곤란하여 분쟁을 제때 해결하지 못하는 경우가 생길 수 있다.

## 2. 유치권의 효과

유치권자는 유치권의 대상인 물건을 적법하게 점유함으로써 누구에 대해서도(채무자, 낙찰자, 집행관 등) 반환요구를 거절할 수 있고, 적법한 한도 내에서 유치물을 사용할 수 있다(공사대금 채권의 대상인 아파트 내에서의 거주 등). 유치권자의 점유를 침탈하는 행위는 불법행위가 될 수 있다.

---

84 '민사법에 기반한 경제범죄수사(경찰대학출판부, 2017, 경찰수사연수원 교수 강동필)' 참조.

특히 유치권자는 채무자(소유자)의 승낙이 있는 경우 유치물의 사용·대여 또는 담보제공을 할 수 있고, 승낙을 얻지 않더라도 보존이 필요한 범위 내에서 유치물을 사용할 수 있다.

◆예컨대, 일정한 요건 하에 B의 라디오 수선을 의뢰받은 A는 B가 수선대금을 지급할 때까지 라디오를 B에게 돌려주지 않고 그대로 유치할 수가 있고, 건물 공사대금 채권을 갖고 있는 공사업자가 건물을 점유할 수 있음.

〈인도 거절 권능〉 유치권자는 경락인에 대하여 그 피담보채권의 변제가 있을 때까지 유치목적물인 부동산의 인도를 거절할 수 있을 뿐이고 그 피담보채권의 변제를 청구할 수는 없다(대판 1996. 8. 23. 95다8713).

〈유치권의 불가분성〉 유치물은 그 각 부분으로써 피담보채권의 전부를 담보하며, 이와 같은 유치권의 불가분성은 그 목적물이 분할 가능하거나 수개의 물건인 경우에도 적용된다(대판 2007. 9. 7. 2005다16942).


## 3. 유치권의 성립여부(성립요건별 검토)

① 타인의 물건 또는 유가증권의 점유자가,
② 그 물건이나 유가증권에 관한 채권(예 : 수선대금채권)의,
③ 전부를 변제를 받을 때까지,
④ 그 물건이나 유가증권을 유치하여 채무자의 변제를 심리적으로 강제하는,
⑤ 민법의 법정 담보물권(擔保物權)임.


### ● 가. 타인의 물건 또는 유가증권을

-'물건'에는 동산, 부동산 모두 포함된다.
-'자기의 물건'은 이에 해당하지 않는다. 판례는 건물의 완성부분에 대해 등기가 아직 이루어지지 않은 부분은 수급인의 소유로 보아 유치권을 인정하지 않았고, 완성부분의 등기가 이루어 졌다면 도급인의 소유로 보아 수급인의 유치권을 인정한 바 있다. 형사적으로 유치권 행사의 불법 여부를 인식하는 고의의 판단시기에 대한 기준이 될 수 있다.


### ● 나. 채권과 물건의 견련 관계

채권이 유치권의 목적물에 대하여 생긴 것이어야 한다. 즉 유치권에 있어서는 그에 의해 담보되는 채권과 목적물 간에 견련관계(연관관계)가 있어야 한다. 이 때 채권과 점유는 그 순서에

상관없이 유치권이 발생한다. 즉, 하도급 업자의 채권이 먼저 발생하고 후에 점유가 이루어졌다고 하더라도 유치권의 성립에는 영향이 없다.

### ● 다. 채권의 존재와 변제기의 도래

채권이 변제기에 달하고 있지 않는 동안은 유치권이 성립하지 않는다. 왜냐하면 변제기 전 채권의 이행을 간접적으로 강제하는 것은 부당하기 때문이다.

### ● 라. 계속 점유

유치권자는 타인의 물건 또는 유가증권의 점유자여야 한다. 유치권자의 점유는 계속되어야 하며 유치권자가 점유를 상실하면 유치권도 소멸한다. 그러나 유치권자의 점유는 간접점유(3자를 통한 점유나 외부적 표시에 의한 점유 등)라 하더라도 무방하다.

### ● 마. 적법 점유

유치권자의 점유는 적법 점유이어야 하며, 불법행위에 의하여 점유를 취득한 자에 대하여는 유치권이 인정되지 아니한다. 예를 들어, 도둑이 그의 훔친 물건을 수선하여도 그 수선료의 상환청구권에 관하여 유치권을 행사할 수 없고, 불법점유에 기한 필요비, 유익비 등의 지출에 기한 유치권의 주장은 할 수 없다.

### ● 바. 유치권을 배제하는 특약의 부존재

유치권의 성립에 관한 민법의 규정은 임의규정이므로 당사자 사이에 유치권의 발생을 배제하는 특약도 유효하다. 따라서 계약 내용에 "원상회복 한다" 라든가, "임차인비용으로 개, 보수할 수 있다" 등이 있으면 유치권 배제특약으로 간주한다.

### ● 사. 소결

이상의 조건을 모두 갖추어야만 유치권은 적법하게 발생한다. 유치권 관련 사건에서 유치권의 권한이 적법한가에 대한 판단 시 반드시 상기 사항들을 모두 고려하여 하나라도 배제되는 사유가 있다면 정당한 유치권이 성립되지 않는다는 판단 하에 사건을 진행해야 한다.

## 4. 유치권의 소멸

목적물의 멸실, 혼동, 토지수용, 포기, 채무소멸(대금의 변제, 소멸시효완성 등), 유치권자의 선관주의의무 위반(단 소멸청구하고 판결 받는 것이 필요), 점유의 침탈 등이 있다.


## 5. 유치권과 수사

먼저 피의자의 행위가 업무방해, 절도, 폭행, 재물손괴 등 수사대상범죄의 구성요건해당성을 충족하는지부터 본다.

다음으로 유치권의 성립요건을 충족하는지 ① 채권의 변제기 도래와 미변제 사실, ② 점유사실 확인(평온하고 공연한 점유인지, 채무의 변제기 도래 이후부터 압류등기기입 이전의 점유인지), ③ 그 점유가 현수막을 걸거나 관리인을 두는 등 배타적인 점유를 하고 있는지, ④ 유치권자가 주장하는 채권과 점유하고 있는 물건 사이에 견련성이 있는지, ⑤ 유치권부존재특약이 있거나 유치권의 남용으로 사후에 유치권이 깨졌는지 등을 조사한다.

설령 적법한 유치권자라 하더라도 그 한계를 넘는 경우에는 정당행위로서 위법성을 조각할수 없다. 개별적으로 정당행위의 요건을 충족하는지를 수사하여야 한다.


## 6. 일반적으로 권장되는 유치권분쟁 대처방법

위 신축건물에 들어가고자 하는 甲 등과 이를 막는 현재 점유자인 A, B 등을 상대로 위의 유치권의 성립요건에 맞추어 사실관계를 파악하되, 현재 점유자 A, B 등이 일응 위 요건을 갖추어 적법한 유치권자로 판단될 경우에는 甲 등에게 건조물침입죄로 형사처벌될 수 있음을 강력히 경고하고, 민사적으로 해결할 것을 설득함이 바람직하나,

(◆만약 甲 등이 건물에는 들어가지 않고 자물쇠로 채우는 등으로 A, B가 들어가지 못하게 할 경우에는 권리행사방해죄로 의율가능할 것임.)

끝까지 甲 등이 이를 거부하고 침입할 경우에는 일단 임의동행을 요구하되(혹시 단순민사 사안일 수도 있으므로), A, B가 강하게 처벌을 요구함에도 임의동행에 극구 거부할 경우에만 부득이하게 건조물침입미수의 현행범으로 체포할 수 있다. 그러나 통상 채권자인 유치권자는 채무를 변제받기 위해 채무자를 계속 찾아올 것이고 계약서 등으로 인적사항도 충분히 특정되므로 체포의 필요성 요건인 '도주우려나 증거인멸우려'가 매우 약할 것이므로 특별한 경우가 아닌 한 현행범체포는 제한될 수밖에 없을 것이다(필자의 사견이다).

그러나 현장에서 위 내용을 모두 정확히 파악하는 것은 어려우므로 가급적 현 상태대로 해산시키고 A, B로 하여금 차후 경찰서에 '건조물침입미수'의 고소장 제출을 유도하는 것이 바람직하다.


## 7. 관련 상담사례


● **가. 시공업자들이 공사가 중단된 이후 유치권을 행사하지 않고 현장에서 철수하였다가, 다른 업체가 들어와 공사를 재개하고 있는 상황에서 뒤늦게 유치권을 주장하면서 다른 업체가 작업에 사용중인 타워크레인을 점거한 경우, 업무방해죄가 성립할 수 있나요?**

◆ 유치권을 행사하지 않고 현장에서 철수하고 다른 업체가 공사를 하며 점유를 하고 있는 상황에서, 특별한 사정이 없는 한 시공업자들의 점유는 상실된 상황으로 보입니다. 따라서 법적 절차에 의하지 아니하고 타워크레인을 점거하면서 공사를 방해한다면 업무방해죄가 성립할 수 있습니다.

● **나. 옹벽공사를 한 시공업자가 공사비, 인건비를 받지 못하자 점유를 하며 옹벽에 "유치권 행사 중"이라는 플래카드를 설치하였는데, 건축주가 이를 철거하여 폐기한 경우 재물손괴죄가 성립할 수 있나요?**

◆ 시공업자가 플래카드를 게시하는 방법으로 유치권을 알린 행위가 적법한 유치권행사에 해당하는 경우 유치권이라는 권원에 기해 건물에 설치된 플래카드는 유치권자 소유의 재물에 해당한다. 따라서 건축주가 유치권행사의 수단인 플래카드를 강제로 철거하여 폐기한 경우, 재물손괴죄가 성립할 수 있다.

# Ⅳ 부동산등기

## 1. 왜 등기하는가?

슈퍼마켓에서 음료수(동산)를 사는 경우에 음료수에 복잡한 권리관계가 얽혀있을 리 없으므로 돈을 내고 음료수를 건네받으면 이를 인도라고 하여 소유권이전의 효력이 생긴다.

그러나 가격이 매우 높고 움직이지 않는 특성을 가진 부동산은 거래를 신중하고도 안전하게 하여야 하므로 부동산에 얽힌 권리관계를 누구나 볼 수 있게 알려줄 필요가 있다. 이를 공시제도라고 한다. 즉, 부동산등기는 거래의 안전을 위한 제도인 것이다.

◆민법

**제186조 (부동산물권변동의 효력)**

부동산에 관한 법률행위로 인한 물권의 득실변경은 등기하여야 그 효력이 생긴다.

**−제187조 (등기를 요하지 아니하는 부동산물권취득)**

상속, 공용징수, 판결, 경매 기타 법률의 규정에 의한 부동산에 관한 물권의 취득은 등기를 요하지 아니한다. 그러나 등기를 하지 아니하면 이를 처분하지 못한다.

## 2. 어떤 것이 등기되는가(등기가 되는 권리)?

**−부동산등기법**

**제3조 (등기할 수 있는 권리 등)**

등기는 부동산의 표시 (표시)와 다음 각 호의 어느 하나에 해당하는 권리의 보존, 이전, 설정, 변경, 처분의 제한 또는 소멸에 대하여 한다.

1. 소유권

2. 지상권

3. 지역권

4. 전세권

5. 저당권

6. 권리질권

7. 채권담보권

8. 임차권

−제88조 (가등기의 대상)

가등기는 제3조 각 호의 어느 하나에 해당하는 권리의 설정, 이전, 변경 또는 소멸의 청구권을 보전하려는 때에 한다. 그 청구권이 시기부 또는 정지조건부일 경우나 그 밖에 장래에 확정될 법로문 그대로 씁니다. 경우에도 같다.


# 3. 어떻게 등기되는가(표제부, 갑구, 을구)?

−부동산등기법

−제15조 (물적 편성주의)

① 등기부를 편성할 때에는 1필의 토지 또는 1개의 건물에 대하여 1개의 등기기록을 둔다. 다만, 1동의 건물을 구분한 건물에 있어서는 1동의 건물에 속하는 전부에 대하여 1개의 등기기록을 사용한다.

② 등기기록에는 부동산의 표시에 관한 사항을 기록하는 표제부와 소유권에 관한 사항을 기록하는 갑구(甲區) 및 소유권 외의 권리에 관한 사항을 기록하는 을구(乙區)를 둔다.

−제34조 (등기사항)

등기관은 토지 등기기록의 표제부에 다음 각 호의 사항을 기록하여야 한다.

1. 표시번호

2. 접수연월일

3. 소재와 지번(지번)

4. 지목(지목)

5. 면적

6. 등기원인

−제40조 (등기사항)

① 등기관은 건물 등기기록의 표제부에 다음 각 호의 사항을 기록하여야 한다.

1. 표시번호

2. 접수연월일

3. 소재, 지번 및 건물번호. 다만, 같은 지번 위에 1개의 건물만 있는 경우에는 건물번호는 기록하지 아니한다.

4. 건물의 종류, 구조와 면적. 부속건물이 있는 경우에는 부속건물의 종류, 구조와 면적도 함께 기록한다.

5. 등기원인

6. 도면의 번호[같은 지번 위에 여러 개의 건물이 있는 경우와 「집합건물의 소유 및 관리에 관한 법률」 제2조 제1호의 구분소유권(區分所有權)의 목적이 되는 건물(이하 "구분건물"이라 한다)인 경우로 한정한다].

② 등기할 건물이 구분건물(區分建物)인 경우에 등기관은 제1항 제3호의 소재, 지번 및 건물번호 대신 1동 건물의 등기기록의 표제부에는 소재와 지번, 건물명칭 및 번호를 기록하고 전유부분의 등기기록의 표제부에는 건물번호를 기록하여야 한다.

③ 구분건물에 「집합건물의 소유 및 관리에 관한 법률」 제2조 제6호의 대지사용권(垈地使用權)으로서 건물과 분리하여 처분할 수 없는 것[이하 대지권(垈地權)이라 한다]이 있는 경우에는 등기관은 제2항에 따라 기록하여야 할 사항 외에 1동 건물의 등기기록의 표제부에 대지권의 목적인 토지의 표시에 관한 사항을 기록하고 전유부분의 등기기록의 표제부에는 대지권의 표시에 관한 사항을 기록하여야 한다.

④ 등기관이 제3항에 따라 대지권등기를 하였을 때에는 직권으로 대지권의 목적인 토지의 등기기록에 소유권, 지상권, 전세권 또는 임차권이 대지권이라는 뜻을 기록하여야 한다.

## 4. 등기사항이 어떻게 확인되는가(등기부 발급과 열람)?

인터넷등기부 사이트(www.iros.go.kr)에 접속하거나 관내 등기소를 직접 방문하여 등기사항 증명서(등기부등본)을 발급받을 수 있다. 인터넷 발급시 신청자가 국가기관이더라도 수수료를 내지만, 등기소를 직접 방문하여 공무상 사유로 공문을 제출한다면 수수료가 면제된다. 발급받을 건수가 많으면 직접 방문하는 것이 좋지만, 그렇지 않을 때에는 팀내 서무가 인터넷등기소에 회원가입하여 팀내 사건에 필요시 수시로 수수료를 내고 등기사항증명서를 발급받고, 정기적으로 수사비로 정산하는 것도 바람직하다. 인터넷 포털사이트에서 '부동산 등기부등본 열람'을 검색하면 발급방법을 알 수 있다.

**−부동산등기법**

**제19조 (등기사항의 열람과 증명)**

① 누구든지 수수료를 내고 대법원 규칙으로 정하는 바에 따라 등기기록에 기록되어 있는 사항의 전부 또는 일부의 열람(閱覽)과 이를 증명하는 등기사항증명서의 발급을 청구할 수 있다. 다만, 등기기록의 부속서류에 대하여는 이해관계가 있는 부분만 열람을 청구할 수 있다.

② 제1항에 따른 등기기록의 열람 및 등기사항증명서의 발급 청구는 관할 등기소가 아닌 등기소에 대하여도 할 수 있다.

③ 제1항에 따른 수수료의 금액과 면제의 범위는 대법원규칙으로 정한다.

# 5. 소유권이전등기

## ● 가. 의의와 유형

어떤 사람에게 귀속된 소유권이 다른 사람에게 옮겨가거나 그 지위가 승계되는 때 이를 공시하는 등기를 말한다. 제일 마지막의 소유권이전등기에 '소유자'라고 기재된 자가 현재의 소유자이다.

그 유형으로는 매매 등 법률행위를 원인으로 한 소유권이전등기, 공공용지 협의취득으로 인한 소유권이전등기, 상속이나 법인의 합병 등 포괄승계로 인한 소유권이전등기, 시효취득으로 인한 소유권이전등기 등이 있다.

상속인의 순위는 ① 피상속인의 직계비속 ② 피상속인의 직계존속 ③ 피상속인의 형제자매 ④ 피상속인의 4촌 이내의 방계혈족의 순으로 상속된다. ① 또는 ②가 있다면 배우자가 공동상속인이 된다.

동순위의 상속인이 수인인 때에는 그 상속분은 균분으로 한다(남녀차이 없음). 배우자의 상속분은 ①, ②와 공동상속시 5할을 가산한다.

〈예시〉

◆피상속인의 직계비속인 장남과 차남, 출가한 장녀, 미혼인 차녀와 처가 공동상속을 받는 경우

| 상속인 | 상속분 | | 전체에 대한 상속분 |
|---|---|---|---|
| | 민법규정 | 통분 | |
| 처 | 1.5 | 3 | 3/11 |
| 장남 | 1 | 2 | 2/11 |
| 차남 | 1 | 2 | 2/11 |
| 장녀(출가) | 1 | 2 | 2/11 |
| 차녀 | 1 | 2 | 2/11 |

◆따라서 사망시 처, 장남, 차남만 있었다면 처가 3/7, 장남이 2/7, 차남이 2/7씩 상속받는다(상속의 경우 배우자가 있었다면 자녀 수에 따라 X/5, Y/7, Z/9…… 형태의 지분이 나타난다).

공유지분의 이전등기는 ① 단독 소유권의 일부를 이전하여 공유로 하는 경우, ② 공유자 전원의 지분 전부를 1인에게 이전하는 경우, ③ 어느 공유자의 공유지분 전부를 이전하는 경우, ④ 공유지분 중의 일부를 이전하는 경우 등을 말한다.

〈예시〉

공유지분을 각기 다른 원인으로 취득한 경우

| [갑 구] (소유권에 관한 사항) | | | | |
|---|---|---|---|---|
| 순위번호 | 등기목적 | 접수 | 등기원인 | 권리자 및 기타사항 |
| 2 | 소유권보존 | 2009년1월2일 제7000호 | | 소유자 홍길동 550101–******* (주소) |
| 3 | 소유권일부이전 | 2010년 8월 10일 제9000호 | 2010년6월2일 매매 | 공유자 지분 5분의 2 이갑동 331010–******* (주소) 지분 5분의 2 김갑순 331010–****** (주소) |
| 4 | 2번 홍길동 지분전부이전 | 2011년3월5일 제3500호 | 2011년1월4일 매매 | 공유자 지분 5분의1 이갑동 331010–******* (주소) |
| 5 (예 1) | 갑구4번 이갑동 지분 중 일부(10분의 1)이전 | 2011년4월5일 제3601호 | 2012년3월1일 매매 | 공유자 지분 10분의 1 이을수 520101–******* (주소) |
| 5 (예 2) | 이갑동 지분 5분의3중 일부 (갑구4번으로 취득한 지분 일부 10분의 1) | 2011년3월5일 제3601호 | 2012년3월1일 매매 | 공유자 지분 10분의 1 이을수 520101–******* (주소) |

◆ 3번 소유권일부이전 등기시 최초 단독소유자 홍길동의 지분은 5분의 1이 남게 되나 4번 등기시 홍길동 소유의 5분의 1지분을 이갑동이 매수하는 결과, 홍길동의 지분은 없어지고 이갑동 지분은 일단 5분의 3(즉 10분의 6)이 된다.

그러다가 5번 등기에서 이갑동 지분 10분의 6 중 이을수가 10분의 1을 매수한다.

그 결과 이갑동의 지분은 10분의 5, 김갑순 지분은 10분의 4, 이을수 지분은 10분의 1이 된다.

# 6. 등기부상 권리에 대한 설명

### ● 가. 저당권

채무자 또는 제3자가 자기 소유의 부동산을 채권자를 위하여 담보로 제공하였을 때, 이른바 '저당잡혔을 때' 을구에 등기한다. 경매가 개시되면 원칙적으로 저당권자는 다른 일반채권자에 앞서서 자기 채권액만큼(근저당권의 경우 채권최고액 또는 실제 채권액 중 적은 금액만큼) 매각대금에서 우선적으로 배당을 받는다.

### ● 나. 가압류

정식 소송을 제기하기 전에 채무자가 재산을 빼돌릴 위험이 있으면 법원에 가압류결정을 신청하여, 승소시 법원의 촉탁에 의해 등기소로 하여금 가압류를 갑구에 등기하게 한다. 해당 부동산이 경매신청이 되었을 때, 가압류권자가 저당권자에 앞선다면 같은 순위로 채권액에 비례하여 배당받는다.

### ● 다. 가등기

소유권이전을 하기로 매매계약을 체결하였는데 시가 앙등 등으로 계약을 파기할 우려가 있는 경우, 장차 소유권이전등기를 신청할 권리를 보전하기(지키기) 위해 매도자와 매수자의 합의로 가등기를 신청할 수 있다. 나중에 가등기를 본등기로 이전하게 된다면 중간에 가등기의 효력에 반하는 등기(예컨대, 타인 앞으로의 소유권이전등기)는 무효로 된다.
또한 담보 목적으로 이루어지는 경우도 있다.

### ● 라. 가처분

토지 소유권에 대한 분쟁이 있을 때(예컨대, 서류를 위조하여 소유권이전등기가 이루어진 경우, 피해자는 가해자에게 소유권이전등기를 말소하라고 청구할 수 있는데, 그 전에 빼돌리는 것을 방지하고자 매도, 담보, 임차 등 일체의 처분을 금지하는 가처분을 법원에 신청할 수 있다. 원고의 주장에 이유가 있으면 법원은 등기소에 가처분등기를 촉탁한다.

## ● 마. 임차권등기명령

### 1) 의의

임대차 기간이 만료되었는데도 보증금을 반환받지 못하는 경우, 점유를 상실하면 대항력 또한 상실되는 것이 원칙이다. 그러나 주택임대차보호법 제3조의3에서 '임차권등기명령'이라고 하여 법원의 결정을 통해 임차권을 강제로 등기시킬 수 있다. 이때에는 점유를 상실해도 대항력을 잃지 않으므로 안심하고 이사하거나, 임대인에 대한 간접적인 압박으로 조속히 보증금을 반환받는 데에 도움이 된다.

다만 허위의 서류로 임차권등기명령을 받아내면 법원을 속여 재산상 이득을 취득한 것이므로 소송사기가 된다는 판례도 있다.

### 2) 관련근거

**– 주택임대차보호법**

**제3조의3 (임차권등기명령)**

① 임대차가 끝난 후 보증금이 반환되지 아니한 경우 임차인은 임차주택의 소재지를 관할하는 지방법원·지방법원지원 또는 시·군 법원에 임차권등기명령을 신청할 수 있다. 〈개정 2013.8.13.〉

② 임차권등기명령의 신청서에는 다음 각 호의 사항을 적어야 하며, 신청의 이유와 임차권등기의 원인이 된 사실을 소명하여야 한다. 〈개정 2013.8.13.〉

1. 신청의 취지 및 이유

2. 임대차의 목적인 주택(임대차의 목적이 주택의 일부분인 경우에는 해당 부분의 도면을 첨부한다)

3. 임차권등기의 원인이 된 사실(임차인이 제3조제1항·제2항 또는 제3항에 따른 대항력을 취득하였거나 제3조의2 제2항에 따른 우선변제권을 취득한 경우에는 그 사실)

4. 그 밖에 대법원규칙으로 정하는 사항

③ 다음 각 호의 사항 등에 관하여는 「민사집행법」 제280조 제1항, 제281조, 제283조, 제285조, 제286조, 제288조 제1항·제2항 본문, 제289조, 제290조 제2항 중 제288조 제1항에 대한 부분, 제291조 및 제293조를 준용한다. 이 경우 "가압류"는 "임차권등기"로, "채권자"는 "임차인"으로, "채무자"는 "임대인"으로 본다.

1. 임차권등기명령의 신청에 대한 재판

2. 임차권등기명령의 결정에 대한 임대인의 이의신청 및 그에 대한 재판

3. 임차권등기명령의 취소신청 및 그에 대한 재판

4. 임차권등기명령의 집행

④ 임차권등기명령의 신청을 기각하는 결정에 대하여 임차인은 항고할 수 있다.

⑤ 임차인은 임차권등기명령의 집행에 따른 임차권등기를 마치면 제3조 제1항·제2항 또는 제3항에 따른 대항력과 제3조의2 제2항에 따른 우선변제권을 취득한다. 다만, 임차인이 임차권등기 이전에 이미 대항력이나 우선변제권을 취득한 경우에는 그 대항력이나 우선변제권은 그대로 유지되며, 임차권등기 이후에는 제3조 제1항·제2항 또는 제3항의 대항요건을 상실하더라도 이미 취득한 대항력이나 우선변제권을 상실하지 아니한다(이 말은, 임차권등기 후에는 이사를 가서 점유를 잃어버리거나 주민등록을 이전하더라도 기존의 대항력이 그대로 유지된다는 뜻이다). 〈개정 2013.8.13.〉

⑥ 임차권등기명령의 집행에 따른 임차권등기가 끝난 주택(임대차의 목적이 주택의 일부분인 경우에는 해당 부분으로 한정한다)을 그 이후에 임차한 임차인은 제8조에 따른 우선변제를 받을 권리가 없다.

⑦ 임차권등기의 촉탁, 등기관의 임차권등기 기입(기입) 등 임차권등기명령을 시행하는 데에 필요한 사항은 대법원규칙으로 정한다. 〈개정 2011.4.12.〉

⑧ 임차인은 제1항에 따른 임차권등기명령의 신청과 그에 따른 임차권등기와 관련하여 든 비용을 임대인에게 청구할 수 있다.

⑨ 금융기관등은 임차인을 대위하여 제1항의 임차권등기명령을 신청할 수 있다. 이 경우 제3항·제4항 및 제8항의 "임차인"은 "금융기관등"으로 본다.

# 7. 부동산등기 지식으로 풀어본 사기사건 실전수사

## ● 가. 고소사건 요지

이 사건은 피고소인이 고소인으로부터 토지를 구입하고 잔금까지 다 치렀는데 이후로도 소유권 이전등기를 해주지 않다가 우연히 등기부등본을 보니 타인에게 이중매매했다면서 사기, 횡령, 배임으로 고소한 사건이다. 고소장 자체에 부동산등기에 관한 지식이 필요한 부분이 많아서 사건파악에 시간이 걸렸던 사건이다.

필자는 이 사건 고소장 중 민사적인 지식이 필요한 부분에 대해 해석을 하여 사건파악이 용이하도록 도와주려고 한다.

● 나. 고소장과 첨부문서(계약서와 등기부등본)의 해석

# 고 소 장

고 소 인   신

　　　　　　의정

피고소인   김

　　　　　　서울

### 고소죄명 : 배임·횡령·사기죄

# 고 소 취 지

　　선량한 서민들의 피같은 돈을 사기쳐 먹는 상습적이고 악질적인 사기꾼들인 피고소인을 배임죄, 횡령죄 및 사기 등으로 고소하오니 검찰에서 철저하게 수사하시어 의법처단 하여 주시기 바랍니다.

# 고 소 사 실

### 1. 당사자의 지위

　　고소인은 월남전에 참전하여서 부상을 입은 상이용사로서 국가유공자인바

(증제1호증 국가유공자증 참조), 피고소인 소유의 □시 □읍 □리 □답 3,226㎡ 중 33㎡(10평)(이하 '이 사건 부동산'이라 합니다)를 피고소인으로부터 매수한 매수인의 지위에 있는 자이고(증제3호증 토지매매계약서 참조), 피고소인은 이 사건 부동산의 소유자(증제2호증 토지등기부등본 참조)이자 고소인에게 이 사건 부동산을 매도한 매도인의 지위에 있는 자로서 이 사건 부동산을 고소인에게 소유권이전등기하여 줄 의무가 있는 타인의 사무를 처리하는 자임에도 불구하고 그 임무에 위배하여 고소외 조□과 공모하여서 조□에게 이중매매한 자입니다(증제5호증 토지매매계약서 참조).  해석 1)

## 2. 이 사건의 발생경위

**다.** 그러던 중인 2017. 2. 10.에 기획부동산 직원인 고소외 조☐의 주선으로 이 사건 부동산을 고소인이 피고소인에게 금1,950만원에 매수하기로 하였는바, 고소인과 피고소인은 이 사건 부동산을 매수함에 있어서 매매대금으로 이 사건 부동산을 총 매매대금으로 금1,950만원 지급하되 계약금으로 계약 당일에 금300만원을 지급하고, 잔급은 2017. 2. 17.에 금1,650만원을 지급하기로 하는 부동산매매계약(이하 '이 사건 계약'이라 합니다)을 체결하였습니다(증제3호증 토지매매계약서 참조).

**라.** 그러나, 고소인은 기획부동산 직원인 조☐의 사탕발림과 꼬임에 넘어가서 고소인의 당장 어려운 처지를 생각하지 못하고서 이 사건 계약을 체결하였기에 조☐에게 연락을 하여서 고소인의 어려운 처지를 설명하고서 이 사건 부동산을 매매대금을 1/2씩 투자하여서 공동으로 매수하기로 합의 하였습니다.

**마.** 그리고 고소인은 피고소인에게 2017. 2. 10.에 계약금조로 금300만원을 지급하고, 또한 2017. 1. 25.에 조☐이 고소외 박☐ 이름으로 금100만원을 송금하고, 2017. 2. 10.에 고소인이 금600만원을 송금하고, 2017. 2. 14.에 고소인이 금175만원을 송금하고, 2017. 2. 14.에 조☐이 금975만원을 송금하는 등 도합 금1,650만원을 잔금조로 지급하여서 이 사건 매매대금 금1,950만원을 이 사건 부동산의 매매대금조로 모두 지급하였습니다(증제4호증의 1 내지 4 본인금융거래 및 각 영수증 참조). 해석 2)

**바.** 그러던 중 2017. 3. 29.경 조☐은 고소인에게 자기가 이 사건 매매대금 중 1/2지분인 금975만원을 다른 사람에게 빌렸는데 그 여자가 독촉을 한다고 하면서

반환해 달라고 하였는바, 이에 고소인은 조□□으로부터 이 사건 부동산 1/2지분을 인수하기로 하고서 2017. 3. 29.부터 11. 30.까지 사이에 12회에 걸쳐서 도합 금 830만원을 반환해 주는 등 하여서 이 사건 부동산은 고소인이 단독매수인이 되었습니다(증제10호증의 1 내지 12 각 영수증 참조).

사. 그러던 중인 2017. 8. 21.경 고소인은 피고소인이 고소인에게 이 사건 부동산을 매도하기 1달 전인 2017. 1. 11.에 고소외 이□□이 이 사건 부동산에 대하여서 수원지방법원 성남지원 2017카단 6□2호로 소유권이전등기청구권 가처분기입등기가 되어 있고, 또 2017. 8. 1.에 고소외 정□□이 피고소인의 지분에 대하여 인천지방법원 2017카단 □3호로 청구금액을 금4,560만원으로 하는 부동산가압류기입등기가 되어 있고, 또한 2017. 8. 18.에 고소외 김□□가 피고소인 지분에 대하

여 수원지방법원 평택지원 2017카단 □□호로 청구금액을 금3,570만원으로 하는 부동산가압류기입등기가 되어 있고, 또한 피고소인은 2016. 8. 3.에 이 사건 부동산을 담보로 □농업협동조합에 채권최고액 금28,000만원 및 2016. 8. 3.에 고소외 문□에게 채권최고액을 금3억원으로 하는 근저당권설정등기를 설정하였는바, 그러한 사실은 고소인은 꿈에도 모르고 피고소인이 이 사건 부동산을 등기하기만을 기다리고 있던 중 고소인이 2017. 8. 21.경 우연히 이 사건 부동산의 등기부등본을 떼어보고서야 발견하게 되어서야 비로소 그러한 사실을 알게 되었습니다(증제2호증 토지등기부등본 참조). 해석 3)

**아.** 이에, 고소인은 2017. 8. 21.경에 피고소인에게 내용증명우편을 통해서 이 사건 부동산 상에 위와 같은 각종 가처분, 가압류 및 근저당설정등기를 말소한 상태로 깨끗하게 이전을 받아야 하나 불가능한 상태이므로 이 사건 매매계약을 해제하고서 피고소인의 귀책사유로 인하여서 이 사건 매매계약을 해제하므로 이 사건 매매계약 제3조에 의거하여서 계약금의 배액인 금600만원 및 잔금 금1,650만원의 합계액인 금2,250만원을 반환요청 하였습니다(증제6호증 내용증명우편 참조). 해석4)

**자.** 그러나, 피고소인은 고소인의 위 반환요청에 불응하여서 고소인은 2018. 4. 9.에 피고소인을 상대로 금2,250만원을 청구하는 의정부지방법원 2018가소 □ 호 계약금배액 및 잔금반환 청구소송을 제기하였으나(증제7호증 소장 참조), 피고소인은 이 사건의 2018. 10. 24. 15:30 변론기일에 이르러서 고소인에게 위 금원을 반환하기로 하여서 고소인은 이를 믿고서 법정에서 소취하를 해주게 되었습니다(증제8호증 나의사건검색 참조). 해석5)

**차.** 그러나, 피고소인은 위 금2,250만원의 반환을 차일피일 하더니 이제는 고소인의 전화도 받지 않는 등 잠적하였습니다.

**카.** 이에, 고소외 정□이 2018. 12.경에 고소인 및 조□에게 혹시 피고소인이 이 사건 부동산을 다른 사람에게 팔아먹을지 모르니까 이 사건 부동산을 부동산처분금지가처분신청을 하게 조□이 보관하고 있는 이 사건 매매계약서 등 서류를 가져오라고 하였고, 조□이 보관하고 있는 서류를 가져오게 되었는데 그 서류 중에는 이 사건 부동산과 관련하여서 고소인과 피고소인의 이 사건 매매계약서와 별도로 피고소인과 조□ 간의 부동산매매계약서가 있었는바, 이에 의할 때 피고소인은 고소인 모르게 조□과 공동공모하여서 2017. 2. 13.에 이 사건 부동산을 금1,950만원에 매도하는 부동산매매계약을 체결하여서 이 사건 부동산을 이중으로 매도해버렸습니다(증제5호증 토지매매계약서 참조).

**타.** 그렇다면 결국, 피고소인은 이 사건 부동산 상에 고소외 이◻◻의 부동산처분금지가처분 기입등기 1건, 피고소인 지분에 대하여서 고소외 정◻◻ 및 김◻◻의 부동산가압류 기입등기 2건, ◻◻농업협동조합의 채권최고액 금28,000만원 및 고소외 문◻◻의 채권최고액 금3억원의 근저당권설정등기 2건 등 이 사건 부동산 상에 설정되어 있어서 고소인이 이 사건 부동산을 온전하게 등기를 이전받을 수 없다는 사실을 잘 알고 있었음에도 불구하고서 그러한 사실을 속이고서 이 사건 매매계약을 체결하였고, 또 이 사건 부동산에 관하여서 조◻◻과 사이에 이중으로 매매계약을 체결하고, 또한 이 사건 부동산은 현재 2017. 9. 29.에 고소외 문◻◻가 수원지방법원 평택지원 2017타경◻◻◻호로 부동산임의경매를 신청하여서 현재 제3자에게 낙찰되어서 피고소인이 고소인에게 이전할 이 사건 부동산이 부존재한 상태이고(증제9호증 경매사건검색 참조), 더 나아가서 의정부지방법원 2018가소 ◻◻◻호 계약금배액 및 잔금반환 청구소송의 2018. 10. 24. 15:30 변론기일에 이르러서 고소인에게 금2,250만원을 반환하기로 하였음에도 불구하고서 위 금원을 반환하기는커녕 연락두절하고서 도주하여 버렸습니다. ｜해석 6)｜

## 3. 소결

### 가. 배임혐의에 대하여

그렇다면 결국, 피고소인은 2017. 2. 10. 매매대금 금1,950만원에 자기 소유인 이 사건 부동산을 고소인에게 소유권이전등기를 해주기로 하는 부동산매매계약을 체결하고, 그 매매대금 금1,950만원을 수령하였으므로 피고소인은 그 이전등기절차를 이행하는 사무를 처리하여 줄 의무가 있음에도 불구하고 그 임무에 위배하여 피고소인과 조◻◻은 공동 공모하여 2017. 2. 13.경 다시 이 사건 부동산을 제 마음대로 불상지에서 조◻◻에게 매도하는 계약을 체결하는 등 이중매매하여서 고소인에게 이 사건 부동산 매매대금으로 지급한 금1,950만원 상당의 재산상의 손해를 입힌 것입니다.

## 나. 횡령혐의에 대하여

　　만약 위 배임혐의가 인정되지 않는다고 한다면, 피고소인은 처음부터 고소인으로부터 이 사건 부동산매매계약을 체결하면서 고소인으로부터 이 사건 매매대금을 수령하고서도 이 사건 부동산의 소유권이전등기를 해 주거나 위 매매대금을 반환해 줄 의사와 능력도 없으면서 마치 이 사건 부동산의 소유권이전등기를 해 주거나 변제할 것처럼 속여 이에 속은 고소인으로부터 이 사건 매매대금조로 수차에 걸쳐서 금1,950만원을 수령하고서도 현재까지 이 사건 부동산의 소유권이전등기를 해주거나, 또한 피고소인이 고소인에게 소유권이전등기를 해주어야 할 대상 토지인 이 사건 부동산이 경매로 제3자에게 낙찰되어서 이 사건 부동산이 부존재하고, 더 나아가서 이 사건 매매대금 금1,950만원을 반환을 거부하여서 고소인에게 금1,950만원 상당의 재산상의 손해를 입혀서 횡령하였다고 할 것입니다.

## 다. 사기혐의에 대하여

　　만약 위 배임 및 횡령혐의가 인정되지 않는다고 한다면, 피고소인은 처음부터 고소인으로부터 이 사건 부동산매매계약을 체결하면서 고소인으로부터 이 사건 매매대금을 수령하고서도 이 사건 부동산의 소유권이전등기를 해 주거나 위 매매대금을 반환해 줄 의사와 능력도 없으면서 마치 이 사건 부동산의 소유권이전등기를 해 주거나 변제할 것처럼 속여 이에 속은 고소인으로부터 이 사건 매매대금조로 수차에 걸쳐서 금1,950만원을 수령하고서도 현재까지 이 사건 부동산의 소유권이전등기를 해주거나 이 사건 매매대금 금1,950만원을 반환하지도 않아서 동액 상당을 편취하였다고 할 것입니다.

## 4. 결 론

이에 고소인들은 고소장의 기재와 같이 피고소인을 배임, 횡령 및 사기 등으로 고소하오니 상습적이고 악질적인 사기꾼인 피고소인을 검찰에서 침지하게 수사하시어 엄중하게 의법 처단하여 주시기 바랍니다.

# 토 지 매 매 계 약 서

해석 7)

매수인용

| 부동산의 표시 | 소재지 | 경기도 평택시 ☐ 읍 ☐ 리 ☐ 번지 中 | | | | |
|---|---|---|---|---|---|---|
| | 지목 | 답 | 면적 | 33㎡ ( 10평 ) | 3.3㎡가격 | 1,950,000 ₩ |
| 대금총액 | | 금 일천구백오십 만 원정(₩ 19,500,000 ₩ ) | | | | |

위 표시의 부동산을 매도회사와 매수인이 위에 기재한 대금총액으로서 다음 각 조항에 의하여 매매하기로 한다.

제1조  매수인은 매도회사에 다음과 같이 매매대금을 지불키로 한다( 2017년 2월 9일 )

| 계약금 | 금 | 삼백만 ~~원~~ | | 원정을 계약 당시에 지불한다. |
|---|---|---|---|---|
| 중도금 | 금 | 2 | | 원정은   년   월   일 지불한다. |
| 잔 금 | 금 | 일천육백오십만 | | 원정은 2017 년 2 월 17 일 지불한다. |

제2조  위 표시 면적이나 매매 등의 착오가 있을 때는 등기부상의 면적에 의하여 매매 당시의 ㎡당 가격을 기준으로 대금의 환급 금 등을 정산키로 한다.

제3조  매도회사가 위약한 때에는 위약금으로 계약금의 배액을 매수안에게 배상하고, 매수인이 위약한 때에는 계약금을 위약금으로 보고 그 반환청구권이 상실된다.

제4조  매도회사는 잔금 수령 후 매수인에게 위 부동산에 대한 소유권 이전등기 절차를 이행하고 이 부동산을 명도 및 인도한다. 단 매매토지의 개발 시 모든 절차가 완료된 후 소유권 이전등기 절차를 진행한다.

제5조  ① 매수인은 잔금 지불 시 소유권 이전에 필요한 도장 및 소유권 이전등기에 필요한 제반 서류를 매도회사에 위탁하고, 매도회사는 위 부동산을 매도회사로 소유권 이전 등기한 후 매수인에게 소유권 이전등기를 한다.
② 회사로 소유권 등기완료 후 30일 이내에 매수인이 소유권 이전을 하지 않을 시 그로 인해 발생하는 문제에 대해 회사는 책임을 지지 않는다.

제6조  매수인이 중도금 및 잔금 지불을 연체할 시에는 연 10%의 비율에 의한 지연이자를 가산한 중도금 및 잔금을 부담한다.

제7조  위 부동산에 대해 매수인과 매도회사 간의 계약이 종료될 때까지 매도회사의 책임으로 권리분석 자문, 관리를 해야 한다.

제8조  매수인은 위 부동산을 매입하기 전에 위 부동산에 관한 제반 사항 및 조건을 확인한 후 본인의 의사에 의하여 정계 약을 체결하며, 계약이 체결된 후에는 위 토지의 매매대금 및 기타 제반 조건의 대해 이의를 제기할 수 없다.

제9조  위 부동산의 개발계획 등은 국가, 지자 체의 정책 및 사정에 의하여 다소 변경 또는 지연될 수도 있다.

이 계약의 성립을 증명하기 위하여 이 계약서 3부를 작성하고, 계약 당사자가 이의 없음을 확인하고 각각 서명 날인한다.

20 17 년 2 월 10 일

| 특약사항 | | | | | | | | |
|---|---|---|---|---|---|---|---|---|
| 매 도 인 | 주 소 | 경기도 성남시 ☐구 ☐ | | (태평동 3☐) | | | | (인) |
| | 전화번호 | 010. ☐ | 주민번호 | 5☐ | 성 명 | 김 ☐ | | |
| 매 수 인 | 주 소 | 서울시 도봉구 ☐ | | | | | | (인) |
| | 전화번호 | 010- ☐ | 주민번호 | 4☐ | 성 명 | 신☐ | | |
| 분양대행 | 주 소 | 서울시 ☐ | | | 전화번호 | 02. ☐ | | (인) |
| | 회사명 | ☐ 이처 | 법인번호 | 110☐33 | 대표이사 | 김 ☐ | | |

등기사항전부증명서(말소사항 포함)
- 토지 -

고유번호 1

[토지] 경기도 평택시

【 표　제　부 】 ( 토지의 표시 )

| 표시번호 | 접　수 | 소　재　지　번 | 지　목 | 면　적 | 등기원인 및 기타사항 |
|---|---|---|---|---|---|
| ~~1~~ (전 2) | ~~1999년2월6일~~ | 경기도 | 답 | ~~3226㎡~~ | |
| | | | | | 부동산등기법 제177조의 6 제1항의 규정에 의하여 2000년 10월 02일 전산이기 |
| 2 | | 경기도 | 답 | 3226㎡ | 2006년12월29일 행정구역명칭변경으로 인하여 2011년4월29일 등기 |

【 갑　　구 】 ( 소유권에 관한 사항 )

| 순위번호 | 등기목적 | 접　수 | 등기원인 | 권리자 및 기타사항 |
|---|---|---|---|---|
| 1 (전 3) | 소유권이전 | 1999년2월6일 제5046호 | 1999년1월15일 매매 | 소유자 이 3-******* 안성 1 부동산등기법 제177조의 6 제1항의 규정에 의하여 2000년 10월 02일 전산이기 |
| 2 | 소유권이전 | 2016년2월26일 제13999호 | 2015년12월31일 매매 | 소유자 농업회사법인주식회사 1 경기도 평택시 호 거래가액 금340,000,000원 |
| 3 | 소유권이전 | 2016년8월3일 제54699호 | 2016년8월3일 매매 | 소유자 김 5 경기도 성남 동) 거래가액 금400,000,000원 |

해석 10)

| 순위번호 | 등 기 목 적 | 접 수 | 등 기 원 인 | 권 리 자 및 기 타 사 항 |
|---|---|---|---|---|
| 4 | 가처분 | 2017년1월11일<br>제4□호 | 2017년1월11일<br>수원지방법원<br>성남지원의<br>가처분결정(201<br>7카단□) | 피보전권리 2016. 11. 02. 매매를 원인으로 한<br>　　　　　　소유권이전등기청구권<br>채권자<br>　이□ 501113-*******<br>　　서울 강북구<br>　　(미아동, 경□<br>　황□ 491028-*******<br>　　서울 강북구<br>　　(번동, 번동2□<br>금지사항 매매, 증여, 전세권, 저당권,<br>　　　임차권의 설정 기타일체의 처분행위<br>　　　금지 |
| 5 | ~~가압류~~ | ~~2017년7월26일~~<br>~~제59341호~~ | ~~2017년7월26일~~<br>~~서울중앙지방법~~<br>~~원의 가압류~~<br>~~결정(2017카단4~~ | ~~청구금액 금60,000,000 원~~<br>~~채권자 박□ *******~~<br>~~　서울 서초□~~<br>~~　□호 (서~~ |
| 6 | 소유권일부이전 | 2017년7월27일<br>제59597호 | 2017년7월21일<br>매매 | 공유자 지분 3226분의 132.2<br>　서□ 64□-******<br>　　부산광역시<br>　　□(만덕□<br>거래가액 금68,000,000원 |
| 7 | 3번김□지분1613<br>분의1546.9 중<br>일부(3226분의198.3<br>)이전 | 2017년7월27일<br>제59598호 | 2017년7월26일<br>매매 | 공유자 지분 3226분의 198.3<br>　서□ 57□-******<br>　　서울특별시□<br>거래가액 금102,000,000원<br><br>해석 11) |
| 8 | 3번김□지분645.2<br>분의579.1 중<br>일부(3226분의331)<br>이전 | 2017년7월27일<br>제59599호 | 2017년7월26일<br>매매 | 공유자 지분 3226분의 331<br>　이□ 540514-*******<br>　　부산광역시<br>거래가액 금170,000,000원 |
| 9 | 3번김□지분가압<br>류 | 2017년8월9일<br>제62189호 | 2017년8월1일<br>인천지방법원의<br>가압류<br>결정(2017카단□ | 청구금액 금45,600,000 원<br>채권자 정□ 610□ *****☆□<br>　　인천□<br>　　□호 |
| 10 | 3번김□지분가압 | 2017년8월18일 | 2017년8월18일 | 청구금액 금35,700,000 원 |
| | 류 | 제64173호 | 수원지방법원<br>평택지원의<br>가압류<br>결정(2017카단1<br>□) | 채권자 김□ 92□ *****<br>　경기도 용인시 □<br>　　□) |

| 11 | 3번 김□□지분가압류 | 2017년8월24일 제65485호 | 2017년8월24일 의정부지방법원의 가압류 결정(2017카단2 | 청구금액 금22,500,000 원<br>채권자 신□□ 440519-*******<br>경기도<br>10□□□동) | 해석 12) |
|----|----|----|----|----|----|
| ~~12~~ | ~~3번 김□□지분가압류~~ | ~~2017년9월8일~~ ~~제69620호~~ | ~~2017년9월8일~~ ~~수원지방법원~~ ~~성남지원의~~ ~~가압류~~ ~~결정(2017카단6~~ | ~~청구금액 금17,000,000 원~~<br>~~채권자 김□□ 670□□-*******~~<br>~~경기도 성남~~ ~~호)~~ | |
| ~~13~~ | ~~3번 김□□지분가압류~~ | ~~2017년9월13일~~ ~~제70513호~~ | ~~2017년9월13일~~ ~~의정부지방법원~~ ~~남양주시법원의~~ ~~가압류~~ ~~결정(2017카단8~~ | ~~청구금액 금15,100,000 원~~<br>~~채권자 이□□ 45□□-*******~~<br>~~경기도~~<br>~~(교문동~~ | |
| 14 | 임의경매개시결정 | 2017년11월10일 제84744호 | 2017년11월9일 수원지방법원 평택지원의 임의경매개시결정(2017타경5) | 채권자 문□□ 64□□-*******<br>평택시 호 (비전동,<br>□□아파트) | |
| ~~15~~ | ~~8번 이영준지분압류~~ | ~~2017년12월19일~~ ~~제95165호~~ | ~~2017년12월19일~~ ~~압류(징수부 90~~ ~~□□~~ | ~~권리자 국민건강보험공단 111471-0008663~~<br>~~강원도 원주시 건강로 32(반곡동,~~<br>~~국민건강보험공단)~~<br>~~(□□□□지사)~~ | 해석 13) |
| 16 | 15번압류등기말소 | 2018년2월5일 제10310호 | 2018년2월5일 해제 | | |
| 17 | 12번가압류등기말소 | 2018년2월19일 제14364호 | 2018년2월13일 해제 | | |
| 18 | 5번가압류등기말소 | 2018년4월30일 제35748호 | 2018년4월23일 해제 | | |
| 19 | 13번가압류등기말소 | 2018년5월3일 제36716호 | 2018년4월26일 일부해제 | | |
| 20 | 3번 김□□지분645.2 분의512.9 중 일부(32260분의495) 이전 | 2018년5월3일 제36969호 | 2018년4월13일 매매 | 공유자 지분 32260분의 495<br>김숙□□ 62□□-*******<br>경기도 성남시 수정구 □□□□)<br>거래가액 금20,000,000원 | |
| 21 | 3번 김□□지분3226 분의2515 중 일부(32260분의330) 이전 | 2018년5월3일 제36970호 | 2018년4월25일 매매 | 공유자 지분 32260분의 330<br>김□□ 67□□-*******<br>경기도 성□□□길 □□하대)<br>거래가액 금17,000,000원 | |

| 순위번호 | 등 기 목 적 | 접 수 | 등 기 원 인 | 권리자 및 기타사항 |
|---|---|---|---|---|
| 1 | 근저당권설정 | 2016년2월26일 제14000호 | 2016년2월26일 설정계약 | 채권최고액 금400,000,000원 채무자 농업회사법인주식회사 경기도 평택시 ■■■■■■ 근저당권자 최■■ 55■■■-******* 경기도 화성시 ■■■■■■ 이원) |
| 2 | 1번근저당권설정등 기말소 | 2016년4월4일 제22247호 | 2016년4월4일 해지 | |
| 3 | 근저당권설정 | 2016년4월4일 제22248호 | 2016년4월4일 설정계약 | 채권최고액 금330,000,000원 채무자 농업회사법인주식회사 경기도 평택시 ■■■■■■ 근저당권자 문■■ 64■■■-******* 경기도 평택시 ■■■■■■등 ■■피트) |
| 4 | 근저당권설정 | 2016년6월16일 제40366호 | 2016년6월16일 설정계약 | 채권최고액 금230,000,000원 채무자 농업회사법인주식회사 경기도 평택시 ■■■■■■ |

**해석 1)** 피고소인은 이 사건 토지의 소유주인 상태에서 고소인에게 이 토지를 매도하였다. 부동산의 소유권은 민법 제186조(부동산물권변동의 효력 – 부동산에 관한 법률행위로 인한 물권의 득실변경은 등기하여야 그 효력이 생긴다.) 규정에 따라서, 비록 대금을 전부 치렀더라도 소유권이전등기까지 이루어져야 비로소 소유자가 되는 것이다. 소유자에게는 사용(예 : 내 집에 내가 들어가 사는 것), 수익(예 : 내 집을 임대를 놓아 월세 수익을 올리는 것), 처분(예 : 집을 팔아 매매대금을 받는 것)할 권한이 있는데 이 모든 것은 소유권이전등기를 받은 후에야 가능하다는 것이다. 그래서 일반적인 부동산 거래시 잔금을 다 치르는 날 매도인과 매수인이 공동으로 또는 법무사에게 위임하여 등기신청을 하고, 소유권이전등기가 완료되고 등기권리증을 받으면 비로소 소유권이전이 다 끝났다고 하는 것이다. 그런데 이 사건에서는 고소인이 잔금을 다 내고도 제3자에게 이중매도되어 자기가 소유권이전등기를 받지 못했다는 피해를 주장하는 것이다.

**해석 2)** 고소인과 피고소인이 맺은 부동산 매매계약의 내용은 "피고소인(매도인)이 고소인에게 해당 토지(지번, 면적, 지목으로 특정)를 매도하기로 계약하고 2017. 2. 10. 계약금 300만원을 주고, 2017. 2. 17.에 잔금 1,650만원을 주어 총 1,950만원을 매매대금으로 지급하면 피고소인은 고소인에게 소유권을 이전한다"는 계약이다. 실제로 고소인은 2017. 1. 25.에 100만원, 2017. 2. 10.에 600만원, 2017. 2. 14.에 175만원과 975만원을 송금하여 1,650만원을 잔금조로 지불하는 등 총 1,950만원을 모두 지급하였다고 주장하며 매매계약서와 관련 계좌를 제출한다. 그렇다면 이제는 소유권이전등기 절차만 남는 것인데 뭔가 문제가 생겼으니 고소에 이른 것이다.

**해석 3)** 고소인이 소유권이전등기를 원만히 넘겨받지 못한 상태에서(2017. 2. 14.자로 잔금을 치른지 한참의 시간이 지나도록 소유권이전을 받지 못한 것은 이상하다. 이 사이에 둘간에 소유권이전등기를 넘겨받지 못한 사정이 있었을 것이라고 추측할 수 있다.), 2017. 8. 21.경 고소인은 "부동산 매도 1달 전인 2017. 1. 11. 소유권이전등기청구권 가처분 기입등기가 되어 있고, 2017. 8. 1.에 부동산가압류등기가 되어 있고, 2017. 8. 18.에 부동산가압류등기가 되어 있고, 2016. 8. 3.에 근저당권설정등기가 되어 있었던 사실"을 우연히 등기부등본을 떼어보고서야 알게 되었다고 주장한다. 가압류, 가처분, 근저당권 등기의 의미는 추후 설명하겠는데, 이 등기가 기입되어 있으면 이후 소유권이전등기를 받더라도 온전히 재산권을 행사하기 곤란하거나 부동산의 가치가 떨어질 수밖에 없다. 따라서 수사관으로서는 이 등기의 의미를 알아야, 고소인이 왜 이 상태에서는 이전등기를 못 받겠다고 하는지 이해할 수 있고, 이것이 매매계약의 목적을 달성할 수 있는가 그렇지 않은가를 파악할 수 있으며, 이 등기가 온전히 남아있다면 매매계약의 목적을 달성할 수 없는 경우 이것을 숨겼다면 기망행위로 인정될 수 있는데, 그렇다면 피고소인이 이를 숨겼다는 것을 어떻게 입증할 것인가 하는 문제가 남게 된다. 고소인은 이 등기를 몰랐다고 하므로 당사자를 모두 조사하여 부동산매매계약 체결 전 상호 등기부를 열람하였는지, 열람하지 않았다면 무엇을 믿고 거래하였는지, 고소인이나 피고소인이 부동산 거래에 관한 지식이나 경험이 어떻게 되는지 등을 수사하여야 한다.

**해석 4)** 계약의 해제, 해지에 관한 내용이다. 당사자간에 계약을 체결한 이후라도 마음이 변하거나 계약의 목적을 달성할 수 없으면 계약을 해제할 수 있는 경우가 있는데, 해제의 요건은 ⑴ 해제권을 보유할 것, ⑵ 통지할 것(해제계약도 계약의 일종이므로 해제한다는 의사표시를 상대방에게 통지하고 상대방에게 이것이 도달하여야 한다)이다. 해제의 효과는 기존 계약의 효력을 소멸시켜 당초부터 계약이 체결되지 않았던 것과 같은 상태로 복귀시키게 되는 것으로, 받은 것이 있다면 원상회복할 의무가 생긴다. 즉, 부동산매매계약이 해제되면 매수인은 돈을 더 줄 필요가 없고 매도인은 소유권이전등기를 해주지 않아도 되는 것이다. 다만, 이미 받은 것이 있다면 돌려줘야 하는 등 원상회복의 의무가 생긴다.

이 사건의 경우 미리 알았으면 모르되 계약을 도저히 진행할 수 있는 사정을 뒤늦게 알았으므로, 부동산의 가치를 떨어뜨리는 가압류, 가처분, 근저당권설정등기를 말소한 상태에서 깨끗하게 이전을 받을 수 있으면 소유권이전등기절차를 진행하겠지만, 그것이 불가능하여 매매계약의 목적을 달성할 수 없으니 계약을 해제한다는 통지를 내용증명으로 보냄과 동시에, 원상회복의무에 기하여 받은 돈은 고스란히 돌려달라는 주장을 한 것이다. 계약금이 교부된 매매계약을 해제하려면 받은 사람 입장에서는 그 두배를 돌려주어야 하고, 준 사람 입장에서는 그 계약금을 포기하여야 한다.

**해석 5)** 형사소송의 경우 친고죄나 반의사불벌죄에 한하여 고소취소 또는 처벌불원한 경우 처벌받지 않고 형사절차가 끝나게 되고, 나머지 사건은 계속 진행하되 형량에 반영되는 것에 불과하다. 그러나 민사소송의 경우 처분권주의라고 하여 당사자의 의사가 형사절차보다 훨씬 중요한 역할을 하게 된다. 가령 원고의 주장을 피고가 전부 인정하면 판사는 그렇게 판결을 내릴 수밖에 없으며, 원고가 소를 취하하면(피고의 동의가 필요한 경우도 있다) 판사는 더 진행하지 않고 그대로 소송을 종결해야 한다.

이 사건에서도 피고소인이 변론기일에 고소인에게 돈을 돌려준다고 약속하여 이를 믿은 고소인이 원고로서 소취하를 해주자 민사소송이 원고승소 판결 등을 내리지 않고 그대로 종결되고 소제기는 처음부터 없었던 것이 되었다.

여기서 생각할 것이 고소취소가 재산상 이익인지, 즉 피고가 나중에 돈을 돌려줄 생각이나 능력이 없음에도 소취하를 해주면 그만큼의 돈을 당장 주지 않아도 아무 불이익이 없게 되므로 나중에 약속을 이행하지 않을 때 돈을 돌려주지 않아도 되는지가 문제된다. 필자의 사건으로는 일반적으로 돈을 갚으라는 민사소송에서는 소취하하더라도 채무가 없어지는 것이 아니어서 어떠한 처분행위가 있었다고 볼 수 없으므로 사기죄가 성립하지 않는다고 본다. 그러나 대법원 2002. 11. 22. 선고 2000도4419 판결에서 "배당이의 소송의 제1심에서 패소판결을 받고 항소한 자가 그 항소를 취하하면 그 즉시 제1심판결이 확정되고 상대방이 배당금을 수령할 수 있는 이익을 얻게 되는 것이므로 위 항소를 취하하는 것 역시 사기죄에서 말하는 재산적 처분행위에 해당한다"라고 판시하며 사기죄를 유죄로 인정한 바 있으므로, 피해자가 취하한 대상이 무엇인지, 그것이 법적으로 어떤 효과를 불러 일으키는지 개별적으로 법률과 판례를 연구하여 판단하여야 할 것이다.

**해석 6)** 고소인은 잔금지급이 전부 이루어지고 아직 소유권이전등기가 이루어지지 않은 상태에서 어떤 사정으로 인해 피고소인이 사건외 조○○에게 본건 토지를 이중으로 매도한 사실을 알게 되었다고 주장한다. 그렇다면 편취의사, 불법영득의사가 거래 당시에 있었다면, 즉 처음부터 타인에게 이미 매도하였거나 매도할 생각을 가진 상태에서 고소인에게 매매대금을 받았다면 그 금액 전체에 대하여 사기죄가 성립할 것이다. 또한 피고소인이 소유권이전등기를 해줄 의사가 있었다고 하더라도 매매대상인 토지에 과다한 근저당권이나 소유권행사를 제약할 가압류, 가처분등기가 잔뜩 있어서 이를 알았더라면 제 가격에 사지 않았을 것임에도 피고소인이 이를 숨기고 매매계약을 체결하고 계약금이나 중도금, 잔금을 받은 경우, 고지의무가 있는 계약상 중대한 사항을 숨기고 돈을 받은 것이라 받은 돈에 대한 사기죄가 성립할 것이다.

그러나 계약금을 주고 나서 중도금을 받은 이후, 즉 고소인에게 소유권이전등기를 해 줄 의무가 생기고 이 사무가 타인의 재산보존에 워낙 중요해서 타인의 사무가 된 경우, 이때 이를 타인에게 매도하면 배임죄가 성립할 것이다.

그리고 금전은 점유가 있는 곳에 소유가 있는 것이 원칙이라, 즉 가지고 있는 사람이 소유자가 되는 것이 원칙이라 고소인이 피고소인에게 부동산 매매대금으로 교부한 돈은 피고소인의 소유이지 고소인의 소유가 아니어서 피고소인이 이를 마음대로 써버리거나 고소인의 반환요구를 거부한다고 하여도 횡령죄는 성립하지 않을 것이다.

**해석 7)** 부동산매매계약서는 어떤 부동산을 얼마에 팔고 돈은 언제, 어떤 방법으로 주는지, 당사자(매도인, 매수인)이 누구인지, 입회인이나 중개인이 있는지, 특약사항(등기된 근저당권, 가압류 기타 등기의 말소에 관한 내용 등) 등의 내용으로 구성되어 있다. 이후 잔금지급 등 모든 이행의무가 완료되면 비로소 매매계약서를 가지고 등기소에 가서 소유권 이전등기 절차를 거쳐 등기가 완료되고 등기권리증을 받으면 비로소 모든 절차가 끝나는 것이다.

이 사건에서는 '부동산의 표시' 항목에 경기도 OO시 OO번지 중 33㎡(10평)를 1,950만원에 매도하고, 계약금은 2017. 2. 9. 300만원을 지불하고 2017. 2. 17.자로 1,650만원을 잔금조로 지급하며, 매도인이 피고소인, 매수인이 고소인으로 표시되어 있다. 등기사항전부증명서의 표제부 란을 보면 이 토지의 면적이 3,226㎡라고 표시되어 있는 바, 본건 계약은 전체 토지의 일부 지분을 이전하는 계약임을 알 수 있다. 곧 설명하겠지만, 이는 갑구 4번으로 등기된, 소유권이전청구권 보전을 위한 가처분등기의 의미를 파악하는데 중요하다.

**해석 8)** 본격적으로 부동산등기사항전부증명서를 설명해 보겠다.

종이로 등기를 관리하던 시절에는 등기사항을 증명하는 서면을 '등기부등본'이라고 불렀는데 등기부의 전산화 이후로는 '등기사항전부증명서' 또는 '등기사항일부증명서'라고 부른다.

과거 조선시대까지는 땅문서를 가지고 있는 사람이 소유주였는데 이때에는 가령 이 땅에 저당잡힌 것이 있더라도 남들이 보기 어려웠다. 그래서 부동산에 관한 권리관계를 공개적으로 볼 수 있게 하여(공시제도) 안전하게 거래할 수 있게 하는 제도가 부동산등기제도이다. 그것이 애초에 종이 등기부등본으로 관리되다가 현재 전산으로 관리되고 있다. 그래서 과거에 등기부 원본을 그대로 복사하여 원본과 같은 기능을 한다고 하여 등기부 '등본'으로 불리던 것이, 대법원 등기 서버에 저장된 등기사항과 동일한 내용을 증명하는 서면이라 하여 '등기사항증명서'라고 불리게 된 것이다.

등기사항증명서는 표제부, 갑구, 을구로 구성되어 있는데 을구는 없을 수도 있다. 표제부는 부동산의 현황, 즉 소재지, 지목, 면적, 합병이나 분할에 관한 사항이 등기된다. 갑구는 소유권 및 소유권과 관련된 사항을 등기하는데, 소유권보존등기, 소유권이전등기, 지분이전등기, 소유권에 대한 제한인 가압류, 가처분, 경매개시결정등기 등이 기록된다. 을구는 소유권 외의 권리에 대해 등기하는데 저당권, 임차권, 지상권, 지역권 등이 기록된다.

이 사건 등기사항증명서의 표제부를 보면 제목 칸에 표시번호, 접수, 소재지번, 지목, 면적, 등기원인 및 기타사항이 차례로 기록되어 있다. 표시번호 1번을 보면이 토지의 소재지, 지목, 면적을 알 수 있다. 그리고 종전 종이 등기부로 관리되던 것이 2000년 10월 2일에 전산 등기부로 옮겨왔다. 그리고 표시번호 2번을 보면 2006. 12. 29. 행정구역명칭 변경이 되었음을 알 수 있다. 가령 토지가 분할이나 합병되는 경우 면적 란의 면적이 변경된다. 이 면적은 나중에 지분이전등기할 때 지분의 '분모'가 된다.

해석 9) 갑구는 소유권과 그 제한 등에 관한 사항이 등기된다. 순위번호 1번은 전산화되기 전 3번에 위치해 있었는데 이를 보면 1999. 1. 15. 종전 소유자가 안성 사는 이모씨에게 매매계약을 체결하고 계약금을 주었다가 1999. 2. 6. 잔금을 다 치루고 평택등기소에 1999년 5,046번째로 접수하여 소유권이전등기가 마쳐졌고, 2000. 10. 2.자로 전산화되었다.

순위번호 2번을 보면 농업회사법인주식회사OO이 종전 소유자 안성 사는 이모씨로부터 2015. 12. 31.자로 3억4천만원에 매수하는 계약을 체결하여 2016. 2. 26.자로 잔금까지 다 치르고 평택등기소에 2016년 13,999번째로 접수하여 소유권이전이 되었다.

순위번호 3번을 보면 성남 사는 김모씨가 농업회사법인주식회사OO로부터 2016. 8. 3.자로 4억원에 매수하는 계약을 체결하여 2016. 8. 3.자로 잔금까지 다 치르고 평택등기소에 2016년 54,699번째로 접수하여 소유권이전이 되었다.

등기의 효력은 등기가 완료된 날부터 발생하므로, 가령 2016. 8. 1.경 을구에 근저당권이 등기되었다면 본건 등기부상 2번째 소유자인 농업회사법인OO에 관련된 사항이지, 2016. 8. 3.부터 소유자가 된 성남 사는 김모씨와 관련된 사항은 아닌 것이다.

해석 10) 순위번호 4번을 보면 가처분 등기가 되어 있다. 가처분 앞에 붙는 '가'의 의미는 '임시'라는 뜻이다. 본건 순위번호 4번의 의미는, 서울 강북구 미아동에 사는 50년생 이모씨와 서울 강북구 번동에 사는 49년생 황모씨가 2016. 11. 2. 당시의 소유자인 성남 사는 김모씨와 본건 부동산의 매매계약을 체결하고 잔금지급 등 의무이행을 했는데 오랫동안 소유권이전등기를 하지 않아 소송을 하려는 상태였을 것이다. 그래서 이모씨, 황모씨가 법원에 "저희들은 김모씨로부터 소유권이전등기를 받는 소송을 제기하려는데 민사소송이 진행되면 김모씨가 이 부동산을 빼돌릴 지도 모르니 팔지도 못하고 임대 주지도 못하고 증여하지도 못하게 조치를 해주십시오"라며 본격적인 민사소송 이전에 성남지원 2017카단OOO호로 가처분신청을 한 것을 2017. 1. 11.자로 법원이 받아들였고 이를 등기소에 촉탁하여 2017. 1. 11.자로 제4OOO호로 가처분등기가 된 것이다. 가처분결정은 양 당사자를 한자리에 부르지 않고 원고의 주장과 어느 정도의 소명, 필요시 담보가 있으면 받아들여지기 때문에 은밀하고(피고의 입장에서) 신속하게 진행할 수 있다. 가처분등기가 된 이후에는 설령 성남 사는 김모씨가 소유권을 다른 사람에게 넘기더라도 가처분의 효력에 저촉하는 행위이기 때문에 원고가 본안소송(소유권이전 청구소송)에서 이기면 소유권이전등기를 신청하면서, 가처분에 반하는 제3자에로의 소유권이전등기, 전세권등기, 임차권등기 등을 말소신청할 수 있다. 그래서 함부로 빼돌리지 못하게 하는 효과가 생기는 것이다.

다만 여기서 주의할 것은 고소인의 매매계약은 부동산의 전부가 아닌 일부에 관한 것이기 때문에, 강북구 사는 이모씨, 황모씨가 구입하기로 한 부동산이 이 토지의 전부냐, 일부냐를 확인하여야 한다. 가령 2016. 11. 2.자로 성남 사는 김모씨가(등기부상 3번째 소유자) 이모씨, 황모씨에게 이 부동산의 전부를 팔기로 하고 대금까지 받았다면 이후 2017. 2. 10.부터 2017. 2. 17. 사이에 고소인에게 받은 돈에 대해 이중매매가 되어 사기죄가 성립할 수 있기 때문이다. 그러나 이모씨, 황모씨가 이 부동산의 일부만을 취득하기로 한 계약이라면 그에 해당하지 않은 나머지 일부를 고소인에게 파는 것은 무방하다. 따라서 등기부상 가처분결정을 한 법원과 사건번호를 보고 소송기록을 열람하여 피고소인이 고소인에게 이중매매를 한 것인지를 파악하여야 한다.

순위번호 5번의 가압류는 임시적인 조치라는 점, 양 당사자가 모두 법원에 나오는 것은 아니라는 점에서는 가처분과 같지만, 가처분이 금전채권 외의 권리에 관한 다툼이라면(소유권을 넘겨라, 점유를 넘겨라……) 가압류는 금전채권에 관한 다툼이라는 차이가 있다. 이 사건에서 서울 서초구에 사는 박모씨는 2017. 7. 26. 당시의 소유자인 성남 사는 김모씨에게 6천만원을 받을 것이 있어 소송을 하려는데, 소장이 접수된 것을 알게 되면 은행에 근저당설정을 하고 대출금을 잔뜩 받거나 타인에게 매도하는 등 재산을 빼돌릴 위험이 있어, 미리 조치를 한 것이다. 그래서 서울중앙지방법원에 2017카단4○○○호로 "저는 피고에게 얼마를 달라고 청구하는 소송을 제기할 것인데, 미리 피고가 재산을 빼돌리지 못하게 가압류를 등기하라는 판결을 해 주십시오"라고 청구하고 서울중앙지방법원에서는 이를 받아들여 2017. 7. 26.자로 가압류결정을 하고 등기소에 촉탁하여, 등기소에서 순위번호 5번으로 같은 날 59341호로 접수하여 가압류등기를 한 것이다.

이렇게 가압류등기를 하게 되면 설령 이후 근저당권설정등기를 하더라도 경매가 진행될 때 채권자에 불과한 가압류권자가 등기되었다는 이유로 물권자인 근저당권자와 같은 순위로 배당금을 나눠가질 수 있다. 그렇지 않고 가압류가 등기되지 않은 단순한 채권자라면 근저당권자가 먼저 자기 채권최고액 또는 실제 채권액만큼 배당받고 난 이후 나머지 금액을 다른 채권자들과 평등하게 나눠가질 수 있을 뿐이므로, 가압류는 재산을 빼돌리는 것을 방지하는 막강한 효과가 있는 것이다.

순위번호 6번의 소유권일부이전등기를 보면, 순위번호 1, 2, 3번과 달리 '일부'이전, '공유자'라는 용어가 나온다. 이 사건에서 부산 사는 64년생 서모씨가 2017. 7. 21.자로 성남 사는 김모씨(순위번호 3번의 소유자)로부터 6,800만원에 3,226㎡ 중 132.2㎡의 지분만큼을 매수하기로 하고 계약금을 치르고, 2017. 7. 27.자로 잔금을 치르고 2017년 59,597번째로 등기신청하여 소유권일부이전등기가 이루어진 것이다. 이로써 성남 사는 김모씨는 자기 지분 일부를 팔아, 전체 면적 3,226㎡ 중 나머지 3,093.8㎡만큼의 공동 소유자가 되었다.

**해석 11)** 이후로도 순위번호 7번, 8번의 소유권일부이전등기가 나오는데, 순위번호 6번의 소유권일부이전등기와 마찬가지로 3번 소유자 김모씨가 자기 지분의 일부를 계속 떼어 파는 형태라고 보면 된다. 그럼으로써 공유자는 계속 늘어나고 있다. 기획부동산과 같이 토지 전체의 일부를 계속 나누어 파는 형태의 등기부등본을 본다면, 가장 마지막으로 소유권 전부를 가지고 있던 자가 누구인지부터 보고, 그 자로부터 누가 얼마만큼의 지분을 사고 있는지 파악하면 토지가 쪼개어지는 흐름이 눈에 보인다.

순위번호 9번에서는 인천 사는 61년생 정모씨가 성남 사는 김모씨에게 4,560만원을 받을 것이 있어서 소송 전에 미리 가압류신청을 한 것이 받아들여진 것이고, 당시로서는 소유자 김모씨의 지분이 3,226분의 2,564.5만 남아있기 때문에(3,226-132.2-198.3-331=2,564.5) 김모씨의 지분에 대해서 가압류신청을 한 것이다.

**해석 12)** 순위번호 9번부터 13번까지의 가압류가 등기될 당시 순위번호 8번등기 이후로는 김모씨 지분에 대한 소유권일부이전 등기가 더 이상 없었기 때문에, 이 가압류등기들은 모두 김모씨 지분 3,226분의 2,564.5에 대해서만 가압류를 한 것이다.

순위번호 14번 임의경매개시결정은 채권자이자 저당권자인 평택 사는 64년생 문모씨가 2017. 11. 9. 수원지방 평택지원에 제2017타경○○5호로 신청하여 2017. 11. 10.자 제84,744번째로 등기된 것이다. 문모씨는 을구에 보면 순위번호 8번으로 근저당권자가 된 자로서, 김모씨가 이자나 원금을 갚지 않으니 법원에 경매를 신청한 것인데, 문모씨는 물권자인 저당권자이므로 굳이 돈을 갚으라는 민사소송에서 승소하지 않더라도 경매를 신청할 수 있다. 만약 문모씨가 돈을 빌려주었으나 근저당권자로 등기되지 않은 단순 채권자인 경우 김모씨 재산을 경매로 넘기기 위해서는 먼저 민사소송을 제기하여 승소판결문을 받은 후에 이를 집행권원으로 하여 경매를 신청할 수 있는데 이 경우는 '강제'경매개시결정등기가 기입되게 된다.

강제경매개시결정 또는 임의경매개시결정 등기가 이루어지면 이를 국가가(법원이) 압류한 것으로, 사인이 신청한 가압류와는 효력 면에서 큰 차이가 있고, 이것이 등기된 다음에는 제3자에게 팔거나 증여하거나 저당권을 설정하더라도 나중에 모조리 말소되게 되므로 함부로 처분할 수 없게 된다.

압류 후에는 경매법원에서 최고가를 써 낸 매수인에게 부동산을 파는 '현금화' 절차를 거친

후 그 자에게 소유권을 이전해주는 한편, 법원에 들어온 매각대금을 채권자들이 법률과 법원규칙에 따라 나눠갖는 '배당' 절차를 거쳐 민사집행 절차가 끝나게 된다. 한마디로 민사집행은 압류－현금화－배당의 절차를 거친다.

**해석 13)** 순위번호 17번 등기는 2018. 2. 13.자로 당사자간에 돈을 갚든지 채무를 면제해주든지 또는 본안소송이 종결되든지 하여 가압류를 더 유지할 수 없거나 유지할 필요가 없을 때 가압류권자의 의사로 가압류를 해제해달라고 신청하여 평택등기소에 2018. 2. 19.자로 14,364번째로 등기되어 12번 가압류등기를 말소한다는 취지가 기재된 후, 12번 가압류 등기에 줄을 그어 말소하는 표시를 한 다음 가압류의 효력을 없앴다는 의미를 갖는다. 순위번호 18번부터 19번까지도 마찬가지이다.

**해석 14)** 등기부 을구에 대한 해설이다. 을구는 소유권 외의 권리에 관한 사항을 등기하는데, 가장 많이 보는 형태가 (근)저당권 등기이다. 이는 부동산을 담보로 잡고 돈을 빌리면서, 이미 당사자간에 합의가 되었으니 나중에 돈을 못 갚을 때 민사소송을 거치지 않고 바로 경매를 신청하는 것을 말한다. 강제로 소송에 의해 경매되는 게 아니라서 '임의'라는 표현을 쓴다.

채권최고액은 근저당권에서 쓰이는데, 통상 평균적인 채권액 또는 원금의 120~130% 정도의 금액을 정하여, 경매가 되어 채권액이 확정될 때 채권최고액 만큼은 근저당권자가 우선해서 배당을 받아가고, 실제 채권액이 채권최고액을 초과한다면 그 초과분은 일반 채권자와 동등한 순위에서 배당받아간다는 의미를 갖는다. 즉 근저당권자는 채권최고액만큼은 일반 채권자들에 앞서서 처음 줄을 서서 받아가고, 배당할 돈이 남고 나머지 채권자들이 있다면 그들과 다시 줄을 서서 다시 배당받는 절차를 거치게 된다. 따라서 근저당권자로 등기가 된다면 채권최고액만큼은 우선 변제받을 수 있는 재산상 이익을 취득하게 된다.

이 사건에서 1번 근저당권설정 등기를 보면 농업회사법인주식회사 OO가 경기도 화성시에 사는 55년생 최모씨에게 4억원 이하의 돈을 빌리고, 자기를 채무자로 하고 최모씨를 근저당권자로 하고 채권최고액을 4억원으로 정한다는 계약을 2016. 2. 26.자로 체결하고, 같은 날 평택지원에서 2016년도에 14,000번째로 접수시켜 근저당권설정 등기가 이루어진 것을 알 수 있다. 갑구 2번을 보면 2016. 2. 26.자로 소유자가 안성 사는 이모씨에서 평택 소재 농업회사법인주식회사 OO에게 이전되었으므로, 대출을 실행한 날 근저당권설정등기와 소유권이전등기를 동시에 마쳤음을 알 수 있다. 갑구 2번의 매매대금 3억4천만원 중에는 화성 사는 최모씨가 빌려준 돈이 포함되어 있는 것이다.

## ● 다. 검토할 점 및 수사한 사항

### 1) 고소인 대상

우선 고소장 내용과 등기부등본에 기재된 사항을 이해하고, 등기된 권리 중 고소인의 입장이라면 그 가격을 주고는 소유권이전을 거부한다거나 소유권이전에 장애가 된다고 할 만한 것이 있는지, 그렇다면 고소인이 이를 모르고 계약한 것인지 파악한다.

### 2) 피고소인 대상

피고소인이 고소인에게 온전히 소유권이전등기를 해 줄 능력이나 의사가 있었는지, 중대한 하자가 있음에도 이를 숨긴 것인지 등을 파악한다. 이를 위해 가처분등기의 의미, 가압류 등으로 인해 온전히 소유권이전을 하는 것이 가능했는지, 사건외 조OO에게 부동산의 일부를 매매한 것으로 인해 고소인에게 소유권이전을 하는 것이 불가능해졌는지 등을 조사한다. 사건수사를 위해 부동산등기 신청서류나 소송 서류를 필요로 하는 경우 이를 확보하는 방법을 알아본다(본서 압수수색검증영장 샘플 중 등기서류 확보방법 참조).

가압류, 가처분, 저당권설정등기가 되어 있는 경우 이 등기를 말소하기 위해서는 돈이 들게 마련이다. 가압류권자, 가처분권자, 저당권자와 채권채무관계가 얽혀 있으면 돈을 주고서 합의를 하여야 등기권리자가 등기를 말소하는데 협력해주기 때문이다. 따라서 이 사건 부동산등기부를 읽을 줄 알아야 소유권이전에 장애가 될 만한 권리가 있는지를 파악할 수 있다.

### 3) 기망의 존재 여부

사기죄에 있어서 기망행위가 성립하려면 계약할 지 말지 결정하는 데 있어 중요한 점을 기망하여야 한다. 가령 대판81도1638판결에서는 '토지 매도시 채무담보를 위한 가등기와 근저당권설정등기가 경료되어 있는 사실을 숨기고 이를 고지하지 아니하여 매수인이 이를 알지 못한 탓에 그 토지를 매수하였다면 사기죄가 성립한다'고 판시하여 매매계약에 있어 가등기, 근저당권설정등기를 숨긴 것이 중대한 기망행위라고 보았다. 그러나 85도1306판결에서는 '임대차계약 체결시 저당권 설정된 사실을 고지하지 아니하였으나, 임대인이 계약당시 그 부동산이 경매되리라는 사정을 알지 못하였다면 사기죄가 성립하지 아니한다'라고 판시하여, 임차인이 남의 집을 빌려 평온하게 거주하는 것이 목적인 임대차계약에 있어서는 저당권등기사실이 그리 중요한 사항이 아니라고 보았다. 그러나 경매진행 중인 사실을 숨기고 임대차계약을 체결하면 사기죄가 성립한다(98도3263판결). 따라서 등기부에 기재된 사항을 숨긴다고 무조건 사기죄가 성립하는 것이 아니라, 그 계약에 있어서 미리 알았다면 계약체결에 중대한 영향이 있었느냐 아니냐를 구분하여야 한다.

이 사건에서 피고소인이 소유권이전을 해 줄 의사나 능력이 없었는지를 판단하려면 등기부를 보아 피고소인의 사정에 비추어 그 가격에 소유권이전등기를 해 주는 것이 현실적으로 가능했는지 아닌지를 보아야 한다.

### ● 라. 사건의 해결

이 사건 가처분등기는 알고 보니 가처분권자가 이 토지의 일부를 이전받기로 한 것이고 피고소인이 갖고 있던 지분을 보면 가처분권자에게 일부 이전하더라도 고소인과 계약한 지분 이상을 소유하고 있음이 확인되어, 가처분권자의 존재가 소유권일부이전에 아무런 장애가 되지 않음을 알게 되었다.

그리고 피고소인은 해당 토지가 '답'이어서 고소인에게 농지취득자격증명원 제출을 요구했던 자료가 있고, 고소인이 수십만원의 등기비를 내지 않았기 때문에 등기가 이루어지지 않은 것이라며 혐의를 부인하였고, 고소인은 이를 기억이 나지 않는다고 부인할 뿐 제대로 반박하지 못하였다.

그리고 사건의 가장 중요한 쟁점인 '계약체결시 부동산등기부를 보여주었는지'에 대해서는 고소인은 못 보았다고 하고 피고소인은 보여주었다고 하는 등 진술이 대립되나, 계약을 진행한 직원이 등기부를 보여주었다는 진술이 있고, 고소인이 과거 부동산경매에 참가하여 수차례 낙찰을 받았던 적이 있어 부동산거래에 상당한 지식이 있는 사람으로 볼 수 있어 고소인의 주장은 상식적으로 납득되지 않기에, 결국 고소인의 주장을 입증할 증거가 없어 불기소(혐의없음)의견으로 송치하였다.

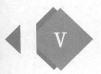 **소장 샘플**

〈참고자료 1〉 부당이득반환청구 소장

# 소 장

원 고　　○○○ (주민등록번호)
　　　　　○○시 ○○구 ○○로○○길 ○○(우편번호 ○○○○○)
　　　　　전화번호:
　　　　　팩스, 전자우편(e-mail):


피 고　　◇◇◇ (주민등록번호 또는 한자)
　　　　　○○시 ○○구 ○○로○○길 ○○(우편번호 ○○○○○)
　　　　　전화번호:
　　　　　팩스, 전자우편(e-mail):


**부당이득반환청구의 소**

## 청 구 취 지

1. 피고는 원고에게 767,500원 및 이에 대하여 2016.4.17.부터 이 사건 소장부본 송달일까지는 연 5%의, 그 다음날부터 다 갚을 때까지는 연 15%의 각 비율에 의한 금원을 지급하라.
2. 소송비용은 피고의 부담으로 한다.
3. 위 제1항은 가집행 할 수 있다.

라는 판결을 구합니다.

# 청 구 원 인

원고는 2016. 3. 17. 등록대부업체인 피고로부터 금 1,000만원을 대출받았습니다. 대출 조건은 피고가 원고에게 1,000만원을 대출해주면 원고가 1개월 후 원금 1,000만원에 이자 100만원을 더하여 총 1,100만원을 상환한다는 것입니다(갑 제1호증 대출약정서).

위 약정에 따라 원고는 2016. 3. 17. 금 1,000만원을 수령하였고, 그로부터 1개월 후인 2016. 4. 17. 피고에게 금 1,100만원을 약속한 바에 따라 상환하였습니다(갑 제2호증 통장사본).

그러나, 등록 대부업자인 피고는 대부업 등의 등록 및 금융이용자 보호에 관한 법률상 최고한도인 연 27.9%의 범위 내에서만 이자를 수령할 수 있고, 이를 초과한 이자약정은 무효인 바(대부업 등의 등록 및 금융이용자 보호에 관한 법률 제8조), 1,000만원에 대한 연 27.9%의 이자를 1개월로 환산하면 232,500원이므로(=1,000만원×27.9%/12월), 피고는 법률상 원인없이 767,500원(=1,000,000원-232,500원)을 원고로부터 부당이득한 것입니다.

따라서, 피고는 원고에게 원고가 피고에게 지급한 이자 총액에서 법정 최고한도액을 초과하는 이자인 금 767,500원(=1,000,000원-232,500원) 및 이에 대하여 원고가 위 금원을 지급한 날인 2016. 4. 17.부터 이 사건 소장 부본 송달일까지는 민법에서 정한 연 5%의, 그 다음날부터 다 갚는 날까지는 소송촉진 등에 관한 특례법에서 정한 연 15%의 각 비율에 의한 지연손해금을 지급하여야 합니다.

# 입 증 방 법

1. 갑 제1호증　　　　　대출약정서
1. 갑 제2호증　　　　　통장사본

# 첨 부 서 류

1. 위 입증방법　　　　　각 1통
1. 소장부본　　　　　　　1통
1. 송달료납부서　　　　　1통

2000.　　○.　　○.

위 원고　　○○○　（서명 또는 날인）

○○지방법원　귀중

〈참고자료 3〉 대여금 청구에 대한 답변

# 답 변 서

사　　건　　20○○가단○○○○ 대여금청구
원　　고　　○○○
피　　고　　◇◇◇

　　위 사건에 관하여 피고는 다음과 같이 답변합니다.

## 청구취지에 대한 답변

1. 원고의 청구를 기각한다.
2. 소송비용은 원고의 부담으로 한다.
라는 판결을 구합니다.

## 청구원인에 대한 답변

원고는 2016. 6. 1.자 금전소비대차계약에 기해 피고에게 1,100만원의 지급을 구하고 있습니다. 위 2016. 6. 1.자 금전소비대차계약은 대부업자인 원고가 피고에게 1,000만원을 대출해주면 피고가 1개월 후 원금 1,000만원에 이자 100만원을 더하여 총 1,100만원을 상환한다는 내용으로 작성되었습니다.

피고가 원고와 위와 같은 내용으로 금전소비대차계약을 체결하고 1,000만원을 수령한 것은 사실입니다.

그러나, 원고는 등록 대부업자로서 대부업 등의 등록 및 금융이용자 보호에 관한 법률상 최고한도인 연 27.9%의 범위 내에서만 이자를 수령할 수 있는 바(대부업 등의 등록 및 금융이용자 보호에 관한 법률 제8조), 1,000만원에 대한 연 27.9%의 이자를 1개월로 환산하면 232,500원이므로 (=1,000만원×27.9%/12월), 피고는 원고에 대하여 232,500원을 초과하는 이자를 지급할 의무가 없습니다.

이에 위반되는 원고의 청구는 이유 없으므로 기각하여 주시기 바랍니다.


20○○.  ○.  ○.


위 피고  ◇◇◇ (서명 또는 날인)


○○지방법원 민사 0 단독  귀중

# 채무자의 재산 찾기

재산명시제도, 신용정보회사를 활용하여 채무자가 가진 재산을 파악하고, 소송제기 전 가압류나 가등기 등으로 빼돌리는 것을 방지한 후, 민사소송을 제기하여 승소 후 비로소 강제집행에 들어갈 수 있다.

따라서 민사상담시 채무자의 재산을 찾는 방법도 알려주면 좋다. 차용증에 기재된 채무자 주소를 파악하여, 등기부등본을 떼어 채무자 소유인지 아니면 임대차 주택인지 파악한다. 승소하면 채무자 소유 주택을 강제경매하거나 또는 임대차 주택의 임대차보증금을 압류, 추심, 전부명령 받아 채권을 만족시키는(돈을 다 받아내는) 방법이 있다.

또 채무자의 직장이 있다면 그 임금채권을 압류할 수도 있고, 집에 찾아가봐서 자동차가 있으면 그것도 경매에 부칠 수 있다. 다만 민사집행법상 최저생활을 보장하기 위해 일정금액 이상의 통장이나 기본재산은 압류되지 않는다.

요약하자면, 대법원 등기부 사이트(www.iros.go.kr) 확인, 채무자의 직장 확인, 채무자의 자동차 등 유체동산 확인, 민사집행법상 재산명시제도 활용, 신용평가사 확인 등을 통해 채무자의 재산을 찾을 수 있다.

채권자는 채무자에게 재산이 있어야 강제집행을 해서 돈을 받을 수 있는데, 만약 채무자가 재산을 빼돌리면 어떻게 하냐는 상담을 받을 수 있다. 민사적으로는 채권자취소권을 떠올릴 수 있다. 채무자가 강제집행을 당할 것을 걱정하여 소송이 들어오기 전에 제3자 앞으로 자기의 부동산을 허위로 이전한 경우, 민법 제406조의 채권자취소권을 행사하여 그 소유권이전등기를 취소하여 달라고 청구하여 승소한다면, 채무자로부터 제3자 앞으로 이루어진 소유권이전등기는 말소가 되고 그 소유권은 채무자에게 돌아온다. 그러면 그 부동산에 대해 경매신청하여 채권을 변제받는 것이다.

또한 채무자 역시 제3자에 대해 채권을 갖고 있어 그 돈을 받아내기만 하면 채권자가 채무자의 그 돈에 대해 강제집행하여 돈을 돌려받을 수 있는데도 채무자가 자기 채권을 회수하려 하지 않는 경우, 민법 제404조의 채권자대위권을 행사하여 채무자가 제기할 소송을 대신 제기할 수 있다. 실체법인 민법상 권리가 채무자에게 있는데, 소송법인 민사소송법상의 권리(소송제기)를 채권자가 대신하여 행사하는 경우이다.

그리고 채무자가 소송을 제기당할 상태에서 재산을 빼돌린다면 형법상 강제집행면탈죄로 고소하는 방법이 있다.

◆ 민법

**제404조 (채권자대위권)**

① 채권자는 자기의 채권을 보전하기 위하여 채무자의 권리를 행사할 수 있다. 그러나 일신에 전속한 권리는 그러하지 아니하다.

② 채권자는 그 채권의 기한이 도래하기 전에는 법원의 허가없이 전항의 권리를 행사하지 못한다. 그러나 보전행위는 그러하지 아니하다.

**제405조 (채권자대위권행사의 통지)**

① 채권자가 전조 제1항의 규정에 의하여 보전행위 이외의 권리를 행사한 때에는 채무자에게 통지하여야 한다.

② 채무자가 전항의 통지를 받은 후에는 그 권리를 처분하여도 이로써 채권자에게 대항하지 못한다.

**제406조 (채권자취소권)**

① 채무자가 채권자를 해함을 알고 재산권을 목적으로 한 법률행위를 한 때에는 채권자는 그 취소 및 원상회복을 법원에 청구할 수 있다. 그러나 그 행위로 인하여 이익을 받은 자나 전득한 자가 그 행위 또는 전득당시에 채권자를 해함을 알지 못한 경우에는 그러하지 아니하다.

② 전항의 소는 채권자가 취소원인을 안 날로부터 1년, 법률행위 있은 날로부터 5년내에 제기하여야 한다.

**제407조 (채권자취소의 효력)** 전조의 규정에 의한 취소와 원상회복은 모든 채권자의 이익을 위하여 그 효력이 있다.

# 질문과 답변
## (필자가 받은 질문과 답변 중 대표적인 6가지를 정리하였습니다)

### 1. 친족상도례

질문 : 사위와 장인어른은 인척관계로 상대적 친고죄인 것인가요? 절대적 친고죄로 형 면제 사유인가요?

답 : 사돈은 인척이 아니고, 장인과 사위는 인척입니다. 그래서 장인과 사위가 동거하면 형면제, 동거하지 않으면 상대적 친고죄가 됩니다.

혼인으로 맺어진 친족관계를 인척이라고 하는데, 혈족의 배우자(가령 내 여동생의 남편=매부), 배우자의 혈족(가령 내 아내의 여동생=처제, 내 아내의 아버지=장인), 배우자의 혈족의 배우자(가령 내 아내의 여동생의 남편=처제) 등을 말합니다. 그런데 대법원 판례(2011도2170판결)에서 "인척이란 혈족의 배우자, 배우자의 혈족, 배우자의 혈족의 배우자(이 사건에서 장인과 사위)는 해당되나 '혈족의 배우자의 혈족(내 아들의 배우자의 아버지=사돈)'은 인척에 포함되지 않아 사돈 간에는 친족상도례가 적용되지 않는다"는 취지로 판시하였습니다. 또한 친족관계로 인한 법률상 효력은 8촌 이내의 혈족, 4촌 이내의 인척, 배우자에 대해서만 적용되니 촌수를 다시 한번 따져봐야 합니다. 촌수를 따질 때에는 '위(부모)로 가면 1촌을 더하고 옆(형제자매)으로 가면 2촌을 더하고 배우자로 건너가면 0촌이다'를 기억하시면 되겠습니다.

> ◆ 관련지식
>
> ○ 민법
>
> **제767조** (친족의 정의) 배우자, 혈족 및 인척을 친족으로 한다.
>
> **제768조** (혈족의 정의) 자기의 직계존속과 직계비속을 직계혈족이라 하고 자기의 형제자매와 형제자매의 직계비속, 직계존속의 형제자매 및 그 형제자매의 직계비속을 방계혈족이라 한다. 〈개정 1990. 1. 13.〉
>
> **제769조** (인척의 계원) 혈족의 배우자, 배우자의 혈족, 배우자의 혈족의 배우자를 인척으로 한다.
>
> **제777조** (친족의 범위) 친족관계로 인한 법률상 효력은 이 법 또는 다른 법률에 특별한 규정이 없는 한 다음 각호에 해당하는 자에 미친다.
>
> 1. 8촌 이내의 혈족

## 2. 불법영득의사 존재시기에 따른 사기죄와 횡령죄의 구별

(피고소인은 차량 딜러, 고소인은 중고차량을 구입하려는 고객인 관계에 있어서, 고소인이 차량을 구입하고자 대출계약을 했다가 취소요청을 했는데, 피고소인은 이를 무시하고 대출계약을 그대로 진행하여 고소인에게 채무가 발생되고, 차량은 피고소인이 계속하여 사용한 경우, 사기죄가 성립하는지 또는 다른 죄가 성립하는지 여부)

**질문:**

**[사건개요]**

고소인은 중고자동차매매상사 딜러를 하는 피의자를 통해 아우디 중고차량을 소개받고 메리츠캐피탈㈜로부터 대출 원금 2,500만원에 월 납입 기간 36개월의 중고차론 계약서를 작성하였습니다.

피의자는 이때 메리츠캐피탈에 계약서를 보내고, 고소인 명의로 차량등록을 하여 자신이 위 차량 가격에 상응하는 차량 대금 2,500만원을 위 캐피탈로부터 받았습니다.

그러던 중 고소인의 아내가 좀 더 저렴한 중고자동차가 있다는 것을 알고 위 차량 계약을 취소하려고 딜러인 피의자를 통해 취소요청을 하였습니다. 고소인이 알아보았더니 계약 후 14일 이내에 취소가 가능하다고 계약서에 기재되어 있었고, 고소인도 차량을 인도받지 않아 계약취소가 될 줄 알고 있었습니다.

그러나 사실 피의자는 메리츠캐피탈로부터 위 차량대금 2,500만원을 상환하여야 중고차론 계약이 취소가 됨을 알고 있음에도 고소인에게 고지하지 않았고, 곧 취소가 될 것이라고 거짓말을 하였습니다.

고소인은 위 계약이 정상적으로 취소가 된 줄 알고 있었으나 1년 후에 메리츠캐피탈 채권 회수팀으로부터 민사소송을 당하고, 소송에 패소하여 2,500만원을 지급하라는 판결을 받았습니다. 그 내용은 차량의 명의자가 고소인으로 되어 있다는 것이 주요한 내용이었습니다.

이에 고소인은 중고차론 계약 취소요청을 피의자에게 전달하였음에도 그것을 고소인에게 전달하지 않아 캐피탈로부터 민사판결문에 2,500만원을 지급하라는 재산상 손해를 입었다고 검찰청을 통해 고소를 하였습니다.

## 【처음에 작성한 범죄사실】

피의자 AOO은 중고차매매상사에서 딜러를 하였던 자로 고소인 BOO과 2017.경 이 사건 외 DOO의 소개로 알게 되었다.

피의자는 2018.경 장소를 알 수 없는 중고차매매상사에서 고소인에게 차량 구매 요청을 받고 수입중고차 아우디 차량을 OOO캐피탈㈜로부터 중고차론 2,500만원에 월 할부금 70만원(36개월)을 납부하는 계약을 체결하게 하고, 위 캐피탈회사로부터 2,500만원의 차량 대금을 받았다.

그러던 중 피의자는 고소인의 단순 변심의 이유로 위 캐피탈계약 취소 요청을 받고 위 회사에게 차량 대금을 상환하지 않았음에도 "캐피탈계약을 취소하려면 1~2달의 시간이 걸리니 기다리면 취소가 될 것이다."라고 거짓말을 하였다.

그러나 사실 피의자는 고소인의 명의로 차량을 이전시켜 OOO캐피탈㈜로부터 차량 대금 2,500만원을 받고 그 돈을 개인적으로 쓸 생각이어서, 고소인에게 취소 요청을 받더라도 위 대금을 OOO캐피탈㈜에게 상환하여 취소시켜줄 의사나 능력이 없었다.

피의자는 이에 속은 고소인으로 하여금 2018. 4. 23.부터 2021. 4. 23.경 까지 OOO캐피탈㈜부터 차량 대출 원금 2,500만원 상당을 부담하게 하고 이를 변제하지 아니하여 동액 상당의 재산상 이익을 취득하였다.

## [교수님에게 질문]

1. 위와 같은 내용으로 보면 고소인이 피의자에게 기망당한 것은 맞지만 작위에 의한 재산상 처분행위가 있지 않은 것으로 보입니다.

2. 그렇다면 기망의 방법이 부작위에 의한 사기로 볼 수 있는 것 같은데 사기 죄명으로 범죄사실을 쓰려고 해도 저의 생각으로는 한계입니다. 사건개요를 바탕으로 범죄사실을 작성하였는데 도움을 주시면 감사하겠습니다.

3. 아니면 재산상 피해보다는 차량을 반환하지 않아 횡령죄도 검토하였으나 명시적으로 고소인이 반환을 요청한 것도 아닙니다. 어떤 죄로 검토하여 구성요건에 맞게 수사를 할지 고민입니다.

**답:** 사기, 횡령, 배임 등 재산범죄는 피해품이 무엇인가부터 보고, 어떤 방법으로 피해를 입었나, 피해품이 어떤 방향으로 흘러갔나를 구분하면 죄명이 특정되기 쉽습니다. 그리고 사기와 횡령, 배임을 구분하려면 남의 재산을 먹으려는 나쁜 마음(불법영득의사)이 초반에 있었나(사기), 나중에 있었나(횡령, 배임)...등등을 따지면 죄명을 구분하기 좋습니다. 이 사건을 보면 고소인이 피해를 입은 것은 "대출계약을 취소요청했는데 피고소인이 이를 캐피탈에 전달하지 않아 결과적으로 2,500만원의 대출금이 남은 것"이 피해라고 하겠습니다.

그리고 배임의 경우 이익을 봄과 동시에 손해를 보았다면 죄가 안될 수도 있다는 판례가 있고(대판2004도7053판결), 사기죄에서도 재산상 피해의 존재 자체가 애매해질 수 있어 차량이 누구에게 있는지 확인하는 것이 선행되어야 합니다. 이 사건에서 차량은 주정차위반 고지서가 고소인 집 앞으로 날아왔다고 하여 딜러에게 전송하였더니 현재 주정차위반 과태료를 냈다고 한 것으로 보아 피의자가 타고 다니는 것으로 추정된다고 합니다.

(1) 그렇다면 사기를 검토했을 때 "대출계약을 최초 맺은 시점"에서 편취범의가 있다고 보기는 어렵고, "대출계약을 취소했는데 캐피탈에 그 요청을 전달하지 않았다"는 시점에 편취의사가 있느냐를 검토해야 합니다. 따라서 대출취소요청을 캐피탈 회사에 전달하지 않은 것이 소극적 기망행위가 되느냐, 그로 인해 이익을 얻고, 양자 사이에 인과관계가 있느냐를 따져야 하는데, 불법영득의사, 즉 남의 것을 자기 것처럼 먹으려는 생각이 대출계약시나 취소요청을 받았을 때 있었다는 점이 명확히 나오지 않는다면, 이때 사기죄에 있어서의 편취의사가 있었다고 보기는 입증이 힘들 것입니다.

그렇다면 그 다음으로 한번 넘어가서 배임-횡령순으로 검토해 보겠습니다.

(2) 대출계약 취소요청을 받으면 캐피탈에 연락해서 취소처리를 하고 고소인에게 대출금 채무가 생기지 않게 할 임무를 타인의 사무라고 볼 수 있으면, 이 임무에 위배하여 그대로 진행을 함으로써 고소인에게는 2,500만원의 대출금 채무가 생기게 하고, "① 자기는 수수료를 얻고 ② 캐피탈회사에는 2,500만원의 대출금 채권이 생기게 했다"라고 볼 수도 있습니다. 배임죄는 제3자를 위한 행위도 가능하니까 ⑴, ⑵ 모두 죄가 될 수 있습니다.

다만 그 전제로서 이 사무가 타인의 사무인지는 판례를 찾아봐야 하고, 명시적인 판례가 없을 경우 "그 사무가 양자간의 신임관계에 기초를 둔 타인의 재산의 보호 내지 관리의무가 있음을 그 본질적 내용으로 하는 경우" 이를 타인의 사무라고 인정할 수 있습니다.

(3) 다음으로 횡령죄를 검토해 본다면, 차량의 등록원부를 볼 때 소유자가 고소인이고, 그 물건이 고소인 명의로 이전등록되었으면 당연히 전달하여야 함에도 여전히 보관 중이며 사용한다는 것은, 타인 소유물을 (계약상 또는 신의칙상) 위탁관계에 의해 보관 중인 자가 아직까지 안 주고 타고 다닌다는 점에서, 차량에 대한 횡령죄로 의율하는 것이 좀더 명확할 수 있습니다.

차량은 대출계약이 정상적으로 이루어진 다음에는 마땅히 딜러인 피의자는 차를 고소인에게 주어야 하는 거고요, 이전등록이 된다면 소유권은 명백히 고소인에게 넘어갑니다.

다만 운행을 했다는 정황을 확인코자 자동차보험을 어떻게 가입했는지는 확인해봐야 하는데 이 경우 피의자가 대충 책임보험만 들고 운행했다고 밝혀졌습니다.

그리고 차를 넘겨줄 의무(보관관계)는 명백한 교부요청이 없더라도 중고차량 대출계약의 취지상 또는 신의칙상 차량을 보관하다가, 절차가 진행되면 당연히 넘겨줘야 하는 관계로 볼 수 있다면, 타인 소유물을 보관하는 자가 불법영득의사를 가지고 이를 횡령했다고 보는 관계가 성립할 수 있습니다.

또 자동차관리법상 자동차의 소유주 또는 운행에 관한 정당한 위탁을 받은 자만이 운행할 수 있으므로(자관법 24조의2 제1항) 자관법위반까지 검토하여야 합니다.

피의자가 차량을 직접 운행했다는 점을 밝히기 위해서는 피의자가 정말 책임보험을 직접 들었는지도 중요한 자료가 될 것이므로(불법영득의사, 즉 자기 것처럼 이용하기 위한 의사), 압수영장을 받아 책임보험 가입내역, 보험가입시 녹취록, 보험가입 신청한 자의 인적사항 등을 파악해두면 도움될 것입니다.

요약하자면 대출진행 취소요청을 캐피탈에 전달하지 않았다는 것 자체가 고소인에 대해 부작위로 속였다고 볼 수는 있어도 더이상 고소인이 뭔가 채무승인 등 처분행위를 한 게 아니라 무지 상태에 있었으니까 '기망행위에 의한 처분행위'를 한 것은 아니고, 타인의 사무를 처리하는 자냐, 그렇다면 손해를 입히고 이익을 얻었냐(또는 얻게 하였냐),,,,다음으로 타인 소유물을 횡령하였냐....이런 식으로 사건판단을 해 보는 것입니다.

그리하여 횡령죄로 의율하여 "피의자와 고소인은 차량대출금 계약을 맺었다. 고소인이 취소요청하였으나 그대로 진행하여 고소인에게 차량대출금 채무가 발생하였다. 피고소인은 고소인 명의로 차량 이전등록을 하였다. 피의자는 자동차 딜러로서 이 차량을 전달하여야 할 계약상 의무가 있음에도 이를 숨기고 차량을 자기가 사용하여 이를 횡령하였다."라고 범죄사실을 작성할 수 있게 됩니다.

참고로 횡령죄를 숨기기 위해서 사후에 기망행위를 했을 때 횡령죄만 성립하고, 사기죄는 성립하지 않습니다(80도1177판례).

◆관련지식

○자동차관리법

**제2조** (정의) 이 법에서 사용하는 용어의 뜻은 다음과 같다. 〈개정 2011. 5. 24., 2012. 12. 18., 2013. 3. 23., 2014. 1. 7., 2015. 8. 11., 2015. 12. 29., 2016. 1. 28.〉

3. "자동차사용자"란 자동차 소유자 또는 자동차 소유자로부터 자동차의 운행 등에 관한 사항을 위탁받은 자를 말한다.

**제24조의2** (자동차의 운행정지 등) ① 자동차는 제2조 제3호에 따른 자동차사용자가 운행하여야 한다.

## 3. 유치권

**질문:** 유치권의 요건 중의 하나가 채권의 변제기 도래인데, 건설업계의 현실상 공사진척도에 따라 부분적으로 공사대금을 지급하는 기성금 지급의 경우가 많습니다. 이 경우 기성금별로 채권이 성립하여 유치권을 주장할 수 있나요?

**답:** 고소인이 유치권 행사중인 경매대상 건물에, 낙찰받은 피고소인이 수많은 인부를 데리고 와 고소인들을 쫓아내 점유를 빼앗고 고소인들의 현수막 등을 철거한 사건이 있습니다.

이때 공사가 완공된 이후가 아니라 완공되기 전에 석재, 전기, 등등 부문별로 공사를 맡은 사람들이 건축주가 은행 이자를 못 낸다는 소문을 듣고 불안해서 그때부터 점유하고 유치권을 행사한다고 했습니다.

고소인들의 유치권이 인정된다면 피고소인들의 자구행위가 인정되지 않은 이상 무난하게 점유강취죄가 성립할 것 같은데, 먼저 유치권이 성립되는지 보려면 채권의 변제기가 도래해야 하고(갚을 때가 지나야 하고), 채권의 일부 또는 전부가 미변제된 상태여야 합니다. 이때 채권의 변제기 도래여부와 관련하여, 건물 완공 전 기성고가 인정된다면 기성고 만큼의 채권에 대해서는 적어도 변제기가 인정되는게 아닌가, 그래서 유치권이 성립하는게 아닌가를 검토하여야 합니다.

일단 기성금이 변제기에 있다면 유치권 성립에 문제는 없어 보입니다. 대구고등법원 2018. 9. 14.선고 2018나20102 판결에서, 기성고에 의한 공사대금 채권 관련, 각 기성금별로 유치권의 피담보채권이 성립한다고 판단한 바 있습니다.

물론 점유가 적법하게 이루어졌는지, 그 점유가 경매중인 건물에 관한 것이라면 경매개시결정의 등기가 마쳐지기 이전에 개시된 것인지도 보아야 합니다.


## 4. 법인의 소멸시기와 양벌규정의 적용

**질문:** 법인에 대한 고발장이 들어왔고 양벌규정이 있어 피의자 외 법인까지 처벌을 하려고 하는데, 현재 등기부를 확인해보니 해당 법인은 해산간주가 되었다가 청산종결간주가 되었던 것으로 확인되고, 해산간주는 유지되고 있는 상황이지만 청산종결간주는 지워지고 등기기록 부활이 된 것으로 확인되어 청산인이 존재합니다. 그렇다면 이 법인은 현재 폐업되었지만 세금 등 문제로 인해 청산인만 살아있어 공소권없음으로 처리를 해야 될까요, 아니면 일단 법인이 살아 있으니 실체 판단을 해야되나요?

**답:** 법률상 행위의 주체나 처벌받을 대상에는 '자연인'과 '법인'이 있습니다. 형사소송법 제328조 규정에 의해 '피고인인 법인이 존속하지 아니하게 되었을 때'에는 공소기각 결정을 하게

됩니다. 그래서 법인이 피고발인인 양벌규정 적용 사건을 취급하다가, 법인이 폐업하거나 해산, 청산했다고 하면 이 경우에 해당되는지를 두고 고민하게 됩니다.

법인이 존속하느냐 아니냐를 볼 때 사업자등록증상 폐업은 중요한 게 아닙니다. 이는 법인이 하던 사업을 안 하고 있는 것이므로 마치 사람이 일을 하다가 실직, 퇴직을 하는 것과 비슷합니다.

따라서 법인등기부등본을 보고 해산종결의 등기나 청산종결의 등기를 보아야 합니다.

그리고 간주란 "반대사실을 증명하기 어려우면 그런 줄 알고 있어라"라는 강한 추정이니까 '해산'='해산간주'라고 보고 처리하면 됩니다.

주식회사, 합자회사, 유한회사 등 회사는 법인입니다(상법 제169조).

주식회사의 해산부터 청산까지의 절차는 상법 제6절(해산과 청산)에 규정되어 있습니다.

주식회사가 존립기간이 만료되거나 파산, 법원의 명령을 받은 경우 우선 해산절차가 시작되고 해산등기를 해야 하고 청산인을 선임합니다. 청산인은 현존사무를 종결하고, 채권의 추심과 채무의 변제, 잔여재산의 분배를 하게 됩니다. 즉 하던 사업을 종결하고 채권채무를 정리하고 남은 재산을 분배해서 '사무와 재산'을 모두 없애야 청산절차를 거쳐 청산등기를 하면 비로소 회사가 소멸되는 것입니다. 청산등기 전에는 상법 제254조에 의해서 회사가 존속하는 것으로 간주되므로, 형사절차에 있어서도 여전히 존속하는 법인으로 볼 수 있습니다.

상법상 해산과 청산의 절차를 이해하면 이 경우 공소권없음 사안인지 실체판단을 할 사안인지 판단할 수 있는 것입니다.

대법원 84도693판결, 81도1450판결을 보면 해산 및 청산종결의 등기가 되면 원칙적으로 법인격이 소멸되나, 청산종결의 등기가 되었더라도 법인세체납이나 관련 형사소송절차가 종결되기 전까지는 여전히 법인격이 남아있는 것으로 해석됩니다.

따라서 수사관으로서는 해산등기, 청산등기가 모두 마쳐지고 관련 형사사건이 없을 때 비로소 법인격과 당사자능력이 소멸되었다고 보아야 할 것입니다.

유의할 점은 개인이 사업자등록을 냈을 때, 회사가 아닌 이상 그 사업자에 대해 양벌규정을 적용하여 법인과 같이 처벌할 수는 없습니다. 상법 제169조에서 회사는 법인이라고 규정되어 있지만, 사업자는 이에 해당되지 않기 때문입니다. 주식회사나 유한회사 등 회사의 형태가 아닌 개인 사업자에 대하여는 양벌규정을 적용하여 처벌할 수 없고, 개인사업자가 폐업했다고 하여 고민할 필요는 없는 것입니다.

추가로 대법원 94도3325판결에서 법인격 없는 사단을 양벌규정으로 처벌할 수 없음은 물론, 그 사단에 고용된 개인에 대해서도 처벌 못한다고 판시하였습니다.

◆ 관련지식

○ 판례(사건번호 : 84도693)

[판결이유 중]

법인이 그 청산결료의 등기가 경료되었다면 특단의 사정이 없는 한 그 법인격이 상실되어 법인의 당사자능력 및 권리능력이 상실되었다고 추정할 것이라 함은 논지와 같으나...피고인 법인의 이 사건 법인세체납은 피고인 법인의 존속 중에 있었던 일이고, ......청산결료의 등기가 경료되었다고 하더라도 그 피고사건이 종결되지 아니하는 동안 피고인법인의 청산사무는 종료된 것이라 할 수 없고 형사소송법상 법인의 당사자능력도 그대로 존속한다고 해석함이 상당하다 할 것이므로......(생략)

○ 판례(사건번호 : 1982. 3. 23. 선고 81도1450판결)

02. 회사가 해산 및 청산등기 전에 재산형에 해당하는 사건으로 소추당한 후 청산종결의 등기가 경료되었다고 하여도 그 피고사건이 종결되기까지는 회사의 청산사무는 종료되지 아니하고 형사소송법상 당사자 능력도 존속한다고 할 것이다.

○ 판례(사건번호 : 1995. 7. 28. 선고 94도3325판결)

자동차운수사업법 제72조 제5호는 같은 법 제58조의 규정에 의한 허가를 받지 아니하고 자가용자동차를 유상으로 운송용에 제공하거나 임대한 자를 처벌한다고 규정하고, 같은 법 제74조는 이른바 양벌규정으로서 "법인의 대표자나 법인 또는 개인의 대리인, 사용인 기타의 종업원이 그 법인 또는 개인의 업무와 관련하여 같은 법 제72조의 위반행위를 한 때에는 행위자를 벌하는 외에 그 법인 또는 개인에 대하여도 각 해당 조항의 벌금형에 처한다"고 규정하고 있을 뿐이고 법인격 없는 사단에 대하여서도 위 양벌규정을 적용할 것인가에 관하여는 아무런 명문의 규정을 두고 있지 아니하므로, 죄형법정주의의 원칙상 법인격 없는 사단에 대하여는 같은 법 제74조에 의하여 처벌할 수 없고, 나아가 법인격 없는 사단에 고용된 사람이 유상운송행위를 하였다 하여 법인격 없는 사단의 구성원 개개인이 위 법 제74조 소정의 "개인"의 지위에 있다하여 처벌할 수도 없다.

○ 상법

제169조 (회사의 의의) 이 법에서 "회사"란 상행위나 그 밖의 영리를 목적으로 하여 설립한 법인을 말한다.

제170조 (회사의 종류) 회사는 합명회사, 합자회사, 유한책임회사, 주식회사와 유한회사의 5종으로 한다.

제227조 (해산원인) 회사는 다음의 사유로 인하여 해산한다.

1. 존립기간의 만료 기타 정관으로 정한 사유의 발생

2. 총사원의 동의

3. 사원이 1인으로 된 때

4. 합병

5. 파산

6. 법원의 명령 또는 판결

**제245조 (청산 중의 회사)** 회사는 해산된 후에도 청산의 목적범위 내에서 존속하는 것으로 본다.

**제228조 (해산등기)** 회사가 해산된 때에는 합병과 파산의 경우외에는 그 해산사유가 있은 날로부터 본점소재지에서는 2주간내, 지점소재지에서는 3주간 내에 해산등기를 하여야 한다.

**제251조 (청산인)** ① 회사가 해산된 때에는 총사원 과반수의 결의로 청산인을 선임한다. ② 청산인의 선임이 없는 때에는 업무집행사원이 청산인이 된다.

**제254조 (청산인의 직무권한)** ① 청산인의 직무는 다음과 같다.

1. 현존 사무의 종결

2. 채권의 추심과 채무의 변제

3. 재산의 환가처분

4. 잔여재산의 분배

**제264조 (청산종결의 등기)** 청산이 종결된 때에는 청산인은 전조의 규정에 의한 총사원의 승인이 있은 날로부터 본점소재지에서는 2주간내, 지점소재지에서는 3주간 내에 청산종결의 등기를 하여야 한다.

**제517조 (해산사유)** 주식회사는 다음의 사유로 인하여 해산한다. 〈개정 1998. 12. 28.〉

1. 제227조 제1호, 제4호 내지 제6호에 정한 사유

1의2. 제530조의2의 규정에 의한 회사의 분할 또는 분할합병

2. 주주총회의 결의

○형사소송법

**제328조 (공소기각의 결정)** ① 다음 경우에는 결정으로 공소를 기각하여야 한다.

2. 피고인이 사망하거나 피고인인 법인이 존속하지 아니하게 되었을 때


## 5. 부동산의 횡령죄 관련, 보관자의 지위

**질문:** 종중소유 땅이 종중 명의로 등기 되어 있는데, 종중 대표자가 종중회의 없이 토지를 담보로 대출금을 받아 개인적으로 사용하고, 은행에 대하여 근저당을 설정하였다면 어떤 죄가 성립하나요?

**답:** 횡령죄 성립여부를 판단하려면 피해품이 재물인지 재산상이익인지, 재물이라면 그것이 타인의 재물인지, 피의자가 이를 보관하는 지위에 있었는지 등부터 확인해야 합니다. 그리고 종중 땅의 경우 개인인 대표자 등 종원 명의로 등기한 경우가 많아 명의신탁의 적법 여부부터 따져야 합니다.

명의신탁의 종류는 2자간, 3자간, 계약명의신탁이 있는데 판례는 이중 2자간 명의신탁, 즉

신탁자가 본래 소유하던 부동산을 수탁자에게 명의이전하는 경우에만, 그 재산을 횡령죄의 객체, 즉 신탁자의 소유물로 볼 뿐, 3자간이나 계약명의신탁에서는 그 재산을 수탁자의 소유로 보아 횡령죄를 인정하지 않고 있습니다.

부동산실권리자 명의 등기에 관한 법률 제8조에서 종중, 배우자, 종교단체 소유의 부동산을 명의신탁한 경우 조세포탈, 강제집행의 면탈 또는 법령상 제한의 회피를 목적으로 하지 않는 이상 명의신탁이 유효하다고 보고 있습니다.

종중과 종원 간 유효한 2자간 명의신탁임을 전제로, 보관자의 지위를 판단하려면 등기명의인이 부동산을 제3자에게 유효하게 처분할 수 있는 권능이 있는지 살펴봐야 합니다. 판례는 울산지방법원 2014. 5. 15. 선고 2014고단30판결에서 '범죄사실' 부분에 "피고인은 …본건 종중의 대표자로서 OO시 OO구청에 등록되어 있었고, 본건 토지에 관하여 토지등기부상 본건 종중의 대표자로 등기되어 있어서 위 각 토지의 보관자의 지위에 있었다"라고 기재되어 있고, '선고형의 결정' 부분에 "이 사건 범행은 피고인이 아무런 권한 없이 종중 규약을 함부로 위조하고, 총회나 이사회를 개최한 사실이 없으면서 종중의 대표자 자격을 모용하여 회의록을 임의로 작성하고, 이를 이용하여 개인적으로 금원을 차용하면서 종중 소유 토지에 근저당권을 설정함으로써 종중 재산을 횡령하였다는 것이다"라고 기재하여 피고인의 횡령죄를 유죄로 판단하였습니다. 종중 소유 토지를 매도하는 경우 등기절차를 보면 이 취지가 이해될 수 있습니다. 부동산등기법 제26조 제1항에 따라 종중이나 교회 등 권리능력없는 사단이나 재단도 그 단체의 명의로 등기할 수 있습니다. 그 소유의 부동산에 관한 등기는 대표자나 관리인이 그 사단 또는 재단의 명의로 신청합니다. 법인 아닌 사단이나 재단은 법인등기와 같은 공시제도가 없으므로 그 대표자나 관리인을 분명히 하기 위하여 대표자나 관리인의 성명, 주소 및 주민등록번호를 등기하도록 하고 있습니다(부동산등기법 제48조 제3항). 등기신청할 때에는 정관이나 그 밖의 규약, 대표자나 관리인임을 증명하는 정보(정관에 정한 절차로 대표자로 선임되었다는 서면), 법인 아닌 사단이 그 소유의 부동산을 처분하는 경우 사원총회 결의서, 대표자나 관리인의 주소 및 주민등록번호를 증명하는 정보 등을 제출하도록 하여, 적법한 권한을 가진 대표자가 종중의 의사에 의하여 그 부동산을 처분하는지를 확인하도록 하고 있습니다.

판례의 취지와 부동산등기법상의 절차를 보면 종중이나 교회의 대표자나 관리인은 그 부동산을 유효하게 처분할 수 있는 지위와 권능을 가진다고 해석되므로, 불법영득의사를 가지고 이를 타인에게 처분하면 횡령죄의 주체가 되는 것입니다.

수사과정에서 피고소인의 불법영득의사를 인정하려면, 근저당설정 과정에서 피고소인이 받은 대출금의 소비처를 확인해야 합니다. 또 적법한 종중회의록이 작성되었는지 또는 회의록을 위조하였는지 규명하기 위해 회의록을 확보하고 참석자에 대해 참석여부, 결의내용, 직접 서명 여부 등을 수사하여야 합니다.

## 6. 회사를 샀다는 것이 어떤 의미이며, 회사의 주인이 바뀌었는지 어떻게 확인하나요?

**질문:** 유령법인을 내세워 납품사기를 치기 위해 사전에 주식회사를 사서 바지사장을 내세워 거래처로부터 신용을 쌓고 일순간에 대량의 물품을 주문받아 처분하고 도주한 사건이 있습니다. 회사를 샀다는 것을 어떻게 알 수 있나요? 법인등기부등본을 보고 대표이사가 바뀐 것을 보면 되나요?

**답:** 주식회사를 소유하고 있다는 것은 그 회사의 주식을 갖고 있다는 것을 말합니다. 대표이사는 주주들이 선임하여 회사를 대표하여 사무를 맡기는 것으로, 회사를 소유하는 것과는 개념이 다릅니다. 따라서 회사를 샀다면 주주총회를 개최하여 주식을 A에서 B에게 이전한다고 의결하고 주주명부개설을 합니다. 이 과정을 수사하고 싶다면 그 회사를 관할하는 상업등기소에 문의하여 압수수색검증영장을 받아 주주변경을 의결한 주주회의록, 주주명부개서내역 등을 확보하면 회사의 주인이 바뀐 과정을 알 수 있습니다.

# 참고문헌

민사법에 기반한 경제범죄수사(경찰대학출판부, 2017, 경찰수사연수원 교수 강동필)

미필적 고의를 활용한 수사기법(현 경찰청 외사국 경정 김병주님 자료)

고소사건의 신문과 조서작성(송기섭)

조사실무대강(이철)

형법요론(문형사, 신호진)

## 편저자 약력

**경정 김 성 택**

**경력**

경찰대학 17기 졸업(2001년)

인천계양경찰서 조사계

성남수정경찰서 강력팀, 형사지원팀장

경기광주경찰서 교통조사계장, 지능팀장

성남중원경찰서 경제팀장, 지능팀장

수원중부경찰서 경제팀장, 실종수사팀장 등

평택경찰서 수사과장

현 성남수정경찰서 형사과장

법무사시험 제21회(2016년) 합격

**저서**

경제팀 신임조사관을 위한 수사매뉴얼(성남중원경찰서, 2013)

『자동차관리법』(2016 개정법령) 수사매뉴얼(성남중원경찰서, 2016)

부동산등기와 수사실무(성남중원경찰서, 2013)

수사에 필요한 민사법(성남중원경찰서, 2013)

올뉴 경제범죄수사팀 매뉴얼(평택경찰서, 2018)

범죄구성요건 중심의, 수사민원 상담매뉴얼(성남수정경찰서, 2019)

사례중심의
경제범죄수사 실무매뉴얼

초판발행       2021년 1월 20일
중판발행       2023년 4월 25일

지은이         김성택
펴낸이         안종만·안상준

편 집          최문용
기획/마케팅     오치웅
표지디자인      BEN STORY
제 작          고철민·조영환

펴낸곳         (주) **박영사**
              서울특별시 금천구 가산디지털2로 53, 210호(가산동, 한라시그마밸리)
              등록  1959. 3. 11. 제300-1959-1호(倫)

전 화          02)733-6771
f a x          02)736-4818
e-mail         pys@pybook.co.kr
homepage       www.pybook.co.kr
ISBN           979-11-303-1105-0   93350

정 가        32,000원